처음 만나는 C#

초판 인쇄일 2026년 3월 13일
초판 발행일 2026년 3월 20일

지은이 이창현
발행인 박정모
등록번호 제9-295호
발행처 도서출판 혜지원
주소 (10881) 경기도 파주시 회동길 445-4(문발동 638) 302호
전화 031)955-9221~5 팩스 031)955-9220
홈페이지 www.hyejiwon.co.kr

기획·진행 박혜지
디자인 김보리
영업마케팅 김준범, 서지영
ISBN 979-11-6764-096-3
정가 30,000원

기초 문법부터 실전 개발까지

처음 만나는 C#

이창현 지음

혜지원

왜 C# 프로그래밍을 해야 하는가?

필자가 C#을 처음 접했던 2002년 닷넷(.NET) 1.0 출시 당시, C#은 C++과 Java의 한계를 극복할 차세대 언어로 주목받았습니다. 초기에는 특정 플랫폼에 국한되는 한계가 있었으나, 현재의 C#은 유니티, 크라이엔진과 같은 메이저 게임 엔진은 물론 자마린(Xamarin)을 통한 모바일 앱 개발, 그리고 .NET Core 기반의 웹 및 API 백엔드 개발에 이르기까지 폭넓게 사용되고 있습니다. 또한 운영체제의 제약을 벗어나 크로스 플랫폼 환경에서도 안정적인 서버 개발이 가능해졌고, 이는 C#의 활용 가치를 한단계 끌어 올리는 계기가 되었습니다. 이러한 흐름 속에서 C#은 더 이상 특정 환경에 국한된 언어가 아닌 입문부터 실무까지 이어갈 수 있는 강력한 주력 언어로 자리매김하고 있습니다.

이 책을 개정하며

필자가 개정판을 쓴 이유는 기존 『C# 프로그래밍의 정석』을 집필할 때와 다르지 않습니다. 여전히 C#을 시작하는 사람들에게 쉽게 접근할 수 있는 입문서가 많지 않아서입니다. 그리고 입문자들이 객체지향 철학을 지루하지 않게 학습하면서, 실무에 필요한 핵심 기술까지 한 번에 습득할 수 있는 가이드북을 만들고 싶었습니다. 그래서 이번 개정판에서는 기존의 학습 내용을 확장하여.

- 데이터베이스 설계 및 연동
- 실시간 통신을 위한 소켓 프로그래밍
- ASP.NET Core 기반 API 백엔드

등 실무에서 반드시 접하게 되는 주제들을 추가하여 입문서이면서 실무 활용서로 개편하였습니다.

이 책의 구성

이 책은 크게 '개념 설명'과 '프로젝트 제작' 두 가지 학습 영역으로 구성되어 있습니다.

1. 개념 설명

단순히 코드를 따라 하는 것이 아니라, 무엇을 만들지 명확히 이해하고 관련 클래스와 메소드를 파악하는 단계입니다. 각 파트는 대주제와 소주제로 나뉘며, 소주제마다 다음과 같은 흐름으로 구성하였습니다.

❶ 개념 설명

❷ 주요 클래스

❸ 주요 메소드

2. 프로젝트 제작

각 소주제에서 배운 내용을 바탕으로 콘솔, WinForms, 그리고 백엔드 프로젝트를 직접 제작합니다.

❶ 프로젝트 생성

❷ UI 구성(폼디자인)

❸ 이벤트 처리기 추가

❹ 코드 작성

❺ 빌드 및 실행

콘솔 프로젝트의 경우 UI 구성 및 이벤트 처리기 추가 단계가 제외되며, 폼 기반 및 서버 프로젝트의 경우 전체 과정을 모두 경험하게 됩니다.

Thanks to

감사한 분들이 있습니다.

먼저 가족들에게 감사의 마음을 전합니다. 어느덧 훌쩍 자란 두 아들 주성이와 은성이를 바라보며 아이들의 모습 위로 겹쳐지는 지난날의 제 모습을 마주하기도 합니다. 각자의 삶의 궤적을 그려 나가는 모습 속에 시간의 흐름에 대한 회한과 함께 깊은 감사함을 느낍니다. 또한 20여 년을 동고동락하며 함께해 온 사랑하는 아내 경화에게 진심으로 감사의 마음을 전합니다. 가족은 제가 살아가는 이유이기도 합니다.

시절인연(時節因緣)으로 만나 함께했던 우리 제자들에게도 고마움을 전합니다. 급변하는 소프트웨어 분야에서 저와 함께 고민하고 성장했던 제자들이 있었기에, 저 또한 이 책을 완성할 수 있었습니다.

더불어 제 원고를 믿고 개정판 출간을 위해 애써 주신 혜지원 모든 관계자분들께 진심으로 감사의 말씀을 드립니다.

마지막으로 책을 탈고하며 늘 인정할 수밖에 없는 고백이 있습니다. 집필은 매우 힘들고 고단한 여정이었지만 그 모든 과정 속에 주님께서 함께 하셨고 이 모든 결실은 오직 주님의 은혜임을 고백하며 감사드립니다.

2026년 겨울의 끝자락 어느 새벽녘에

저자 **이 창 현**

목차

본문에서 다루는 예제 소스 파일은 별도로 제공해 드리는 파일입니다.
필요하신 분들은 혜지원 홈페이지(www.hyejiwon.co.kr)에서
다운로드받으실 수 있습니다.

Part 1

{ C# 시작하기 }

1.1 닷넷 프레임워크와 프로그래밍 언어

1.1.1 프레임워크란?

프레임워크란 사전적인 의미를 보면 "뼈대", "틀", "체계" 등의 의미를 가지고 있다. 우리가 어떤 조형물을 만들 때 하는 일 중에 하나가 뼈대를 세우는 일이다. 뼈대가 해 주는 역할은 결과물 형태의 기본 틀을 잡아주고, 결과물이 틀 안에서 빠르게 산출될 수 있도록 한다.

우리가 소프트웨어 분야에서 말하는 프레임워크 또한 큰 틀 또는 구조에서 응용 소프트웨어를 구현하기 위한 어플리케이션 프레임워크로 제공된다. 즉, 특정 운영체제 기반에서 동작하는 응용 소프트웨어를 쉽고 빠르게 구현하게 하기 위한 클래스와 라이브러리들의 구조적인 모임이라고 할 수 있다. 우리는 이러한 것들을 간단하게 '프레임워크'라고 말한다.

특정 소프트웨어를 개발하는데 있어서 우리가 1부터 10까지 처음부터 모두 작성해야 한다면 일의 양이 너무 많고, 비효율적일 것이다. 그러나 이러한 프레임워크와 같은 엔진 도구를 사용하게 되면 소프트웨어의 생산성이 매우 향상될 수 있다.

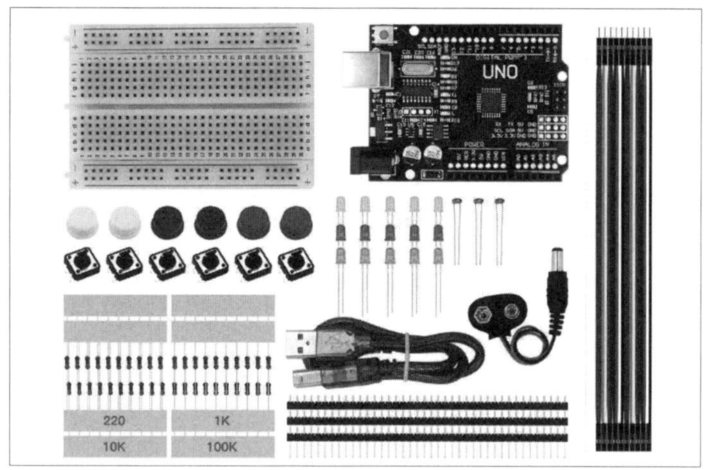

코딩 교육을 위한 아두이노 키트 세트의 경우도 하나의 프레임워크라고 말할 수 있겠다. 우리가 처음부터 회로기판을 하나 하나 설계하고 기능을 구현한다는 것은 전문가가 아닌 이상에는 매우 쉽지 않은 일이다. 그러나 지금은 초, 중, 고 학생들도 쉽게 따라할 수 있게 된 이유는 이러한 코딩 교육 키트라는 프레임워크가 갖추어져 있기 때문에 가능한 것이다.

우리가 앞으로 사용할 비주얼 스튜디오 기반의 닷넷 프레임워크 또한 하나의 프레임워크라고 할 수 있고, 요즘 모바일 게임 제작 시 많이 사용하는 유니티 엔진 또한 게임의 생산성을 향상시켜 주는 프레임워크라고 할 수 있다.

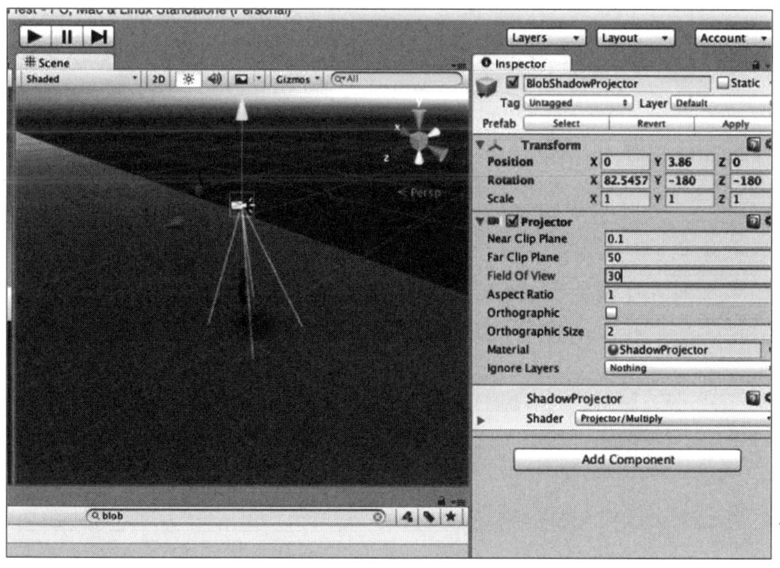

1.1.2 닷넷 프레임워크란

앞서 프레임워크라는 개념의 느낌적인 느낌을 느껴 보았다. 이러한 포괄적인 느낌에서 이제 우리가 조금 더 구체적으로 알아야 할 닷넷 프레임워크에 대해 알아보도록 하자.

1. 닷넷 프레임워크의 정의

닷넷 프레임워크(.NET Framework)(또는 그냥 닷넷이라고도 부른다)는 마이크로소프트사에서 개발한 윈도우 프로그램 개발 및 실행 환경이다.

닷넷이 탄생하게 된 배경은 플랫폼에 독립적인 응용 프로그램을 개발하기 위해서이다. 과거 개발된 윈도우 프로그램들은 윈도우 운영체제와 같은 한정된 플랫폼 외에는 수행할 수 없었다. 그래서 한 번 만들어진 프로그램을 모든 플랫폼에서 동작하게 한다는 것은 매우 이상적인 형태이다. 닷넷 기반에서 만들어진 응용 프로그램이 모든 플랫폼에서 동작할 수 있는 이유는 닷넷에 CLR(Common Language Runtime)이라는 가상머신이 존재하기 때문이다. 즉, 어떠한 운영체제이든지 닷넷 프레임워크만 설치되어 있다면 닷넷으로 개발한 모든 윈도우 프로그램이 동작한다는 것이다.

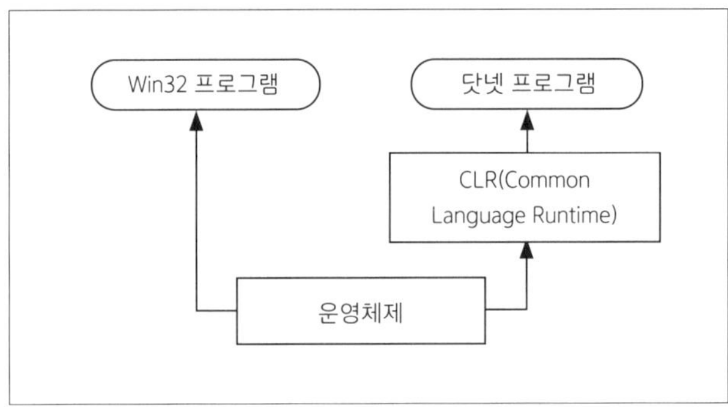

구조를 보면 운영체제와 닷넷 프로그램 사이에 CLR이라는 닷넷 프레임워크를 거치게 된다. 즉, 중간 코드를 통해 실행되기 때문에 성능의 저하가 따를 수 밖에 없다는 단점이 있다. 그러나 이러한 성능의 저하는 하드웨어 환경의 지속적인 개선으로 충분히 극복되어 소프트웨어의 느린 속도를 뒷받침할 수 있는 토대가 마련되었다.

2. 닷넷 프레임워크의 구조

닷넷 프레임워크의 내부 구조는 다음과 같이 CLR(공통언어런타임), JIT 컴파일러, 클래스 라이브러리 등으로 구성되어 있다.

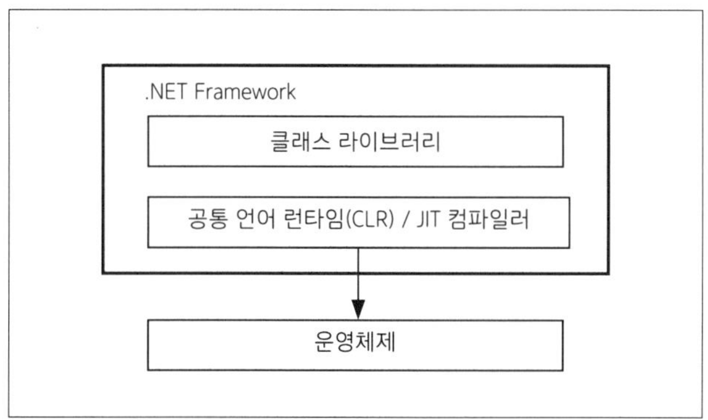

• 공통 언어 런타임(CLR)

닷넷 프레임워크의 가장 핵심 기능으로 자바에서의 가상 머신 역할을 한다. GC(Garbage Collector)를 호출하여 동적 할당이 된 메모리를 제거하는 역할도 한다.

• JIT 컴파일러

C# 코드를 빌드하면 MSIL이라는 중간 코드(Intermediate Language)를 만들어 낸다. 이 중간 코드로는 컴퓨터가 읽을 수 없으므로, 프로그램 실행 시 중간 코드는 JIT 컴파일러에 의해 Native 코드로 변경된다.

1.1.3 닷넷 프레임워크와 C# 프로그래밍 언어와의 구조

앞서 닷넷 프레임워크의 구조에 대해 살펴보았다. 닷넷 프레임워크의 역할은 이름 그대로 프레임워크이므로 그 위에 여러 종류 언어 코드들이 올라올 수 있다. 기존 닷넷 프레임워크 구조와 C#을 포함한 여러가지 언어들과의 관계를 살펴보도록 하겠다.

1. C#이란 무엇인가

C#은 마이크로소프트사에서 자체 개발한 객체지향언어이다. 닷넷 프레임워크(.Net Framework) 기반에서 실행되는 여러 응용 프로그램들을 구축할 수 있도록 해 주는 프로그래밍 언어이다. 객체 지향철학을 가진 언어로써 C++ 의 개념을 거의 그대로 전수받고 있으며, 문법은 자바(Java)와 매우 흡사하다. 자바를 다루었거나 자바 문법을 알고 있다면 C#에 접근하기가 매우 쉬울 수 있다.

2. 닷넷 프레임워크와 프로그래밍 언어와 관계

앞서 살펴보았던 닷넷 프레임워크의 구조를 기반으로 프로그래밍 언어와 어떠한 관계를 가지고 있는지 살펴보도록 하자.

C#으로 프로젝트를 생성하여 코드를 생성한 후 컴파일을 하면 컴파일러에 의해 MSIL(중간언어)로 변환된다. 이 언어는 컴퓨터가 읽을 수 있는 기계어가 아닌 독자적 문법을 가진 일종의 언어이다. 최종적으로는 이 MSIL(중간언어)는 닷넷 프레임워크의 CLR과 JIT컴파일러에 의해 컴퓨터가 읽을 수 있는 기계어로 변환된다.

1.2 개발환경 만들기 - Visual Studio 설치

C# 프로그래밍 학습을 위해 필요한 개발 환경은 마이크로소프트사의 Visual Studio이다. 닷넷이 처음 출시된 2001년부터 C#을 비롯한 닷넷을 사용할 수 있고, 우리가 가장 많이 사용하는 버전이 Visual Studio 2019, 2022 버전이며, 현재는 2026 버전까지 출시된 상태이다. C#은 이 중에 어떠한 버전을 사용해도 상관없이 동작하고, 학습할 수 있다. 우리는 이 버전들 중에 Visual Studio Community 버전으로 설치하도록 한다.

학습용으로 과거에 Express 버전이 나온적이 있었는데, 해당 버전은 기능에 대한 제약도 있고, 상용 버전으로 배포할 수 없었다. 그러나 Community 버전의 경우는 무료 라이센스이면서도 기능에 대한 제약이 정식 버전과 큰 차이가 없고, 상용 버전으로 배포도 가능하다. 다소 무거운 감은 없지 않아 있지만 이 책에서는 학습용으로 Community 버전을 사용하도록 하겠다.

1.2.1 설치파일 다운로드

먼저 마이크로소프트의 비주얼 스튜디오 웹사이트에 접속한다. 또는 구글 검색창에 "Visual Studio Community 다운로드" 라고 검색한다.

사이트 주소 : https://visualstudio.microsoft.com/ko/vs/community/

[다운로드] 버튼을 클릭한다.

VisualStudioSetup.exe 파일이 다운로드되며 다음과 같이 다운로드 완료 메시지가 나타난다.

1.2.2 Visual Studio 설치

다운로드한 설치 파일을 찾아 마우스 오른쪽 버튼을 클릭 후 "관리자 권한으로 실행" 항목을 선택한다.

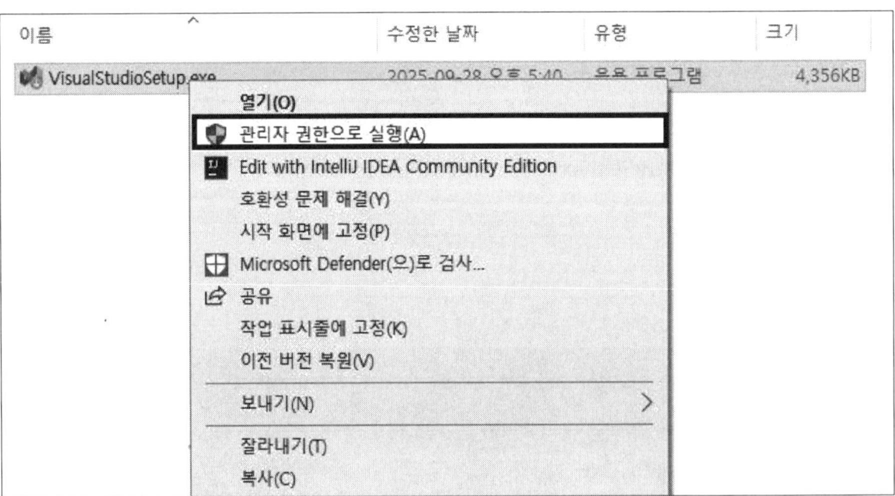

다음과 같이 Visual Studio Installer가 실행이 되고, [계속] 버튼을 클릭하면 설치가 진행된다.

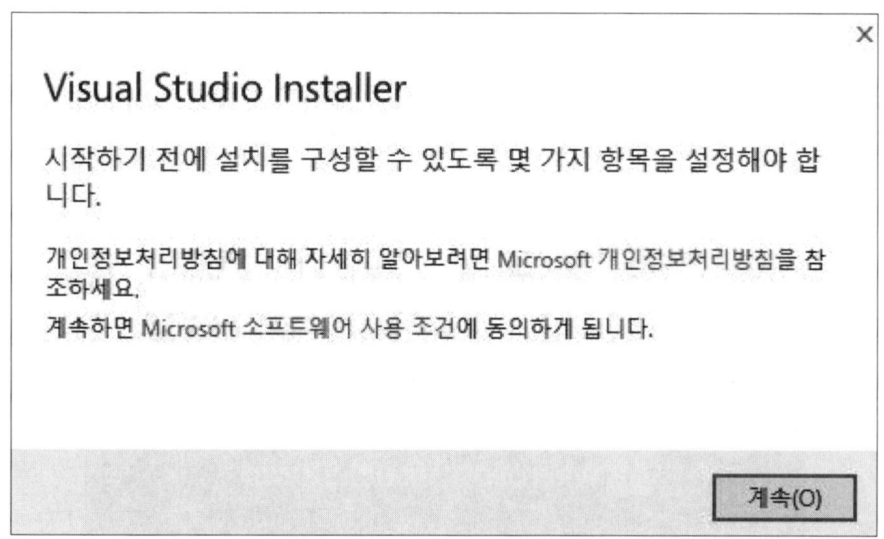

압축이 해제되고 나면 개발 사용 용도에 따라 [워크로드]를 설정할 수 있다. 우리는 C# 기반의 학습 및 개발을 할 것이므로 [Windows] 의 [.NET 데스크톱 개발]과 [ASP.NET 및 웹 개발]을 각각 체크한 후 [설치] 버튼을 눌러 설치를 시작한다.

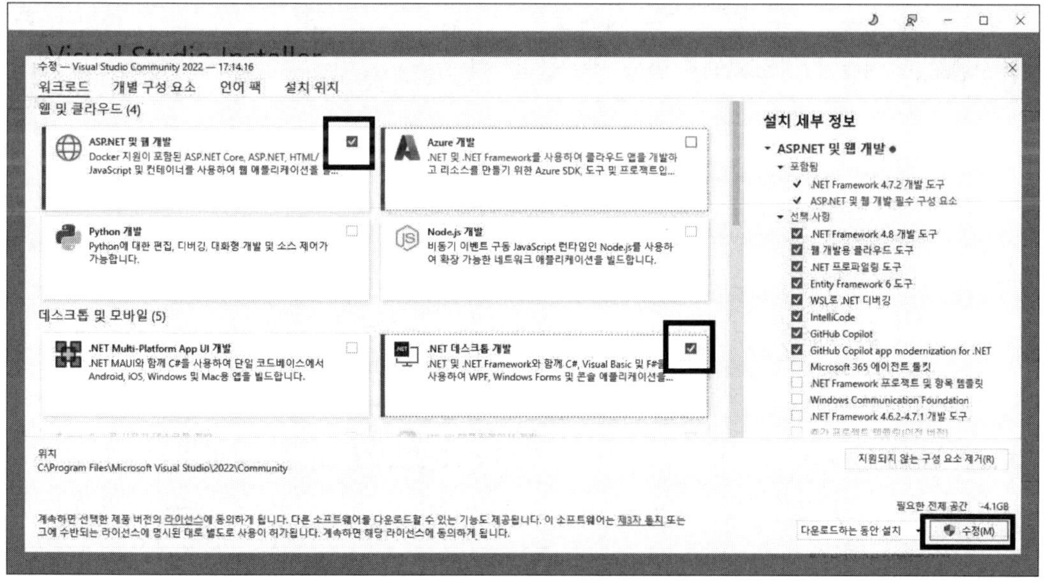

[설치] 버튼을 누른 후 Visual Studio Installer는 알아서 설치 파일을 다운로드 및 설치를 진행한다. PC 사양이나 인터넷 환경에 따라 설치하는 시간은 달라진다. Visual Studio의 설치가 끝났다면 프로젝트를 만들어 보자.

1.2.3 새 프로젝트 만들기

설치된 Visual Studio를 실행해 보자.

다음과 같이 프로젝트를 새로 만들거나 기존 프로젝트를 열 수 있도록 메뉴가 나타난다.

우리는 C#을 처음 다루는 것이기 때문에 새로운 C#기반의 프로젝트를 만들어 보도록 하겠다. 화면의 오른쪽 편 메뉴에 [새 프로젝트 만들기]를 클릭한다.

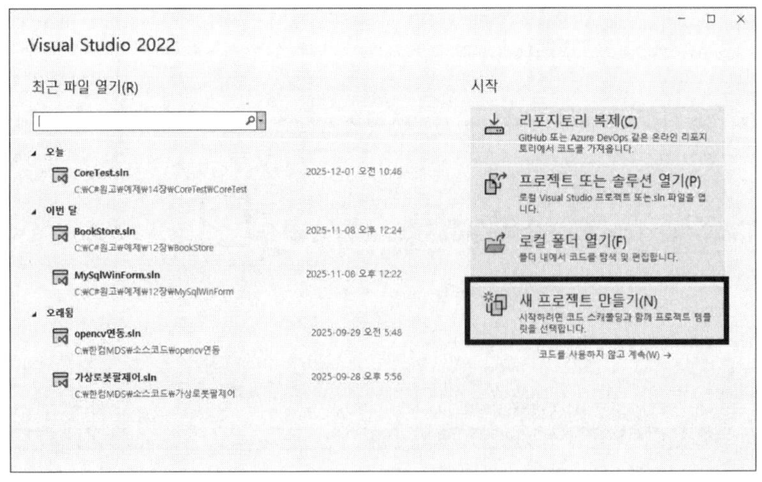

다음과 같이 새 프로젝트 만들기 창이 나타나는데, 내가 새 프로젝트를 만들건데 어떤 종류의 프로젝트를 만들 것인지 설정한다. C# 언어 기반의 프로젝트를 만들 것이므로, 창 오른쪽 상단에 [언어]를 선택한 후 [C#]을 선택하면, C#을 기준으로 그림과 같이 필터링된다. 다음으로 플랫폼은 [Windows]를 선택한다. 그리고 프로젝트 형식은 [데스크톱]을 선택한다. 이 프로젝트는 윈도우 폼 기반의 데스크톱으로 생성할 수 있는 프로젝트 형식 목록을 보여 주고 이 중에서 선택하면 된다. [Windows Forms 앱(.NET Framework)를 선택한다.

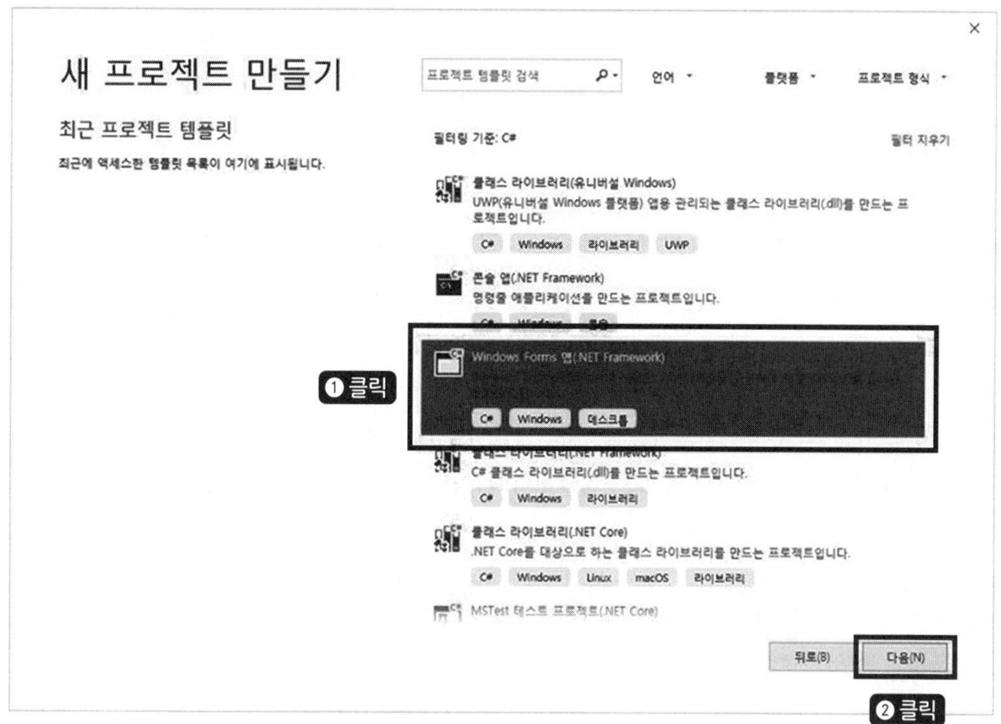

[다음]버튼을 클릭하면 다음 단계인 [새 프로젝트 구성]창으로 넘어간다. 여기에서는 내가 생성할 프로젝트 이름을 설정할 수 있는데, 프로젝트 이름은 "FirstApp"이라고 입력한다. 그리고, 내가 만든 프로젝트를 저장할 위치를 설정할 수 있는데, 프로젝트를 쉽게 찾을 수 있는 디렉토리에 설정하도록 한다.

[솔루션 및 프로젝트를 같은 디렉토리에 배치] 체크 옵션의 경우 체크를 해 주는 이유는 솔루션은 여러 개의 프로젝트를 관리할 때 필요한데, 우리는 프로젝트 1개만 생성할 것이기 때문에 굳이 솔루션 폴더와 프로젝트 폴더를 별도로 관리할 필요가 없어서 체크해 주었다.

설정이 모두 끝났으면 [만들기] 버튼을 클릭하여 프로젝트를 생성하도록 하자.

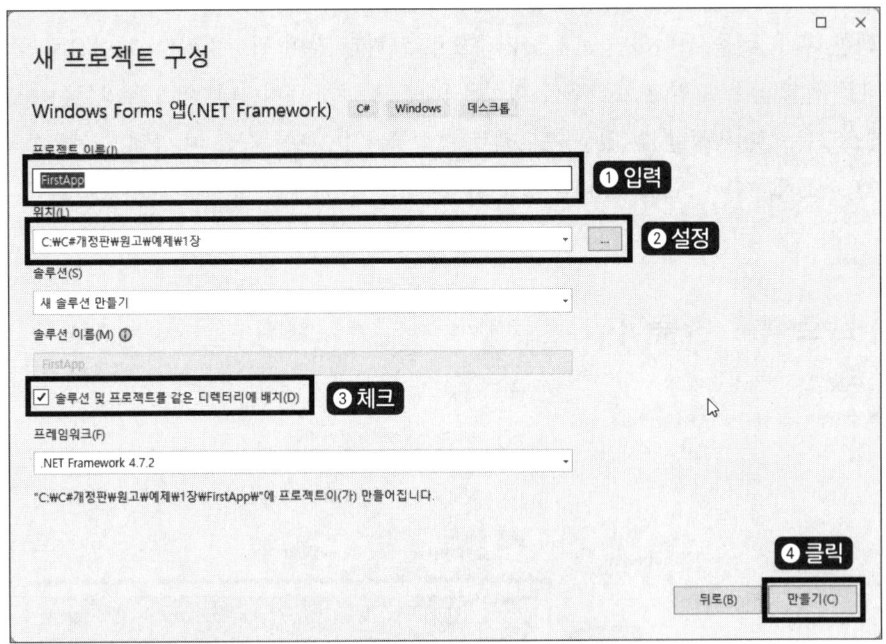

프로젝트가 생성이 되면 다음과 같은 형태로 나타난다. Visual Studio IDE를 기반으로 개발하는 경우 공통적인 개발 환경의 모습을 띄는데, 크게 다음과 같이 [솔루션 탐색기], [폼 디자인], [속성창] 이렇게 3부분으로 나눌 수 있다.

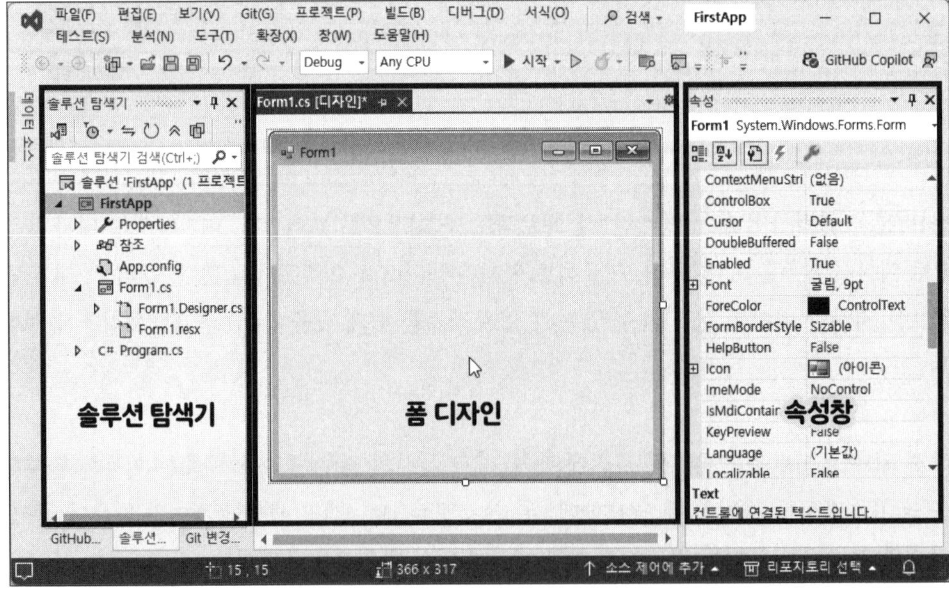

1. 솔루션 탐색기

솔루션 탐색기는 각각의 프로젝트와 프로젝트에 포함되어 있는 소스 코드들을 관리하는 기능을 한다. 트리 형태로 구성되어 있어서 프로젝트의 구조 및 파일의 요소를 한눈에 확인할 수 있다.

2. 폼 디자인

폼 기반의 프로젝트를 생성한 경우에 도구 상자에서 제공하는 다양한 컴포넌트들을 배치하고 디자인할 수 있는 영역이다. 우리 눈에 가시적으로 보이는 UI(User Interface)부분인데, 버튼, 텍스트 상자, 레이블과 같은 기본 컨트롤들이 배치할 수 있는 대표 요소들이다.

3. 속성창

이름 그대로 개체의 속성 내용을 보여 주는 창이다. 프로젝트 또는 파일 자체의 속성을 설정하거나 보여 줄 수 있고, 컨트롤들의 속성 또한 설정할 수 있게 해 주는 창이다. 그리고 특정 이벤트 처리 시 이벤트 처리기 추가 기능 또한 지원한다.

 **Visual Studio 버전별 UI 차이**

Visual Studio는 마이크로소프트에서 지속적으로 업데이트하는 통합 개발 환경이다. 개발 환경의 버전이 올라가도 메뉴 구성이나 설치 옵션, 일부 UI 레이아웃이 조금씩 변경된 차이만 있을 뿐이고, C#.NET 프로젝트를 생성, 작성, 실행하는 방식은 거의 동일하므로 학습하는데 버전의 차이가 문제가 되지 않는다.

1.3 내 생애 최초 C#으로 "HelloWorld" 출력하기

우리는 앞서 Visual Studio를 설치하고, 프로젝트까지 생성 완료하였다. 이제 개발할 수 있는 환경이 모두 갖추어진 상태이다. 지금부터는 만들어진 프로젝트에 무언가를 출력해 볼 수 있도록 해 보자.

전통적으로 C나 C++을 비롯한 여타 다른 언어들을 처음 배울 때 늘상 처음 하는 행위가 화면에 "Hello World"라는 문자열을 출력하는 것이다. 여기에는 단순 문자열 출력 이외의 중요한 의미가 있다. "Hello World"가 화면에 출력되었다는 것은 현재 나의 개발 환경이 문제없이 구축되었다는 것을 의미한다. 앞으로 개발하는데 있어 환경적으로는 no problem 이라는 것이다.

C#을 난생 처음 해 보시는 분들에게는 내 생애 최초 C#으로 "Hello World"를 출력할 수 있도록 작성해 보자.

1.3.1 폼디자인

프로젝트는 이미 앞서 생성했으므로, 생성된 프로젝트에 다음과 같이 컨트롤을 배치해 보도록 하자.

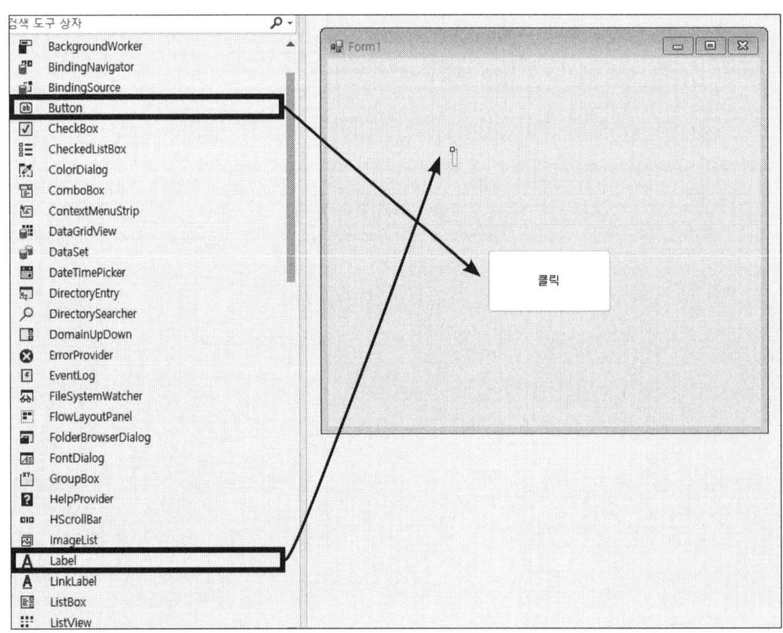

배치가 끝났으면 각 컨트롤에 대한 속성을 설정해 보도록 하자. 개발 환경의 오른쪽에 보면 속성 창이 있는데, 선택한 컨트롤에 따라 속성 내용이 변경된다. 다음은 레이블과 버튼 각각의 속성값을 설정하고 있다.

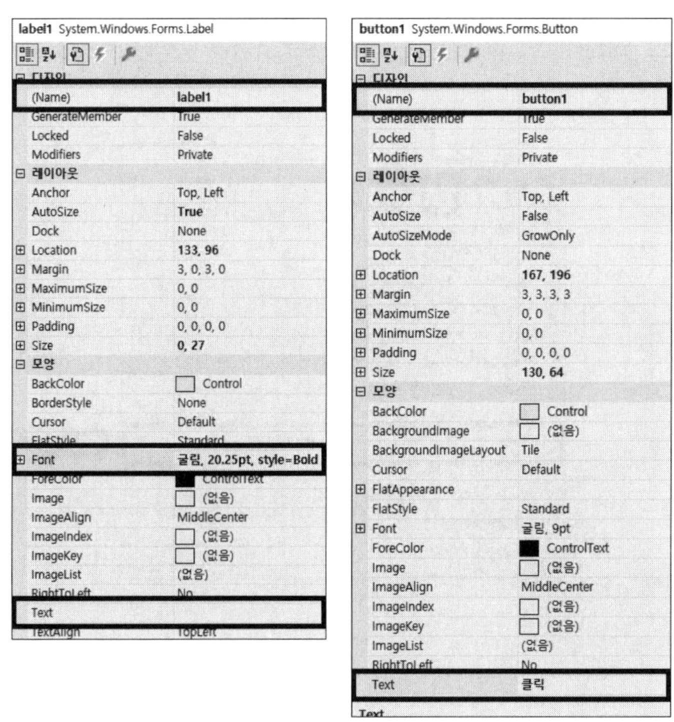

label1 컨트롤의 속성은 (Name)을 변경하지 않고 그대로 사용한다. Text의 경우 디폴트로 "label1"이라고 되어 있는데, 내용을 삭제하도록 한다. 그리고 Font의 경우 출력 문자가 잘 보일 수 있도록 종류는 "굴림", 크기는 "20pt", 스타일은 "Bold"로 설정한다.

button1 컨트롤의 속성 또한 (Name)은 변경하지 않고 그대로 사용한다. Text의 경우 디폴트로 "button1"이라고 되어 있는데, "클릭"으로 변경한다.

컨트롤/속성	Name	Text	Font
Label	label1	(비움)	글꼴 : 굴림 크기 : 20pt 스타일 : 굵게
Button	button1	클릭	

1.3.2. 이벤트 처리기 추가

우리가 구현하고 싶은 기능은 [클릭] 버튼을 클릭했을 때, [label1] 레이블에 "Hello World"라는 문자열이 출력되도록 하면 된다. 그렇다면 여기서 이벤트가 발생하는 시점은 [클릭] 버튼을 클릭했을 때이므로, 클릭 이벤트 처리기를 다음과 같이 추가하도록 하자. 먼저 폼에서 [클릭] 버튼을 선택한 후 속성 창의 [이벤트] 메뉴를 클릭한다. 그러면 버튼 관련 다양한 이벤트 목록들이 나타난다.

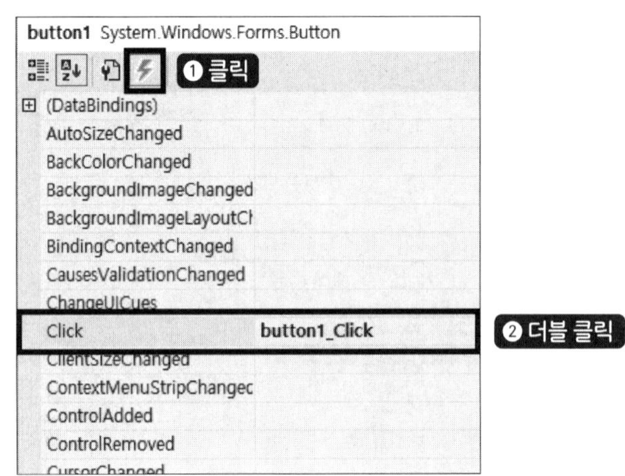

버튼 클릭 이벤트를 더블클릭하면 다음과 같이 이벤트 처리기 코드가 생성된다.

```
1    private void button1_Click(object sender, EventArgs e)
2    {
3    }
```

[클릭] 버튼을 클릭하면(클릭 이벤트가 발생되면), button1_Click() 이벤트 처리기에서 처리하겠다는 의미이다.

1.3.3 코드 작성

우리가 원하는 기능은 [클릭] 버튼이 클릭되었을 때, 레이블에 "Hello World"라는 문자열이 출력되도록 하는 것이다. 레이블에 문자열 출력 코드를 이벤트 처리기 내부에 작성해 보도록 하자.

```
1    private void button1_Click(object sender, EventArgs e)
2    {
3            label1.Text = "Hello World";
4    }
```

{ 코드 분석 }

3라인	label1 레이블에 텍스트 형태의 값을 대입하겠다는 의미로 Text 속성을 이용하여 label1.Text라고 작성하였다. =(대입 연산자)를 통해 오른쪽 "Hello World"의 문자열이 왼쪽 label.Text에 대입되는 것이므로 버튼 클릭 시 레이블에 문자열이 출력될 것이다.

1.3.4 빌드 및 실행하기

코드 작성이 끝났으면 빌드 및 실행해 보자.

1. 빌드(F6)

빌드의 사전적 의미로는 '건물을 짓다', '건설하다', '만들어 내다'라는 의미를 가지고 있다. 소프트웨어에서 사용하는 빌드의 의미도 비슷한데, 빌드라는 행위는 우리가 작성한 소스 코드를 컴퓨터가 이해할 수 있는 코드(기계어)로 만들어내는 과정이라고 이해하면 된다.

과거에는 내가 작성한 소스 코드를 기계어로 변환하는 과정으로 '컴파일' 과정과 '링크' 과정이 있었다.

• 컴파일(Compile)

소스 코드를 목적 코드(obj) 코드로 변환하는 과정이다. 목적 코드는 컴퓨터가 이해할 수 있는 완벽한 기계어는 아니다.

• 링크(link)

링크 과정에서 비로소 앞서 컴파일 과정에서 변환된 목적 코드와 실행 시 필요한 라이브러리들을 연결시켜 완벽한 기계어로 만든다.

최근 통합개발환경(IDE)은 컴파일과 링크 과정으로 나누지 않고, 두 과정을 통합하여 빌드(Build)라는 메뉴로 통합한다. 그래서 빌드 과정을 거치게 되면 내부에서 컴파일과 링크 과정이 순서대로 모두 수행된다고 생각하면 된다.

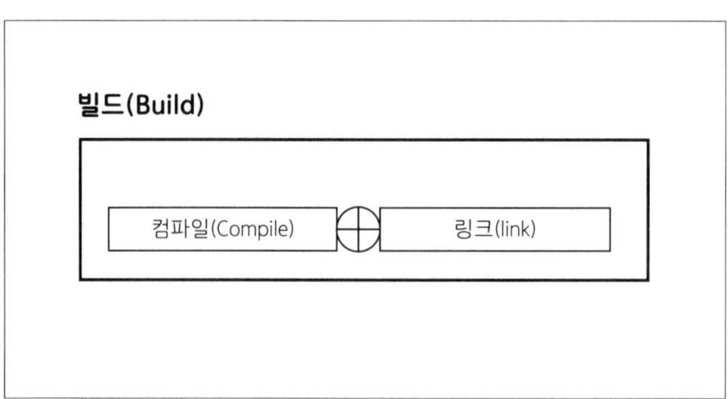

우리가 사용하는 비주얼 스튜디오의 빌드 단축키는 F6이다. 빌드 시 습관적으로 단축키 F6으로 빌드한다.

2. 실행

빌드 완료한 바이너리 파일을 실행하는 방법에는 크게 두 가지가 있는데, 메뉴의 [디버그]를 보면 [디버깅 시작]과 [디버깅 하지 않고 시작] 이렇게 2개의 메뉴를 볼 수 있다.

· 디버깅 시작(F5)

빌드 완료된 코드를 실행하되, 디버깅이 가능한 환경에서 실행하겠다는 의미이다. 디버깅이란 코드의 잘못된 문법이나 오류를 잡아내는 처리 과정을 뜻한다. 쉽게 말하자면, 현재 내가 작성한 코드가 완벽하지 않으니 실행 과정에서 디버깅을 통해 코드의 잘못된 부분을 잡겠다는 것이다. 보통 윈도우 프로그램을 실행할 때 [디버깅 시작] 메뉴를 주로 사용한다. 단축키는 F5번이다.

· 디버깅 하지 않고 시작(Ctrl + F5)

빌드 완료된 코드를 실행하되, 디버깅 하지 않고 실행하겠다는 의미이다. 현재 코드에 무결점을 확신하는 경우 바로 실행 결과를 확인하고 싶으면 [디버깅 하지 않고 시작] 메뉴를 선택한다. 코드의 복잡도가 크지 않거나 보통 콘솔 응용 프로그램을 실행할 때 [디버깅 하지 않고 시작] 메뉴를 사용한다. 단축키는 Ctrl + F5이다.

우리는 둘 중 어떤 메뉴를 선택하여 실행해도 상관은 없는데, 디버깅 시작(F5)를 선택하여 실행해 보도록 하자.

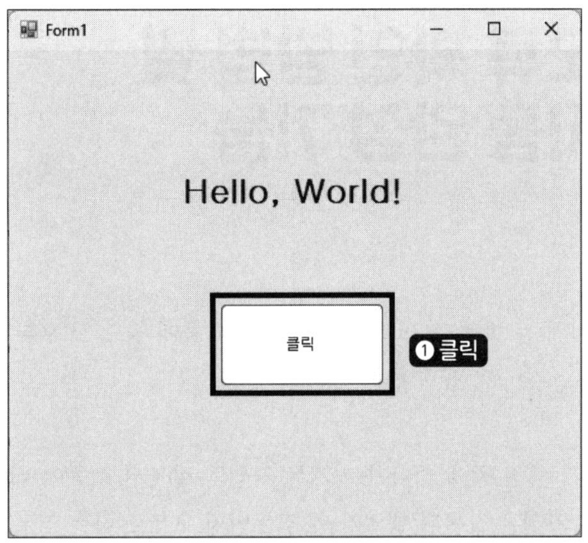

실행 후 [클릭] 버튼을 클릭하면 레이블에 "Hello World"가 출력되는 것을 확인할 수 있다.

1.4 오류 확인 방법 및 자동 완성 기능

통합개발환경(IDE)이 주는 여러 가지 이점이 있는데 그 중에 빌드 시 오류가 발생하면 오류의 위치와 내용을 알려 준다는 것이 큰 장점이다.

아기를 키우면서 느끼는 점 중에 하나가 아기는 자신의 잘못된 행동에 대해 고의적으로 잘못을 저지르지 않는다. 아기 자신은 잘못된 행위가 왜 잘못인지 모르고 하는 경우가 대부분이다. 그래서 이러한 경우는 잘못된 것이다라고 지적해 주는 학습과 교육이 필요한 것이다.

통합개발환경이 바로 이러한 역할을 해 준다. 우리가 코드의 문법이 잘못되었거나 문제가 발생이 되면 바로 지적해 주고 문제의 원인까지도 알려 준다. 얼마나 감사한가? 이 기능이 바로 오류 목록 출력 기능이다.

그리고 학습에 있어서 어떤 한정된 범위를 벗어나지 않도록 문법 작성 시 가이드라인을 잡아 주듯이, 코드 작성에 있어서도 가이드라인을 잡아 주는 기능이 있다. 이 기능이 바로 자동 완성 기능이다.

1.4.1 오류 확인 방법

앞서 작성했던 코드에는 문제가 없어서 오류를 확인 할 수 없다. 오류를 확인하기 위해서 앞의 코드에 고의로 문제를 발생시켜 보도록 하자.

```
1    private void button1_Click(object sender, EventArgs e)
2    {
3        label1.Text = "Hello World"
4    }
```

어느 부분이 잘못되었는가? 그렇다. "Hello World" 문장 끝에 세미콜론(;)을 생략했다. 프로그래밍 초보자들이 가장 많이 하는 실수 중에 하나가 바로 세미콜론(;) 누락이다. 세미콜론의 역할은 우리가 한글에서의 마침표와 같은 기능을 한다. 어떠한 프로그래밍 언어이든 공통적으로 코드의 한 문장 끝에는 세미콜론(;)을 찍음으로써 문장이 끝났다는 것을 표시한다.

세미콜론(;)이 생략된 채로 빌드(F6)를 한다. 그리고, 빌드의 결과를 나타내는 '출력'창을 확인한다.

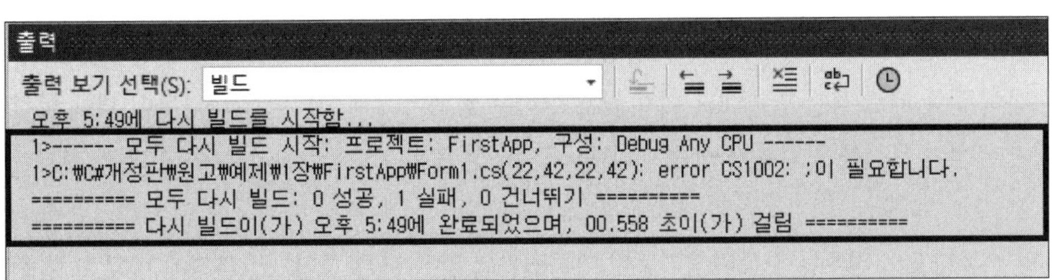

기본적으로 '빌드 : 성공 0, 실패 1' 이라고 표시되면 오류가 발생한 것이다. 여기서 성공 0의 의미는 프로젝트 중에 성공한 프로젝트가 0개라는 것이다. 현재 우리 솔루션에는 프로젝트가 1개만 등록되어 있기 때문에 그나마 있던 1개의 프로젝트도 성공하지 못했다는 의미이다. 그리고 실패 1의 의미는 솔루션에 등록되어 있는 프로젝트 중에 실패한 프로젝트가 1개라는 의미이다.

정리하면 프로젝트의 빌드에서 문제가 발생하였고, 에러 코드로 CS1002 가 나타난다. 이 코드는 세미콜론(;)이 생략되었을 때 발생하는 에러 코드이다. 그런데 에러 발생 표시만 하고 그치는 것이 아니라 친절하게도 ";이 필요합니다" 라고 오류에 대한 해결법까지 제시한다. 현재 에러 표시 문장을 더블클릭하면 에러가 발생한 해당 코드로 이동한다.

오류를 확인하는 또 다른 방법으로 오류 목록을 일목요연하게 보여 주는 '오류 목록' 창이다. 오류 발생 시 '출력'창을 통해 볼 수도 있지만, '오류 목록'창을 통해 보아도 상관없다.

프로그래밍 입문자들이 익숙하지 않는 것들 중에 하나가 바로 '오류 목록' 또는 '출력' 창을 통해 오류의 원인을 파악하여 해결하는 과정이다. 이렇게 오류가 발생 했을 때 개발자는 컴파일러가 알려주는 오류의 정보를 기반으로 스스로 문제를 해결해 나가야 한다. 우리는 '오류 목록'에 나타나는 에러 코드와 설명에 익숙해져야만 한다.

1.4.2 자동완성기능 (Intellisense)

자동완성기능은 코드의 생산성을 매우 향상시켜 주는 기능 중에 하나이다. 우리가 인터넷 포털 사이트에서 검색을 할 때 초성만 입력해도 내가 찾고자 하는 검색어가 완성되어 나타나듯이 개발 환경에서도 우리가 완성된 문장을 입력하기 전에 내가 원하는 속성 또는 함수의 키워드를 미리 알려 준다.

비주얼 스튜디오의 경우는 자동완성기능이 이클립스와 같은 다른 통합개발환경에 비해 그렇게 훌륭하게 지원되지는 않았으나 버전이 높아질수록 자동완성기능이 강력하게 지원되고 있다.

Part 2

기본 문법

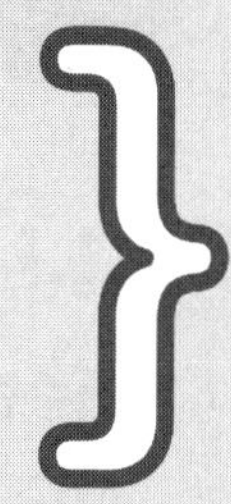


```
1   using System;
2   namespace HelloWorld
3   {
4       class Program
5       {
6           static void M
7           {
8               Console.WriteLine(      orld!");
9           }
10      }
11  }
```

2.1 변수와 자료형

2.1.1 변수

1. 변수란 무엇인가

일상에서 변수라는 말을 주로 사용하는 경우는 스포츠 경기에서이다. 예를 들어 주전 선수 누군가가 부상을 당해 선발 엔트리에서 빠지게 되면 우리는 변수가 발생했다고 말한다. 여기서 말하는 변수는 무슨 의미인가? 주전 선수의 결장으로 경기 결과를 예측할 수 없다는 뜻이다. 즉, 그나마 확률적으로 예측이 가능했던 결과가 예측하기 힘든 상황으로 바뀌었다는 의미이다.

변수는 이와 같은 맥락으로 예측하기 힘든 것, 또는 정해지지 않는 것이라고 생각하면 된다. 수는 수인데 1개의 수로 정해지지 않고, '변경이 가능한 수'를 의미한다.

이렇게 변경이 가능한 수를 가지고 있으려면 일단 물리적으로 저장할 메모리 공간이 있어야 하는데, 그 메모리 공간에 붙여진 이름을 우리는 '변수'라고 한다.

2. 변수를 사용하는 이유

컴퓨터는 다양하고 신속하게 일을 처리해 준다. 그래서 우리가 다양한 형태로 프로그래밍을 하는 것처럼 컴퓨터 내부에서도 복잡한 연산을 할 것이라고 생각하지만, 의외로 단순하게 동작한다. 컴퓨터는 메모리(RAM)에 올라오는 데이터를 CPU가 처리하는 동작이 전부이다. 물론 데이터를 처리한다는 동작은 화면에 출력을 하는 것일 수도 있고, 프린터로 출력하는 동작이 될 수도 있으며, 키보드로부터의 입력이 될 수도 있다. 아무튼, 컴퓨터는 자신의 메모리에 데이터가 올라오면 그것을 처리하는 동작을 하는데, 메모리상에 올라가 있는 수많은 데이터를 어떻게 구분할 것인가?

메모리는 구조상 각 byte별로 고유한 번지를 가지고 있으며, 이 번지를 대상으로 값을 읽고 쓸 수 있다. 그런데 컴퓨터는 구조상 사람이 이해하는 10진수보다 16진수로 표현되어 있으므로 다루기 쉽지도 않고 두뇌와 시력을 피곤하게 만든다. 예를 들면 4byte 메모리에 값을 하나 저장한다고 했을 때, "0x1000 번지에서 0x1003 번지까지(총 4byte)의 메모리에 7을 저장한다."라고 표현할 수 있다.

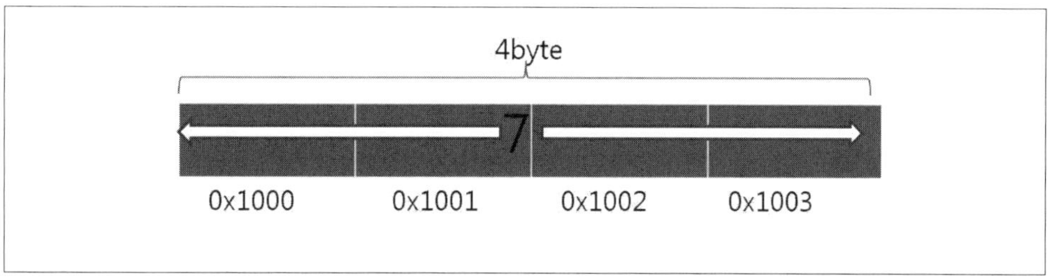

그런데, 우리가 프로그래밍을 할 때 이런 식으로 메모리 번지를 직접 사용하여 데이터를 제어한다면 어떨까? 앞에서는 쉽게 예를 들어서 0x1000이라는 식의 번지수를 사용했지만, 이런 식의 번지가 10개만 넘어도 외우기가 힘들어진다. 그래서 우리가 사용할 메모리에 이름을 붙여 준 것이 변수이다. 앞서 변수를 정의했을 때 '메모리 공간에 붙여진 이름'이라는 표현을 썼다. 즉, 우리가 사용할 메모리 공간에 이름을 부여한 것이 바로 변수이다.

변수를 사용하게 되면 일일이 메모리 번지를 사용하여 표현할 필요가 없이, 바로 변수만 사용하여 데이터를 쉽게 제어할 수 있다. 아무래도 숫자를 기억하기보다는 의미가 있는 변수 이름을 부여하는 것이 훨씬 기억하기 쉬울 것이다. 앞의 메모리를 Lucky라는 이름을 부여하여 변수로 사용하여 보자.

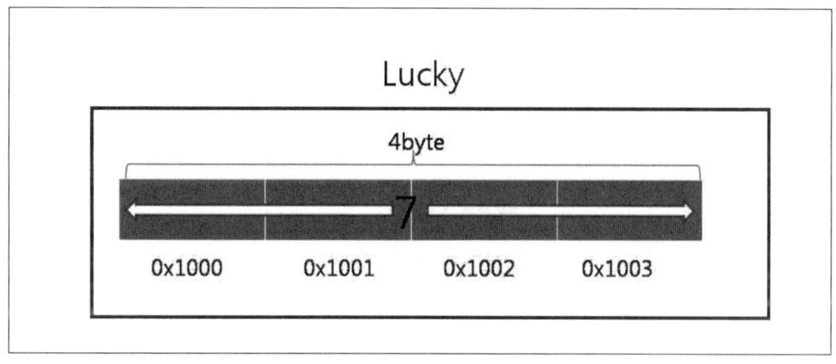

메모리 번지 0x1000부터 0x1003까지는 Lucky라는 이름의 변수로 선언되어 있고, 이 메모리에 7이라는 값이 저장되어 있다. 만약 Lucky라는 변수의 값을 8로 바꾸고 싶다면 Lucky = 8이라고 사용하면 된다. 즉, 변수를 사용하는 이유는 프로그래머가 직접 메모리 번지를 일일이 다 기억하여 접근하지 않아도 변수를 통해 용이하게 메모리 관리 및 데이터 입출력을 할 수 있기 때문이다.

2.1.2 자료형

1. 자료형이란 무엇인가

우리는 앞에서 변수에 관하여 배웠다. 변수란 사용할 메모리 공간을 할당하고, 거기에 이름을 붙여 준 것이라고 하였다. 여기에서 사용할 메모리 공간을 할당한다고 하였는데, 선언한 변수가 얼마만큼의 메모리 공간을 할당할 것인지 결정해 주는 것이 바로 '자료형'이 하는 역할이다.

그릇을 예로 들어 보자. 우리는 평소에 그릇을 용도에 맞춰서 사용한다. 보통은 밥그릇, 국그릇, 반찬 그릇으로 구분되며, 양에 따라서는 냄비나 물만 담을 수 있는 주전자 등으로 구분되는데 모두 사용 용도나 담아내는 음식의 종류에 따라 다르게 사용된다.

자료형이 바로 다양한 그릇이라고 보면 되겠다. 밥을 냄비나 주전자에 먹을 수 없고, 물을 프라이팬에 따라 마실 수 없다. 각각의 크기와 쓰임새가 다르기 때문에 각각 쓰임에 맞는 그릇이나 용기에 내용물을 담아야 한다. 이와 같이, 변수를 선언할 시에는 변수에 담을 자료의 쓰임새에 따라 자료의 종류를 결정하고, 그에 따라 메모리의 크기도 결정할 수 있다.

2. 자료형의 종류

C#에서 제공하는 기본 자료형은 다음과 같다.

자료형	내용
bool	참인 경우는 true, 거짓인 경우는 false로 표시한다.
byte	1byte의 메모리를 차지하고, 양수만 표현한다. 범위는 0~255이다.
sbyte	1byte의 메모리를 차지하고, 양수와 음수 표현이 모두 가능하다. 범위는 -127~128이다.
int	0을 포함한 양수와 음수의 정수를 표현한다.
float	소수점 7자리까지의 실수를 표현한다.
double	소수점 16자리까지의 실수를 표현한다.
char	문자 1개를 표현한다.
string	여러 개의 문자들로 이루어진 문자열을 표현한다.
object	어떠한 자료형도 표현할 수 있다.

[표]의 자료형의 내용에서 보듯이 각각의 범위와 쓰임은 다르다. 변수를 선언할 때는 이러한 기본 자료형을 바탕으로 변수의 쓰임새와 크기에 대한 고려를 하여 선언해야 한다.

3. 변수 선언 방법

앞서 변수의 의미와 자료형의 종류를 살펴보았다. 이제 실제로 자료형을 이용하여 변수를 선언하는 형태를 살펴보도록 하자. 우선 모든 자료형을 예로 들 수는 없으므로, 가장 많이 사용하는 정수형(int) 자료형을 이용하여 변수 선언 형태를 살펴보도록 하겠다.

```
int   Lucky;
```

변수를 선언하는 기본 형태는 다음과 같다.

```
자료형   변수명;
```

변수 선언의 기본 형태는 자료형과 변수명으로 구성되어 있고, 변수 선언 또한 하나의 문장이므로 문장의 끝은 세미콜론(;)으로 마치고 있다. 정수형뿐만 아니라 모든 자료형들이 이 기본 문법에 적용된다.

2.1.3 프로젝트 제작 : 기본 자료형 사용하기

기본적으로 C#에서 많이 사용하는 기본 자료형을 다루는 예제를 작성해 보도록 하겠다.

1. 프로젝트 생성

메뉴의 [파일]-[새로 만들기]-[프로젝트]를 선택한 후 프로젝트 선택 창에서 [Windows Forms 앱]을 선택한다.

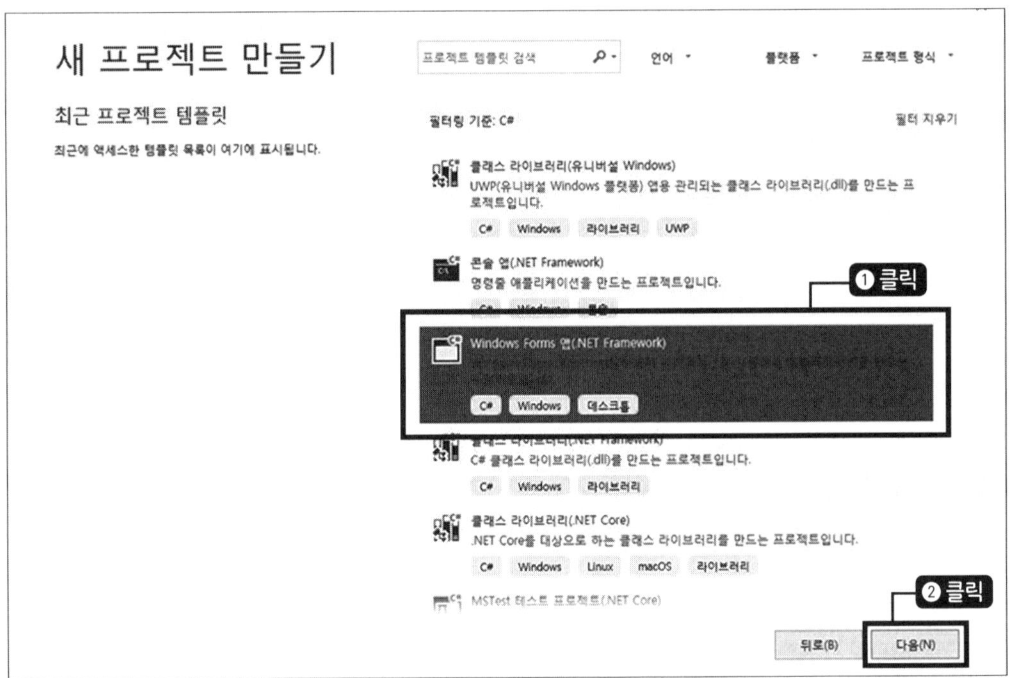

[다음] 버튼을 클릭하면 다음 단계인 [새 프로젝트 구성] 창으로 넘어간다. 프로젝트 이름은 Variable 이라고 입력한 후, [확인] 버튼을 눌러 프로젝트를 생성하자.

2. 폼 디자인

C#에서는 프로젝트를 생성하고 나면 다음과 같이 폼 기반에서 컨트롤을 배치해야 한다. 왼쪽 패널에 [도구 상자]가 나타나는데, 컨트롤들의 집합이라고 보면 된다.

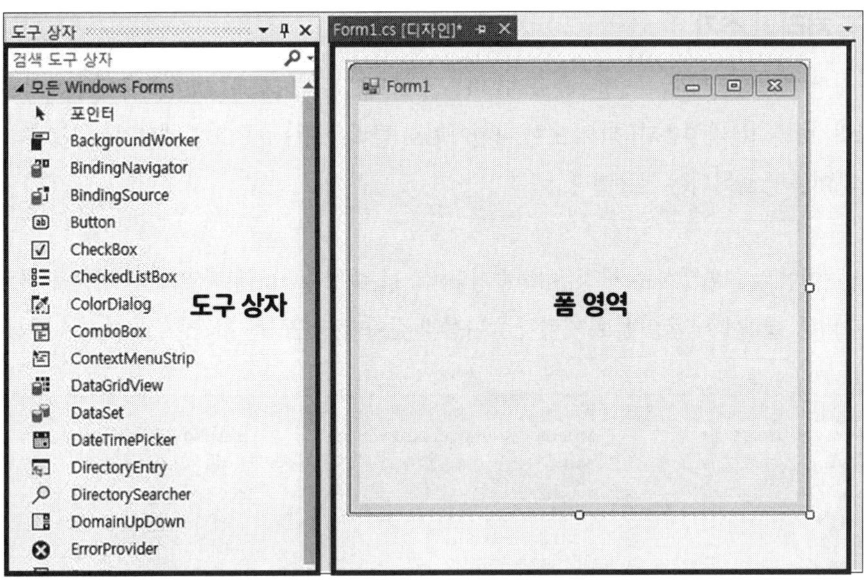

기본 자료형 출력 테스트를 하기 위해서 도구 상자에서 다음과 같이 컨트롤들을 끌어다가 배치해 보자. 버튼 3개, 레이블 1개를 그림과 같이 배치한다. 그리고 배치한 각 컨트롤들의 속성을 [표]처럼 설정해 보자.

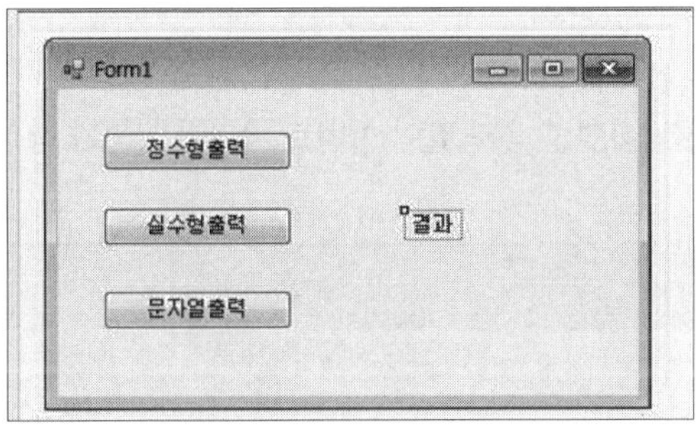

컨트롤/속성	Name	Text
Button	btnInt	정수형출력
Button	btnDouble	실수형출력
Button	btnString	문자열출력
Label	lbResult	결과

3. 이벤트 처리기 추가

우리가 구현하고 싶은 기능은 [정수형출력] 버튼을 클릭했을 때 [결과] 레이블에 정수값이 출력되고, [실수형출력] 버튼, [문자열출력] 버튼 또한 마찬가지로 클릭을 했을 때 그에 해당하는 실수값과 문자열 이 [결과] 레이블에 출력되는 기능이다.

그렇다면, 이벤트가 발생하는 시점은 [정수형출력], [실수형출력], [문자열출력] 버튼을 클릭했을 때 이므로, 이 버튼 클릭에 대한 이벤트 처리기를 다음과 같이 추가하도록 하자.

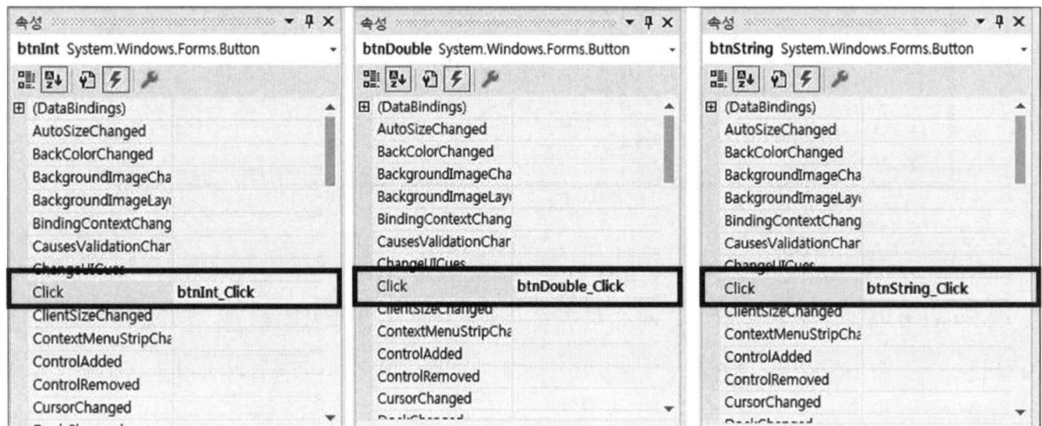

버튼 클릭 이벤트를 더블클릭하면 다음과 같이 이벤트 처리기 코드가 생성된다.

```
1   private void btnInt_Click(object sender, EventArgs e)
2   {
3   }
4   private void btnDouble_Click(object sender, EventArgs e)
5   {
6   }
7   private void btnString_Click(object sender, EventArgs e)
8   {
9   }
```

4. 코드 작성

이벤트 처리기가 추가되었다면 이벤트 처리기 내부에 동작 기능 코드를 추가하도록 하자. 각 이벤트 처리기의 기능에 맞게 작성해 보자.

```
1    private void btnInt_Click(object sender, EventArgs e)
2    {
3            int iValue = 100;
4            lbResult.Text = iValue.ToString();
5    }
6
7    private void btnDouble_Click(object sender, EventArgs e)
8    {
9            double fValue = 3.14;
10           lbResult.Text = fValue.ToString();
11   }
12
13   private void btnString_Click(object sender, EventArgs e)
14   {
15           string sValue = "잠수함";
16           lbResult.Text = sValue;
17   }
```

{ 코드 분석 }

3라인	btnInt_Click( ) 이벤트 처리기의 경우 버튼이 클릭되었을 때 정수값이 [결과] 레이블에 출력되어야 하기 때문에, 처리기 내부에서 int형 변수를 선언하고 100이라는 값으로 초기화하였다.
4라인	정수값을 단순하게 레이블에 출력하기 때문에 iValue의 값을 레이블 lbResult에 대입하는 꼴인데, iValue가 정수값이기 때문에 ToString( ) 메소드를 통해 문자열로 값을 변환한 후 lbResult에 넘겨 주고 있다.
7~17라인	btnDouble_Click( ), btnString_Click( ) 이벤트 처리기 또한 타입과 변수만 변경하면 되고, 처리하는 코드는 정수형에서 처리했던 패턴과 동일하다.

5. 빌드 및 실행하기

단축키 F6번과 F5번을 눌러서 다음과 같이 빌드 및 실행을 한다. [정수형출력], [실수형출력], [문자열출력] 버튼을 각각 클릭하여 레이블에 타입별로 출력되는 결과값을 확인해 보자.

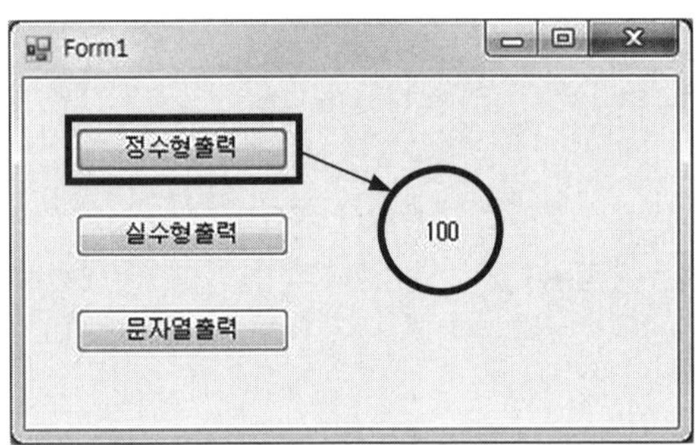

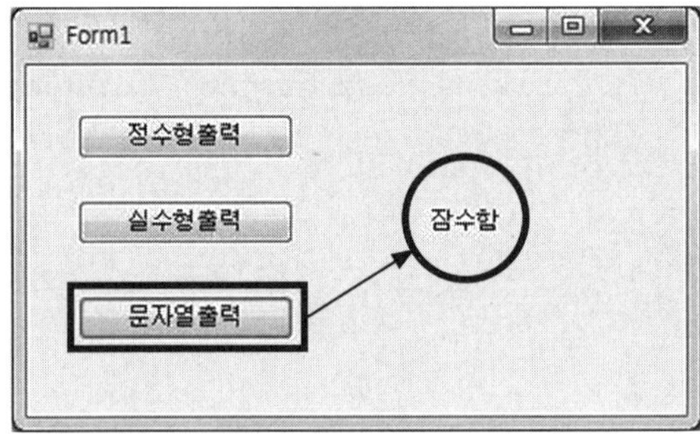

2.2 연산자

2.2.1 연산자란 무엇인가

우리가 앞서 배운 변수와 자료형들이 정적인 요소들이었다면, 지금 배울 연산자는 이러한 정적 요소들을 유기적으로 결합하여 새로운 결과물을 만들어 내는 요소라고 할 수 있다. 연산자는 프로그래밍에 있어서 손과 발 역할을 하는 행동 대장이라고 할 수 있다. 즉, 연산자란 컴파일러가 변수 또는 상수를 이용하여 산술 계산 또는 논리 판단을 할 수 있도록 제공하는 기호이다.

예를 들어 학생들의 각 과목의 성적은 각각의 데이터 자체로서는 그 의미가 없다. 그러나 각 과목을 합한 총점이나 평균을 통해 학점을 내면 그것은 유용한 데이터가 될 수 있다. 이처럼 연산을 하면 의미 있는 데이터를 만들 수 있다.

우리가 수학 시간에 배웠던 사칙 연산(더하기, 빼기, 곱하기, 나누기)은 매우 익숙하다. 일상생활에서 없어서는 안 될 기본 연산들이기 때문이다. 하지만 프로그래밍 언어에는 사칙 연산 외에도 다양한 연산자들과 연산 규칙들이 있는데, 대표적으로 대입 연산자, 증감 연산자, 비교 연산자, 논리 연산자 등이 있다.

2.2.2 연산자들의 종류

프로그래밍 언어는 다양한 연산자들을 제공한다. 연산자들을 잘 활용하면 복잡한 연산을 간단하게 처리할 수 있다. 다음은 연산자를 기능별로 분류한 것이다.

기능별 분류	연산자 종류
산술 연산자	+ - * / %
대입 연산자	= += -= *= /= %=
부호 연산자	+ -
증감 연산자	++ --

관계 연산자	== != < > <= >=
논리 연산자	|| && !
비트 연산자	! & >> << ~

우리는 단순히 산술 연산 정도만 알고 있었다. 그런데, 프로그래밍 언어에는 증감, 관계, 논리와 같은 여러 가지 연산자들이 존재하는 것을 볼 수 있다. 종류가 많다고 복잡하게 생각하지는 말자. 오히려 연산자는 좀 더 쉬운 연산 과정을 위해 존재하는 것이기 때문에, 위 연산자들의 의미를 잘 파악하고 익혀놓으면 효율적인 프로그램을 작성할 수 있다.

여러 연산자들 중에 많이 사용되는 산술, 대입, 증감, 관계, 논리 연산자의 쓰임에 대해 간단하게 살펴보도록 하겠다.

1. 산술 연산자

산술 연산자는 더하고, 빼고, 곱하고, 나누는 기본적인 사칙 연산이다. 이 연산의 개념에 대해서는 굳이 따로 설명할 필요는 없는 것 같다. 더하기(+), 빼기(-) 연산 기호는 수학에서 사용하는 기호와 동일하지만, 곱하기의 경우는 'x' 기호를 사용하지 않고 '*' 기호를 사용한다는 점과, 나누기의 경우는 '÷' 기호를 사용하지 않고 '/' 기호를 사용한다는 점만 주의하면 된다. 코드상에서 산술 연산자의 사용 형태는 다음과 같다.

```
C = A + B

C = A - B

C = A * B

C = A / B

C = A % B
```

여기서 주의해야 할 점은 '%' 연산은 나눈 나머지 값을 반환한다는 점이다.

2. 대입 연산자

대입 연산자의 기본 연산은 '='로서, 연산자의 오른쪽에 있는 값을 왼쪽으로 대입하는 역할을 한다.

```
A = B
```

이 의미는 B의 값을 A에 대입한다는 뜻이다.

대입 연산자와 앞서 살펴본 산술 연산자를 혼용한 형태의 다양한 대입 연산자를 볼 수 있다. 먼저 더하기(+) 연산자와 대입 연산자(=)를 혼합한 의미를 살펴보자. 1가지 형태만 알면 나머지는 동일한 패턴이기 때문에 이해하는 데 어려움이 없다.

$$A\ +=\ B\ \rightarrow\ A = A + B$$

A += B는 A와 B를 더하고 그 결과를 다시 A에 대입하라는 의미이다. 이에 같은 패턴으로 A-=B, A*=B, A/=B 등도 동일한 패턴으로 이해하면 된다.

3. 증감 연산자

증감 연산자는 증가 연산자와 감소 연산자를 줄인 말이다. 증감 연산자는 이항 연산자들의 연산을 단항 연산자로 줄여서 표기한다.

변수에 ++나 --가 붙으면 각 해당 변수에 1을 증가시키거나 1을 감소시키라는 의미이다. 표기와 의미는 직관적이어서 이해하는 데 큰 문제는 없다.

$$++A\ \rightarrow\ A = A + 1$$
$$A++\ \rightarrow\ A = A + 1$$
$$--A\ \rightarrow\ A = A - 1$$
$$A--\ \rightarrow\ A = A - 1$$

다만, 주의해야 할 것은 증감 연산자가 피연산자의 앞에 붙느냐 뒤에 붙느냐에 따라 의미가 달라지고 결과 또한 다르게 나타난다는 것이다.

++A와 --A처럼 피연산자의 앞에 증감 연산자가 붙으면 만사 제쳐 두고 가장 우선순위로 1을 증가/감소시키라는 의미이다. 반대로 A++와 A--처럼 피연산자의 뒤에 증감 연산자가 붙으면 이때는 해당 코드 라인에서 해야 할 모든 작업을 마친 후에 그 다음 라인으로 넘어가야 하는 순간, 증가 또는 감소 연산을 진행하라는 의미이다.

4. 관계 연산자

관계 연산자는 2개의 피연산자를 사이에 두고 관계를 따지는 연산자로 서로 같은지, 다른지, 어느 쪽이 큰지 등을 비교하는 연산자이다.

```
A == B    →    A와 B가 같다.

A != B    →    A와 B가 다르다.

A > B     →    A가 B보다 크다.

A < B     →    A가 B보다 작다.

A >= B    →    A가 B보다 크거나 같다.

A <= B    →    A가 B보다 작거나 같다.
```

관계 연산자는 주로 조건을 비교할 시 조건문(if문 등) 안에서 많이 사용된다. 관계 연산자의 조건에 맞으면 true를 반환하고, 조건에 맞지 않으면 false를 반환한다.

5. 논리 연산자

논리 연산자는 주로 관계 연산자와 함께 많이 사용된다. 2개의 조건식 등을 결합하여 하나의 결과값을 만들어 낸다.

```
!(A == B) →    A와 B가 다르다.

A && B    →    A와 B 모두 참이어야 참.

               A와 B 둘 중에 하나라도 거짓이면 전체가 거짓.

A || B    →    A와 B 둘 중 하나만 참이면 참.

               A와 B 모두 거짓이면 전체가 거짓.
```

! 연산자는 무엇이든 반대로 해석한다. 결과가 참이면 거짓으로, 거짓이면 참으로 해석한다. 스머프 마을의 99명의 스머프 중에 무조건 반대만 하는 투덜이 스머프와 같다.

&& 연산자는 밤하늘의 별을 바라보는 두 연인의 모습이다. 마치 '그대 그리고 나'를 연상시킨다. 그렇다. 이 연산의 의미는 '그리고'이다. 사랑하는 두 사람은 둘 다 마음이 맞아야 하나의 가정을 이룰 수 있다. 만약 한 사람이라도 마음이 어긋나면 하나의 가정을 이룰 수 없다. 이처럼 && 연산자는 둘 다 모

두 참이어야만 참이 되고, 하나라도 거짓이 되면 모두 거짓이 되는 연산자이다.

|| 연산자는 '또는'이라는 의미를 갖는다. 피연산자 중 하나만 참이면 모두 참이 된다. 2개 모두 거짓이어야만 거짓이 된다.

2.2.3 프로젝트 제작 : 산술 연산자 사용하기

먼저 보통 많이 사용하는 사칙 연산을 다루는 예제를 작성해 보도록 하겠다.

1. 프로젝트 생성

메뉴의 [파일]-[새로 만들기]-[프로젝트]를 선택한 후 프로젝트 선택 창에서 [Windows Forms 앱]을 선택한다.

[다음] 버튼을 클릭하면 다음 단계인 [새 프로젝트 구성] 창으로 넘어간다. 프로젝트 이름은 Arithmetic이라고 입력한 후, [확인] 버튼을 눌러 프로젝트를 생성하자.

2. 폼 디자인

다음과 같이 폼에 컨트롤들을 배치한다.

사칙 연산을 수행할 버튼 4개와 두 수를 입력할 텍스트박스 2개를 다음과 같이 폼 위에 배치하고 연산 결과를 출력할 레이블을 1개 배치한다. 그리고 [표]와 같이 컨트롤의 속성을 설정하자.

컨트롤/속성	Name	Text
TextBox	txtInput1	(비움)
TextBox	txtInput2	(비움)
Button	btnPlus	더하기
Button	btnMinus	빼기
Button	btnMultiple	곱하기
Button	btnDivide	나누기
Label	lblResult	결과

3. 이벤트 처리기 추가

우리가 구현하고 싶은 기능은 2개의 텍스트박스에 각각 숫자를 입력한 후 [더하기], [빼기], [곱하기], [나누기] 버튼을 클릭하면 입력한 두 수가 연산이 되어 [결과] 레이블에 출력되도록 하는 기능이다.

그렇다면, 이벤트가 발생하는 시점은 각 버튼을 클릭했을 때이므로 각 버튼 클릭에 대한 이벤트 처리기를 추가하도록 하자.

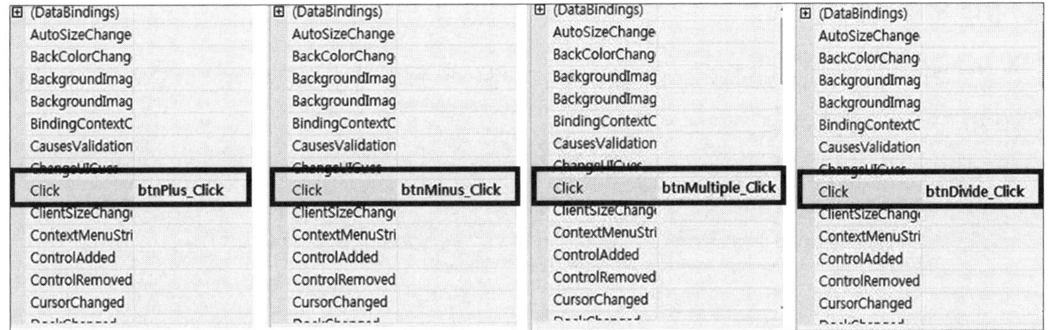

버튼 클릭 이벤트 처리기를 추가하면 다음과 같이 이벤트 처리기 코드가 생성된다.

```
1   private void btnPlus_Click(object sender, EventArgs e)
2   {
3   }
4   private void btnMinus_Click(object sender, EventArgs e)
5   {
6   }
7   private void btnMultiple_Click(object sender, EventArgs e)
8   {
9   }
10  private void btnDivide_Click(object sender, EventArgs e)
11  {
12  }
```

4. 코드 작성

이벤트 처리기가 추가되었다면 각 이벤트 처리기 내부에 동작 기능 코드를 추가하도록 하자. 먼저
[더하기] 버튼 기능을 구현해 보도록 하자.

```
1    private void btnPlus_Click(object sender, EventArgs e)
2    {
3            int num1 = int.Parse(tbInput1.Text);
4            int num2 = int.Parse(tbInput2.Text);
5            int num3 = num1 + num2;
6            lblResult.Text = num3.ToString();
7    }
```

단순 사칙 연산을 하는 계산기의 형태이므로 입력값은 정수형만 적용하도록 처리하였다.

{ 코드 분석 }

3~4라인	tbInput1과 tbInput2 텍스트박스로부터 입력한 숫자는 실상 문자열이다. 그래서 Parse 메소드를 통해 정수로 변환해야만 연산이 가능하다.
6라인	연산 결과를 lblResult 레이블에 출력할 시에는 다시 문자열로 표현해야 하므로, 연산 결과인 num3은 ToString( ) 메소드를 통해 문자열로 변환하여 출력한다.

•Parse() 메소드

숫자 형식의 문자열을 해당 32비트 부호가 있는 정수로 변환한다.

```
public static int Parse(string s);
```

s : 숫자 형식의 문자열이다.

반환값 : s 문자열을 32비트 부호가 있는 정수로 변환한 값이다.

•ToString() 메소드

인스턴스의 숫자값을 문자열로 변환하여 표현한다.

```
public override string ToString();
```

반환값 : 값이 음수일 경우, 음수 부호를 포함하여 0부터 9 사이의 숫자들로 구성된 값을 문자열로 변환한 값이다.

빼기, 곱하기, 나누기 또한 연산자만 다를 뿐, 값을 입력하고 처리하는 과정은 동일한 패턴이므로 나머지 이벤트 처리기도 각각 다음과 같이 작성한다.

```
1   private void btnMinus_Click(object sender, EventArgs e)
2   {
3           int num1 = int.Parse(t*tInput1.Text);
4           int num2 = int.Parse(t*tInput2.Text);
5           int num3 = num1 - num2;
6           lblResult.Text = num3.ToString();
7   }
8   private void btnMultiple_Click(object sender, EventArgs e)
9   {
10          int num1 = int.Parse(tbInput1.Text);
11          int num2 = int.Parse(tbInput2.Text);
12          int num3 = num1 * num2;
13          lblResult.Text = num3.ToString();
14  }
15  private void btnDivide_Click(object sender, EventArgs e)
16  {
17          int num1 = int.Parse(tbInput1.Text);
18          int num2 = int.Parse(tbInput2.Text);
19          int num3 = num1 / num2;
20          lblResult.Text = num3.ToString();
21  }
```

5. 빌드 및 실행하기

단축키 F6번과 F5번을 눌러서 다음과 같이 빌드 및 실행을 한다. 입력값을 각각 5와 3으로 입력한 후 [더하기], [빼기], [곱하기], [나누기] 버튼을 클릭하여 각각 레이블에 출력되는 연산 결과를 확인한다.

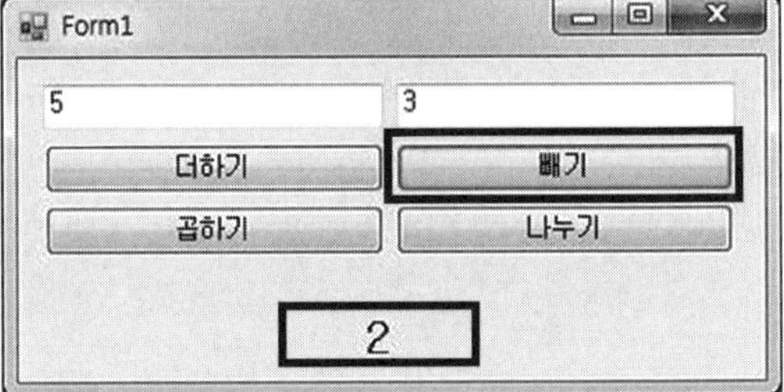

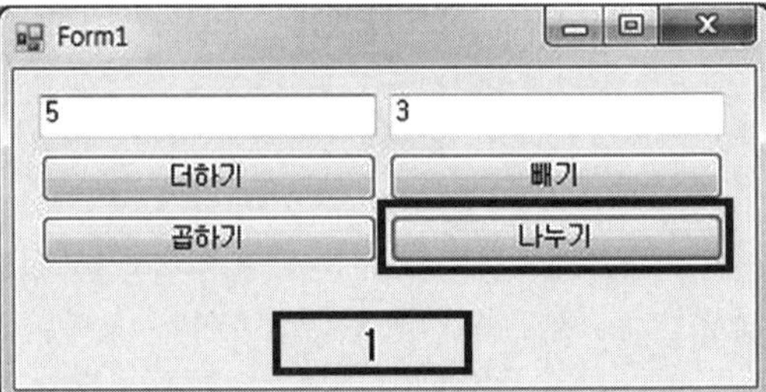

2.3 조건문

2.3.1 조건문이란 무엇인가

우리는 살면서 조건이라는 단어를 참 많이 사용한다. 개인 간의 관계, 개인과 사회와의 관계, 국가와 국가 간의 관계 속에서 우리는 조건에 따라 이해관계가 달라지는 경우를 흔히 볼 수 있다.

'조건'이란 사전적으로 '어떤 의미를 이루게 하거나 이루지 못하게 하기 위하여 갖추어야 할 상태나 요소'라는 의미를 가지고 있다. 간단히 말하면 어떤 목표를 이루기 위해서 갖추어야 할 요소들을 말한다. 가장 쉬운 예가 시험이다. 예를 들어 "정보처리기사 시험의 합격 기준은 70점 이상이다."라고 했을 때는, 합격이라는 목표를 이루기 위해 70점 이상의 점수를 획득하는 것이 갖추어야 할 조건이 되는 것이다. 또한 인간관계에서도 조건을 흔히 찾아볼 수 있다. 주변에서 사람을 만날 때, "조건을 보고 사람을 만난다."라는 말을 종종 듣는 경우가 있다. 여자가 남자를 바라볼 때는 '학식 있고, 능력 있고, 매너 있고, 돈도 어느 정도 있으면 좋겠고…' 등이 조건으로 따라올 것이고, 남자가 여자를 바라볼 때는 '예쁘고, 예쁘고, 예쁘고…' 등의 조건이 따라올 것이다.

앞에서 말했듯이 시험, 인간관계 등의 이러한 조건들은 결국 자신의 삶에 필터링이 되어서 영향을 끼치게 된다. 물론 그것이 좋을 수도 있고, 나쁠 수도 있겠지만 말이다. 그리고 조건이라는 성질은 종류가 다양하다. 이분법적으로 이것 아니면 저것을 선택해야 하는 분기가 될 수도 있고, 단순하게 어떤 특정 조건에 부합하여 수행될 수도 있으며, 혹은 여러 개 중에 하나가 선택될 수도 있는 것이다. 이러한 것들에 대해서는 뒤에서 배우게 될 것이다.

쉬운 예로 여러 개 중에 하나만 선택하게 하는 조건은 네트워크 장비인 라우터를 보면 알 수 있다. 우리는 하나의 PC에서 여러 프로토콜 및 포트를 통해 네트워킹을 하고 있고, 그에 따라 들어오는 패킷들이 있다. 이때 각각 다른 경로에서 들어오는 패킷들을 필터링해 주는 역할을 하는 것이 라우터인데, 결국 이 라우터가 패킷의 정보를 읽어서 그 조건에 맞는 프로토콜과 포트로 패킷을 전송해 주는 것이다.

앞에서 설명한 조건의 예를 기반으로 C#의 여러 가지 조건문의 개념과 문법을 살펴보도록 하자.

2.3.2 if문

다음은 if문의 사용 원리이다.

```
if(수행 조건) ────────────▶   수행 조건에 만족이 되면
{                            { } 내부로 진입하여
        수행하고 싶은 일       '수행하고 싶은 일'을 수행한다.
}
```

괄호 안에 '수행 조건'을 쓰고, 이 조건을 만족할 때 '수행하고 싶은 일'을 수행하게 된다. '수행 조건'은 주로 변수의 값을 비교하는 연산식인데, 앞에서 배웠던 관계 연산자가 사용된다.

먼저 if문에서 관계 연산자를 이용하여 어떻게 '수행 조건'을 만들어 내는지 살펴보도록 하자. "만약 임의의 변수 a가 5보다 크다면."이라는 한국어 문장을 if문으로 표현한다면 이렇게 작성할 수 있다.

if(a > 5)

변수 a는 5보다 클 수도 있고, 작을 수도 있고, 같을 수도 있다. 이때 a가 5보다 크면 이 조건을 만족하는 것이므로 '참(true)'을 반환하고, a가 5보다 작거나 같으면 이 조건을 만족하지 않으므로 '거짓(false)'을 반환한다.

2.3.3 프로젝트 제작 : if문 사용하기

프로젝트를 생성하여 간단하게 if문을 사용하는 예제를 작성해 보자.

1. 프로젝트 생성

메뉴의 [파일]-[새로 만들기]-[프로젝트]를 선택한 후 프로젝트 선택 창에서 [Windows Forms 앱]을 선택한다.

[다음] 버튼을 클릭하면 다음 단계인 [새 프로젝트 구성] 창으로 넘어간다. 프로젝트 이름은 Conditional 이라고 입력한 후, [확인] 버튼을 눌러 프로젝트를 생성하자.

2. 폼 디자인

다음과 같이 폼에 컨트롤들을 배치한다.

국어, 영어, 수학 점수를 입력받을 텍스트박스 3개를 다음과 같이 폼 위에 배치하고, 입력된 각 과목의 점수를 계산하여 결과를 출력할 결과 레이블을 1개 배치한다. 그리고 결과를 계산할 이벤트를 발생시킬 [결과] 버튼을 1개 배치한다.

배치한 각 컨트롤의 속성을 [표]와 같이 설정한다.

컨트롤/속성	Name	Text	Font
TextBox	tbKuk	(비움)	
TextBox	tbEng	(비움)	
TextBox	tbMath	(비움)	
Button	btnResult	결과	
Label	lblResult	결과가 출력됩니다.	글꼴 : 굴림 크기 : 14pt 스타일 : 굵게
Label	label1	국어 :	
Label	label2	영어 :	
Label	label3	수학 :	

3. 이벤트 처리기 추가

우리가 구현하고 싶은 기능은 3개의 텍스트박스인 국
어, 영어, 수학 각각에 점수를 입력한 후 [결과] 버튼을
클릭하면 입력한 3개의 점수가 연산이 되어 [결과] 레이
블에 출력되도록 하는 기능이다.

그렇다면, 이벤트가 발생하는 시점은 [결과] 버튼을 클
릭했을 때이므로 버튼 클릭에 대한 이벤트 처리기를 추
가하도록 하자.

버튼 클릭 이벤트 처리기를 추가하면 다음과 같이 이
벤트 처리기 코드가 생성된다.

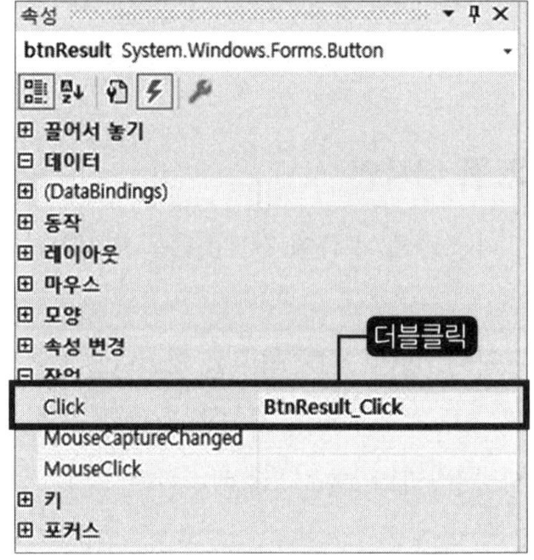


```
1    private void BtnResult_Click(object sender, EventArgs e)
2    {
3    }
```

4. 코드 작성

이벤트 처리기가 추가되었다면 각 이벤트 처리기 내부에 동작 기능 코드를 추가하도록 하자. 국어, 영어, 수학 각각의 점수를 합산한 후 총점이 어떤 기준 점수를 넘어가면 [결과] 레이블에 "합격입니다." 라고 출력하도록 코드를 구현한다.

```csharp
1   private void BtnResult_Click(object sender, EventArgs e)
2   {
3           int kuk = int.Parse(tbKuk.Text);
4           int eng = int.Parse(tbEng.Text);
5           int math = int.Parse(tbMath.Text);
6           int total = kuk + eng + math;
7
8           if(total > 250)
9           {
10                  lblResult.Text = "합격입니다.";
11          }
12  }
```

{ 코드 분석 }

3~5라인	각 텍스트박스에 텍스트 형태로 점수를 입력한 후 Parse 메소드를 통해 정수로 변환한다.
6라인	정수로 변환한 3개의 정수를 더하여 총점을 구한다.
8라인	총점 total 값이 250보다 큰지 if문을 통해 비교한다.
10라인	총점 total 값이 250보다 크면 [결과] 레이블에 "합격입니다."라고 출력한다.

5. 빌드 및 실행하기

단축키 F6번과 F5번을 눌러서 다음과 같이 빌드 및 실행을 한다. 입력값을 각각 모두 90으로 입력한 후 [결과] 버튼을 클릭하여 [결과] 레이블에 출력되는 결과를 확인한다.

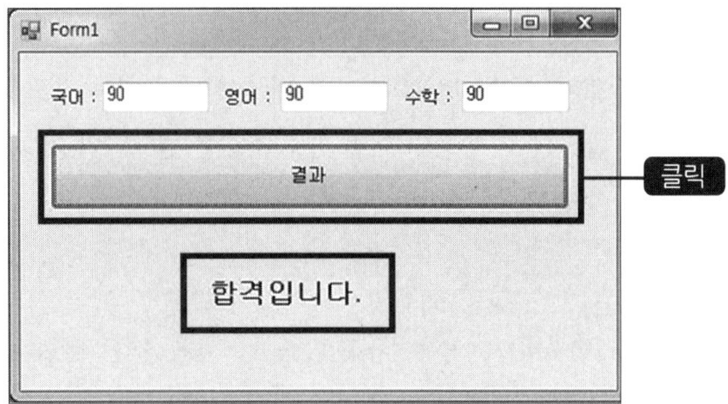

2.3.4 if ~ else문

앞의 if문 예제의 경우 문제점이 하나 있다. 총점 total이 250보다 크면 조건에 만족하므로 "합격입니다."라는 결과를 출력하지만, 만약 250보다 작아서 조건에 만족하지 않는다면 어떻게 나타나는가? 그렇다. 이전에 출력된 결과가 그대로 나타난다. 즉, 현재의 구조에서는 조건에 만족하지 않는 경우의 처리는 하지 못하고 있는 것이다. 그래서 이러한 문제를 해결하기 위해 else문이 필요하다.

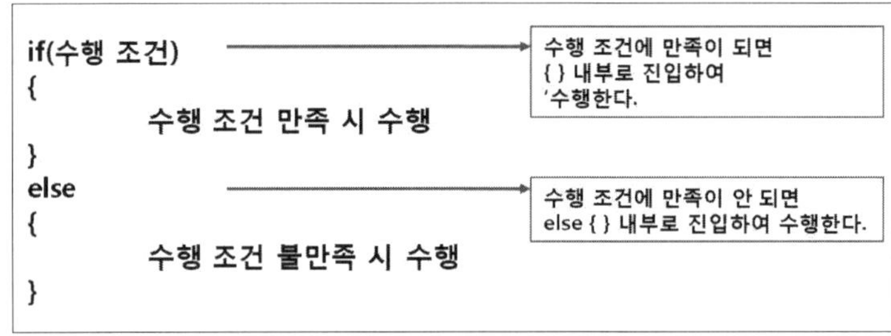

다음은 if ~ else문의 사용 원리이다.

if문에서 수행 조건에 만족하면 중괄호({ })로 진입하여 수행을 한다. if문 아래에는 else라는 구문이 있는데, 이는 if문의 수행 조건에 만족이 되지 않으면 수행하는 루틴이다. 구조상 '이것' 아니면 '저것'을 선택해야만 하는 양자 택일 구조이다. if문과 else문은 한 세트이며, else문만 따로 분리하여 사용할 수 없다.

if ~ else문의 구조가 갖추어졌으므로 앞의 예제를 수행 조건이 참인 경우와 거짓인 경우 모두에 대해 처리하는 구조로 변경해 보자.

2.3.5 프로젝트 수정 : if ~ else문 사용하기

앞서 작성한 Conditional 프로젝트를 수정해 보자.

1. 코드 수정

기존 if문에 수행 조건을 만족하지 않을 경우를 위한 else문을 다음과 같이 추가한다.

```csharp
1   private void BtnResult_Click(object sender, EventArgs e)
2   {
3       int kuk = int.Parse(tbKuk.Text);
4       int eng = int.Parse(tbEng.Text);
5       int math = int.Parse(tbMath.Text);
6       int total = kuk + eng + math;
7
8       if(total > 250)
9       {
10          lblResult.Text = "합격입니다.";
11      }
12      else
13      {
14          lblResult.Text = "불합격입니다.";
15      }
16  }
```

2. 빌드 및 실행하기

단축키 F6번과 F5번을 눌러서 다음과 같이 빌드 및 실행을 한다. 입력값을 각각 모두 90으로 입력한 후 [결과] 버튼을 클릭하여 [결과] 레이블에 출력되는 결과를 확인해 보고, 그 다음에는 입력값을 각각 모두 80으로 입력한 후 [결과] 버튼을 클릭하여 [결과] 레이블에 출력되는 결과를 확인해 보자.

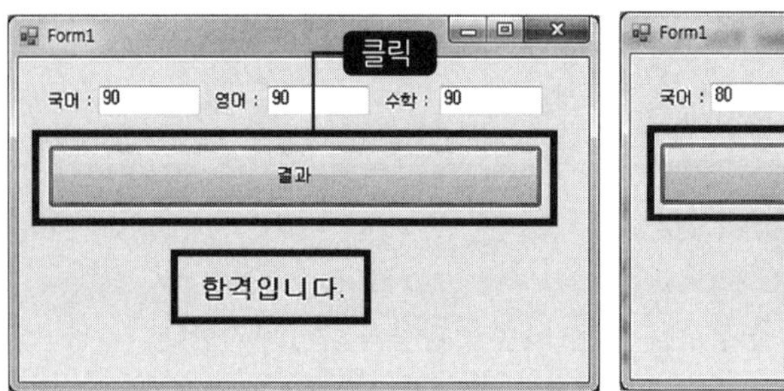

2.3.6 if ~ else if ~ else문

선택을 할 때 늘 양자택일만 존재하지는 않는다. 워낙 선택의 폭이 넓은 다양한 세상에 살고 있기 때문에 어떤 선택이든 다양하게 할 수 있어야 한다. 프로그래밍에서도 마찬가지인데, 다양한 선택을 가능하게 만든 구문이 바로 else if문이다. 단순히 '이것' 아니면 '저것'의 선택 구문이 아니라 '이것', '저것', '요것', '그것' 등이 선택될 수 있는 구조이다. else if문이 추가되면서 새로운 조건문이 되기 때문이다.

다음은 if ~ else if ~ else문의 사용 원리이다.

```
if(수행 조건1)                    ──→  수행 조건에 만족이 되면
{                                      { } 내부로 진입하여 수행한다.
        수행 조건1 만족 시 수행
}
else if(수행 조건2)               ──→  수행 조건에 만족이 되면
{                                      { } 내부로 진입하여 수행한다.
        수행 조건2 만족 시 수행
}
else                              ──→  수행 조건1, 수행 조건2 모두
{                                      불만족 시 { } 내부로 진입하여
        수행 조건1, 수행 조건2 불만족 시 수행   수행한다.
}
```

if문에서 수행 조건1에 만족하면 중괄호({ })로 진입하여 수행을 한다. 만약에 수행 조건1에 만족하지 않으면 그 다음 조건문인 else if문으로 넘어간다. 그리고 수행 조건2에 만족을 하면 그에 해당하는 중괄호({ })로 진입하여 수행하고, 만족하지 않으면 그 다음 줄인 else문을 수행한다. else문의 경우는 모든 수

행 조건에 부합하지 않는 경우 수행한다. 이 구조에서 중요한 점은 조건문 수행 중에 하나라도 만족하는 수행 조건이 먼저 나오면 이후에 나오는 수행 조건은 건너뛸 수 있다는 것이다.

2.3.7 프로젝트 수정 : if ~ else if ~ else문 사용하기

앞서 작성한 Conditional 프로젝트를 수정해 보자.

이번에는 총점과 평균을 구해서 평균값을 기준 점수와 비교하여 학점을 출력하는 코드로 변경해 보자.

1. 폼 디자인

다음과 같이 폼에 레이블을 1개 추가한다. 추가한 레이블은 평균값을 출력하는 용도로 사용할 것이고, 결과를 출력하는 레이블은 학점을 출력하는 용도로 변경한다.

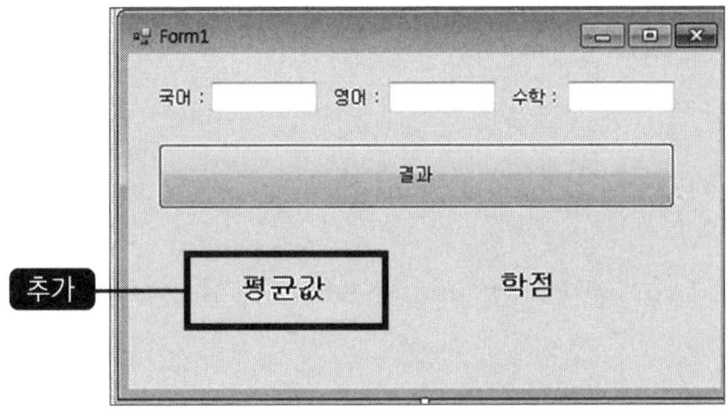

배치한 각 컨트롤의 속성은 이전과 동일하며, 추가되거나 변경된 컨트롤만 다음의 [표]와 같이 설정한다.

컨트롤/속성	Name	Text	Font
Label	lblResult	학점	글꼴 : 굴림 크기 : 14pt 스타일 : 굵게
Label	lblAvg	평균값	글꼴 : 굴림 크기 : 14pt 스타일 : 굵게

2. 코드 수정

기존 소스 코드에서 평균값을 추가로 계산하고, 평균값을 바탕으로 기준 점수에 의거하여 학점을 주도록 코드를 작성한다. 학점은 양자택일이 아닌 A부터 F까지 5단계로 나뉘어지므로 else if를 이용한 조건문을 사용해야 한다

```
1   private void BtnResult_Click(object sender, EventArgs e)
2   {
3           int kuk = int.Parse(tbKuk.Text);
4           int eng = int.Parse(tbEng.Text);
5           int math = int.Parse(tbMath.Text);
6           int total = kuk + eng + math;
7           int avg = total / 3;
8           lblAvg.Text = avg.ToString();
9
10          if(avg >= 90 && avg <= 100)
11          {
12              lblResult.Text = "A학점";
13          }
14          else if(avg >= 80 && avg < 90)
15          {
16              lblResult.Text = "B학점";
17          }
18          else if(avg >= 70 && avg < 80)
19          {
20              lblResult.Text = "C학점";
21          }
22          else if(avg >= 60 && avg < 70)
23          {
24              lblResult.Text = "D학점";
25          }
26          else
```

```
27            {
28                lblResult.Text = "F학점";
29            }
30  }
```

{ 코드 분석 }

7라인	총점 total을 3으로 나누어 평균 avg를 계산한다.
8라인	평균값 avg를 구해서 ToString( )을 통해 문자열로 변환한 후 lblAvg 레이블에 텍스트 형태로 평균값을 출력한다.
10~13라인	평균값 avg가 90보다 크거나 같고 100보다 작거나 같은지 비교한다. 참이면 'A학점' 문자열을 lblResult에 텍스트 형태로 출력하고, 거짓이면 14라인 else if문으로 넘어가서 다시 비교한다.
14~29라인	else if문을 통해 평균값 avg의 범위 비교를 하여 해당 학점을 출력하고, 그 어디에도 속하는 범위가 없으면 else문에서 처리한다.

3. 빌드 및 실행하기

단축키 F6번과 F5번을 눌러서 다음과 같이 빌드 및 실행을 한다. 입력값을 각각 모두 90으로 입력한 후 [결과] 버튼을 클릭하여 [평균] 레이블과 [결과] 레이블에 출력되는 결과를 확인해 본다. 그 다음에는 입력값을 각각 60, 60, 50으로 입력한 후 [결과] 버튼을 클릭하여 [평균] 레이블과 [결과] 레이블에 출력되는 결과를 확인해 보자.

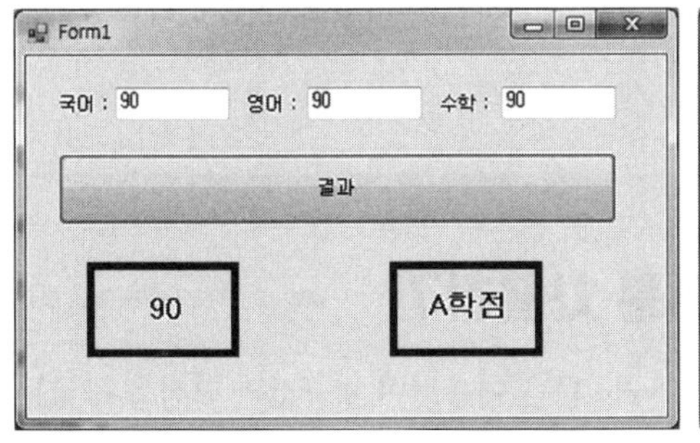

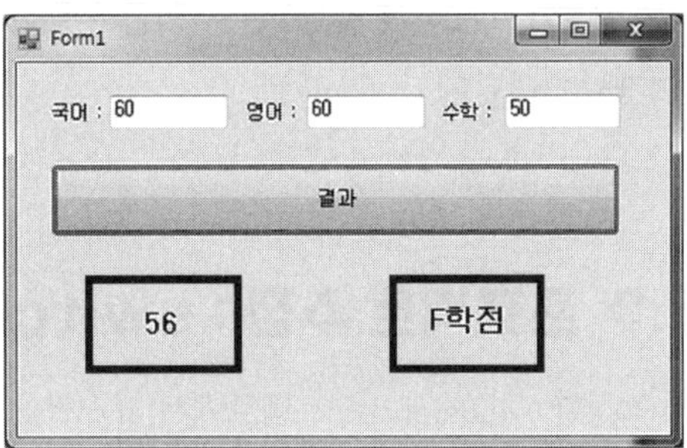

2.3.8 switch문

우리가 앞서 살펴본 if ~ else if ~ else문은 여러 조건문을 늘려가면서 사용할 수 있다고 하였다. 하지만, 이 구조도 조건이 많아지면 썩 좋은 구조는 아니다. 처음 조건문을 만족하지 않으면 그 다음 조건문을 비교하고, 그 다음 조건문을 만족하면 처리하고 종료하고, 만족하지 않으면 그 다음 조건문으로 넘어가고, 또 그 다음 조건문을 비교하여 만족하면 처리하고 종료하고…. 이러한 처리 사이클을 가진 else if가 2~3개 정도면 큰 문제가 없지만, 10개 이상 된다면 비효율성은 n에 비례하게 된다.

그래서 분기문 중에 if문 외에 switch문이 제공되는데, switch문은 여러 개 중에 1개를 선택하여 처리하는 구조이다. switch문을 사용할 때에는 반드시 case문과 함께 사용해야 한다. 다음은 switch문의 사용 형태이다.

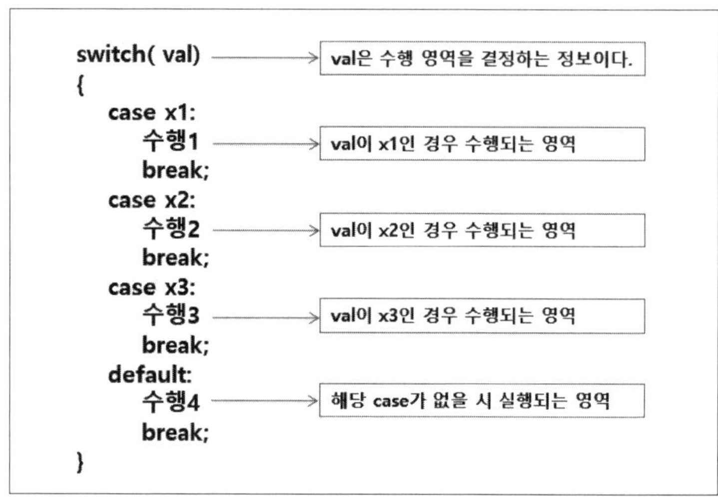

switch문은 수행할 구문을 결정하기 위해 수행 정보 val을 인자로 받는다. 입력된 수행 정보에 따라서 case문의 정보와 비교하여 일치하는 영역을 수행한다. 만약 일치하는 어떠한 정보도 없다면 default문으로 넘어가서 처리한다.

2.3.9 프로젝트 수정 : switch문 사용하기

앞서 작성한 Conditional 프로젝트에서, if ~ else if ~ else문을 이용하여 평균값과 학점을 구하는 코드를 switch문을 이용한 코드로 변경해 보자.

1. 코드 수정

기존 소스 코드 기반의 if ~ else if ~ else문을 이용한 분기 구조를 switch ~ case문을 이용하여 변경한다.

```csharp
1   private void BtnResult_Click(object sender, EventArgs e)
2   {
3           int kuk = int.Parse(tbKuk.Text);
4           int eng = int.Parse(tbEng.Text);
5           int math = int.Parse(tbMath.Text);
6           int total = kuk + eng + math;
7           int avg = total / 3;
8           lblAvg.Text = avg.ToString();
9
10          switch(avg / 10)
11          {
12              case 10:
13              case 9:
14                  lblResult.Text = "A학점";
15                  break;
16              case 8:
17                  lblResult.Text = "B학점";
18                  break;
19              case 7:
20                  lblResult.Text = "C학점";
21                  break;
22              case 6:
23                  lblResult.Text = "D학점";
24                  break;
25              default:
26                  lblResult.Text = "F학점";
27                  break;
28          }
29  }
```

10라인	switch문을 사용하여 입력한 값에 따른 분기를 시작한다. 이때 avg/10의 연산을 한다. avg 평균값은 10의 자리이다. 그런데, 10의 자릿수로 case문을 처리하게 되면 상당한 양을 처리해야 하기 때문에 1의 자릿수로 만들기 위해 avg를 10으로 나눈 것이다.
12~13라인	avg가 100인 경우는 case 10에서, avg가 90보다 크고 99보다 작은 경우는 몫이 9이므로 case 9에서 처리하도록 하였다.
16~24라인	avg가 80보다 크고 89보다 작은 경우, 70보다 크고 79보다 작은 경우, 60보다 크고 69보다 작은 경우 각각 avg/10 식을 통해 case 8, case 7, case 6에서 처리하도록 하였다.
25라인	case 10부터 case 6까지 어떤 case문에도 해당되지 않는다면 default문에서 처리한다.

2. 빌드 및 실행하기

단축키 F6번과 F5번을 눌러서 다음과 같이 빌드 및 실행을 한다. 입력값을 각각 모두 90으로 입력한 후 [결과] 버튼을 클릭하여 [평균] 레이블과 [결과] 레이블에 출력되는 결과를 확인해 보고, 그 다음에는 입력값을 각각 60, 60, 50으로 입력한 후 [결과] 버튼을 클릭하여 [평균] 레이블과 [결과] 레이블에 출력되는 결과를 확인해 보자.

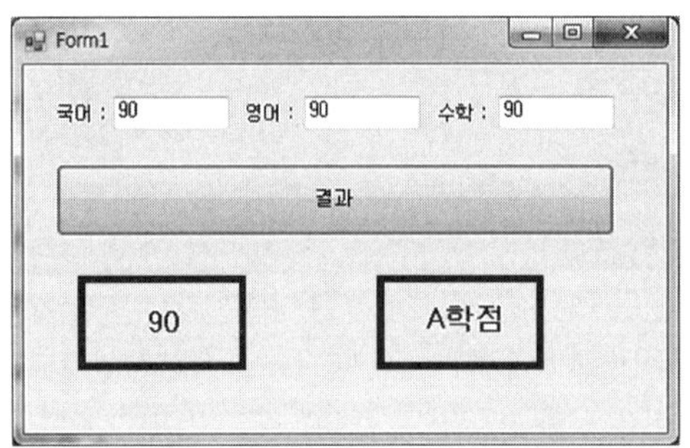

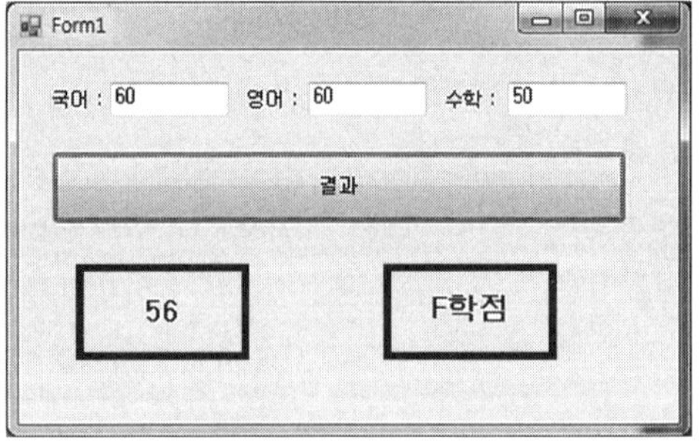

2.4 반복문

2.4.1 반복문이란 무엇인가

앞에서 데이터를 출력하는 형태를 보면 레이블에 평균이나 학점을 1개 출력하는 단조로운 형태였다. 그런데 프로그래밍을 하다 보면 비일비재하게 나타나는 로직 중에 하나가 바로 반복적인 로직이다. 즉, 출력 데이터를 1개만 출력하는 것이 아니라 같은 데이터를 여러 번 반복해서 출력해야 하는 경우가 많이 생긴다.

예를 들어 앞선 레이블에서 출력 로직을 보면 lblResult.Text = "A학점";으로 A학점이라는 문자열을 출력한 것을 확인할 수 있다. 만약 A학점을 4번 출력하고 싶다면 어떻게 처리하면 될까? 우리가 현재 알고 있는 지식 선에서는 같은 출력 로직을 4번 사용하면 된다.

```
lblResult.Text += "A학점";
lblResult.Text += "A학점";
lblResult.Text += "A학점";
lblResult.Text += "A학점";
```

전혀 문제없이 우리가 원하는 횟수만큼 데이터가 출력된다. 그런데 만약 A학점을 100번 출력해야 한다면 어떨까? 그렇다. 우리에게는 강력한 복사 & 붙여넣기 기능이 있다. 문장을 100번 복사해서 붙여넣기를 하면 된다. 그런데 그렇게 하려면 코드의 라인이 100라인이 추가되어야 한다. 이러한 방법은 상식적으로 생각해 봐도 지극히 비효율적이다. 이와 같이 비효율적인 로직으로 처리하지 않고, 반복적인 데이터 출력을 할 때 사용하는 명령문이 바로 반복문이다. 또는 루프(loop)문이라고도 부른다.

반복문의 종류에는 여러 가지가 있는데, 대표적으로 while문, for문, do ~ while문, foreach문 등이 있다. 원리는 동일하며 사용법만 차이가 있으므로, 각 명령문의 사용법만 잘 숙지하도록 하자.

2.4.2 while문

다음은 while문의 기본 문법 구조이다.

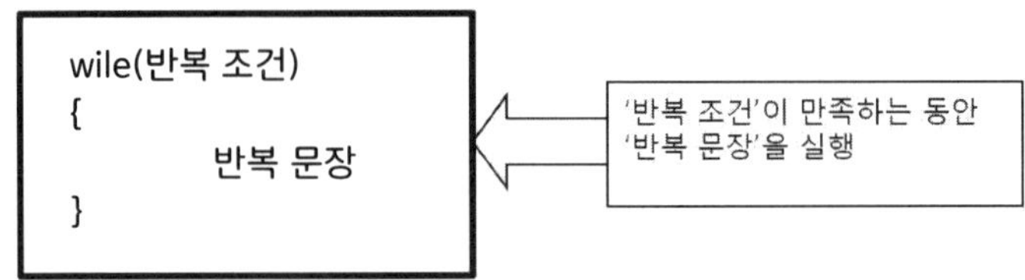

while문 안에는 반복 조건과 반복 문장이 들어가는데, 반복 문장은 중괄호 사이에 들어가게 된다. 문장의 의미는 반복 조건을 만족하는 동안 반복 문장을 수행하라는 의미이다. 반복 조건을 만족하지 않을 때는 while문을 빠져나가게 된다.

2.4.3 프로젝트 제작 : while문 사용하기

프로젝트를 생성하여 간단하게 while문을 사용하는 예제를 작성해 보자.

1. 프로젝트 생성

메뉴의 [파일]-[새로 만들기]-[프로젝트]를 선택한 후 프로젝트 선택 창에서 [Windows Forms 앱]을 선택한다.

[다음] 버튼을 클릭하면 다음 단계인 [새 프로젝트 구성] 창으로 넘어간다. 프로젝트 이름은 loop라고 입력한 후, [확인] 버튼을 눌러 프로젝트를 생성하자.

2. 폼 디자인

다음과 같이 폼에 컨트롤들을 배치한다.

우리가 하고 싶은 것은 [결과] 버튼을 클릭했을 때 해당 레이블에 Programming이라는 문자열이 5번 출력되도록 구현하는 것이다. 그래서 버튼 1개, 레이블 1개를 다음과 같이 배치하였다.

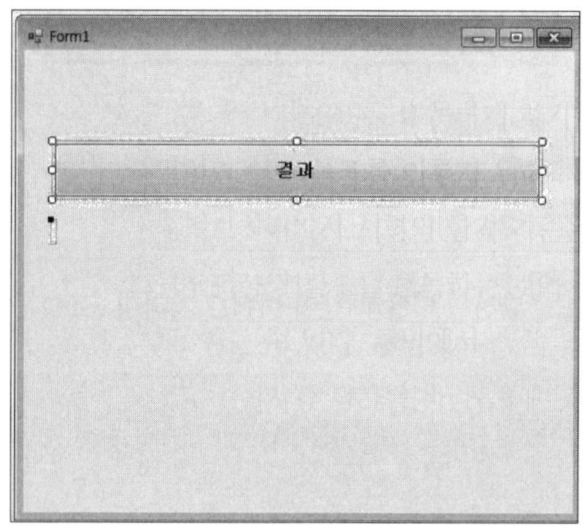

배치한 각 컨트롤의 속성을 [표]와 같이 설정한다.

컨트롤/속성	Name	Text	Font
Button	btnResult	결과	글꼴 : 굴림 크기 : 12pt 스타일 : 굵게
Label	lblResult	(비움)	글꼴 : 굴림 크기 : 14pt 스타일 : 굵게

3. 이벤트 처리기 추가

[결과] 버튼을 클릭할 때 Programming 문자열이 해당 레이블에 5번 출력이 되도록 하면 된다. 그렇

다면, 이벤트가 발생하는 시점은 [결과] 버튼을 클릭했을 때이므로 버튼 클릭에 대한 이벤트 처리기를 추가하도록 하자.

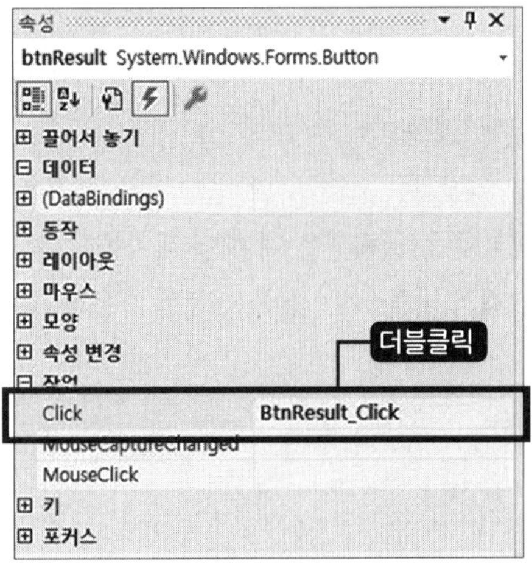

버튼 클릭 이벤트 처리기를 추가하면 다음과 같이 이벤트 처리기 코드가 생성된다.

```
1   private void BtnResult_Click(object sender, EventArgs e)
2   {
3   }
```

4. 코드 작성

이벤트 처리기가 추가되었다면 각 이벤트 처리기 내부에 Programming 문자열을 5번 출력하도록 코드를 구현한다.

```
1   private void BtnResult_Click(object sender, EventArgs e)
2   {
3       int i = 0;
4       while(i < 5)
5       {
```

```
6            lblResult.Text += "Programming" + "\r\n";
7            i++;
8        }
9    }
```

{ 코드 분석 }

4라인	while문에서 반복 조건 i < 5를 검사한다. 만약 반복 조건을 만족하면 중괄호 내부인 5~8라인까지의 내부 코드를 수행하고, 반복 조건을 만족하지 않으면 8라인 밖으로 반복문을 빠져나간다.
6라인	출력할 레이블에 "Programming"이라는 문자열을 출력한다. 이때 사용한 연산자인 +=는 A += B인 경우 A = A + B와 같은 의미이다. 기존 출력 결과에 다음 출력 결과를 덧붙이는 경우 이 연산자를 사용한다.
7라인	i 값은 반복 조건에서 비교하기 위한 용도로 사용되는데, 반복 조건은 i가 5보다 작은 동안 반복문을 수행하겠다는 의미이다. 그렇게 되려면 언젠가는 반복 조건을 만족하지 않는 상황을 만들어야 하므로 결국 i 값이 1씩 증가하면 된다.

"\r\n" 개행 문자에 관하여

개행 문자란 다음 줄의 가장 첫 번째 줄로 이동하게 하는 문자이다. 개행 문자는 과거 타자기로 문자를 출력하던 시절, 2가지 동작으로 나누어서 처리하였다. 하나는 Carriage Return으로 현재 줄의 맨 앞(맨 왼쪽)으로 이동하도록 하는 기능이고, 또 하나는 Line Feed로 다음 줄로 이동하도록 하는 기능이다. 각각의 명령을 "\r", "\n"으로 표현하여 사용하였지만 유닉스 계열에서는 따로따로 표현하는 것은 비효율적이라고 생각하여 개행 문자의 표현을 "\n" 하나로 지정하기도 하였다.

5. 빌드 및 실행하기

단축키 F6번과 F5번을 눌러서 다음과 같이 빌드 및 실행을 한다. [결과] 버튼을 클릭하여 레이블에 출력되는 결과를 확인한다.

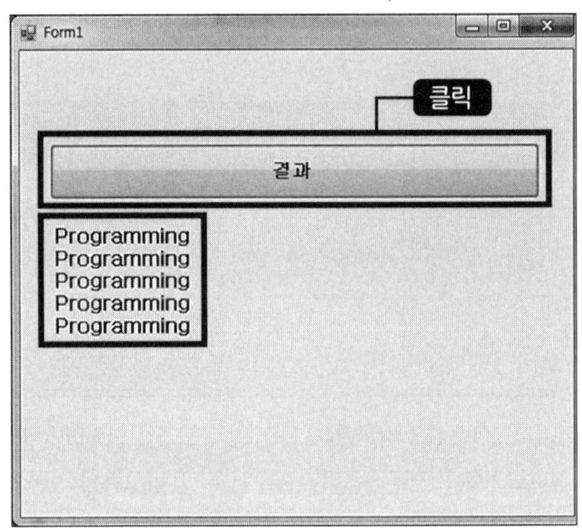

2.4.6 for문

　for문은 whlie문이나 do ~ while문과 달리 문장 자체적으로 많은 일을 하게끔 구성되어 있다. whlie문은 기본적으로 반복 조건 검사 문장만을 포함하지만, for문은 이것 외에도 변수의 초기화 연산과 증가 감소를 실행할 수 있는 2개의 문장을 더 포함한다. 다음은 for문의 기본 문법 구조이다.

```
for(초기문; 조건문; 증감문)
{
        반복하고자 하는 내용
}
```

　for문은 수행 시작과 동시에 딱 1번 초기문을 시작한다. 그러고 나서 바로 조건문을 검사한다. 만약에 조건문이 만족되지 않는다면 1번도 루프를 실행하지 못하고 종료하게 될 것이다. 반대로 조건이 만족된다면 반복문을 실행하게 된다. 이때 한 사이클의 반복이 이루어지면 반드시 증감문을 실행하게 된다. 수행 순서는 다음과 같다.

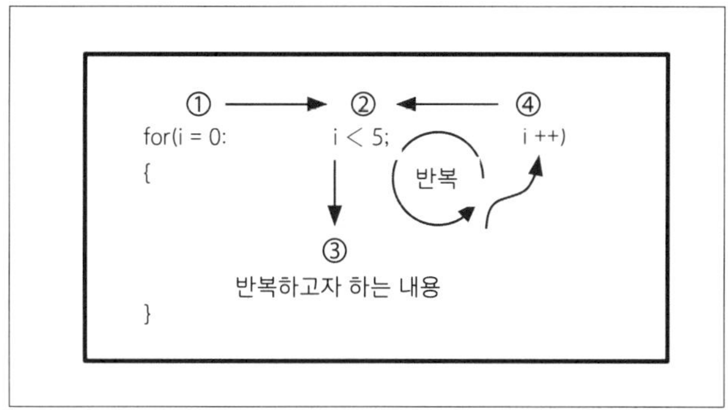

①번은 변수를 초기화해 주는 초기문이다. 초기문에서 i를 0으로 초기화해 주고, ②번의 조건문으로 넘어간다. 이때, i가 5보다 작은지 조건을 물어보고 5보다 작으면 반복문을 수행하겠다는 조건으로 받아들인 뒤 ③번 루틴을 수행하게 된다. 수행이 끝나면 ④번 증감문을 수행하게 되는데, i++을 통해 i를 1 증가시킨다. 그리고 다시 ②번 조건문으로 넘어가서 i가 5보다 작은지 검사하고, 조건에 맞으면 다시 ③번 루틴을 수행한 후 ④번 증감문을 수행한다. 보다시피 초기에 ①번은 1번만 수행되고, ②번, ③번, ④번이 조건을 만족하는 동안 반복 수행을 한다.

2.4.7 프로젝트 제작 : for문 사용하기

앞에서 작성한 프로젝트를 수정하여 for문을 사용하는 예제를 작성해 보자.

1. 코드 작성

while문에서처럼 동일하게 Programming 문자열을 5번 출력하도록 코드를 구현하되, 이번에는 for문을 이용한다.

```
1   private void BtnResult_Click(object sender, EventArgs e)
2   {
3       for(int i = 0; i < 5; i++)
4       {
5           lblResult.Text += "Programming" + Environment.NewLine;
6       }
7   }
```

3라인	for문은 한 줄에 변수의 초기화, 반복 조건 검사, 증감문이 모두 작성되어 있다. i = 0으로 초기화하였고, i가 5보다 작은 동안 반복문을 수행하면서 i를 1씩 증가시킨다.

앞서 살펴보았던 while문과 do ~ while문을 for문과 비교해 보면 변수의 비교 및 변화가 한 줄에 표현되므로 for문이 가독성 면에서 더 효과적이다. 이러한 이유로 반복문을 사용하게 되는 경우 자동으로 for문을 사용하게 된다. 그렇다고 while문, do ~ while문이 나쁘다는 의미는 결코 아니다. 개인 취향이므로 본인이 편한 명령문을 사용하시길 바란다.

2. 빌드 및 실행하기

단축키 F6번과 F5번을 눌러서 다음과 같이 빌드 및 실행을 한다. [결과] 버튼을 클릭하여 레이블에 출력되는 결과를 확인한다.

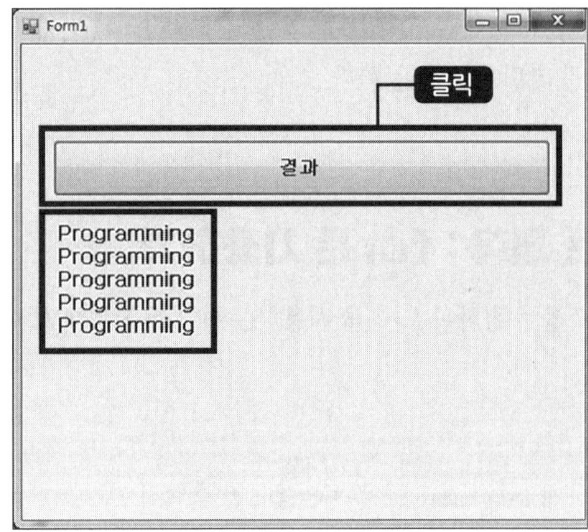

2.4.8 프로젝트 제작 : 구구단 출력하기

반복문을 이용하여 가장 만만하고 적절하게 활용할 수 있는 예제가 바로 구구단일 것이다. 구구단의 출력 형태를 생각해 보면 곱해지는 수가 1씩 증가하면서 9까지 단수와 곱해지는 패턴을 보여 준다. 즉, 반복하여 수행하는 느낌이 온다. 방금 언급했듯이 반복되는 포인트는 곱해지는 수이다. 2단을 예로 들면, 단수인 2는 그대로 있고 곱해지는 수가 1씩 증가하는 패턴을 볼 수 있다.

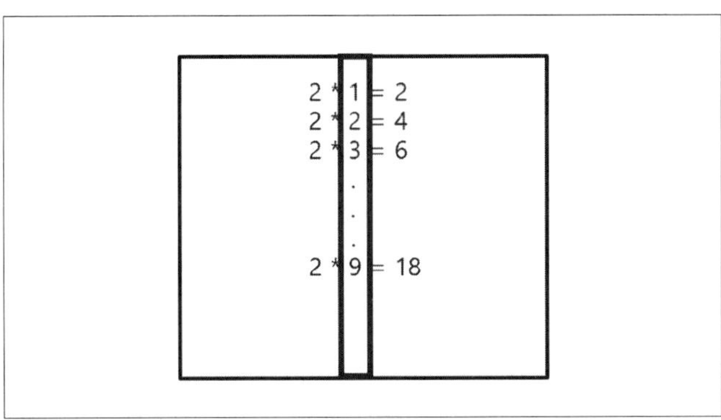

1. 폼 디자인

기존 프로젝트 폼에 컨트롤을 추가한다. 우리는 텍스트박스에 단수를 입력한 후 [결과] 버튼을 클릭하면 단수에 해당하는 구구단이 출력되도록 하고 싶다. 그래서 폼에 단수를 입력할 텍스트박스 1개, 레이블 1개를 배치한다.

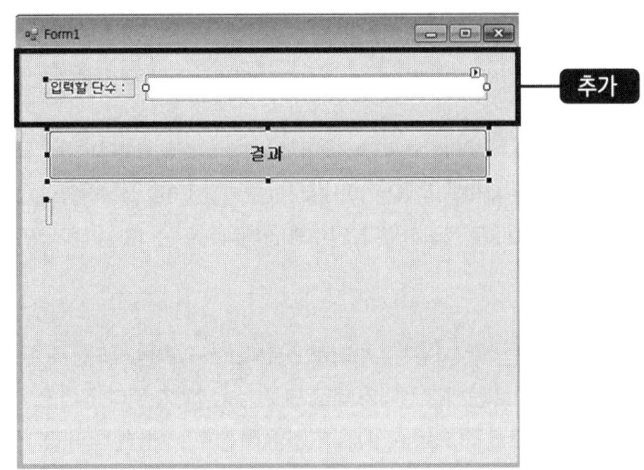

추가적으로 배치한 각 컨트롤의 속성을 [표]와 같이 설정한다.

컨트롤/속성	Name	Text
TextBox	tbDan	(비움)
Label	label1	입력할 단수

2. 코드 작성

추가되는 이벤트 처리기는 없고, 기존 [결과] 버튼을 클릭했을 때 우리가 원하는 단수의 구구단이 해당 레이블에 출력되면 되므로, [결과] 버튼 이벤트 처리기에 다음과 같이 코드를 구현하자. 참고로 코드의 핵심 포인트는 (단수 × 단수와 곱해지는 수)인데, 단수는 텍스트박스에 입력된 수이고, 단수와 곱해지는 수는 반복문으로 1부터 9까지를 가져와서 연산하면 된다.

```csharp
1   private void BtnResult_Click(object sender, EventArgs e)
2   {
3       for(int i = 1; i < 10; i++)
4       {
5           lblResult.Text += tbDan.Text + " * " + i.ToString()
6           + " = " + int.Parse(tbDan.Text) * i + Environment.
7           NewLine;
8       }
9   }
```

{ 코드 분석 }

3라인	단수와 곱해지는 수의 시작수는 1이므로 i의 초기값을 1로 설정하였다. 그리고 마지막 수는 9이므로 반복 조건을 i < 10으로 작성하였다. 단수와 곱해지는 수는 1만큼 증가하므로 증가 연산자 i++로 작성하였다.
5~7라인	고정되어야 할 단수는 사용자로부터 텍스트박스로 입력받게 되는데, 바로 tbText이다. 이 수에 1부터 9까지 순차적으로 곱해진 결과가 바로 구구단의 결과가 된다. 텍스트박스로부터 입력된 값은 기본적으로 문자열이므로 int.Parse( ) 메소드를 통해 정수로 변경한 후 i 값과 곱하였다. 이 문장을 9번 반복하면서 i 값을 1씩 증가하면 결과가 결국 구구단의 결과가 된다.

3. 빌드 및 실행하기

단축키 F6번과 F5번을 눌러서 다음과 같이 빌드 및 실행을 한다. 입력할 단수에 원하는 단수를 입력한 후 [결과] 버튼을 클릭하여 레이블에 출력되는 결과를 확인한다. 아래는 각각 입력할 단수로 2와 9를 입력했을 때의 결과이다.

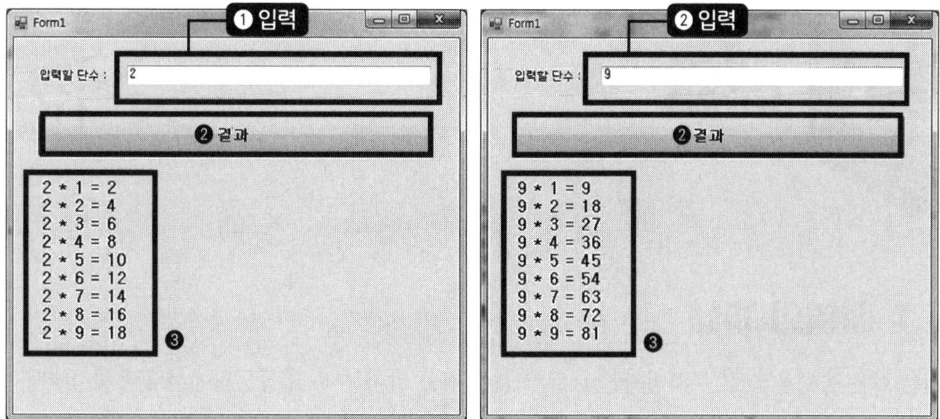
Form1
① 입력
입력할 단수 : 2
② 결과
2 * 1 = 2
2 * 2 = 4
2 * 3 = 6
2 * 4 = 8
2 * 5 = 10
2 * 6 = 12
2 * 7 = 14
2 * 8 = 16
2 * 9 = 18
③
Form1
② 입력
입력할 단수 : 9
② 결과
9 * 1 = 9
9 * 2 = 18
9 * 3 = 27
9 * 4 = 36
9 * 5 = 45
9 * 6 = 54
9 * 7 = 63
9 * 8 = 72
9 * 9 = 81
③

2.5 배열

2.5.1 배열의 개념

배열은 같은 속성을 가진 무엇인가를 나열해 놓은 것을 말하는데, 일상생활에서도 흔히 찾아볼 수 있다. 30개짜리 계란 한 판을 보자. 이때 우리는 계란 한 판을 하나의 배열로 볼 수 있고, 각각의 계란 하나하나를 배열의 요소라고 할 수 있다.

아직은 우리가 배열의 정확한 개념은 모르지만 계란 한 판으로 미루어 배열의 속성을 짐작하건대, 요소들이 여러 개 모여 있으면 그 집합을 배열이라고 말할 수 있겠다. 그리고 1가지 더 생각해 볼 수 있는 것은 요소들 각각이 같은 속성을 가지고 있다는 점이다. 계란은 닭이 낳은 알인데 여기에 오리알이나 타조알을 섞어 놓으면 속성이 다르기 때문에 배열로서 성립될 수 없다는 것이다. 즉, 배열의 속성을 정리해 보면,

① 배열의 요소가 순서대로 여러 개가 모인 것이다.

② 배열의 요소는 같은 속성을 지니고 있어야 한다.

배열의 속성을 바탕으로 조금 더 구체적인 배열을 정의해 본다면, '같은 속성을 가진 요소가 순서대로 여러 개 모인 것'이라고 정의할 수 있다.

2.5.2 배열의 사용

1. 배열의 사용 형식

다음은 C#에서 배열을 사용하는 문법이다.

자료형[ ] 배열이름 = new 자료형[용량];

배열을 선언할 때에는 자료형 바로 뒤에 대괄호([ ])를 붙인다. 이 표시는 현재 내가 선언한 변수를 배열 형태로 선언한다는 의미이다. 배열이름은 예약어를 제외하고 자유롭게 정하면 된다.

new 연산자를 통해 실제 배열의 메모리를 할당하게 되는데, 자료형에 [용량]을 설정함으로써 동적인 힙 메모리에 용량만큼의 메모리를 할당하겠다는 의미이다.

2. 배열의 사용 구조

배열을 선언하고 정수형으로 용량을 5만큼 할당했다고 가정하자. 이때 배열의 사용 구조를 살펴보도록 하자.

int[ ] array = new int[5];

배열의 타입은 int 정수형이고 배열의 이름은 array이다. 메모리를 new 연산자를 통해 5만큼 할당한다는 의미이다. 자료형이 int이므로 요소당 4byte를 차지한다. 그래서 힙 메모리에 할당되는 총 크기는 20(5 × 4)byte이다.

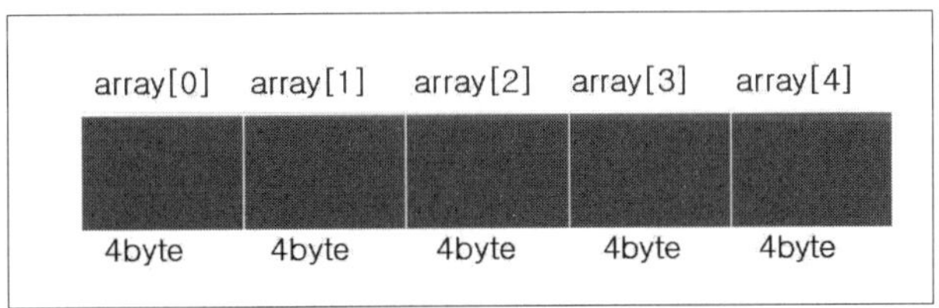

각 배열의 요소는 array[0], array[1], array[2], array[3], array[4]로 표현되며, 일반 변수를 선언한 것과 동일한 개념이다. 배열의 타입이 int형이므로 각 배열 요소의 크기는 각각 4byte이며, 각 배열 요소에 우리가 원하는 값을 대입할 수도 있고 읽을 수도 있다. 배열의 각 요소에 값을 대입해 보자.

```
array[0] = 1;
array[1] = 2;
array[2] = 3;
array[3] = 4;
array[4] = 5;
```

배열에 값을 대입한 메모리 구조를 보면 다음과 같다.

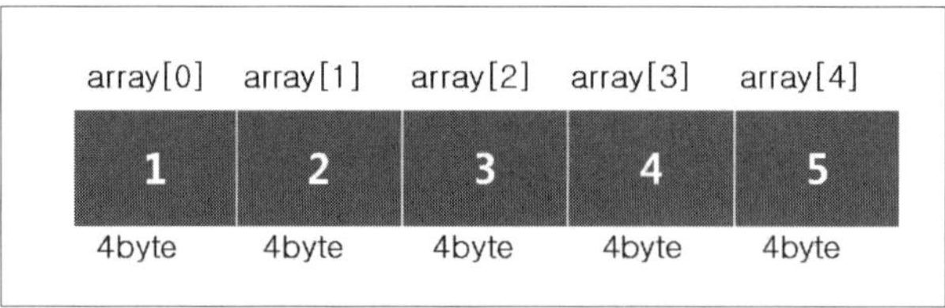

3. 배열의 초기화

배열도 변수이므로 선언과 동시에 초기화를 할 수 있다. 그런데, 배열을 초기화할 시에는 배열의 개수를 명시적으로 입력하였을 경우의 초기값 설정은 개수만큼 모두 입력해야 한다는 점을 고려해야 한다. 다음 초기화 방법들을 살펴보자.

```
int[ ] array = new int[5] {1, 2, 3, 4, 5};
int[ ] array = new int[ ] {1, 2, 3, 4, 5};
int[ ] array = {1, 2, 3, 4, 5};
```

첫 번째 초기화 방법 외에 두 번째의 경우처럼 배열의 크기를 설정하지 않고 초기화하는 경우도 가능하고, 세 번째의 경우처럼 new 연산자를 사용하지 않고 초기화하는 경우도 가능하다. 이러한 경우에는 초기값의 개수를 보고 컴파일러가 배열의 크기를 결정하므로, 오히려 첫 번째 경우처럼 배열의 크기를 결정하고 사용하기보다는 두 번째, 세 번째 방법으로 초기값에 따라 가변적으로 크기가 결정되는 형태를 주로 사용한다.

2.5.3 프로젝트 제작 : 간단한 배열 사용하기

프로젝트를 생성하여 간단하게 배열을 사용하는 예제를 작성해 보자.

1. 프로젝트 생성

메뉴의 [파일]-[새로 만들기]-[프로젝트]를 선택한 후 프로젝트 선택 창에서 [Windows Forms 앱]을
선택한다.

[다음] 버튼을 클릭하면 다음 단계인 [새 프로젝트 구성] 창으로 넘어간다. 프로젝트 이름은 Array라
고 입력한 후, [확인] 버튼을 눌러 프로젝트를 생성하자.

2. 폼 디자인

우리가 하고 싶은 것은 배열을 1개 선언하고, 각 배열의 요소에 값을 대입하여 배열의 값을 출력하는
것이다. 간단한 테스트 예제이므로 배열의 크기는 3으로 설정한다. 그래서 각 배열의 요소값을 입력받
기 위해 텍스트박스 3개를 배치한다. [적용] 버튼을 클릭하면 [배열 출력] 레이블에 배열의 각 요소가 출
력되도록 하고, 이벤트 처리를 위한 버튼 1개와 배열 출력을 위한 레이블 1개를 각각 배치한다.

배치한 각 컨트롤의 속성을 [표]와 같이 설정한다.

컨트롤/속성	Name	Text	Font
Button	btnResult	적용	글꼴 : 굴림 크기 : 14pt 스타일 : 굵게
Label	lblResult	배열 출력 :	글꼴 : 굴림 크기 : 16pt 스타일 : 굵게
Label	label1	array[0]	(비움)
Label	label2	array[1]	(비움)
Label	label3	array[2]	(비움)
TextBox	tblnput1	0	(비움)
TextBox	tblnput2	0	(비움)
TextBox	tblnput3	0	(비움)

3. 이벤트 처리기 추가

[적용] 버튼을 클릭할 때 배열의 모든 요소값이 [배열 출력] 레이블에 출력되도록 하면 된다. 그렇다면, 이벤트가 발생하는 시점은 [적용] 버튼을 클릭했을 때이므로, 버튼 클릭에 대한 이벤트 처리기를 추가하도록 하자.

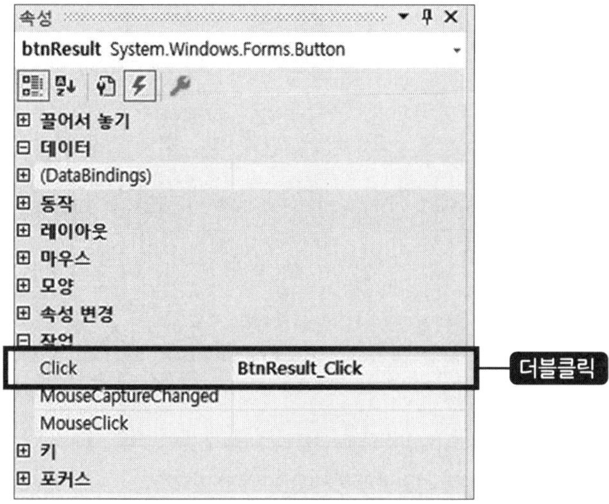

버튼 클릭 이벤트 처리기를 추가하면 다음과 같이 이벤트 처리기 코드가 생성된다.

```
1    private void BtnResult_Click(object sender, EventArgs e)
2    {
3    }
```

4. 코드 작성

이벤트 처리기가 추가되었다면 각 텍스트박스에 입력한 값을 배열의 각 요소에 저장한 후 배열을 출력하도록 코드를 구현한다.

```
1    int[] array = new int[] { 0, 0, 0 };
2    private void BtnResult_Click(object sender, EventArgs e)
3    {
4        lblResult.Text = "배열 출력 : ";
5        array[0] = int.Parse(tbInput1.Text);
6        array[1] = int.Parse(tbInput2.Text);
7        array[2] = int.Parse(tbInput3.Text);
```

```
8
9          for(int i = 0; i < array.Length; i++)
10         {
11             lblResult.Text += array[i].ToString() + "  ";
12         }
13 }
```

{ 코드 분석 }

1라인	정수형 배열 array를 선언함과 동시에 0으로 초기화한다.
5~7라인	각 텍스트박스인 tbInput1, tbInput2, tbInput3의 값을 int.Parse를 통해 각각 정수로 형변환한 후 각 배열의 요소에 대입한다.
9라인	반복문을 통해 배열의 크기만큼 반복한다. 배열의 크기는 배열의 속성인 Length를 통해 얻어올 수 있다.
11라인	반복문을 통해 조건을 만족하는 동안 배열의 각 요소의 값을 가져와서 해당 레이블 lblResult에 출력한다. 이때 각 요소의 접근은 배열의 인덱스 접근 방식 array[i]로, 인덱스 i는 0부터 배열의 마지막 인덱스인 2까지 접근하여 배열의 요소값을 가져오고 있다.

5. 빌드 및 실행하기

단축키 F6번과 F5번을 눌러서 다음과 같이 빌드 및 실행을 한다. [적용] 버튼을 클릭하면 각 배열의 요소에 기본값으로 초기화된 0이 출력된다. 각 텍스트박스에 값을 입력한 후 [적용] 버튼을 클릭하면 입력한 값이 각각 배열의 요소에 저장이 되고, 배열의 각 요소가 레이블에 출력이 된다.

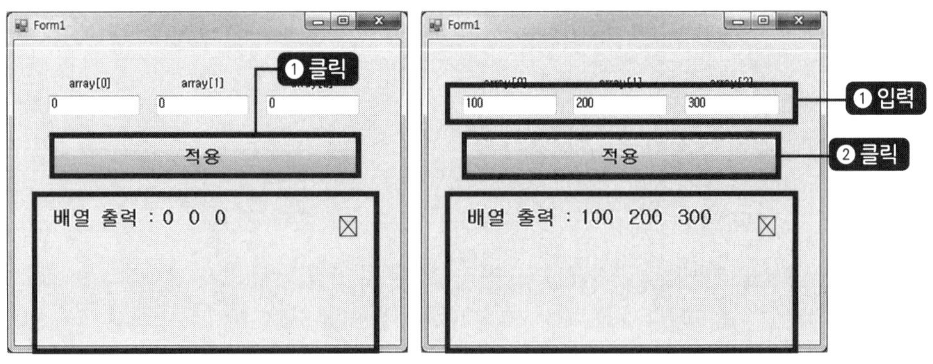

Part 3

객체 지향 기본 철학

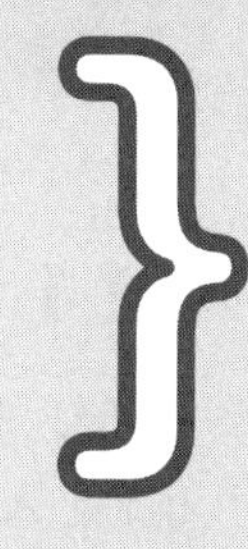

3.1 객체 지향 프로그래밍의 개념

3.1.1 객체 지향이란

"객체 지향(Object-Oriented)이란 무엇인가?"라는 물음은 객체 지향 프로그래밍 공부를 시작하는 사람에게 가장 기본적인 물음이다. 필자도 객체 지향에 대한 용어를 대학 시절에 처음 들었지만, 객체 지향 패러다임을 제대로 이해한 것은 그 후로 실무 경험을 통해 몇 년이 지나서이다. 당시 객체 지향에 대한 개념 설명이 너무 형식적이고, 문법 위주의 내용들이어서 표면적으로는 그런가 보다 했지만, 뼛속 깊이까지 이해하기엔 턱없이 부족했다.

객체 지향에 대한 패러다임을 제대로 이해하지 못한 채로 객체 지향 프로그래밍을 한다는 것은 나의 코드를 작성하는 것이 아니라 형식적으로 따라 하는 것에 불과하다. 필자도 한동안은 형식적인 프로그래밍을 하다가 시행착오와 경험을 통해 객체 지향 패러다임에 대해 점차 이해할 수 있었다.

우리가 어떤 개념에 대해 새롭게 배울 때는 가장 먼저 사전적인 의미를 살펴보는 것이 중요하다. 객체와 지향을 나누어서 생각해 보자.

> 객체(Object) : 물건, 물체
>
> 지향(Oriented) : 지향적인, 위주의

객체는 영어로 object이며 사전적으로는 우리 일상생활의 모든 '물건', 즉 우리 눈에 보이는 객관적인 모든 '사물'을 의미한다. 지향은 영어로 Oriented이며 사전적으로 '~위주로'라는 의미를 가지고 있다. 이 둘을 합하면 '사물 위주의'라는 의미가 되는데, 객체 지향 프로그래밍을 직역한다면 '사물 위주의 프로그래밍'이라고 할 수 있다.

직역을 해 보았는데 아직 감이 잘 오지 않는다. 사물 위주로 프로그래밍을 하겠다는 것은 내가 프로그래밍을 할 예정인데 내 주위에 보이는 모든 물건들 위주로 프로그래밍을 하겠다는 의미이다. 주위에 있는 가장 눈에 띄는 사물 중 하나인 자동차로 예를 들어 보자. 자동차를 프로그래밍하려 하는데, 자동차는 엔진, 핸들, 바퀴, 기어 등의 요소들을 가지고 있고, 기능으로는 '전진한다', '후진한다' 등을 가지고 있을 것이다. 이러한 사물의 요소들과 기능들을 조합하여 구현하는 것이 객체 지향 프로그래밍의 콘셉트이다.

객체 지향 프로그래밍이 무엇인지 정리하여 다시 정의하자면, 우리 실생활의 모든 사물을 객체라는 기본 단위로 나누고 이 객체들 간에 상호작용을 하도록 구현하는 방법론이라고 할 수 있겠다.

아직까지는 객체 지향 개념이 추상적일 것이다. 필자가 강의에서 객체 지향 개념을 설명할 때는 주로 레고에 빗대어 이야기를 한다.

이 세상의 모든 사물들을 프로그래밍화시킨 것이 객체라고 하였다. 그렇다면 객체라는 것이 형성되기까지 기반이 되는 요소들이 있을 것이다. 자동차의 경우 엔진, 핸들, 바퀴 등과 같은 필요 구성 요소들로 이루어져 있듯이, 레고를 통해 만들고 싶은 객체가 있다면 요소들을 구성하여 객체를 만들 수 있다.

각각의 요소들

각 요소들을 통해 만들어진 객체들

이러한 각각의 객체들을 구성하면 새로운 하나의 시스템을 구성할 수 있다. 레고를 통해 집이라는 객체를 구성할 수 있고 자동차, 사람 등의 객체 또한 구성하여 서로 상호작용을 할 수 있도록 구현할 수 있다. 또한 레고의 속성상 구성 요소를 쉽게 추가하거나 뺄 수 있듯이, 객체 또한 기존 시스템에서 추가하거나 빼는 것이 가능하다는 장점이 있다.

3.1.2 절차 지향 프로그래밍과 객체 지향 프로그래밍

어떤 새로운 개념이나 패러다임이 생겨나는 배경에는 그 나름의 이유가 있는데, 대부분은 이전의 것들이 가진 비효율성을 개선시키기 위한 목적이다. 객체 지향 프로그래밍도 마찬가지의 이유로 등장했는데 그 배경에는 절차 지향 프로그래밍이 있다.

1. 절차 지향 프로그래밍 방식

절차 지향 프로그래밍 방식은 C언어가 대표적인데, 이 방식은 실행 구조가 순차적이므로 다른 말로 구조적 프로그래밍 방식 또는 하향식, 폭포수 방식이라고도 한다. 주로 데이터를 처리하는 방법론적인 알고리즘을 중요시한다.

우리 일상에서도 절차 지향적으로 처리해야만 되는 일들이 참 많다. 대표적인 예는 바로 건축물을 짓는 과정에서 볼 수 있다.

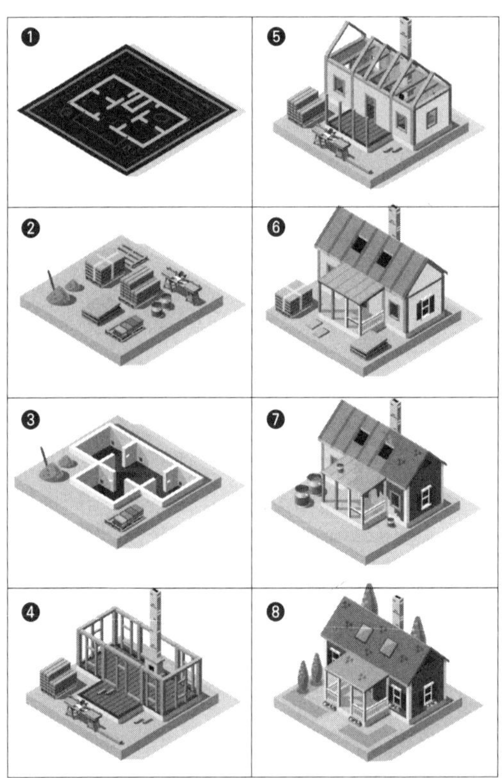

일반 건축물이 건축되는 순서를 나타낸 것이다. 소프트웨어의 프로젝트 관리 기법의 기반 학문은 건축학을 기반으로 한다. 그러므로 건축 과정을 통해 절차 지향 프로그래밍 과정을 이해할 수 있다.

건축하는 순서를 보면 물론 설계 작업을 했을 것이며, 설계도를 기반으로 바닥 공사, 뼈대 올리기, 지붕 올리기, 살 붙이기 등의 작업을 순서대로 진행한다.

그런데 만약 ⑥ 정도의 공사가 진행이 되었는데, 뼈대 과정의 설계가 잘못되었다고 ③의 과정으로 다시 돌아가고 싶다고 한다면 가능한가? 뒤로 돌아가는 것은 거의 불가능하다고 보아야 한다. 이처럼 절차적 구조에서는 이전 단계의 수정이 힘들다. 그래서 이러한 절차 지향 프로그래밍 방식에서는 1번 설계할 때 수정 사항이 거의 없도록 완벽하게 설계한다는 가정이 따라야 한다. 하지만, 그것이 현실적으로 가능한가?

요즘과 같은 거대한 시스템을 설계하고 구현하는 데 있어서 완벽한 설계란 존재하기 힘들다. 설계는 완벽하지 않은 50% 정도로 시작하고, 대부분 프로토타입을 정의하고 구현을 같이 하면서 점점 완성도를 높여 가는 것이다. 또한 코드의 생산성을 위해서 코드를 재사용할 수 있어야 하는데, 절차 지향적인 형태는 코드의 재사용이 쉽지 않은 구조이다.

2. 객체 지향 프로그래밍 방식

절차 지향 프로그래밍은 롤백이 힘들기 때문에 수정이 어렵고, 코드가 모듈화되어 있지 않다 보니 코드의 양이 방대하여 가독하기도 힘들다. 또한 대형 시스템에서 코드의 생산성을 위해 코드의 재사용을 할 수 있어야 하는데 절차 지향적인 형태에서는 쉽지 않은 구조라고 하였다.

이러한 절차 지향 프로그래밍의 단점들을 보완한 방식이 바로 객체 지향 프로그래밍 방식이다. 객체 지향 프로그래밍 방식은 기본 단위가 객체로 구성되어 있다. 객체라는 단위로 모듈화가 되어 있으므로 객체를 쉽게 추가하고 삭제할 수 있는 유연한 구조이다. 또한 기능 단위로 모듈화되어 있으므로 코드의 가독성 또한 상당히 좋다.

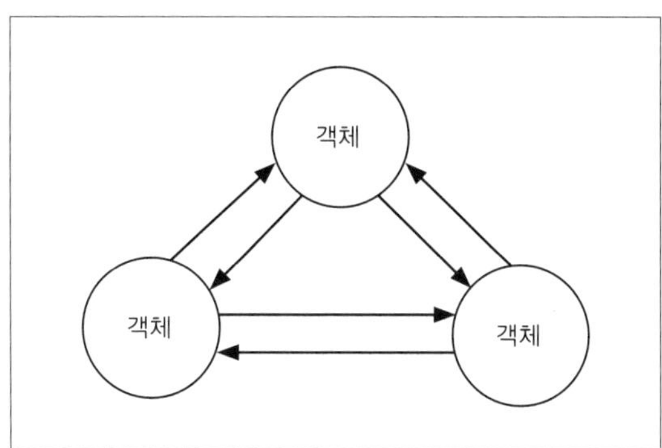

객체 지향 방식은 프로그램 수행 방식이 절차 지향 방식과 다르게 객체 간 상호작용을 통해 수행된다. 즉, 처음부터 끝까지 짜인 각본대로 수행되지 않고, 객체를 통해 처리하는 구조이다. 가장 쉬운 예를 들면 우리가 윈도우 기반에서 사용하는 모든 응용 프로그램들이 모두 객체 지향 프로그램이라고 생각하면 된다. 윈도우의 가장 기본 프로그램인 메모장의 수행 방식을 살펴보자.

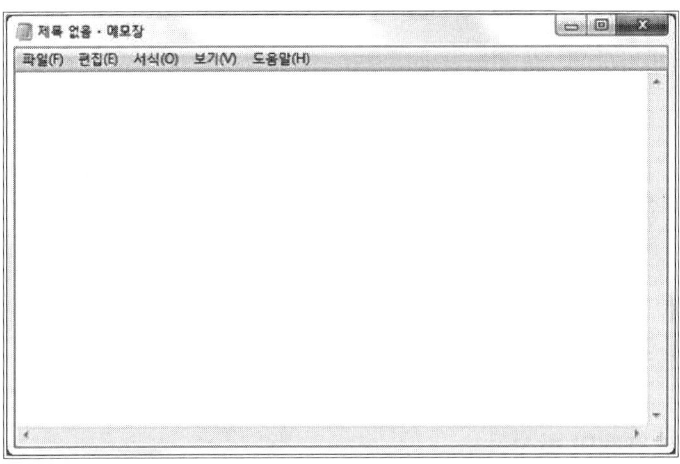

여러분이 윈도우 탐색기에서 메모장인 notepad.exe를 실행시켰다고 가정해 보자. 실행했다는 것은 프로그램이 동작한다는 의미이다. 그렇다면 메모장은 소임을 다한 것인가? 그렇지 않다. 메모장의 기능은 사실 지금부터이다. 사용자가 텍스트를 입력할 수 있고, [파일] 또는 [편집] 메뉴를 선택하여 [저장], [열기], [복사]와 같은 메뉴 기능을 수행할 수도 있다.

그런데, 이러한 일들은 언제 일어나는가? 사용자는 언제 텍스트를 입력하고, 메뉴를 언제 선택할 것인가? 정해진 시간에 일어나는가? 아니다. 이 일들이 일어나는 시점은 사용자의 마음에 달려 있다. 언제든지 사용자가 텍스트를 입력하거나 메뉴를 선택하면 처리할 준비가 되어 있어야 한다. 정리를 하자면 사용자 요청에 의해 처리되는 방식인 것이다. 이것이 바로 객체 지향 프로그래밍 처리 방식이다. 느낌이 조금 오는가?

3.1.3 객체 지향 프로그래밍의 특징 몇 가지

앞서 절차 지향과 객체 지향의 차이를 비교하면서 객체 지향의 특징의 단면을 간략하게 살펴보았다. 조금 더 구체적인 객체 지향의 특징을 살펴보도록 하고, 객체 지향의 핵심적인 철학에 대한 느낌을 가져 보도록 하겠다.

1. 데이터 표현에 비중

기존 대부분의 언어들은 프로그램의 프로세스 흐름을 표현하는 데 비중을 두고 개발되었지만, 객체 지향 언어들은 데이터 표현에 비중을 두고 있다. 객체가 이 데이터 부분에 해당된다.

2. 모듈의 결합 의존도 지양

객체 지향 언어들은 전역변수를 거의 사용하지 않는다. 모듈의 독립성을 유지하기 위해서이다. 앞서 레고를 예로 든 것처럼 모듈의 독립성이 보장되어야 레고처럼 쉽게 객체를 추가 또는 삭제하는 것이 쉬워진다. 만약 객체들이 전역변수처럼 공통으로 소유한 데이터가 있다면, 전역변수로 인해 서로 영향을 받고 있으므로 추가 및 삭제가 어려워지며 모듈의 결합 의존도가 높아지게 된다.

3. 코드를 재사용하기 쉬움

객체 지향 기반에서 코드의 재사용성은 개발의 생산성에 상당한 기여를 하고 있다. 객체 지향 기반 언어는 상속이라는 구조를 지원하므로 코드의 재사용이 가능하다. 이 말은 새로운 프로젝트를 시작한다고 가정할 때, 모든 코드를 처음부터 끝까지 새로 구현하는 것이 아니라 기존 프로젝트의 코드를 상속하여 코드를 재사용할 수 있다는 의미이다. 이는 객체 지향 철학의 핵심 철학이며, 뒤에서 상속성을 공부하면서 정확하게 이해가 될 것이다.

4. 대형 프로젝트에 적합

프로젝트가 각 기능 단위로 모듈화되어 있다면 각 기능의 모듈의 수정, 추가, 삭제가 매우 쉬울 것이다. 대형 프로젝트의 경우는 코드가 매우 방대하므로, 모듈화된 객체 지향 방식이 적합하다.

5. 유지 보수가 쉬움

유지 보수가 쉽다는 특징은 앞서 설명했던 '2) 모듈의 결합 의존도 지양'이나 '3) 코드를 재사용하기 쉬움', '4) 대형 프로젝트에 적합'의 내용과 연관이 있다. 유지 보수란 코드를 수정하거나 기능을 새롭게 추가하는 것인데, 모듈 간에 결합 의존도가 높으면 쉽게 특정 모듈을 수정하기가 힘들다. 다른 모듈에 미칠 영향이 크기 때문이다. 그러나 객체 지향 기반은 의존도가 높지 않아 유지 보수가 쉽다. 또한 새로운 기능을 추가할 시에는 상속을 통해 기존의 기능을 재활용하고 새로운 속성만 추가하면 되므로 매우 효율적이다.

6. 객체 지향 프로그래밍의 핵심 철학

객체 지향 프로그래밍(Object-Oriented Programming)에서 가장 핵심적인 철학은 크게 추상화, 캡슐화, 상속성, 다형성 등이 있다. 지금부터 각 요소에 대해 살펴보도록 하자. 필자는 이 철학들을 이해하는 데 상당한 시간이 걸렸지만, 여러분들은 커피 한잔 타 놓고 만화책을 읽듯 가벼운 마음으로 탐독해 주길 바란다. 객체 지향의 개념을 단번에 이해하는 것을 목표로 하지 말자. 객체 지향이 무엇인지 조금은 알 것 같다는 그 느낌만 가질 수 있다면 그것으로 만족한다. 자, 그럼 지금부터 객체 지향 기반의 핵심 철학에 대해 살펴보자.

3.2 추상화

객체 지향 프로그래밍 핵심 철학의 첫 번째로 추상화에 대해 살펴보도록 하자. 추상화란 구체적 사물들의 공통된 특징을 파악하여 인식의 대상으로 삼는 행위를 말한다. 객체 지향 프로그래밍에서는 공통적인 특징을 찾아내어 class를 설계하는 것이 추상화하는 과정이다.

3.2.1 추상화(Abstraction)란 무엇인가

추상(Abstraction)의 사전적인 의미를 보면 다음과 같다.

> 추상(抽象, abstracction) : 대상에서 특징만을 뽑아낸 것

그렇다면 이와 같은 맥락에서 객체 지향 기반 철학인 추상화에 대한 의미를 생각해 보도록 하자. 객체는 왜 추상적이어야 하는가? 이 질문에 당장 한마디로 답을 해서 이해할 수는 없다. 하지만, 우리 일상에서 말하는 사물들을 생각해 보면 구체적이지 않고 특징만 표현된 매우 관념적이고 추상적인 것들이 많다는 사실을 알 수 있을 것이다.

개를 예로 들어 보자. 여러분은 '개' 하면 무엇이 떠오르는가? 아마 여러 종류의 개 중에 하나를 떠올릴 것이다. 비글이나 허스키나 시츄 등의 여러 개 중에 하나를 떠올렸을 것이다. 하지만 필자가 물어보는 개는 구체적인 개가 아니라 그냥 개이다. '개'라는 것은 매우 추상적이지만, 모든 '개'의 공통적인 속성을 가지고 있는 것이다.

만약 비글, 허스키, 시츄 등의 구체적인 개들이 각각의 객체라면 이에 대한 공통적인 데이터와 기능을 도출해 낼 수 있는데, 그것을 추상화(Abstraction)라고 한다.

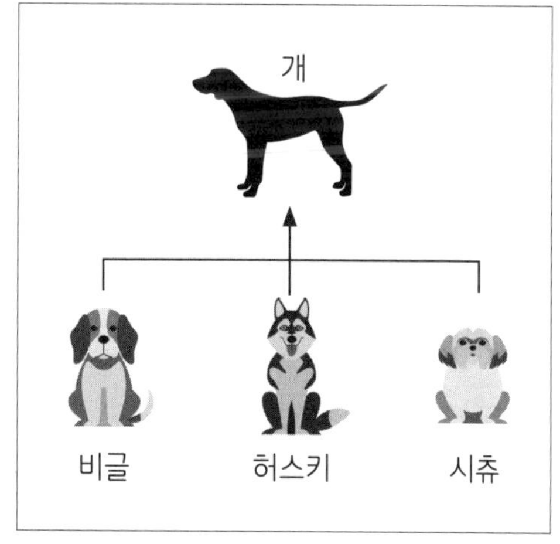

3.2.2 추상화를 사용하는 이유

지금 상태에서 추상화를 사용하는 이유에 대해 명확하게 말하기는 힘들다. 왜냐하면 아직 클래스의 정의나 상속에 대해 배우지 않았기 때문이다. 코드 관점에서 논하기에는 아직 이르다. 하지만 앞에서 말한 추상화의 의미와 개념을 기반으로 추상화의 느낌은 알 수 있다.

앞서 살펴본 바와 같이 구체적인 개들의 공통적인 데이터와 기능을 도출해 낸 것을 추상화라고 했다. 이 관계를 뒤에서 배울 상속 관계라고 가정했을 때, 상식적으로 생각해 보면 어떤 특정 기능을 따로따로 사용하는 것보다는 어차피 공통된 기능이면 1개만 정의해서 공유하는 것이 더 효율적이지 않을까? 이 개념은 공유 경제와도 비슷하다.

추상화는 일단 이 정도로의 개념만 이해하고 그 느낌만 가지고 넘어가자. 코드를 기반으로 한 추상화에 대한 내용은 지금 당장 설명하기 어려우므로 상속성이나 클래스의 기본 편을 보면서 추상 클래스 및 추상 메소드의 코드 기반에서 추상화를 다시 한번 이해하도록 하자.

공유 경제(sharing economy)

물건을 소유의 개념으로 보지 않고 서로 대여해 주고 차용해 쓰는 개념의 경제 활동을 말한다. 즉, '소유'의 개념에서 '공유'의 개념으로 인식을 바꾸는 것이다. 차량 공유 플랫폼인 '우버(Uber)'나 집 공유 플랫폼인 '에어비엔비(Airbnb)' 등이 가장 대표적인 공유 경제의 모델이라고 할 수 있다.

필자는 새로운 무언가를 알아가고 만들어 내는 것을 좋아해서 본의 아니게 집수리도 조금 할 줄 안다. 집수리를 위해서는 기본적으로 연장이 필요한데, 언젠가 큰 마음을 먹고 종합 공구 세트를 구매하였다. 그런데 집수리를 해야 할 일은 자주 발생하지 않는다. 1년에 1~2번 정도다. 종합 공구 세트를 사용할 때마다 먼지를 털어 내고 사용해야 한다.

이렇게 종합 공구 세트처럼 매일 사용하지 않는 물건이나 정말 가끔 사용하는 물건의 경우 각 가정마다 1개씩 보유하고 있다는 것은 자원 낭비가 아닐까? 오히려 아파트 한 동에 공구 세트 1개를 비치하고, 필요할 때마다 각 가정에서 공유하여 사용하는 것이 경제적으로 훨씬 효율적일 것이다. 1년에 1~2번 사용하는 물건을 굳이 가정별로 가지고 있다는 것은 낭비라고 생각한다.

3.2.3 플라톤의 이데아

필자는 모든 학문의 근원은 철학이라고 생각한다. 철학이 실생활과 연관 없이 뜬구름 잡는 이야기만 한다고 생각한다면 오산(경기도?)이다. 철학에서 다양한 분야의 학문이 파생되었으며, 흘러 흘러 소프트웨어 프로그래밍 또한 철학에서 파생된 여러 분야의 영향을 받은 학문 중 하나이다.

그런데 플라톤의 이데아를 갑자기 논하다니, 너무 생뚱맞은 것 아닌가? 필자가 플라톤의 철학을 말하는 이유는 어느 날 플라톤의 이데아론을 읽었는데 객체 지향 철학의 기반이 되는 추상화 개념과 너무 비슷했기 때문이다. 아주 오랜 기원전 시대의 그리스 철학자가 지금의 객체 지향 개념을 생각했을 리는 없겠지만 인간이 할 수 있는 생각의 본질이 같다는 점에 놀라지 않을 수 없다.

그러면 플라톤이 주장하는 이데아론에 대해 잠깐 살펴보도록 하자.

> 플라톤은 제자들에게 묻는다.
>
> "너, 개를 본 적이 있니?"
>
> 제자들은 대답한다.
>
> "네. 저는 비글도 보았고, 허스키도 보았고, 시츄도 본 적 있습니다."
>
> 플라톤은 제자들에게 다시 묻는다.
>
> "너, 나무를 본 적이 있니?"
>
> 제자들은 대답한다.
>
> "네. 저는 소나무도 보았고, 대추나무도 보았고, 사과나무도 본 적 있습니다."

그런데, 플라톤은 제제들에게 "비글을 본 적 있니?", "허스키를 본 적 있니?", "시츄를 본 적 있니?"라고 물은 것이 아니다. 그냥 개를 본 적이 있냐고 물어본 것이다.

비글, 허스키, 시츄는 실제로 우리 눈에 보이는 사물이다. 그래서 우리는 그 사물들에 이름을 붙여 주었다. 그렇다면 '개'라는 이름이 붙으려면 어떻게 해야 하는가? '개'라는 이름이 붙으려면 '개'라는 실체가 있어야 하지 않은가?

나무 또한 마찬가지이다. 플라톤은 제자들에게 소나무, 대추나무, 사과나무를 본 적이 있는지 물어본 것이 아니다. 그냥 나무를 본 적이 있냐고 물어본 것이다. 소나무, 대추나무, 사과나무 또한 각각 눈에 보이는 실체이므로 이름을 붙여 주었지만, '나무'라는 이름이 붙으려면 '나무'의 실체가 있어야 하지 않은가?

플라톤의 질문으로 다시 가 보면, 플라톤은 '개'를 본 적이 있냐고 물어본 것이지 무슨 무슨 개를 본 적이 있냐고 물어본 것이 아니다. 그냥 개, 개라는 개, 오리지널 개를 본 적이 있냐고 물어본 것이다. 나무 또한 '나무'를 본 적이 있냐고 물어본 것이지, 무슨 무슨 나무를 본 적이 있냐고 물어본 것이 아니다.

나무라는 나무, 오리지널 나무를 본 적이 있냐고 물어본 것이다.

　이에 대해 여러분은 어떻게 대답할 수 있는가? 그렇다. 이 질문이 생각보다 만만치 않다는 것을 느끼게 될 것이다. 결국 이 질문에서 우리는 '개'를 본 적도 없고, '나무'를 본 적도 없다는 것으로 결론을 내릴수 있게 되는 것이다.

　하지만 플라톤은 개라는 개, 나무라는 나무가 존재하고 있다고 말한다. 비글, 허스키처럼 무슨 개가 아니라 개 자체인 개, 개의 본질, 개의 원형이 존재한다는 것이다. 그렇다면 그 개는 어디에 존재하는 것인가? 바로 플라톤이 주장하는 이데아의 세계, 즉 관념에 세계에 존재한다.

　플라톤은 이데아를 설명하기 위해 동굴을 비유로 들었다. 동굴 속에 개의 원형이 있다고 가정하자. 이때 동굴 안에 불빛을 비춘다면 개의 그림자가 생긴다. 그 그림자는 개를 닮은 그림자이다. 그런데 불빛이 흔들리거나 찌그러지면 그림자의 형상이 달라진다. 그래서 우리는 각각 달라지는 그림자를 비글, 허스키, 시츄라고 구분했다. 각각의 그림자들은 우리가 현실 세계에서 보는 실체라는 것이다. 그리고 모양이 조금씩 달라도 우리는 이 모두를 '개'라고 부른다. 왜냐하면 각각의 실체는 공통된 속성이 있기 때문이다.

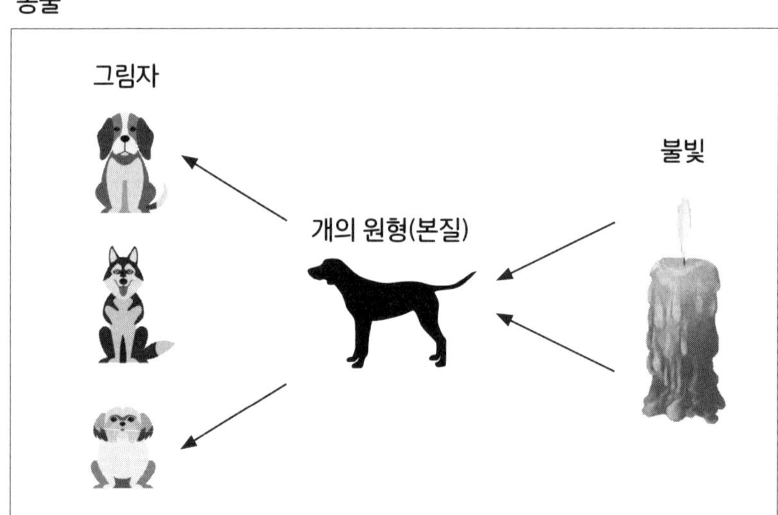

　그림자인 현실의 개는 유일한가, 아니면 다양한가? 종류가 매우 다양하다. 또한 눈에 보이고 만져 볼 수도 있다. 매우 감각적이고 경험적이라고 할 수 있다. 자, 반면에 개의 원형은 어떠한가? 원형은 단 하나로 유일하다. 실체가 없고 우리의 관념 속에서만 존재한다. 우리가 개의 원형을 알 수 있는 방법은 머릿속에 있는 이성을 통해서이다.

정리하면 플라톤은 현실과 이상을 나누어 우리 눈에 보이는 모든 실체는 현실 세계에서 존재하고, 그 실체의 본질은 우리 이성을 통해서만 알 수 있는 이데아의 세계에 존재한다고 주장하였다. 이것을 플라톤의 이데아론이라고 한다.

우리 눈에 보이지 않은 이데아의 세계, 관념의 세계는 매우 추상적이지만 실체에 대한 공통적인 속성을 가지고 있다. 결국 앞에서 살펴본 추상화의 철학과 매우 흡사하다는 점이 매우 흥미롭다.

3.3 캡슐화

객체 지향의 핵심 철학 중 하나가 바로 캡슐화인데, 추상화와 더불어 객체 지향의 근간을 이루는 중요한 개념이다.

3.3.1 캡슐화(Encapsulation)란 무엇인가

우리는 감기약이나 건강 보조제를 통해 캡슐 형태의 약을 흔히 보기도 하고, 그 시대를 대표하는 기록이나 물건을 담아 후세에 전달할 목적인 타임 캡슐을 통해 캡슐이라는 용어를 사용하기도 한다. 그렇다면 캡슐(Capsule)이 가진 일반적인 의미를 살펴보자. 일반적인 캡슐의 형태는 다음과 같다.

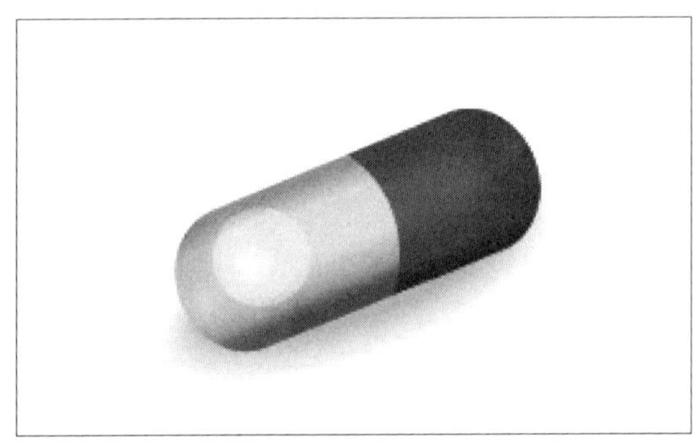

종합 감기약의 경우 이와 같은 캡슐에 담겨 있는데, 1가지의 성분이 아니라 감기를 낫게 하는 여러 가지 연관된 성분이 모여 있는 것이다. 우리는 이 감기약 캡슐을 먹을 때 캡슐을 열어서 그 성분을 보고 먹지는 않는다. 우리의 관심사는 캡슐약의 효능이며 우리는 이 약이 감기를 낫게 해 준다는 기능에 대한 믿음을 가지고 먹을 뿐이다.

이제 객체 지향 기반 관점에서 캡슐화의 개념을 살펴보자. 감기약 캡슐이 연관된 성분끼리 모여 있다고 말했듯이 캡슐화는 연관이 있는 데이터와 메소드들을 묶어 주는 형태를 말한다. 결국 이것이 하나의 객체가 되는데, 캡슐화는 객체의 기본 단위를 지정해 주는 역할을 한다고 말할 수 있다. 객체의 기본 단위는 뒤에서 배우게 될 클래스로 구성된다.

$$\boxed{\begin{array}{l} \text{캡슐화} \\[1em] \qquad\qquad \text{클래스 = 데이터 + 메소드} \end{array}}$$

3.3.2 데이터 은닉

캡슐화를 통해 연관된 데이터를 묶어 준다고 했다. 이를 통해 얻을 수 있는 좋은 점은 객체 단위로 모듈화되기 때문에 코드의 재사용 및 유지 보수성이 좋아진다는 점이다. 이와 더불어 캡슐화의 특징으로는 데이터를 외부로부터 노출되지 않도록 한다는 점이 있다.

데이터를 보호하는 목적은 외부로부터 나의 데이터 자원을 보호하기 위함이다. 이 세상 모든 사람들을 믿고 살 수만 있다면 보안과 같은 방어적인 장치가 필요는 없겠지만, 현실은 그렇지 않다 보니 이러한 보안 기술이 발전해 가고 있다. 캡슐화를 했다고 해서 무조건 데이터 은닉이 되는 것은 아니다. 다만 접근 지정자라는 것을 통해 외부로부터 데이터의 접근 허용 범위를 제어할 수 있다.

앞에서 보았던 감기약 캡슐을 보면 캡슐 안의 내용물은 결코 외부로 나타나지 않는다. 데이터 은닉이 잘 되어 있다고 볼 수 있겠다. 하지만 캡슐 안의 가루약이 절대 밖으로 나오지 않는다면 감기를 치료할 수 없을 것이다. 그렇다면 이 약이 약으로서 의미가 있는 것인가? 의미가 없다. 캡슐약은 우리 몸속에 들어가면 스스로 녹아서 안에 있는 가루약이 우리 몸속에 퍼지게 되어야 약으로서의 의미가 있는 것이다.

만약 우리가 로또 1등에 당첨되어 20억을 당첨금으로 받았다고 가정하자(상상만 해도 기분 좋은 일이다). 그런데, 당첨금 전부를 은행에 예금해 놓고 쓰지 않는다면 그 돈은 의미가 있을까? 돈은 사용을 해야 그 효용 가치가 있는 것이다.

마찬가지로 캡슐화된 데이터를 마냥 은닉만 하고 있다면 과연 그 데이터 또한 의미가 있을까? 이 데이터가 밖으로 나와 사용이 되어야 데이터로서 의미가 있는 것이다. 그렇다고 데이터를 무작정 외부에 공개를 하게 되면 보안에 문제가 생긴다. 그래서 은닉된 데이터는 특정 인터페이스를 통해서만 외부에 공개할 수 있도록 하는데, 그 역할을 해 주는 것이 바로 메소드이다.

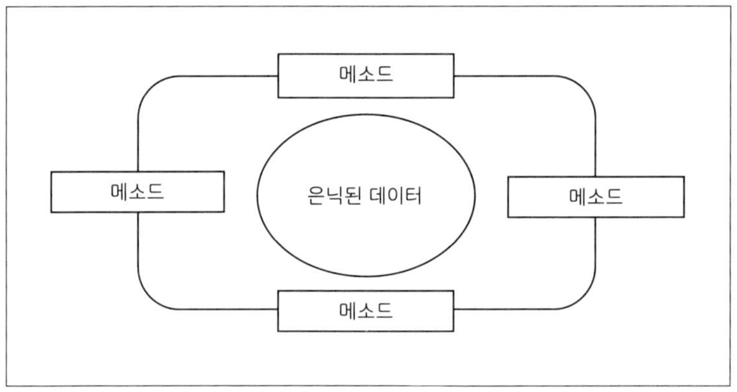

객체 지향 기반에서는 대부분의 데이터가 은닉되어 있다. 외부에서 은닉된 데이터에 접근하기 위해서는 그림과 같이 메소드라는 특정 인터페이스를 통해서만 접근할 수 있도록 하는 것이 캡슐화의 기본 철학이다.

3.4 클래스의 기본

3.4.1 클래스란

객체 지향의 기본 단위인 객체를 사용하기 위해서는 클래스라는 사용자 정의 데이터형을 알아야 한다. 클래스의 사전적 의미를 먼저 살펴보자.

클래스(Class) : 학급

학급은 어떤 그룹이라는 의미로 받아들이면 된다. 캡슐화를 설명하면서 클래스를 잠깐 언급한 적이 있었다. 연관된 데이터와 메소드를 묶어 놓은 개념을 캡슐화라고 하였는데 이 단위 개념을 클래스라고 한다.

데이터와 메소드를 사용자인 내가 새로 정의한 데이터형이기 때문에 우리는 클래스를 추상적인 데이터형(Abstract Data Type)이라고 말한다. 우리가 클래스를 다루면서 놓치지 말아야 할 본질이 클래스는 데이터형(Data Type)이라는 점이다. 우리가 기존에 알고 있는 데이터형에는 어떤 것들이 있는가? 대표적으로 정수형 int, 실수형 double, 문자형 char 등이 있다. 하지만 클래스도 우리가 모르는 특별한 그 무언가가 아니라 이러한 기본 데이터형과 본질적으로 같다. 다만, 기본 데이터형은 프로그래밍 언어의 표준 타입으로 정의되어 있으니 명확하고 구체적인 데이터형이지만, 클래스는 표준 타입이 아니라 사용자가 정의한 타입이므로 추상적인 데이터형이라고 부르는 것이다.

3.4.2 클래스의 선언 및 접근 지정자

1. 클래스의 구성

클래스는 앞서 언급했듯이 연관된 데이터와 메소드로 구성되어 있다. 기존의 구조체의 개념을 알고 있다면 구조체와 비슷하다는 것을 알 수 있다. 구조체와의 차이점이라면 구조체는 데이터끼리만 묶었다면 클래스는 메소드까지 포함시켰다는 점이다.

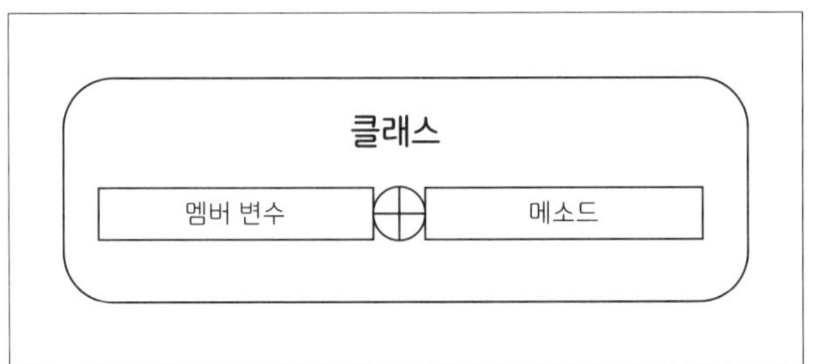

[그림 3-10] 클래스의 구성

　여기에서 데이터는 멤버 변수를 나타내고, 메소드는 행위와 행동을 나타낸다. 쉽게 말하면 멤버 변수는 우리 눈에 보이는 요소들이고, 메소드는 무언가 행동을 하는 것을 정의하는 것이다. 앞에서 예를 들었던 개를 생각해 보자.

　그림의 달려가는 개를 보면서 개라는 클래스를 구성해 보도록 하자.

- 눈에 보이는 것(멤버 변수) : 눈, 코, 입, 귀, 다리 4개, 흰털 등.
- 하는 것(메소드) : 달린다, 짖는다, 먹는다, 잔다 등.

2. 클래스의 선언 형식

　클래스를 선언하는 형식을 살펴보자.

```
class 클래스 이름                              //클래스 선언
{
    접근 지정자 클래스 이름( ) {...}            //생성자
    접근 지정자 ~클래스 이름( ) {...}           //소멸자
    접근 지정자 데이터형 멤버 변수(필드);        //변수 선언
    접근 지정자 데이터형 메소드( ){...};         //메소드 선언
}
```

클래스를 선언할 때에는 class 키워드를 쓰고, 그 뒤에 클래스 이름을 붙여 주면 된다. 클래스 선언 요소로는 생성자, 소멸자, 멤버 변수, 메소드 등의 선언이 있다. 소멸자의 경우는 C#의 경우 닷넷 프레임워크에서 쓰레기 수집(Carbarge Collection) 기능이 동작하기 때문에 굳이 선언하지 않아도 문제가 되지 않는다.

직접 클래스를 선언해 보자. 앞에서 예를 들었던 개라는 클래스를 만들어 보자. 클래스 이름은 Dog라고 하고 멤버 변수는 눈, 코, 입, 귀 정도만, 메소드는 짖는다 정도만 선언하도록 하겠다.

```
class Dog
{
    public Dog{}
    Private int eyes, nose, mouse, ears;
    public void bark( ){}
}
```

3. 접근 지정자

멤버 변수 및 메소드에는 외부에서 접근할 수 있는 접근 권한을 설정할 수 있는데, 접근 지정자의 종류는 다음과 같다.

접근 지정자	의미
public	누구나 접근이 가능하다.
protected	상속 관계에 있을 때 상속받은 자식 클래스에서 접근이 가능하다. 그 외에는 접근이 불가하다.
internal	같은 어셈블리(프로젝트) 내의 모든 클래스에서 접근이 가능하다.

protected internal	protected와 internal의 의미를 모두 포함한다.
private	자신의 클래스 내부에서만 접근이 가능하고, 외부에서는 절대 접근할 수 없다.

멤버 변수는 대부분 private을 사용하게 되는데, 이는 데이터 은닉을 보장해 주는 중요한 접근 지정자이다. 메소드는 대부분 public을 사용하는데, 데이터를 외부와 통신하기 위한 인터페이스로 사용하기 때문이다. protected는 외부 관점에서는 private과 동일하며 상속 관계일 때 자식 클래스에서만 부모 클래스에 접근할 수 있도록 허용하는 접근 지정자이다.

3.4.3 프로젝트 제작 : 콘솔 앱 프로젝트 만들기

콘솔 앱 프로젝트를 생성하여 클래스를 직접 작성해 보도록 하자.

1. 프로젝트 생성

메뉴의 [파일]-[새로 만들기]-[프로젝트]를 선택한 후 프로젝트 선택 창에서 [콘솔 앱]을 선택한다.

[다음] 버튼을 클릭하면 다음 단계인 [새 프로젝트 구성] 창으로 넘어간다. 프로젝트 이름은 FirstClass라고 입력한 후, [확인] 버튼을 눌러 프로젝트를 생성하자.

2. 코드 작성

프로젝트 생성이 완료되면 다음과 같이 기본 코드가 생성된다.

```
1   namespace FirstClass
2   {
3       class Program
4       {
5           static void Main(string[] args)
6           {
7           }
8       }
9   }
```

이 기본 코드에서 다음과 같이 Dog 클래스를 추가하자.

```
1   namespace FirstClass
2   {
3       class Program
4       {
5           static void Main(string[] args)
6           {
7           }
8       }
9       class Dog
10      {
11          private int eyes, nose, mouse, ears;
12          public void bark() { }
13      }
14  }
```

Dog 클래스 내부에 멤버 변수와 메소드를 추가한 상태이다. 단축키 F6번을 눌러서 빌드를 해 보면 문제없이 빌드 성공이 되는 것을 확인할 수 있다.

3.4.4 객체란

1. 객체의 선언

우리는 지금까지 객체라는 용어를 많이 사용했지만 정작 객체가 무엇인지 정확하게 모르고 있다. 앞에서 클래스의 본질이 무엇이라고 했는가? 데이터형(Data Type)이라고 하였다. 그렇다면 데이터형을 통해 할 수 있는 것은 무엇인가? 변수를 선언하는 것이다. 사용자가 만든 추상 데이터형을 이용하여 변수를 선언해 보자. int, char, double 기본 데이터형을 이용하여 변수를 선언하는 방식과 동일하다.

Dog a;

Dog라는 추상 데이터형인 클래스를 이용하여 a라는 변수를 선언한 형태이다. 이렇게 클래스를 통해 선언한 변수를 가리켜 객체라고 말한다. 일반적으로 변수를 수없이 선언할 수 있듯이 객체 또한 마찬가지로 얼마든지 선언이 가능하다.

2. 객체의 생성

객체를 선언했다고 해서 객체가 생성된 것은 아니다. 객체가 실제로 메모리상에 생성되려면 new 연산자를 이용하여 힙 메모리 영역에 생성해야 한다. 기존 C++에서는 별도의 기법으로 동적인 메모리 할당으로 분류하여 사용하였지만, 자바나 C#에서의 객체 생성은 무조건 동적 메모리 기법을 사용해야만 가능하다.

Dog a = new Dog

new 연산자를 통해 힙 영역에 생성한 메모리 주소를 스택 영역의 a 객체에 넘겨주는 형태이다.

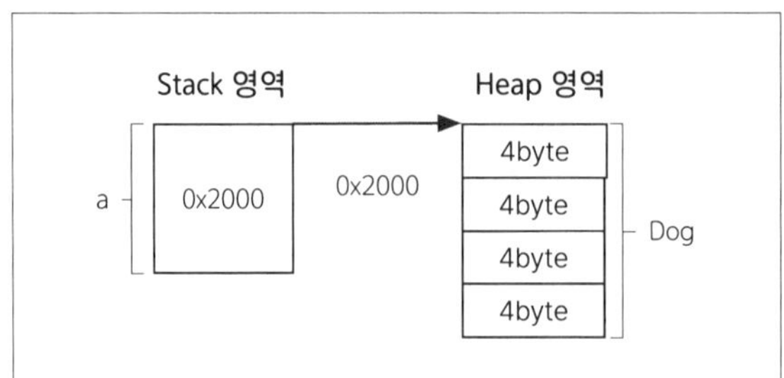

Dog 클래스에 선언된 멤버 변수가 정수형으로 총 4개(eyes, nose, mouse, ears)이므로 각각 4byte씩 힙 영역에 할당되고, 이 메모리의 가장 첫 번째 대표 주소값이 a객체로 대입이 되는 형태이다. 포인터의 개념이 있는 C++에서는 매우 중요한 개념이지만, 자바나 C#의 경우는 프레임워크단에서 처리해 주기 때문에 개발자가 신경 쓸 필요는 없으나 메모리의 구조는 이해하고 있어야 한다.

3. 코드 작성

앞의 프로젝트에서 다음과 같이 객체 생성 코드를 추가하도록 하자.

```
1    namespace FirstClass
2    {
3        class Program
4        {
5            static void Main(string[] args)
6            {
7                Dog a = new Dog();
8            }
9        }
10       class Dog
11       {
12           private int eyes, nose, mouse, ears;
13           public void bark() { }
14       }
15   }
```

단축키 F6번을 눌러서 빌드를 해 보면 문제없이 빌드 성공이 되는 것을 확인할 수 있다.

3.4.5 생성자

1. 생성자의 개념

모든 변수는 선언이 되면 값의 초기화 과정을 거치게 된다. 초기화는 선언과 동시에 이루어져야 한다. 예를 들면 int a = 5와 같은 식이다.

객체도 본질적으로 변수와 같다고 하였다. 그렇다면 객체 또한 선언 시 초기화를 해 주어야 한다. 어떻게 초기화를 할 것인가? 명확한 데이터형이 아닌 사용자가 정의한 데이터형이므로 정수나 실수의 값을 곧바로 대입할 수는 없는 노릇이다.

이때, 객체 지향 언어에서는 객체를 생성할 시 언어 차원에서 초기화 전용 메소드를 제공하는데 그것이 바로 생성자(Constructor)이다. 객체가 생성 시 자동으로 호출되도록 하는 메소드이며 생성자는 객체를 초기화해 주는 역할을 한다.

2. 생성자의 특징

- 생성자의 이름은 클래스의 이름과 동일하다.
- 생성자의 타입은 지정하지 않는다.
- 생성자는 객체 생성 시 자동으로 호출된다.

생성자 이름이 클래스 이름과 동일한 이유는 다른 메소드와 구분하기 위해서이다. 객체는 어차피 초기화를 해야 하는데, 클래스마다 매번 초기화 메소드 이름을 다르게 정의하는 것은 매우 번거롭기 때문이다.

앞 장의 윈폼 기반으로 만들었던 프로젝트의 코드를 살펴보면 우리가 그냥 간과했던 코드들이 있다. 윈폼 기반의 프로젝트 중 아무거나 한번 열어서 코드를 살펴보자. 혹시 다음과 같은 코드가 보이는가?

```
public partial class Form1 : Form
{
    public Form1()
    {
        InitializeComponent();
    }
}
```

Form1이라는 이름의 클래스에 Form1이라는 클래스 이름과 동일한 메소드가 존재하고 있다. 사실이 생성자에 대해 그리 관심을 갖지 않았을 것이다. 우리가 앞에서 작성했던 코드에는 특별히 멤버 변수를 선언하지 않았기 때문에 생성자에 별도의 변수 초기화 작업을 작성하지는 않았었다. 이러한 경우에 여러분이 만약 멤버 변수 초기화 작업을 해야 한다면 생성자에서 초기화해 주면 된다.

3. 코드 작성

앞의 프로젝트에서 다음과 같이 생성자 코드를 추가하도록 하자. 생성자 Dog()를 추가하고, 각 멤버 변수를 초기화한다.

```
1   namespace FirstClass
2   {
3       class Program
4       {
5           static void Main(string[] args)
6           {
7               Dog a = new Dog();
8           }
9       }
10      class Dog
11      {
12          public Dog()
13          {
14              eyes = 0;
15              nose = 0;
16              mouse = 0;
17              ears = 0;
18          }
19          private int eyes, nose, mouse, ears;
20          public void bark() { }
21      }
22  }
```

단축키 F6번을 눌러서 빌드를 해 보면 문제없이 빌드 성공이 되는 것을 확인할 수 있다.

3.4.6 namespace

프로젝트 생성 시의 코드를 보면 프로젝트와 동일한 이름으로 우리가 작성할 코드 영역이 namespace 라는 영역으로 묶여 있는 것을 볼 수 있다. 사전적으로는 '이름 공간'이라는 뜻이다. 왜 namespace라는 것을 사용할까?

현재 시스템의 규모가 커지고, 개발 협업 체제가 일반화되면서 클래스, 변수, 메소드 등의 명칭 간 충돌을 고려하지 않을 수 없게 되었다. 명칭이 중복되면 정확하게 어떠한 대상을 가리키는지 알 수 없는 모호한 상황으로 인해 컴파일 에러가 발생한다. 클래스를 예로 들어 보자.

```
class Animal {호랑이, 고양이}
class Animal {코끼리, 원숭이}
```

두 클래스의 내용은 다르지만 이름이 똑같기 때문에 이후 Animal이라는 클래스가 어떤 클래스를 말하는지 알 수 없다. 범위를 벗어나면 같은 이름을 사용해도 상관없지만 클래스, 변수, 메소드 또한 동일 범위 내에서 명칭이 중복되어서는 안 된다.

하지만 이렇게 제약만 한다고 될 일이 아니다. 프로젝트는 점점 더 대형화되면서 명칭 충돌은 더 자주 발생하게 된다. 그래서 근본적인 대책이 필요해졌고 namespace라는 개념이 등장한 것이다. name-space는 이름 공간 영역을 지정하여 명칭 간의 충돌을 방지하기 위한 방법이다.

```
namespace A
{
        class Animal {호랑이, 고양이}
}


namespace B
{
        class Animal {코끼리 원숭이}
}
```

위는 같은 클래스 이름을 사용하였더라도 namespace를 사용하여 소속을 다르게 나눈 것이다. 이름 공간 A에 속한 Animal 클래스와 이름 공간 B에 속한 Animal 클래스가 존재하는 것이다. 각 클래스를 참조할 시에는 A.Animal과 B.Animal 형태로 사용하기 때문에 이제는 모호하지 않고 명시적이다.

3.4.7 분할 클래스

1. 분할 클래스의 개념

C#의 코드를 보면 특이한 점을 볼 수 있다. 바로 partial이라는 단어가 클래스 이름 앞에 붙어 있다는 점이다. 사전적으로 '부분적인'이라는 의미를 가지고 있는데, 직역하면 부분적인 클래스라는 뜻이다.

```
public partial class Form1 : Form
```

보통은 클래스 하나에 변수 선언과 메소드를 구현하도록 되어 있다. 그런데 메소드의 개수가 많아지고 모든 구현이 클래스 안에서 이루어지므로, 클래스가 점점 거대해지면서 소스 코드가 길어지게 된다.

이러한 문제점을 해소하기 위한 방법으로 C#에서는 클래스를 분할하여 작성할 수 있는 기능을 제공한다. 클래스 선언문 앞에 partial이라는 지정자를 붙여 선언하면 같은 클래스 이름을 가지는 클래스 조각들이 컴파일 시에는 컴파일러에 의해 하나로 합쳐진다.

보통 C#에서 생성되는 코드에서는 2개의 클래스로 나뉘어져 있지만 이론상 여러 클래스로 분할해도 상관없다.

2. 코드 작성

앞서 작성한 Dog 클래스를 다음과 같이 분할 클래스로 분할해 보자. 한쪽 클래스는 생성자와 멤버 변수로 구성하였고, 다른 한쪽 클래스는 메소드로만 구성하였다.

```
1    namespace FirstClass
2    {
3        class Program
4        {
5            static void Main(string[] args)
6            {
7                Dog a = new Dog();
8            }
9        }
```

```
10      partial class Dog
11      {
12          public Dog()
13          {
14              eyes = 0;
15              nose = 0;
16              mouse = 0;
17              ears = 0;
18          }
19          private int eyes, nose, mouse, ears;
20      }
21
22      partial class Dog
23      {
24          public void bark()
25          {
26          }
27      }
28  }
```

3.5 상속성

3.5.1 상속의 개념

1. 일반적인 상속의 개념

일반적으로 현실 세계에서 말하는 상속은 부모님이 나에게 유산을 물려주었을 때 사용하는 용어이다. 예를 들어 부모님이 나에게 100만 원을 물려주었다면 100만 원을 상속받은 것이다. 혹은 부모님이 나에게 집을 물려주었다면 부모님께 집을 상속받은 것이다.

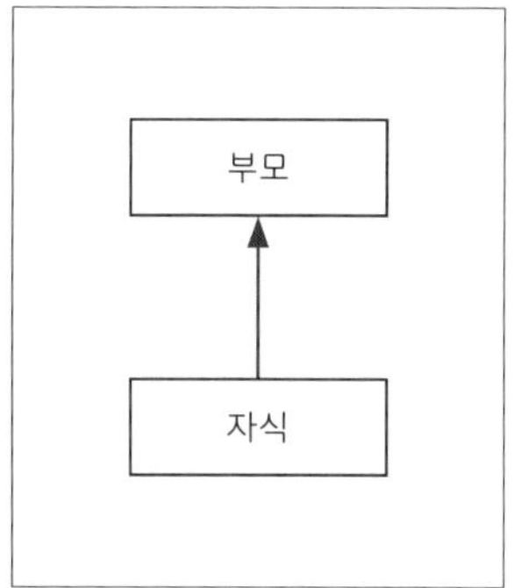

또 다른 예를 들어 보자. 지구상에는 많은 생물들이 살고 있다. 생물을 기준으로 다양한 생물들을 분류 표기 해 보면 다음과 같은 계층 구조를 가지게 될 것이다.

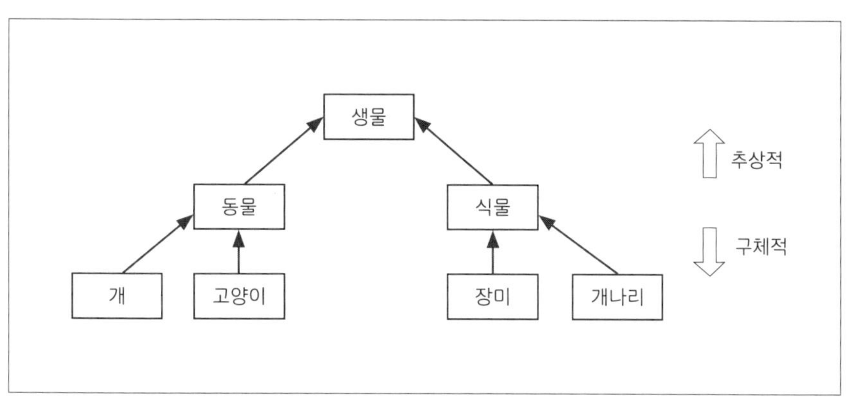

지구상의 살아 있는 것들을 우리는 모두 생물이라고 한다. 생물은 크게 동물과 식물로 나뉘는데, 동물과 식물은 결국 생물로부터 공통적인 속성들을 상속받은 것이다. 동물의 하위로 내려가면 개와 고양이 등의 구체적인 개체로 분류할 수 있는데, 결국 개와 고양이는 '먹는다', '달린다', '잔다' 등 동물의 공통적인 속성들을 상속받은 것이다. 이렇듯 우리가 현실 세계에서 상속을 이해하는 것은 어렵지 않다. 상속의 형태를 보면 상위로 갈수록 추상적이고, 하위로 갈수록 구체적임을 알 수 있다.

2. 객체 지향 언어에서의 상속의 개념과 구조

그렇다면 객체 지향 언어에서의 상속 개념은 어떠한가? 현실 세계의 상속과 비슷하다. 객체 지향 언어는 클래스가 기본 단위이다. 클래스란 사용자인 내가 정의한 하나의 데이터형이라고 했었다. 이미 완성된 클래스가 있다고 가정하자. 이 클래스의 기능을 다른 클래스에 상속하면 클래스 간에 부모 자식 관계가 형성되고, 부모 클래스의 기능을 자식 클래스가 그대로 물려받게 되는 형태가 나오게 되는데 이것이 객체 지향 언어에서의 상속이다.

클래스를 상속받아 새로운 클래스를 정의하는 형태는 다음과 같다.

```
접근 지정자   클래스 이름   :   부모 클래스
{
    //멤버 목록
}
```

우리가 일반적으로 클래스를 생성하는 형태와 동일하다. 다만, 부모 클래스로부터 상속을 받을 때는 클래스 이름 끝에 콜론(:)을 붙인 후 부모 클래스 이름을 적어 주면 된다. 그러면 지금 생성한 클래스는 자식 클래스가 된다.

클래스의 용어 정리

일반적으로 부모 클래스를 기반 클래스, 수퍼 클래스라고도 하고 자식 클래스를 파생 클래스, 서브 클래스라고도 한다. 어떠한 용어를 사용해도 다 맞는 개념이라 상관은 없지만, 용어의 통일을 위해 이 책에서는 부모 클래스와 자식 클래스라고 사용하도록 하겠다.

3.5.2 프로젝트 수정 : 상속성 예제 작성하기

앞서 작성했던 콘솔 앱 프로젝트에서 상속성 코드를 작성해 보자.

1. 코드 작성

우리는 앞서 Dog라는 클래스를 생성하여 개의 일반적인 속성인 '눈, 코, 입, 귀'와 '짖는다'의 기능을 작성한 바가 있다. '개'라는 사물은 너무 추상적이다. 그래서 '개'의 공통적인 속성을 상속받아서 더 구체적인 '개'를 구현해 보고자 한다. 푸들이라는 조금 더 구체적인 개를 클래스로 작성해 보자.

```
1    namespace FirstClass
2    {
3        public class Dog
4        {
5            protected int eyes, nose, mouse, ears;
6            protected string kinds;
7            public void Bark()
8            {
9                Console.WriteLine("멍멍");
10           }
11       }
12
13       public class Pudle : Dog
14       {
15           public Pudle()
16           {
17               base.eyes = 2;
18               base.nose = 1;
19               base.mouse = 1;
20               base.ears = 2;
21               base.kinds = "푸들";
22           }
23
```

```csharp
24        public void PudleInfo()
25        {
26            Console.WriteLine("눈 : {0}", base.eyes);
27            Console.WriteLine("코 : {0}", base.nose);
28            Console.WriteLine("입 : {0}", base.mouse);
29            Console.WriteLine("귀 : {0}", base.ears);
30            Console.WriteLine("종류 : {0}", base.kinds);
31        }
32    }
33    class Program
34    {
35        static void Main(string[] args)
36        {
37            Pudle pd = new Pudle();
38            pd.PudleInfo();
39            pd.Bark();
40        }
41    }
42 }
```

{ 코드 분석 }

3~11라인	Dog 클래스에 eyes, nose, mouse, ears, kinds라는 속성이 있고, 이에 Bark( )라는 메소드가 정의되어 있다.
13~32라인	Dog 클래스를 Pudle이라는 클래스가 그대로 상속을 받고 있는 형태이다. 상속을 받았다는 의미는 Pudle 클래스는 Dog 클래스의 모든 속성과 기능을 접근하거나 사용할 수 있다는 의미이다. 이때 Dog의 멤버에 접근할 시 base 키워드를 사용하였는데, base는 상속 관계에서 자식 클래스가 부모 클래스의 멤버에 접근할 시에 사용한다.
15~22라인	Pudle 클래스의 생성자이다. 생성자에서 Dog의 멤버 변수들을 초기화하고 있다.
24~31라인	PudleInfo( ) 메소드에서는 멤버 변수들의 값을 콘솔 화면에 출력한다.
37~39라인	Pudle 객체 pd를 생성하여 메소드 PudleInfo( )와 Bark( )를 호출한다.

•Console.WriteLine() 메소드

코드상에서 Console.WriteLine 메소드를 사용하였는데, 결과를 보면 데이터를 출력하는 기능이라는 것을 알 수 있다. 메소드의 원형은 다음과 같다.

```
Console.WriteLine(string format, object arg0);

Console.WriteLine(string value);
```

우리가 사용했던 형태에 비추어 보면 Console.WriteLine 메소드의 첫 번째 전달인자에는 문자열 형식의 출력 문장이 전달되고, 두 번째 전달인자에는 우리가 입력할 데이터가 전달된다. 또한 전달인자를 1개만 전달하는 Console.WriteLine 메소드도 있다. 어떻게 같은 이름의 함수 2개가 존재할 수 있을까? 그 이유는 뒤에서 다형성의 오버로딩을 배우게 되면 알게 된다.

그리고, Console.WriteLine 메소드는 원형을 보면 사실 19개의 메소드가 존재하는데, 우리가 사용했던 형태가 2개의 형태라서 2개의 형태만 소개한 것이다. C#에서는 콘솔 기반에서 데이터를 출력할 때 Console.WriteLine 메소드를 기본으로 사용한다고 생각하면 된다. C언어를 배워 보신 분이라면 printf 와 같은 기능을 가진 메소드라고 생각하면 된다.

2. 빌드 및 실행하기

단축키 F6번과 Ctrl + F5번을 눌러서 다음과 같이 빌드 및 실행을 한다.

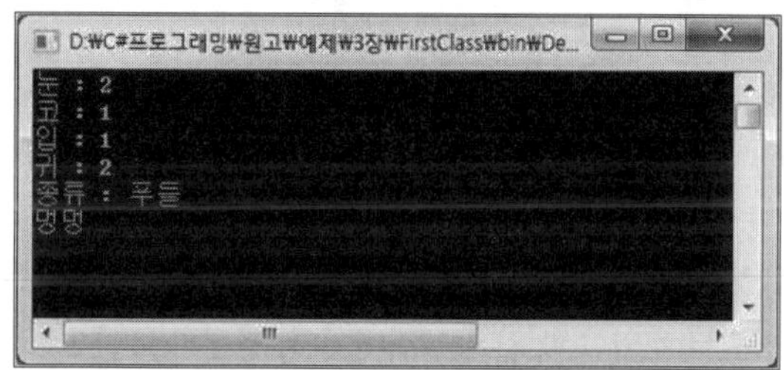

결과를 보면 Pudle에 선언되어 있지 않은 속성들의 값들이 출력되고, 부모 클래스인 Dog의 메소드도 호출된 것을 확인할 수 있다. 부모의 것이 마치 내것인 양 아무런 제약 없이 접근할 수 있는 것이다. 이는 현실 세계에서의 부모 자식 관계와 유사하다. 부모 자식 관계에서 자식은 부모에게 아무런 제약 없이 접근할 수 있지 않은가.

3.6 다형성

3.6.1 다형성의 개념

1. 다형성(Polymorphism)이란

사전적으로 '동질 이상' 또는 '동종 집단 가운데서 2개 이상의 대립 형질이 뚜렷이 구별되는 것'이라는 의미를 가지고 있다. 한자로 '多形'이라고 쓰는데, 뜻을 풀이하면 '여러 가지 형태'를 말한다.

사전적인 의미만 가지고는 정확한 뜻은 잘 모르겠지만, 일단 그 느낌을 가져 보도록 하자. 다음과 같은 2개의 그림이 있다.

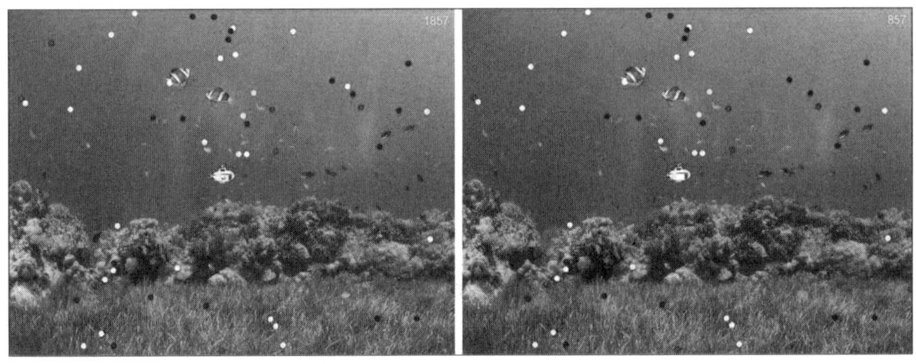

두 그림을 보고 어떤 느낌이 드는가? 왜 같은 그림을 쓸데없이 2장이나 배치했는지 궁금했을 것이다. 하지만, 그림을 자세히 보자. 겉으로 보았을 때 같은 그림이지만, 자세히 보면 2개의 그림은 약간 다르다.

다형성이 바로 이런 것이다. 다형성은 '얼핏 보면 같아 보이지만, 자세히 보면 다른 것'이다. 이제 좀 더 구체적인 개념을 알아보자. 객체 지향 기반에서 다형성의 2가지 개념이 있는데, 오버로딩(Overloading)과 오버라이딩(Overriding)이다. 객체 지향 철학에서 다형성은 매우 중요한 개념 중에 하나이며 특히 오버로딩과 오버라이딩은 객체 지향 개념의 기본이기 때문에 정확하게 알고 있어야 한다. 또한 오버로딩과 오버라이딩은 이름도 비슷해서 제대로 알고 있지 않으면 매우 헷갈린다. 필자의 설명을 통해 오버로딩과 오버라이딩의 개념을 제대로 이해하고, 확실히 구분하도록 하자.

2. 오버로딩(Overloading)

Overload는 사전적으로 '과적하다', '적재하다'라는 의미를 가지고 있다. 즉, 무언가를 싣는다는 의미이다. 코드의 관점에서 보자면 그 무언가가 데이터가 될 수 있을 것이다. 예를 들어 어떤 임의의 메소드에 전달인자를 넘겨주는 행위를 '데이터를 싣는다'라고 표현할 수 있겠다.

그런데, 메소드에 전달인자를 넘겨주는 행위가 다양한 형태로 보여 주는 다형성과 무슨 상관이 있다는 말인가?

만약 두 수를 전달인자로 받아서 더한 후 반환하는 메소드가 있다고 가정하자. 보통 이러한 경우 여러분은 메소드의 기능에 맞는 이름을 정하고, 다음과 같이 메소드를 정의할 것이다.

```
int Plus(int a, int b)
{
        return a + b;
}
```

그런데, 우리는 보통 데이터형을 습관적으로 int인 정수로 정의한다. 하지만 수의 데이터형에는 정수형뿐만 아니라 실수형, 문자형도 존재한다. 우리는 이 두 데이터형에 대한 메소드도 정의해야 한다. 이때, 나머지 두 데이터형 메소드를 정의할 시 메소드 이름에 대한 고민을 하지 않을 수 없다. 모두 다 Plus라는 이름을 사용한다면 Plus라는 메소드가 3개인 셈이기 때문이다.

```
int Plus(int a, int b)
{
        return a + b;
}
char Plus(char a, char b)
{
        return a + b
{
double Plus(double a, double b)
{
        return a + b;
}
```

이 코드가 과연 컴파일이 정상적으로 될까?

C언어와 같은 절차 지향 언어의 경우는 메소드의 이름을 기반으로 호출하기 때문에 오류가 발생하지만, 객체 지향 기반 언어에서는 메소드의 이름 기반이 아니라 전달인자의 종류와 개수를 기반으로 호출하기 때문에 문제가 발생하지 않는다. 바로 이것이 오버로딩의 개념이다.

정리하면, 오버로딩은 겉모습은 같은 메소드의 이름을 가졌을지라도 전달인자의 타입이나 개수가 다른 경우에는 각각 다른 메소드로 취급한다는 것이다. 이렇게만 이해하고 넘어가면 지금 당장은 이해가 가겠지만, 시간이 지나고 '오버로딩이 뭐였지?'라고 생각해 보면 잘 기억이 나지 않거나 뒤에서 배울 오버라이딩과도 헷갈려서 혼란에 빠질 것이다. 그래서 확실히 기억할 만한 필자만의 이해법으로 국민 게임이었던 스타크래프트의 저그 종족을 예로 들어 보겠다.

저그 종족 중에는 유닛들을 수송하는 역할을 하는 오버로드라는 유닛이 존재한다. 우리가 배우는 오버로딩과 개념도 비슷한데 이름까지 똑같다. 다음 그림을 보자.

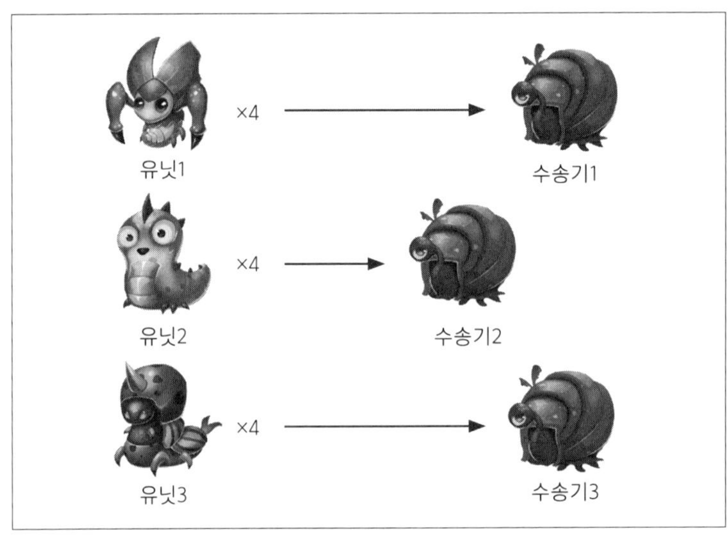

오버로드(수송기)가 3마리 있다고 가정해 보자. 게임에서 이 3마리의 오버로드(수송기)를 겉모습만 보고서는 구분을 할 수 없다. 왜냐하면 모양이 완전히 똑같기 때문이다. 오버로드(수송기)를 구분할 수 있는 방법은 어떠한 유닛이 몇 마리 타고 있느냐이다. 그림처럼 유닛1 4마리, 유닛2 4마리, 유닛3 4마리가 각각 수송기1, 수송기2, 수송기3에 탑승했다고 가정하면 우리는 수송기 3마리가 똑같은 모습을 하고 있을지라도 각각 다른 개체로 인식할 수 있다. 또는 오버로드(수송기)1, 2, 3에 각각 유닛1 4마리, 유닛2 3마리, 유닛3 2마리가 탑승하더라도 각 오버로드(수송기)는 다른 개체로 인식할 수 있다.

결론은 오버로드(수송기)에 탑승하는 유닛의 종류나 개수가 다르면 오버로드(수송기)1, 2, 3은 각각 다른 오버로드(수송기)로 구분된다는 점이다. 이것이 객체 지향 기반의 오버로딩(Overloading) 개념이다.

오버로딩의 개념이 갑자기 생각나지 않거나 헷갈리기 시작하면 스타크래프트의 오버로드를 생각하라. 이렇게 기억하면 절대 까먹을 일은 없을 것이다.

3. 오버라이딩(Overriding)

이번에는 오버라이딩에 관하여 이야기해 보자. 앞서 오버로딩에 대한 개념을 확실히 이해했기 때문에 오버라이딩과는 헷갈리지 않을 것이라 생각한다. 오버라이딩은 사전적으로 '위로 올라타다', '엎어치다'라는 의미를 가지고 있다.

보통 우리가 오토바이를 타는 사람들을 라이더(rider)라고 부른다. 그림을 보면 달팽이가 거북이를 타고 있다. 달팽이가 라이더인 셈이다. 이처럼 오버라이딩은 기존의 것에 새로운 것이 덮혀서 기존의 것을 덮어 버린다는 개념이다. 그런데 여기에는 1가지 전제 조건이 있다. 기존의 것과 새로운 것의 관계는 부모와 자식 관계인 상속 관계에 있어야 한다는 점이다.

예를 들어 부모님이 30년간 사셨던 집을 나에게 물려 주셨다고 가정하자. 얼마나 감사한 일인가. 그러나 감사와는 별개로, 30년이나 된 집은 낡아서 살기 불편할 수 있다. 그대로 살아도 상관은 없지만 자식 입장에서는 집을 상속받았기 때문에 소유는 나의 것이며 내가 원하는 대로 리모델링이 가능하다. 집 내부 전체를 전부 리모델링할 수도 있으며 비용 문제로 당장 급한 욕실과 주방 정도만 부분적으로 리모델링을 할 수도 있다.

이것이 오버라이딩의 개념이다. 정리하면 부모에게서 상속받은 여러 가지 기능들을 자식이 원하는대로 재정의하는 것이다.

앞에서 배웠던 상속을 기반으로 프로젝트 예제를 통해 코드상에서 오버라이딩을 하는 방법을 구체적으로 이해하도록 하자.

3.6.2 프로젝트 수정 : 오버로딩 예제 작성하기

앞서 이해했던 오버로딩의 개념을 기반으로 기존의 프로젝트에 다음과 같이 Zerg 클래스를 작성해 보자.

1. 코드 작성

```
1    namespace FirstClass
2    {
3        public class Zerg
4        {
5            public void Overload(int zerggling)
6            {
7                Console.WriteLine("저글링 {0} 마리", zerggling);
8            }
9            public void Overload(int zerggling, int hydra)
10           {
11               Console.WriteLine("저글링 {0} 마리 + 히드라 {0} 마리",
12               zerggling, hydra);
13           }
14           public void Overload(int zerggling, int hydra, int
15           lurker)
16           {
17               Console.WriteLine("저글링 {0} 마리 + 히드라 {0} 마리 + 러
18           커 {0} 마리",
19               zerggling, hydra, lurker);
20           }
21           public void Overload(char zerggling)
22           {
23               Console.WriteLine("Zerggling {0} 등급", zerggling);
24           }
25       }
```

```
26
27    class Program
28    {
29        static void Main(string[] args)
30        {
31            Zerg zerg = new Zerg();
32            zerg.Overload(10);
33            zerg.Overload(10, 20);
34            zerg.Overload(10, 20, 30);
35            zerg.Overload('A');
36        }
37    }
38  }
```

{ 코드 분석 }

5~20라인	Overload라는 이름의 메소드를 3개 정의하였다. 3개의 메소드는 전달인자의 데이터형은 int로 같지만, 개수가 다르다. 즉, 겉모습은 같지만 내용은 다르기 때문에 오버로딩이 가능하다.
21~24라인	별도의 Overload라는 이름의 메소드를 정의하였다. 이 메소드는 5라인의 Overload 메소드와 자료형 개수가 같다. 하지만 데이터형이 다르기 때문에 오버로딩이 가능하다.
31~35라인	Zerg 클래스의 객체를 생성하여 각각 오버로딩된 메소드 Overload를 호출한다.

2. 빌드 및 실행하기

단축키 F6번과 Ctrl + F5번을 눌러서 다음과 같이 빌드 및 실행을 한다.

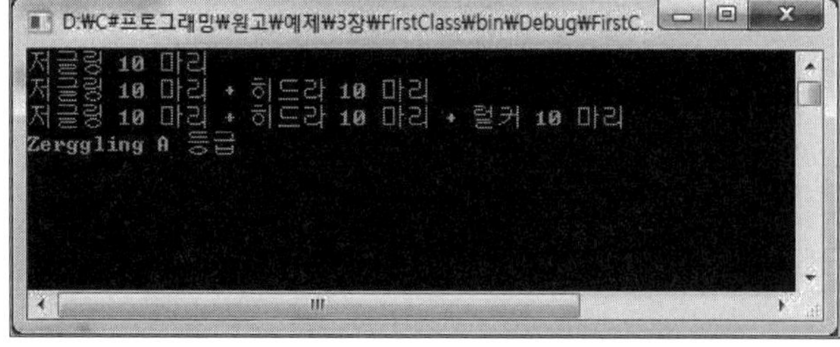

3.6.3 프로젝트 수정 : 오버라이딩 예제 작성하기

앞서 이해했던 오버라이딩의 개념을 기반으로 기존 프로젝트에서 사용했던 Dog 클래스를 이용하여
오버라이딩 코드를 작성하자.

1. 코드 작성

```
1   namespace FirstClass
2   {
3       public class Dog
4       {
5           virtual public void Bark()
6           {
7               Console.WriteLine("멍멍");
8           }
9       }
10
11      public class Pudle : Dog
12      {
13          public override void Bark()
14          {
15              Console.WriteLine("왈왈");
16          }
17      }
18
19      class Program
20      {
21          static void Main(string[] args)
22          {
23              Pudle pd = new Pudle();
24              pd.Bark();
25
26              Dog dog = new Dog();
```

```
27              dog.Bark();
28
29              dog = new Pudle();
30              dog.Bark();
31          }
32      }
33 }
```

{ 코드 분석 }

3~9라인	Dog 클래스를 작성한다. Dog의 기능인 Bark( )를 가상 메소드(virtual)로 정의하였다.
11~17라인	Dog 클래스를 상속받은 Pudle 클래스를 정의하였다. 이때 Dog의 가상 메소드로 정의하였던 Bark( )를 재정의(override)하였다.
23~24라인	Pudle 클래스로 생성한 pd 객체로 Bark( ) 메소드를 호출하면 Pudle 클래스에서 재정의한 Bark( ) 메소드가 호출된다.
26~27라인	Dog 클래스로 생성한 객체 dog 객체로 Bark( ) 메소드를 호출하면 Dog 클래스에서 재정의한 Bark( ) 메소드가 호출된다.
29~30라인	객체의 선언은 Dog 클래스로 하고, 생성한 객체는 Pudle 클래스로 한 경우 Bark( ) 메소드를 호출하면 어떠한 Bark( )가 호출될까? 결과를 보면 Pudle의 Bark( )가 호출된다. Bark( ) 메소드를 Pudle 클래스에서 재정의하였기 때문이다.

• virtual 키워드

상속받은 클래스(자식 클래스)의 메소드를 재정의하도록 할 때 부모 클래스의 메소드에 virtual 키워드를 사용한다. 우리는 virtual 키워드가 붙어 있는 메소드를 가상 메소드라고 부른다.

virtual public void Bark()

virtual은 사전적으로 '가상의'라는 의미를 가지고 있다. '가상'은 현실에 존재하지 않는 가짜라는 의미이다. 메소드가 가상이다? 즉, 메소드가 실제로 존재하고는 있지만 존재하고 있지 않는 것처럼 여기겠다는 의미이다. 컴파일러는 이 메소드를 인식하면 컴파일 시 다르게 인식하여 재정의에 대한 준비를 한다.

•override 키워드

부모 클래스의 메소드 중에 가상 메소드로 정의한 메소드만 상속받아 자식 클래스의 메소드 앞에 override 키워드를 붙여서 재정의한다.

public override void Bark()

재정의한다는 것은 부모 클래스로부터 상속받은 메소드를 그대로 사용하지 않고, 메소드 내부의 기능을 변경한다는 의미이다. 여기서 1가지 중요한 특징은 재정의되는 메소드는 부모 클래스의 가상 메소드의 원형과 완전히 동일해야 한다는 점이다. 오버로딩의 경우는 메소드별 전달인자의 데이터형이나 개수가 달라야 했지만, 오버라이딩의 경우는 부모 자식 간의 메소드의 원형이 완전히 동일해야 한다.

2. 빌드 및 실행하기

단축키 F6번과 Ctrl + F5번을 눌러서 다음과 같이 빌드 및 실행을 한다.

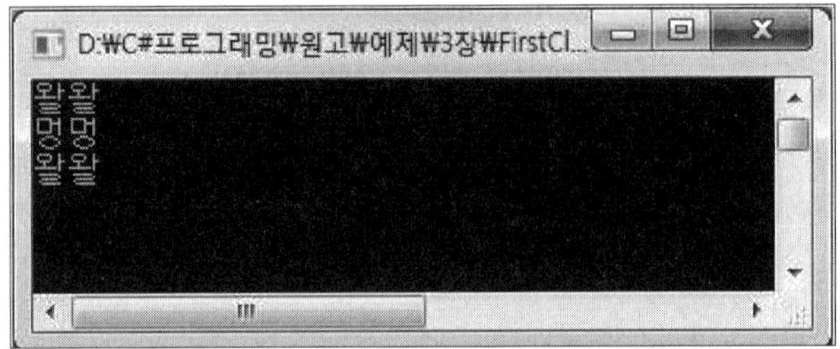

Part 4

추상 클래스와 인터페이스

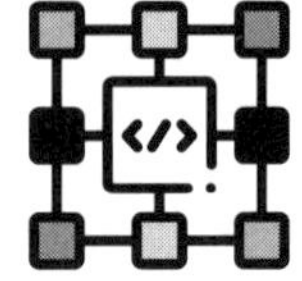

4.1 추상 클래스

4.1.1 추상 클래스와 추상 메소드

1. 추상 클래스란

추상이라는 의미 자체가 구체적이지 않다는 뜻을 가지고 있는데, 추상 클래스의 의미를 유추해 보면 '구체적이지 않은 클래스'라고 할 수 있고, 조금 더 의미를 구체화해 보면 '완성되지 않은 클래스'라고 말할 수 있다. 완성되지 않은 클래스란 어떠한 기능을 사용하겠다고 선언은 했지만, 실제로는 구현 내용이 없는 클래스이다.

어떤 메소드가 있는데 메소드의 블록({ })을 포함하고 있지 않고 원형만 존재하는 메소드는 그 기능을 수행할 수 없다. 이와 같이 정의가 되지 않는 불완전한 메소드를 추상 메소드라고 하는데, 추상 메소드를 1개라도 포함하고 있는 클래스를 추상 클래스라고 한다.

2. 추상 메소드란

추상 메소드는 선언부만 있고, 구현부가 없는 메소드를 말한다. 구현되지 않는 메소드가 과연 의미가 있을까? 그래서 구현은 자식 클래스에서 반드시 구현해야 한다. 이런 점에서 가상 메소드와 매우 유사한 특징을 가지고 있다.

4.1.2 추상 클래스의 형태

앞서 추상 클래스와 추상 메소드 이야기를 하였는데, 그렇다면 추상 클래스와 추상 메소드는 어떻게 생겼는지 살펴보도록 하자.

1. 추상 메소드의 형태

메소드 앞에 abstract 키워드가 붙어 있으면 추상 메소드이다. 본체가 구현되어 있지 않기 때문에 구체적인 동작을 정의하지 않고, 호출할 수도 없다.

'추상적이다'라는 의미는 구체적이지 않다는 의미와 일맥상통한다. 너무 일반적이기 때문에 코드를 정의할 수 없고, 자식 클래스에서 재정의(오버라이딩)해야 호출 가능한 메소드가 된다. 자식 클래스에서 반드시 재정의해야 하기 때문에 virtual을 붙이지 않아도 상관없다.

예를 들어 스마트폰의 기능 중에 네트워크 기능을 추상 메소드로 선언한 형태는 다음과 같다.

```
public abstract void Network( );
```

2. 추상 클래스의 형태

클래스 선언 시 abstract 키워드를 붙이면 이 클래스를 추상 클래스라고 부른다. 추상 메소드가 하나라도 선언되어 있으면 그 클래스는 추상 클래스가 된다. 추상 클래스 또한 너무 일반적인 클래스이므로 객체를 생성할 수 없는 클래스이다. 구체적인 동작이 정의되어 있지 않은데 어떻게 정의되지 않은 메소드를 호출할 수 있겠는가? 그래서 애초에 추상 클래스는 객체를 생성할 수 없는 구조이다. 추상 클래스를 선언하고, 그 추상 클래스를 상속받아 재정의하는 형태를 보도록 하자.

```
abstract class 추상 클래스 이름
{
        접근 지정자 abstract 데이터형 메소드 이름( );
}

class 자식 클래스 이름 : 추상 클래스 이름
{
        접근 지정자 overrride 데이터형 메소드 이름( )
        {
                메소드 기능 정의
        }
}
```

앞서 예를 들었던 네트워크 기능을 추상 메소드로 선언하고, 추상 클래스로 만들어 이 클래스를 상속받은 후 재정의하는 형태로 구현해 보자.

```
                    abstract class SmartPhone
                    {
                        public abstract void Network( );
                    }
                    class ACompany : SmartPhone
                    {
                        public overrride void Network( )
                        {
                        }
                    }
```

스마트폰의 기능을 클래스로 구현한다. 그런데, 스마트폰 자체는 매우 추상적인 개념이다. 어떤 회사의 어떤 기종의 스마트폰인지는 모르고 그냥 스마트폰인 것이다. 우리가 알고 있는 일반적인 스마트폰의 여러 가지 공통적인 기능들이 있다. 그중 네트워크 기능을 Network라는 이름의 추상 메소드로 선언하였다. 추상 메소드를 1개라도 가지고 있으면 추상 클래스라고 하였다. 그래서 메소드와 클래스 앞에 모두 abstract를 표시하였다.

추상 클래스 SmartPhone을 ACompany 클래스가 상속받고 있다. 그런데, 부모 클래스에서 상속받은 추상 메소드는 자식 클래스에서 반드시 정의해야 한다. 그래서 추상 메소드 Network( )를 override를 통해 재정의하고 있다.

4.1.3 추상 클래스를 사용하는 이유

간단하게 추상 클래스의 형태를 살펴보았는데, 왜 추상 클래스가 필요한지 도통 이해가 가지 않는다. 추상 클래스를 만들지 말고 직접 각 회사의 스마트폰을 정의하고 구현하면 되는데, 왜 굳이 상위에 추상 클래스를 만들어 상속받아 구현하는지 이해가 잘 되지 않는다. 객체를 생성할 수도 없는 이 추상 클래스의 존재 이유는 과연 무엇일까?

만약 여러분이 시스템을 설계하는 설계자라고 생각해 보자. 설계자의 역할은 시스템의 표준을 정의하고, 해당 시스템의 여러 가지 기능들을 생각하는 것이다. 그래서 일반적인 스마트폰의 기능들을 먼저 구상하고, 표준 스펙을 정의한다. 예를 들면, 네트워크 기능, 통화 기능, 위치 추적 기능, 음성 인식 기능 등의 기능들이 제공된다. 기능들은 표준이지만, 기능 구현 방식은 각 회사마다 다르므로 설계자는 기능의 표준만 정의해 주고, 구현의 몫은 각 회사에 넘기는 것이다. 즉, 설계자 자신이 구현할 수도 없지만, 구현할 필요도 없는 것이다. 얼마나 아름답고 자연스러운 구조인가?

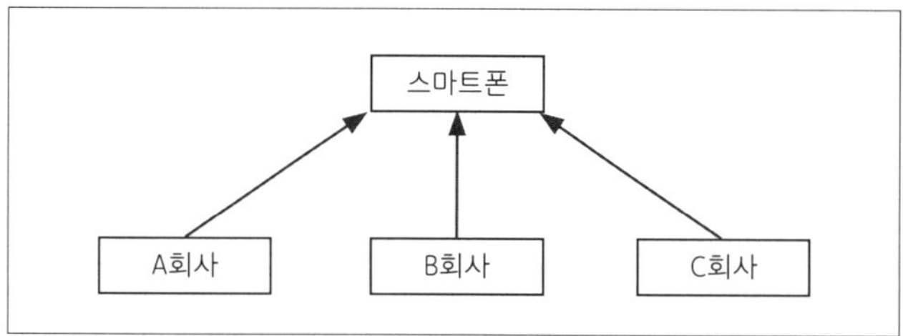

이러한 구조가 형성이 되면 스마트폰을 기반으로 객체를 생성했을 때 Network( ) 기능을 동작하더라도, 스마트폰 객체가 어떤 회사의 객체를 가리키는가에 따라 네트워크의 동작 내용이 달라진다. 만약 A회사, B회사, C회사의 스마트폰을 공통의 표준 없이 만들었다면 현실적으로도 아마 중구난방이 되었을 것이다. 과거 스마트폰이 등장하기 전, 피처폰을 사용했을 때 지금처럼 표준 플랫폼이 아니라 각 회사마다 플랫폼이 달라서 여러모로 호환의 어려움을 겪었던 시절이 있었다.

4.1.4 프로젝트 제작 : 추상 클래스 만들기

콘솔 앱 프로젝트를 생성하여 추상 클래스 예제를 작성해 보도록 하자.

1. 프로젝트 생성

메뉴의 [파일]-[새로 만들기]-[프로젝트]를 선택한 후 프로젝트 선택 창에서 [콘솔 앱]을 선택한다.

[다음] 버튼을 클릭하면 다음 단계인 [새 프로젝트 구성] 창으로 넘어간다. 프로젝트 이름은 AbstractClass라고 입력한 후, [확인] 버튼을 눌러 프로젝트를 생성하자.

2. 코드 작성

```
1   namespace AbstractClass
2   {
3       abstract class SmartPhone
4       {
5           public abstract void Camera();
6           public abstract void CallPhone();
7           public abstract void Network();
8       }
9
10      class ACompany : SmartPhone
11      {
12          public override void Camera()
13          {
14              Console.WriteLine("A회사 카메라 기능");
15          }
16          public override void CallPhone()
17          {
18              Console.WriteLine("A회사 전화 걸기 기능");
19          }
20          public override void Network()
21          {
22              Console.WriteLine("A회사 네트워크 연결 기능");
23          }
24      }
25      class Program
26      {
27          static void Main(string[] args)
```

```
28            {
29                SmartPhone  com= new ACompany();
30                com.Camera();
31                com.CallPhone();
32                com.Network();
33            }
34        }
35  }
```

{ 코드 분석 }

3라인	SmartPhone이라는 이름의 추상 클래스를 선언하였다.
5~7라인	스마트폰의 일반적인 기능인 Camera( )(카메라), CallPhone( )(전화 걸기), Network( )(통신)를 추상 메소드로 선언하였다.
10라인	스마트폰 클래스인 SmartPhone을 A회사 ACompany 클래스가 상속받는다.
12~23라인	ACompany 클래스는 추상 클래스인 SmartPhone을 상속받았으므로, 부모 클래스에 선언된 추상 메소드는 모두 재정의해야 한다. 그래서 Camera( ), CallPhone( ), Network( ) 메소드를 모두 재정의하였다.
29~32라인	SmartPhone 타입 객체 com이 ACompany의 객체를 가리키도록 하였다. 가리키는 객체에 따라서 같은 코드이더라도 호출하는 메소드가 달라질 수 있다. 현재는 A회사 클래스만 있으므로 Camera( ), CallPhone( ), Network( ) 메소드 모두 ACompany 클래스의 메소드를 호출하지만 B회사, C회사가 추가되면 com.Network( ) 코드만 가지고는 어떠한 메소드가 호출되는지 알 수 없게 된다.

3. 빌드 및 실행하기

단축키 F6번과 Ctrl + F5번을 눌러서 다음과 같이 빌드 및 실행을 한다.

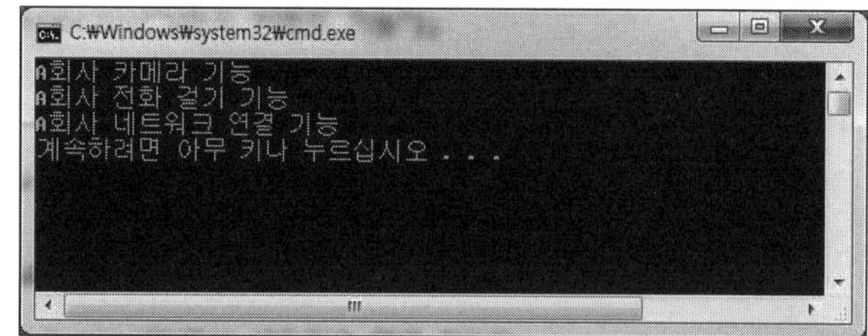

4.1.5 프로젝트 수정 : 추상 클래스 확장하기

추상 클래스를 상속받아 처리하는 BCompany 클래스를 추가하자.

1. 코드 작성

```
 1  namespace AbstractClass
 2  {
 3      abstract class SmartPhone
 4      {
 5          public abstract void Camera();
 6          public abstract void CallPhone();
 7          public abstract void Network();
 8      }
 9
10      class ACompany : SmartPhone
11      {
12          public override void Camera()
13          {
14              Console.WriteLine("A회사 카메라 기능");
15          }
16          public override void CallPhone()
17          {
18              Console.WriteLine("A회사 전화 걸기 기능");
19          }
20          public override void Network()
21          {
22              Console.WriteLine("A회사 네트워크 연결 기능");
23          }
24      }
25
26      class BCompany : SmartPhone
```

```
27      {
28          public override void Camera()
29          {
30              Console.WriteLine("B회사 카메라 기능");
31          }
32          public override void CallPhone()
33          {
34              Console.WriteLine("B회사 전화 걸기 기능");
35          }
36          public override void Network()
37          {
38              Console.WriteLine("B회사 네트워크 연결 기능");
39          }
40      }
41  class Program
42  {
43      static void Main(string[] args)
44      {
45          SmartPhone  com= new ACompany();
46          com.Camera();
47          com.CallPhone();
48          com.Network();
49
50          com = new BCompany();
51          com.Camera();
52          com.CallPhone();
53          com.Network();
54      }
55  }
56 }
```

26~40라인	BCompany 클래스는 추상 클래스인 SmartPhone을 상속받았으므로, 부모 클래스에 선언된 추상 메소드는 모두 재정의해야 한다. 그래서 Camera( ), CallPhone( ), Network( ) 메소드를 모두 재정의하였다.
50~53라인	SmartPhone 타입 객체 com이 BCompany의 객체를 가리키도록 하였다. 가리키는 객체에 따라서 같은 코드이더라도 호출하는 메소드가 달라질 수 있다. 현재는 B회사 클래스로 객체를 생성하였으므로 Camera( ), CallPhone( ), Network( ) 메소드 모두 BCompany 클래스의 메소드를 호출하고 있다.

2. 빌드 및 실행하기

단축키 F6번과 Ctrl + F5번을 눌러서 다음과 같이 빌드 및 실행을 한다.

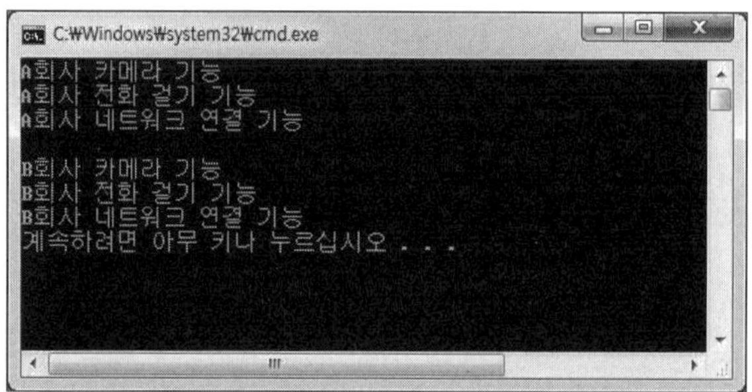

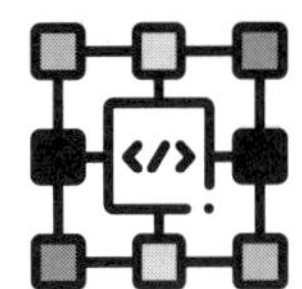

4.2 인터페이스

4.2.1 인터페이스란

인터페이스(interface)란 메소드의 목록만을 가지고 있는 명세(Specification)라고 할 수 있다. 일종의 표준 규격이라고 생각해도 된다. 선언 형식은 클래스와 유사한데, 성격은 추상 클래스와 비슷하다. 왜냐하면 메소드의 목록만 선언하고 구현은 하지 않은 추상 메소드이기 때문이다. 인터페이스의 이름을 정할 때는 클래스와 구분을 위해 이름 앞에 대문자 I를 붙여 주는 것이 관례이다. 또한, 클래스의 상속 관계처럼 다른 인터페이스로부터 상속이 가능하다. 다음은 인터페이스의 선언 형태이다.

```
접근 지정자 interface 이름 : 기반 인터페이스
{
}
```

선언한 인터페이스를 상속받는 클래스의 형태는 다음과 같다.

```
접근 지정자 class 자식 클래스 이름 : 인터페이스
{
}
```

4.2.2 인터페이스를 사용하는 이유

추상 클래스만 사용해도 될 것 같은데, 굳이 인터페이스를 사용하는 이유는 무엇일까? 먼저, 추상 클래스와 인터페이스의 공통점과 차이점을 살펴보도록 하겠다.

1. 추상 클래스와 인터페이스의 공통점

- 본체가 정의되지 않는 추상 메소드를 갖는다. 즉, 선언만 있고 구현 내용이 없다.
- 객체를 생성할 수 없다.

2. 추상 클래스와 인터페이스의 차이점

- 추상 클래스는 추상 메소드를 선택적으로 가지는 데 비해 인터페이스는 전부 추상 메소드만을 갖는다. 그래서 인터페이스를 상속한 클래스는 메소드를 전부 구현해야 한다.
- 클래스는 다중 상속이 안 되지만, 인터페이스는 다중 상속이 가능하다.

3. 왜 사용하는가?

인터페이스는 추상 클래스와 사용하는 목적에서 차이점이 있다. 추상 클래스의 목적은 말 그대로 추상적이고 공통적인 기능들을 만드는 것인데, 주로 개념의 확장을 위해 사용된다. 그래서 추상 클래스를 상속받은 자식 클래스는 조금 더 구체적인 기능을 재정의할 수 있게 된다.

그에 비해 인터페이스의 목적은 공통적인 기능을 만든다는 점에서는 추상 클래스와 비슷하지만, 기존의 기능을 재정의하여 추가하거나 수정하는 개념보다는 동일한 개념의 기능들을 새롭게 구현하는 데 초점을 맞추고 있다. 한마디로 기능 명세를 구현하도록 하는 것이다. 또한 공통적인 기능을 만든다는 점은 여러 사람이 함께 공동 작업을 할 때 표준을 정해 주는 역할도 할 수 있게 한다.

•추상 클래스를 사용하는 경우

추상 클래스는 기본적으로 부모-자식의 상속 관계에서 부모의 기능을 물려받아 기능을 더 추가하거나 수정할 때 사용한다. 예를 들어 전화기의 기본 기능이 구현된 클래스가 있다고 가정하자. 전화기는 통화 기능, 문자 메시지 기능, 와이파이 기능은 기본으로 가지고 있다. 그런데, 멀티미디어와 블루투스 기능은 추상 메소드로 선언만 하였다. 이 클래스를 상속하여 스마트폰 버전1 클래스를 정의할 때 상속받은 자식 클래스에서는 멀티미디어 기능과 블루투스 기능을 반드시 구현해야 한다.

```
abtract class 스마트폰_기본
{
        통화 기능(메소드)
        문자 메시지 기능(메소드)
        와이파이 기능(메소드)
        멀티미디어 기능(추상 메소드)
        블루투스 기능(추상 메소드)
}
class A회사_스마트폰 : 스마트폰_기본
{
        통화 기능(메소드)
        문자 메시지 기능(메소드)
        와이파이 기능(메소드)
        멀티미디어 기능(메소드)
```

```
        블루투스 기능(메소드)
}
```

이러한 경우 스마트폰 기본 클래스를 상속받은 자식 클래스는 멀티미디어 기능과 블루투스 기능의 경우 자신들의 방식대로 구현이 가능하다. 즉, 자식 클래스의 기능이 추가되거나 수정되는 형태이다.

•인터페이스를 사용하는 경우

인터페이스는 공통적인 기능의 명세라고 하였다. 예를 들어 스마트폰의 기능을 구현한다고 가정하자. 스마트폰의 기능 목록에는 통화 기능, 문자 메시지 기능, 와이파이 기능, 멀티디미어 기능, 블루투스 기능 등이 있다. 이러한 기능들은 스마트폰과 상속 관계의 개념이 아니라 여러 가지 기능의 나열일 뿐이다. 인터페이스의 경우는 이러한 기능들을 명세하고, 자식 클래스에서 상속하도록 한다.

```
interface 통화 기능
{
}
interface 문자 메시지 기능
{
}
interface 와이파이 기능
{
}
interface 멀티미디어 기능
{
}
interface 블루투스 기능
{
}
class 스마트폰_기본 : 통화 기능, 문자 메시지 기능, 와이파이 기능, 멀티미디어 기능, 블루투스 기능
{
        통화 기능 구현
        문자 메시지 기능 구현
        와이파이 기능 구현
        멀티미디어 기능 구현
        블루투스 기능 구현
}
```

각 인터페이스의 기능을 명세만 하고, 상속받은 자식 클래스인 스마트폰_기본에서 모든 인터페이스의 기능을 구현해야 한다.

4.2.3 프로젝트 제작 : 인터페이스 구현

콘솔 앱 프로젝트를 생성하여 클래스를 직접 작성해 보도록 하자.

1. 프로젝트 생성

메뉴의 [파일]-[새로 만들기]-[프로젝트]를 선택한 후 프로젝트 선택 창에서 [콘솔 앱]을 선택한다.

[다음] 버튼을 클릭하면 다음 단계인 [새 프로젝트 구성] 창으로 넘어간다. 프로젝트 이름은 Interface 라고 입력한 후, [확인] 버튼을 눌러 프로젝트를 생성하자.

2. 코드 작성

이번 예제에서는 인터페이스를 생성하고 인터페이스로부터 상속받은 클래스를 구현하되, 인터페이스에 포함된 메소드들을 구현하도록 한다. 스타크래프트라는 게임에는 3종족을 통틀어 많은 유닛들이 등장한다. 그런데 게임에 등장하는 유닛들의 기능 특징들을 살펴보면 모든 유닛들이 기본적으로 공격과 이동 기능을 한다. 유닛들마다 각각 공격 방법이 다르고, 이동 속도도 다르지만 어찌되었든 이 2개의 기능은 모든 유닛에서의 일반적인 기능이므로 구체적으로 정의할 수는 없다. 그리고 2개의 동작 중에 1개라도 빠지면 유닛이라고 말할 수 없다.

그러므로 이렇게 의무적으로 구현해야만 하는 메소드의 목록을 인터페이스로 작성하여 자식 클래 스에서 강제로 구현하도록 하였다. 많은 유닛들이 있지만 대표적으로 저글링(Zcrgling)과 드라군(Dra- goon) 2개의 유닛을 통해 인터페이스의 사용을 살펴보자.

```
1   namespace Interface
2   {
3       public interface IUnit
4       {
5           void Attack();
6           void Move();
7       }
8
9   public class Zergling : IUnit
10      {
11          public void Attack()
12          {
13              Console.WriteLine("저글링 : 공격한다.");
14          }
15          public void Move()
16          {
17              Console.WriteLine("저글링 : 이동한다.");
18          }
19      }
20
21  public class Dragoon : IUnit
22      {
23          public void Attack()
24          {
25              Console.WriteLine("드라군 : 공격한다.");
26          }
27          public void Move()
28          {
29              Console.WriteLine("드라군 : 이동한다.");
```

```
30              }
31          }
32
33          class Program
34          {
35              static void Main(string[] args)
36              {
37                  Dragoon d = new Dragoon();
38                  d.Attack();
39                  d.Move();
40
41                  Zergling z = new Zergling();
42                  z.Attack();
43                  z.Move();
44              }
45          }
46  }
```

{ 코드 분석 }

3~7라인	IUnit이라는 이름으로 인터페이스를 정의한다. 인터페이스 안에 Attack( )와 Move( ) 메소드를 선언한다. IUnit 클래스를 상속받는 클래스는 무조건 Attack( )와 Move( ) 메소드를 구현해야 한다.
9~19라인	IUnit 인터페이스를 상속받아 Zergling이라는 클래스를 정의한다. 인터페이스 안에 선언된 메소드 Attack( )과 Move( ) 메소드를 구현한다.
21~31라인	IUnit 인터페이스를 상속받아 Dragoon이라는 클래스를 정의한다. 인터페이스 안에 선언된 메소드 Attack( )과 Move( ) 메소드를 구현한다.
37~39라인	Dragoon 클래스로 객체를 생성하여 Attack( )과 Move( ) 메소드를 각각 호출한다.
41~43라인	Zergling 클래스로 객체를 생성하여 Attack( )과 Move( ) 메소드를 각각 호출한다.

3. 빌드 및 실행하기

단축키 F6번과 Ctrl + F5번을 눌러서 다음과 같이 빌드 및 실행을 한다.

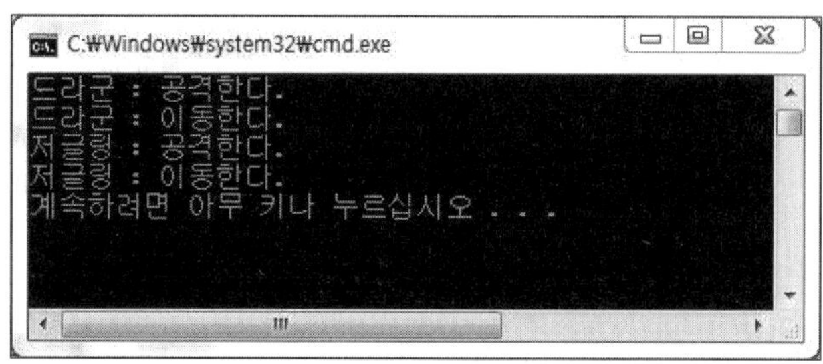

인터페이스는 메소드의 목록만 제공할 뿐 구현 내용까지 강제하는 것은 아니기 때문에 유닛의 특성에 따라 고유하게 구현할 수 있으며 유닛별로 구현 내용이 다른 것이 당연하다. 같은 이름의 메소드를 호출했지만, 각 유닛의 구현 내용이 다르므로 공격과 이동이 서로 다른 메소드가 호출된 것을 결과를 통해 확인할 수 있다.

4.2.4 프로젝트 수정 : 인터페이스 다중 상속

다중 상속으로 클래스를 선언할 때에는 선언문 뒤에 콜론(:)을 찍고 그 뒤에 여러 개의 인터페이스를 지정한다. 인터페이스는 필요한 만큼 얼마든지 올 수 있으나, 부모 클래스를 설정한다면 반드시 1개만 올 수 있다.

```
class 자식 클래스 이름 : 인터페이스1, 인터페이스2, 인터페이스3
{

}
```

1. 코드 작성

이번 예제는 인터페이스를 통해 다중 상속을 받은 형태를 살펴보도록 하겠다. 인터페이스는 클래스와 다르게 다중 상속이 가능하다. 클래스에서 다중 상속을 지원하지 않는 이유는 복잡성과 모호성 때문이다. 하지만, 꼭 필요한 경우도 있기 때문에 인터페이스를 통해서만 다중 상속을 지원하고 있다. 예를 들어 스마트폰을 설계한다고 가정하자. 스마트폰의 경우 기능이 매우 다양하다. 카메라 기능, 전화 기능, 인터넷 기능 등은 스마트폰의 기본으로 장착되어야 하는 공통 기능이다.

```csharp
namespace Interface
{
    public interface ICamera
    {
        void Picture();
        void Video();
    }
    public interface ICallPhone
    {
        void Call();
    }
    public interface INetwork
    {
        void Wifi();
    }
    public class SmartPhone : ICamera, ICallPhone, INetwork
    {
        public void Picture()
        {
            Console.WriteLine("사진을 찍는다.");
        }
        public void Video()
        {
            Console.WriteLine("동영상을 찍는다.");
        }
        public void Call()
        {
            Console.WriteLine("전화를 건다.");
        }
        public void Wifi()
        {
            Console.WriteLine("와이파이 연결한다.");
```

```
33            }
34        }
35
36    class Program
37    {
38        static void Main(string[] args)
39        {
40            SmartPhone sp = new SmartPhone();
41            sp.Picture();
42            sp.Video();
43            sp.Call();
44            sp.Wifi();
45        }
46    }
47 }
```

{ 코드 분석 }

3~7라인	인터페이스 ICamera를 선언한다. 카메라의 기본 기능은 사진과 동영상이므로 메소드의 선언만 한다.
8~11라인	전화기의 기본 기능이 전화 걸기 기능이다. 인터페이스 ICallPhone을 선언하고, 전화걸기 메소드만 선언한다.
12~15라인	인터넷 기능 또한 필수이다. 인터페이스 INetwork를 선언하고, 와이파이 메소드를 선언한다.
16라인	SmartPhone 클래스를 선언하고, ICamera, ICallPhone, INetwork 인터페이스를 상속받는다. 이 의미는 3개의 인터페이스에 선언된 모든 메소드를 SmartPhone 클래스 내에서 구현해야 한다는 의미이다.
18~33라인	3개의 인터페이스에서 선언한 메소드 전부를 각각 구현한다.
40~44라인	SmartPhone 클래스의 객체를 선언하고, 구현한 모든 메소드를 호출한다.

2. 빌드 및 실행하기

단축키 F6번과 Ctrl + F5번을 눌러서 다음과 같이 빌드 및 실행을 한다.

4.3 봉인 클래스

4.3.1 sealed 지정자

1. sealed 메소드

추상 클래스와 인터페이스를 통해 상속 관계에서 재정의하는 형태를 살펴보았다. 그런데, 더 이상 재정의를 원하지 않는 경우에 재정의가 되지 않도록 봉인을 할 수도 있다. 이때 메소드 앞에 sealed를 붙이면 이 메소드는 더 이상 재정의를 하지 않겠다는 의미이다. sealed 키워드는 최상위 클래스나 최하위 클래스에서는 사용할 필요가 없다. 중간 단계 클래스에서 더 이상 재정의를 원치 않을 경우 사용하게 된다. 사용 형태는 다음과 같다.

```
public sealed override void Network( )
{
        Console.WriteLine("네트워크 연결 기능");
}
```

예를 들어 네트워크 망 버전을 현재 버전까지만 지원하고, 이후 버전에서는 더 이상 지원하지 않겠다고 정의한다면 해당 메소드는 이후의 자식 클래스에서는 재정의할 수 없다.

2. sealed 클래스

상속 관계에서 특정 메소드를 재정의할 수 없도록 봉인할 수도 있지만, 필요하다면 메소드 단위가 아닌 클래스 전체를 봉인할 수도 있다. 클래스 선언문에 sealed 키워드를 붙이면 이 클래스는 더 이상 상속을 할 수 없게 된다. 즉, 부모 클래스로서 기능을 할 수 없게 되는 것이다.

보통 클래스 그 자체로 기능이 완벽해서 더 이상 추가할 기능이 필요 없거나 상속할 경우 부작용이 생길 우려가 있는 클래스인 경우는 이렇게 봉인하는 것이 좋다.

```
sealed class ThreeGPhone : FolderPhone
{

}
```

4.3.2 프로젝트 제작 : sealed 메소드

1. 프로젝트 생성

메뉴의 [파일]-[새로 만들기]-[프로젝트]를 선택한 후 프로젝트 선택 창에서 [콘솔 앱]을 선택한다.

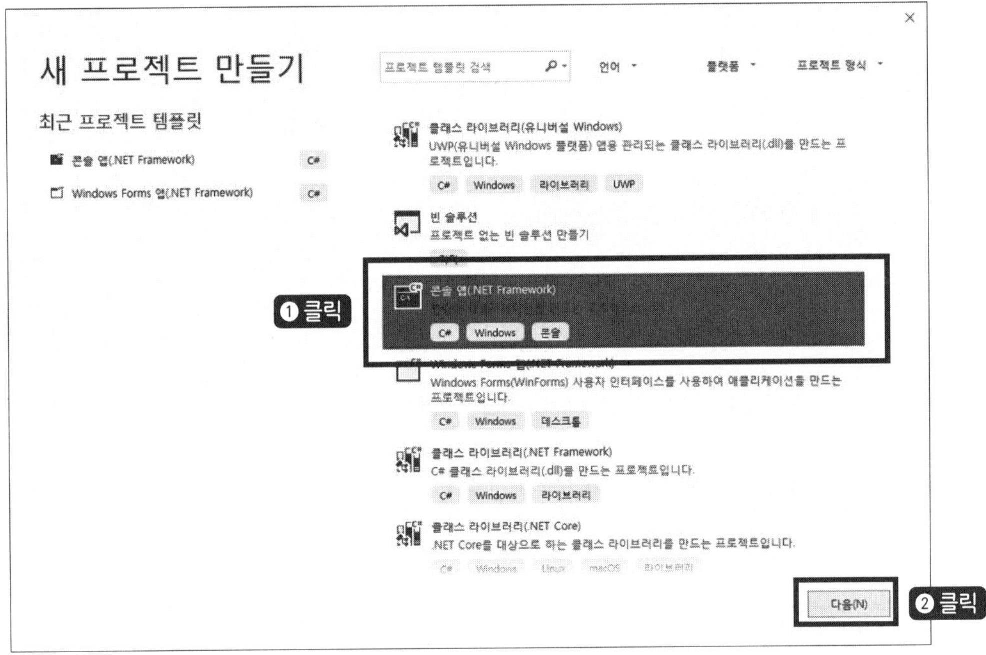

　　[다음] 버튼을 클릭하면 다음 단계인 [새 프로젝트 구성] 창으로 넘어간다. 프로젝트 이름은 Sealed-Class라고 입력한 후, [확인] 버튼을 눌러 프로젝트를 생성하자.

2. 코드 작성

```
1    namespace SealedClass
```

```csharp
2   {
3       class FolderPhone
4       {
5           public  virtual void Network()
6           {
7               Console.WriteLine("와피");
8           }
9       }
10
11      class ThreeGPhone : FolderPhone
12      {
13          public sealed  override void Network()
14          {
15              Console.WriteLine("와이브로");
16          }
17      }
18      class SmartPhone : ThreeGPhone
19      {
20          public  override void Network()
21          {
22              Console.WriteLine("와이파이");
23          }
24      }
25      class Program
26      {
27          static void Main(string[] args)
28          {
29              FolderPhone fp = new FolderPhone();
30              ThreeGPhone tg = new ThreeGPhone();
31              SmartPhone sp = new SmartPhone();
32              fp.Network();
33              tg.Network();
```

```
34              sp.Network();
35          }
36      }
37  }
```

{ 코드 분석 }

5~8라인	virtual로 선언한 가상 메소드 Network( )는 자식 클래스에서 override 지정자를 붙여 재정의할 수 있도록 되어 있다.
13라인	FolderPhone으로부터 상속을 받은 ThreeGPhone 클래스는 가상 메소드 Network( )를 재정의 하였다. 그런데, 특이한 점은 override 앞에 sealed 키워드가 붙어 있다는 것이다. 즉, 이 의미는 ThreeGPhone 클래스를 상속하더라도 상속받은 클래스는 더 이상 Network( ) 메소드를 재정의 할 수 없다는 의미이다. 사람으로 친다면 여기서 대를 끊겠다는 의미이다.
20라인	ThreeGPhone 클래스를 상속받은 SmartPhone 클래스에서 가상 메소드 Network( )를 재정의하 고 있다. 하지만, 13라인에서 메소드 앞에 sealed 키워드가 선언되어 있으므로, SmartPhone 클래 스에서는 Network( ) 메소드를 재정의할 수 없다.
29~34라인	FolderPhone, ThreeGPhone, SmartPhone 클래스를 통해 각각의 객체를 생성하고 각 객체로 가 상 메소드 Network( )를 호출하고 있다.

이 코드를 빌드하면 아마 다음과 같은 빌드 오류가 발생할 것이다.

CS0239 'SmartPhone.Network( )' : 상속된 'ThreeGPhone.Network( )' 멤버는 봉인되어 있으므로 재정 의할 수 없습니다.

빌드 오류는 오류 메시지 그대로 ThreeGPhone 클래스의 Network( ) 메소드를 봉인했는데, 자식 클래스인 SmartPhone의 Network( ) 메소드를 재정의하고 있기 때문에 발생한 문제이다. 그러면 이 문제를 어떻게 해결해야 할까? SmartPhone 클래스의 Network( ) 메소드에 new 지정자를 붙여 아예 새로 만들면 된다. 다음과 같이 수정해 보자.

```
1   class SmartPhone : ThreeGPhone
2   {
3       public new void Network()
4       {
5           Console.WriteLine("와이파이");
6       }
7   }
```

3. 빌드 및 실행하기

단축키 F6번과 Ctrl + F5번을 눌러서 다음과 같이 빌드 및 실행을 한다.

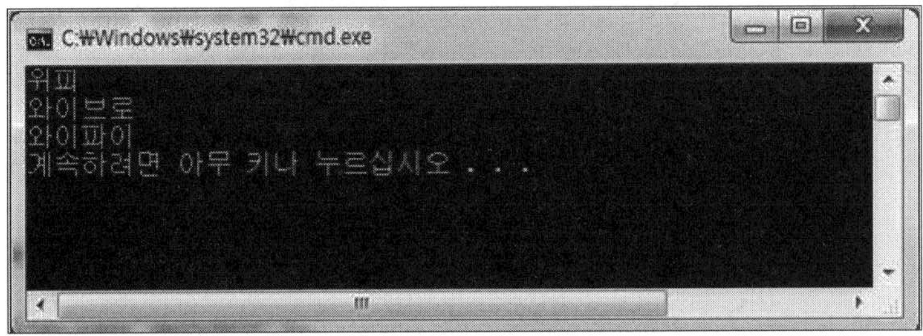

FolderPhone, ThreeGPhone, SmartPhone 클래스를 통해 생성한 각 객체가 각각 자신들의 Network( ) 메소드를 호출하고 있다. FolderPhone, ThreeGPhone은 상속 관계이므로 가상 메소드 Network( )를 재정의할 수 있었지만, ThreeGPhone, SmartPhone은 상속 관계일지라도 Sealed로 봉인되어 었으므로 SmartPhone의 Network( )는 새로 생성하여 처리하였다.

4. 코드 수정

이번에는 Main( ) 함수에 다음과 같은 코드를 작성해 보자.

```
1   class Program
2   {
3       static void Main(string[] args)
4       {
```

```
5                    FolderPhone wb = new SmartPhone();
6                    wb.Network();
7          }
8    }
```

wb의 정적 타입은 FolderPhone이고 동적 타입은 SmartPhone인 상태에서 Network( ) 메소드를 호출했는데, 결과는 어떻게 될까?

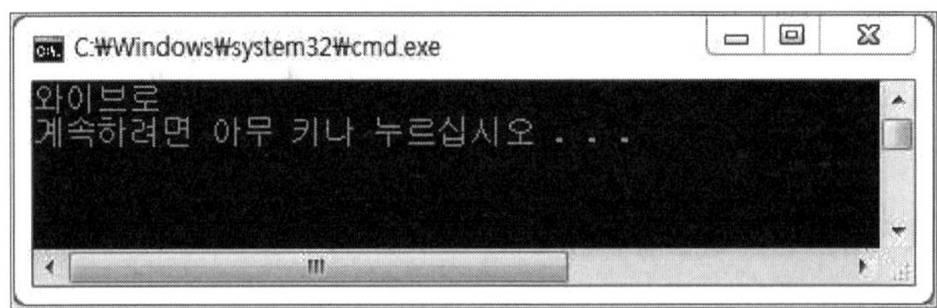

예상과 달리 ThreeGPhone의 Network( ) 메소드가 호출된다. Network( )가 가상 메소드이므로 동적 타입을 따르게 되는데 SmartPhone이 가진 가진 가상 메소드 Network( )는 ThreeGPhone으로부터 상속받은 숨겨진 메소드이기도 하기 때문이다. 이렇게 봉인된 메소드를 상속 관계에서 사용하는 것은 직관적이지 못한 결과를 가져오므로 봉인된 메소드는 그대로 상속받아서 사용하는 수밖에 없다.

봉인(sealed)과 추상(abstract)의 차이

봉인과 추상은 완전히 반대되는 개념이다. 추상의 경우에는 상속 관계에서 무조건 재정의를 해야만 했다면, 봉인의 경우에는 상속 관계에서 재정의를 절대 허락하지 않는다. 당연한 얘기겠지만, sealed와 abstract 키워드는 동시에 사용할 수 없다. 봉인해 놓고 상속을 받으라는 말은 논리적으로 맞지 않기 때문이다.

델리게이트와 이벤트

5.1 델리게이트의 개념

5.1.1 델리게이트란 무엇인가

델리게이트란 사전적으로 '대리자'라는 의미이다. 대리자란 내가 해야 할 일을 누군가가 대신 해 주는 사람을 의미한다. 프로그래밍에서의 대리자란 메소드를 직접 호출하지 않고 델리게이트를 이용해서 지정 메소드를 대신 호출해 주는 기능을 말한다. C언어에서 함수 포인터와 유사한 개념이기도 한데, 함수 포인터보다는 타입 체크가 더 엄격하고 객체 지향적인 특성을 갖는다.

현실 세계에서 대리자가 있다면 얼마나 편리한가? 가장 대표적인 대리자가 변호사일 것이다. 법률에 관하여 잘 모르는 우리들은 변호사나 법무사를 통해서 대리 업무를 하는 경우가 일반적이다. 비현실적인 일이긴 하지만 가끔 해야 할 일이 많은 경우에는 손오공이 머리털을 뽑아 분신을 만들듯이 3~4명의 분신을 만들어서 내 업무를 나누고 싶을 때가 있기도 하다. 나의 분신 3명을 대신할 대리자가 있어서 병렬적으로 업무를 수행한다면 훨씬 효율적이긴 할 것이다.

5.1.2 델리게이트의 사용 방법

델리게이트를 사용하는 방법을 살펴보도록 하자.

1. 델리게이트 선언

다음은 델리게이트를 선언하는 형태이다.

delegate 데이터형 이름(인수 목록)

메소드와 동일한 전달인자와 반환형으로 델리게이트 타입을 선언한다. 다음과 같이 맨 앞에 delegate 키워드를 붙이고 데이터형과 이름을 작성한 뒤 인수 목록을 똑같이 맞춰 주면 된다.

delegate   int   TypeF(int a, int b)

2. 델리게이트 사용

선언한 델리게이트 타입으로 델리게이트 변수를 생성하고, 생성한 델리게이트 변수에 해당 메소드를 참조시킨다. 델리게이트도 데이터형이므로 기본 데이터형인 int, double, char를 이용하여 일반 변수를 선언하듯 사용하면 된다.

```
TypeF   delgateValue  = new TypeF(Plus);
```

반환형이나 인수 목록 등 메소드 형태에 대한 모든 정보들을 다 포함해야 한다. 그래야 정확한 타입의 메소드를 안정적으로 가리킬 수 있다. 델리게이트가 특정 메소드를 가리키고 있다면 델리게이트를 통해 가리키고 있는 대상 메소드를 호출할 수 있다. 델리게이트 이름 다음에 인수 목록을 넘기면 메소드가 호출되며 메소드의 반환값은 델리게이트의 반환값으로 돌아온다. 델리게이트를 마치 메소드인 것처럼 사용하면 된다. 만약 델리게이트에 데이터형이 다른 메소드를 대입하면 에러로 처리된다.

5.1.3 프로젝트 제작 : 델리게이트 원리

콘솔 앱 프로젝트를 생성하여 델리게이트 원리 예제를 작성해 보도록 하자.

1. 프로젝트 생성

메뉴의 [파일]-[새로 만들기]-[프로젝트]를 선택한 후 프로젝트 선택 창에서 [콘솔 앱]을 선택한다.

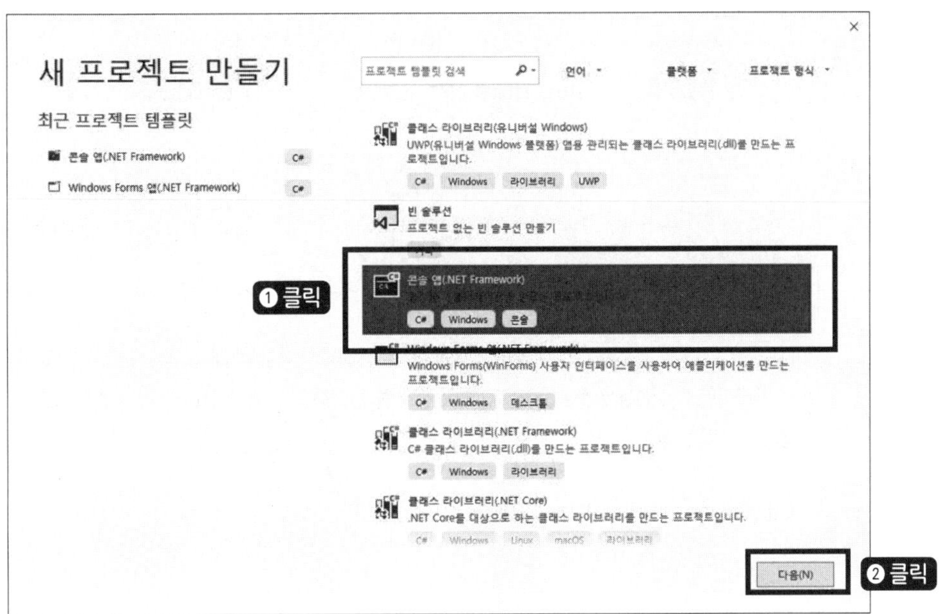

[다음] 버튼을 클릭하면 다음 단계인 [새 프로젝트 구성] 창으로 넘어간다. 프로젝트 이름은 Delegate 라고 입력한 후, [확인] 버튼을 눌러 프로젝트를 생성하자.

2. 코드 작성

```
1   namespace Delegate
2   {
3       class Program
4       {
5           delegate int CalcDelegate(int x, int y);
6
7           static int Plus(int x, int y) { return x + y; }
8           static int Minus(int x, int y) { return x - y; }
9
10          static void Main(string[] args)
11          {
12              CalcDelegate del1 = new CalcDelegate(Plus);
13              int result  = del1(20, 10);
14              Console.WriteLine("result = " + result);
15
16              CalcDelegate del2 = new CalcDelegate(Minus);
17              result = del2(20, 10);
18              Console.WriteLine("result = " + result);
19          }
20      }
21  }
```

{ 코드 분석 }

5라인	델리게이트 CalcDelegate 타입은 2개의 정수를 전달하고, 반환값이 정수인 메소드를 가리키는 타입으로 정의한다.
7~8라인	CalcDelegate 타입과 일치하는 Plus( )와 Minus( ) 메소드를 정의한다.

12라인	CalcDelegate 타입의 del1 객체를 선언하고, 생성자에서 Plus( ) 메소드를 전달한다.
13라인	대상 메소드인 Plus( )에 전달할 전달인자도 델리게이트 객체 다음에 괄호와 함께 전달한 후, 메소드의 결과값을 반환받는다.
16~17라인	CalcDelegate 타입의 del2 객체를 선언하고, Minus( ) 메소드를 전달한다. 앞 코드와 마찬가지로, 델리게이트 del2 객체를 통해 인자를 전달하고 결과값을 반환받는다.

델리게이트에 의해 코드가 수행되는 과정은 다음과 같다.

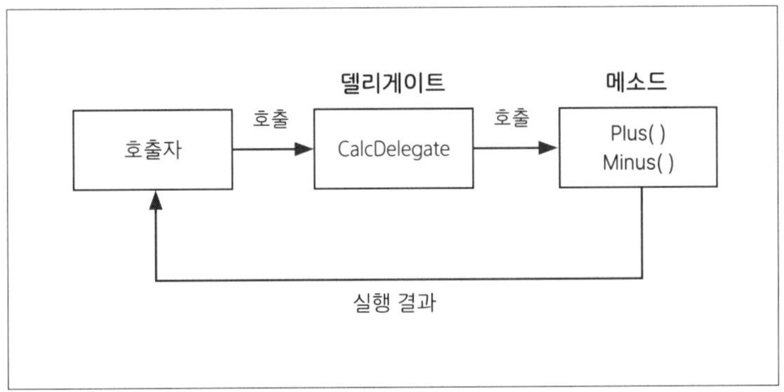

3. 빌드 및 실행하기

단축키 F6번과 Ctrl + F5번을 눌러서 다음과 같이 빌드 및 실행을 한다.

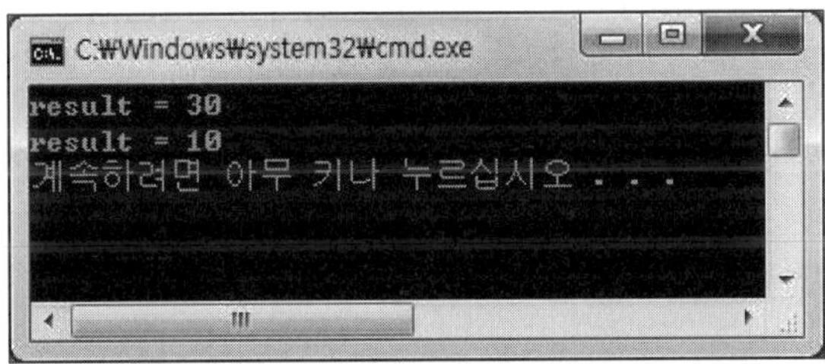

5.1.4 델리게이트의 여러 가지 사용 형태

1. 델리게이트의 간단한 사용 형식

앞서 살펴본 예제의 내용은 Plus( )와 Minus( ) 메소드를 호출했는데, 직접 호출한 것이 아니라 델리게이트에 의해 간접적으로 호출하는 형태였다. del1과 del2라는 델리게이트 객체를 따로 사용하여 메소드를 지정했지만, 1개의 객체로 메소드를 번갈아가며 지정할 수도 있는 구조이다.

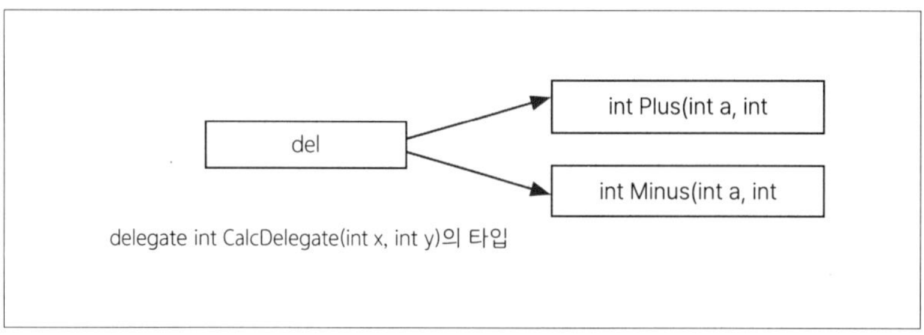

그렇다면 델리게이트 객체를 1개 선언한 후 지정 메소드만 변경해 주면 된다. 그런데, 매번 new 연산자를 통한 코드 형식이 번거롭다면 다음과 같이 간단한 형식으로 메소드를 연결할 수 있다.

```
CalcDelegate del = Plus;

int result = del(20, 10);

Console.WriteLine("result = " + result);

del = Minus;

result = del(20, 10);

Console.WriteLine("result = " + result);
```

델리게이트 타입 CalcDelegate의 객체 del을 선언한 후 이 1개의 객체로 간단하게 Plus( )와 Minus( ) 메소드를 연결하였다.

2. 멀티 델리게이트

하나의 델리게이트가 여러 개의 델리게이트를 포함할 수 있다. 델리게이트는 데이터형이기 때문에 델리게이트를 통해 생성된 객체 또한 연산이 가능하다. 이때 기존 델리게이트에 새로운 델리게이트를 추가할 때는 '+=' 연산자를 사용하고, 특정 델리게이트를 제거하는 경우에는 '-=' 연산자를 사용한다.

델리게이트 추가 시	델리게이트 삭제 시
del1 += del2;	del1 -= del2;
del1 += del3;	del1 -= del3;

멀티 델리게이트의 반환형은 반드시 void여야 한다. 여러 개의 델리게이트 연결 메소드를 호출하는 데 각 메소드마다 반환값이 있다면, 어떤 값을 우선적으로 반환해야 하는지 모호한 상황이 발생하기 때문이다.

5.1.5 프로젝트 제작 : 멀티 델리게이트

1. 프로젝트 생성

메뉴의 [파일]-[새로 만들기]-[프로젝트]를 선택한 후 프로젝트 선택 창에서 [콘솔 앱]을 선택한다. 프로젝트 이름은 MultiDelegate로 생성한다.

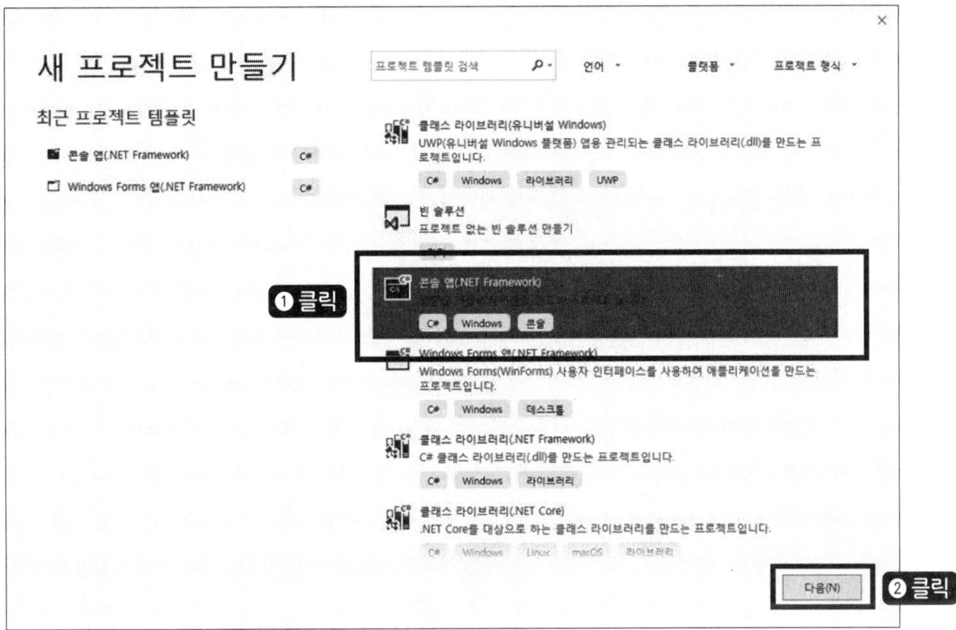

2. 코드 작성

```
1    namespace MultiDelegate
2    {
3        class Program
4        {
5            delegate void CalcDelegate(int x, int y);
6            static void Plus(int x, int y) { Console.WriteLine(x + y);}
```

```csharp
7        static void Minus(int x, int y) { Console.WriteLine(x - y);}
8        static void Multiple(int x, int y) { Console.WriteLine(x
9        * y); }
10       static void Divide(int x, int y) { Console.WriteLine( x
11       / y); }
12       static void Main(string[] args)
13       {
14           CalcDelegate del1 = Plus;
15           CalcDelegate del2 = Minus;
16           CalcDelegate del3 = Multiple;
17           CalcDelegate del4 = Divide;
18
19           del1 += del2;
20           del1 += del3;
21           del1 += del4;
22
23           del1(20, 10);
24
25           del1 -= del3;
26           del1 -= del4;
27
28           del1(20, 10);
29       }
30    }
31 }
```

{ 코드 분석 }

5라인	델리게이트 CalcDelegate 타입은 2개의 정수를 전달하고, 반환값이 void인 메소드를 가리키는 타입으로 정의한다.
6~11라인	CalcDelegate 타입과 일치하는 Plus( ), Minus( ), Multiple( ), Divide( ) 메소드를 정의한다.
14~17라인	CalcDelegate 타입의 객체를 선언하고, 각각의 메소드를 델리게이트의 간단한 사용 형식으로 연결한다.

19~21라인	델리게이트 객체 del1에 del2, del3, del4를 차례로 추가한다.
23라인	델리게이트 del1 객체에 (20, 10)을 넘겨주면 누적 추가가 된 del2, del3, del4 객체 또한 동일하게 적용되어 각각 연결된 메소드를 호출한다.
25~26라인	누적된 del1 객체에서 del3, del4 객체를 차례로 삭제한다.
28라인	델리게이트 del1 객체에 (20, 10)을 넘겨주면 del3, del4 객체는 삭제되었으므로, del1과 del2 객체만 적용된다.

3. 빌드 및 실행하기

단축키 F6번과 Ctrl + F5번을 눌러서 다음과 같이 빌드 및 실행을 한다.

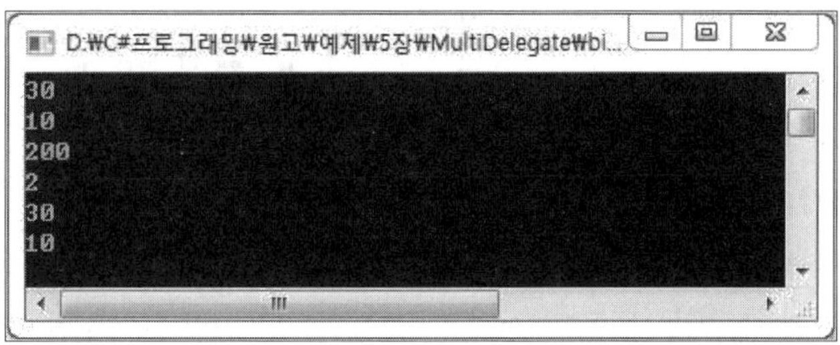

5.2 콜백 메소드

5.2.1 델리게이트를 사용하는 이유

앞에서 델리게이트를 사용해 보면서 조금 이상하다는 생각을 했을 것이다. 메소드를 직접 호출하면 되는데, 굳이 왜 중간에 델리게이트를 통해 호출하는 것일까? 로직을 더 복잡하게 만들고 있지는 않은 지 의심하지 않을 수가 없다.

사실 델리게이트의 진정한 진가는 콜백 메소드로 구현할 때 나타난다. 콜백이라는 새로운 용어가 나왔다고 당황할 필요는 없다. 일단 용어의 의미를 파악하면 어려운 내용이 아니다. 콜백(Callback) 메소드 개념은 객체 지향 프로그래밍에서 많이 사용되므로 이번 기회에 잘 알아 두면 좋을 것이다.

콜백(Callback)은 사전적으로 '답신 전화', '회신' 등의 의미를 가지고 있다. 회신이라는 의미는 반대 방향으로 연락을 한다는 의미이다. 다시 말하면 반대로 호출한다는 것이다. 콜백은 주로 이벤트 기반 프로그래밍에서 사용되는데, 예를 들어 마우스나 키보드와 같은 이벤트가 발생이 되었을 때는 내부적으로 콜백 메소드에 의해 처리된다. 우리가 마우스를 클릭했을 때 클릭 이벤트가 발생이 된다면, 마우스 디바이스를 통해 이벤트 메시지가 운영체제로 넘어갈 것이고, 운영체제는 이벤트를 어플리케이션에서 처리할 수 있도록 콜백 메소드를 호출한다. 델리게이트가 이러한 콜백의 역할을 한다. 이해를 돕기 위해 예를 하나만 들어 보겠다.

우리가 평소에 자주 다니는 커피숍을 예로 들어 보자. 여러분은 커피숍에서 커피를 한 잔 주문할 것이다. 그러면 결제를 하고, 점원은 여러분에게 호출기를 하나 건네줄 것이다. 이 호출기가 바로 콜백(Callback) 메소드 역할을 한다. 여러분은 커피가 완성되길 기다릴 것이다. 만약 여러분에게 호출기가 없다면 여러분은 수시로 점원에게 가서 커피가 완성되었는지 물어보아야 한다. 하지만, 호출기가 있기 때문에 점원은 커피가 완성되면 호출기를 통해 우리를 호출한다. 어떤 방식이 더 효율적으로 느껴지는가? 점원이 우리를 호출하는 방식이 훨씬 효율적이다. 이러한 방식이 콜백의 원리이다.

5.2.2 콜백 메소드의 원리

콜백의 원리를 앞에서 살펴보았다. 이번에는 콜백 메소드를 통해 콜백이 처리되는 과정을 살펴보도록 하겠다. 설명했듯이 콜백 메소드는 델리게이트를 통해 구현된다. 델리게이트를 통해 등록된 메소드가 A, B, C라는 이름으로 3개 있다고 가정하자. 이때 어떠한 연유로 콜백 메소드가 호출되었을 때 콜백 메소드 내부에서는 델리게이트 객체를 통해 등록된 메소드를 호출할 수 있다.

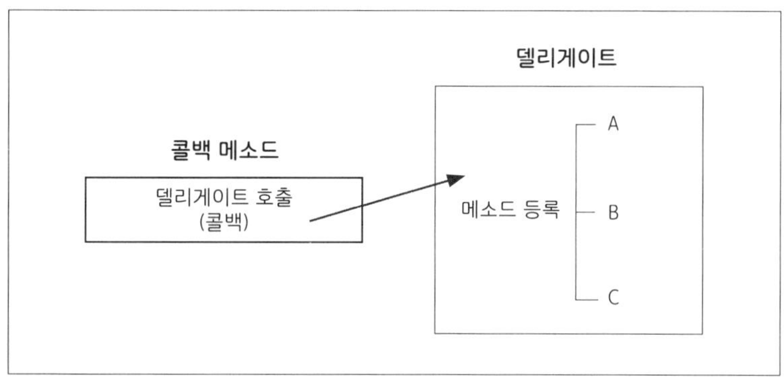

5.2.3 프로젝트 제작 : 콜백 메소드

콘솔 앱 프로젝트를 생성하여 콜백 메소드 예제를 작성해 보도록 하자.

1. 프로젝트 생성

메뉴의 [파일]-[새로 만들기]-[프로젝트]를 선택한 후 프로젝트 선택 창에서 [콘솔 앱]을 선택한다.

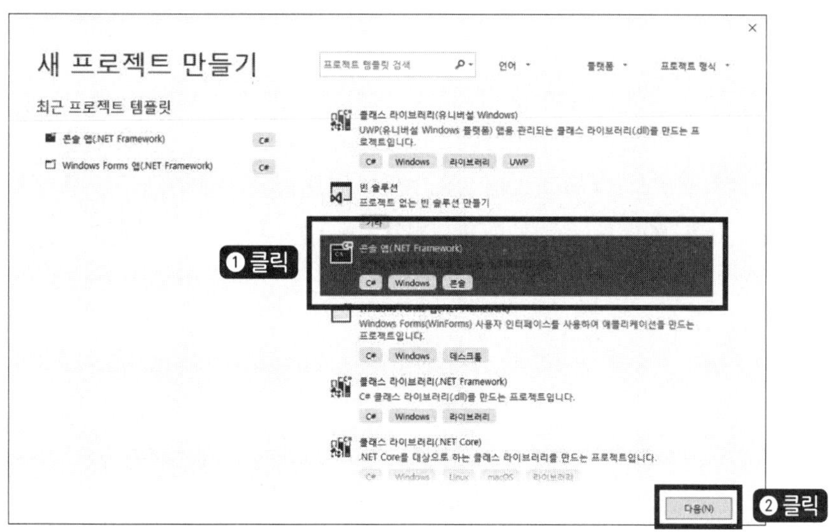

[다음] 버튼을 클릭하면 다음 단계인 [새 프로젝트 구성] 창으로 넘어간다. 프로젝트 이름은 CallbackMethod라고 입력한 후, [확인] 버튼을 눌러 프로젝트를 생성하자.

```
1   namespace CallbackMethod
2   {
3       class Program
4       {
5           delegate void CalcDelegate(int x, int y);
6
7           static void Callback(int x, int y, CalcDelegate dele)
8           {
9               dele(x, y);
10          }
11          static void Plus(int x, int y) { Console.WriteLine(x + y); }
12          static void Minus(int x, int y) { Console.WriteLine(x - y); }
13          static void Multiple(int x, int y) { Console.WriteLine(x * y); }
14          static void Divide(int x, int y) { Console.WriteLine(x / y); }
15          static void Main(string[] args)
16          {
17              CalcDelegate plus = Plus;
18              CalcDelegate minus = Minus;
19              CalcDelegate multiple = Multiple;
20              CalcDelegate divide = Divide;
21
22              Callback(20, 10, plus);
23              Callback(20, 10, minus);
24              Callback(20, 10, multiple);
25              Callback(20, 10, divide);
26          }
27      }
28  }
```

5라인	델리게이트 CalcDelegate 타입은 2개의 정수를 전달하고, 반환값이 정수인 메소드를 가리키는 타입으로 정의한다.
7~10라인	콜백 메소드 Callback( )을 정의한다. 2개의 정수와 1개의 델리게이트를 전달인자로 넘겨받고, 넘겨받은 델리게이트 객체를 통해 등록된 메소드를 호출한다. 여기에서 넘겨받은 객체에 따라 지정된 메소드를 호출하게 된다.
22~25라인	콜백 메소드 Callback( )을 호출한다. 연산할 2개의 값을 전달하고, 세 번째 전달인자에 처리할 메소드와 연결한 델리게이트 객체를 넘겨주었다. 객체의 종류에 따라 처리하는 메소드가 달라진다.

2. 빌드 및 실행하기

단축키 F6번과 Ctrl + F5번을 눌러서 다음과 같이 빌드 및 실행을 한다.

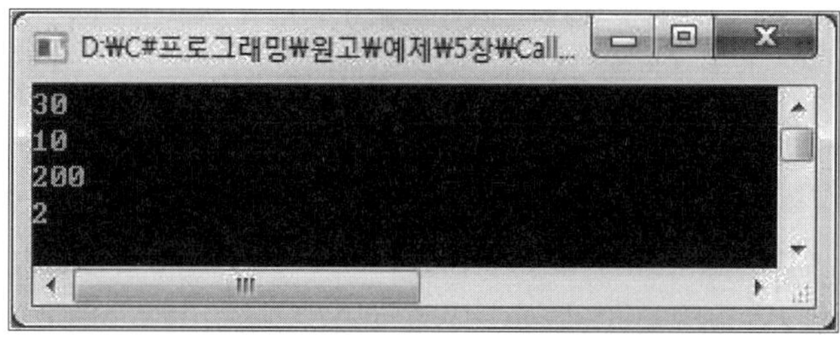

5.3.1 이벤트란

1. 이벤트의 개념

이벤트(event)란 사전적으로 '사건'을 의미하는데, 프로그래밍상 어떤 특정한 동작이 발생하면 이벤트가 발생했다고 말한다. 우리가 마우스의 왼쪽 버튼으로 하이퍼링크를 클릭하는 것도 이벤트라고 할 수 있고, 키보드로 특정 키를 누르는 것도 이벤트라고 할 수 있다. 또한 스마트 기기에서 손으로 터치하는 행위 또한 이벤트라고 할 수 있다.

2. 이벤트 처리기

보통 일상에서 어떤 사건이 발생하면 그냥 '사건이 일어났네' 하고 보고만 있지는 않는다. 그 사건에 대한 처리를 하는 과정을 거친다. 마찬가지로 시스템에서도 이벤트가 발생하면 '이벤트가 발생했네'라고 보고만 있지 않고, 이벤트의 신호를 포착한 후 프로그램에 전달하여 이벤트에 대한 처리를 해야 한다. 이렇게 이벤트 발생 시 이벤트를 처리하는 기능을 이벤트 핸들러 또는 이벤트 처리기라고 한다.

이벤트 처리기라고 하니까 무언가 특별한 것처럼 보이는데, 그냥 일반 메소드이다. 용어의 통일을 위해서 앞으로 이벤트 처리기라고 사용하겠다. 이벤트 처리기는 사용자가 인위적으로 호출할 수 없고, 이벤트 발생 시 자동으로 호출되어 기능을 수행한다. 이벤트 처리 기반의 객체 지향 프로그래밍은 이벤트와 이벤트 처리기 간의 관계와 개념이 매우 중요하며, 델리게이트를 사용하는 당위성의 결정적인 요소가 된다.

3. 이벤트 선언 형식

자, 그러면 이벤트라는 것이 아직은 무엇인지는 잘 모르겠지만 앞서 배웠던 델리게이트를 이용하여 선언하는 형식부터 살펴보도록 하자.

접근 지정자　event　델리게이트　이름;

먼저 접근 지정자가 오게 되는데, 우리가 변수나 메소드에서 사용했을 때의 의미와 동일하게 private, public 등을 사용할 수 있다. 다음으로 이벤트임을 알려 주는 event 키워드를 표기하고 델리게이트 객체를 선언한다. 이 형식은 이벤트를 선언하기 전에 델리게이트는 먼저 선언되어 있어야 한다는 것을 의미한다.

앞선 예제에서 CalcDelegate 이름의 델리게이트가 선언되어 있다고 한다면, 이에 따른 이벤트를 다음과 같이 선언할 수 있다.

```
delegate void CalcDelegate(int x, int y);
private event CalcDelegate  delEvt;
```

이 코드는 delEvt라는 이벤트가 발생하면 CalcDelegate 델리게이트에 의해 등록된 메소드가 호출된다는 의미를 가지고 있다.

4. 이벤트 등록 형식

앞에서와 같이 이벤트를 선언했다면 이벤트 객체를 통해 이벤트 처리기를 등록해야 한다. 그래야만 이벤트가 발생했을 때 이벤트 처리를 할 수 있다.

```
delEvt += new CalcDelegate(등록할 이벤트 처리기(메소드));
```

C#에서 이벤트가 발생했을 때 작성하는 과정은 다음과 같다.

① 이벤트 발생 시 처리할 이벤트 처리기(메소드)를 작성한다.

② 이벤트 처리기와 형식이 같은 델리게이트를 선언한다.

③ 이벤트를 선언한다.

④ 이벤트에 델리게이트를 이용하여 이벤트 처리기를 등록한다.

⑤ 이벤트를 발생시켜서 처리 여부를 확인한다.

5.3.2 프로젝트 제작 : 이벤트 생성 및 발생

콘솔 앱 프로젝트를 생성하여 이벤트 사용 예제를 작성해 보도록 하자.

1. 프로젝트 생성

메뉴의 [파일]-[새로 만들기]-[프로젝트]를 선택한 후 프로젝트 선택 창에서 [콘솔 앱]을 선택한다.

[다음] 버튼을 클릭하면 다음 단계인 [새 프로젝트 구성] 창으로 넘어간다. 프로젝트 이름은 ConsoleEvent 라고 입력한 후, [확인] 버튼을 눌러 프로젝트를 생성하자.

2. 코드 작성

이번에는 이벤트의 가장 대표적인 예인 버튼 클릭 이벤트가 발생하였을 때를 가정하여 콘솔 기반 코드를 작성하였다. 콘솔 기반에서는 실제 버튼을 클릭할 수 없으므로 클릭의 행위를 메소드로 처리하였다. 이벤트 처리의 가장 기본적인 원리 코드이다.

```
1    namespace ConsoleEvent
2    {
3        class Program
4        {
5            public delegate void ButtonEvent();
6            public static event ButtonEvent evtClick;
7            public static void onClick()
```

```csharp
8          {
9              evtClick();
10         }
11     public static void MyHandler()
12     {
13         Console.WriteLine("버튼 클릭 처리기 수행");
14     }
15     static void Main(string[] args)
16     {
17         evtClick += new ButtonEvent(MyHandler);
18         onClick();
19     }
20   }
21 }
```

{ 코드 분석 }

5라인	델리게이트 ButtonEvent 타입을 선언한다. 전달인자는 아무것도 넘겨주지 않는다.
6라인	이벤트를 델리게이트 ButtonEvent를 사용하여 선언한다.
7라인	onClick( ) 메소드를 정의한다. 버튼 클릭 기능을 수행하기 위한 메소드이다.
9라인	델리게이트 객체 evtClick를 통해 연결된 메소드를 호출한다.
11~14라인	MyHandler( )라는 이름으로 메소드를 정의한다. 이 메소드는 버튼 클릭 이벤트 발생 시 연결한 이벤트 처리기이다.
17라인	델리게이트 ButtonEvent를 통해 이벤트 처리기 MyHandler를 evtClick 이벤트에 등록한다.
18라인	버튼을 실제로 클릭할 수 없으므로 버튼이 클릭되었다고 가정하고 onClick( ) 메소드를 호출한다.

단축키 F6번과 Ctrl + F5번을 눌러서 다음과 같이 빌드 및 실행을 한다.

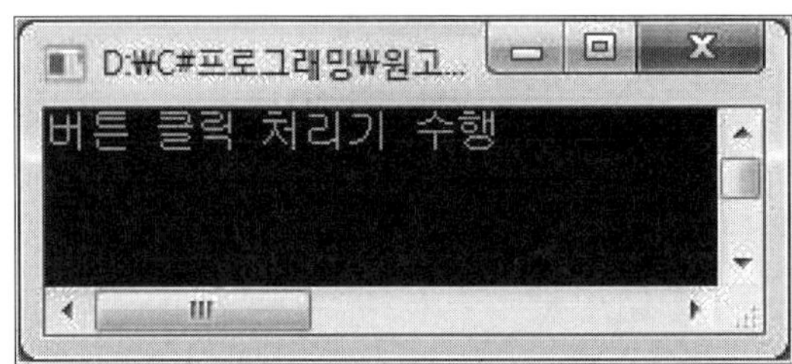

5.3.3 EventHandler 멜리게이트를 사용한 이벤트 처리

앞에서 우리는 임의로 델리게이트를 정의하고, 해당 이벤트를 선언하여 사용하였다. 하지만 C#에서는 이벤트를 처리하기 위한 권장 이벤트 처리기가 제공이 되는데, 바로 EventHandler 델리게이트이다. 내부 라이브러리에 선언되어 있는 EventHandler 델리게이트는 다음과 같다.

```
public delegate void EventHandler(object sender, EventArgs e);
```

첫 번째 전달인자 sender는 이벤트를 보내는 객체이고, 두 번째 전달인자는 이벤트의 정보가 넘어온다. 예를 들면 마우스나 키보드를 클릭할 시의 부가 정보 등을 말한다.

앞으로 우리는 폼 기반 프로젝트에서 이벤트를 숱하게 사용하게 될 것인데, 앞서 작성했던 이벤트 처리 방식으로 직접 이벤트 객체를 코드로 생성하지 않을 것이다. 이벤트 처리 코드는 EventHandler( )에 의해 정형화된 처리가 될 것이고, 우리는 이에 대해 크게 신경을 쓰지 않아도 된다.

이와 관련하여 예제를 1개 작성해 볼 것이다. 폼 기반에서 프로젝트를 생성하면 어렵지 않게 EventHandler( ) 델리게이트 선언 코드와 이벤트 처리기 등록 코드를 확인할 수 있다. 물론 자동 생성 코드이다. 하지만 곧바로 폼 기반에서 확인하게 되면 이 또한 원리를 이해하는 데 어려움이 있을 수 있으니, 콘솔 기반에서 프로젝트를 만들고 그 기반에서 윈도우 폼을 로딩하여 이벤트를 처리하는 예제를 작성해 보도록 하겠다. 이 예제를 이해하면 이벤트의 내부 동작 원리를 조금 더 깊이 이해하는 데 도움이 될 것이다.

5.3.4 프로젝트 제작 : EventHandler 델리게이트를 사용한 이벤트 처리

콘솔 앱 프로젝트를 생성하여 EventHandler 델리게이트 사용 예제를 작성해 보도록 하자.

1. 프로젝트 생성

메뉴의 [파일]-[새로 만들기]-[프로젝트]를 선택한 후 프로젝트 선택 창에서 [콘솔 앱]을 선택한다.

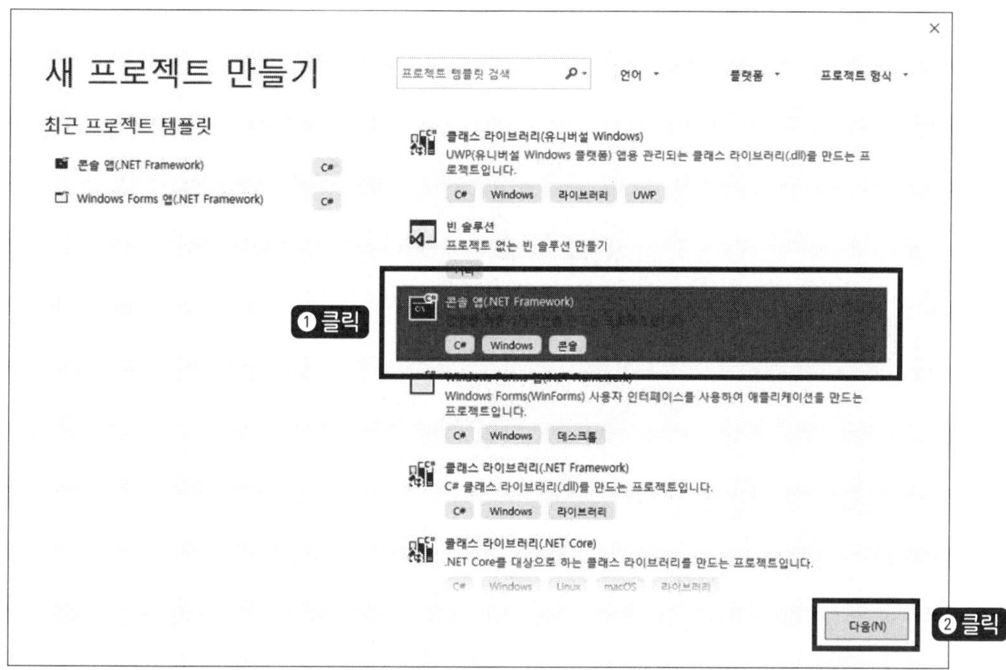

[다음] 버튼을 클릭하면 다음 단계인 [새 프로젝트 구성] 창으로 넘어간다. 프로젝트 이름은 FormEvent라고 입력한 후, [확인] 버튼을 눌러 프로젝트를 생성하자.

2. 참조 추가 : System.Windows.Forms.dll

프로젝트가 생성되었다고 끝난 것이 아니다. 우리는 콘솔 기반에서 윈도우 폼을 호출할 것이므로 윈도우 폼 관련 라이브러리를 추가해야 한다. 비주얼 스튜디오의 메뉴에서 [프로젝트]-[참조 추가]를 선택한다. 다음과 같이 [참조 관리자] 창이 나오는데, 목록에서 [System.Windows.Forms.dll]을 선택한 후 [확인] 버튼을 누른다. 이 라이브러리를 추가함으로써 윈도우 폼을 호출하여 사용할 수 있게 된다.

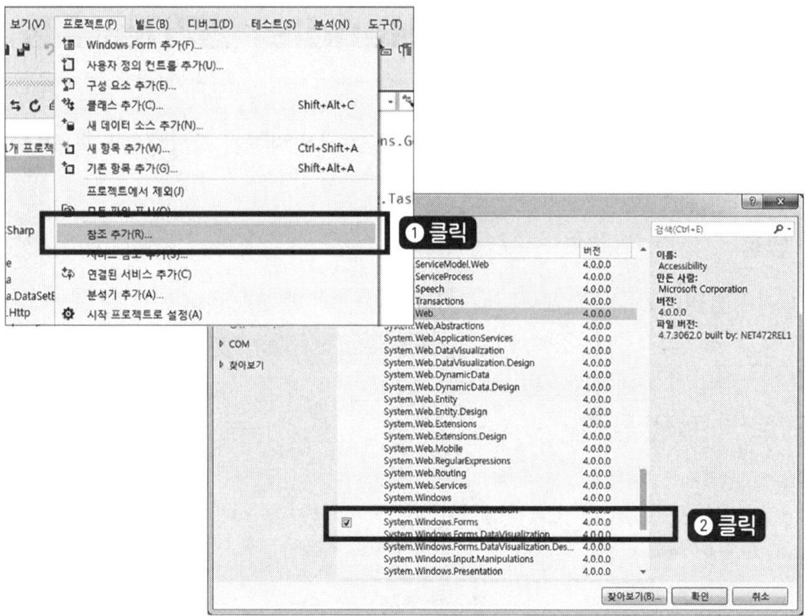

3. 코드 작성

사용자가 실제로 폼을 클릭할 때 클릭 이벤트에 대응하는 이벤트 처리 과정을 단계별로 구현할 것이다.

```csharp
1   using System.Windows.Forms;
2
3   namespace FormEvent
4   {
5       public class FormEvent : Form
6       {
7           public FormEvent()
8           {
9               this.Click += new EventHandler(ClickEvent);
10          }
11          private void ClickEvent(object sender, EventArgs e)
12          {
13              MessageBox.Show("마우스 클릭 이벤트를 처리합니다.");
14          }
15      }
```

```
16
17      class Program
18      {
19          static void Main(string[] args)
20          {
21              Application.Run(new FormEvent());
22          }
23      }
24  }
```

{ 코드 분석 }

1라인	프로그램에서 윈도우 폼을 사용하기 위해 System.Windows.Forms를 추가한다.
5라인	윈도우 폼의 기반 클래스인 Form 클래스를 상속한 FormEvent 클래스를 정의한다.
9라인	FormEvent 클래스의 생성자 안에서 Click(클릭) 이벤트 처리기를 지정한다. EventHandler( )는 닷넷에서 제공하는 델리게이트이고, 이것을 사용하여 ClickEvent( ) 메소드를 이벤트 처리기로 지정하였다.
11~14라인	ClickEvent( ) 메소드를 정의하였다. 이때 1가지 주의해야 할 점이 있는데, 바로 메소드의 매개 변수이다. 2개의 전달인자를 넘겨주도록 작성해야 하는데, 이는 EventHandler 델리게이트가 2개의 매개 변수를 갖고 있기 때문에 이와 맞춰 주기 위해서이다.
21라인	프로그램을 실행시키기 위한 모듈이다. Run( ) 메소드에 FormEvent의 객체를 동적으로 생성하여 전달하면 윈도우 폼이 수행된다.

4. 빌드 및 실행하기

단축키 F6번과 Ctrl + F5번을 눌러서 다음과 같이 빌드 및 실행을 한다.

5.4.1 마우스 메시지 이벤트

1. 마우스 메시지 이벤트란

그래픽 환경의 운영체제 기반으로 넘어가면서 가장 많이 사용하는 입력 장치가 마우스이다. 마우스에는 왼쪽 버튼, 오른쪽 버튼이 있고, 가운데 버튼은 논리적으로 존재하지만 실제 마우스에는 장착이 거의 되어 있지 않다. 혹여 마우스 휠이 가운데 버튼이라고 생각하는 경우가 있는데, 그렇지 않다. 휠은 그냥 휠일 뿐이다.

각 버튼의 대표적인 동작은 누르기, 놓기, 움직이기, 클릭하기, 더블클릭하기 등인데, 이 동작들이 메시지 이벤트들이며 부가 정보들을 함께 전달할 수도 있다.

2. 마우스 메시지 이벤트와 이벤트 처리기

앞서 이벤트를 배우면서, 발생한 이벤트에 대한 처리는 이벤트 처리기가 담당한다고 했었다. 이벤트 처리기는 이미 선언되어 있는 EventHandler 델리게이트에 의해 이벤트와 연결이 된다고 하였다. 마우스 메시지 또한 이벤트이므로 마우스 관련 이벤트 처리기가 델리게이트로 선언되어 있는데, 다음과 같다.

```
public event MouseEventHandler MouseDown
public event MouseEventHandler MouseUp
public event MouseEventHandler MouseMove
public event MouseEventHandler MouseWheel
public event MouseEventHandler MouseClick
public event MouseEventHandler MouseDoubleClick
```

마우스 이벤트 처리기 메소드를 생성할 시 마우스의 위치나 상태 정보 등을 MouseEventArgs 객체를 통해 넘겨받을 수 있다.

속성	내용
X, Y	마우스 커서의 위치 좌표이다.
Button	이벤트가 발생한 버튼을 나타낸다. MouseButtons 타입에는 None, Left, Right, Middle 등의 버튼이 있다.
Clicks	클릭된 횟수를 나타낸다. 1이면 클릭, 2이면 더블클릭을 나타낸다.
Delta	MouseWheel 이벤트에서 사용되며, 휠의 이동 거리를 나타낸다. 아래쪽으로 굴리면 양수, 위쪽으로 굴리면 음수가 전달된다.

5.4.2 프로젝트 제작 : 마우스 메시지 이벤트 처리

프로젝트를 통해 마우스 메시지 이벤트를 종류별로 발생시켜 보도록 하자.

1. 프로젝트 생성

메뉴의 [파일]-[새로 만들기]-[프로젝트]를 선택한 후 프로젝트 선택 창에서 [Windows Forms 앱]을 선택한다.

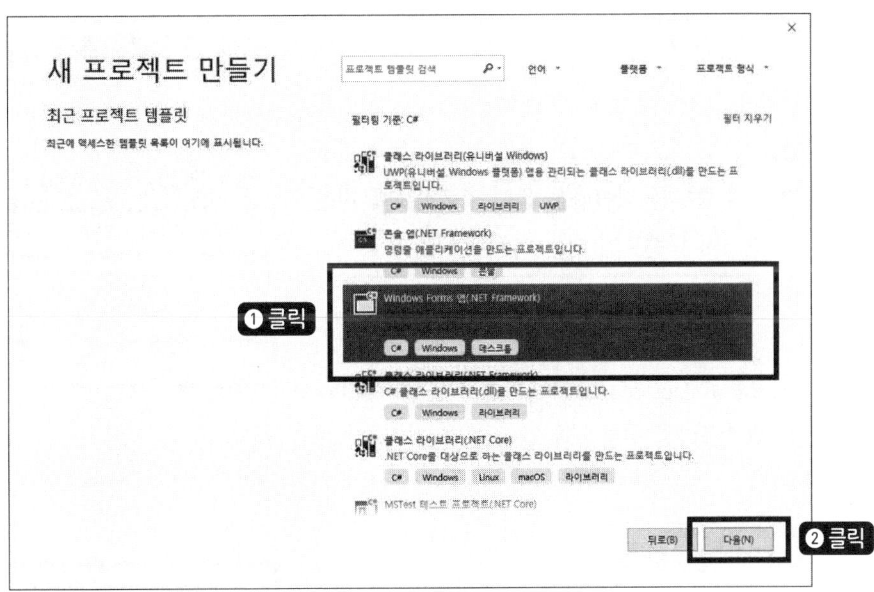

[다음] 버튼을 클릭하면 다음 단계인 [새 프로젝트 구성] 창으로 넘어간다. 프로젝트 이름은 Mouse-MessageEvent라고 입력한 후, [확인] 버튼을 눌러 프로젝트를 생성하자.

2. 폼 디자인

프로젝트가 생성되면 다음과 같이 폼이 나타난다. 마우스 메시지 이벤트를 처리할 것이기 때문에 이벤트 발생 시 표시할 레이블을 2개 배치한다.

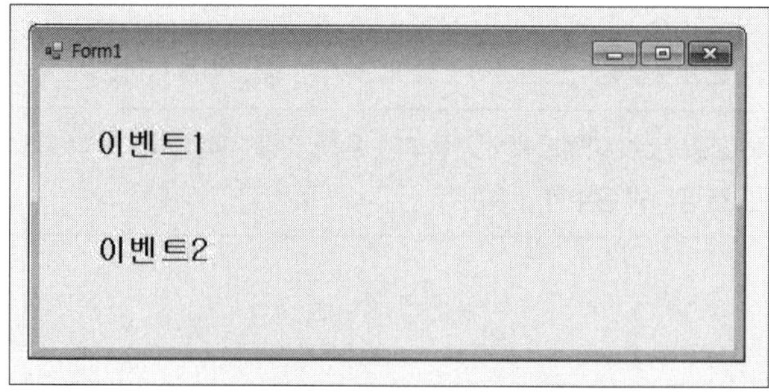

컨트롤	Name	Text	Font
Label	label1	이벤트1	글꼴 : 굴림
Label	label2	이벤트2	크기 : 16pt 스타일 : 굵게

3. 이벤트 처리기 추가

우리가 구현하고 싶은 기능은 폼 위에서 마우스를 클릭 또는 더블클릭했을 때, 그리고 마우스를 눌렀을 때 또는 놓았을 때 발생한 이벤트의 종류를 레이블을 통해 출력하도록 하는 것이다. 마우스 메시지 이벤트에 대한 이벤트 처리기를 다음과 같이 추가하도록 하자.

MouseDown, MouseUp, MouseClick, MouseDoubleClick 이벤트를 각각 더블클릭하면 다음과 같이 이벤트 처리기가 생성된다.

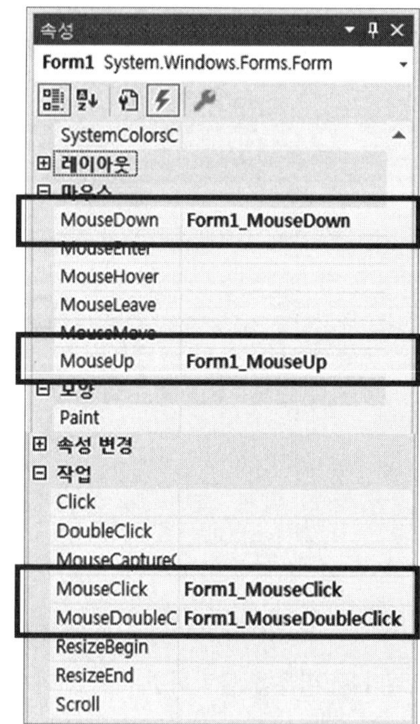

```
1    private void Form1_MouseDown(object sender, MouseEventArgs e)
2    {
3    }
4    private void Form1_MouseUp(object sender, MouseEventArgs e)
5    {
6    }
7    private void Form1_MouseClick(object sender, MouseEventArgs e)
8    {
9    }
10   private void Form1_MouseDoubleClick(object sender, MouseEventArgs e)
11   {
12   }
```

4. 코드 작성

이벤트 처리기가 추가되었다면 이벤트 처리기 내부에 동작 기능 코드를 추가하도록 하자. 각 이벤트 처리기의 기능에 맞게 작성해 보자.

```
1    private void Form1_MouseDown(object sender, MouseEventArgs e)
2    {
3            label1.Text = "마우스 버튼 누름 : " + "좌표 : " + e.X + ", " + e.Y;
4    }
5    private void Form1_MouseUp(object sender, MouseEventArgs e)
6    {
7            label1.Text = "마우스 버튼 놓음 : " + "좌표 : " + e.X + ", " + e.Y;
8    }
9    private void Form1_MouseClick(object sender, MouseEventArgs e)
10   {
11           label2.Text = "마우스 버튼 클릭 : " + "좌표 : " + e.X + ", " + e.Y;
12   }
13   private void Form1_MouseDoubleClick(object sender, MouseEventArgs e)
```

```
14  {
15      label2.Text = "마우스 버튼 더블클릭 : " + "좌표 : " + e.X + ", " + e.Y;
16  }
```

{ 코드 분석 }

1~4라인	마우스 버튼 누름 이벤트(MouseDown)가 발생하면 이에 해당하는 이벤트 처리기인 Form1_MouseDown( ) 메소드가 호출된다. 이벤트 발생을 표시하기 위해서 label1에 '마우스 버튼 누름' 및 좌표 정보를 출력한다.
5~8라인	마우스 버튼 놓음 이벤트(MouseUp)가 발생하면 이에 해당하는 이벤트 처리기인 Form1_MouseUp( ) 메소드가 호출된다. 이벤트 발생을 표시하기 위해서 label1에 '마우스 버튼 놓음' 및 좌표 정보를 출력한다.
9~12라인	마우스 버튼 클릭 이벤트(MouseClick)가 발생하면 이에 해당하는 이벤트 처리기인 Form1_MouseClick( ) 메소드가 호출된다. 이벤트 발생을 표시하기 위해서 label2에 '마우스 버튼 클릭' 및 좌표 정보를 출력한다.
13~16라인	마우스 버튼 더블클릭 이벤트(MouseDoubleClick)가 발생하면 이에 해당하는 이벤트 처리기인 Form1_MouseDoubleClick( ) 메소드가 호출된다. 이벤트 발생을 표시하기 위해서 label2에 '마우스 버튼 더블클릭' 및 좌표 정보를 출력한다.

5. 빌드 및 실행하기

단축키 F6번과 F5번을 눌러서 빌드 및 실행을 한다. 폼 위에서 마우스를 눌렀다 놓기도 하고, 클릭했다가 더블클릭도 해 보자. 마우스 메시지 이벤트가 발생하면서 해당 메시지 처리기가 수행되는 것을 확인할 수 있다.

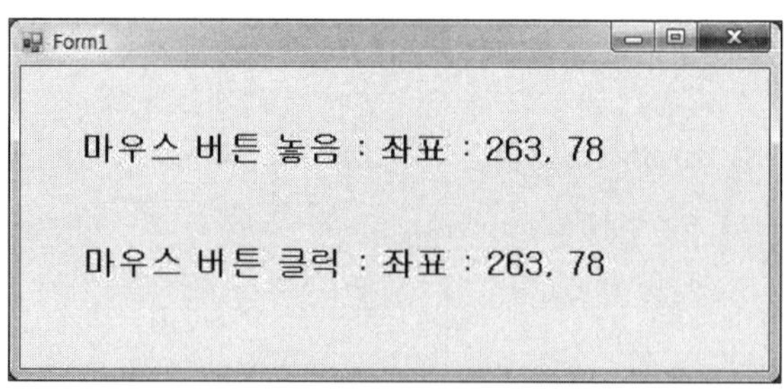

5.4.3 키보드 메시지 이벤트

1. 키보드 메시지 이벤트란

우리가 마우스와 더불어 정말 많이 사용하는 장치가 바로 키보드이다. 키보드 메시지 관련 이벤트는 키보드의 키가 눌렸을 때 발생하는 이벤트로서 대표적으로 KeyDown, KeyUp, KeyPress 3가지가 있다. 폼을 비롯하여 텍스트박스와 같은 에디트 컨트롤들은 모두 키 입력을 받을 수 있는 이벤트를 지원한다.

2. 키보드 메시지 이벤트와 이벤트 처리기

우리가 앞서 이벤트를 배우면서, 발생한 이벤트에 대한 처리는 이벤트 처리기가 담당한다고 했었다. 이벤트 처리기는 이미 선언되어 있는 EventHandler 델리게이트에 의해 이벤트와 연결이 된다고 하였다. 키보드 메시지 또한 이벤트이므로 키보드 관련 이벤트 처리기가 델리게이트로 선언되어 있는데, 다음과 같다.

```
public event KeyEventHandler KeyUp
public event KeyPressEventHandler KeyPress
public event KeyEventHandler KeyDown
```

KeyPress 키보드 메시지 이벤트는 문자키가 입력되면 발생한다. 그와 더불어 KeyDown 이벤트 또한 키가 입력되었을 경우에 발생하는데, KeyDown은 모든 키 입력에 대해 발생하는 반면 KeyPress는 문자키에 한정되어 이벤트가 발생한다. 문자키가 아니면 KeyPress 이벤트는 발생하지 않는다. KeyUp 또한 KeyDown과 마찬가지로 모든 키에 대하여 눌렸다가 놓여졌을 때 발생하는 이벤트이다.

정리를 해 보면 어떤 키가 눌렸는지 알고 싶으면 KeyDown 이벤트를 받고, 어떤 문자가 입력되었는지 알고 싶으면 KeyPress 이벤트를 받으면 된다. KeyDown, KeyUp 이벤트로 전달되는 인수는 KeyEventArgs 객체이며 눌러진 키와 조합키의 상태 정보값을 표현한다.

속성	내용
KeyCode	눌려진 키값을 나타낸다.
Modifiers	Ctrl, Alt, Shift 조합키의 상태를 나타낸다.
Shift, Control, Alt	개별 조합키의 상태를 나타낸다.
KeyData	KeyCode와 Modifiers의 조합을 나타낸다.

Handled	키 입력을 처리했는지를 나타낸다.
KeyValue	KeyCode를 정수형으로 나타낸다.
SuppressKeyPress	키 이벤트를 컨트롤에 전달할 것인가를 나타낸다.

5.4.4 프로젝트 제작 : 키보드 메시지 이벤트 처리

프로젝트를 통해 키보드 메시지 이벤트를 발생시켜 보도록 하자.

1. 프로젝트 생성

메뉴의 [파일]-[새로 만들기]-[프로젝트]를 선택한 후 프로젝트 선택 창에서 [Windows Forms 앱]을
선택한다.

[다음] 버튼을 클릭하면 다음 단계인 [새 프로젝트 구성] 창으로 넘어간다. 프로젝트 이름은 KeyMessageEvent라고 입력한 후, [확인] 버튼을 눌러 프로젝트를 생성하자.

2. 폼 디자인

프로젝트가 생성되면 다음과 같이 폼이 나타난다. 키보드 메시지 이벤트를 처리하기 위해서 텍스트
박스와 레이블을 각각 배치한다.

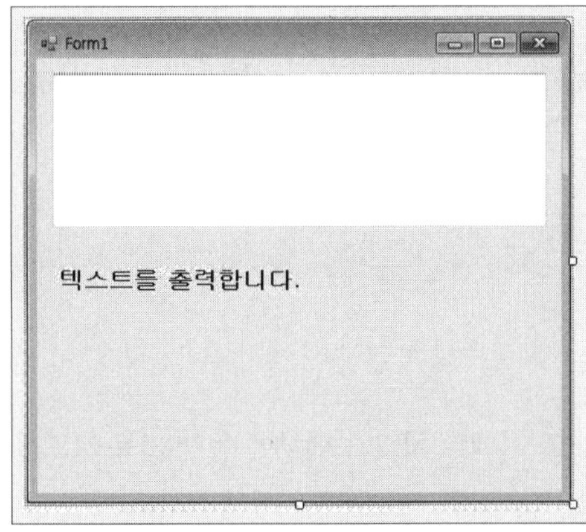

컨트롤	Name	Text	Font
TextBox	textbox1	(비움)	글꼴 : 굴림 크기 : 14pt 스타일 : 굵게
Label	label1	텍스트를 출력합니다.	

3. 이벤트 처리기 추가

우리가 구현하고 싶은 기능은 텍스트박스에서 키보드의
키를 입력하면 키 이벤트가 발생하여 텍스트박스에 출력한
텍스트를 레이블에 출력하도록 하는 것이다. 키 이벤트가
텍스트박스에서 발생되므로 텍스트박스를 선택한 상태에서
키보드 메시지 이벤트에 대한 이벤트 처리기를 다음과 같이
추가하도록 하자.

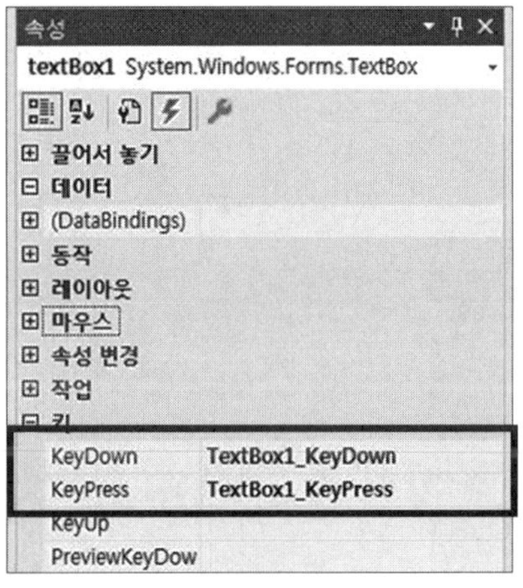

KeyDown, KeyPress 메시지 이벤트를 각각 더블클릭하면
다음과 같이 이벤트 처리기가 생성된다.

```
1    private void TextBox1_KeyDown(object sender, KeyEventArgs e)
2    {
3    }
```

```
4    private void TextBox1_KeyPress(object sender, KeyPressEventArgs e)
5    {
6    }
```

4. 코드 작성

이벤트 처리기가 추가되었다면 이벤트 처리기 내부에 동작 기능 코드를 추가하도록 하자. 각 이벤트
처리기의 기능에 맞게 작성해 보자.

```
1    private string str = "";
2    private string substr = "";
3    public Form1()
4    {
5            InitializeComponent();
6    }
7    private void TextBox1_KeyDown(object sender, KeyEventArgs e)
8    {
9            if((e.KeyCode == Keys.Enter || e.KeyCode == Keys.Space))
10           {
11               substr = str.Substring(str.Length - 1, 1);
12               if(char.GetUnicodeCategory(char.Parse(substr)) ==
13                   System.Globalization.UnicodeCategory.OtherLetter)
14               {
15                   str = str.Substring(0, str.Length - 1);
16               }
17           }
18   }
19   private void TextBox1_KeyPress(object sender, KeyPressEventArgs e)
20   {
21           str += e.KeyChar;
22           label1.Text = str;
23   }
```

1~2라인	문자열 str은 텍스트박스에 입력한 문자열을 저장하기 위한 변수이고, substr은 텍스트박스에 입력한 문자열의 마지막 문자를 저장하기 위한 변수이다.
7라인	텍스트박스에서 KeyDown 이벤트가 발생하면 처리하는 이벤트 처리기이다.
9라인	만약 현재 입력한 KeyCode 값이 엔터나 스페이스 바 키이면 처리하라는 의미이다.
11라인	현재 텍스트박스에 입력한 문자열에서 마지막 한 문자만 추출한다. 이때 문자열에서 특정 문자열만 추출하는 문자열 전용 메소드가 SubString( )인데, 이 메소드에 대해서는 문자열 파트에서 자세히 다루도록 하겠다. 마지막 문자를 1개 가져오는 이유는 현재 입력한 문자열이 한글인지 영문인지를 구분하기 위한 재료로 사용하기 위해서이다.
12~13라인	GetUnicodeCategory( ) 메소드에 문자 1개를 전달하여 이 문자가 한글인지 아닌지 비교한다.
15라인	한글인 경우에는 입력한 문자열의 마지막 문자를 제거한다. 한글이 아닌 영문이 입력되었다면 이 문장을 수행하지 않는다.
19라인	텍스트박스에서 KeyPress 이벤트가 발생하면 처리하는 이벤트 처리기이다.
21라인	텍스트박스에 입력한 문자를 str 변수에 누적시킨다.
22라인	누적된 str 문자열을 레이블에 출력한다.

5. 빌드 및 실행하기

단축키 F6번과 F5번을 눌러서 빌드 및 실행을 한다. 텍스트박스에 문자열을 입력해 보자. 문장이 끝날 때마다 엔터 또는 스페이스 바를 눌러 보자. 한글 또는 영문 모두 입력하면 입력한 내용이 레이블에도 출력이 되는 것을 확인할 수 있다.

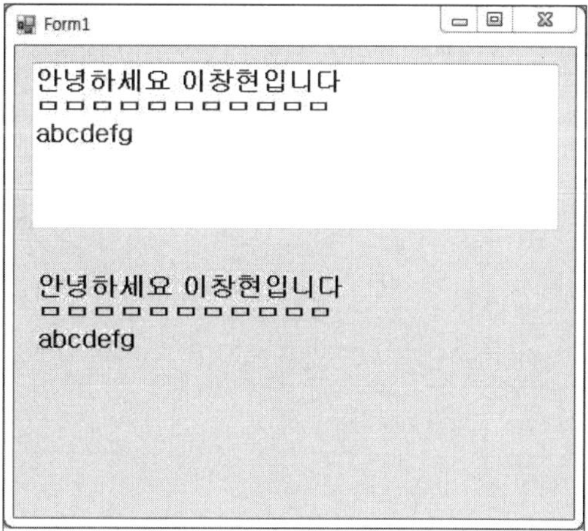

Part 6

문자열

6.1 String 클래스
6.2 StringBuilder

6.1 String 클래스

6.1.1 string형

C#에서는 문자열을 표현하기 위한 별도의 문자열 클래스를 제공하는데, System 네임 스페이스에 String(System.String)이라는 이름의 클래스가 정의되어 있다. 이때 String 클래스의 타입으로 string이라는 별칭이 사용되며, 문자열을 선언할 때는 string형을 사용하면 된다.

```
string str = "Hello";
```

Hello라는 문자열을 str 변수에 대입을 한 것인데, 마치 배열에 저장한 형태이다.

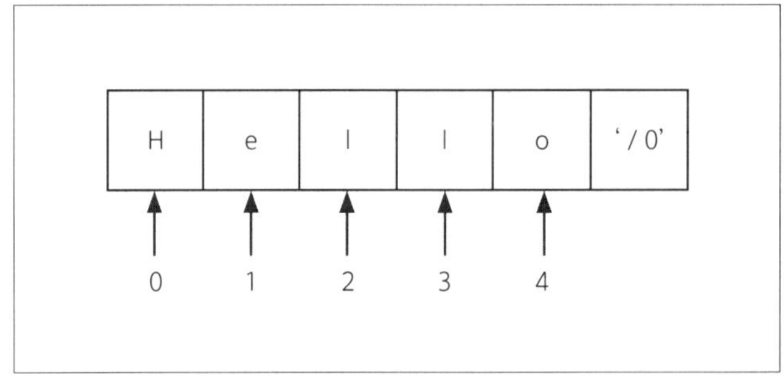

그림과 같이 문자열의 각 요소에 인덱스를 붙일 수 있고, 문자열의 출력뿐만 아니라 각 문자의 요소도 출력할 수 있다. 만약 다음과 같은 코드를 콘솔 기반에서 실행했다면 Hello 문자열이 그대로 출력될 것이다.

```
string str = "Hello";
Console.WriteLine(str[0].ToString() + str[1].ToString() + str[2].ToString());
```

이렇듯 string형의 문자열을 배열의 첨자를 이용하면 각 개별 문자를 참조할 수 있다. 또한 문자열과 문자열의 연결은 '+' 연산자를 통해 가능하다.

```
string str = "Hello" + "World";
```

6.1.2 문자열 관리 메소드

다음은 string형에 포함된 문자열 관리 메소드들이다. 결합, 분리, 대체, 공백 삭제 등의 다양한 기능들이 제공된다.

메소드	설명
Compare	문자열 객체끼리 비교한다. 대소문자 구분, 언어 정보 등을 지정할 수 있으며 부분 문자열만 비교할 수도 있다.
Contains	부분 문자열이 있는지를 조사한다.
Format	서식을 조립한다.
IndexOf	문자 또는 부분 문자열을 검색하여 그 인덱스를 반환한다.
IndexOfAny	주어진 문자 집합 중 최초로 검색되는 위치를 검색하여 그 인덱스를 반환한다.
Insert	지정한 위치에 문자열을 삽입한다.
LastIndexOf	IndexOf와 같으나 맨 뒤에서부터 검색한다.
LastIndexOfAny	IndexOfAny와 같으나 맨 뒤에서부터 검색한다.
PadLeft	지정한 폭으로 늘리고 왼쪽에 공백을 삽입한다.
PadRight	지정한 폭으로 늘리고 오른쪽에 공백을 삽입한다.
Remove	지정한 범위의 문자를 삭제한다.
Replace	지정한 문자를 다른 문자로 대체한다.
Split	문자열을 특정 문자를 기준으로 한 부분 문자열 배열로 나눈다.
SubString	지정한 위치부터 끝까지 부분 문자열을 만들어 반환한다.
Trim	앞뒤의 불필요한 공백 문자를 제거한다.
TrimStart	문자열 앞쪽에 있는 지정한 문자들을 제거한다.

TrimEnd	문자열 뒤쪽에 있는 지정한 문자들을 제거한다.
ToLower	문자열을 소문자로 변환한 후 반환한다.
ToUpper	문자열을 대문자로 변환한 후 반환한다.

이 문자열 메소드들은 문자열 객체 원본 자체가 변경되는 것이 아니라 힙 메모리에 새로운 문자열을 만들어 반환한다.

6.1.3 프로젝트 제작 : 문자열 다루기

1. 프로젝트 생성

메뉴의 [파일]-[새로 만들기]-[프로젝트]를 선택한 후 프로젝트 선택 창에서 [Windows Forms 앱]을 선택한다.

[다음] 버튼을 클릭하면 다음 단계인 [새 프로젝트 구성] 창으로 넘어간다. 프로젝트 이름은 String-Method라고 입력한 후, [확인] 버튼을 눌러 프로젝트를 생성하자.

2. 폼 디자인

다음과 같이 폼에 컨트롤들을 배치한다.

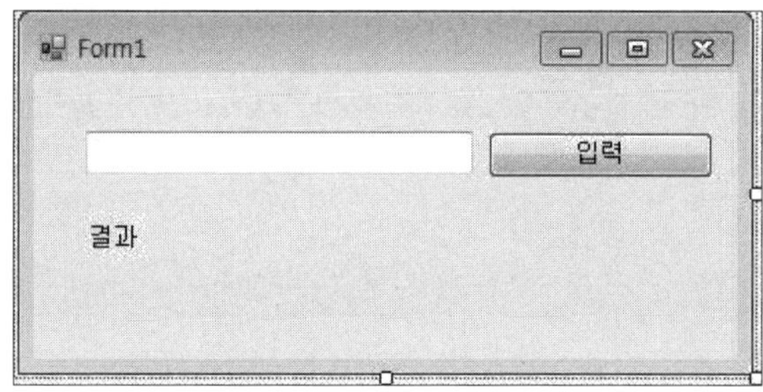

배치한 각 컨트롤의 속성을 [표]와 같이 설정한다.

컨트롤/속성	Name	Text
Button	btnInput	입력
TextBox	tbInput	(비움)
Label	lblResult	결과

3. 이벤트 처리기 추가

우리가 구현하고 싶은 기능은 [입력] 버튼을 클릭했을 때, [결과] 레이블에 입력한 문자열의 길이가 출력되면 된다. 그렇다면 여기서 이벤트가 발생하는 시점은 [입력] 버튼을 클릭했을 때이므로, 이 버튼 클릭에 대한 이벤트 처리기를 다음과 같이 추가하도록 하자.

버튼 클릭 이벤트를 더블클릭하면 다음과 같이 이벤트 처리기 코드가 생성된다.

```
1    private void BtnInput_Click(object sender, EventArgs e)
2    {
3    }
```

4. 코드 작성

이벤트 처리기가 추가되었다면 이벤트 처리기 내부에 동작 기능 코드를 추가하도록 하자. 각 이벤트 처리기의 기능에 맞게 작성해 보자.

```
1    private void BtnInput_Click(object sender, EventArgs e)
2    {
3            string str = tbInput.Text;
4            lblResult.Text = str.Length.ToString();
5    }
```

{ 코드 분석 }

3라인	BtnInput_Click( ) 이벤트 처리기의 경우 버튼 클릭이 되었을 때 텍스트박스에 입력한 문자열을 string형의 변수 str에 대입한다.
4라인	문자열 길이 속성인 Length를 문자열 형태로 읽어 와 레이블 lblResult에 출력한다.

5. 빌드 및 실행하기

단축키 F6번과 F5번을 눌러서 다음과 같이 빌드 및 실행을 한다. 문자열을 텍스트박스에 입력한 후 [입력] 버튼을 클릭하여 레이블에 입력한 문자열의 길이가 출력되는 결과값을 확인해 보자.

6.1.4 프로젝트 수정 : IndexOf 메소드 사용하기

이번에는 우리가 문자열을 다룰 때 많이 사용하는 메소드 중 IndexOf에 대해 살펴보자. 이 메소드는 문자열 안에서 특정 문자를 찾아 그 위치를 반환해 주는 기능을 한다.

```
public int IndexOf(string value);
```

value는 검색할 문자열이고, 해당 문자열이 있으면 value의 인덱스 위치를 반환한다.

앞서 작성한 StringMethod 프로젝트를 수정해 보자.

1. 코드 수정

```
1    private void BtnInput_Click(object sender, EventArgs e)
2    {
3            string str = tbInput.Text;
4            lblResult.Text = str.Length.ToString();
5
6            int pos = str.IndexOf("-");
7
8            if(pos >= 0)
9            {
10               lblResult.Text = (pos + 1).ToString() + "번째에 - 문자가
11               포함되어 있습니다.";
12           }
13   }
```

{ 코드 분석 }

6라인	문자열 str에서 특정 문자 -를 찾기 위해 IndexOf 메소드가 사용되었다. 이때, - 문자가 발견되면 해당 문자열 str 안에서 -의 위치가 반환되고, 정수형 변수 pos에 대입된다.
8~12라인	정수형 변수 pos가 양수이거나 0이라는 의미는 문자열 str 안에 -가 존재한다는 것을 말한다. 왜냐하면 -의 위치값을 반환하기 때문이다. 위치의 반환값의 범위는 0부터 '문자열 길이 − 1'까지이다.

2. 빌드 및 실행하기

단축키 F6번과 F5번을 눌러서 다음과 같이 빌드 및 실행을 한다. 입력값으로 주민등록번호를 입력한다. 주민등록번호 입력 시 '-' 문자가 포함되기 때문이다. 결과를 확인해 보자.

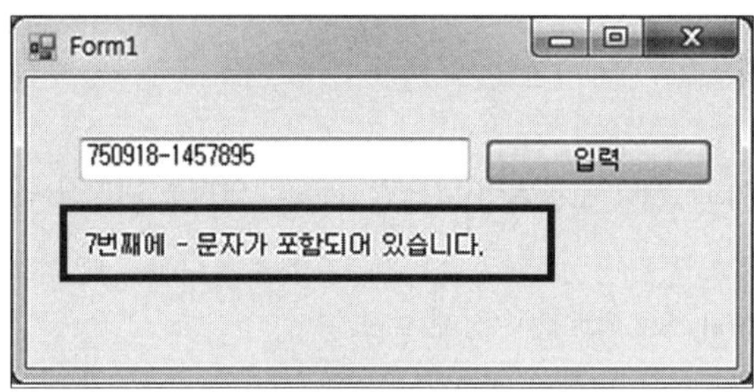

[그림 6-6] 실행 결과

6.1.5 프로젝트 수정 : Substring 메소드 사용하기

이번에는 문자열을 다룰 때 많이 사용하는 메소드 중 Substring에 대해 살펴보자. 이 메소드는 문자열 안에서 특정 문자열을 잘라 내서 반환하는 기능을 한다. 우리는 보통 주민등록번호 뒷자리의 첫 번째 자릿수를 보고 남성인지 여성인지 구분할 수 있다. Substring 메소드를 통해 문자열의 특정 위치를 잘라 내어 남성인지 여성인지를 구분하는 코드를 작성해 보자.

```
public string Substring(int startIndex, int length);
```

startIndex는 부분 문자열의 시작할 문자 위치이고, length는 부분 문자열의 시작 위치에서 얼마만큼의 길이만큼을 읽어 올지 문자의 수를 나타낸다.

1. 코드 수정

```
1    private void BtnInput_Click(object sender, EventArgs e)
2    {
3            string str = tbInput.Text;
4            string subStr = str.Substring(7, 1);
5
```

```
6            if(subStr == "1")
7            {
8                lblResult.Text = "남성";
9            }
10           else if(subStr == "2")
11           {
12               lblResult.Text = "여성";
13           }
14           else
15           {
16               lblResult.Text = "주민등록번호를 잘못 입력하셨습니다.";
17           }
18  }
```

{ 코드 분석 }

4라인	문자열 str에서 Substring을 이용하여 여덟 번째(인덱스 7) 위치에서부터 문자열 1개를 잘라내겠다는 의미이다. 주민등록번호에서 뒷자리의 첫 번째 숫자만 잘라 오겠다는 것이고, subStr에 저장된다.
6~17라인	subStr에 저장된 값이 1이면 결과 레이블에 남성이라고 출력하고, 저장된 값이 2이면 여성이라고 출력한다. 만약, 둘 다에 해당이 안 되면 주민등록번호를 잘못 입력한 것이므로 else문을 수행하도록 한다.

2. 빌드 및 실행하기

단축키 F6번과 F5번을 눌러서 다음과 같이 빌드 및 실행을 한다. 입력값에 주민등록번호를 입력한다. 주민등록번호 뒷자리 첫 번째 숫자를 '1' 또는 '2'로 작성하여 결과를 확인해 보자.

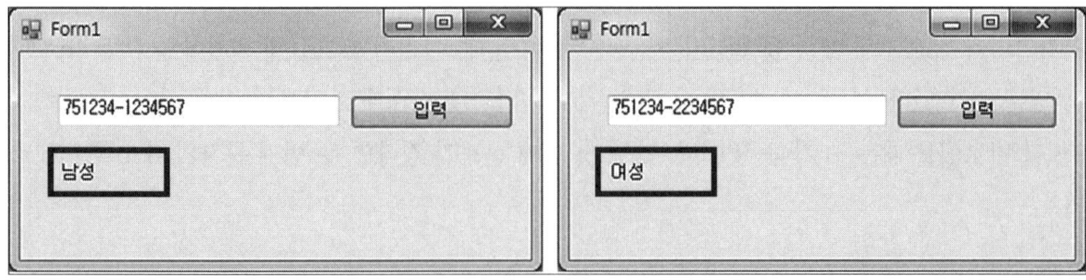

6.1.6 프로젝트 수정 : Compare 메소드 사용하기

이번에는 문자열 메소드 중 Compare에 대해 살펴보자. 이 메소드는 문자열끼리 대소 비교를 한다.

```
public int CompareTo(string strB);
```

strB는 현재 문자열 객체와 비교할 문자열이다. 반환값은 문자열 객체가 strB 문자열보다 앞에 오는지 뒤에 오는지, 동일한지에 따라 달라진다.

반환값	설명
음수	문자열 객체가 strB보다 앞에 오는 경우
0	문자열 객체가 strB와 완전히 일치하는 경우
양수	문자열 객체가 strB보다 뒤에 오는 경우

[표 6-3] CompareTo 메소드의 반환값 의미

문자열끼리 비교한다는 것 자체가 이해가 안될 수 있다. 수도 아닌데 어떻게 비교가 가능한가? 그 비밀은 아스키 코드에 있다.

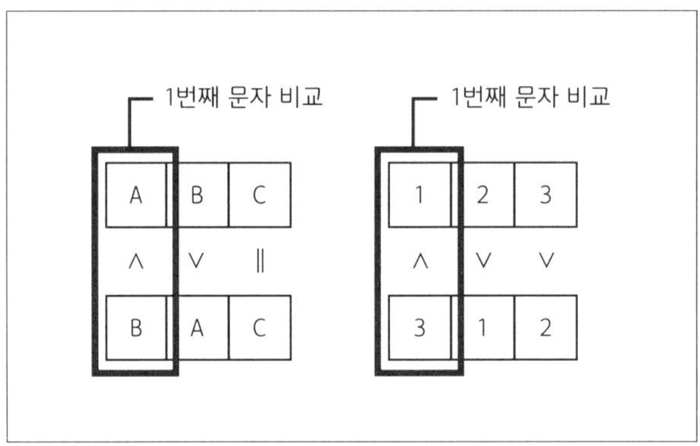

문자열끼리 비교를 할 때는 첫 번째 문자부터 비교하는데, 아스키 코드표에 의거하면 각 문자는 매핑되어 있는 수가 있다. 'A'는 65, 'B'는 66, 'C'는 67···. 알파벳 순서대로 값은 커지게 되어 있다. 즉, 'A'와 'B'를 비교했을 때는 'B'가 큰 것이다. 만약 첫 번째 문자가 같다면 두 번째 문자의 대소를 비교하면 된다.

숫자도 마찬가지인데, 엄밀하게 따지면 우리 눈에 숫자로 보이지만 숫자 또한 문자로 아스키 코드에 정의되어 있다. '0'은 48, '1'은 49⋯. 역시 순서대로 값은 커지게 되어 있다. 그러므로 '1'과 '3'을 비교하면 '3'이 큰 값이다.

1. 코드 수정

```csharp
1  private void BtnInput_Click(object sender, EventArgs e)
2  {
3          string str = tbInput.Text;
4
5          if(str.CompareTo("800101") >= 0)
6          {
7              lblResult.Text = "아따 성님.";
8          }
9          else
10         {
11             lblResult.Text = " 내가 니 형이다.";
12         }
13 }
```

{ 코드 분석 }

5라인	입력한 문자열 str과 문자열 800101을 CompareTo 메소드를 통해 비교한다. 만약 입력한 문자열의 첫 번째 값이 8보다 작으면 음수가 반환될 것이고, 8보다 크면 양수가 반환될 것이다.
6~12라인	CompareTo 메소드의 반환값에 따라 결과를 처리하고 있는데, 주민등록번호 앞자리가 8보다 작으면 나이가 많다는 의미이므로 "내가 니 형이다."를 출력하고, 8보다 크면 나이가 적다는 의미이므로 "아따 성님."을 출력하도록 하였다.

2. 빌드 및 실행하기

단축키 F6번과 F5번을 눌러서 다음과 같이 빌드 및 실행을 한다. 입력값에 주민등록번호를 입력한다. 결과를 확인해 보자.

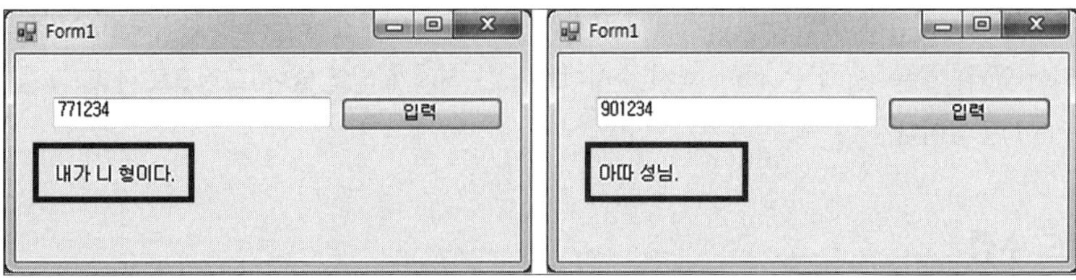

 아스키 코드표

아스키 코드는 미국 ANSI에서 표준화한 정보 교환용 7비트 부호 체계이다. 이러한 부호 체계를 사용하는 이유는 컴퓨터가 숫자만 인식하고 문자를 인식하지 못하기 때문이다. 문자를 표현하려면 문자에 해당하는 숫자와 매핑을 시켜 주어야 할 필요가 생겼고 그 결과로 아스키(ASCII) 코드가 탄생했다. 총 128개의 문자에 숫자가 할당되어 있다.

DEC	HEX	OCT	Char	DEC	HEX	OCT	Char	DEC	HEX	OCT	Char
0	00	000	Ctrl-@ NUL	43	2B	053	+	86	56	126	V
1	01	001	Ctrl-A SOH	44	2C	054	,	87	57	127	W
2	02	002	Ctrl-B STX	45	2D	055	-	88	58	130	X
3	03	003	Ctrl-C ETX	46	2E	056	.	89	59	131	Y
4	04	004	Ctrl-D EOT	47	2F	057	/	90	5A	132	Z
5	05	005	Ctrl-E ENQ	48	30	060	0	91	5B	133	[
6	06	006	Ctrl-F ACK	49	31	061	1	92	5C	134	₩
7	07	007	Ctrl-G BEL	50	32	062	2	93	5D	135	]
8	08	010	Ctrl-H BS	51	33	063	3	94	5E	136	^
9	09	011	Ctrl-I HT	52	34	064	4	95	5F	137	_
10	0A	012	Ctrl-J LF	53	35	065	5	96	60	140	`
11	0B	013	Ctrl-K VT	54	36	066	6	97	61	141	a
12	0C	014	Ctrl-L FF	55	37	067	7	98	62	142	b
13	0D	015	Ctrl-M CR	56	38	070	8	99	63	143	c
14	0E	016	Ctrl-N SO	57	39	071	9	100	64	144	d
15	0F	017	Ctrl-O SI	58	3A	072	:	101	65	145	e
16	10	020	Ctrl-P DLE	59	3B	073	;	102	66	146	f
17	11	021	Ctrl-Q DC1	60	3C	074	<	103	67	147	g
18	12	022	Ctrl-R DC2	61	3D	075	=	104	68	150	h
19	13	023	Ctrl-S DC3	62	3E	076	>	105	69	151	i
20	14	024	Ctrl-T DC4	63	3F	077	?	106	6A	152	j
21	15	025	Ctrl-U NAK	64	40	100	@	107	6B	153	k
22	16	026	Ctrl-V SYN	65	41	101	A	108	6C	154	l
23	17	027	Ctrl-W ETB	66	42	102	B	109	6D	155	m
24	18	030	Ctrl-X CAN	67	43	103	C	110	6E	156	n
25	19	031	Ctrl-Y EM	68	44	104	D	111	6F	157	o
26	1A	032	Ctrl-Z SUB	69	45	105	E	112	70	160	p
27	1B	033	Ctrl-[ESC	70	46	106	F	113	71	161	q
28	1C	034	Ctrl-₩ FS	71	47	107	G	114	72	162	r
29	1D	035	Ctrl-] GS	72	48	110	H	115	73	163	s
30	1E	036	Ctrl-^ RS	73	49	111	I	116	74	164	t
31	1F	037	Ctrl-_ US	74	4A	112	J	117	75	165	u
32	20	040	Space	75	4B	113	K	118	76	166	v
33	21	041	!	76	4C	114	L	119	77	167	w
34	22	042	"	77	4D	115	M	120	78	170	x
35	23	043	#	78	4E	116	N	121	79	171	y
36	24	044	$	79	4F	117	O	122	7A	172	z
37	25	045	%	80	50	120	P	123	7B	173	{
38	26	046	&	81	51	121	Q	124	7C	174		
39	27	047	'	82	52	122	R	125	7D	175	}
40	28	050	(	83	53	123	S	126	7E	176	~
41	29	051	)	84	54	124	T	127	7F	177	DEL
42	2A	052	*	85	55	125	U				

6.1.7 프로젝트 수정 : Replace 메소드 사용하기

이번에는 Replace 메소드에 대해 살펴보자. 이 메소드는 특정 문자열을 다른 문자열로 대체하는 기능을 한다.

```
public String Replace(String oldValue, String newValue);
```

문자열 중에 oldValue 문자열이 포함되어 있다면 newValue 문자열로 대체하라는 의미이다. 보통 브라우저에서 특정 사이트 주소를 입력할 때, 한영 전환이 안된 상태에서 www를 입력하다 보면 'ㅈㅈㅈ'이라고 한글로 잘못 입력되는 경우가 있다. 이러한 경우 Replace 메소드를 사용하여 'ㅈㅈㅈ' 입력이 포함되어 있다면 'www'로 대체하도록 변경할 수 있다. 만약 변경할 내용이 없다면, 원래 문자열이 그대로 반환된다.

1. 코드 수정

```
1    private void BtnInput_Click(object sender, EventArgs e)
2    {
3            string str = tbInput.Text;
4            string newStr = str.Replace("ㅈㅈㅈ", "www");
5            lblResult.Text = newStr;
6    }
```

{ 코드 분석 }

4~5라인	문자열 str 안에서 "ㅈㅈㅈ" 문자열이 발견되면, "www"로 변경한 후 newStr에 변경한 문자열을 반환한다. 그리고 결과 레이블에 newStr을 출력한다.

2. 빌드 및 실행하기

단축키 F6번과 F5번을 눌러서 다음과 같이 빌드 및 실행을 한다. 입력값에 특정 사이트 주소를 입력한다. 입력 시 www 대신에 ㅈㅈㅈ를 입력한 후 입력 버튼을 클릭한다. 결과를 확인해 보자.

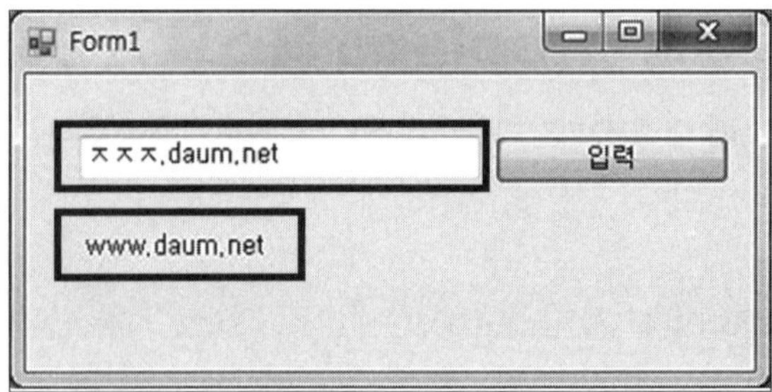

6.1.8 프로젝트 수정 : Split 메소드 사용하기

이번에는 Split 메소드에 대해 살펴보자. 이 메소드는 특정 문자를 기준으로 문자열을 분리하여 반환하는 기능을 한다.

```
public String[ ] Split(params char[ ] separator);
```

separator에 문자를 입력할 수 있는데, char[ ]이므로 여러 개의 문자 입력이 가능하다. separator로 인해 분리된 문자열은 각각 String[ ]형에 의해 문자열 배열로 반환되어 저장된다.

1. 코드 수정

```csharp
1   private void BtnInput_Click(object sender, EventArgs e)
2   {
3        string str = tbInput.Text;
4        lblResult.Text = "";
5        string[] strArr = str.Split(new char[] { ',' });
6
7        foreach(string arr in strArr)
8        {
9             lblResult.Text += "\n" + arr;
10       }
11  }
```

4라인	이전에 결과 레이블에 출력했던 결과물을 초기화한다.
5라인	텍스트박스에 입력한 문자열 str을 Split 메소드를 이용하여 ',' 문자를 기준으로 분리한 후 strArr 문자열 배열에 저장한다.
7~10라인	foreach 반복문을 사용하여 strArr에 저장되어 있는 모든 문자열을 하나씩 꺼내어 출력한다.

2. 빌드 및 실행하기

단축키 F6번과 F5번을 눌러서 다음과 같이 빌드 및 실행을 한다. 입력값에 학번과 사람 이름을 한 쌍으로 입력하고, 구분자를 ',' 쉼표로 구분한다. '13학번 이창현, 14학번 조경화, 15학번 이주성, 16학번 이은성' 이렇게 입력하고, 입력 버튼을 클릭해 보자.

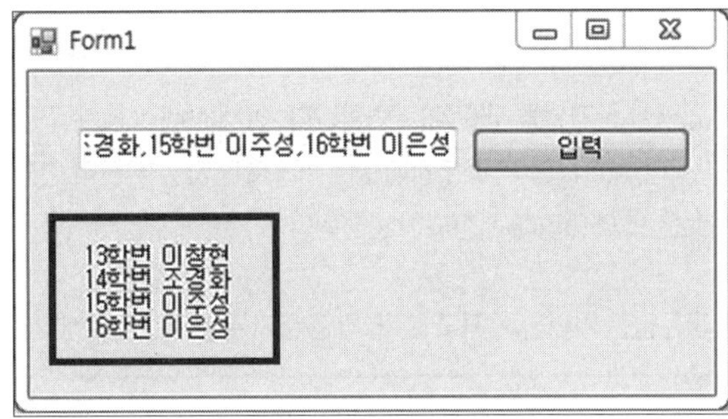

6.1.9 프로젝트 수정 : 대소문자 변환 메소드 사용하기

이번에는 문자열을 대소문자로 변환하는 메소드에 대해 살펴보자. 이 메소드의 입력 전제는 일단 입력값이 알파벳이어야 한다는 점이다. 대소문자의 구분은 알파벳에만 적용되기 때문이다. 만약 abcd를 입력한 후 대문자 변환 메소드를 호출하면 ABCD로 변환이 되고, 반대로 ABCD를 입력한 후 소문자 변환 메소드를 호출하면 문자열이 abcd로 변환된다.

```
public String ToUpper( );

public String ToLower( );
```

반환형은 String으로 변환된 문자열을 반환한다.

1. 코드 수정

```
1    private void BtnInput_Click(object sender, EventArgs e)
2    {
3            string str = tbInput.Text;
4
5            str = str.ToUpper();
6            lblResult.Text = str;
7            str = str.ToLower();
8            lblResult.Text += "\n" + str;
9    }
```

{ 코드 분석 }

5라인	텍스트박스에 입력한 문자열을 대문자로 변환한다. 이때 str.ToUpper( ) 코드 자체가 str을 대문자로 변환해 줄 것 같지만, string형 자체가 읽기 전용이므로 문자열 자신이 변환되지 않고 변환된 문자열이 내부적으로 새로운 힙 메모리에 저장되어 반환된다.
7라인	5라인의 설명과 동일한 원리를 가지고 있다. 다만 문자열을 소문자로 변환한다.

2. 빌드 및 실행하기

단축키 F6번과 F5번을 눌러서 다음과 같이 빌드 및 실행을 한다. 입력값으로 알파벳 대소문자를 혼합해서 이름을 입력한다. 결과를 확인해 보자.

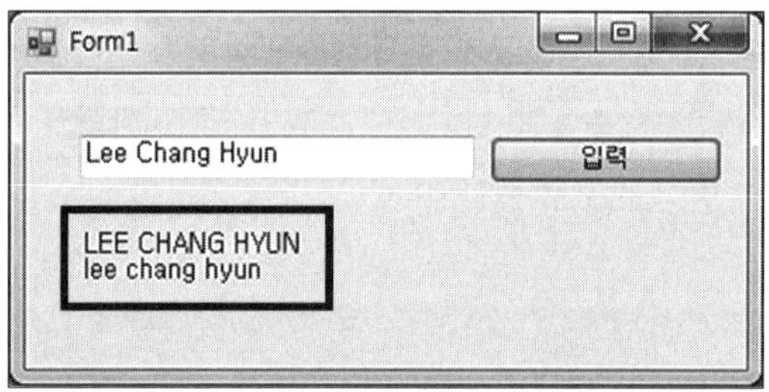

6.2 StringBuilder

6.2.1 StringBuilder 클래스

1. StringBuilder형

C#에서 문자열 데이터형을 말한다면 보통 string을 사용한다. 그런데, string형은 문자열을 조작하는 데 있어서 적합하지는 않다. 앞에서 사용했던 string은 읽기 전용이기 때문이다. 그래서 string 메소드로 문자열을 조작했더라도, 변경된 문자열은 새로운 메모리로 반환하는 형태였다.

그러므로 문자열을 제대로 조작하려면 string형보다는 StringBuilder형이 더 적합하다. String이 문자열을 표현하는 용도라면 StringBuilder는 문자열을 조작하는 용도라고 할 수 있겠다. StringBuilder 클래스에는 총 6개의 생성자가 생성자 오버로딩이 되어 있는데, 이 중에서 선택하여 사용하면 된다.

```
public StringBuilder();

public StringBuilder(int capacity);

public StringBuilder(string value);

public StringBuilder(string value, int capacity);

public StringBuilder(int capacity, int maxCapacity);

public StringBuilder(string value, int startIndex, int length, int capacity);
```

기본적으로 초기 문자열 value와 버퍼의 크기 capacity를 지정할 수 있다. 버퍼의 크기를 초기에 적게 설정하더라도, 필요시 알아서 자동으로 재할당이 되므로 메모리 용량에 대해 매우 유연하다.

2. StringBuilder 메소드

StringBuilder 클래스에서 제공하는 메소드 목록이다. 문자열 추가, 삽입, 삭제와 같은 조작 기능을 가진 메소드들이다. 데이터를 조작한다는 점에서는 string의 메소드들과 비슷하게 보이지만, string이 읽기 전용인 것과 다르게 StringBuilder는 읽기 및 쓰기가 모두 가능하므로 내부적인 처리 방식은 string과 완전히 다르다.

메소드	설명
Append	문자, 문자열, 정수 등을 기존 문자열 뒤에 추가한다.
AppendFormat	서식화된 문자열을 뒤에 추가한다.
AppendLine	문자열을 추가한 후 개행한다.
Insert	문자열 중간에 문자, 문자열, 정수 등을 삽입한다.
Remove	지정한 범위의 문자열을 제거한다.
Replace	문자나 문자열을 검색하여 대체한다.
ToString	문자열 형태로 변환한다.

string형에서 제공되던 검색, 분리, 대소문자 변경 등의 기능은 없고, 주로 데이터 추가, 삭제 등과 관련된 기능들이 제공된다. StringBuilder는 메모리를 미리 할당해 놓고 객체 자체를 조작하기 때문에 string보다는 훨씬 빠르다.

6.2.2 프로젝트 제작 : StringBuilder 다루기

1. 프로젝트 생성

메뉴의 [파일]-[새로 만들기]-[프로젝트]를 선택한 후 프로젝트 선택 창에서 [Windows Forms 앱]을 선택한다.

[다음] 버튼을 클릭하면 다음 단계인 [새 프로젝트 구성] 창으로 넘어간다. 프로젝트 이름은 String-BuilderMethod라고 입력한 후, [확인] 버튼을 눌러 프로젝트를 생성하자.

2. 폼 디자인

다음과 같이 폼에 컨트롤들을 배치한다.

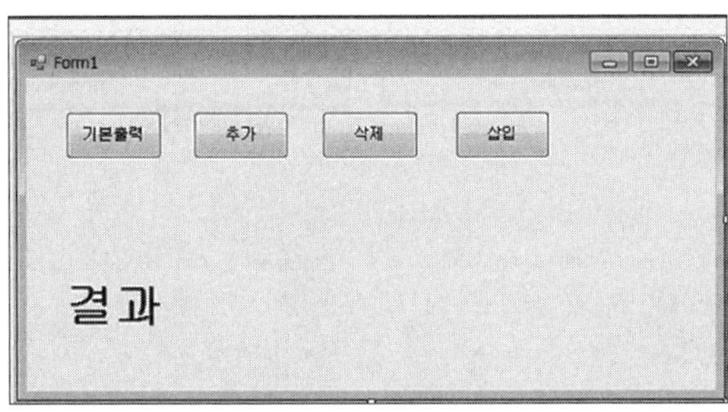

배치한 각 컨트롤의 속성을 [표]와 같이 설정한다.

컨트롤/속성	Name	Text	Font
Button	btnBase	기본출력	(비움)
Button	btnAppend	추가	(비움)
Button	btnRemove	삭제	(비움)
Button	btnInsert	삽입	(비움)
Label	lblResult	결과	글꼴 : 굴림 크기 : 14pt 스타일 : 굵게

3. 이벤트 처리기 추가

우리가 구현하고 싶은 기능은 각 버튼을 클릭했을 때, [결과] 레이블에 클릭한 버튼의 기능이 수행되면 된다. 그렇다면 여기서 이벤트가 발생하는 시점은 각각의 버튼을 클릭했을 때이므로, 각 버튼 클릭에 대한 이벤트 처리기를 다음과 같이 추가하도록 하자.

버튼 클릭 이벤트를 더블클릭하면 다음과 같이 이벤트 처리기 코드가 생성된다.

```
1   private void BtnBase_Click(object sender, EventArgs e)
2   {
3   }
4   private void BtnAppend_Click(object sender, EventArgs e)
5   {
6   }
7   private void BtnRemove_Click(object sender, EventArgs e)
8   {
9   }
10  private void BtnInsert_Click(object sender, EventArgs e)
11  {
12  }
```

4. 코드 작성

이벤트 처리기가 추가되었다면 이벤트 처리기 내부에 동작 기능 코드를 추가하도록 하자. 각 이벤트 처리기의 기능에 맞게 작성해 보자.

```
1   StringBuilder str = new StringBuilder("용돈이 저그냐", 7);
2
3   private void BtnBase_Click(object sender, EventArgs e)
4   {
5       lblResult.Text = str.ToString();
6   }
7
8   private void BtnAppend_Click(object sender, EventArgs e)
9   {
10      str.Append("~옹옹옹");
11      lblResult.Text = str.ToString();
12  }
13
14  private void BtnRemove_Click(object sender, EventArgs e)
15  {
16      str.Remove(4, 2);
17      lblResult.Text = str.ToString();
18  }
19
20  private void BtnInsert_Click(object sender, EventArgs e)
21  {
22      str.Insert(4, "마느");
23      lblResult.Text = str.ToString();
24  }
```

1라인	StringBuilder 클래스로 str 객체를 생성하였다. 생성자에 초기 문자열과 메모리 용량을 각각"용돈이 저그냐"와 7로 입력하였다.
5라인	[기본출력] 버튼이 클릭되어 BtnBase_Click( ) 이벤트 처리기가 실행되면 str 객체를 문자열 형태로 형변환하여 결과 레이블에 출력한다.
10~11라인	[추가] 버튼이 클릭되어 BtnAppend_Click( ) 이벤트 처리기가 실행되면 StringBuilder 클래스의 메소드인 Append( ) 메소드를 통해 기존 문자열 뒤에 새로운 문자열을 추가하여 붙인다.
16~17라인	[삭제] 버튼이 클릭되어 BtnRemove_Click( ) 이벤트 처리기가 실행되면 StringBuilder 클래스의 메소드인 Remove( ) 메소드를 통해 기존 문자열에서 지정한 위치와 개수만큼 문자열을 삭제한다.
22~23라인	[삽입] 버튼이 클릭되어 BtnInsert_Click 이벤트 처리기가 실행되면 StringBuilder 클래스의 메소드인 Insert( ) 메소드를 통해 기존 문자열에 지정한 위치에 새로운 문자열을 삽입한다.

5. 빌드 및 실행하기

단축키 F6번과 F5번을 눌러서 다음과 같이 빌드 및 실행을 한다. [기본출력], [추가], [삭제], [삽입] 버튼을 차례대로 클릭해 보자. 기본 문자열을 기반으로 버튼을 클릭할 때마다 문자열이 어떻게 변화하는지 살펴보자.

Part 7

{ 윈도우 컨트롤 }

7.1 기본 컨트롤

7.1.1 윈도우 폼 기반 프로젝트 생성

1. 윈도우 폼 기반 프로젝트 생성

윈도우 폼은 윈도우 기반의 응용 프로그램을 개발하기 위해 닷넷 프레임워크에서 제공하는 GUI 라이브러리이다. C#에서 윈도우 폼을 지원하는 라이브러리가 바로 System.Windows.Forms인데, 윈도우 폼 기반 프로젝트를 생성하면 자동으로 지원되어 사용할 수 있다. 윈도우 폼 기반 프로젝트를 작성해 보자. 이미 2장에서 만들어 본 경험이 있기 때문에 어렵지 않을 것이다. 또한 C# 자체가 워낙 사용자 중심 GUI를 제공하므로 사용법도 매우 직관적이어서 이해하기 쉽다.

메뉴의 [파일]-[새로 만들기]-[프로젝트]를 선택한 후 프로젝트 선택 창에서 [Windows Forms 앱]을 선택한다.

[다음] 버튼을 클릭하면 다음 단계인 [새 프로젝트 구성] 창으로 넘어간다. 프로젝트 이름은 WindowsFormsApp이라고 입력한 후, [확인] 버튼을 눌러 프로젝트를 생성하자.

2. 윈도우 폼에 컨트롤 추가

C#에서는 프로젝트를 생성하고 나면 다음과 같이 폼 기반에서 컨트롤을 배치해야 한다. 왼쪽 패널에 [도구 상자]가 나타나는데, 컨트롤들의 모음 집합이라고 보면 된다.

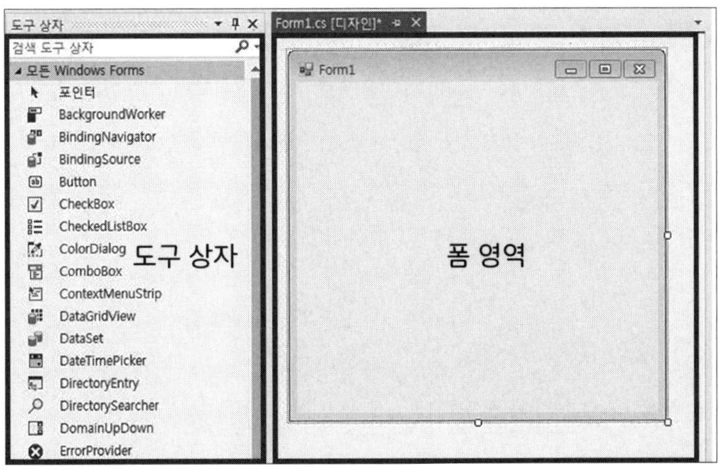

앞으로 우리는 도구 상자에서 원하는 컨트롤을 선택하여 폼 영역에 얼마든지 배치할 수 있다. 우리가 현재 보고 있는 폼 영역은 [폼 디자인]이다. 디자인과 더불어 해야 하는 것이 소스 코드를 작성하는 일인데, 폼 영역에 마우스 오른쪽 버튼을 클릭하여 콘텍스트 메뉴의 [코드 보기]를 선택하면 소스 코드 화면이 나타난다.

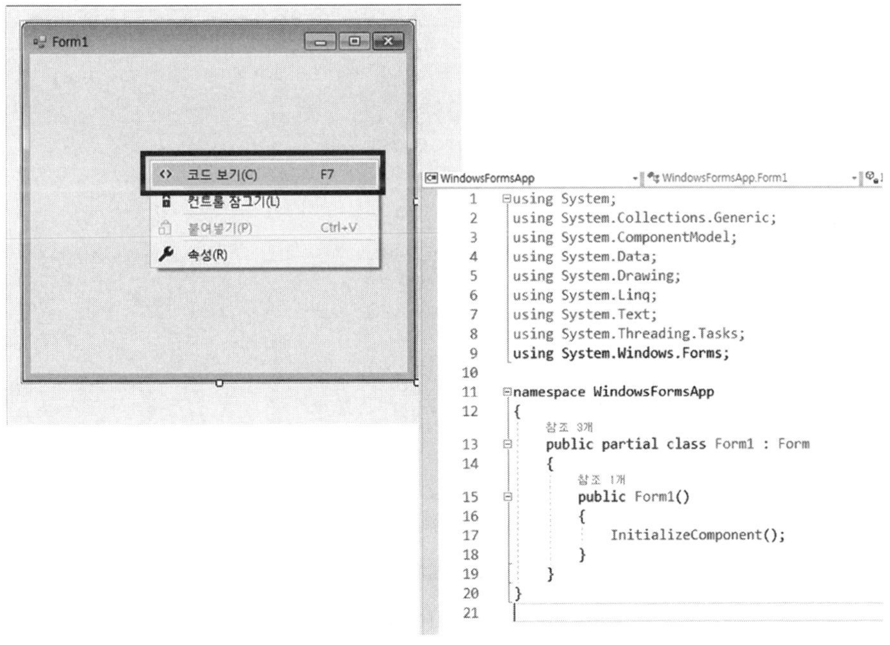


```csharp
using System;
using System.Collections.Generic;
using System.ComponentModel;
using System.Data;
using System.Drawing;
using System.Linq;
using System.Text;
using System.Threading.Tasks;
using System.Windows.Forms;

namespace WindowsFormsApp
{
    public partial class Form1 : Form
    {
        public Form1()
        {
            InitializeComponent();
        }
    }
}
```

코드는 여기에 작성하면 되고, 앞으로 추가되는 이벤트 처리기 또한 소스 코드에 추가된다. 이벤트 처리기를 생성하기 위해서 [도구 상자]에서 버튼을 1개 추가한 후 클릭 이벤트를 추가해 보도록 하자.

3. 이벤트 설정하기

먼저 버튼 컨트롤을 폼 위에 1개 배치해 보자.

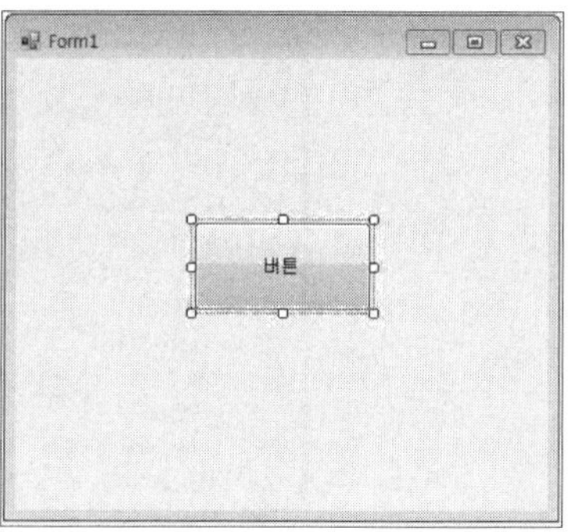

버튼 컨트롤의 속성을 다음과 같이 설정한다.

컨트롤/속성	Name	Text
Button	btnEvent	버튼

버튼의 이벤트 처리기를 추가해 보자. 우리는 버튼을 클릭했을 때, 클릭 이벤트가 발생이 되어 "버튼을 클릭하였습니다."라는 메시지 창이 출력되도록 이벤트를 처리하고 싶다. 그렇다면 먼저 이벤트와 이벤트 처리기를 연결하도록 하자.

```csharp
using System.Windows.Forms;

namespace WindowsFormsApp
{
    public partial class Form1 : Form
    {
        public Form1()
        {
            InitializeComponent();
        }


        private void BtnEvent_Click(object sender, EventArgs e)
        {

        }
    }
}
```

속성의 [이벤트] 버튼을 클릭한 후 [Click] 이벤트를 더블클릭하면 이벤트 처리기 코드가 코드 영역에 추가된다. 내부적으로 이벤트와 이벤트 핸들러가 EventHandler 델리게이트를 사용하여 연결되어 있다는 것은 이미 앞에서 배웠기 때문에 알고 있지만, 작성하는 소스 코드상에는 나타나지 않는다. 우리는 자동으로 생성된 이벤트 처리기 내부에 원하는 코드만 작성하면 된다.

4. 코드 작성

이벤트 처리기 코드를 다음과 같이 작성한다.

```
1    private void BtnEvent_Click(object sender, EventArgs e)
2    {
3         MessageBox.Show("버튼을 클릭하였습니다.");
4    }
```

5. 빌드 및 실행하기

F5번을 눌러서 다음과 같이 빌드 및 실행을 한다.

7.1.2 체크박스

1. 특징 및 속성

체크박스 컨트롤은 특정 조건의 설정 또는 해제 여부를 나타낸다. 체크박스를 통한 기본값은 참/거짓(TRUE/FALSE)이며, 반드시 둘 중에 1개의 값을 갖는다. 그리고 여러 개의 체크박스는 중복 체크가 가능하다. 체크박스 컨트롤의 속성은 다음과 같다.

속성	내용
CheckedAlign	컨트롤 내에서 체크박스 위치를 설정한다.
Checked	체크박스의 초기 선택 상태를 설정한다.
CheckState	체크박스의 선택 상태를 나타낸다.
Image	컨트롤에 표시할 이미지를 선택할 수 있다.
ImageAlign	컨트롤에 표시할 이미지의 위치를 설정할 수 있다.
ImageIndex	컨트롤에 표시할 이미지 목록의 이미지 인덱스를 설정한다.
ImageList	컨트롤에 표시할 이미지 목록이다.
Text	컨트롤에 표시할 텍스트를 설정한다.
TextAlign	컨트롤 내에서 텍스트 위치를 설정한다.
ToString	문자열 형태로 변환한다.

여러 속성이 있지만, 실제로는 Checked와 Text 정도만 사용한다.

2. 프로젝트 수정

앞서 생성했던 WindowsFormsApp 프로젝트에 체크박스를 추가해 볼 것이다. 보통 여러 개의 요소를 선택할 때 체크박스를 사용한다.

요즘은 식당이나 패스트푸드점에 무인 주문 기계가 설치되어 있는 것을 볼 수 있다. 이에 착안하여 음식 메뉴를 선택할 수 있도록 디자인해 보자.

3. 폼 디자인

기존 프로젝트 폼에 다음과 같이 체크박스 4개와 레이블 2개를 배치한다. [주문] 버튼은 앞에서 배치한 [버튼]을 수정하여 사용하도록 한다.

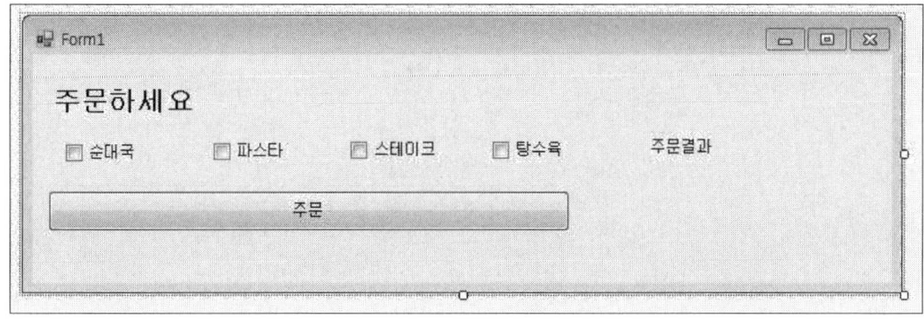

컨트롤	Name	Text	Font
Label	label1	주문하세요.	글꼴 : 굴림 크기 : 16pt 스타일 : 굵게
Label	lblOrder	텍스트를 출력합니다.	
CheckBox	ckbSoon	순대국	
CheckBox	ckbPasta	파스타	
CheckBox	ckbSteak	스테이크	
CheckBox	ckbTang	탕수육	
Button	btnEvent	주문	

4. 코드 작성

기존 버튼 이벤트 처리기에서 처리하도록 다음과 같이 작성하자.

```
1   private void BtnEvent_Click(object sender, EventArgs e)
2   {
3           //MessageBox.Show("버튼을 클릭하였습니다.");
4           string strOrder = "";
5           lblOrder.Text = "";
6           if(ckbSoon.Checked == true)
7           {
```

```
 8              strOrder += ckbSoon.Text + "\n";
 9          }
10          if(ckbPasta.Checked == true)
11          {
12              strOrder += ckbPasta.Text + "\n";
13          }
14          if(ckbSteak.Checked == true)
15          {
16              strOrder += ckbSteak.Text + "\n";
17          }
18          if(ckbTang.Checked == true)
19          {
20              strOrder += ckbTang.Text + "\n";
21          }
22          lblOrder.Text = strOrder + "메뉴를 요청하였습니다.";
23  }
```

{ 코드 분석 }

4라인	strOrder 변수는 주문받은 메뉴의 이름을 저장하기 위한 용도이다.
6~9라인	ckbSoon 체크박스 컨트롤의 체크가 되어 있는 상태인지 알아보기 위해 Checked 속성을 이용하였다. 체크가 되어 있는 상태면 true를, 체크가 안 되어 있으면 false를 반환한다. true인 경우 체크된 텍스트를 strOrder 변수에 저장한다.
10~21라인	마찬가지로 나머지 3개의 체크박스 또한 Checked 속성이 true인지 false인지 검사하여 체크되어 있는 상태이면 strOrder 변수에 추가한다.
22라인	레이블에 주문이 누적된 메뉴를 출력한다.

5. 빌드 및 실행하기

[디버깅 시작] 단축키 F5번을 눌러서 빌드 및 실행을 한다. 각 체크박스 체크 및 체크 해제를 해 보고, 마지막에 주문 버튼을 클릭하여 레이블에 결과가 나타나는지 확인한다.

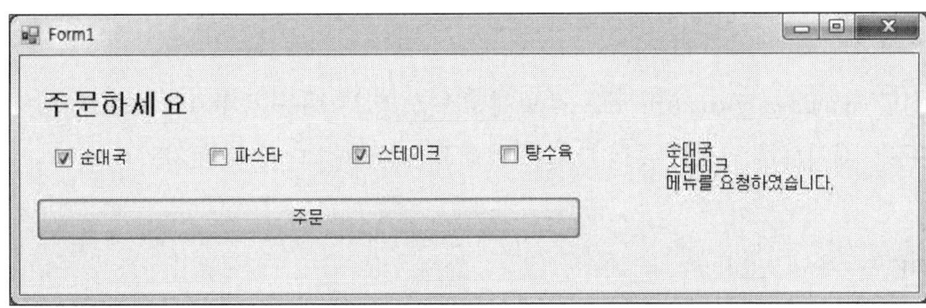

7.1.3 라디오 버튼, 그룹박스

1. 특징 및 속성

라디오 버튼 컨트롤은 2개 이상의 항목으로 구성된 집합에서 상호 배타적으로 선택할 수 있도록 하는 컨트롤이다. 다시 말해서 체크박스처럼 중복으로 선택할 수 있는 것이 아니라 반드시 단 1개만 선택이 가능하다는 것이다. 라디오 버튼의 경우는 이러한 특징 때문에 사용 시 그룹 영역을 지정해 주어야 하므로 그룹박스가 별도로 사용된다. 라디오 버튼의 속성은 체크박스의 속성 요소와 비슷하다.

속성	내용
CheckedAlign	컨트롤 내에서 라디오 버튼의 위치를 설정한다.
Checked	라디오 버튼의 초기 선택 상태를 설정한다.
Image	컨트롤에 표시할 이미지를 선택할 수 있다.
ImageAlign	컨트롤에 표시할 이미지의 위치를 설정할 수 있다.
ImageIndex	컨트롤에 표시할 이미지 목록의 이미지 인덱스를 설정한다.
ImageList	컨트롤에 표시할 이미지 목록이다.
Text	컨트롤에 표시할 텍스트를 설정한다.
TextAlign	컨트롤 내에서 텍스트 위치를 설정한다.

여러 속성이 있지만, 실제로는 Checked와 Text 정도만 사용한다.

그룹박스는 컨트롤들을 구별할 수 있도록 그룹화하기 위한 목적으로 사용한다. 그룹화를 하면 사용자에게 논리적이고 시각적인 형태로 제공될 뿐 아니라 그룹화된 컨트롤을 이동할 경우 그룹박스만 이동하면 다 같이 이동할 수 있어서 매우 편리하다.

2. 프로젝트 수정

앞에서 작성한 WindowsFormsApp 프로젝트에 라디오 버튼 내용을 추가해 보도록 할 것이다. 라디오 버튼 컨트롤을 배치하기 위해서 폼의 크기를 아래쪽으로 조금 더 늘려 보자.

3. 폼 디자인

다음과 같이 라디오 버튼 2개를 배치하고, 그룹박스를 배치한다. 그리고 [응모] 버튼을 1개 추가하고 레이블 또한 1개를 추가적으로 배치한다.

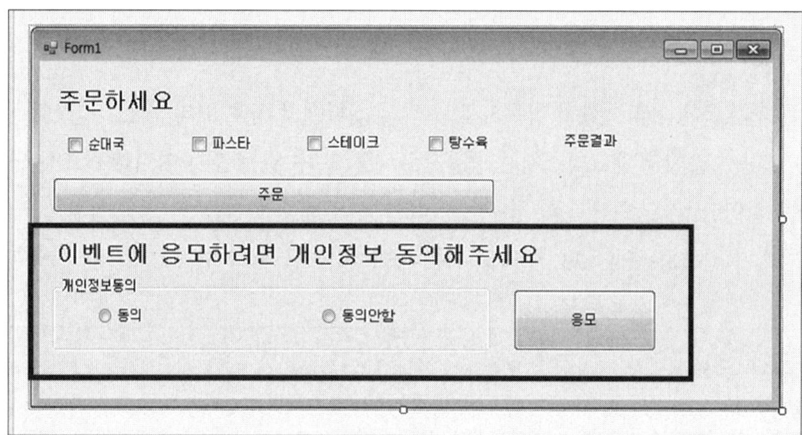

컨트롤	Name	Text	Font
Label	label2	이벤트에 응모하려면 개인 정보 동의해주세요	글꼴 : 굴림 크기 : 16pt 스타일 : 굵게
GroupBox	groupBox1	개인정보동의	
RadioButton	radioAgree	동의	
RadioButton	radioDisagree	동의안함	
Button	btnEnter	응모	

4. 이벤트 처리기 추가

[응모] 버튼을 눌렀을 때 개인정보 동의 여부를 확인할 수 있으면 되므로 [응모] 버튼 클릭에 대한 이벤트 처리기를 추가하면 된다.

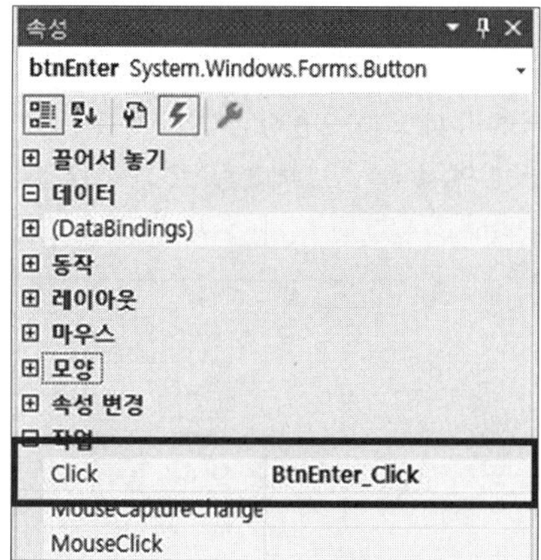


```
1   private void BtnEnter_Click(object sender, EventArgs e)
2   {
3   }
```

5. 코드 작성

[응모] 버튼 클릭 이벤트에 대한 이벤트 처리기 내부에 다음과 같이 동작 코드를 작성하도록 하자.

```
1   private void BtnEnter_Click(object sender, EventArgs e)
2   {
3       if(radioAgree.Checked == true)
4       {
5           MessageBox.Show("개인정보 동의 하셨습니다.");
6       }
7       else
8       {
9           MessageBox.Show("개인정보 동의하지 않으셨습니다.");
10      }
11  }
```

3라인	radioAgree 라디오 버튼이 체크되어 있는지 검사한다. 선택된 상태이면 true가, 그렇지 않다면 false가 반환된다. 라디오 버튼의 경우는 상호 배타적으로 선택되기 때문에 radioAgree가 false이면 자동으로 radioDisagree가 true가 된다.

6. 빌드 및 실행하기

[디버깅 시작] 단축키 F5번을 눌러서 빌드 및 실행을 한다. 동의 버튼과 동의안함 버튼을 번갈아 가며 눌러 보고 결과를 확인해 보자.

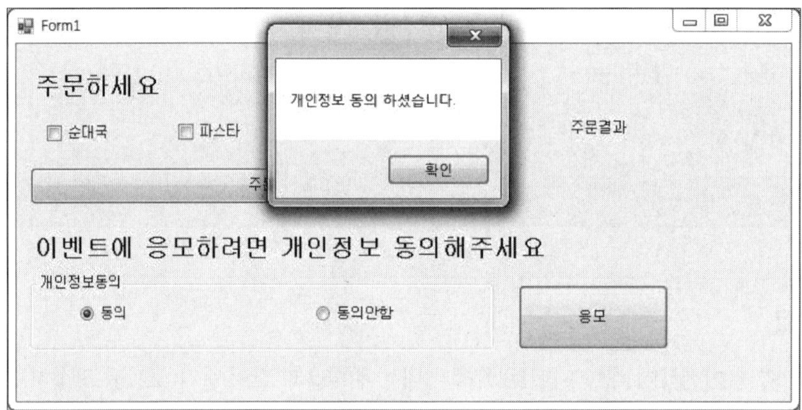

7.1.4 텍스트박스

1. 특징 및 속성

텍스트박스는 사용자가 직접 텍스트 입력과 출력을 할 수 있는 컨트롤이다. 텍스트 한 줄을 입력할 수도 있고, Multiline 속성에 의해 여러 줄의 텍스트를 입력할 수도 있다. 텍스트박스의 대표적인 속성은 다음과 같다.

속성	내용
MaxLength	텍스트박스에 입력할 수 있는 최대 문자수를 나타낸다.
Multiline	텍스트박스에 여러 줄을 입력할 수 있게 설정한다.
PasswordChar	텍스트박스에 문자를 암호 형태로 입력하도록 설정한다.
ReadOnly	텍스트박스를 읽기 전용으로 설정한다.

WordWrap	텍스트박스에 텍스트가 초과되면 자동 줄바꿈이 되도록 설정한다.
ScrollBars	텍스트가 초과되었을 때 스크롤바가 나타나도록 설정한다.

2. 프로젝트 수정

WindowsFormsApp 프로젝트에서 폼 아래쪽에 텍스트박스를 배치하도록 하자. 메뉴를 주문하는 시스템이므로 주문 시 요구사항을 적는 텍스트박스를 배치하도록 한다.

3. 폼 디자인

다음과 같이 레이블 1개, 텍스트박스 1개, 버튼 1개를 배치한다.

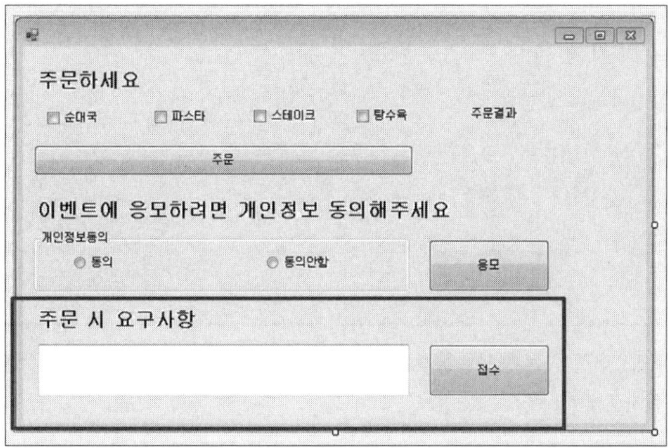

4. 이벤트 처리기 추가

[접수] 버튼을 눌렀을 때 요구사항의 접수 내용을 보여주면 되므로 [접수] 버튼 클릭에 대한 이벤트 처리기를 추가하면 된다.

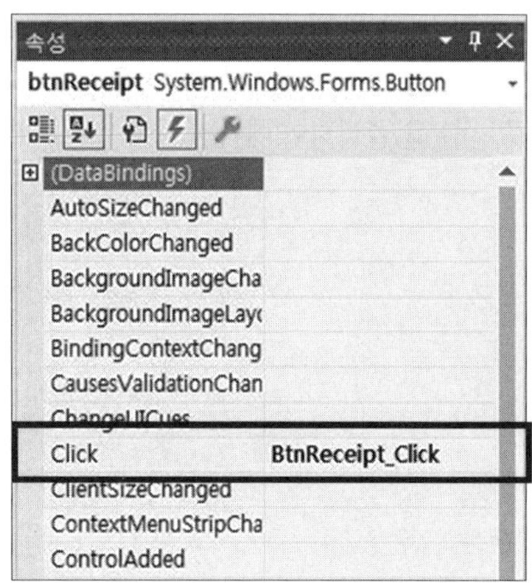

```
1    private void BtnReceipt_Click(object sender, EventArgs e)
2    {
3    }
```

5. 코드 작성

이벤트 처리기의 내부에 다음과 같이 [접수] 버튼 클릭 이벤트에 대한 동작 코드를 작성하도록 하자.

```
1    private void BtnReceipt_Click(object sender, EventArgs e)
2    {
3            string strText = textBox1.Text + "\n라고 요구 사항이 접수되었
4            습니다.";
5            MessageBox.Show(strText);
6    }
```

{ 코드 분석 }

3~5라인	텍스트박스에 입력된 문자열을 textBox1.Text를 통해 가져와서 strText 변수에 저장한 후 메시지 창에 출력하도록 한다.

6. 빌드 및 실행하기

[디버깅 시작] 단축키 F5번을 눌러서 빌드 및 실행을 한다. 텍스트박스에 요구사항을 입력한 후 [접수] 버튼을 클릭하여 메시지 창에 메시지가 나타나는 것을 확인해 보자.

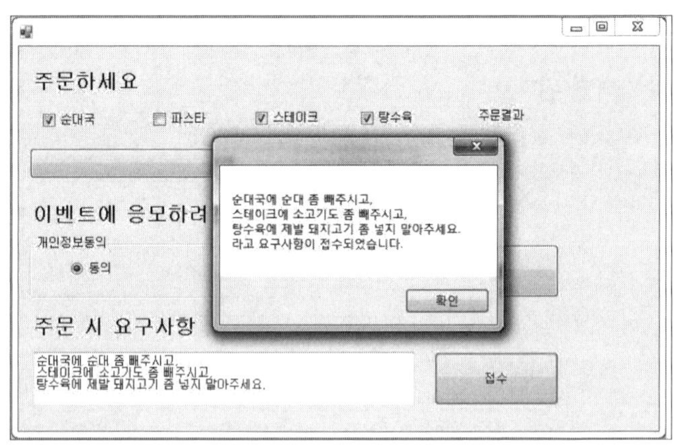

7.1.5 리스트박스와 콤보박스

1. 특징 및 속성

리스트박스는 사용자가 선택할 수 있는 항목들의 목록을 표시해 주고, 목록을 선택할 수 있게 해 주는 컨트롤이다. 형태는 텍스트박스와 비슷하게 생겼지만 사용자가 직접 텍스트를 입력할 수 없다. 리스트박스에는 여러 가지 속성들이 있는데, 그중 대표적인 속성은 다음과 같다.

속성	내용
Items	리스트박스의 항목을 나타낸다.
MultiColumn	리스트박스가 여러 열을 표시할 수 있도록 설정한다.
ScrollAlwaysVisible	항상 수직 스크롤바가 표시되도록 설정한다.
SelectionMode	1번에 선택할 수 있는 항목의 수를 결정한다.
SelectedIndex	현재 선택되어 있는 항목의 인덱스 값을 지정한다.
SelectedItem	현재 선택되어 있는 항목의 문자열 값을 지정한다.
Sorted	true로 설정을 하면 각 항목들을 정렬한다.

콤보박스는 리스트박스와 동작 형태는 동일하되 사용자가 박스를 클릭하면 목록이 나타나는 드롭다운(Drop-down) 형식의 컨트롤이다. 결국 콤보박스는 리스트박스와 비교해 보았을 때 공간 활용의 장점 외에는 크게 다른 점이 없다.

속성	내용
DropDownStyle	콤보박스의 모양과 기능을 제어한다.
MaxDropDownItems	DropDown 목록에 표시될 최대 엔트리 수를 지정한다.
Sorted	true로 설정을 하면 각 항목들을 정렬한다.

이 속성 중에 DropDownStyle은 ComboBoxStyle 열거형을 값으로 가지며 열거형의 내용은 다음과 같다.

속성	내용
Simple	선택 항목을 항상 볼 수 있다.
DropDown	화살표 버튼을 클릭해야 선택 항목을 볼 수 있다.
DropDownList	화살표 버튼뿐만 아니라 텍스트 부분을 클릭하여도 선택 항목을 볼 수 있다.

2. 프로젝트 수정

앞에서 작성한 WindowsFormsApp 프로젝트에 리스트박스와 콤보박스를 추가로 배치하자. 이번에는 콤보박스와 리스트박스를 각각 결제 방법과 결제 정보를 입력하는 컨트롤로 사용할 것인데, 리스트박스와 콤보박스를 배치하기 위해서 폼의 크기를 아래쪽으로 조금 더 늘려 보자.

3. 폼 디자인

다음과 같이 레이블 2개를 추가하고, 콤보박스와 리스트박스를 각각 배치한다. 그리고 클릭 이벤트를 발생시킬 버튼을 1개 추가한다.

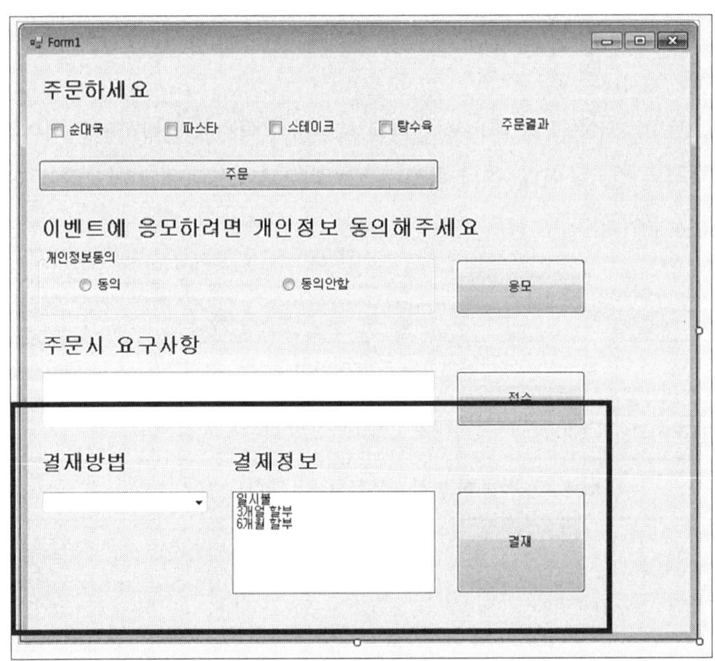

컨트롤	Name	Text	Items	Font
Label	label4	결제방법	(없음)	글꼴 : 굴림
Label	label5	지역	(없음)	크기 : 16pt 스타일 : 굵게
ComboBox	cbPay	신용카드	신용카드 무통장입금 포인트	(비움)
ListBox	lbArea	(없음)	일시불 3개월 할부 6개월 할부	(비움)
Button	btnPay	결제	(없음)	(비움)

참고로 리스트박스와 콤보박스의 Items 속성 입력 방법은 다음과 같다.

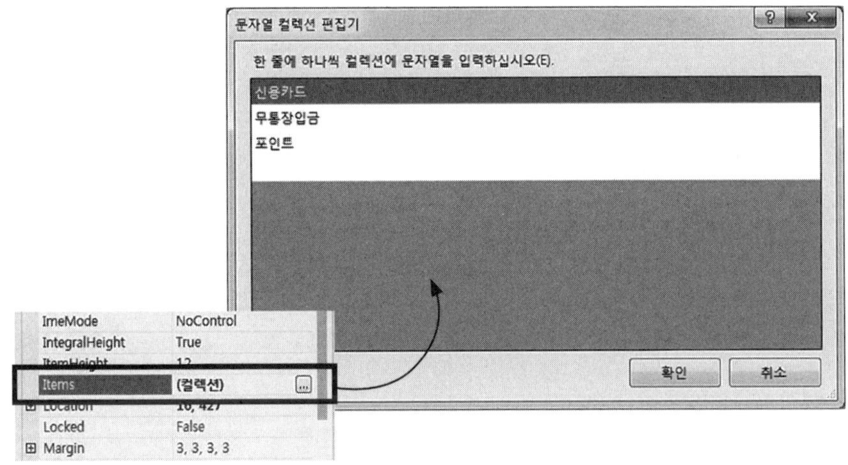

4. 이벤트 처리기 추가

이번에는 2가지의 이벤트 처리를 할 것이다. 첫 번째는 콤보박스에 등록된 결제 방법을 선택함에 따라 리스트박스에 나타나는 결제 정보를 각각 다르게 표현하도록 할 것인데, 그렇게 하려면 콤보박스에 등록된 요소의 선택이 변경되었을 때 이벤트를 처리하면 된다. 이때 사용하는 이벤트가 Selecte-dIndexChanged인데, 콤보박스의 선택이 변경될 때 발생하는 이벤트이다. 콤보박스를 선택한 상태에서 이벤트 처리기를 등록하면 된다.

두 번째 이벤트는 [결제] 버튼을 클릭했을 때 콤보박스와 리스트박스에서 선택된 데이터를 가져오는 이벤트이다. 이 경우, [결제] 버튼 클릭에 대한 이벤트 처리기를 추가하면 된다.

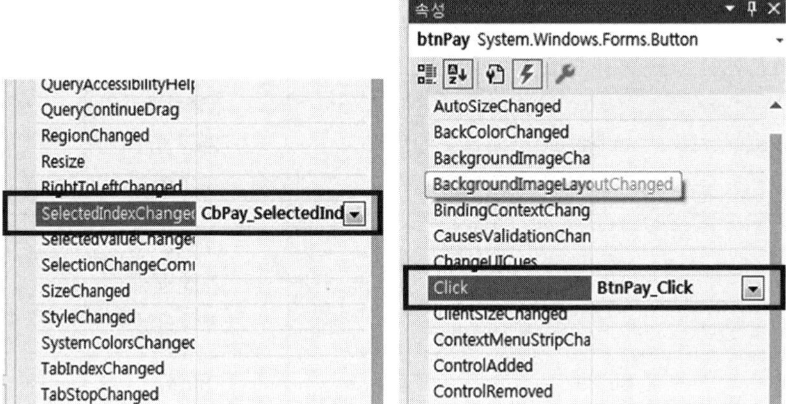

```
1   private void CbPay_SelectedIndexChanged(object sender,
2   EventArgs e)
3   {
4   }
5   private void BtnPay_Click(object sender, EventArgs e)
6   {
7   }
```

5. 코드 작성

콤보박스 변경 이벤트와 버튼 클릭 이벤트에 대한 이벤트 처리기의 내부에 다음과 같이 동작 코드를 작성하도록 하자.

```
1   private void CbPay_SelectedIndexChanged(object sender,
2   EventArgs e)
3   {
4           lbArea.Items.Clear();
5           if(cbPay.SelectedIndex == 0)
```

```
6              {
7                   lbArea.Items.Add("일시불");
8                   lbArea.Items.Add("3개월  할부");
9                   lbArea.Items.Add("6개월  할부");
10             }
11         else if(cbPay.SelectedIndex == 1)
12             {
13                  lbArea.Items.Add("하루은행");
14                  lbArea.Items.Add("신용은행");
15                  lbArea.Items.Add("국물은행");
16             }
17         else if(cbPay.SelectedIndex == 2)
18             {
19                  lbArea.Items.Add("N포인트");
20                  lbArea.Items.Add("주유포인트");
21                  lbArea.Items.Add("레이저포인트");
22             }
23 }
24 private void BtnPay_Click(object sender, EventArgs e)
25 {
26         string strText = cbPay.Text + "(으)로 " + lbArea.Text + "
27         결제방법을" +   "\n선택하셨습니다.";
28         MessageBox.Show(strText);
29 }
```

{ 코드 분석 }

4라인	리스트박스에 출력된 내용을 지운다.
5~10라인	콤보박스에서 cbPay.SelectedIndex = = 0을 통해 첫 번째 아이템을 선택했을 때, 리스트박스에 관련 아이템 내용들을 추가한다. 리스트박스에 아이템을 추가하기 위해 lbArea.Items.Add( ) 코드를 사용한다.

11~16라인	마찬가지로 콤보박스에서 두 번째 아이템을 선택했을 때, 리스트박스에 관련 아이템 내용들을 추가한다.
17~22라인	콤보박스에서 세 번째 아이템을 선택했을 때의 처리 절차이다.
26~28라인	결제 버튼을 클릭할 시 현재 선택되어 있는 콤보박스와 리스트박스의 텍스트를 그대로 읽어 와 str-Text 변수에 저장한 후 메시지 창을 통해 출력한다.

6. 빌드 및 실행하기

[디버깅 시작] 단축키 F5번을 눌러서 빌드 및 실행을 한다. 콤보박스의 항목을 선택하고, 리스트박스의 항목을 선택한 후 결제 버튼을 눌러 결과를 확인해 보자.

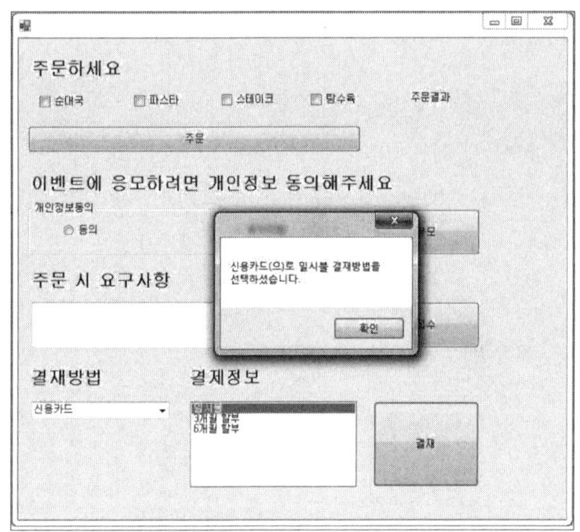

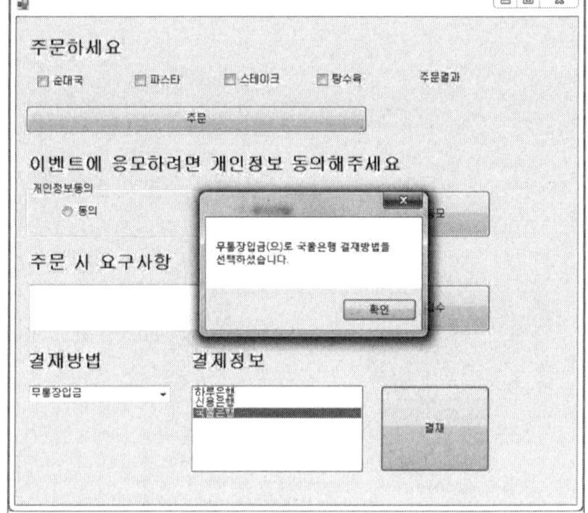

고급 컨트롤

7.2.1 리스트 뷰

1. 특징 및 속성

리스트 뷰 컨트롤은 리스트박스와 같이 데이터의 목록을 보여 주는 기능을 하지만 목록의 각 요소마다 상세한 내용을 보여 줄 수도 있고, 다양한 보기 옵션도 지원한다. 리스트 뷰 형태의 가장 대표적인 예가 윈도우 탐색기인데, 폴더 이름, 파일의 크기, 수정한 날짜, 파일의 유형 등의 상세한 정보까지 보여 주며 아이콘도 표시할 수 있다.

이름	수정한 날짜	유형	크기
hiberfil.sys	2019-06-19 오전...	시스템 파일	6,202,532...
pagefile.sys	2019-06-19 오전...	시스템 파일	8,270,044...
ADOTest.mdb	2019-01-05 오전...	Microsoft Office ...	208KB
end	2018-02-18 오전...	파일	0KB
setup.log	2017-07-01 오전...	텍스트 문서	1KB
$Recycle.Bin	2019-06-19 오전...	파일 폴더	
Windows	2019-06-19 오전...	파일 폴더	

리스트 뷰의 주요 속성을 살펴보자.

속성	내용
View	5가지 보기 상태를 설정한다. LargeIcon, SmallIcon, List, Tile, Details 중에 하나를 선택하는데, Details(자세히 보기)를 주로 사용한다.
Items	리스트 뷰에 저장된 항목들의 집합이다.
Columns	리스트 뷰 상단에 표시될 헤더의 컬렉션이다. 탐색기에서 위쪽에 이름, 수정한 날짜, 유형 등을 표시한 영역이 바로 헤더이다.

2. 프로젝트 생성

메뉴의 [파일]-[새로 만들기]-[프로젝트]를 선택한 후 프로젝트 선택 창에서 [Windows Forms 앱]을 선택한다.

[다음] 버튼을 클릭하면 다음 단계인 [새 프로젝트 구성] 창으로 넘어간다. 프로젝트 이름은 ListView 라고 입력한 후, [확인] 버튼을 눌러 프로젝트를 생성하자.

3. 폼 디자인

이번에 리스트 뷰를 통해 만들어 볼 것은 주소록 프로그램이다. 일반적으로 주소록에 입력되는 정보들은 이름, 휴대폰 번호, 소속 등이다. 리스트 뷰를 통해 이러한 정보들을 관리할 것이다.

생성된 폼에 다음과 같이 레이블 3개, 텍스트박스 3개, 버튼 2개, 리스트 뷰 1개를 배치한다.

컨트롤	Name	Text	View
Label	label1	이름 :	(없음)
Label	label2	휴대폰 :	(없음)
Label	label3	소속 :	(없음)
TextBox	tbName	(비움)	(없음)
TextBox	tbPhone	(비움)	(없음)
TextBox	tbOrg	(비움)	(없음)
Button	btnInsert	입력	(없음)
Button	btnDelete	삭제	(없음)
ListView	listView1	(없음)	Details

리스트 뷰의 경우 View의 속성값을 Details로 선택하면 헤더의 정보가 나타나야 한다. 헤더 정보는 Columns를 통해 입력할 수 있는데, 입력 방법은 다음과 같다.

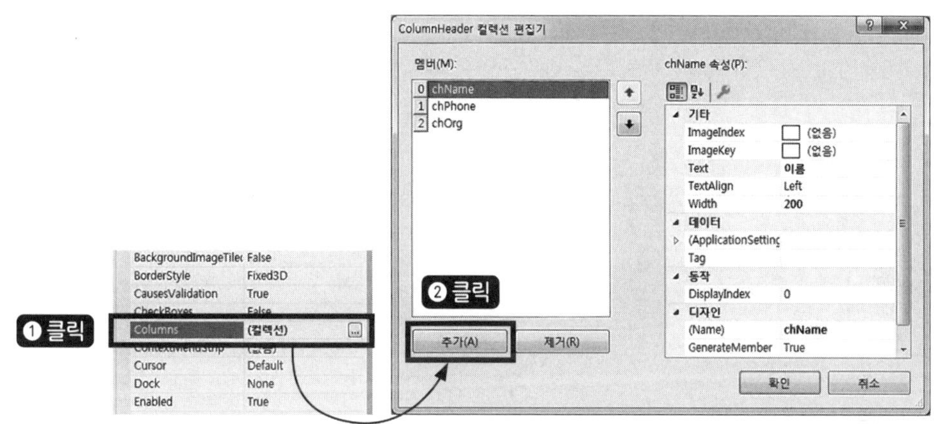

다음은 ColumnHeader 속성 설정 내용이다.

Name	Text	Width
chName	이름	200
chPhone	휴대폰	150
chOrg	소속	150

이름, 휴대폰, 소속 정보를 텍스트박스에 입력하고 [입력] 버튼을 클릭하면 리스트 뷰에 입력 정보가
등록되도록 하고, 등록된 입력 정보 중에 하나를 선택하여 [삭제] 버튼을 클릭하면 리스트 뷰에서 삭제
되도록 처리한다. 이때 발생하는 이벤트는 [입력], [삭제] 버튼이므로 다음과 같이 이벤트 처리기를 생
성하자.

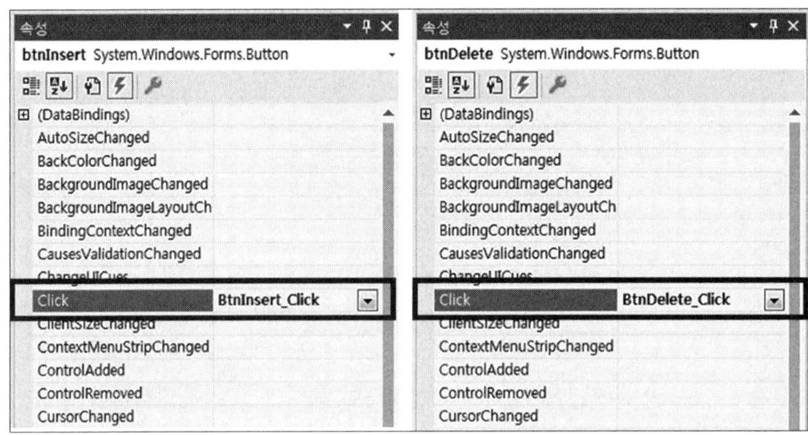

```
1    private void BtnInsert_Click(object sender, EventArgs e)
2    {
3    }
4    private void BtnDelete_Click(object sender, EventArgs e)
5    {
6    }
```

5. 코드 작성

생성한 이벤트 처리기에 다음과 같이 코드를 작성하자.

```
1    private void BtnInsert_Click(object sender, EventArgs e)
2    {
3            if(tbName.Text == "" || tbPhone.Text == "" || tbOrg.
4            Text == "")
5            {
```

```
6                    MessageBox.Show("입력하지 않은 곳을 채워주세요.");
7              }
8          else
9          {
10              String[] strArray = new String[] { tbName.Text,
11              tbPhone.Text, tbOrg.Text };
12              ListViewItem lvt = new ListViewItem(strArray);
13              listView1.Items.Add(lvt);
14              tbName.Clear();
15              tbPhone.Clear();
16              tbOrg.Clear();
17          }
18  }
19  private void BtnDelete_Click(object sender, EventArgs e)
20  {
21          int selectedIndex = listView1.FocusedItem.Index;
22          listView1.Items.RemoveAt(selectedIndex);
23  }
```

{ 코드 분석 }

3~7라인	이름, 휴대폰, 소속 텍스트박스에 데이터가 입력되어 있는지 체크하고, 이 중에 1개라도 입력이 안 되어 있으면 리스트 뷰에 데이터가 등록되지 못한다.
10~11라인	텍스트박스에 입력된 이름, 휴대폰, 소속 데이터를 String 타입의 배열에 저장한다.
12라인	String 타입의 배열 데이터를 ListViewItem 타입의 객체로 생성한다.
13라인	리스트 뷰에 ListViewItem 객체를 추가한다. 결국 이름, 휴대폰, 소속 데이터가 리스트 뷰에 등록되는 것이다.
14~16라인	이름, 휴대폰, 소속 텍스트박스에 입력된 데이터를 전부 Clear() 메소드를 통해 지운다.
21라인	현재 리스트 뷰에서 포커스된 아이템의 인덱스를 얻어 온다.
22라인	RemoveAt() 메소드에 포커스된 아이템의 인덱스를 전달함으로써 리스트 뷰에서 선택되어 있는 아이템을 삭제한다.

6. 빌드 및 실행하기

[디버깅 시작] 단축키 F5번을 눌러서 빌드 및 실행을 한다. 각각의 이름, 휴대폰, 소속 텍스트박스에 데이터를 입력하고, [입력] 버튼을 클릭하여 리스트 뷰에 등록한다. 리스트 뷰에 등록되어 있는 데이터를 1개 선택하여 [삭제] 버튼을 클릭하면 리스트 뷰에서 삭제된다.

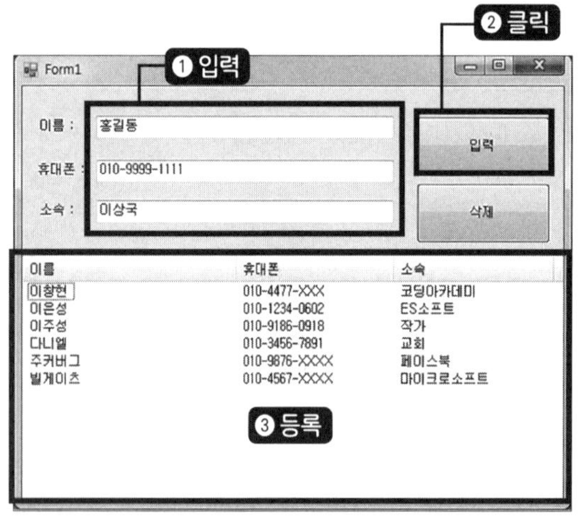
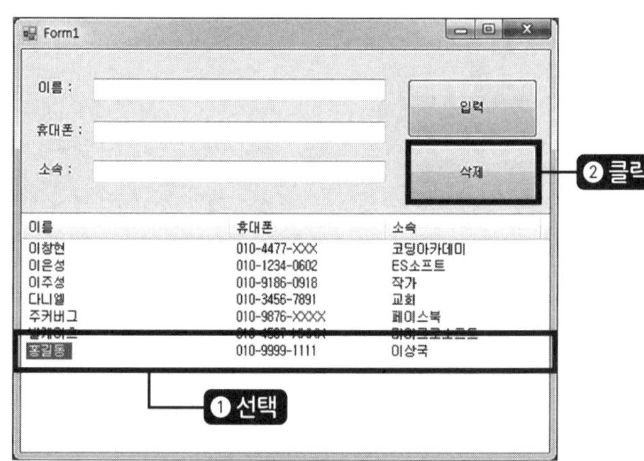

7.2.2 트리 뷰

1. 특징 및 속성

트리 뷰 컨트롤은 데이터나 정보를 계층적으로 보여 주는 컨트롤이다. 가장 대표적인 예가 윈도우 탐색기의 왼쪽 패널이다.

'계층적'이라는 형태는 최상위의 루트가 있고 루트 밑에 딸린 자식들이 하위 개념으로 계속 존재하는 형태임을 의미한다. 마치 나무의 뿌리에서부터 가지가 뻗어 나가는 형태를 띄고 있어서 자료 구조에서는 트리라고 말한다. 이러한 구조를 가지고 있는 컨트롤이 바로 트리 뷰이다.

트리 뷰의 주요 속성을 살펴보자.

속성	내용
CheckBoxes	트리 뷰 컨트롤의 트리 노드 옆에 체크박스 표시 여부를 나타낸다.
Node	트리 뷰 컨트롤에 할당된 트리 노드의 컬렉션을 설정한다.
SelectedNode	트리 뷰 컨트롤에 현재 선택되어 있는 트리 노드를 설정한다.
ShowLines	트리 뷰 컨트롤의 트리 노드 사이에 선이 그려지는지 여부를 설정한다.

2. 프로젝트 생성

메뉴의 [파일]-[새로 만들기]-[프로젝트]를 선택한 후 프로젝트 선택 창에서 [Windows Forms 앱]을
선택한다.

[다음] 버튼을 클릭하면 다음 단계인 [새 프로젝트 구성] 창으로 넘어간다. 프로젝트 이름은 TreeView라
고 입력한 후, [확인] 버튼을 눌러 프로젝트를 생성하자.

3. 폼 디자인

이번에 트리 뷰를 통해 만들어 볼 것은 IT 도서 목록을 종류별로 분류하여 트리 형태로 표현하는 것
이다. 생성된 폼에 다음과 같이 트리 뷰 1개, 텍스트박스 1개, 버튼 5개를 배치한다.

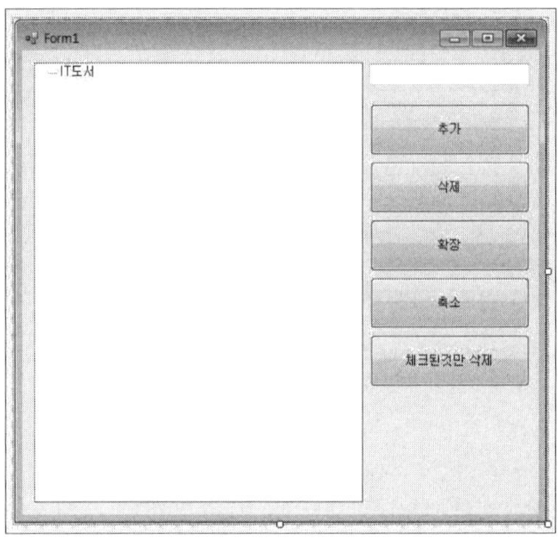

컨트롤	Name	Text	View
TextBox	tbNode	(비움)	(없음)
Button	btnAdd	추가	(없음)
Button	btnDelete	삭제	(없음)
Button	btnExpandAll	확장	(없음)
Button	btnCollapseAll	축소	(없음)
Button	btnChkDelete	체크된것만 삭제	(없음)
TreeView	treeView1	(없음)	True

트리 뷰의 경우 Nodes의 속성값을 선택하면 TreeNodes 편집기가 나타난다. 여기에 루트 노드 추가 및 자식 노드 추가를 할 수 있다. 여기서는 트리에 [IT도서]라는 이름의 루트만 다음과 같이 추가하도록 하자.

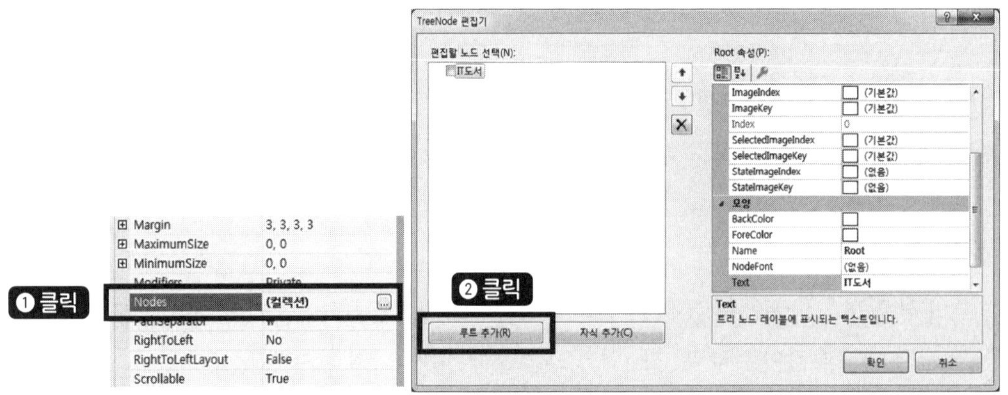

다음은 Root 속성 설정 내용이다.

Name	Text
Root	IT도서

4. 이벤트 처리기 추가

[추가], [삭제], [확장], [축소], [체크된것만 삭제] 버튼 클릭 시의 각 기능에 대한 이벤트 처리기를 생성하자.

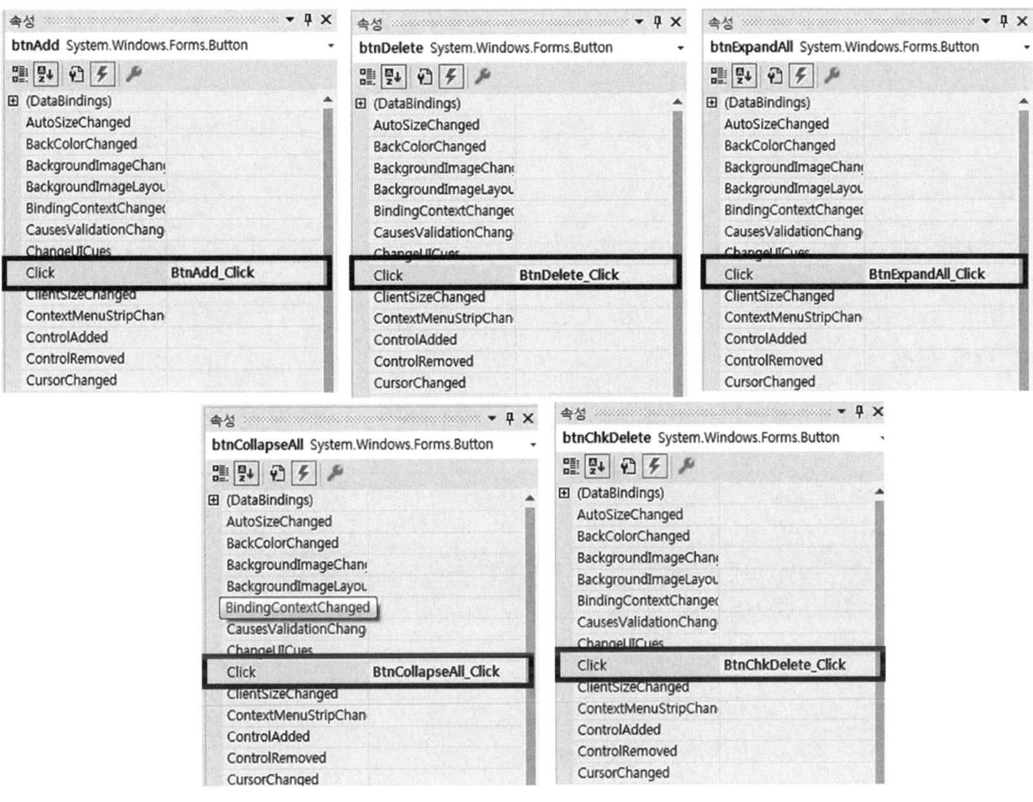

```
1    private void BtnAdd_Click(object sender, EventArgs e)
2    {
3    }
4    private void BtnDelete_Click(object sender, EventArgs e)
5    {
6    }
7    private void BtnExpandAll_Click(object sender, EventArgs e)
8    {
9    }
10   private void BtnCollapseAll_Click(object sender, EventArgs e)
11   {
12   }
13   private void BtnChkDelete_Click(object sender, EventArgs e)
14   {
15   }
```

5. 코드 작성

생성한 이벤트 처리기에 다음과 같이 코드를 작성하자.

```
1    private void BtnAdd_Click(object sender, EventArgs e)
2    {
3            TreeNode node1 = new TreeNode(tbNode.Text);
4
5            if(treeView1.SelectedNode != null && treeView1.
6            SelectedNode.IsSelected)
7            {
8                treeView1.SelectedNode.Nodes.Add(node1);
9            }
10           else
11           {
```

```csharp
12              treeView1.Nodes.Add(node1);
13          }
14  }
15  private void BtnDelete_Click(object sender, EventArgs e)
16  {
17          if(treeView1.SelectedNode != null && treeView1.
18          SelectedNode.IsSelected)
19          {
20                treeView1.SelectedNode.Remove();
21          }
22  }
23  private void BtnExpandAll_Click(object sender, EventArgs e)
24  {
25          treeView1.ExpandAll();
26  }
27  private void BtnCollapseAll_Click(object sender, EventArgs e)
28  {
29          treeView1.CollapseAll();
30  }
31
32  List<TreeNode> chkNodes = new List<TreeNode>();
33  void RemoveCheckedNodes(TreeNodeCollection nodes)
34  {
35          foreach(TreeNode node in nodes)
36          {
37                if(node.Checked)
38                {
39                    chkNodes.Add(node);
40                }
41                else
42                {
43                    RemoveCheckedNodes(node.Nodes);
44                }
```

```
45          }
46
47          foreach(TreeNode chknode in chkNodes)
48          {
49              nodes.Remove(chknode);
50          }
51  }
52  private void BtnChkDelete_Click(object sender, EventArgs e)
53  {
54          RemoveCheckedNodes(treeView1.Nodes);
55  }
```

{ 코드 분석 }

3라인	트리에 노드로 입력할 문자를 텍스트박스에 입력하고 TreeNode 객체를 생성한다.
5~6라인	트리 뷰에서 선택된 노드가 있는지 트리 뷰의 속성인 SelectedNode를 통해 체크한다.
7~13라인	트리 뷰에서 선택된 노드가 있으면 선택된 노드 하위에 추가하고, 선택된 노드가 없으면 기본 노드에 추가한다. 노드 추가 시 Add( ) 메소드를 사용한다.
17~21라인	트리 뷰에서 선택된 노드가 있는지 트리 뷰의 속성인 SelecteNode를 통해 체크하고, 선택 노드가 있다면 Remove( ) 메소드를 통해 노드를 제거한다.
25라인	트리 뷰의 메소드인 ExpandAll( )은 모든 트리를 확장하여 보여 준다.
29라인	트리 뷰의 메소드인 CollapseAll( )은 모든 트리를 축소하여 보여 준다.
32라인	TreeNode 타입의 리스트 객체를 생성한다. 트리 전체의 각 노드 체크 여부를 확인하기 위해 리스트 객체를 이용한다.
33라인	RemoveCheckedNodes( ) 메소드는 트리 뷰의 노드 중에 체크한 노드만 삭제하기 위한 기능이다. 전달인자로 TreeNodeCollection 객체를 전달한다.
35~45라인	foreach 반복문은 List와 같은 제네릭 객체의 요소를 처음부터 마지막까지 읽어 들일 수 있다. 전달인자로 받은 TreeNodeCollection 객체의 노드 요소를 처음부터 끝까지 읽어 들이면서 체크 여부를 확인한다. 현재 노드가 체크되어 있으면 노드를 List에 추가하고, 그렇지 않으면 다시 RemoveCheckedNodes( ) 메소드를 호출하여 현재 노드의 하위 노드를 체크한다.

47~50라인	현재 체크되어 있는 리스트가 담겨져 있는 노드의 리스트를 foreach를 통해 처음부터 마지막까지 반복하면서 Remove( ) 메소드를 통해 삭제한다.
54라인	[체크된것만 삭제] 버튼 클릭 시 RemoveCheckedNodes( ) 메소드를 호출한다.

6. 빌드 및 실행하기

[디버깅 시작] 단축키 F5번을 눌러서 빌드 및 실행을 한다. 먼저 [IT도서] 루트를 선택하고, 하위 노드를 추가한다. 하위 카테고리는 크게 [프로그래밍 언어], [모바일 프로그래밍], [데이터베이스], [네트워크]로 구성하고, 그 이하의 필요한 노드들을 추가하도록 한다. 추가 시 텍스트박스에 원하는 노드 이름을 입력하고, [추가] 버튼을 클릭하면 된다.

또한 삭제하고 싶은 노드가 있다면 원하는 노드를 선택한 상태에서 [삭제] 버튼을 클릭하면 삭제된다. [확장] 버튼을 클릭하면 트리 전체를 확장하여 하위 요소까지 모두 보여 주게 되고, [축소] 버튼을 클릭하면 트리 전체를 접은 형태로 축소하여 보여 주게 된다. 마지막으로 각 노드 앞에 체크박스를 체크한 후 [체크된것만 삭제] 버튼을 클릭하면 체크된 노드들이 모두 삭제된다.

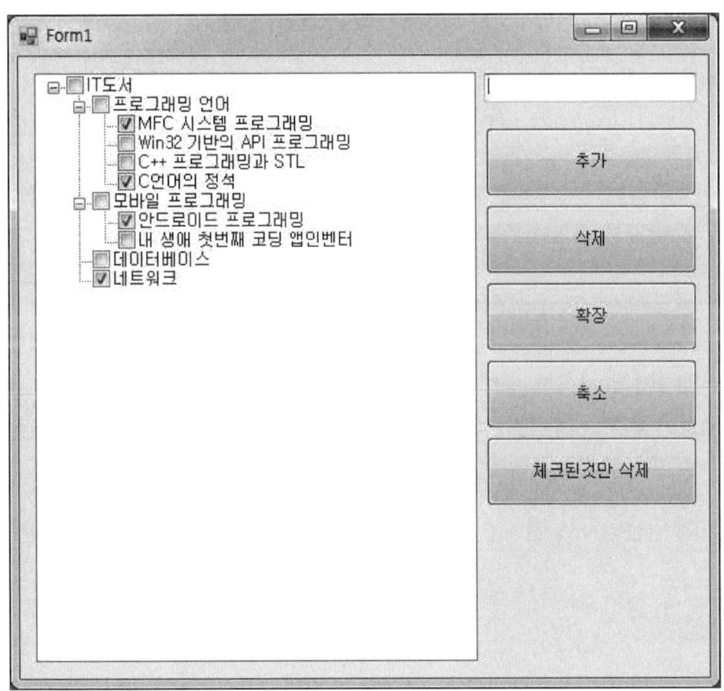

7.2.3 웹 브라우저

1. 특징 및 속성

WebBrowser 컨트롤은 웹 사이트의 내용을 보여 주는 전용 컨트롤이다. 보통 텍스트박스를 비롯한 어떠한 컨트롤도 웹 사이트의 내용을 보여 줄 수 없다. 우리가 일반적으로 사용하는 웹 브라우저의 형태는 다음과 같다.

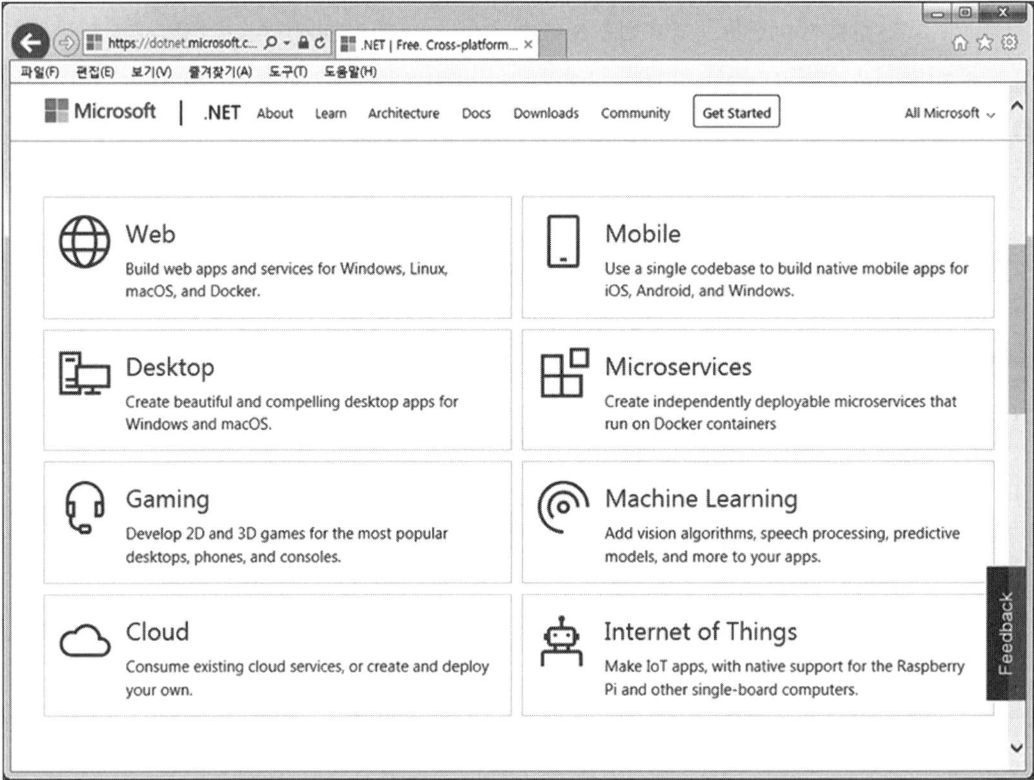

WebBrowser 컨트롤에서 제공하는 여러 속성과 메소드가 있지만, 웹 브라우저의 주요 역할은 원하는 웹 사이트로 이동시켜서 보여 주기만 하면 된다. 생각보다 기능 자체가 단순하기 때문에 구현하기가 쉬우며, 사용하는 메소드로는 특정 웹 사이트로 이동시키기 위한 기능을 위해 Navigate( )를 사용한다. Navigate( ) 메소드에 전달인자로 웹 사이트 주소를 넘겨주면 해당 웹 사이트로 이동한다.

2. 프로젝트 생성

메뉴의 [파일]-[새로 만들기]-[프로젝트]를 선택한 후 프로젝트 선택 창에서 [Windows Forms 앱]을 선택한다.

[다음] 버튼을 클릭하면 다음 단계인 [새 프로젝트 구성] 창으로 넘어간다. 프로젝트 이름은 Web-Browser라고 입력한 후, [확인] 버튼을 눌러 프로젝트를 생성하자.

3. 폼 디자인

내가 이동할 웹 사이트 주소를 입력하고, 이동 버튼 또는 엔터키를 누르면 해당 웹 사이트로 이동하여 WebBrowser 컨트롤에 출력하도록 한다.

생성된 폼에 다음과 같이 레이블 1개, 텍스트박스 1개, 버튼 1개, 웹 브라우저 컨트롤 1개를 배치한다.

컨트롤	Name	Text
Label	label1	주소 입력 :
TextBox	tbAddress	(비움)
Button	btnGo	이동
WebBrowser	webBrowser1	(없음)

4. 이벤트 처리기 추가

텍스트박스에 웹 사이트 주소를 입력하고, [이동] 버튼을 클릭하면 해당 웹 사이트의 내용이 웹 브라우저 컨트롤에 출력하도록 한다. 이때는 [이동] 버튼을 클릭할 시 이벤트가 발생하도록 처리하면 된다.

또한 엔터키를 쳤을 때도 [이동] 버튼 클릭과 동일한 효과를 나타나게 하고 웹 브라우저 컨트롤 자체적으로 요청한 웹 사이트의 로딩 완료 여부를 체크하는 이벤트도 생성하도록 한다. 다음과 같이 이벤트 처리기를 생성하자.

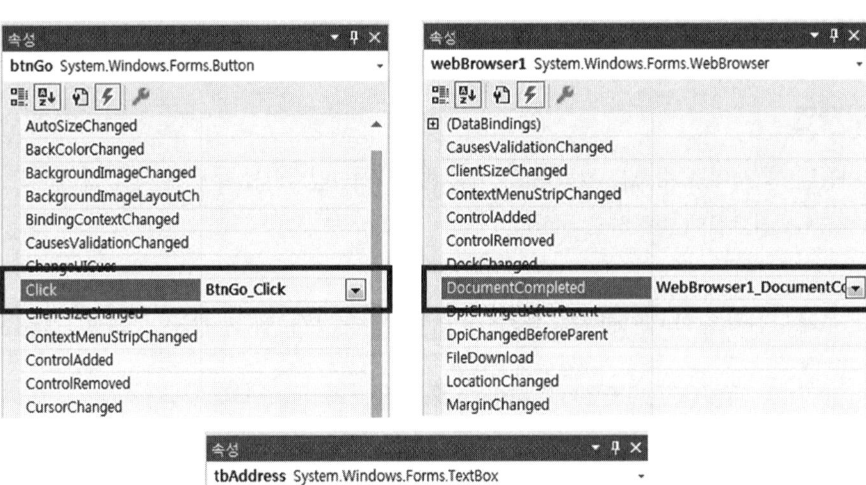

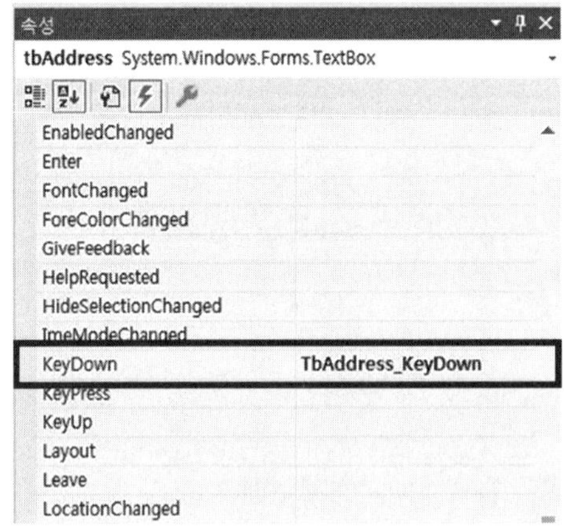

```
1    private void BtnGo_Click(object sender, EventArgs e)
2    {
3    }
4    private void WebBrowser1_DocumentCompleted(object sender, WebBrow
5    serDocumentCompletedEventArgs e)
6    {
7    }
8    private void TbAddress_KeyDown(object sender, KeyEventArgs e)
9    {
10   }
```

5. 코드 작성

생성한 이벤트 처리기에 다음과 같이 코드를 작성하자.

```
1    private void BtnGo_Click(object sender, EventArgs e)
2    {
3            webBrowser1.Navigate(this.tbAddress.Text);
4    }
5    private void WebBrowser1_DocumentCompleted(object sender, WebBr
6    owserDocumentCompletedEventArgs e)
7    {
8            MessageBox.Show("웹 사이트 로딩이 완료되었습니다.");
9    }
10   private void TbAddress_KeyDown(object sender, KeyEventArgs e)
11   {
12           if(e.KeyCode == Keys.Enter)
13           {
14                   webBrowser1.Navigate(this.tbAddress.Text);
15           }
16   }
```

{ 코드 분석 }

3라인	텍스트박스에 입력한 웹 사이트 주소 내용을 webBrowser1의 메소드인 Navigate( )의 전달인자로 넘겨준다.
5-6라인	DocumentCompleted 이벤트는 요청한 웹 사이트 문서의 로딩이 완료되었을 때 발생한다.
10라인	KeyDown 이벤트는 입력한 모든 키에 대해서 키 이벤트를 처리한다.
12~15라인	입력된 키 중에 키 코드가 엔터키일 경우 텍스트박스에 입력한 웹 사이트 주소로 이동하도록 처리한다.

6. 빌드 및 실행하기

[디버깅 시작] 단축키 F5번을 눌러서 빌드 및 실행을 한다. 텍스트박스에 이동하기를 원하는 웹 사이트 주소를 입력하고 엔터키 또는 이동 버튼을 클릭하자. 웹 브라우저 컨트롤에 웹 사이트 이동이 완료되면 완료 이벤트가 발생하여 메시지 창에 로딩 완료 메시지가 출력된다.

Part 8

{ 파일 입출력 }

8.1 파일과 디렉터리
8.2 스트림

8.1 파일과 디렉터리

8.1.1 파일과 디렉터리 구조 및 클래스

C#에서는 파일 관련 기능을 System.IO 네임 스페이스에서 다양하게 제공한다. System.IO 네임 스페이스는 mscorlib.dll 파일에 포함되어 있는데, 파일과 디렉터리 관련 대부분의 클래스가 정의되어 있다. 파일과 디렉터리 라이브러리의 구조는 다음과 같다.

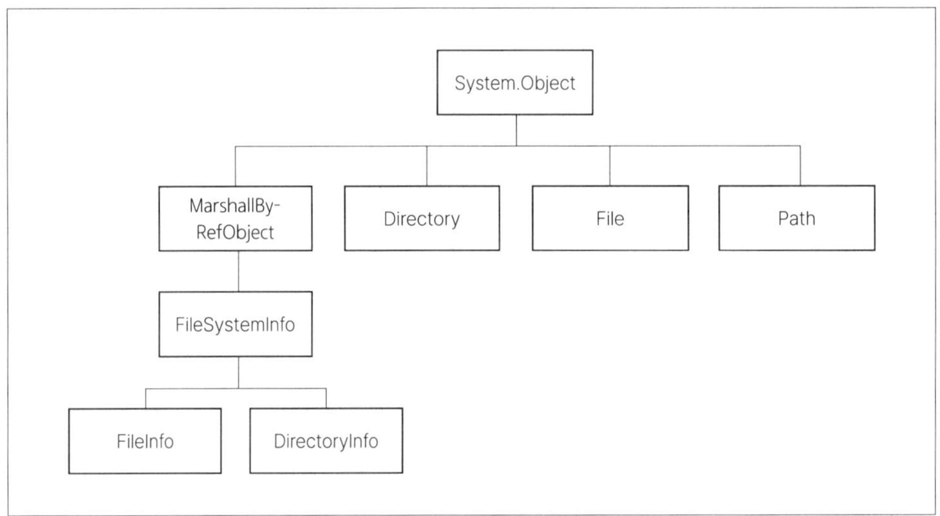

파일과 디렉터리의 기능을 제공하는 클래스들의 가장 최상위 클래스는 System.Object이다. 계층도를 보면 Directory, File, Path, FileSystemInfo, FileInfo와 DirectoryInfo 등의 클래스가 상속 구조로 구성되어 있다. 파일과 디렉터리에 대한 정보를 얻어 내고 제어하는 기능을 구현하기 위해 사용되는 클래스들이다. 다음은 파일과 디렉터리 관련 클래스이다.

클래스	내용
File	파일 만들기, 복사, 삭제, 이동 및 열기를 위한 정적 메소드를 제공하고, FileStream 개체 만들기를 지원한다.
Directory	디렉터리와 하위 디렉터리를 통해 생성, 이동, 열거를 하기 위한 정적 메소드를 제공한다.

FileInfo	파일 만들기, 복사, 삭제, 이동 및 열기를 위한 인스턴스 메소드를 제공하고 FileStream 개체 만들기를 지원한다.
DirectoryInfo	디렉터리 및 하위 디렉터리를 통해 생성, 이동, 열거를 하기 위한 인스턴스 메소드를 제공한다.
Path	플랫폼 간에 호환되는 방식으로 디렉터리 문자열을 처리하기 위한 메소드와 속성을 제공한다.

8.1.2 디렉터리

디렉터리는 관련된 파일을 모아 저장해 놓은 단위이다. 보통 디렉터리를 폴더라고도 하는데, 디렉터리를 사용하고 관리하기 위한 클래스가 바로 Directory와 DirectoryInfo이다.

1. Directory 클래스

Directory 클래스는 디렉터리를 관리한다. 정적 클래스이므로 정적 메소드만을 제공하며 객체는 생성할 수 없다. 다음은 Directory 클래스의 주요 메소드들이다.

메소드	내용
CreateDirectory()	지정된 경로에 모든 디렉터리와 하위 디렉터리를 생성한다.
Delete()	디렉터리를 삭제한다.
Move()	디렉터리를 이동한다.
Exists()	디렉터리의 유무를 조사한다.
GetFiles()	지정된 디렉터리에 있는 파일의 이름을 반환한다.
GetDirectories()	지정된 디렉터리에 있는 하위 디렉터리의 이름을 반환한다.
GetFileSystemEntries()	지정된 경로에 있는 모든 파일과 하위 디렉터리의 이름을 반환한다.

각각의 메소드들은 순서대로 디렉터리 생성, 삭제, 이동, 존재 유무를 조사하는 기능을 한다. Delete() 메소드의 경우 recursive 전달인자를 true로 지정하여 서브 디렉터리까지 한꺼번에 삭제할 수 있다.

2. DirectoryInfo 클래스

FileSystemInfo 클래스로부터 상속받으며, 디렉터리 및 하위 디렉터리를 생성, 이동, 열거하는 메소드를 제공한다. 다음은 DirectoryInfo 클래스의 주요 속성 및 메소드들이다.

속성	내용
Attribute	현재 파일 또는 디렉터리의 특성을 가져오거나 설정한다.
CreationTime	현재 파일 또는 디렉터리를 만든 시간을 가져오거나 설정한다.
FullName	디렉터리의 전체 경로를 가져온다.
Name	디렉터리의 이름을 가져온다.
Root	디렉터리의 루트 부분을 가져온다.

메소드	내용
Create( )	디렉터리를 생성한다.
CreateSubdirectory()	지정된 경로에 하위 디렉터리를 하나 이상 만든다.
Delete()	DirectoryInfo가 비어 있으면 이를 삭제한다.
MoveTo()	DirectoryInfo 인스턴스 및 해당 내용을 새 경로로 이동한다.
GetFiles()	현재 디렉터리에서 파일 목록을 반환한다.
GetFileSystemInfos()	디렉터리의 모든 파일과 하위 디렉터리를 나타내는 FileSystemInfo 형식의 배열을 반환한다.
GetDirectories()	현재 디렉터리의 하위 디렉터리를 반환한다.

DirectoryInfo 클래스의 Create( ), Delete( ), MoveTo( ) 메소드로 해당 디렉터리를 관리한다. DirectoryInfo 클래스에도 파일과 디렉터리 목록을 조사하는 GetDirectories( )와 GetFiles( ) 메소드가 있는데, Directory 클래스에서는 문자열을 반환했다면 DirectoryInfo 클래스에서는 객체의 배열을 반환한다는 점에서 다르다.

8.1.3 프로젝트 제작 : Directory

1. 프로젝트 생성

메뉴의 [파일]-[새로 만들기]-[프로젝트]를 선택한 후 프로젝트 선택 창에서 [Windows Forms 앱]을
선택한다.

[다음] 버튼을 클릭하면 다음 단계인 [새 프로젝트 구성] 창으로 넘어간다. 프로젝트 이름은
DirectoryEx라고 입력한 후, [확인] 버튼을 눌러 프로젝트를 생성하자.

2. 폼 디자인

생성한 폼에 리스트박스 2개와 버튼
2개를 각각 배치하자. 우리가 구현하고
자 하는 기능은 첫 번째 리스트박스에
우리가 지정한 디렉터리의 목록을 모두
출력하도록 하고 두 번째 리스트박스에
지정한 디렉터리의 파일 목록을 모두
출력하도록 하는 기능이다.

각 컨트롤에 대한 속성은 다음과 같
이 설정한다.

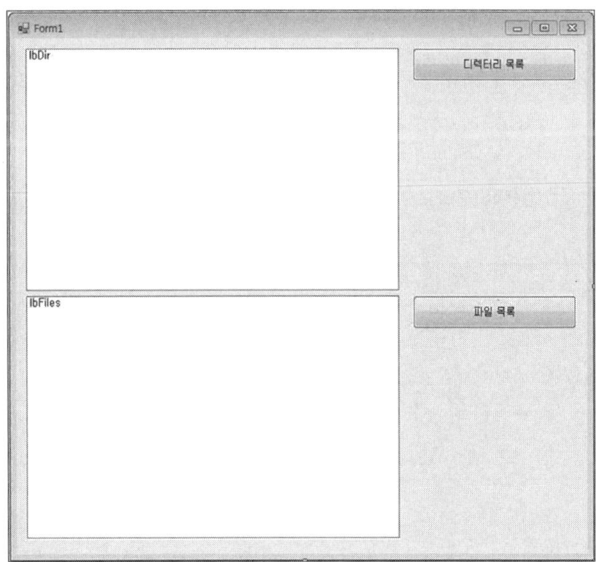

컨트롤	Name	Text
ListBox	lbDir	(없음)
ListBox	lbFiles	(없음)
Button	btnDirList	디렉터리 목록
Button	btnFileList	파일 목록

3. 이벤트 처리기 추가

우리는 디렉터리 목록 버튼을 클릭했을 때 해당 리스트 박스에 지정한 디렉터리 목록이 나타나도록 하고, 파일 목록 버튼을 클릭했을 때 해당 리스트 박스에 지정한 파일 목록이 나타나도록 하고 싶다. 그래서 [디렉터리 목록] 버튼과 [파일 목록] 버튼 각각의 클릭 이벤트 처리기를 다음과 같이 생성한다.

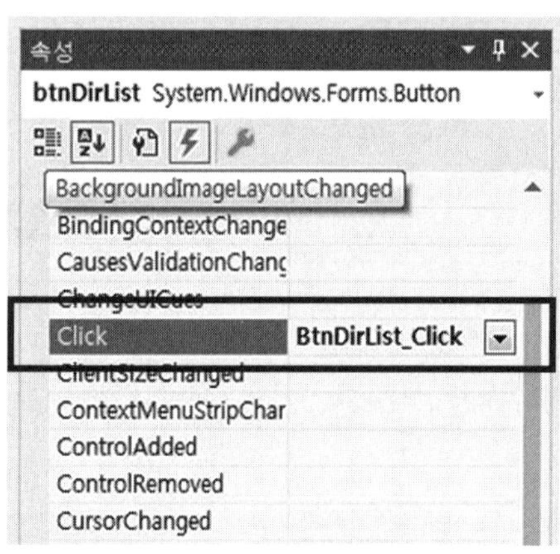

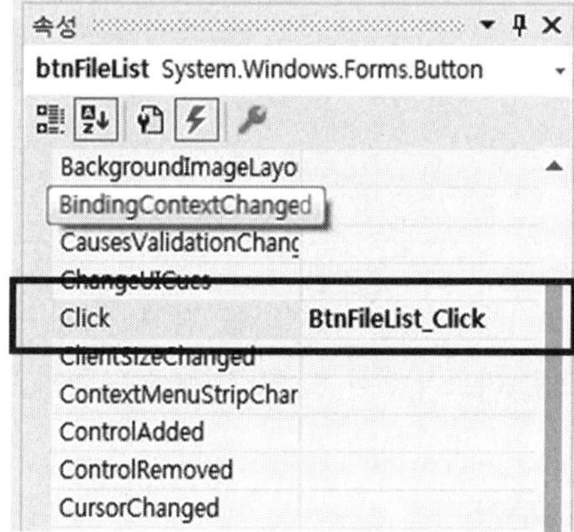

각 버튼의 Click 이벤트를 더블클릭하면 다음과 같이 이벤트 처리기 코드가 생성된다.

```
1   private void BtnDirList_Click(object sender, EventArgs e)
2   {
3   }
4   private void BtnFileList_Click(object sender, EventArgs e)
5   {
6   }
```

4. 코드 작성

이벤트 처리기가 추가되었다면 이벤트 처리기 내부에 동작 기능 코드를 추가하도록 하자. 각 이벤트 처리기의 기능에 맞게 작성해 보자.

```
1   using System.IO;
2   .................... 이하 생략 ....................
3   private void BtnDirList_Click(object sender, EventArgs e)
4   {
5           lbDir.Items.Clear();
6           string[] apaths = Directory.GetDirectories(Environment.
7           SystemDirectory);
8
9           foreach(string dirPath in apaths)
10          {
11              lbDir.Items.Add(dirPath);
12          }
13  }
14  private void BtnFileList_Click(object sender, EventArgs e)
15  {
16          lbFiles.Items.Clear();
17          string[] afiles = Directory.GetFiles(Environment.
18          SystemDirectory, "*.exe", );
19
20          foreach(string file in afiles)
21          {
22              lbFiles.Items.Add(file);
23          }
24  }
```

1라인	파일 입출력에 관한 라이브러리를 사용하기 위해서는 using System.IO 네임 스페이스를 선언해 주어야 한다.
5라인	리스트박스의 기존 내용을 깨끗이 지운다.
6~7라인	Directory의 메소드인 GetDirectories( ) 메소드를 통해 지정한 경로의 디렉터리 목록을 가져온다. Environment.SystemDirectory는 우리가 설치한 윈도우 시스템의 System32 디렉터리를 가리킨다. apaths 배열에 System32 내부의 폴더 목록이 문자열 형태로 저장된다.
9~12라인	apaths 배열의 요소들을 foreach 반복문을 통해 접근하여 리스트박스에 출력한다.
17~18라인	Directory의 메소드인 GetFiles( ) 메소드를 통해 지정한 경로의 파일 목록을 가져온다. 이때 첫 번째 전달인자는 접근할 디렉터리고, 두 번째 전달인자는 필터링할 확장자이다. exe 확장자인 파일만 가져와서 afiles 배열에 저장한다.
20~23라인	afiles 배열의 요소들을 foreach 반복문을 통해 접근하여 리스트박스에 출력한다.

5. 빌드 및 실행하기

단축키 F6번과 F5번을 눌러서 다음과 같이 빌드 및 실행을 한다. [디렉터리 목록]과 [파일 목록] 버튼을 각각 클릭하여 결과를 확인해 보자.

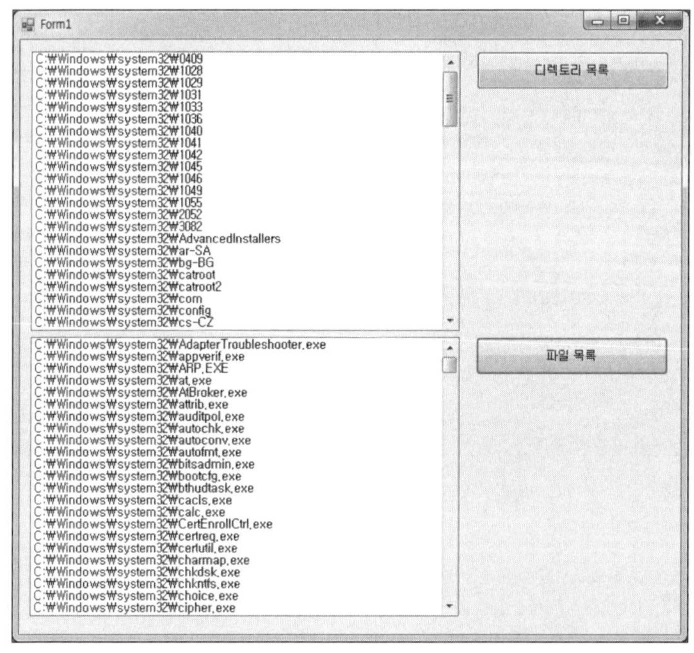

8.1.4 프로젝트 제작 : DirectoryInfo

1. 프로젝트 생성

메뉴의 [파일]-[새로 만들기]-[프로젝트]를 선택한 후 프로젝트 선택 창에서 [Windows Forms 앱]을 선택한다.

[다음] 버튼을 클릭하면 다음 단계인 [새 프로젝트 구성] 창으로 넘어간다. 프로젝트 이름은 DirectoryInfoEx라고 입력한 후, [확인] 버튼을 눌러 프로젝트를 생성하자.

2. 폼 디자인

생성한 폼에 리스트박스 1개와 버튼 1개를 각각 배치하자. [디렉터리 정보] 버튼을 클릭하면 지정한 디렉터리에 해당하는 속성 정보가 리스트박스에 출력되도록 할 것이다.

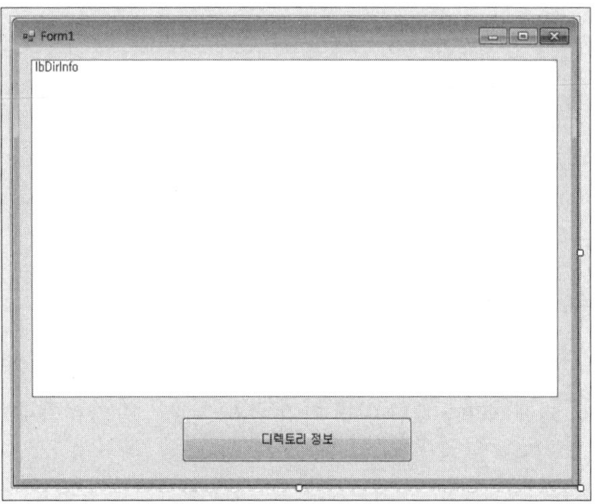

각 컨트롤에 대한 속성은 다음과 같이 설정한다.

컨트롤	Name	Text
ListBox	lbDirInfo	(없음)
Button	btnDirInfo	디렉터리 정보

3. 이벤트 처리기 추가

[디렉터리 정보] 버튼을 클릭했을 때 이벤트를 처리해야 하므로 버튼에 대한 클릭 이벤트 처리기를
다음과 같이 생성한다.

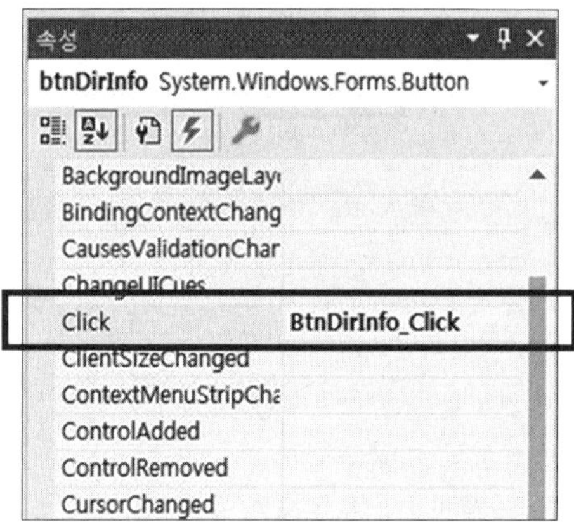


```
1    private void BtnDirInfo_Click(object sender, EventArgs e)
2    {
3    }
```

4. 코드 작성

이벤트 처리기가 추가되었다면 이벤트 처리기 내부에 동작 기능 코드를 추가하도록 하자. 현재 지정
한 디렉터리에 대한 여러 가지 속성 정보들을 출력하도록 한다.

```
1   using System.IO;
2   ................... 이하 생략 ...................
3   private void BtnDirInfo_Click(object sender, EventArgs e)
4   {
5           DirectoryInfo dirInfo = new DirectoryInfo(@"C:\
6           Windows");
7
8           if(dirInfo.Exists)
9           {
10              lbDirInfo.Items.Add("전체경로 : " + dirInfo.
11              FullName);
12              lbDirInfo.Items.Add("디렉터리 이름 : " + dirInfo.Name);
13              lbDirInfo.Items.Add("생성일 : " + dirInfo. CreationTime);
14              lbDirInfo.Items.Add("속성 : " + dirInfo.Attributes);
15              lbDirInfo.Items.Add("루트 : " + dirInfo.Root);
16          }
17  }
```

{ 코드 분석 }

5라인	DirectoryInfo 클래스의 객체를 생성한다. 이때 지정 경로는 C:Windows로 설정한다.
8라인	생성한 dirInfo 객체로 디렉터리의 존재 여부를 알아낼 수 있는 Exists 속성을 검사한다.
10~11라인	dirInfo 객체로 FullName 속성값인 전체경로를 리스트박스에 출력한다.
12라인	dirInfo 객체로 Name 속성값인 디렉터리 이름을 리스트박스에 출력한다.
13라인	dirInfo 객체로 CreationTime 속성값인 디렉터리 생성일을 리스트박스에 출력한다.
14라인	dirInfo 객체로 Attributes 속성값인 디렉터리의 속성을 리스트박스에 출력한다.
15라인	dirInfo 객체로 Root 속성값인 디렉터리의 루트를 리스트박스에 출력한다.

5. 빌드 및 실행하기

단축키 F6번과 F5번을 눌러서 다음과 같이 빌드 및 실행을 한다. [디렉터리 정보] 버튼을 클릭하면
리스트박스에 지정한 디렉터리의 정보들이 출력되는 것을 확인할 수 있다.

참고

파일 경로 표현 시 @ 기호의 의미

일반적으로 문자열은 다음과 같이 사용한다.

string myName = "이창현";

그런데, 문자열을 파일 경로명 형태로 사용하면 문제가 조금 복잡해진다. 예를 들어 파일 경로 "C:\Windows\System32"를 문
자열에 저장할 때는 다음과 같이 작성해야 한다.

string path = "C:\\Windows\\System32";

여기서 백슬래시(\)를 2번 써 줘야 하는데, '\'를 1번 사용하게 되면 이스케이프 시퀀스로 인식하기 때문이다. 이스케이프 시퀀스
란 백슬래시(\) 뒤에 한 문자가 오는 문자 조합으로, 줄바꿈, 따옴표, 백슬래시 등을 나타내려면 이스케이프 시퀀스를 사용해야 한
다. 이는 단일 문자로 인식한다. 다음은 이스케이프 시퀀스의 대표적인 종류들이다.

이스케이프 시퀀스	설명
\n	줄 바꿈을 기능을 한다.
\r	캐리지 반환의 기능을 한다.
\t	가로로 한 탭을 표현할 때 사용한다.
\"	겹따옴표를 표현할 때 사용한다.
\\	백슬래시를 표현할 때 사용한다.

이로 인해 백슬래시의 경우 경로 구분을 위해 '\ \'과 같은 식으로 2번씩 작성해야 하는데, 가독성과 편의성이 떨어지므로 다음의 코드처럼 @ 기호를 사용하면 이스케이프 시퀀스로 인식하지 않고도 간단하게 표현할 수 있도록 해 준다.

```
string path = @"C:\Windows\System32";
```

8.1.5 파일

파일은 관련된 데이터를 물리적으로 저장해 놓은 최소 단위이다. 파일을 관리하는 2개의 클래스가 제공되는데, File 클래스와 FileInfo 클래스이다. File 클래스는 정적 메소드를 가지는 정적 클래스이므로 객체를 생성할 수 없다. 주로 파일 복사, 이동, 삭제 등의 기능을 제공한다. 그에 비해 FileInfo 클래스는 특정 파일 하나를 관리하는데 기능은 File 클래스와 거의 유사하다. File 클래스와 달리 정적 클래스가 아니므로 객체를 생성할 수 있다.

1. File 클래스

File 클래스는 파일 입출력 관련 클래스 중에 가장 기본이 되는 클래스이다. File 클래스는 봉인 (sealed) 클래스이므로 하위 클래스로 상속할 수 없다. 다음은 File 클래스의 주요 메소드이다.

메소드	내용
Copy( )	기존 파일을 복사하여 새 파일에 복사한다.
Create()	지정된 경로에 파일을 생성한다.
Delete()	지정된 파일을 삭제한다.
GetAttributes()	지정된 경로의 파일 속성을 가져온다.
Move()	지정된 파일을 새 위치로 이동한다.
Open()	파일을 연다.
ToString( )	정규화된 경로를 문자열로 반환한다.

각각의 메소드들은 파일 복사, 이동, 열기, 삭제 등의 일반적인 기능을 제공하고 FileStream 객체를 생성하여 파일의 입출력 작업을 수행한다.

2. FileInfo 클래스

FileInfo 클래스는 File 클래스와 유사하게 파일 생성과 삭제 등을 할 수 있는데, 특정 파일에 대한 속성 정보(이름, 크기, 생성 시간 등)를 얻어올 때 사용한다. 다음은 FileInfo 클래스의 주요 속성과 메소드이다.

속성	내용
Attribute	현재 파일 또는 디렉터리의 특성을 가져오거나 설정한다.
CreationTime	현재 파일 또는 디렉터리를 만든 시간을 가져오거나 설정한다.
Directory	부모 디렉터리의 객체를 가져온다.
DirectoryName	디렉터리 전체 경로를 나타내는 문자열을 가져온다.
Extension	파일의 확장명을 가져온다.
Length	현재 파일의 크기를 반환한다.
Name	파일의 이름을 가져온다.

메소드	내용
CopyTo( )	기존 파일을 복사하여 새 파일에 복사한다.
Create()	파일을 생성한다.
Delete()	파일을 삭제한다.
Open()	파일을 연다.
ToString( )	정규화된 경로를 문자열로 반환한다.

8.1.6 프로젝트 제작 : File, FileInfo

1. 프로젝트 생성

메뉴의 [파일]-[새로 만들기]-[프로젝트]를 선택한 후 프로젝트 선택 창에서 [Windows Forms 앱]을 선택한다.

[다음] 버튼을 클릭하면 다음 단계인 [새 프로젝트 구성] 창으로 넘어간다. 프로젝트 이름은 FileEx라고 입력한 후, [확인] 버튼을 눌러 프로젝트를 생성하자.

2. 폼 디자인

다음과 같이 폼에 버튼 2개, 리스트박스 1개의 컨트롤을 배치하자. [파일 복사] 버튼을 클릭하면 지정한 파일이 지정한 디렉터리에 복사되도록 하고, [파일 정보] 버튼을 클릭하면 지정한 파일의 여러 가지 정보를 출력하도록 한다.

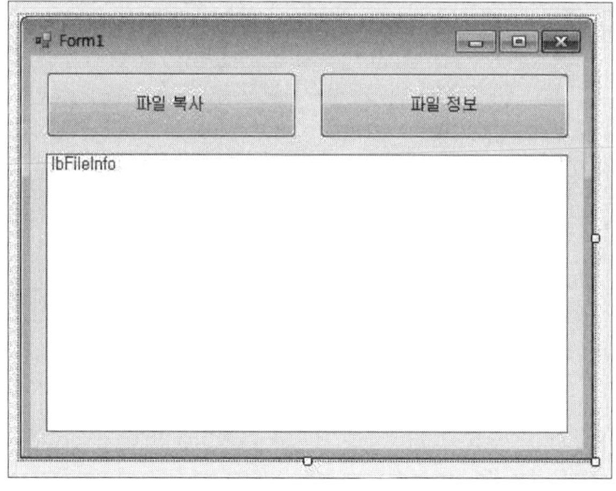

각 컨트롤에 대한 속성은 다음과 같이 설정한다.

컨트롤	Name	Text
ListBox	lbFileInfo	(없음)
Button	btnFileCopy	파일 복사
Button	btnFileInfo	파일 정보

3. 이벤트 처리기 추가

[파일 복사]와 [파일 정보] 2개의 버튼이 클릭되었을 때 처리해야 하므로 다음과 같이 이벤트 처리기를 생성한다.

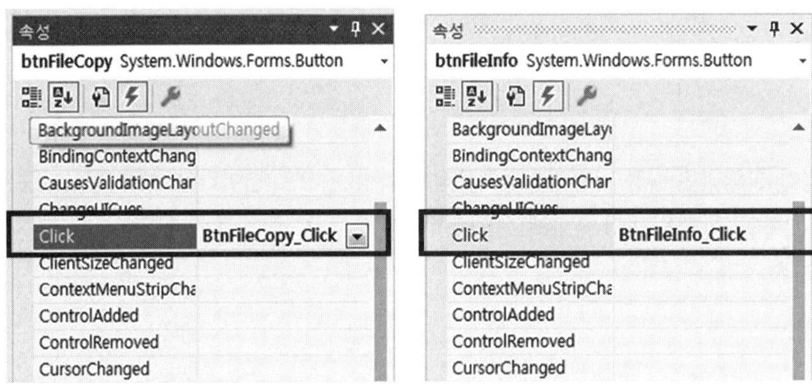


```
1  private void BtnFileCopy_Click(object sender, EventArgs e)
2  {
3  }
4  private void BtnFileInfo_Click(object sender, EventArgs e)
5  {
6  }
```

4. 코드 작성

이벤트 처리기가 추가되었다면 이벤트 처리기 내부에 동작 기능 코드를 추가하도록 하자.

```csharp
1   using System.IO;
2   ..................... 이하 생략 .....................
3   private void BtnFileCopy_Click(object sender, EventArgs e)
4   {
5           string path = @"D:\fs.txt";
6
7           try
8           {
9               if(File.Exists(path))
10              {
11                  File.Copy(path, @"D:\fs_복사.txt");
12                  lbFileInfo.Items.Clear();
13                  lbFileInfo.Items.Add("복사가 완료되었습니다.");
14              }
15          }
16          catch(Exception)
17          {
18              lbFileInfo.Items.Clear();
19              lbFileInfo.Items.Add("이미 파일이 있습니다.");
20          }
21  }
22  private void BtnFileInfo_Click(object sender, EventArgs e)
23  {
24          FileInfo fInfo = new FileInfo(@"D:\fs.txt");
25          if(fInfo.Exists)
26          {
27              lbFileInfo.Items.Clear();
28              lbFileInfo.Items.Add("폴더 이름 : " + fInfo.Directory);
29              lbFileInfo.Items.Add("파일 이름 : " + fInfo.Name);
30              lbFileInfo.Items.Add("확장자 : "     + fInfo.
31              Extension);
```

```
32              lbFileInfo.Items.Add("생성일 : "     + fInfo.
33              CreationTime);
34              lbFileInfo.Items.Add("파일 크기 : " + fInfo.Length);
35          }
36  }
```

{ 코드 분석 }

5라인	문자열 변수 path를 선언하고, 경로 문자열을 저장한다.
11라인	File 정적 클래스를 이용하여 정적 메소드인 Copy( )를 호출한다. 첫 번째 전달인자는 원본 파일 경로를, 두 번째 전달인자는 복사할 파일 경로를 전달한다. 만약, 예외가 발생하면 14라인의 catch문으로 넘겨져서 예외 처리가 된다.
16~20라인	파일 복사 시 예외가 발생이 되면 catch문으로 넘어와서 리스트박스에 "이미 파일이 있습니다."라고 출력한다. 사실 이미 파일이 있는 경우를 제외한 예외 상황이 상당히 많지만, 지금 상황에서 가장 흔하게 일어나는 예외 상황에 대한 메시지만 출력하도록 하였다.
24라인	지정한 파일의 정보를 나타내기 위해 FileInfo 클래스를 사용하여 객체를 생성한다.
25~35라인	생성한 파일 정보 객체 fInfo를 이용하여 파일의 존재 유무, 파일 이름, 확장자, 생성일, 파일 크기 등의 정보를 객체의 각 속성을 통해 얻어 와서 리스트박스에 출력한다.

5. 빌드 및 실행하기

단축키 F6번과 F5번을 눌러서 다음과 같이 빌드 및 실행을 한다. 먼저 [파일 복사] 버튼을 클릭하여 "d:\fs.txt" 경로의 파일이 복사되는지 확인하고, [파일 정보] 버튼을 클릭하여, "fs.txt"의 파일 이름, 생성일, 확장자 등의 파일 정보가 출력되는지 확인한다.

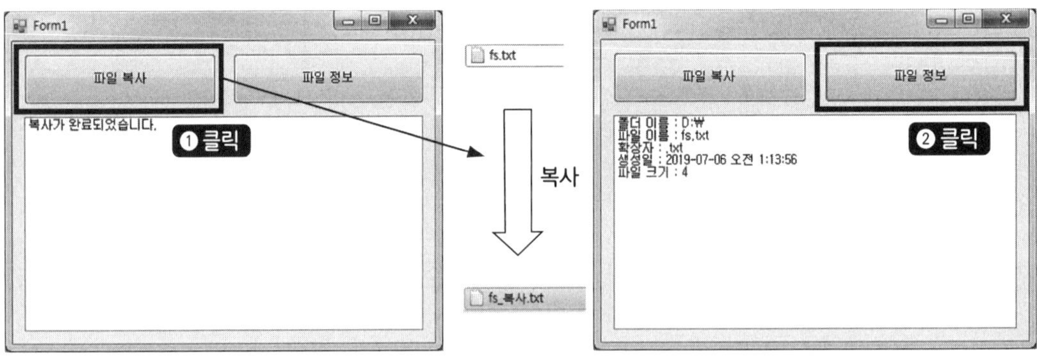

8.1.7 프로젝트 제작 : 파일 탐색기 만들기

1. 프로젝트 생성

메뉴의 [파일]-[새로 만들기]-[프로젝트]를 선택한 후 프로젝트 선택 창에서 [Windows Forms 앱]을 선택한다.

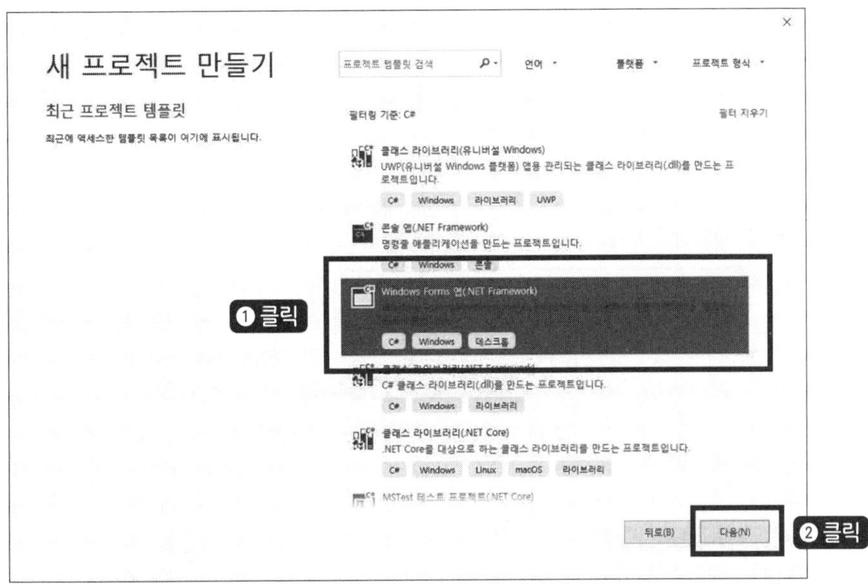

[다음] 버튼을 클릭하면 다음 단계인 [새 프로젝트 구성] 창으로 넘어간다. 프로젝트 이름은 FileExplorer라고 입력한 후, [확인] 버튼을 눌러 프로젝트를 생성하자.

2. 폼 디자인

이번에는 디렉터리 및 파일 정보를 보여 주기 위한 파일 탐색기를 만들어 볼 것이다. 흔히 윈도우 탐색기에서 파일 및 디렉터리 정보를 보게 되는 컨트롤이 리스트 뷰이다. 보기 옵션에서 [자세히 보기] 형태로 나타내는 것이 일반적이다.

다음과 같이 파일과 디렉터리를 표현할 리스트 뷰 1개, [열기] 대화상자를 호출할 메뉴 컨트롤 1개와 열기 대화상자 공통 컨트롤 1개, 폴더와 파일을 리스트 뷰에 이미지로 나타내기 위한 이미지 리스트 컨트롤 1개를 배치한다.

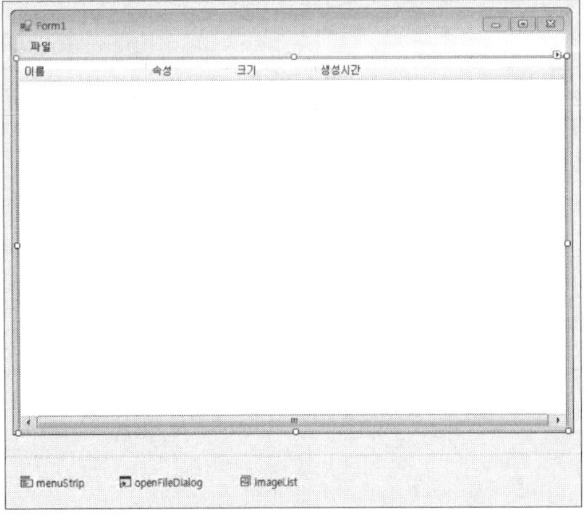

각 컨트롤에 대한 속성은 다음과 같이 설정한다.

컨트롤	Name	Text
ListView	listView	(없음)
MenuStrip	ToolStripOpen	열기
OpenFileDialog	openFileDialog	(없음)
ImageList	imageList	(없음)

다음은 리스트 뷰(listView) 컨트롤의 ColumnHeader 설정이다.

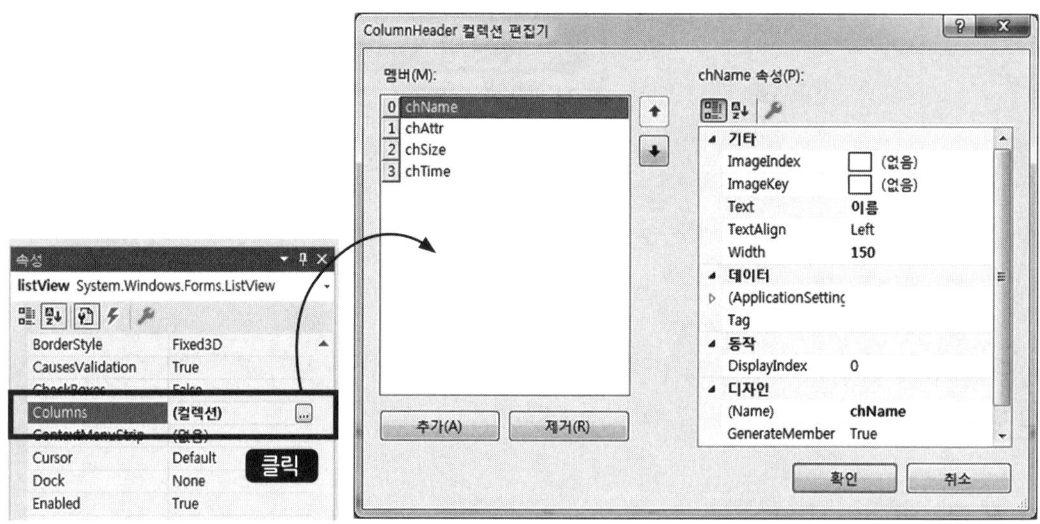

Name	Width	Text
chName	150	이름
chAttr	100	속성
chSize	100	크기
chTime	300	생성 시간

다음은 이미지리스트(ImageList) 컨트롤의 Images 설정이다.

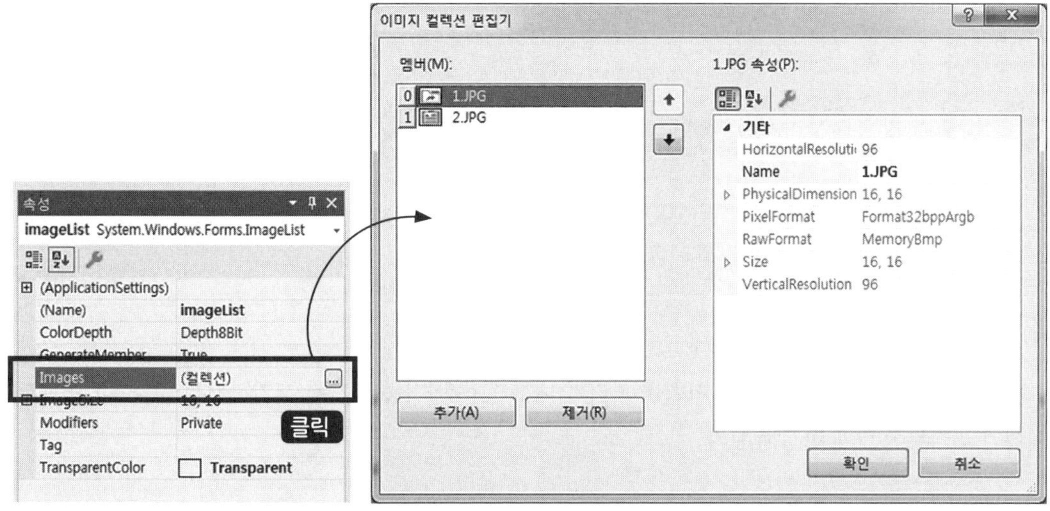

이미지 컬렉션의 각 멤버의 이름을 각각 1.JPG와 2.JPG로 추가한다. 1.JPG는 폴더 형태의 이미지이고 2.JPG는 파일 형태의 이미지인데, 탐색기에 디렉터리와 파일을 읽어 올 때의 속성에 따라 이름 앞에 속성에 맞는 이미지를 출력하도록 할 것이다.

3. 이벤트 처리기 추가

가장 먼저 메뉴의 [열기]를 선택했을 때 열기 공통 대화상자를 통해 원하는 디렉터리 및 파일 경로를 얻어 와야 하므로 [열기] 메뉴에 대한 이벤트 처리기를 추가한다. 이후에 지정한 경로의 디렉터리 및 파일 정보가 리스트 뷰에 나타나게 되는데, 폴더를 선택하면 디렉터리 하위 내용들을 출력하고, 파일을 선택하면 메시지 박스를 출력해야 하므로, 리스트 뷰에서 클릭에 대한 이벤트 처리기를 추가한다.

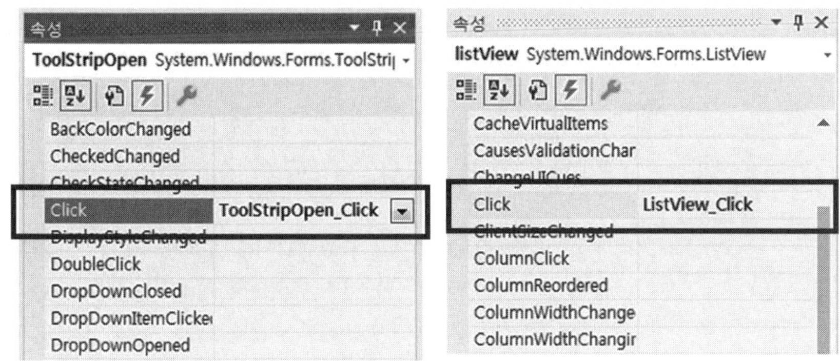

```
1   private void ToolStripOpen_Click(object sender, EventArgs e)
2   {
3   }
4   private void ListView_Click(object sender, EventArgs e)
5   {
6   }
```

4. 코드 작성

이벤트 처리기가 추가되었다면 이벤트 처리기 내부에 동작 기능 코드를 추가하도록 하자. 각 이벤트 처리기의 기능에 맞게 작성해 보자.

```
1   using System.IO;
2   .................... 이하 생략 ....................
3   namespace FileExplorer
4   {
5       public partial class Form1 : Form
6       {
7           public DirectoryInfo dirInfo;
8           public DirectoryInfo[] dirSubInfo;
9           public int dirCount;
10
11          public Form1()
12          {
13              InitializeComponent();
14              dirCount = 0;
15          }
16
17          private void ToolStripOpen_Click(object sender, EventArgs e)
18          {
```

```
19              openFileDialog.ShowDialog();
20              dirInfo = new DirectoryInfo(openFileDialog.FileName);
21              dirInfo = dirInfo.Parent;
22              dirSubInfo = dirInfo.GetDirectories();
23              dirCount = dirSubInfo.Length + 1;
24
25              listView.Items.Clear();
26              ListViewItem item = new ListViewItem("..", 0);
27              item.SubItems.Add("");
28              item.SubItems.Add("");
29              item.SubItems.Add("");
30              listView.Items.Add(item);
31
32              foreach(DirectoryInfo d in dirSubInfo)
33              {
34                  item = new ListViewItem(d.Name.ToString(), 0);
35                  item.SubItems.Add(d.Attributes.ToString());
36                  item.SubItems.Add("");
37                  item.SubItems.Add(d.CreationTime.ToString());
38                  listView.Items.Add(item);
39              }
40
41              FileInfo[] files = dirInfo.GetFiles();
42              foreach(FileInfo f in files)
43              {
44                  item = new ListViewItem(f.Name.ToString(), 1);
45                  item.SubItems.Add(f.Attributes.ToString());
46                  item.SubItems.Add(f.Length.ToString());
47                  item.SubItems.Add(f.CreationTime.ToString());
48                  listView.Items.Add(item);
49              }
50          }
51
```

```
52          private void ListView_Click(object sender, EventArgs e)
53          {
54              int index = listView.FocusedItem.Index;
55              if(index >= dirCount)
56              {
57                  MessageBox.Show("파일을 선택했습니다.");
58                  return;
59              }
60
61              if(index != 0)
62              {
63                  dirInfo = dirSubInfo[index - 1];
64              }
65              else
66              {
67                  if(dirInfo.Parent == null)
68                  {
69                      MessageBox.Show("루트 디렉터리입니다.");
70                      return;
71                  }
72                  dirInfo = dirInfo.Parent;
73              }
74
75              listView.Items.Clear();
76              ListViewItem item = new ListViewItem("..", 0);
77              item.SubItems.Add("");
78              item.SubItems.Add("");
79              item.SubItems.Add("");
80              listView.Items.Add(item);
81
82              dirSubInfo = dirInfo.GetDirectories();
83              dirCount = dirSubInfo.Length + 1;
84              foreach(DirectoryInfo d in dirSubInfo)
```

```
85                {
86                    item = new ListViewItem(d.Name.ToString(), 0);
87                    item.SubItems.Add(d.Attributes.ToString());
88                    item.SubItems.Add("");
89                    item.SubItems.Add(d.CreationTime.ToString());
90                    listView.Items.Add(item);
91                }
92
93                FileInfo[] files = dirInfo.GetFiles();
94                foreach(FileInfo f in files)
95                {
96                    item = new ListViewItem(f.Name.ToString(), 1);
97                    item.SubItems.Add(f.Attributes.ToString());
98                    item.SubItems.Add(f.Length.ToString());
99                    item.SubItems.Add(f.CreationTime.ToString());
100                    listView.Items.Add(item);
101                }
102            }
103        }
104 }
```

{코드 분석}

7라인	디렉터리 정보를 가져오기 위한 DirectoryInfo 객체를 선언한다.
8라인	하위 디렉터리 정보를 가져오기 위한 DirectoryInfo 객체를 선언한다.
9라인	디렉터리 개수를 저장하기 위한 정수형 변수를 선언한다.
14라인	디렉터리 개수를 저장하기 위한 변수를 0으로 초기화한다.
19라인	열기 공통 대화상자를 출력한다.
20라인	열기 공통 대화상자를 통해 선택한 파일을 DirectoryInfo 클래스 생성자의 전달인자로 객체를 생성한다.
21라인	선택한 파일이 속한 디렉터리를 현 디렉터리로 설정한다.

22라인	하위 디렉터리를 구한다.
23라인	[..] 디렉터리를 위해 하위 디렉터리의 개수를 1만큼 더 증가한다.
26라인	리스트 뷰의 첫 번째 컬럼에 [..] 디렉터리를 추가한다. 그리고, 인덱스가 0인 이미지를 로딩한다.
27~29라인	두 번째 컬럼, 세 번째 컬럼, 네 번째 컬럼을 모두 빈 상태로 추가한다.
32라인	리스트 뷰에 하위 디렉터리 정보를 foreach 반복문을 통해 가져온다.
34~38라인	반복하면서 리스트 뷰에 하위 디렉터리를 추가한다. 차례대로 디렉터리의 이름, 속성, 공백, 생성한 시간 순으로 추가한다.
41라인	FileInfo 클래스를 통해 파일 객체를 생성하고, GetFiles( ) 메소드를 통해 파일 정보를 가져온다.
42~49라인	파일 정보들은 foreach 반복문을 통해 가져온다. 파일은 차례대로 파일의 이름, 속성, 크기, 생성한 시간 순으로 가져와서 리스트박스에 추가한다.
54라인	리스트박스에서 선택한 아이템의 인덱스이다.
55라인	인덱스가 디렉터리 개수보다 크거나 같다는 것은 파일을 선택했다는 의미이다.
61라인	인덱스가 0이 아니라는 것은 [..] 디렉터리를 선택하지 않은 경우를 의미한다.
63라인	선택한 하위 디렉터리를 현재의 디렉터리로 변경한다.
65라인	[..] 디렉터리를 선택한 경우를 의미한다.
67라인	현재 디렉터리가 루트 디렉터리인지 검사한다.
72라인	루트 디렉터리가 아니라면 부모 디렉터리를 현재의 디렉터리로 변경한다.
75~80라인	기존의 리스트 뷰 내용을 지우고, [..] 디렉터리를 추가한다.
82라인	하위 디렉터리를 구한다.
83라인	[..] 디렉터리를 위해 하위 디렉터리의 개수를 1만큼 더 증가한다.
84라인	리스트 뷰에 하위 디렉터리 정보를 foreach 반복문을 통해 가져온다.
86~90라인	반복하면서 리스트 뷰에 하위 디렉터리를 추가한다. 차례대로 디렉터리의 이름, 속성, 공백, 생성한 시간 순으로 추가한다.

<table>
<tr><td>93라인</td><td>FileInfo 클래스를 통해 파일 객체를 생성하고, GetFiles( ) 메소드를 통해 파일 정보를 가져온다.</td></tr>
<tr><td>94~101라인</td><td>파일 정보들은 foreach 반복문을 통해 가져온다. 파일은 차례대로 파일의 이름, 속성, 크기, 생성한 시간 순으로 가져와서 리스트박스에 추가한다.</td></tr>
</table>

5. 빌드 및 실행하기

단축키 F6번과 F5번을 눌러서 다음과 같이 빌드 및 실행을 한다. [파일]-[열기]를 선택하면 열기 공통 대화상자가 나타난다. 열기 원하는 파일을 선택하면 지정한 파일이 속한 모든 디렉터리 및 파일 정보가 리스트 뷰에 탐색기의 형태로 나타난다. 폴더를 선택하면 상위 디렉터리로 이동하고, 파일을 선택하면 "파일을 선택했습니다."라는 메시지가 출력되는 것을 확인할 수 있다.

8.2 스트림

8.2.1 스트림의 개념

1. 일반적인 스트림의 개념

스트림이란 사전적 의미로 '시내', '흐름', '흐르다' 등의 의미를 가지고 있다. 그 느낌을 그림으로 표현하면 다음과 같다.

시냇물을 표현하였다. 스트림은 시냇물이 흐르는 것처럼 데이터가 흘러가는 것이라고 생각하면 이해하기 편할 것이다. 우리가 음악이나 유튜브와 같은 동영상 컨텐츠 서비스를 실시간으로 공급받는 방식을 스트리밍 방식이라고도 말하는데, 결국 시냇물이 흘러 내려오듯이 데이터를 실시간으로 받아서 출력하는 것이다.

2. 닷넷에서 스트림의 개념

닷넷은 파일을 스트림으로 관리한다. 스트림의 방식을 시냇물의 느낌으로 이해하였다면, 닷넷에서의 스트림은 파일뿐만 아니라 메모리나 네트워크로 입출력되는 데이터까지 byte 단위로 관리한다. 하드디

스크의 파일이나 네트워크를 통해서 이동하는 데이터 모두 byte의 흐름이라는 면에서는 동일하므로 스트림의 형태로 일반화할 수 있다.

스트림 관련 클래스는 우리가 파일 입출력 시에 사용했던 System.IO 네임 스페이스에 정의되어 있다. 가장 기본이 되는 클래스는 Stream이며 스트림에 대한 가장 일반적인 기능을 제공한다. 다음은 Stream 클래스의 상속도이다.

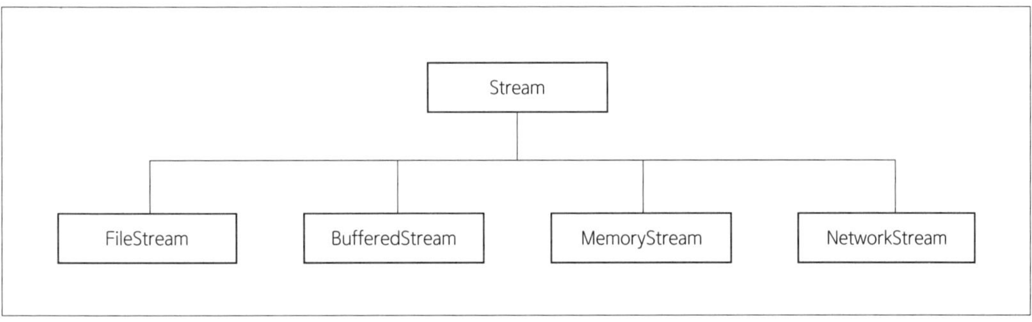

Stream 클래스를 통해 상속받은 클래스로는 FileStream, BufferedStream, MemoryStream, Network Stream이 있다. 이 클래스들은 모두 데이터를 byte로 주고받을 수 있다.

8.2.2 FileStream

1. FileStream 클래스

FileStream 클래스는 파일 기반의 스트림을 제공한다. FileStream 클래스를 사용하여 파일을 생성하거나 읽고 쓸 수 있다. 다음은 FileStream 클래스의 생성자이다.

```
public FileStream(string path, FileMode mode, FileAccess access, FileShare share);
```

• path

열고자 하는 파일의 경로이며 절대 경로, 상대 경로 모두 사용할 수 있다. 백슬래시(\)를 이용하여 경로를 구분하며 경로 구분 시 '\\'를 사용하여 "D:\\Temp\\fs.txt" 식으로 사용해야 하지만, @를 문자열 앞에 붙여서 @"D:\Temp\fs.txt" 식으로 사용할 수도 있다.

• FileMode

파일을 오픈할 방식을 지정한다. 또한 열고자 하는 파일이 없거나 생성하고자 하는 파일이 이미 존재하는 예외적인 상황도 처리하도록 지정한다. 속성은 다음과 같다.

메소드	내용
Append	파일이 존재하면 열고 파일의 끝을 찾는다. 만약 파일이 존재하지 않을 경우 새로운 파일을 생성한다.
Create	파일이 없을 경우 새 파일을 생성하고, 존재하면 기존 파일을 덮어 쓴다.
CreateNew	새 파일을 생성하고, 파일이 존재하면 IOException 예외가 발생한다.
Open	지정한 파일을 열도록 설정한다.
OpenCreate	파일이 존재할 경우 파일을 열고, 파일이 없는 경우 새로운 파일을 생성한다.

• FileAccess

파일을 열어서 어떤 동작을 할 것인지 지정한다. 속성은 다음과 같다.

메소드	내용
Read	파일을 읽기 전용으로 열도록 설정한다.
ReadWrite	파일을 읽기/쓰기 형태로 열도록 설정한다.
Write	파일을 쓰기 전용으로 열도록 설정한다.

• FileShare

다른 프로세스와 파일을 공유할 방식을 지정한다. 디폴트는 혼자서 파일을 독점하는 None 모드이고, 그 외 여러 가지 속성에 따라 파일을 공유할 수 있다. 속성은 다음과 같다.

메소드	내용
None	다른 프로세스에 공유를 하지 않는다.
Read	다른 프로세스가 파일을 읽을 수 있도록 허용한다.
ReadWrite	다른 프로세스가 파일을 읽고 쓸 수 있도록 허용한다.
Write	다른 프로세스가 파일을 쓸 수 있도록 허용한다.

2. 입출력 메소드

오픈된 스트림으로 파일을 읽고 쓸 때는 Read( ), Write( ) 두 메소드를 사용한다.

• Write() 메소드

다음은 Write( ) 메소드의 원형이다.

```
public void Write(byte[ ] array, int offset, int count);
```

Write( ) 메소드는 기록할 데이터를 가진 byte 배열과 이 배열의 어디쯤에서 얼마만큼의 길이를 출력할 것인가를 offset과 count 인수로 전달한다. 배열 전체를 1번에 출력하려면 offset은 0으로, count는 배열의 Length 속성으로 지정하면 된다.

• Read() 메소드

다음은 Read( ) 메소드의 원형이다.

```
public int Read(byte[ ] array, int offset, int count);
```

Read( ) 메소드는 스트림으로부터 데이터를 읽는다. 파일의 데이터는 byte 배열로 읽도록 되어 있고, offset과 count는 배열상의 저장 위치와 읽을 길이를 지정한다. Read 메소드는 읽은 byte 수를 반환하는데, 대체로 count의 값과 같지만 파일의 끝에 도달했을 경우에는 그보다 더 적은 양의 데이터만 읽을 수도 있다. 스트림의 끝이면 0을 반환한다.

• Close() 메소드

다음은 Close( ) 메소드의 원형이다.

```
public virtual void Close( );
```

입출력이 끝나면 스트림을 닫아야 한다. 이때 사용하는 메소드가 Close( )이다. Close( ) 메소드는 스트림의 핸들과 버퍼 등을 모두 해제한다.

8.2.3 프로젝트 제작 : FileStream

1. 프로젝트 생성

메뉴의 [파일]-[새로 만들기]-[프로젝트]를 선택한 후 프로젝트 선택 창에서 [Windows Forms 앱]을 선택한다.

[다음] 버튼을 클릭하면 다음 단계인 [새 프로젝트 구성] 창으로 넘어간다. 프로젝트 이름은 StreamEx라고 입력한 후, [확인] 버튼을 눌러 프로젝트를 생성하자.

2. 폼 디자인

다음과 같이 폼에 버튼 2개, 텍스트박스 1개의 컨트롤을 배치하자. [파일 쓰기] 버튼을 클릭하면 A~Z까지의 아스키 코드가 지정한 파일에 저장되고, [파일 읽기] 버튼을 클릭하면 파일로부터 데이터를 읽어서 텍스트박스에 출력한다.

각 컨트롤에 대한 속성은 다음과 같이 설정한다.

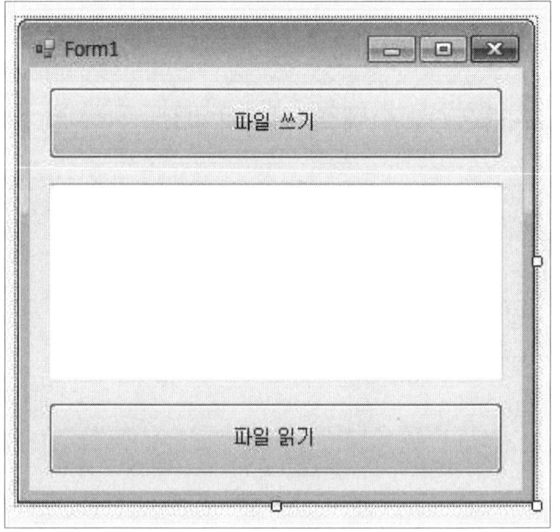

컨트롤	Name	Text
TextBox	tbRead	(없음)
Button	btnWrite	파일 쓰기
Button	btnRead	파일 읽기

3. 이벤트 처리기 추가

[파일 쓰기]와 [파일 읽기] 버튼이 클릭되었을 때 처리해야 하므로 다음과 같이 이벤트 처리기를 생성한다.

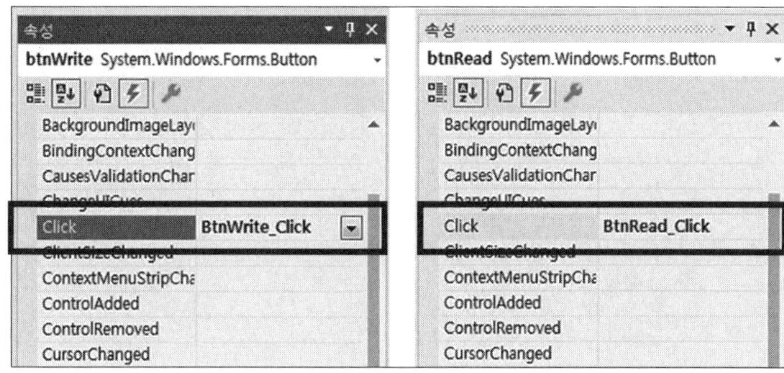

```
1   private void BtnWrite_Click(object sender, EventArgs e)
2   {
3   }
4   private void BtnRead_Click(object sender, EventArgs e)
5   {
6   }
```

4. 코드 작성

이벤트 처리기가 추가되었다면 이벤트 처리기 내부에 동작 기능 코드를 추가하도록 하자.

```
1   using System.IO;
2   namespace StreamEx
3   {
4       public partial class Form1 : Form
5       {
6           byte[] data;
7           public Form1()
8           {
9               InitializeComponent();
10              data = new byte[26];
11          }
12
13          private void BtnWrite_Click(object sender, EventArgs e)
14          {
15              FileStream fs = new FileStream(@"d:\fs.txt",
16              FileMode.Create,
17              FileAccess.Write);
18
19              for(int i = 0; i < 26; i++)
21              {
21                  data[i] = (byte)(65 + i);
22              }
23
24              fs.Write(data, 0, data.Length);
25              fs.Close();
26              MessageBox.Show("파일에 데이터를 기록했습니다.");
27          }
28
29          private void BtnRead_Click(object sender, EventArgs e)
30          {
31              try
32              {
```

```
33              FileStream fs = new FileStream(@"d:\fs.txt",
34                  FileMode.Open, FileAccess.Read);
35
36              fs.Read(data, 0, data.Length);
37              fs.Close();
38
39              string result = "";
40              for(int i = 0; i < data.Length; i++)
41              {
42                  result += data[i].ToString() + ", ";
43              }
44              tbRead.Text = result.ToString();
45          }
46      catch(FileNotFoundException)
47      {
48          MessageBox.Show("파일을 찾을 수 없습니다.");
49      }
50      }
51  }
52 }
```

{ 코드 분석 }

6라인	데이터를 byte 타입의 배열로 입출력하기 위해 byte 배열을 선언한다.
10라인	알파벳 대문자를 한 자씩 배열에 대입하기 위해 byte 배열의 크기를 26만큼 할당한다.
15~16라인	fs.txt 파일을 Create 모드로 설정하였으므로 무조건 생성하고, 접근 권한은 Write이므로 파일에 쓸 수 있다.
19~22라인	26번을 반복하면서 65부터 1씩 증가시킨 후 data 배열의 인덱스별 요소값으로 저장한다. 65는 아스키 코드값으로 'A'이다.
24라인	data 배열에는 A부터 Z까지가 저장되어 있다. offset을 0으로 배열의 크기만큼 데이터를 파일에 쓴다.

33~34라인	fs.txt 파일을 Open 모드로 설정하였으므로 파일을 읽기 모드로 개방하고, 접근 권한은 Read이므로 파일의 데이터를 읽어 올 수 있다.
36라인	파일의 데이터를 배열의 크기만큼 읽어 와 data 배열에 요소별로 저장한다.
40~43라인	data의 크기만큼 반복하면서 data 인덱스의 각 요소값을 문자열 형태로 result 변수에 붙여 넣는다.
44라인	누적된 데이터 result를 텍스트박스에 출력한다.
46-49라인	지정된 파일이 없는 경우 발생하는 예외를 처리한다.

5. 빌드 및 실행하기

단축키 F6번과 F5번을 눌러서 다음과 같이 빌드 및 실행을 한다. 먼저 [파일 쓰기] 버튼을 클릭하여 "d:\fs.txt" 경로의 파일에 알파벳 A에서 Z까지의 아스키 코드값이 입력되는지 확인하고, [파일 읽기] 버튼을 클릭하여, "d:\fs.txt" 경로의 파일로부터 데이터를 읽어 와서 텍스트박스에 데이터가 출력되는지 확인한다. 그리고 "d:\fs.txt" 파일을 메모장으로 열어서 실제로 데이터가 입력되었는지 확인해 보자.

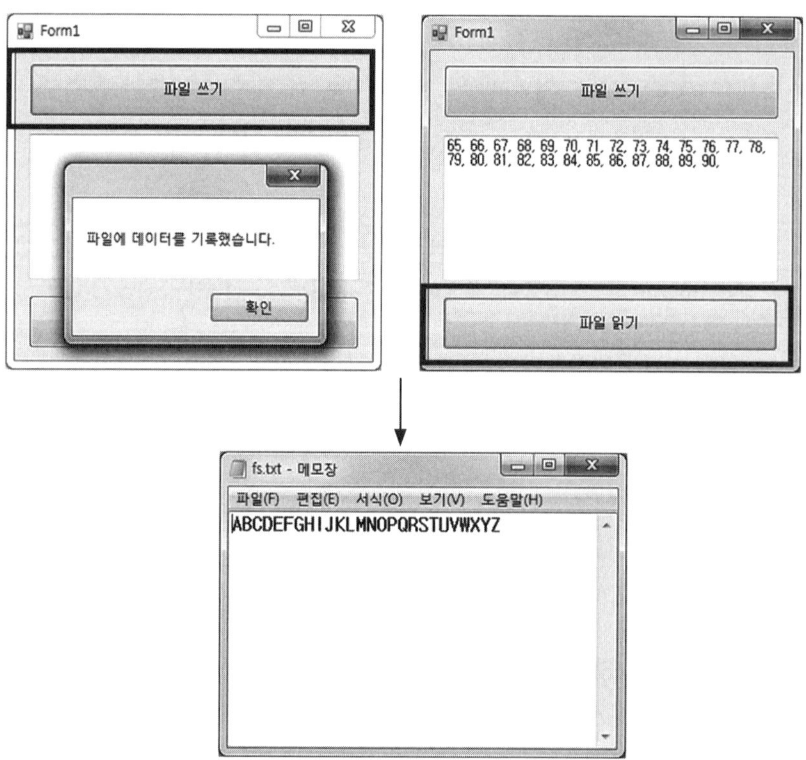

8.2.4 텍스트 입출력

앞에서 사용한 FileStream 클래스는 데이터의 입출력이 byte 단위로 고정되어 있어 불편한 점이 있다. 우리는 데이터를 정수, 실수, 문자열 등의 다양한 타입으로 다루는 경우가 많은데, 매번 타입에 맞추고 데이터를 형변환하여 조립해야 하는 번거로움이 있다.

이러한 경우를 위해 닷넷에서는 입출력 과정에서 자동으로 문자열 변환을 수행하는 StreamWriter와 StreamReader 클래스를 제공한다.

1. StreamWriter

스트림에 문자열을 기록하는 StreamWriter 클래스의 생성자를 살펴보자.

```
public StreamWriter(string path, bool append, Encoding encoding, int bufferSize);
```

• path

입출력할 대상 파일을 지정한다.

• append

파일을 연 후 추가할 것인지 아니면 처음부터 덮어 쓸 것인지 지정한다.

• encoding

인코딩 방식을 지정한다. 여기에 어떤 인코딩 객체를 사용하느냐에 따라 기록 방식이 달라진다. 인코딩 방식은 대표적으로 UTF8, ASCII, Unicode 등이 있는데, 인코딩을 지정하지 않으면 디폴트인 UTF8로 인코딩한다.

다음은 StreamWriter의 주요 메소드이다.

메소드	내용
Close( )	StreamWriter 객체를 종료한다.
Flush()	StreamWriter 버퍼의 모든 데이터를 해당 스트림에 전송한다.
Write()	해당 스트림에 byte 단위로 데이터를 전송한다.
WriteLine( )	한 문장을 해당 스트림에 전송한다.

2. StreamReader

스트림으로부터 문자열을 읽어 오는 StreamReader 클래스의 생성자를 살펴보자.

```
public StreamReader(string path, Encoding encoding, bool bDetect, int bufferSize);
```

데이터를 읽을 때 인코딩 방식을 지정할 수 있고, 버퍼 크기를 얼마로 할 것인지 지정할 수 있다.

다음은 StreamReader의 주요 메소드이다.

메소드	내용
Close( )	StreamReader 객체를 종료한다.
Read()	해당 스트림에서 1개 이상의 데이터를 읽어 온다.
ReadLine()	첫 번째 줄바꿈 문자까지 읽어 온다.
ToString( )	StreamReader 객체를 문자열 형태로 반환한다.

데이터를 읽어 오는 작업은 데이터를 쓰는 것보다 간단하지는 않다. 파일의 크기가 가변적이기 때문이다. 그래서 데이터를 읽어 올 때는 통상적으로 반복문을 통해 수행한다.

8.2.5 프로젝트 제작 : StreamWriter, StreamReader

1. 프로젝트 생성

메뉴의 [파일]-[새로 만들기]-[프로젝트]를 선택한 후 프로젝트 선택 창에서 [Windows Forms 앱]을 선택한다.

[다음] 버튼을 클릭하면 다음 단계인 [새 프로젝트 구성] 창으로 넘어간다. 프로젝트 이름은 TextIO라고 입력한 후, [확인] 버튼을 눌러 프로젝트를 생성하자.

2. 폼 디자인

다음과 같이 폼에 버튼 2개, 텍스트박스 1개의 컨트롤을 배치하자. 텍스트박스에 텍스트를 입력하고 [파일 저장] 버튼을 클릭하면 지정한 파일에 텍스트가 저장되고, [파일 읽기] 버튼을 클릭하면 파일로부터 데이터를 읽어서 텍스트박스에 출력한다.

각 컨트롤에 대한 속성은 다음과 같이 설정한다.

컨트롤	Name	Text
TextBox	tbText	(없음)
Button	btnWrite	파일 저장
Button	btnRead	파일 읽기

3. 이벤트 처리기 추가

[파일 저장]과 [파일 읽기] 버튼이 클릭되었을 때 처리해야 하므로 다음과 같이 이벤트 처리기를 생성한다.

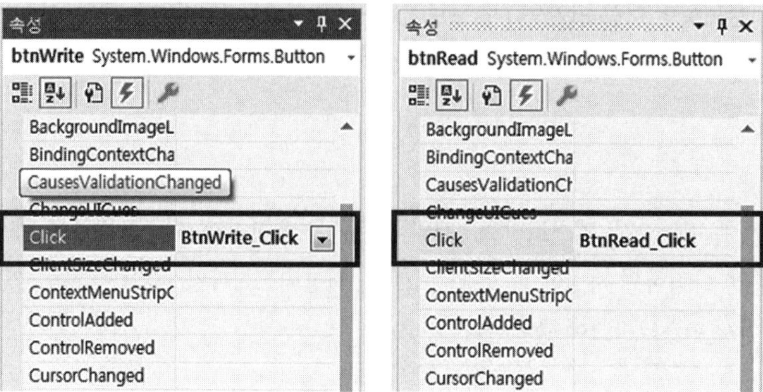

```
1  private void BtnWrite_Click(object sender, EventArgs e)
2  {
3  }
4  private void BtnRead_Click(object sender, EventArgs e)
5  {
6  }
```

4. 코드 작성

이벤트 처리기가 추가되었다면 이벤트 처리기 내부에 동작 기능 코드를 추가하도록 하자.

```
1  using System.IO;
2  .................... 이하 생략 ....................

3  private void BtnWrite_Click(object sender, EventArgs e)
4  {
5         StreamWriter sw = new StreamWriter(@"d:\fs.txt");
6         sw.Write(tbText.Text);
7         sw.Close();
8         MessageBox.Show("텍스트가 파일에 저장되었습니다.");
9  }
10 private void BtnRead_Click(object sender, EventArgs e)
11 {
```

```
12          char[] buf = new char[1024];
13          int retCnt = 0;
14          StreamReader sr = new StreamReader(@"d:\fs.txt");
15          tbText.Text = "";
16          for(;;)
17          {
18              retCnt = sr.Read(buf, 0, 1024);
19              tbText.Text += new string(buf, 0, retCnt);
20              if(retCnt < 1024)
21                  break;
22          }
23          sr.Close();
24  }
```

{ 코드 분석 }

5라인	StreamWriter 클래스를 사용하여 "d:\fs.txt" 파일에 대한 쓰기 스트림 객체를 생성한다.
6라인	텍스트박스에 입력한 문자열을 Write( ) 메소드를 통해 스트림에 전달한다.
12라인	문자형 배열 변수 buf의 크기를 1024byte만큼 할당한다.
14라인	StreamReader 클래스를 사용하여 "d:\fs.txt" 파일에 대한 읽기 스트림 객체를 생성한다.
16~22라인	for 반복문을 통해 무한 반복을 하면서 스트림에서 데이터를 1번 읽어 들일 때 1024byte만큼씩 읽어들인다. buf 데이터를 retCnt 개수만큼 string 객체로 변환하여 텍스트박스에 출력한다. 만약 읽어 들인 데이터의 개수인 retCnt가 1024보다 작으면 마지막 데이터라는 의미이므로, break문을 통해 반복문을 빠져나간다.

5. 빌드 및 실행하기

단축키 F6번과 F5번을 눌러서 다음과 같이 빌드 및 실행을 한다. 먼저 텍스트박스에 텍스트를 입력한 후 [파일 저장] 버튼을 클릭하여 "d:\fs.txt" 파일에 텍스트가 저장되는지 확인하고, [파일 읽기] 버튼을 클릭하여 "d:\fs.txt" 경로의 파일로부터 데이터를 읽어 와서 텍스트박스에 데이터가 출력되는지 확인한다. 그리고 "d:\fs.txt" 파일을 메모장으로 열어서 실제로 데이터가 입력되었는지 확인해 보자.

8.2.6 이진 파일 입출력

클래스나 구조체 같은 추상적인 데이터 타입을 저장할 때에는 이진 파일로 저장한다. 사용하는 클래스는 BinaryWriter, BinaryReader 클래스이며 모든 타입의 데이터를 이진 파일로 입출력할 수 있다.

1. BinaryWriter

다음은 이진 파일로 쓰기 위한 BinaryWriter 클래스의 생성자이다.

```
public BinaryWriter(Stream output, Encoding encoding);
```

• output

입출력에 사용할 스트림 형태의 인수이다.

• encoding

인코딩 방식을 지정한다. 여기에 어떤 인코딩 객체를 사용하느냐에 따라 기록 방식이 달라진다. 인코딩 방식은 대표적으로 UTF8, ASCII, Unicode 등이 있는데, 인코딩을 지정하지 않으면 디폴트인 UTF8로 인코딩한다.

BinaryWriter 클래스를 이용하여 이진 파일에 파일을 쓸 때 주로 사용하는 메소드가 Write( )인데, 각종 타입에 대해 오버로딩이 되어 있다. 총 18개의 메소드로 되어 있는데 대표적인 몇 가지만 살펴보자. 다음은 BinaryWriter 클래스에서 사용하는 Write( ) 메소드의 오버로딩된 형태이다.

```
public virtual void Write(int value);

public virtual void Write(char ch);

public virtual void Write(double value);

public virtual void Write(string value);
```

각 타입에 대한 데이터를 현재 스트림에 쓴다.

2. BinaryReader

다음은 이진 파일로 읽기 위한 BinaryReader 클래스의 생성자이다.

```
public BinaryReader(Stream Input, Encoding encoding);
```

Input 또한 동일하게 입출력에 사용할 스트림 형태의 인수이다. BinaryReader 클래스를 이용하여 파일을 읽을 때 주로 사용하는 메소드가 Read 계열 메소드인데, 각종 타입별로 제공하고 있다. 대표적인 몇 가지만 살펴보도록 하자.

```
public virtual int ReadInt32();

public virtual char ReadChar();

public virtual float ReadSingle();

public virtual string ReadString();
```

현재 스트림에서 각 타입의 길이만큼 읽은 후 해당 타입으로 형변환하여 반환한다. ReadInt32( ) 메소드는 현재 스트림에서 부호가 있는 4byte 정수를 읽어 반환하고, ReadChar( ) 메소드는 현재 스트림에서 읽은 문자를 반환한다. ReadSingle( ) 메소드는 현재 스트림에서 읽은 4byte 부동 소수점 값을 반환하고, ReadString( ) 메소드는 현재 스트림에서 문자열을 읽어 온다. 그 외 타입에 따라 읽어 올 수 있는 Read 계열 메소드들이 더 많이 지원되고 있으니, 필요에 따라 참고하여 사용하면 된다.

8.2.7 프로젝트 제작 : BinaryWriter, BinaryReader

1. 프로젝트 생성

메뉴의 [파일]-[새로 만들기]-[프로젝트]를 선택한 후 프로젝트 선택 창에서 [Windows Forms 앱]을 선택한다.

[다음] 버튼을 클릭하면 다음 단계인 [새 프로젝트 구성] 창으로 넘어간다. 프로젝트 이름은 BinaryIO라고 입력한 후, [확인] 버튼을 눌러 프로젝트를 생성하자.

2. 폼 디자인

다음과 같이 폼에 버튼 2개, 텍스트박스 1개의 컨트롤을 배치하자. 텍스트박스에 텍스트를 입력하고 [파일 저장] 버튼을 클릭하면 지정한 파일에 텍스트가 저장되고, [파일 읽기] 버튼을 클릭하면 파일로부터 데이터를 읽어서 텍스트박스에 출력한다.

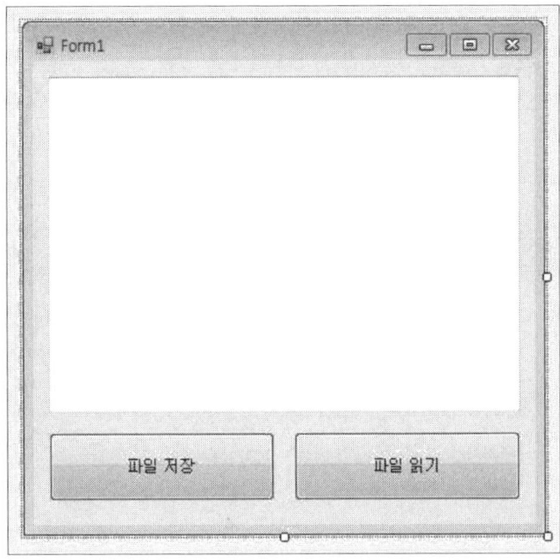

각 컨트롤에 대한 속성은 다음과 같이 설정한다.

컨트롤	Name	Text
TextBox	tbText	(없음)
Button	btnWrite	파일 저장
Button	btnRead	파일 읽기

[표 8-21] 속성 설정

3. 이벤트 처리기 추가

[파일 저장]과 [파일 읽기] 버튼이 클릭되었을 때 처리해야 하므로 다음과 같이 이벤트 처리기를 생성한다.

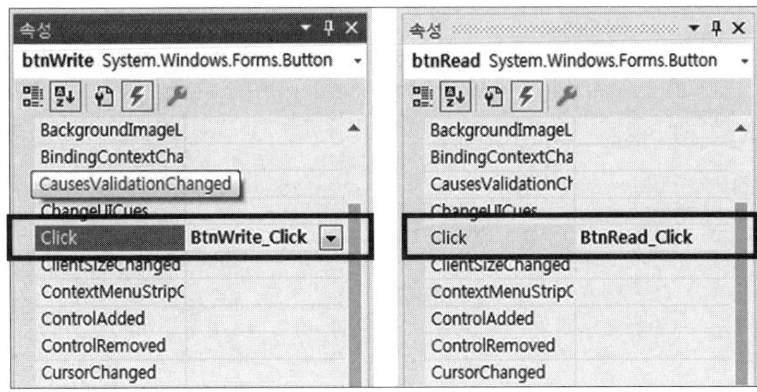

```
1  private void BtnWrite_Click(object sender, EventArgs e)
2  {
3  }
4  private void BtnRead_Click(object sender, EventArgs e)
5  {
6  }
```

4. 코드 작성

이벤트 처리기가 추가되었다면 이벤트 처리기 내부에 동작 기능 코드를 추가하도록 하자.

```
1  using System.IO;
2  ................... 이하 생략 ...................
3  private void BtnWrite_Click(object sender, EventArgs e)
4  {
5      FileStream fs = new FileStream(@"D:\fs.bin", FileMode.
6      Create, FileAccess.Write);
7      BinaryWriter bw = new BinaryWriter(fs);
8      bw.Write(tbText.Text);
9      fs.Close();
10  }
11  private void BtnRead_Click(object sender, EventArgs e)
12  {
13      tbText.Text = "";
14      FileStream fs = new FileStream(@"D:\fs.bin", FileMode.Open,
15      FileAccess.Read);
16      BinaryReader br = new BinaryReader(fs);
17      tbText.Text = br.ReadString();
18      fs.Close();
19  }
```

{ 코드 분석 }

5~6라인	FileStream 클래스를 사용하여 "D:\fs.bin" 파일에 대한 파일 스트림 객체를 생성하되, 모드는 Create로 무조건 파일을 생성하고, 접근 권한은 쓰기로 생성한다.
7라인	BinaryWriter 클래스를 사용하여 쓰기 모드의 이진 파일 객체를 생성한다. BinaryWriter 클래스 생성자의 전달인자로 파일 스트림 객체를 전달한다.
8라인	텍스트박스에 입력한 문자열을 이진 파일 객체에 저장한다.
14~15라인	FileStream 클래스를 사용하여 "D:\fs.bin" 파일에 대한 파일 스트림 객체를 생성하되, 모드는 Open으로 무조건 파일을 생성하고, 접근 권한은 읽기로 생성한다.
16라인	BinaryReader 클래스를 사용하여 읽기 모드의 이진 파일 객체를 생성한다. BinaryReader 클래스 생성자의 전달인자로 파일 스트림 객체를 전달한다.
17라인	스트림의 데이터를 파일 스트림 객체를 통해 문자열로 읽어 와서 텍스트박스에 출력한다.

5. 빌드 및 실행하기

단축키 F6번과 F5번을 눌러서 다음과 같이 빌드 및 실행을 한다. 먼저 텍스트박스에 텍스트를 입력한 후 [파일 저장] 버튼을 클릭하여 "d:\fs.bin" 파일에 텍스트가 이진 형태로 저장되는지 확인하고, [파일 읽기] 버튼을 클릭하여 "d:\fs.bin" 경로의 이진 파일로부터 데이터를 읽어 와서 텍스트박스에 데이터가 출력되는지 확인한다. 그리고, "d:\fs.bin" 파일을 메모장으로 열어서 실제로 데이터가 입력되었는지 확인해 보자.

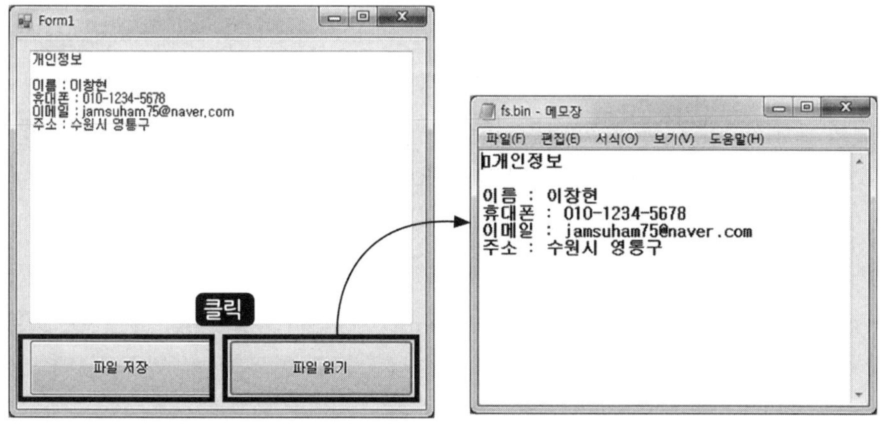

8.2.8 직렬화

1. 직렬화(Serialization)란 무엇인가?

먼져, 직렬화의 사전적인 의미를 살펴보면서 직렬화의 느낌을 가져 보자. 사전적으로는 '연재', '연속 간행'이라는 의미이고, 동사인 Serialize를 살펴보면 '시리즈로 방송하다', '연재하다'라는 의미를 갖는다. 즉, 연속적으로 수행하는 그 무언가를 직렬화라고 말하는 것 같다.

자, 그러면 이 느낌을 가지고 본격적으로 직렬화가 무엇인지 살펴보도록 하자. 직렬화란 객체를 저장하거나 메모리, 데이터베이스 또는 파일로 전송하기 위해 객체를 byte 스트림으로 변환하는 프로세스이다.

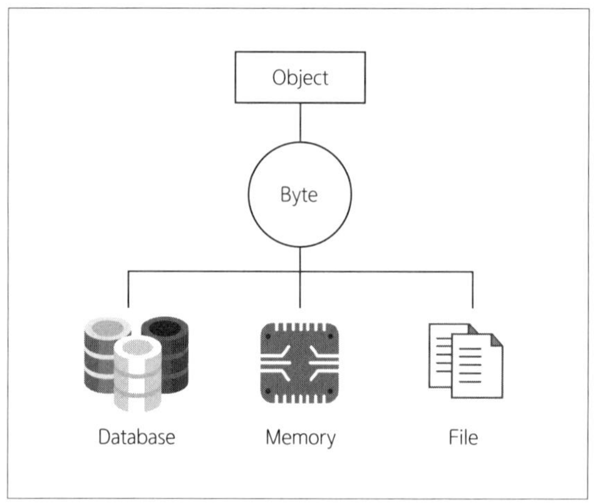

좋다. 파일로 전송하기 위한 목적까지는 좋은데, 객체를 왜 byte 스트림으로 변환을 하는 것일까? 고급 언어의 각 변수나 클래스는 내부 구조가 제각각이고, 메모리에 올라온 객체는 객체 참조를 통해 쉽게 접근할 수 있지만, 객체를 파일에 저장하려면 클래스 이름 및 멤버들의 정보를 파일에 저장해야 한다. 그러나 이 과정은 복잡하기도 하고, 이를 위한 표준도 없다. 더군다나 객체를 다른 프로그램에 그대로 전달하는 것은 문제가 되기 때문에 일정한 형식의 데이터의 기본 단위인 byte 형태로 변환한 것이다.

닷넷에서는 직렬화(Serialization)를 사용하여 프로그램에서 사용하는 객체를 파일에 저장하기 위해 byte 스트림으로 변환시키고, 역직렬화(Deserialization)를 사용하여 파일로부터 읽은 byte 스트림을 객체로 변환시키는 기능을 제공하고 있다.

2. 객체를 직렬화(Serialize)하기

• 객체의 직렬화와 비직렬화 설정하기

객체 직렬화는 SerializableAttribute 클래스를 통해 구현된다. 직렬화하고자 하는 부분에 [Serializable]을 명시하면 되고, 직렬화하고 싶지 않은 부분은 NonSerializableAttribute 클래스를 통해 [NonSerialized]를 명시하면 된다. 예를 들어 다음의 클래스를 통해 직렬화 설정 부분과 비설정 부분을 명시해 보도록 하자.

```
[Serializable]
class Person
{
        string name;
        string mobile;
        string email;
        [NonSerialized]
        string address;
        ...........................
}
```

Person 클래스의 name, mobile, email 멤버는 직렬화가 되고, address 멤버만 직렬화를 할 수 없다.

• BinaryFormatter 클래스로 직렬화하기

닷넷에서는 객체를 이진 스트림으로 직렬화시킬 경우 BinaryFormatter 클래스를 사용한다. BinaryFormatter 클래스를 사용하려면, System.Runtime.Serialization.Formatters.Binary 네임 스페이스를 포함시켜야 한다. BinaryFormatter 클래스의 메소드인 Serialize( )는 객체를 직렬화시키고, Deserialize( )는 객체를 역직렬화시킨다. 다음은 두 메소드의 원형이다.

```
public void Serialize(System.IO.Stream serializationStream, object graph);
```

serializationStream는 직렬화가 될 스트림이고, graph는 직렬화할 객체를 나타낸다. Graph에는 어떤 형태의 객체가 와도 상관없다.

```
public object Deserialize(System.IO.Stream serializationStream);
```

serializationStream는 역직렬화할 스트림이다. 반환값은 역직렬화시킨 객체이다.

8.2.9 프로젝트 제작 : 객체의 직렬화와 역직렬화

1. 프로젝트 생성

메뉴의 [파일]-[새로 만들기]-[프로젝트]를 선택한 후 프로젝트 선택 창에서 [Windows Forms 앱]을 선택한다.

[다음] 버튼을 클릭하면 다음 단계인 [새 프로젝트 구성] 창으로 넘어간다. 프로젝트 이름은 SerializeEx라고 입력한 후, [확인] 버튼을 눌러 프로젝트를 생성하자.

2. 폼 디자인

다음과 같이 폼에 버튼 2개, 텍스트박스 5개, 레이블 5개를 배치하자. 개인 정보를 텍스트박스에 입력하고 [직렬화] 버튼을 클릭하면 객체는 직렬화되어 파일에 저장된다. [역직렬화] 버튼을 클릭하면 파일로부터 데이터를 읽을 때 역직렬화하여 텍스트박스에 출력한다.

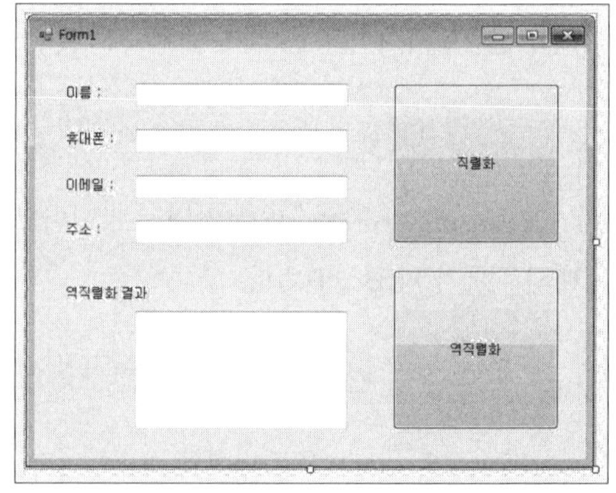

각 컨트롤에 대한 속성은 다음과 같이 설정한다.

컨트롤	Name	Text
Label	Label1	이름
Label	Label2	휴대폰
Label	Label3	이메일
Label	Label4	주소
Label	label5	역직렬화 결과
TextBox	tbName	(비움)
TextBox	tbMobile	(비움)
TextBox	tbEmail	(비움)
TextBox	tbAddress	(비움)
TextBox	tbResult	(비움)
Button	btnSerialize	직렬화
Button	btnDeserialize	역직렬화

3. 이벤트 처리기 추가

[파일 쓰기]와 [파일 읽기] 버튼이 클릭되었을 때 처리해야 하므로 다음과 같이 이벤트 처리기를 생성
한다.

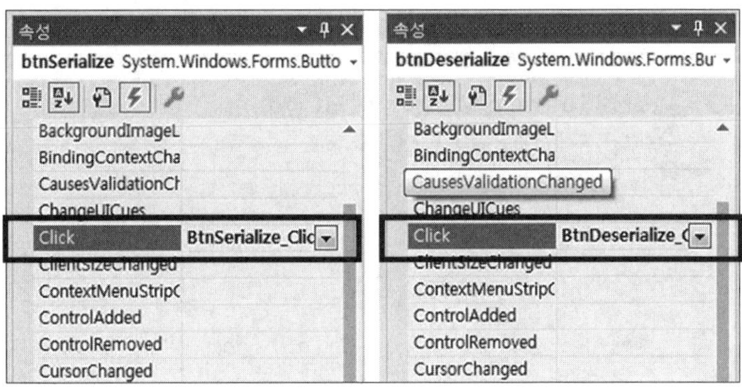

```
1    private void BtnWrite_Click(object sender, EventArgs e)

2    {

3    }

4    private void BtnRead_Click(object sender, EventArgs e)

5    {

6    }
```

4. 코드 작성

이벤트 처리기가 추가되었다면 이벤트 처리기 내부에 동작 기능 코드를 추가하도록 하자.

```
1    using System.IO;

2    using System.Runtime.Serialization.Formatters.Binary;

3    using System.Collections;

4

5    namespace SerializeEx

6    {

7        public partial class Form1 : Form

8        {

9            private ArrayList arrlist;

10           public Form1()

11           {

12               InitializeComponent();

13               arrlist = new ArrayList();

14           }

15

16           private void BtnSerialize_Click(object sender, EventArgs e)

17           {

18               FileStream fs = new FileStream(@"D:\fs.bin",

19               FileMode.Create);

20               Person p = new Person(tbName.Text,
```

```csharp
                tbMobile.Text,
                tbEmail.Text,
                tbAddress.Text);

            arrlist.Add(p);

            BinaryFormatter bf = new BinaryFormatter();
            bf.Serialize(fs, arrlist);
            fs.Close();
            arrlist.Clear();
        }

        private void BtnDeserialize_Click(object sender,
        EventArgs e)
        {
            tbResult.Text = "";
            FileStream fs = new FileStream(@"D:\fs.bin",
            FileMode.Open);
            BinaryFormatter bf = new BinaryFormatter();
            arrlist = (ArrayList)bf.Deserialize(fs);

            foreach(Person p in arrlist)
            {
                tbResult.Text += p.GetName() + "\n" +
                    p.GetMobile() + "\n" +
                    p.GetEmail() + "\n" +
                    p.GetAddress() + "\n";
            }
            fs.Close();
        }
    }

    [Serializable]
```

```
54    class Person
55    {
56        string name;
57        string mobile;
58        string email;
59        [NonSerialized]
60        string address;
61
62        public Person(string aName, string aMobile, string
63        aEmail, string aAddress)
64        {
65            name = aName;
66            mobile = aMobile;
67            email = aEmail;
68            address = aAddress;
69        }
70
71        public string GetName() { return name; }
72        public string GetMobile() { return mobile; }
73        public string GetEmail() { return email; }
74        public string GetAddress() { return address; }
75    }
76 }
```

{ 코드 분석 }

2라인	BinaryFormatter 클래스를 사용하기 위해 포함한 네임 스페이스이다.
3라인	ArrayList 클래스를 사용하기 위해 포함한 네임 스페이스이다.
9라인	ArrayList는 배열의 기능을 편리하게 제공하기 위해 닷넷에서 컬렉션으로 지원하는 기능이다.
13라인	폼 로드 시 ArrayList 객체를 생성한다.
18~19라인	파일 스트림 객체를 Create 모드로 생성한다.

20~23라인	Person 클래스의 객체를 생성하되, 이름, 휴대폰, 메일, 주소 등의 정보를 입력한 텍스트박스의 문자열을 생성자의 전달인자로 각각 전달한다.
25라인	ArrayList에 생성한 객체 p를 추가한다.
27라인	BinaryFormatter 클래스로 객체를 생성한다.
28라인	Serialize( ) 메소드로 객체 p가 추가된 arrlist를 직렬화시킨다.
37~38라인	파일 스트림 객체를 Open 모드로 생성한다.
40라인	Deserialize() 메소드로 현재 파일 스트림의 객체를 역직렬화시킨 후 arrlist에 저장한다. 이때 메소드의 값을 반환할 시 ArrayList로 형변환한다.
42~48라인	반복문을 수행하면서 arrlist 배열의 요소인 각 객체를 얻어 온다. 객체의 메소드 호출을 통해 데이터를 읽어 텍스트박스에 출력한다.
53라인	Person 클래스를 직렬화하겠다는 의미이다.
59라인	클래스의 변수 중 address만 비직렬화하겠다는 의미이다.
62~69라인	Person 클래스의 생성자는 전달인자를 받아서 클래스 각 변수의 값을 초기화한다.
71~74라인	이름, 휴대폰, 이메일, 주소의 값을 읽어 오는 메소드들이다.

5. 빌드 및 실행하기

단축키 F6번과 F5번을 눌러서 다음과 같이 빌드 및 실행을 한다. 먼저 신상 정보를 입력하는 텍스트박스에 문자열을 입력한 후 [직렬화] 버튼을 클릭하여 "D:\fs.bin" 파일에 직렬화 형태로 저장되는지 확인하고, [역직렬화] 버튼을 클릭하여 "D:\fs.bin" 경로의 파일로부터 데이터를 역직렬화한 데이터를 읽어 와서 텍스트박스에 데이터가 출력되는지 확인한다. 그리고 "D:\fs.bin" 파일을 메모장으로 열어서 실제로 데이터가 입력되었는지 확인해 보자.

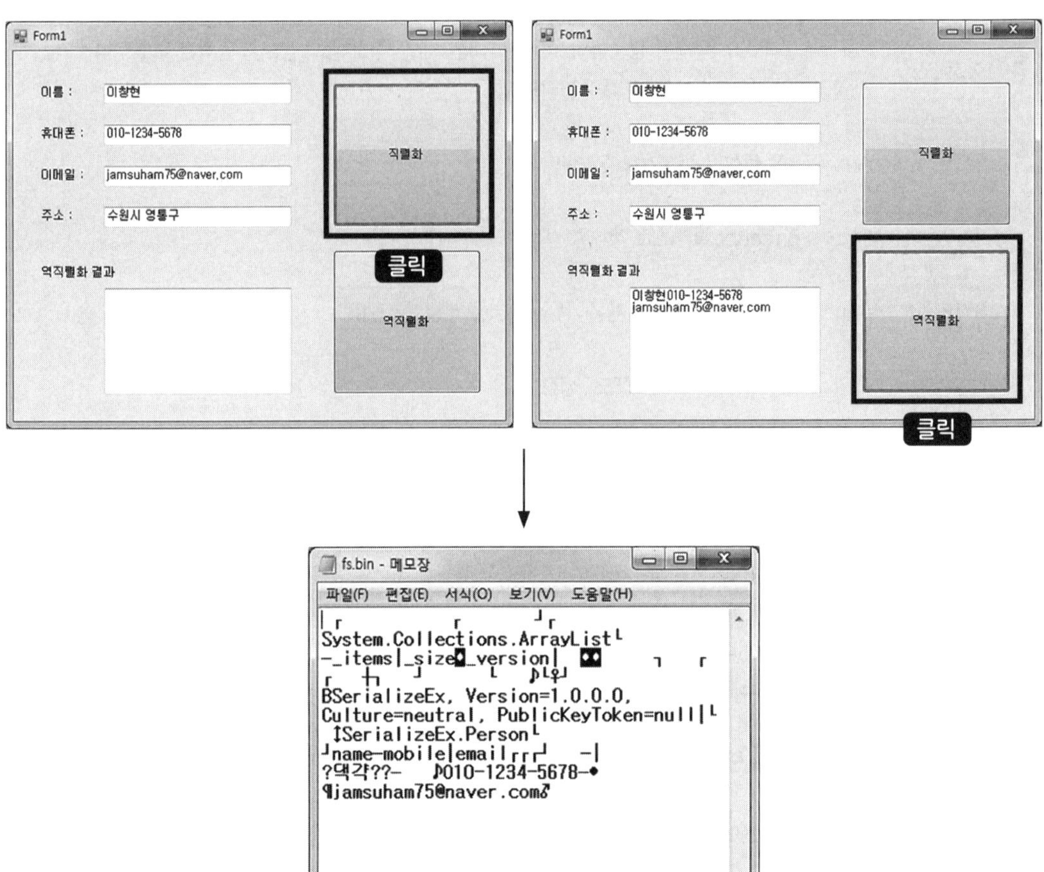

Part 9

{스레드와 동기화}

9.1 스레드의 개념

9.1.1 프로세스와 스레드

1. 프로세스란

프로세스(Process)를 논하기 앞서 프로그램(Program)에 대한 개념을 같이 살펴보아야 한다. 컴퓨터 상에서의 프로그램이란 사전적으로 '어떤 작업을 위해 실행할 수 있는 파일'을 의미한다. 프로그램들은 우리 컴퓨터의 각 디스크에 파일 형태로 저장되어 있다. 이러한 프로그램들이 실행되어 메모리에 올라오면 그것이 프로세스가 된다.

프로세스는 사전적으로 '메모리에 올라와 실행되고 있는 프로그램의 인스턴스'라고 정의되어 있다. 운영체제는 프로그램이 메모리에 올라와 실행되고 있는 동안 독립적인 메모리 파티션을 생성하고, 안정적인 메모리 환경을 제공한다. 그러므로 한 프로세스에서는 다른 프로세스의 변수나 자료 구조에 접근할 수 없다. 모든 프로세스에는 고유의 식별자(PID)가 할당되고, 필요에 따라 운영체제에서 강제 종료를 시킬 수도 있다.

2. 스레드란

스레드(Thread)는 사전적으로 '프로세스 내에서 실행되는 여러 흐름의 단위'라고 정의되어 있다. 즉, 스레드는 프로세스 내에서 수행되는 기능 단위의 모듈이다. 1개의 프로세스 내에서는 여러 개의 스레드가 독립적으로 수행될 수 있다. 모든 프로세스는 최소한 1개 이상의 스레드를 갖게 되는데, 이것을 주 스레드라고 부르며 Main( ) 메소드가 이 역할을 한다. 그렇기 때문에 Main( ) 메소드는 프로세스 내에서 실행되는 메소드라고 할 수 있다. 일반적인 프로세스의 경우 한 순간에 하나의 메소드만 실행되지만, 스레드를 사용하면 여러 개의 메소드를 동시에 실행시킬 수 있다.

주 스레드에서만 작업을 진행하게 하면 처리를 한 군데에서만 해야 하기 때문에 상대적으로 반응 속도가 빠르지 못하다. 그래서 주 스레드에서 새로운 스레드를 생성하여 백그라운드로 동작하게 하면 여러 작업이 동시에 진행되는 것처럼 느껴지고, 프로세스의 성능과 효율이 향상된다.

사실 엄밀하게 따지면 연산을 처리하는 CPU는 동시에 수행될 수는 없다. 여러 개의 스레드가 동작하게 될 때 빠른 스위칭을 통해서 스레드를 수행시키기 때문에 우리가 느끼기에 동시에 처리하는 것처럼 느껴질 뿐이다. 인간이 체감할 만한 속도는 아니다. 그렇다면 스레드를 많이 사용하면 성능의 향상은 비례하는가? 꼭 그렇지만은 않다. 과유불급이라고 했던가? 너무 많은 스레드를 사용하면 프로세스 안에서 실행 스레드들을 스위칭하는 시간이 많이 소요될 수 있기 때문에 오히려 CPU 처리 효율을 떨어뜨릴 수 있다. 그래서 스레드의 적절한 사용에는 개발자의 역할이 매우 크게 작용한다. 다음은 프로세스 내의 스레드 구조이다.

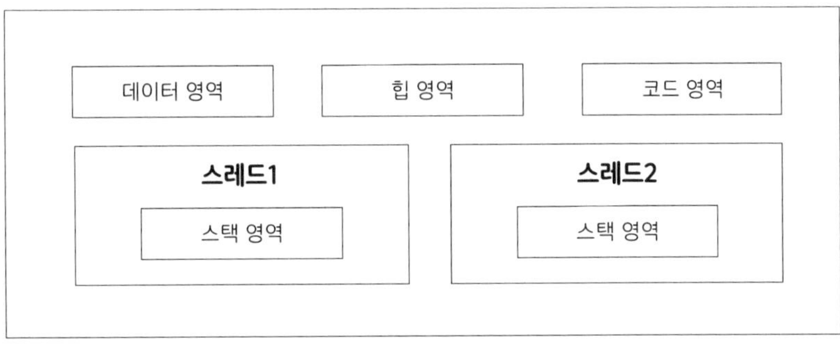

스레드는 프로세스 내에서 스택 영역만 따로 할당받고 데이터 영역과 힙 영역, 코드 영역은 공유한다. 그래서 프로세스 내의 주소 공간이나 자원들은 서로 공유하면서 실행한다.

앞서 설명했던 대로 스레드를 이용하면 여러 개의 메소드를 동시에 실행시킬 수 있다고 했는데, 2개 이상의 스레드 동작을 멀티 스레드라고 한다. 이번 장에서 살펴볼 내용이 결국 멀티 스레드인데, 멀티 스레드를 통해 여러 개의 메소드를 생성하여 문제없이 동시에 독립적으로 동작하도록 해 주면 되는 것이다.

시스템의 메모리는 크게 4가지 영역으로 나눌 수 있는데 스택 영역, 힙 영역, 데이터 영역, 코드 영역이다.

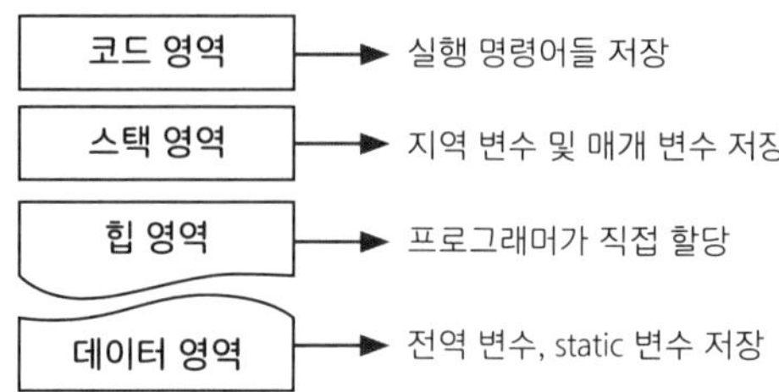

•코드 영역

코드 영역은 소스 코드가 저장되는 영역으로, 컴퓨터가 실행해야 할 명령어들이 순서대로 쌓이는 메모리 영역이다. 우리가 코딩한 것을 실행시키면 CPU가 알아서 코드 영역에 저장된 명령어들을 하나씩 가져가 처리하는 방식으로, 컴퓨터가 알아서 처리하기 때문에 우리가 따로 신경을 쓸 필요가 없는 영역이다.

•스택 영역

스택이란 모든 원소들의 삽입과 삭제가 리스트의 한쪽 방향에서만 수행되도록 하는 제한 조건을 가진 선형 자료 구조이다. 한마디로 출입구가 한 군데라서 데이터가 들어온 곳으로 다시 나가기도 한다. 자료 구조에서 이러한 방식을 후입 선출 방식(LIFO)이라고 한다.

•힙 영역

힙은 컴퓨터 메모리의 일부가 할당되었다가 회수되는 일들이 반복되는 것을 말한다. 프로그래머(사용자)가 필요에 의해서 그 즉시 메모리를 할당하다 보니, 블록의 크기나 요구 및 횟수 순서에 일정한 규칙이 없다는 점이 특징이다. 즉, 힙은 코드의 컴파일 시 할당하는 메모리가 아니라 프로그램 실행 시에 사용자로부터 할당하고자 하는 메모리를 입력받는 것이다. 이 영역은 미리 메모리 공간을 예측할 수 없다. 메모리 공간 중에 가장 특이한 영역이라고 할 수 있다.

•데이터 영역

전역 변수와 static 변수들이 저장되는 메모리 영역이다. 전역 변수의 경우 선언 위치가 어떻게 되는가? 메소드 외부에 선언되어 있는 것을 볼 수 있다. static 변수의 경우는 어떤가? 선언의 위치를 보았을 때는 지역 변수처럼 선언되지만, static의 속성상 메소드가 종료되어도 소멸되지 않는다는 특징을 가지고 있다. 전역 변수의 경우는 메소드나 클래스의 외부에 선언되어 있으므로 프로그램이 시작할 때 생성되고, 프로그램이 끝날 때 소멸된다. static 변수의 경우는 선언한 위치에서 메모리가 생성되고, 메모리의 소멸은 전역 변수와 마찬가지로 프로그램이 끝날 때 소멸된다.

9.1.2 System.Threading 네임 스페이스

닷넷에는 스레드 관련 기능을 제공하기 위한 라이브러리로 System.Threading 네임 스페이스가 있다. 주요 기능은 클래스, 델리게이트, 열거형 등이며 다양하게 제공되는데, 대표적인 기능은 다음과 같다.

주요 기능	내용
Interlocked	멀티스레드 기반에서 스레드 간에 공유되는 객체를 동기화한다.
Monitor	locks, wait, signals를 통해서 스레드 객체를 동기화한다.
Mutex	2개 이상의 스레드가 공유 자원에 동시에 접근할 때 동기화한다.
Thread	스레드를 생성하고 제어하는 기능을 제공한다.
ThreadPool	해당 프로세스 내의 스레드들을 관리하는 기능을 제공한다.
Timer	설정한 시간 간격으로 메소드를 실행하도록 기능을 제공한다.
ThreadStart	스레드에서 실행되는 메소드를 등록하는 델리게이트이다.
WaitCallback	스레드풀에 의해 실행될 콜백 메소드를 나타내는 델리게이트이다.
TimerCallback	타이머에 의해 호출되는 메소드를 등록하는 델리게이트이다.
ThreadState	스레드의 상태를 지정한다.
ThreadPriority	스레드의 우선순위를 지정한다.

9.1.3 프로젝트 제작 : 스레드의 속성 정보 출력하기

1. 프로젝트 생성

메뉴의 [파일]-[새로 만들기]-[프로젝트]를 선택한 후 프로젝트 선택 창에서 [Windows Forms 앱]을 선택한다.

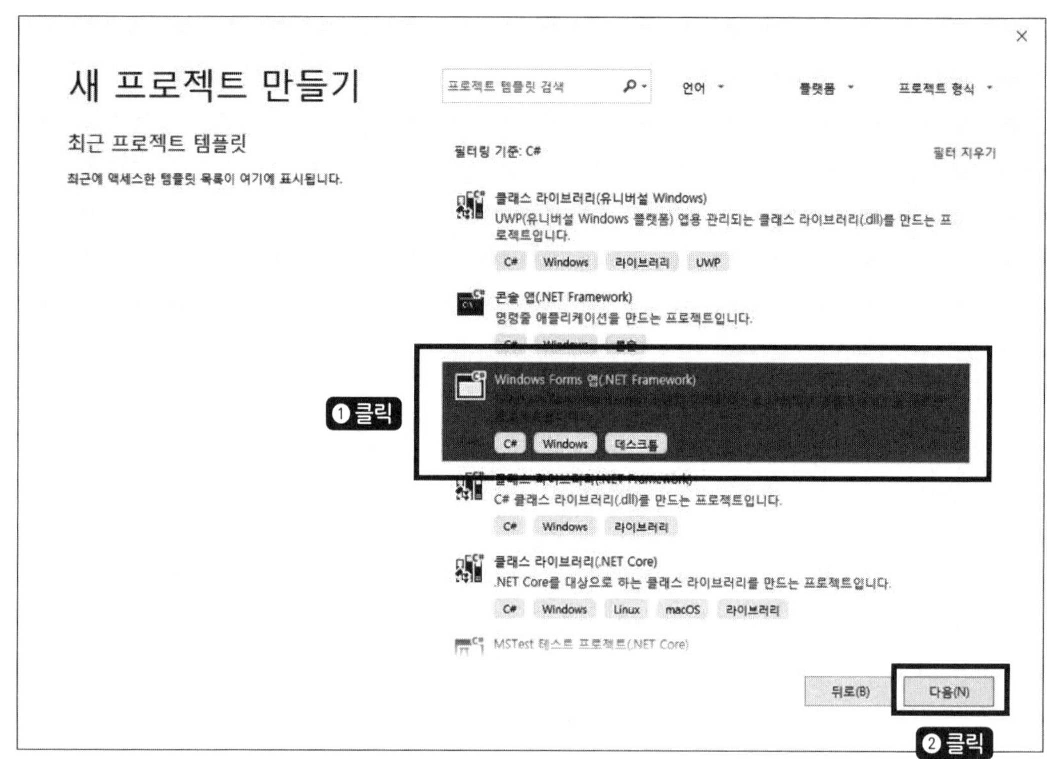

[다음] 버튼을 클릭하면 다음 단계인 [새 프로젝트 구성] 창으로 넘어간다. 프로젝트 이름은 Thread-Info라고 입력한 후, [확인] 버튼을 눌러 프로젝트를 생성하자.

2. 폼 디자인

생성한 폼에 텍스트박스 1개와 버튼 1개를 각각 배치하자. 우리가 구현하고자 하는 기능은 버튼을 클릭했을 때 현재 프로세스의 주 스레드 정보를 읽어 오는 것이다.

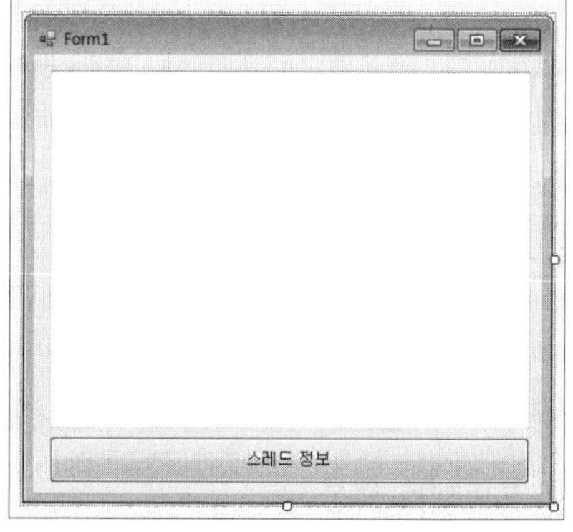

각 컨트롤에 대한 속성은 다음과 같이 설정한다.

컨트롤	Name	Text
TextBox	tbThreadInfo	(비움)
Button	btnThreadInfo	스레드 정보

3. 이벤트 처리기 추가

[스레드 정보] 버튼에 대한 클릭 이벤트 처리기를 다음과
같이 생성한다.

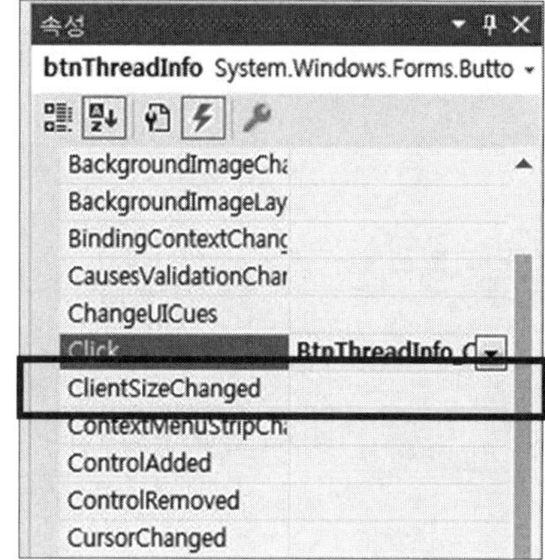

버튼의 Click 이벤트를 더블클릭하면 다음과 같이 이벤트 처리기 코드가 생성된다.

```
1    private void BtnThreadInfo_Click(object sender, EventArgs e)
2    {
3    }
```

4. 코드 작성

이벤트 처리기가 추가되었다면 이벤트 처리기 내부에 동작 기능 코드를 추가하도록 하자. 각 이벤트
처리기의 기능에 맞게 작성해 보자.

```
1    using System.Threading;
2    ..................... 이하 생략 .....................
```

```
3    private void BtnThreadInfo_Click(object sender, EventArgs e)
4    {
5            Thread th = Thread.CurrentThread;
6            th.Name = "threadInfo";
7            tbThreadInfo.Text += "HashCode : " + th.GetHashCode() + "\r\n";
8            tbThreadInfo.Text += "스레드 이름 : " + th.Name + "\r\n";
9            tbThreadInfo.Text += "스레드 우선순위 : " + th.Priority + "\r\n";
10           tbThreadInfo.Text += "스레드 상태 : " + th.ThreadState;
11   }
```

{ 코드 분석 }

1라인	닷넷의 스레드 관련 기능을 제공해 주는 System.Threading 네임 스페이스를 추가한다.
5라인	Thread 클래스를 이용하여 객체를 선언하되, CurrentThread를 통해 현재 주 스레드 객체를 얻어 온다.
6라인	스레드 이름을 설정한다.
7라인	스레드의 해시 코드를 얻어 와서 출력한다. 해시 코드란 객체를 식별할 수 있는 하나의 정수값을 말한다.
8라인	스레드의 이름을 출력한다.
9라인	스레드의 우선순위를 출력한다. 스레드가 현재 스케줄러에 있는 큐보다 우선순위가 높은 큐에 들어가면 스케줄러는 우선순위가 높은 큐로 이동하여 스레드를 수행한다. 우선순위에는 크게 실시간(Real Time), 최상(Highest), 보통(Normal), 낮음(Lowest) 등이 있다. 디폴트는 보통(Normal)이다.
10라인	현재 스레드의 상태를 알려 주는 읽기 전용 속성이다. 현재 스레드가 동작하고 있는지 멈추었는지 등의 상태 정보를 알려 준다.

5. 빌드 및 실행하기

단축키 F6번과 F5번을 눌러서 다음과 같이 빌드 및 실행을 한다. [스레드 정보] 버튼을 클릭하여 결과를 확인해 보자.

9.1.4 스레드 생성하기

앞에서는 이미 생성된 스레드의 객체를 얻어 와서 단일 스레드의 동작 형태와 스레드 정보에 대해 살펴보았다. 이번에는 스레드를 직접 생성 및 종료하고 제어하는 형태에 대해 살펴보도록 하자.

1. Thread 클래스

스레드의 기능을 제공하는 System.Threading 네임 스페이스에서 스레드 생성, 종료, 제어 기능을 제공하는 대표적인 클래스가 바로 Thread이다.

public sealed class Thread

Thread 클래스 앞에 sealed 키워드가 있는데, 이는 상속 금지를 나타낸다. 따라서 스레드를 만들고 사용하기 위해서는 오직 Thread 클래스의 객체를 생성하는 방법을 이용해야 한다. 다음은 Thread 클래스에서 제공하는 주요 메소드 목록이다.

메소드	내용
Abort()	이 메소드가 호출되는 스레드에서 ThreadAbortException을 발생시켜 스레드 종료 프로세스를 시작한다.
Join()	스레드가 종료될 때까지 대기하면서 호출 스레드를 차단한다.
Resume()	일시중지된 스레드를 다시 시작한다.

Sleep()	지정된 시간 동안 현재 스레드를 일시중지한다.
Start()	현재 스레드 객체를 동작(Running) 상태로 변경한다.
Suspend( )	현재 동작하고 있는 스레드를 일시중지한다.

2. ThreadStart 델리게이트

스레드로 사용할 메소드를 참조할 수 있게 해 주는 델리게이트(Delegate)이다. 델리게이트는 앞서 학습을 하였기 때문에 어떠한 역할을 하는지 알고 있을 것이다. 특정 메소드의 기능을 대신 위임받아서 처리하는 기능을 한다. 스레드에서도 마찬가지로 스레드 역할의 메소드를 위임받아 하나의 스레드 역할을 하게 할 수 있는데, 이때 ThreadStart 델리게이트를 사용하는 것이다.

```
public delegate void ThreadStart();
```

3. 스레드 생성하기

Thread 클래스의 기능과 ThreadStart 델리게이트를 살펴보았으니 실제로 스레드를 생성하는 코드의 형태를 살펴보도록 한다. 스레드를 생성하는 가장 일반적인 방법은 Thread 클래스의 객체를 생성하는 것이다. 이때 생성자의 전달인자로 ThreadStart 델리게이트를 전달한다. 델리게이트를 전달했다는 것은 결국 앞서서 특정 메소드를 위임받아 등록했다는 의미이다. 코드의 형태는 다음과 같다.

```
ThreadStart  ts = new ThreadStart(ThreadFunction);

Thread thd = new Thread(ts);

thd.Start();
```

먼저 메소드를 1개 정의한다. 이 메소드는 일반 메소드로 사용할 것이 아니라 스레드로 사용할 것이다. 이때 ThreadStart 델리게이트를 생성하고 메소드 이름을 전달인자로 전달한다. 그러면 ThreadStart 델리게이트는 ThreadFunction 메소드의 대리자 역할로서 Thread 객체 생성 시 생성자의 전달인자로 전달한다. 그리고 Thread 클래스의 메소드인 Start( )를 호출하면 스레드가 시작된다.

9.1.5 프로젝트 제작 : 스레드 만들기

콘솔 앱 프로젝트를 생성하여 스레드 만들기 예제를 작성해 보도록 하자.

1. 프로젝트 생성

메뉴의 [파일]-[새로 만들기]-[프로젝트]를 선택한 후 프로젝트 선택 창에서 [콘솔 앱]을 선택한다.

[다음] 버튼을 클릭하면 다음 단계인 [새 프로젝트 구성] 창으로 넘어간다. 프로젝트 이름은 Thread-Create라고 입력한 후, [확인] 버튼을 눌러 프로젝트를 생성하자.

2. 코드 작성

```
1    using System.Threading;
2
3    namespace ThreadCreate
4    {
5        class Program
6        {
7            static void Main(string[] args)
8            {
```

```
9              Console.WriteLine("주 스레드 시작 ");
10             ThreadStart ts = new ThreadStart(ThreadFunction);
11             Thread thd = new Thread(ts);
12             thd.Start();
13             Console.WriteLine("스레드 시작 " + thd.ThreadState);
14             Console.WriteLine("주 스레드 종료 ");
15         }
16      public static void ThreadFunction()
17      {
18             int count = 0;
19             while(count < 10)
20             {
21                 count++;
22                 Console.WriteLine("스레드 동작 중 ...");
23             }
24         }
25     }
26 }
```

{ 코드 분석 }

1라인	닷넷의 스레드 관련 기능을 제공해 주는 System.Threading 네임 스페이스를 추가한다.
9라인	Main( ) 메소드 자체가 하나의 주 스레드이므로 시작 메시지를 출력한다.
10라인	델리게이트 ThreadStart를 사용하여 ThreadFunction( ) 메소드를 위임한다.
11라인	스레드 객체를 선언하고, 스레드를 생성한다.
12라인	스레드를 시작한다.
13라인	생성한 스레드의 시작을 표시하고, 스레드의 상태 속성을 출력한다.
14라인	Main( ) 메소드의 끝이므로, 주 스레드가 종료된다는 메시지를 출력한다.
16~24라인	ThreadFunction( )을 정적 메소드로 정의한다. while 반복문을 통해 반복하면서 스레드 동작 메시지를 10회 출력한다.

스레드의 생성 및 동작 구조는 다음과 같다.

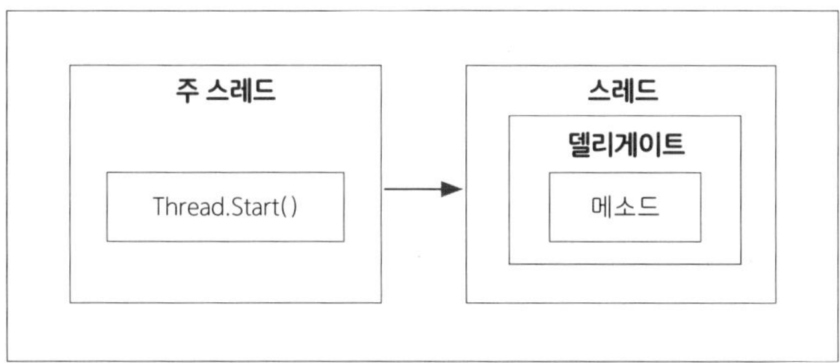

　프로세스 내부의 구조이다. 기본적으로 주 스레드가 존재하는데, 우리가 알고 있는 Main( ) 메소드이다. 스레드에 해당하는 메소드를 만들고, 그 메소드를 위임하는 ThreadStart 델리게이트로 스레드를 생성한 후, Start( ) 메소드를 호출함으로써 스레드는 동작한다.

3. 빌드 및 실행하기

　단축키 F6번과 Ctrl + F5번을 눌러서 다음과 같이 빌드 및 실행을 한다.

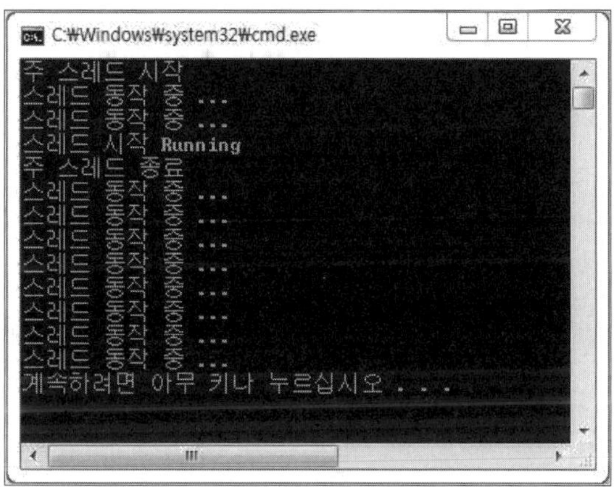

9.1.6 스레드 우아하게 종료하기

　스레드는 ThreadStart 델리게이트에 등록되어 있는 메소드가 종료되면 자동으로 종료된다. 그래서 스레드를 계속 동작시키기 위해 메소드 내에 반복문을 사용하여 계속적으로 반복시키고, 반복문이 종료되면 스레드 또한 종료가 되는 형태이다.

1. 스레드의 자동 종료

앞에서 작성했던 예제의 메소드 코드 구조를 살펴보자. 메소드 내부의 while문을 통해 설정한 수만큼 반복 동작을 하고 있다. 반복문을 빠져나오게 되면 스레드 또한 종료된다. 가장 일반적인 스레드의 종료 방법이다.

```
public static void ThreadFunction( )
{
        while(count < 10)
        {
                //코드
        }
}
```

2. 스레드의 강제 종료

스레드를 외부에서 강제로 종료해야 하는 경우도 있다. 이때 사용하는 메소드가 바로 Abort( )이다.

```
public void Abort();
```

Abort( ) 메소드가 호출되면 ThreadAbortException 예외를 발생시켜 스레드를 종료하게 만든다. 강제 종료이므로 해당 스레드가 어떤 동작을 하는 중인지와 상관없이 CPU의 사용권을 빼앗아 강제로 종료시키기 때문에, 어떠한 부작용이 발생할지 알 수 없다. 그래서 극단적인 상황이 아니면 Abort( ) 사용은 권장하지 않는다.

3. 우아하게 종료

스레드를 정상적으로 종료하는 방법으로 가장 권장하는 방법은 Join( ) 메소드 사용이다. Join( ) 메소드는 스레드가 다 실행될 때까지 기다렸다가 종료시키므로 매우 안정적이다.

```
public void Join();
```

이 메소드를 사용할 시 1가지 문제점이 있는데, while(true)과 같은 무한 반복으로 스레드를 동작시키는 경우에는 적용하기 어렵다는 점이다.

9.1.7 프로젝트 제작 : 스레드 종료하기

콘솔 앱 프로젝트를 생성하여 스레드 만들기 예제를 작성해 보도록 하자. 아니면 앞서 작성했던 예제 ThreadCreate를 열어서 코드를 수정하여도 상관없다.

1. 프로젝트 생성

메뉴의 [파일]-[새로 만들기]-[프로젝트]를 선택한 후 프로젝트 선택 창에서 [콘솔 앱]을 선택한다.

[다음] 버튼을 클릭하면 다음 단계인 [새 프로젝트 구성] 창으로 넘어간다. 프로젝트 이름은 ThreadExit라고 입력한 후, [확인] 버튼을 눌러 프로젝트를 생성하자.

```
1    using System.Threading;
2
3    namespace ThreadExit
4    {
5        class Program
6        {
7            static void Main(string[] args)
8            {
9                Console.WriteLine("주 스레드 시작 : " + Thread.
10                   CurrentThread.GetHashCode());
```

```csharp
        ThreadStart ts = new ThreadStart(ThreadFunction);
        Thread thd = new Thread(ts);
        thd.Start();
        Console.WriteLine("스레드 시작 " + thd.GetHashCode());
        Console.WriteLine("주 스레드 종료 ");
        Thread.Sleep(100);
        //thd.Abort();
        thd.Join();
    }
    public static void ThreadFunction()
    {
        try
        {
            int count = 0;
            while(count < 1000)
            {
                count++;
                Console.WriteLine("스레드 동작 중 ..." + count);
            }
            Console.WriteLine("정상 종료");
        }
        catch(ThreadAbortException e)
        {
            Console.WriteLine("Abort 예외 발생 : " + e);
        }
        finally
        {
            Console.WriteLine("finally!!");
        }
        Console.WriteLine("스레드 식별 : "+ Thread.
        CurrentThread.GetHashCode());
    }
```

```
43        }
44  }
```

{ 코드 분석 }

1라인	닷넷의 스레드 관련 기능을 제공해 주는 System.Threading 네임 스페이스를 추가한다.
16라인	스레드 시작 후 Sleep( ) 메소드를 통해 0.1초 동안 대기한다.
17라인	Abort( ) 메소드로 동작 중인 스레드를 강제로 종료시킨다.
18라인	Join( ) 메소드로 스레드의 모든 작업이 완료된 후 종료시킨다.
22~39라인	try ~ catch ~ finally로 스레드 강제 종료 시 예외 처리를 한다.
32라인	스레드에서 발생한 예외 중 Abort( ) 메소드에 의해 강제 종료가 되면 ThreadAbortException 예외가 발생하는데, catch문에서 예외 발생 전달인자를 받아 출력한다.
40~41라인	현재 어떠한 스레드가 동작하고 있는지 스레드를 식별할 해시 코드를 출력한다.

2. 빌드 및 실행하기

단축키 F6번과 Ctrl + F5번을 눌러서 다음과 같이 빌드 및 실행을 한다.

실행 결과 - Abort() 메소드를 호출하였을 때   실행 결과 - Join( ) 메소드를 호출하였을 때

9.1.8 스레드 제어하기

스레드를 생성하고, 종료하는 방법을 살펴보았다. 이번에는 스레드를 제어하는 각 메소드를 살펴보자. 동작하는 스레드를 일시 정지하거나 다시 시작할 수 있도록 제어도 가능하다.

1. Sleep() 메소드

스레드를 대기 상태로 전환하는 기능 중에 가장 대표적으로 자주 사용되는 메소드가 바로 Sleep()이다. 이 메소드는 실행하고 있는 스레드를 잠시 멈추어 대기 상태로 만든다. 지정한 시간이 지나면 자동으로 실행 상태로 전환된다. 사용 방법은 매우 간단하다. 전달인자로 정지할 시간을 넘겨주면 되는데, 단위는 millisecond(1/1000)이다.

```
Thread.Sleep(1000);
```

Sleep() 메소드는 사용법이 단순하지만, 스레드 동작 시 매우 중요한 역할을 한다. 여러 개의 스레드가 동작하고 있다고 가정할 때, 특정한 1개의 스레드가 동작을 하다가 Sleep() 메소드를 호출하게 되면 나머지 다른 스레드들이 CPU를 점유하게 된다. 멀티 스레드에서는 Sleep() 메소드를 얼마나 적절하게 사용하느냐에 따라 코드 성능의 품질이 달라진다. 너무 많이 사용해도 안 되고, 필요에 따라 적절하게 사용해야 한다.

2. Suspend() 메소드

Suspend() 메소드 또한 Sleep() 메소드처럼 실행 중인 스레드를 대기 상태로 전환시킨다. 그런데 일정 시간이 지나면 자동으로 대기 상태를 빠져나오는 Sleep() 메소드와는 달리, Suspend() 메소드를 이용한 경우에는 다시 실행 상태로 만들기 위해 Resume() 메소드를 호출해 주어야 한다.

```
Thread.Suspend();
```

Suspend() 메소드가 호출되면 해당 스레드는 대기 상태가 되고, 나머지 실행 상태의 스레드들이 CPU 제어권을 갖게 된다.

3. Resume() 메소드

Resume() 메소드는, Suspend() 메소드를 통해 대기 상태로 만든 스레드를 다시 실행 상태로 전환시킨다.

동작하고 있는 스레드를 일시정지(Suspend)시키고, 다시 시작(Resume)하는 이러한 기능은 전체적인 동작에 영향을 미칠 수 있기 때문에 심각하게 고려하고 사용해야 한다.

9.1.9 프로젝트 제작 : 스레드 제어하기

콘솔 앱 프로젝트를 생성하여 스레드 만들기 예제를 작성해 보도록 하자.

1. 프로젝트 생성

메뉴의 [파일]-[새로 만들기]-[프로젝트]를 선택한 후 프로젝트 선택 창에서 [콘솔 앱]을 선택한다.

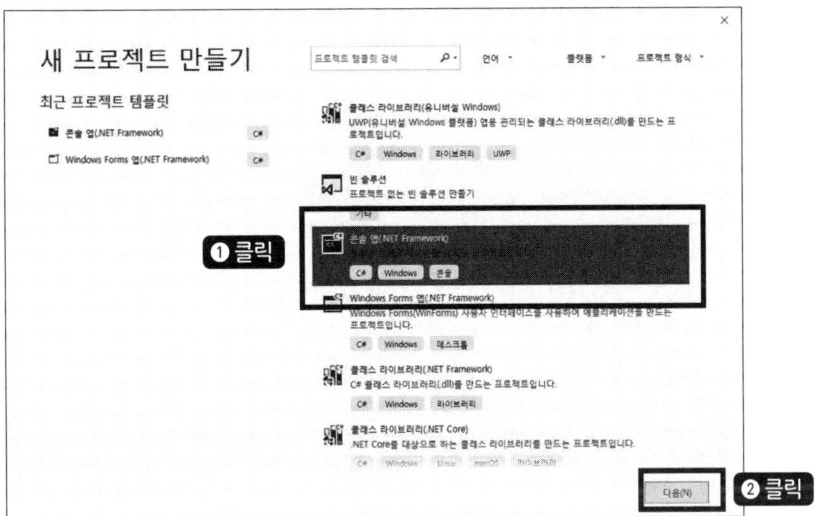

[다음] 버튼을 클릭하면 다음 단계인 [새 프로젝트 구성] 창으로 넘어간다. 프로젝트 이름은 Thread-Control이라고 입력한 후, [확인] 버튼을 눌러 프로젝트를 생성하자.

```
1    using System.Threading;
2
3    namespace ThreadControl
4    {
```

```csharp
5      class Program
6      {
7          static void Main(string[] args)
8          {
9              Console.WriteLine("주 스레드 시작 : " + Thread.
10             CurrentThread.GetHashCode());
11             ThreadStart ts = new ThreadStart(ThreadFunction);
12             Thread thd = new Thread(ts);
13             thd.Start();
14             Console.WriteLine("스레드 시작 " + thd.GetHashCode());
15             Console.WriteLine("주 스레드 종료 ");
16             Thread.Sleep(3000);
17             //thd.Abort();
18             thd.Suspend();
19             Console.WriteLine("스레드 일시정지 ");
20             Thread.Sleep(3000);
21             thd.Resume();
22             Console.WriteLine("스레드 다시시작 ");
23             thd.Join();
24         }
25         public static void ThreadFunction()
26         {
27             try
28             {
29                 int count = 0;
30                 while(count < 1000)
31                 {
32                     count++;
33
34                     Console.WriteLine("스레드 동작 중 ..." + count);
35                     Thread.Sleep(1000);
36                 }
37                 Console.WriteLine("정상 종료");
```

```
38                  }
39              catch(ThreadAbortException e)
40              {
41                  Console.WriteLine("Abort 예외 발생 : " + e);
42                  Thread.ResetAbort();
43              }
44              finally
45              {
46                  Console.WriteLine("finally!!");
47              }
48              Console.WriteLine("스레드 식별 : " + Thread.
49              CurrentThread.GetHashCode());
50          }
51      }
52  }
```

{ 코드 분석 }

18라인	스레드를 생성하고 실행한 후 Suspend( ) 메소드를 통해 일시정지한다. 스레드는 동작하지 않는다.
20라인	Sleep( ) 메소드로 3초간 대기 상태로 전환한다.
21라인	Resume( ) 메소드를 통해 스레드를 다시 실행 상태로 전환한다. 스레드가 다시 동작한다.

2. 빌드 및 실행하기

단축키 F6번과 Ctrl + F5번을 눌러서 다음과 같이 빌드 및 실행을 한다.

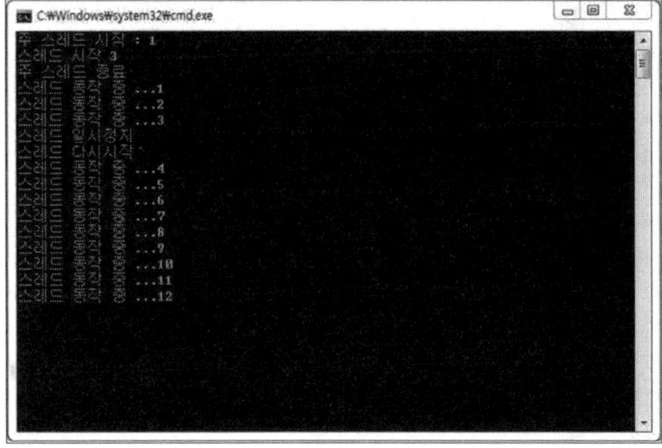

스레드 프로그래밍

9.2.1 스레드의 상태

스레드의 상태를 알면 스레드를 효과적으로 제어할 수 있다. 스레드는 크게 4가지 상태를 갖는데, 생성 직후(Unstarted) 상태, 실행 가능(Runnable) 상태, 대기(Suspended) 상태, 종료(Stopped) 상태로 나눌 수 있다.

1. 생성 직후(Unstarted) 상태

스레드가 막 생성된 상태를 말한다. 이 상태에서 스레드의 Start( ) 메소드가 호출되면 실행 가능 상태가 되고, 해당 스레드의 메소드가 종료되면 바로 종료 상태가 된다.

2. 실행 가능(Runnable) 상태

새로운 스레드가 생성되어 그 스레드의 Start( ) 메소드를 호출하면 실행 가능한 상태가 된다. 실행 가능 상태의 스레드들은 큐(Queue)에 저장한 후 CLR(공용 언어 런타임)에서 관리한다. CPU는 한 순간에 단 하나의 스레드만을 실행할 수 있다. 그래서 하나의 스레드만 실행되고, 나머지 스레드들은 대기하고 있다. 이 2가지 경우의 스레드 모두를 실행 가능 상태라고 말한다.

3. 대기(Suspended) 상태

실행 중인 스레드를 Suspend( ) 메소드나 Sleep( ) 메소드를 통해 일시정지하게 되면 스레드는 그 순간 대기 상태로 들어가게 된다. 즉, 실행 가능 상태의 큐에서 나와 대기 상태의 큐로 옮기게 된다. 대기 상태에서 실행 가능 상태로 다시 변경되려면 Suspend( )의 경우 Resume( )이 호출되어야 한다. Sleep()의 경우는 지정한 시간이 경과하면 다시 실행 가능 상태로 변경된다.

4. 종료(Stopped) 상태

스레드가 작업을 모두 마치게 되면 종료되고, 스레드는 종료 상태가 된다. Abort( )와 같은 강제 종료 메소드를 수행해도 종료 상태로 변경된다.

5. 스레드의 상태 속성

스레드의 상태를 변경하려면 우리가 앞에서 살펴보았던 Thread 클래스의 메소드를 사용하면 된다. 기본적으로 스레드의 실행 상태를 변경하는 메소드는 Start( )이며, 종료 상태는 Abort( ), 대기 상태는 Suspend( ), 다시 시작 상태는 Resume( )이다. 코드상에서 이러한 메소드를 사용한 후 스레드의 상태가 변경되었는지 알아볼 수 있는 방법이 있는데, 바로 스레드의 상태 속성이다.

메소드	내용
Unstarted	스레드의 초기 생성 단계이다.
Running	스레드에서 Start( )나 Resume( ) 메소드를 호출했을 경우이다.
WaitSleepJoin	스레드에서 Sleep( )이나 Join( ) 메소드를 호출했을 경우이다.
SuspendRequest	스레드에서 Suspend( ) 메소드를 호출했을 경우이다.
Suspended	스레드가 Suspend( ) 요청에 응답한 경우이다.
AbortRequested	스레드에서 Abort( ) 메소드를 호출했을 경우이다.
Stopped	스레드가 Abort( ) 요청에 응답한 경우이다. 스레드는 종료된 상태이다.

다음은 앞에서 설명했던 스레드의 동작 상태를 그림으로 간단하게 표현하였다. 주저리주저리 늘어놓았던 내용들을 정리해 보자.

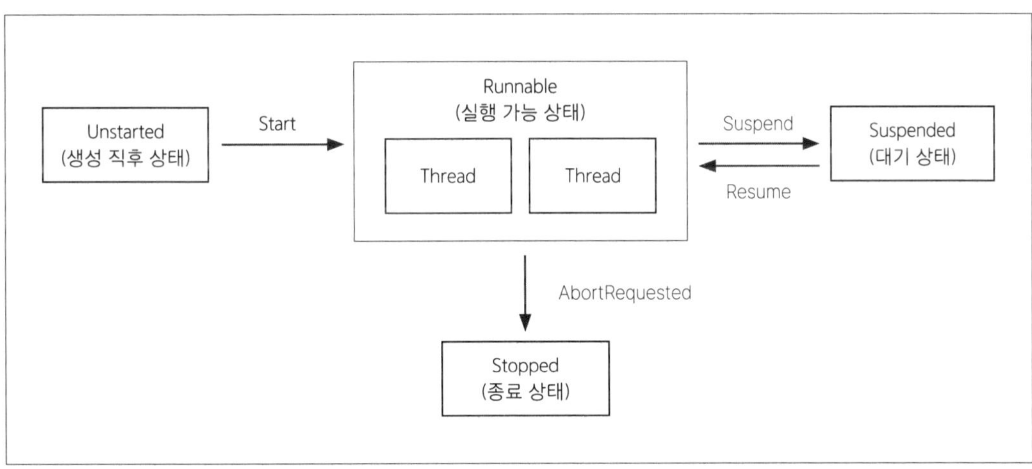

9.2.2 프로젝트 제작 : 폼 기반 스레드 상태 출력 만들기

1. 프로젝트 생성

메뉴의 [파일]-[새로 만들기]-[프로젝트]를 선택한 후 프로젝트 선택 창에서 [Windows Forms 앱]을 선택한다.

[다음] 버튼을 클릭하면 다음 단계인 [새 프로젝트 구성] 창으로 넘어간다. 프로젝트 이름은 Thread-StateForm이라고 입력한 후, [확인] 버튼을 눌러 프로젝트를 생성하자.

2. 폼 디자인

생성한 폼에 텍스트박스 1개와 버튼 3개를 각각 배치하자. 우리가 만들고자 하는 기능은 [스레드 시작] 버튼을 클릭하면 스레드 생성 및 실행을 하고, 스레드 수행 중에 [일시정지] 버튼을 클릭하면 스레드를 대기 상태로, [다시시작] 버튼을 클릭하면 스레드를 다시 실행 상태로 변경하는 기능이다.

각 컨트롤에 대한 속성은 다음과 같이 설정한다.

컨트롤	Name	Text
TextBox	tbThreadState	(비움)
Button	btnThreadState	스레드 시작
Button	btnSuspend	일시정지
Button	btnResume	다시시작

3. 이벤트 처리기 추가

[스레드 시작], [일시정지], [다시시작] 버튼에 대한 클릭 이벤트 처리기를 다음과 같이 생성한다.

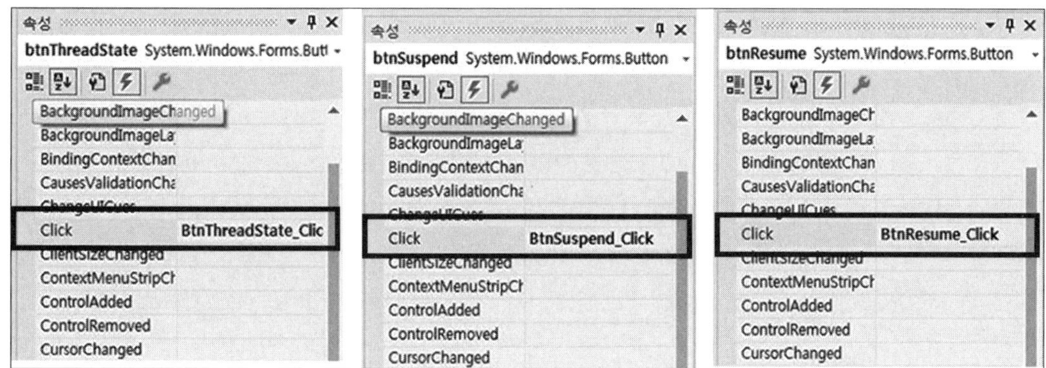

버튼의 Click 이벤트를 더블클릭하면 다음과 같이 이벤트 처리기 코드가 생성된다.

```
1   private void BtnThreadState_Click(object sender, EventArgs e)
2   {
3   }
4   private void BtnSuspend_Click(object sender, EventArgs e)
5   {
6   }
7   private void BtnResume_Click(object sender, EventArgs e)
8   {
9   }
```

4. 코드 작성

　이벤트 처리기가 추가되었다면 이벤트 처리기 내부에 동작 기능 코드를 추가하도록 하자. 각 이벤트 처리기의 기능에 맞게 작성해 보자. 먼저, [스레드 시작] 버튼에 대한 코드를 작성해 보자. 스레드를 시작하려면 일단 스레드로 사용할 메소드를 정의해야 한다.

```
1   using System.Threading;
2
3   namespace ThreadStateForm
4   {
5       public partial class Form1 : Form
6       {
7           private Thread thd;
8           private void BtnThreadState_Click(object sender,
9           EventArgs e)
10          {
11              thd = new Thread(new ThreadStart(ThreadFunction));
12              tbThreadState.Text += "스레드 식별 : " + thd.
13              GetHashCode() + "\r\n";
14              tbThreadState.Text += "스레드 상태 : " + thd.ThreadState
15              + "\r\n";
16              thd.Start();
17              tbThreadState.Text += "스레드 상태 : " + thd.ThreadState
18              + "\r\n";
19          }
20          private void ThreadFunction()
21          {
22              int count = 0;
23              while(count < 100)
24              {
25                  count++;
26                  Thread.Sleep(1000);
27                  tbThreadState.Text += "스레드 상태: " + thd.
28                  ThreadState + "\r\n";
```

```
29                    }
30               }
31          }
32    }
```

{코드 분석}

11라인	스레드 객체를 생성한다. 스레드 메소드는 ThreadFunction( )으로 지정한다.
12~15라인	스레드 객체 생성 후 스레드의 식별 코드인 해시 코드와 스레드의 상태를 출력한다.
16라인	스레드 동작을 실행한다.
17~18라인	스레드 동작 후 스레드의 상태를 출력한다.
20~30라인	ThreadFunction( ) 메소드를 정의한다. 반복문을 수행하면서 스레드의 상태를 1초마다 텍스트박스에 출력한다.

코드 작성 후 빌드 및 실행을 해 보자. 오류 없이 잘 수행된다. [스레드 시작] 버튼을 클릭해 보자. 다음과 같은 크로스 스레드 오류 메시지를 보게 될 것이다. 메시지의 내용은 다음과 같다.

"크로스 스레드 작업이 잘못되었습니다. 'tbThreadState' 컨트롤이 자신이 만들어진 스레드가 아닌 스레드에서 엑세스되었습니다."

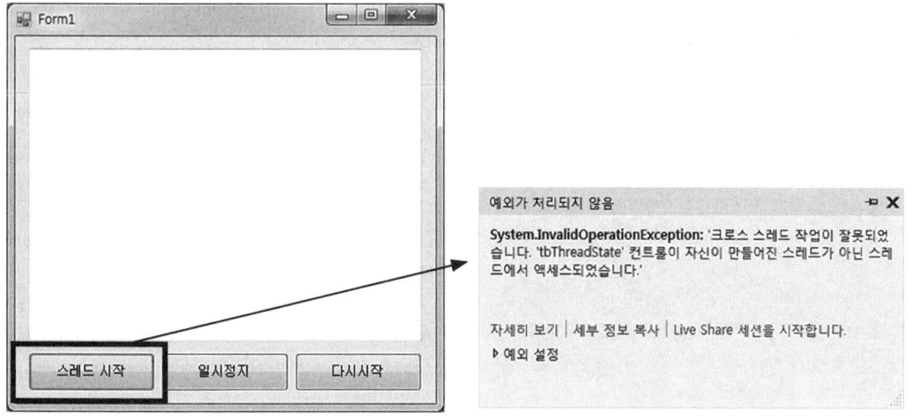

코드의 로직상 전혀 문제가 없어 보이는데, 오류 메시지 출력에 매우 당황스럽다. 일단 메시지의 내용부터 확인해 보자. 이 메시지는 텍스트박스인 tbThreadState 컨트롤이 자신이 만들어진 스레드가 아닌 스레드에서 접근했다는 내용을 나타낸다. 다시 말하면 서로 다른 2개의 스레드가 컨트롤에 동시에 접근할 수 없다는 말이다.

코드를 다시 보자. 우리는 스레드 메소드 안에서 텍스트박스에 접근하여 텍스트를 출력하는 코드를 작성하였다. 그런데, 2개의 스레드가 동시에 접근했을 때 문제가 발생한다고 했는데 분명 우리는 1개의 스레드에서만 접근하지 않았는가?

사실, 텍스트박스를 폼에 배치하면 내부적으로 텍스트박스를 생성하는 코드가 자동으로 작성되고 그 디자인 코드를 주 스레드가 실행하게 된다. 즉, 이미 주 스레드에서 텍스트박스 컨트롤에 접근하고 있다는 말이다. 이러한 컨트롤들은 자신을 생성한 스레드에서만 접근이 가능하다. 그래서 우리는 컨트롤들을 다른 스레드에서도 접근 가능하도록 처리해 주어야 하는데, 이때 Invoke( ) 메소드를 사용하면 해결할 수 있다.

• Invoke() 메소드

다음은 Invoke( ) 메소드의 원형이다.

Control.Invoke.Method(Delegate)

사전적으로 '부르다', '청하다', '호소하다'라는 의미를 가지고 있다. 전달인자로 Delegate를 받는데, 이 Delegate가 가리키는 메소드를 컨트롤을 생성한 스레드가 호출하게 된다. 다시 말하면 델리게이트가 가리키는 메소드 내부에 컨트롤에 접근하는 코드가 있다면, 그 메소드를 컨트롤을 생성한 스레드가 실행하기 때문에 크로스 스레드 오류가 발생하지 않는다는 것이다.

Invoke( ) 메소드를 적용하여 코드를 다음과 같이 수정해 보자.

```
1    using System.Threading;

2

3    namespace ThreadStateForm
```

```csharp
4   {
5       public partial class Form1 : Form
6       {
7           private Thread thd;
8           private string strState;
9           delegate void CrossCall();
10          private void BtnThreadState_Click(object sender,
11          EventArgs e)
12          {
13              thd = new Thread(new ThreadStart(ThreadFunction));
14              tbThreadState.Text += "스레드 식별 : " + thd.
15              GetHashCode() + "\r\n";
16              tbThreadState.Text += "스레드 상태 : " + thd.ThreadState
17              + "\r\n";
18              thd.Start();
19              tbThreadState.Text += "스레드 상태 : " + thd.ThreadState
20              + "\r\n";
21          }
22          private void ThreadFunction()
23          {
24              int count = 0;
25              while(count < 100)
26              {
27                  tbThreadState.Invoke(new CrossCall(ThreadState));
28                  count++;
29                  Thread.Sleep(1000);
30                  strState = "스레드 상태 : " + thd.ThreadState +
31                  "\r\n";
32              }
33          }
34          private void ThreadState()
35          {
36              tbThreadState.Text += strState;
37          }
```

```
38      }
39  }
```

{ 코드 분석 }

8라인	스레드의 상태를 저장하는 문자열 변수이다.
9라인	Invoke( )의 전달인자로 사용할 델리게이트 CrossCall( )을 선언한다.
27라인	스레드 안에서 컨트롤에 접근하면 크로스 스레드 오류가 발생한다고 하였으므로, Invoke( ) 메소드의 전달인자인 CrossCall( ) 델리게이트를 통해 가리키는 메소드 ThreadState를 호출한다.
34~37라인	스레드의 상태를 문자열로 저장한 변수 strState를 텍스트박스에 출력한다. 별도의 스레드로 컨트롤에 접근하는 형태이지만, Invoke( ) 메소드로 호출한 메소드이므로 크로스 스레드 문제는 발생하지 않는다.

앞서 문제가 되었던 코드와 비교해 보면 스레드 내부에서는 텍스트박스 컨트롤에 접근하는 코드만 Invoke()를 통해 별도의 메소드로 처리하고 있다. 결과적으로 주 스레드는 자신의 일을 하고 있고 새로 만든 스레드 또한 자신의 일을 독립적으로 하면서 텍스트박스 컨트롤에 접근할 때만 잠깐씩 주 스레드를 통해 처리하고 있는 것이다.

이번에는 [일시정지] 버튼과 [다시시작] 버튼에 대한 이벤트 처리기 코드를 추가적으로 작성해 보자.

```
1   private void BtnSuspend_Click(object sender, EventArgs e)
2   {
3           thd.Suspend();
4           tbThreadState.Text += "스레드 상태 : " + thd.ThreadState + "\r\n";
5   }
6   private void BtnResume_Click(object sender, EventArgs e)
7   {
8           thd.Resume();
9           tbThreadState.Text += "스레드 상태 : " + thd.ThreadState + "\r\n";
10  }
```

5. 빌드 및 실행하기

단축키 F6번과 F5번을 눌러서 다음과 같이 빌드 및 실행을 한다. [스레드 시작] 버튼을 클릭하여 스레드 시작 전과 후의 상태 출력을 확인하고, 스레드가 일정 시간 동작하면 [일시정지]를 클릭하여 스레드 동작이 멈추는 것과 스레드 상태를 확인한다. 그리고 [다시시작] 버튼을 클릭하여 스레드가 다시 동작하는 것과 스레드 상태를 확인한다.

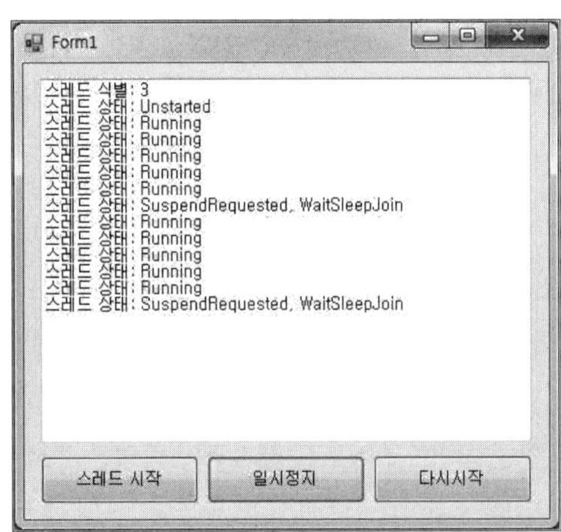

9.2.3 ThreadPool 클래스

1. ThreadPool이란

풀(pool)은 사전적으로 '웅덩이', '연못'이라는 의미를 가지고 있다. 스레드풀을 직역하면 '스레드 연못'이라는 의미인데, 해석이 무언가 좀 어색하다. 왜 연못이라고 부를까? 연못이나 웅덩이는 넓은 공간이 아니라 한정적인 공간을 의미한다. 즉, 스레드풀은 일정한 양의 스레드를 미리 메모리에 할당시켜 놓은 집합이라고 생각하면 얼추 의미가 통할 것 같다.

스레드풀은 사용 가능한 작업 스레드를 할당받아 계속 돌려쓰는 방식인데, 여러 개의 스레드를 계속 만들어 사용하는 것보다 효율적인 방식이다. 스레드를 매번 생성하고 제거하는 작업에는 많은 자원이 소모되기 때문이다. 이러한 단점을 해소하기 위해 스레드풀을 사용하게 되었는데, 스레드풀을 이용하면 작업 요청 시 스레드가 대기 중인 상태가 되어 작업을 실행하는 데 딜레이가 발생하지 않는다. 또한 중간에 사용되는 스레드가 작업을 끝내고 스레드풀로 돌아오면 해당 스레드는 재사용된다.

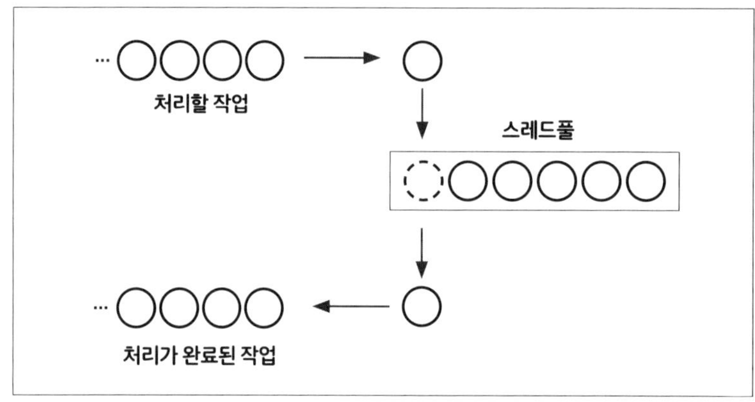

사용자가 스레드의 시작과 종료를 관리하지 않고, 적절한 개수의 스레드를 스레드풀로 미리 제공하면 수행할 작업이 생겼을 때 스레드풀에 작업을 담기만 하면 된다. 스레드가 생성될 때는 컴퓨터 내부적으로 운영체제가 요청을 받아들여 메모리 공간을 확보해 주고 스레드에 할당해 준다. 스레드는 동일한 메모리 영역에서 생성되고 관리되지만, 생성하고 제거하는 데 드는 비용을 무시할 수는 없다. 또한 요청이 들어올 때마다 스레드를 생성하고 스레드를 제거하는 작업은 프로그램의 성능에 영향을 준다. 이 때문에 스레드를 미리 만들어 놓는 것이다.

2. ThreadPool 관리 메소드

ThreadPool 클래스에서 제공하는 여러 가지 기능 중에 스레드를 관리하는 대표적인 메소드가 QueueUserWorkItem( )인데, 스레드 실행을 위해 메소드를 큐에 대기시키는 기능을 한다. 큐에 대기 중인 메소드는 스레드풀의 스레드를 사용할 수 있을 때 실행된다.

```
public static bool QueueUserWorkItem(System.Threading.WaitCallback callBack);
```

전달인자로 WaitCallBack( )이라는 콜백 메소드를 나타내는 델리게이트를 갖는다. 콜백 메소드가 성공적으로 큐에 대기되면 true를 반환하고, 작업 항목을 큐에 대기할 수 없으면 NotSupportedException 예외가 발생한다.

9.2.4 프로젝트 제작 : 스레드풀 만들기

1. 프로젝트 생성

메뉴의 [파일]-[새로 만들기]-[프로젝트]를 선택한 후 프로젝트 선택 창에서 [Windows Forms 앱]을 선택한다.

[다음] 버튼을 클릭하면 다음 단계인 [새 프로젝트 구성] 창으로 넘어간다. 프로젝트 이름은 Thread-PoolForm이라고 입력한 후, [확인] 버튼을 눌러 프로젝트를 생성하자.

2. 폼 디자인

생성한 폼에 텍스트박스 1개와 버튼 1개를 각각 배치하자. 우리가 구현하고자 하는 기능은 버튼을 클릭했을 때 스레드풀이 동작하여 생성한 스레드의 상태를 표시하는 것이다.

각 컨트롤에 대한 속성은 다음과 같이 설정한다.

컨트롤	Name	Text
TextBox	tbThreadState	(비움)
Button	btnThreadPool	스레드풀 생성

3. 이벤트 처리기 추가

[스레드풀 생성] 버튼에 대한 클릭 이벤트 처리기를 다음과 같이 생성한다.

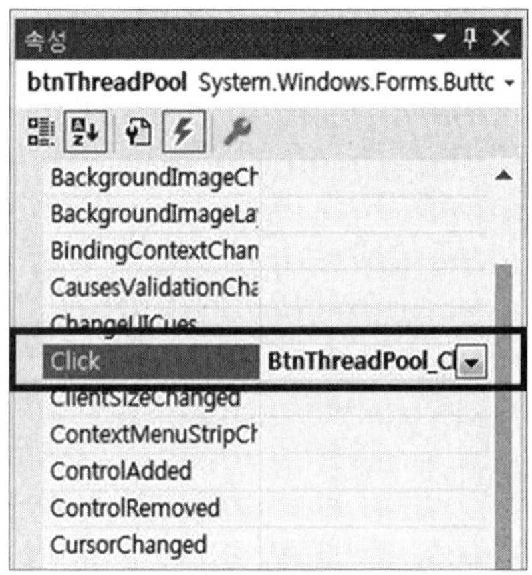

버튼의 Click 이벤트를 더블클릭하면 다음과 같이 이벤트 처리기 코드가 생성된다.

```
1    private void BtnThreadPool_Click(object sender, EventArgs e)
2    {
3    }
```

4. 코드 작성

이벤트 처리기가 추가되었다면 이벤트 처리기 내부에 동작 기능 코드를 추가하도록 하자. 각 이벤트 처리기의 기능에 맞게 작성해 보자.

```
1    using System.Threading;
2
```

```csharp
3   namespace ThreadPoolForm
4   {
5       public partial class Form1 : Form
6       {
7           string thdCode = null;
8           delegate void CrossCall();
9           public Form1()
10          {
11              InitializeComponent();
12          }
13          private void BtnThreadPool_Click(object sender, EventArgs e)
14          {
15              tbThreadState.Clear();
16              tbThreadState.Text += "스레드풀 시작" + "\r\n";
17              for(int i = 0; i < 10; i++)
18              {
19                  ThreadPool.QueueUserWorkItem(new
20                      WaitCallback(ThreadFunction), i);
21              }
22              tbThreadState.Text += "스레드풀 종료" + "\r\n";
23          }
24          private void ThreadFunction(object obj)
25          {
26              tbThreadState.Invoke(new CrossCall(ThreadState));
27              thdCode = "스레드 식별 : " +
28              Thread.CurrentThread.GetHashCode().ToString() +
29              " 스레드 상태 : " + Thread.CurrentThread.ThreadState.
30              ToString() + "\r\n";
31              Thread.Sleep(1000);
32          }
33          private void ThreadState()
34          {
```

```
35                tbThreadState.Text += thdCode;
36        }
37    }
38 }
```

{ 코드 분석 }

7라인	생성된 스레드의 상태 정보를 저장하기 위한 변수이다.
8라인	Invoke( )의 전달인자로 사용할 델리게이트 CrossCall( )을 선언한다.
17~21라인	스레드풀 메소드인 QueueUserWorkItem( )을 이용하여 10개의 스레드를 생성하고 관리한다.
26라인	스레드 안에서 컨트롤에 접근하면 크로스 스레드 오류가 발생한다고 하였으므로, Invoke( ) 메소드의 전달인자인 CrossCall( ) 델리게이트를 통해 가리키는 메소드 ThreadState를 호출한다.
27~30라인	생성한 스레드의 해시 코드 및 스레드의 상태를 표시한다.
35라인	스레드 상태 정보를 저장한 문자열을 텍스트박스에 표시한다. 별도의 스레드로 컨트롤에 접근하는 형태이지만, Invoke( ) 메소드로 호출한 메소드이므로 크로스 스레드 문제는 발생하지 않는다.

5. 빌드 및 실행하기

단축키 F6번과 F5번을 눌러서 다음과 같이 빌드 및 실행을 한다. [스레드풀 생성] 버튼을 클릭하여 결과를 확인해 보자.

스레드풀에 의해 10개의 스레드가 생성되었다. 각 스레드는 백그라운드(Background) 상태로 생성된다.

9.3 스레드 동기화

9.3.1 동기화의 개념

1. 멀티스레드의 문제점

스레드의 수가 많아질수록 관리하기도 어렵고, 더 많은 문제가 발생한다. 여러 개의 스레드가 하나의 자원을 공유하기 때문이다. 결국 근본적으로는 질서의 문제라고 말할 수 있다.

혼잡한 마트에서 계산할 때 질서를 지키지 않는다면 어떻게 되겠는가? 만약 도로의 신호등이 고장 나면 도로 위의 차들은 어떻게 되겠는가? 무질서와 혼돈의 상태가 될 것이다. 이런 충돌을 막기 위해서 마트에서는 계산대 앞에서 줄을 서는 질서를 지켜야 하며, 도로에서는 신호등의 신호를 잘 지키는 질서를 지켜야 한다.

스레드도 질서라는 맥락에서 위와 같다. 스레드가 자신의 내부에서만 자원을 사용한다면 문제가 되지 않는다. 하지만 여러 개의 스레드가 동시에 하나의 자원을 사용하려 한다면 병목 현상(BottleNeck)이 나타난다. 또한 1개의 스레드가 자원을 독점하고 있다면 나머지 스레드에서는 무한히 대기해야 하는 데드락(DeadLock) 현상이 발생할 수도 있다. 따라서 이러한 공유 자원 문제를 해결해야 하는데, 해결 방법 중에 동기화(Synchronization)라는 것이 있다. 스레드를 동기화하는 방법에 대해 살펴보자.

2. 동기화란

동기화란 여러 곳에서 자원을 요청했을 때 순서대로 자원을 사용한다는 개념이다. 누군가가 자원을 사용하고 있다면 나머지는 대기하고 있어야 하고, 자원 사용이 끝나면 그 다음 사용자에게 넘겨주어야 하는데 이 개념이 동기화이다.

필자가 동기화를 설명할 때 흔히 예를 드는 내용이 바로 공중화장실이다. 공중화장실은 누구나 사용할 수 있는 공간이다. 만약 3명의 사람이 화장실 칸에 들어가려고 한다면 어떻게 되겠는가? 1명만 들어가게 되고, 나머지 2명은 기다려야 한다. 들어간 1명은 화장실 칸에 들어가면 나머지 사람들이 들어오지 못하게 하기 위해 보통 문을 잠근다. 결국 화장실 변기는 공유 자원에 해당하고, 문을 잠그는 행위는 문제 발생을 예방하는 행위이다.

동기화도 이와 마찬가지이다. 1개의 데이터를 여러 스레드가 공유할 때, 특정 스레드가 어떤 자원을 사용하게 되면 화장실의 문을 잠그듯이 나머지 스레드가 접근할 수 없도록 lock을 걸고, 사용이 끝나면 lock을 해제하여 다른 스레드가 접근할 수 있도록 한다. 이것이 동기화의 기본적인 콘셉트이다. 동기화를 하는 방법에는 대표적으로 크게 3가지 방법이 있는데, lock, Monitor, Mutex이다.

9.3.2 lock을 이용한 동기화

lock을 이용한 동기화 방법을 살펴보도록 하자. 공유 자원을 만들기 위해서 하나의 스레드 객체로 2개의 ThreadStart( )를 생성한 후 스레드를 실행하도록 한다. 먼저 loch문의 형식에 대해 살펴보자.

```
lock(x)
{
    공유 자원
}
```

lock문은 블록({ })을 이용해서 임계 영역(Critical Section)을 설정한다. 공유 자원은 lock을 걸어 보호하게 되는데, 하나의 스레드만이 이 임계 영역에 들어갈 수 있고 나머지 스레드들은 대기해야 한다. 하나의 스레드 작업이 완료되면 대기하던 스레드가 차례대로 다시 공유 자원을 점유하게 되는 방식이다.

9.3.3 프로젝트 제작 : lock을 이용한 동기화

1. 프로젝트 생성

메뉴의 [파일]-[새로 만들기]-[프로젝트]를 선택한 후 프로젝트 선택 창에서 [Windows Forms 앱]을 선택한다.

[다음] 버튼을 클릭하면 다음 단계인 [새 프로젝트 구성] 창으로 넘어간다. 프로젝트 이름은 Thread-Lock이라고 입력한 후, [확인] 버튼을 눌러 프로젝트를 생성하자.

2. 폼 디자인

생성한 폼에 텍스트박스 1개와 버튼 1개를 각각 배치하자. 우리가 구현하고자 하는 기능은 버튼을 클릭했을 때 스레드의 동작이 동기화가 되는지 확인하는 기능이다.

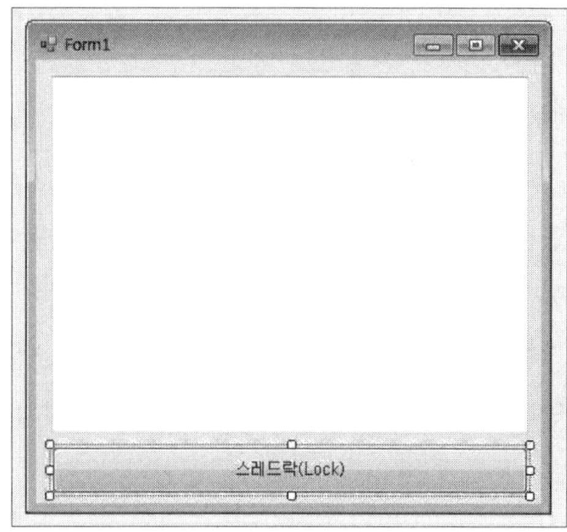

각 컨트롤에 대한 속성은 다음과 같이 설정한다.

컨트롤	Name	Text
TextBox	tbThreadState	(비움)
Button	btnThreadLock	스레드락(Lock)

3. 이벤트 처리기 추가

[스레드락(Lock)] 버튼에 대한 클릭 이벤트 처리기를 다음과 같이 생성한다.

버튼의 Click 이벤트를 더블클릭하면 다음과 같이 이벤트 처리기 코드가 생성된다.

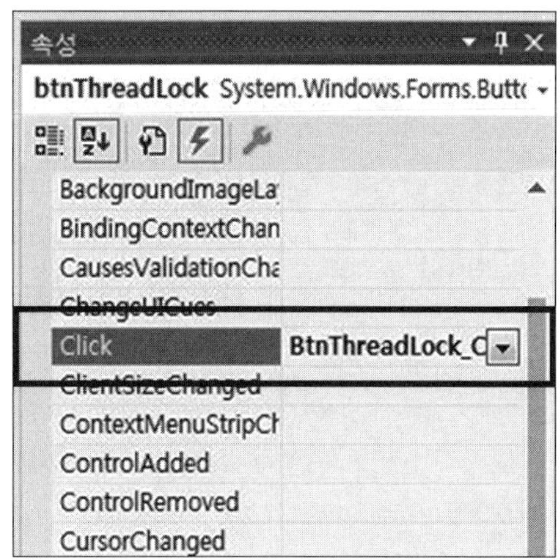

```
1    private void BtnThreadLock_Click(object sender, EventArgs e)
2    {

3    }
```

4. 코드 작성

이벤트 처리기가 추가되었다면 이벤트 처리기 내부에 동작 기능 코드를 추가하도록 하자. 예를 들어 인터넷 뱅킹과 모바일 뱅킹에 동시에 접근한다고 가정하자. 만약 인터넷 뱅킹으로 입금을 처리하던 도중에 모바일 뱅킹으로 입금 처리 작업이 들어오면 어떻게 되겠는가? 두 작업이 꼬여 버릴 수 있다. 이러한 경우에는 먼저 작업을 선점한 인터넷 뱅킹의 작업이 끝날 때까지 모바일 뱅킹 작업은 기다렸다가, 인터넷 뱅킹의 작업이 끝난 후 모바일 뱅킹의 작업을 순차적으로 진행하면 된다. 이러한 동기화 작업은 lock문을 통해 다음과 같이 구현한다.

```
1    using System.Threading;
2
3    namespace ThreadLock
4    {
5        public partial class Form1 : Form
6        {
7            private string thdCode;
8            private delegate void CrossCall();
9            private int money;
10           private object lockObject = new object();
11
12           public Form1()
13           {
14               InitializeComponent();
15               thdCode = null;
16               money = 10000;
17           }
18           private void BtnThreadLock_Click(object sender, EventArgs e)
19           {
```

```
20              tbThreadState.Clear();
21              ThreadStart ts1 = new ThreadStart(ThreadTeller);
22              ThreadStart ts2 = new ThreadStart(ThreadTeller);
23              ThreadStart ts3 = new ThreadStart(ThreadTeller);
24              Thread mobileBanking = new Thread(ts1);
25              Thread internetBanking = new Thread(ts2);
26              Thread teleBanking = new Thread(ts3);
27
28              mobileBanking.Start();
29              internetBanking.Start();
30              teleBanking.Start();
31          }
32      private void ThreadTeller()
33      {
34          int task = 0;
35          lock(lockObject)
36          {
37              while(task < 5)
38              {
39                  money = money + 1000;
40                  tbThreadState.Invoke(new
41                  CrossCall(ThreadState));
42                  thdCode ="뱅킹고유번호 "+Thread.CurrentThread.
43                  GetHashCode()+ ": 입금잔액 : " + money + "원" +
44                  "\r\n";
45                  Thread.Sleep(100);
46                  task++;
47              }
48          }
49      }
50      private void ThreadState()
51      {
```

```
52                    tbThreadState.Text += thdCode;
53                }
54        }
55 }
```

{ 코드 분석 }

7라인	생성된 스레드의 상태 정보를 저장하기 위한 변수이다.
8라인	Invoke( )의 전달인자로 사용할 델리게이트 CrossCall( )을 선언한다.
9라인	스레드 간의 공유 자원으로 입금잔액 값을 저장한다.
10라인	lock문에 사용할 객채를 생성한다.
16라인	1입금액의 초기값을 10000으로 초기화한다.
21~26라인	ThreadStart 델리게이트를 통해 ThreadTeller( )를 스레드 메소드로 등록한 후 mobile Banking, internetBanking, teleBanking 스레드 객체를 각각 생성한다.
28~30라인	생성한 각각의 스레드 객체를 통해 스레드를 동작시킨다.
35라인	lock문을 이용하여 스레드를 동기화시킨다. 전달인자는 앞서 생성한 lockObject를 전달한다. 즉, 객체가 유효하다면 lock문에 의해 다른 스레드의 진입을 잠근다.
37라인	task가 5보다 클 때까지 반복한다. task는 스레드 1개의 작업 단위라고 생각하면 된다. 예제에서는 3개의 뱅킹 중 1개의 뱅킹이 입출금 작업을 하고 있는 중이다.
39라인	1개의 스레드가 동작하면서 반복할 때마다 입금잔액 money에 1000씩 더한다.
40라인	스레드 안에서 컨트롤에 접근하면 크로스 스레드 오류가 발생한다고 하였으므로, Invoke( ) 메소드의 전달인자인 CrossCall( ) 델리게이트를 통해 가리키는 메소드 ThreadState를 호출한다.
42~44라인	생성한 스레드의 식별자를 뱅킹의 고유번호로 인식하고, 스레드의 해시 코드와 입금잔액을 표시한다.
52라인	뱅킹고유번호 및 입금잔액을 저장한 문자열을 텍스트박스에 표시한다. 별도의 스레드로 컨트롤에 접근하는 형태이지만, Invoke( ) 메소드로 호출한 메소드이므로 크로스 스레드 문제는 발생하지 않는다.

5. 빌드 및 실행하기

35라인의 코드를 주석으로 막고 실행해 보고, 주석을 풀고 실행해 보도록 한다. 주석을 막은 경우는 lock문을 적용하지 않은 경우이고, 주석을 푼 경우는 lock문을 적용한 경우이다. 단축키 F6번과 F5번을 눌러서 다음과 같이 빌드 및 실행을 한다. [스레드락(Lock)] 버튼을 클릭하여 결과를 확인해 보자.

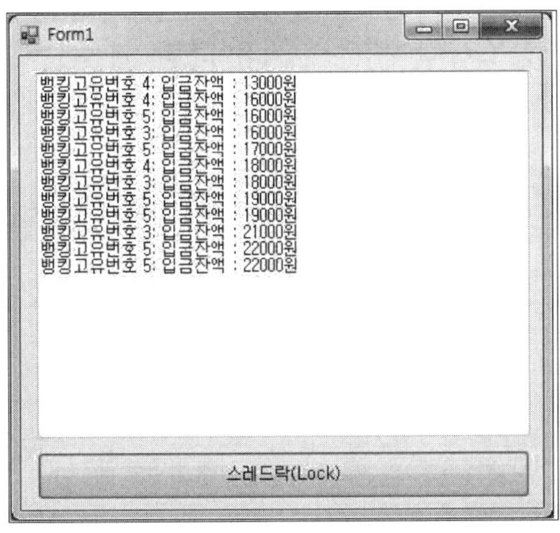

실행 결과 - lock문을 적용하지 않았을 경우(동기화하지 않았을 경우)

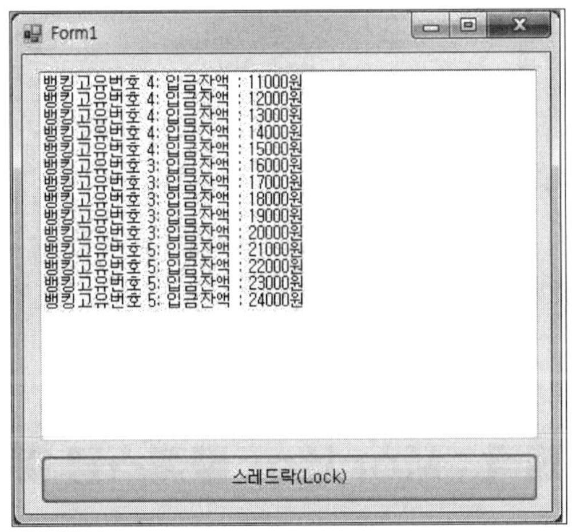

실행 결과 - lock문을 적용하였을 경우(동기화했을 경우)

결과를 보면 lock문을 적용하지 않은 경우에는 3개의 스레드가 혼합해서 들어오는 것을 확인할 수 있다. 그러나 lock문을 적용한 경우에는 먼저 진입한 스레드가 완료될 때까지 다른 스레드들은 대기했다가 순차적으로 수행된 것을 확인할 수 있다.

9.3.4 Monitor 클래스를 이용한 동기화

Monitor 클래스는 lock문보다 조금 더 정교한 동기화 방법을 제공한다. Monitor 클래스는 임계 영역 (Critical Section)의 시작점과 끝점을 임의적으로 조정할 수 있고, 임계 영역에서 보호받을 공유 자원 또한 설정이 가능하다. Monitor 클래스의 기본 동작은 Monitor.Enter( ) 메소드로 동기화의 시작점을 지정하고 Monitor.Exit( ) 메소드로 동기화의 끝점을 지정하면 된다. lock문을 이용할 때보다 코드의 양이 많지만 프로그램 동기화 제어를 쉽게 할 수 있다는 이점이 있다. 다음은 Monitor 클래스의 대표적인 정적 메소드이다.

메소드	내용
Enter( )	지정된 개체의 잠금을 설정한다.
Exit()	지정된 개체의 잠금을 해제한다.
Pulse()	대기 중인 큐에 포함된 스레드에게 잠겨 있는 객체의 상태 변경을 알린다.
PulseAll()	대기 중인 모든 스레드에 개체의 상태 변경을 알린다.
Wait( )	개체의 잠금을 해제한 다음 잠금을 다시 가져올 때까지 현재 스레드를 차단한다.

Monitor 클래스의 또 다른 중요한 메소드로는 Wait( )와 Pulse( ) 등이 있다. Wait( ) 메소드는 현재 스레드를 잠시 중지하고, lock를 해제한 후 다른 스레드로부터 Pulse( ) 신호가 올 때까지 기다리는 메소드이다. Wait( )에서 lock가 해제되었으므로, 다른 스레드가 lock를 획득하고 작업을 실행할 수 있게 된다. Pulse( ) 메소드가 호출되었을 때 대기 중인 스레드가 있다면 그 스레드가 실행되지만, 대기 중인 스레드가 없다면 Pulse 신호는 없어진다.

9.3.5 프로젝트 제작 : Monitor 클래스를 이용한 동기화

1. 프로젝트 생성

메뉴의 [파일]-[새로 만들기]-[프로젝트]를 선택한 후 프로젝트 선택 창에서 [Windows Forms 앱]을 선택한다.

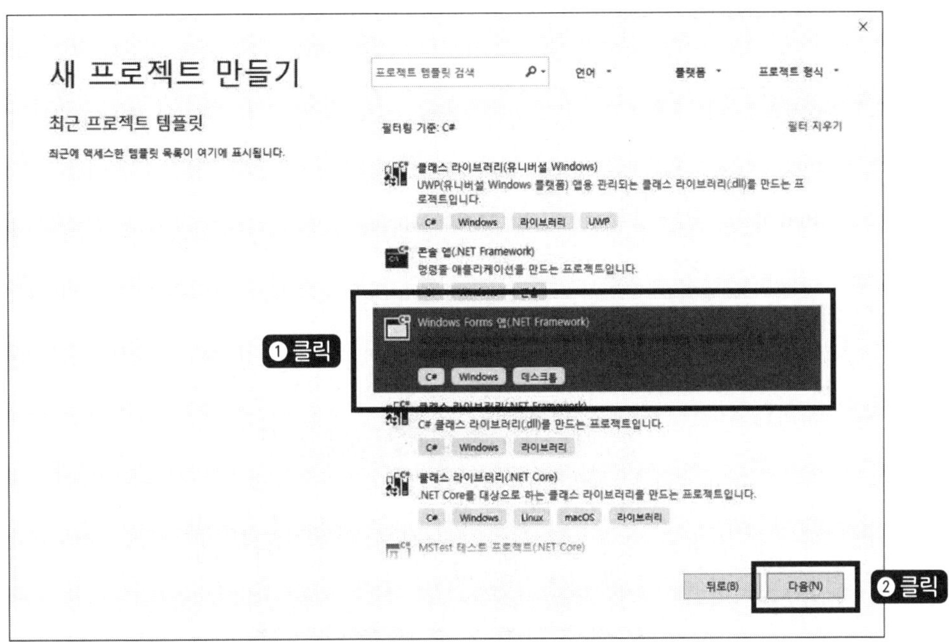

[다음] 버튼을 클릭하면 다음 단계인 [새 프로젝트 구성] 창으로 넘어간다. 프로젝트 이름은 Thread-Monitor라고 입력한 후, [확인] 버튼을 눌러 프로젝트를 생성하자.

2. 폼 디자인

생성한 폼에 텍스트박스 1개와 버튼 1개를 각각 배치하자. 우리가 구현하고자 하는 기능은 버튼을 클릭했을 때 스레드의 동작이 동기화가 되는지 확인하는 기능이다.

각 컨트롤에 대한 속성은 다음과 같이 설정한다.

컨트롤	Name	Text
TextBox	tbThreadState	(비움)
Button	btnThreadMonitor	스레드모니터(Monitor)

3. 이벤트 처리기 추가

[스레드모니터(Monitor)] 버튼에 대한 클릭 이벤트 처리기를 다음과 같이 생성한다.

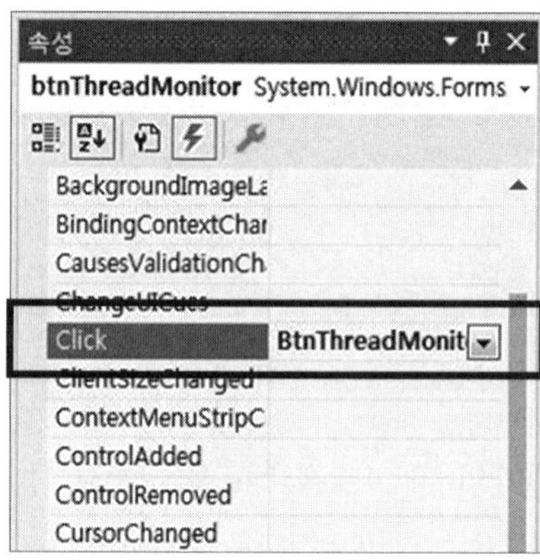

버튼의 Click 이벤트를 더블클릭하면 다음과 같이 이벤트 처리기 코드가 생성된다.

```
1    private void BtnThreadMonitor_Click(object sender, EventArgs e)
2    {
3    }
```

4. 코드 작성

이벤트 처리기가 추가되었다면 이벤트 처리기 내부에 동작 기능 코드를 추가하도록 하자. 이번에는
동기화 작업을 Monitor 클래스를 통해 다음과 같이 구현한다. 코드는 앞에서 작성했던 lock의 코드와
동일하다. 다만, 스레드 동기화 부분에서 lock 대신에 Monitor.Enter( )와 Monitor.Exit( )를 사용했다는
점만 차이가 있다.

```csharp
1  using System.Threading;
2
3  namespace ThreadMonitor
4  {
5      public partial class Form1 : Form
6      {
7          private string thdCode;
8          private delegate void CrossCall();
9          private int money;
10         private object lockObject = new object();
11
12         public Form1()
13         {
14             InitializeComponent();
15             thdCode = null;
16             money = 10000;
17         }
18         private void BtnThreadLock_Click(object sender, EventArgs e)
19         {
20             tbThreadState.Clear();
21             ThreadStart ts1 = new ThreadStart(ThreadTeller);
22             ThreadStart ts2 = new ThreadStart(ThreadTeller);
23             ThreadStart ts3 = new ThreadStart(ThreadTeller);
24             Thread mobileBanking = new Thread(ts1);
25             Thread internetBanking = new Thread(ts2);
26             Thread teleBanking = new Thread(ts3);
27
28             mobileBanking.Start();
29             internetBanking.Start();
30             teleBanking.Start();
31         }
```

```
32          private void ThreadTeller()
33          {
34              int task = 0;
35              Monitor.Enter(lockObject);
36
37              while(task < 5)
38              {
39                  money = money + 1000;
40                  tbThreadState.Invoke(new CrossCall(ThreadState));
41                  thdCode ="뱅킹고유번호 "+Thread.CurrentThread.
42                  GetHashCode()+
43                  ": 입금잔액 : " + money + "원" + "\r\n";
44                  Thread.Sleep(100);
45                  task++;
46              }
47              Monitor.Exit(lockObject);
48          }
49          private void ThreadState()
50          {
51              tbThreadState.Text += thdCode;
52          }
53      }
54  }
```

{ 코드 분석 }

35라인	Monitor.Enter( ) 메소드는 임계 영역의 블록을 시작한다는 의미로, 1개의 스레드만 블록 안으로 들어가고 다른 스레드는 진입할 수 없도록 잠근다.
47라인	잠금을 해제하고 다음 스레드가 임계 영역에 진입할 수 있도록 한다.

5. 빌드 및 실행하기

35라인과 47라인 코드를 주석으로 막고 실행해 보고, 주석을 풀고 실행해 보도록 한다. 주석을 막은 경우는 동기화를 적용하지 않은 경우이고 주석을 푼 경우는 동기화를 적용한 경우이다. 단축키 F6번과 F5번을 눌러서 다음과 같이 빌드 및 실행을 한다. [스레드모니터(Monitor)] 버튼을 클릭하여 결과를 확인해 보자.

실행 결과 - Monitor 클래스를 적용하지 않았을 경우(동기화하지 않았을 경우)

실행 결과 - Monitor 클래스를 적용하였을 경우(동기화했을 경우)

9.3.6 Mutex를 이용한 동기화

뮤텍스(Mutual Exclusion object)란 '상호배제'라는 뜻을 가지고 있다. 공유 불가능한 자원을 동시에 사용하는 것을 막기 위해 설계된 알고리즘이다. 스레드 기반에서는 여러 개의 스레드에서 Mutex에 대한 사용을 요청할 때 사용 권한을 하나의 스레드에만 부여하는 방식을 의미한다. 프로세스는 공유 자원을 사용할 경우 Mutex에 소유권을 요청한다. 이때, 공유 자원을 사용하는 스레드가 있다면 뮤텍스는 공유 자원을 사용 중이니 대기하라는 신호를 보내고, 공유 자원의 사용이 끝나면 Mutex는 사용을 요청했던 대기 중인 스레드에 공유 자원을 사용할 수 있다는 신호를 세팅하는 방식으로 동기화가 이루어진다.

1. Mutex 객체 생성하기

뮤텍스를 사용하기 위해서는 먼저 뮤텍스 객체를 생성해야 한다. 뮤텍스 객체 생성 방법은 다음과 같다.

```
Mutex mtx = new Mutex(false, "mtxObj");
```

첫 번째 전달인자는 뮤텍스를 생성하는 스레드가 뮤텍스의 소유권을 갖도록 할 것인가의 여부를 나타낸다. true이면 뮤텍스를 생성한 스레드가 소유권을 갖는다. 두 번째 전달인자는 해당 뮤텍스 이름을 설정한다.

2. Mutex 요청하기

뮤텍스가 만들어졌다면 사용 권한을 요청해야 한다. 만약 다른 스레드가 뮤텍스를 사용하고 있다면 대기 상태에서 사용 권한 요청을 반복적으로 하게 된다. 사용 권한 요청을 위해서는 WaitOne( ) 메소드를 사용한다. 사용 방법은 다음과 같다.

```
mtx.WaitOne();
```

3. Mutex 해제하기

뮤텍스의 사용을 마쳤다면 뮤텍스를 해제해 주어야 한다. 뮤텍스의 해제 방법은 다음과 같다.

```
mtx.ReleaseMutex();
```

9.3.7 프로젝트 제작 : Mutex를 이용한 스레드 동기화

1. 프로젝트 생성

메뉴의 [파일]-[새로 만들기]-[프로젝트]를 선택한 후 프로젝트 선택 창에서 [Windows Forms 앱]을
선택한다.

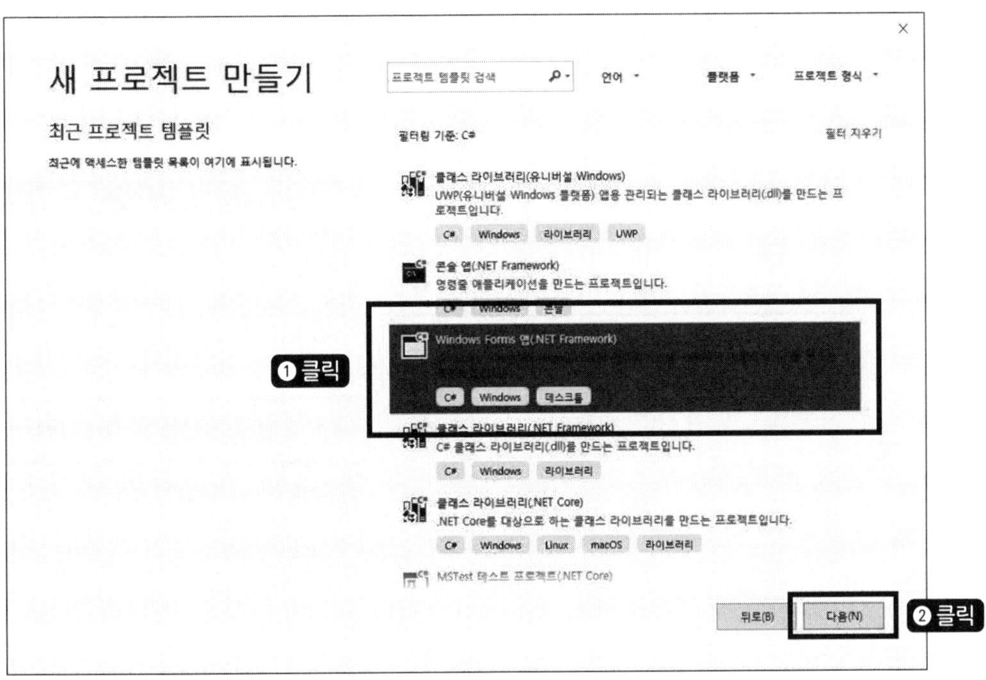

[다음] 버튼을 클릭하면 다음 단계인 [새 프로젝트 구성] 창으로 넘어간다. 프로젝트 이름은 Thread-
Mutex라고 입력한 후, [확인] 버튼을 눌러 프로젝트를 생성하자.

2. 폼 디자인

생성한 폼에 텍스트박스 1개와 버튼 1개를 각각 배치
하자. 우리가 구현하고자 하는 기능은 버튼을 클릭했을
때 스레드의 동작이 동기화가 되는지 확인하는 기능이
다.

각 컨트롤에 대한 속성은 다음과 같이 설정한다.

컨트롤	Name	Text
TextBox	tbThreadState	(비움)
Button	btnThreadMutex	스레드뮤텍스(Mutex)

3. 이벤트 처리기 추가

[스레드뮤텍스(Mutex)] 버튼에 대한 클릭 이벤트 처리
기를 다음과 같이 생성한다.

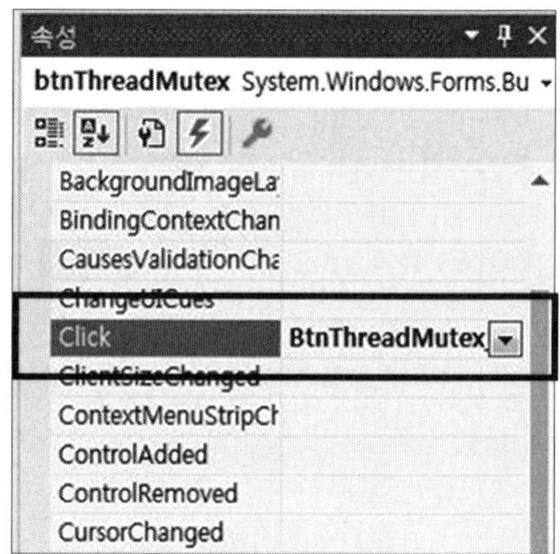

버튼의 Click 이벤트를 더블클릭하면 다음과 같이 이벤트 처리기 코드가 생성된다.

```
1    private void BtnThreadMutex_Click(object sender, EventArgs e)
2    {
3    }
```

4. 코드 작성

이벤트 처리기가 추가되었다면 이벤트 처리기 내부에 동작 기능 코드를 추가하도록 하자. 이번에는
동기화 작업을 Mutex를 통해 다음과 같이 구현한다. 코드는 앞에서 작성했던 Monitor의 코드와 동일
하다. 다만, 스레드의 동기화 부분에서 Monitor.Enter( )와 Monitor.Exit( ) 대신 mtx.WaitOne( )과 mtx.
ReleaseMutex( )를 사용했다는 점에만 차이가 있다.

```csharp
1   using System.Threading;
2
3   namespace ThreadMutex
4   {
5       public partial class Form1 : Form
6       {
7           private string thdCode;
8           private delegate void CrossCall();
9           private int money;
10          private static Mutex mtx = new Mutex(false, "mtxObj");
11
12          public Form1()
13          {
14              InitializeComponent();
15              thdCode = null;
16              money = 10000;
17          }
18          private void BtnThreadLock_Click(object sender, EventArgs e)
19          {
20              tbThreadState.Clear();
21              ThreadStart ts1 = new ThreadStart(ThreadTeller);
22              ThreadStart ts2 = new ThreadStart(ThreadTeller);
23              ThreadStart ts3 = new ThreadStart(ThreadTeller);
24              Thread mobileBanking = new Thread(ts1);
25              Thread internetBanking = new Thread(ts2);
26              Thread teleBanking = new Thread(ts3);
27
28              mobileBanking.Start();
29              internetBanking.Start();
30              teleBanking.Start();
31          }
32          private void ThreadTeller()
```

```
33            {
34                int task = 0;
35
36                mtx.WaitOne();
37                while(task < 5)
38                {
39                    money = money + 1000;
40                    tbThreadState.Invoke(new CrossCall(ThreadState));
41                    thdCode ="뱅킹고유번호 "+Thread.CurrentThread.
42                    GetHashCode()+ ": 입금잔액 : " + money + "원" + "\r\n";
43                    Thread.Sleep(100);
44                    task++;
45                }
46                mtx.ReleaseMutex();
47            }
48            private void ThreadState()
49            {
50                tbThreadState.Text += thdCode;
51            }
52        }
53  }
```

{ 코드 분석 }

10라인	뮤텍스의 객체를 생성한다. 첫 번째 전달인자는 뮤텍스를 생성하는 스레드가 뮤텍스의 소유권을 갖도록 할 것인가를 결정하는 값인데, false를 전달함으로써 주 스레드가 뮤텍스를 소유하지 못하도록 설정한다. 두 번째 전달인자는 뮤텍스의 이름을 설정한다.
36라인	mtx.WaitOne( ) 메소드는 하나의 자원을 이용할 수 있을 때까지 대기하라는 신호를 의미한다. 일종의 이벤트 신호와 비슷한 개념이다. 대기하라는 신호를 호출한 만큼 mtx.ReleaseMutex( )를 호출해야 한다. 그렇지 않으면 공유 자원은 해제되지 않고, 나머지 스레드들은 계속해서 해제가 되기를 기다리게 된다.
46라인	mtx.ReleaseMutex( ) 잠금을 해제하고, 다음 스레드가 공유 자원을 사용할 수 있도록 한다.

5. 빌드 및 실행하기

36라인과 46라인 코드를 주석으로 막고 실행해 보고, 주석을 풀고 실행해 보도록 한다. 주석을 막은 경우는 동기화를 적용하지 않은 경우이고, 주석을 푼 경우는 동기화를 적용한 경우이다. 단축키 F6번과 F5번을 눌러서 다음과 같이 빌드 및 실행을 한다. [스레드뮤텍스(Mutex)] 버튼을 클릭하여 결과를 확인해 보자.

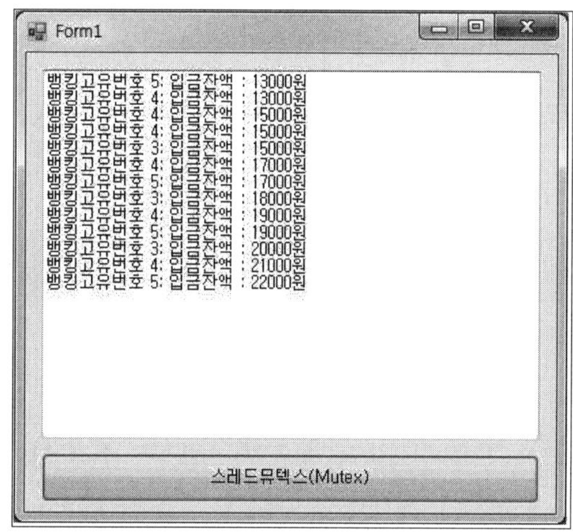

실행 결과 - Mutex를 적용하지 않았을 경우(동기화하지 않았을 경우)

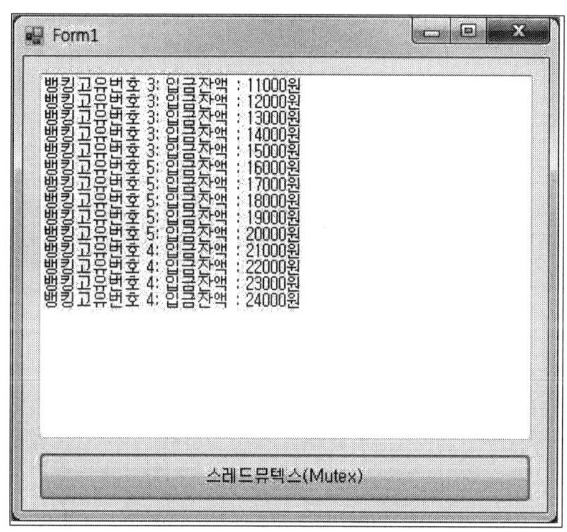

실행 결과 - Mutex를 적용하였을 경우(동기화했을 경우)

mtx의 WaitOne( )으로 누가 먼저 권한을 얻었느냐에 따라서 동기화 순서가 결정되며, WaitOne( ) 영역부터 ReleaseMutex( ) 영역까지 동기화가 보장된다. 하나의 스레드가 Mutex를 차지했다면 다른 스레드들은 Mutex의 권한 요청을 얻을 때까지 대기해야 한다. 이때 권한 요청은 WaitOne( )을 이용하며,

Mutex의 권한을 얻었을 때 비로소 작업할 수 있다. 그리고 권한을 해제하기 위해서는 ReleaseMutex( ) 를 사용한다.

9.3.8 프로젝트 제작 : Mutex를 이용한 프로세스 동기화

뮤텍스로는 프로세스 간의 동기화도 가능하다. 프로세스 간의 동기화를 하려면 뮤텍스의 이름을 이용하면 되는데, Mutex( )의 오버로딩된 생성자에서 두 번째 전달인자는 뮤텍스의 이름을, 세 번째 전달인자는 시스템에 지정된 뮤텍스가 이미 있는지의 여부값을 반환한다. false이면 뮤텍스가 이미 있는 것으로 판단한다. 사용 형태는 다음과 같다.

```
Mutex mtx = new Mutex(false, "mtxObj", out mtxSuccess);
```

1. 프로젝트 생성

메뉴의 [파일]-[새로 만들기]-[프로젝트]를 선택한 후 프로젝트 선택 창에서 [Windows Forms 앱]을 선택한다.

[다음] 버튼을 클릭하면 다음 단계인 [새 프로젝트 구성] 창으로 넘어간다. 프로젝트 이름은 ProcessMutex라고 입력한 후, [확인] 버튼을 눌러 프로젝트를 생성하자.

2. 폼 디자인

컨트롤은 배치하지 않는다. 생성한 기본 폼의 크기를 적당히 조정하자.

3. 이벤트 처리기 추가

폼이 로드될 때, 즉 프로그램이 시작될 때의 이벤트를 처리
하도록 하자. 프로세스의 실행 여부는 프로그램 시작 시에 판
단해야 하기 때문이다.

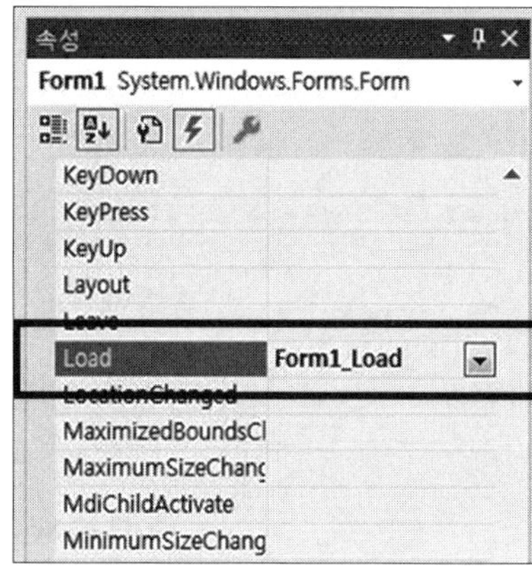

Load를 더블클릭하면 다음과 같이 이벤트 처리기 코드가 생성된다.

```
1   private void Form1_Load(object sender, EventArgs e)
2   {
3   }
```

4. 코드 작성

이벤트 처리기가 추가되었다면 이벤트 처리기 내부에 동작 기능 코드를 추가하도록 하자.

```
1   using System.Threading;
2
3   namespace ProcessMutex
4   {
5       public partial class Form1 : Form
6       {
7           private static bool mtxSuccess;
8           private Mutex mtx = new Mutex(false, "mtxObj", out
9           mtxSuccess);
```

```
10
11          public Form1()
12          {
13                  InitializeComponent();
14          }
15
16          private void Form1_Load(object sender, EventArgs e)
17          {
18              if(!mtxSuccess)
19              {
20                  MessageBox.Show("이미 실행 중입니다.");
21                  Application.Exit();
22              }
23              mtx.ReleaseMutex();
24          }
25      }
26  }
```

{ 코드 분석 }

7라인	mtxSuccess는 시스템에 지정된 뮤텍스가 이미 있는지 여부값을 체크하기 위해 선언하였다.
8라인	뮤텍스 객체를 생성한다. 뮤텍스의 소유권 및 뮤텍스의 이름을 생성자의 전달인자로 전달한다.
18~22라인	만약 mtxSuccess가 false이면 뮤텍스가 이미 있는 것으로 판단하고, 현재 프로세스를 종료시킨다.

5. 빌드 및 실행하기

단축키 F6번과 F5번을 눌러서 다음과 같이 빌드 및 실행을 한다. 프로세스가 문제 없이 실행되는 것을 확인할 수 있다. 그런데, 같은 프로세스를 다시 실행해 보면 다음과 같이 "이미 실행 중입니다."라는 메시지 박스가 나타나고 두 번째 실행 프로세스는 종료되는 것을 확인할 수 있다. 이유는 뮤텍스에 의해 프로세스 동기화가 처리되었기 때문이다.

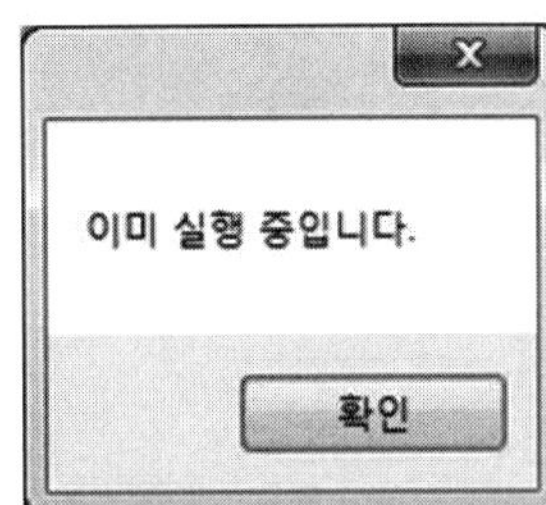
이미 실행 중입니다.
확인

MEMO

메뉴, 대화상자, 타이머

10.1 메뉴

10.1.1 메뉴 스트립

1. 메뉴란

메뉴는 윈도우 응용 프로그램에서 사용자와의 인터페이스로 많이 사용되는 컨트롤이다. 버튼과 같이 항목을 선택하면 클릭 이벤트에 의해 이벤트 처리기가 수행되는 방식이다. 버튼은 폼상에 드러나 있으며, 메뉴는 항목별로 잘 분류되어 필요에 따라 서랍에서 물건을 꺼내 사용하는 방식과 비슷하다. 메뉴는 MenuStrip이라는 이름의 컨트롤로 제공이 되며 [도구 상자]에서 메뉴 항목에 있는 [MenuStrip]을 디자이너에 배치하면 된다.

MenuStrip 컨트롤은 폼의 메뉴 구조에 대한 컨테이너를 나타낸다. 메뉴 구조에서 개별 메뉴를 하나씩 설정할 수 있는데, 각 메뉴는 ToolStripMenuItem 개체로 추가된다. 또한 하위 메뉴로 추가가 가능하고, 각 메뉴의 항목을 MenuItem, ComboBox, TextBox 중에 하나를 선택하여 추가할 수도 있다.

2. 메뉴 스트립의 속성 및 메소드

다음은 MenuStrip의 주요 속성 및 메소드이다.

속성 및 메소드	내용
ContextMenuStrip	ContextMenuStrip이 선택되어 있는지 여부를 나타내거나 설정한다.
Enabled	컨트롤 사용 여부를 설정한다.
Items	MenuStrip에 등록된 모든 항목을 가져온다.
GetItemAt( )	지정한 위치에 있는 항목을 반환한다.

다음은 ToolStripMenuItem의 주요 속성 및 메소드이다.

속성 및 메소드	내용
Checked	ToolStripMenuItem이 선택되어 있는지 여부를 나타내거나 설정한다.
Enabled	컨트롤 사용 여부를 설정한다.
ShortcutKeys	ToolStripMenuItem과 연결된 바로 가기 키를 가져오거나 설정한다.
Visible	항목이 표시되는지 여부를 나타내는 값을 가져오거나 설정한다.

10.1.2 프로젝트 생성 : 메뉴 스트립

윈도우 프로그램에서 사용되는 메뉴에 관한 예제를 작성해 보도록 하겠다.

1. 프로젝트 생성

메뉴의 [파일]-[새로 만들기]-[프로젝트]를 선택한 후 프로젝트 선택 창에서 [Windows Forms 앱]을 선택한다.

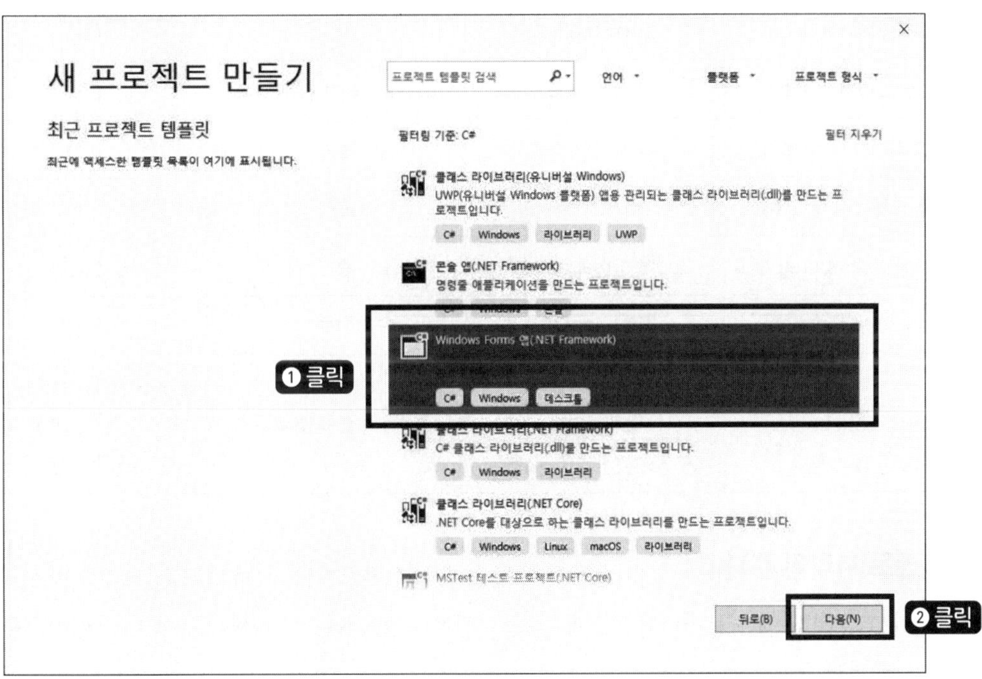

[다음] 버튼을 클릭하면 다음 단계인 [새 프로젝트 구성] 창으로 넘어간다. 프로젝트 이름은 MenuStrip 이라고 입력한 후, [확인] 버튼을 눌러 프로젝트를 생성하자.

2. 폼 디자인

도구 상자에서 MenuStrip 컨트롤들을 끌어다가 배치해 보자. 그러면 폼상에 메뉴 바가 생성이 되고, 글자를 입력할 수 있는 상태가 된다. 메뉴의 이름을 설정하고, 하위 메뉴 또한 추가하여 다음과 같이 설정하자.

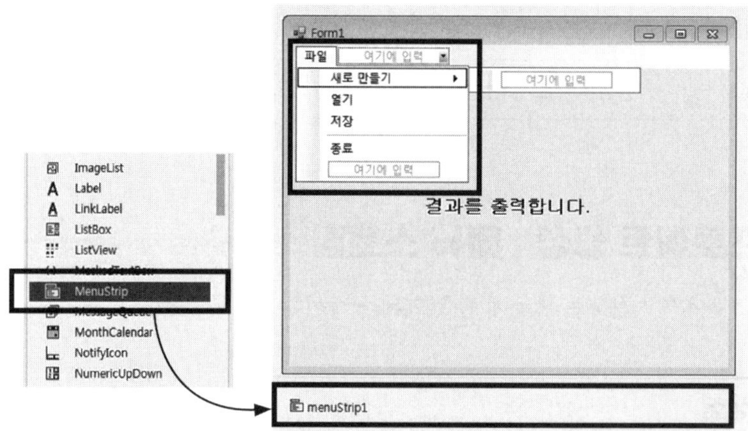

컨트롤	Name	Text	Font
ToolStripMenuItem	ToolStripFile	파일	(비움)
ToolStripMenuItem	ToolStripNew	새로 만들기	(비움)
ToolStripMenuItem	ToolStripOpen	열기	(비움)
ToolStripMenuItem	ToolStripSave	저장	(비움)
ToolStripSeperator	toolStripSeparator1	(없음)	(없음)
ToolStripMenuItem	ToolStripExit	종료	(비움)
Label	lblResult	결과를 출력합니다.	글꼴 : 굴림 크기 : 14pt 스타일 : 굵게

3. 이벤트 처리기 추가

우리가 추가한 각 메뉴를 선택하였을 때 클릭 이벤트가 발생하여 각 해당 메뉴에 대한 이벤트를 처리할 수 있게 한다.

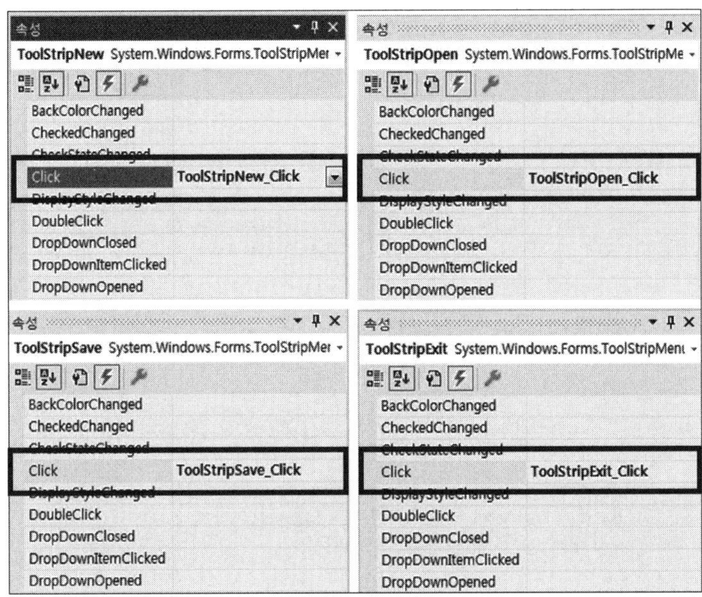

각 메뉴의 클릭 이벤트를 더블클릭하면 다음과 같이 이벤트 처리기 코드가 생성된다.

```
1   private void ToolStripNew_Click(object sender, EventArgs e)
2   {
3   }
4   private void ToolStripOpen_Click(object sender, EventArgs e)
5   {
6   }
7   private void ToolStripSave_Click(object sender, EventArgs e)
8   {
9   }
10  private void ToolStripExit_Click(object sender, EventArgs e)
11  {
12  }
```

4. 코드 작성

이벤트 처리기가 추가되었다면 이벤트 처리기 내부에 동작 기능 코드를 추가하도록 하자. 각 이벤트 처리기의 기능에 맞게 작성해 보자.

```
 1    private void ToolStripNew_Click(object sender, EventArgs e)
 2    {
 3            lblResult.Text = "새 파일을 만듭니다.";
 4    }
 5    private void ToolStripOpen_Click(object sender, EventArgs e)
 6    {
 7            lblResult.Text = "파일을 엽니다.";
 8    }
 9    private void ToolStripSave_Click(object sender, EventArgs e)
10    {
11            lblResult.Text = "파일을 저장합니다.";
12    }
13    private void ToolStripExit_Click(object sender, EventArgs e)
14    {
15            Application.Exit();
16    }
```

{ 코드 분석 }

3라인	메뉴의 [새로 만들기]가 선택이 되면 선택의 표시로 레이블에 "새 파일을 만듭니다."라는 메시지를 표시한다.
7라인	메뉴의 [열기]가 선택이 되면 선택의 표시로 레이블에 "파일을 엽니다."라는 메시지를 표시한다.
11라인	메뉴의 [저장]이 선택이 되면 선택의 표시로 레이블에 "파일을 저장합니다."라는 메시지를 표시한다.
15라인	메뉴의 [종료]가 선택이 되면 프로그램을 종료한다.

5. 빌드 및 실행하기

단축키 F6번과 F5번을 눌러서 다음과 같이 빌드 및 실행을 한다. 파일 메뉴의 [새로 만들기], [열기], [저장]을 선택하여 레이블의 출력 결과를 확인해 보자. 그리고 [종료] 메뉴를 선택했을 때 어플리케이션이 종료되는지 확인해 보자.

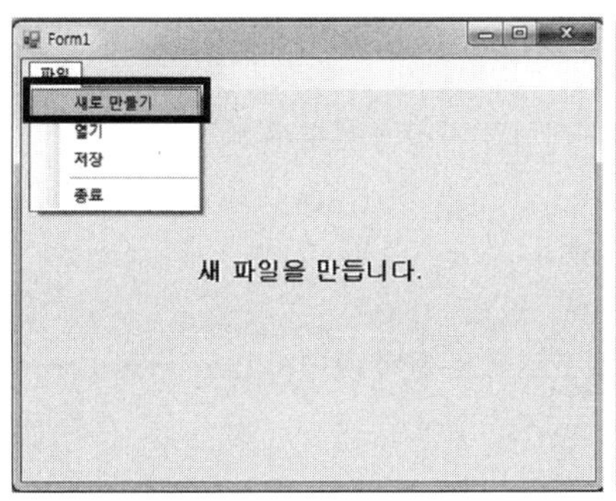
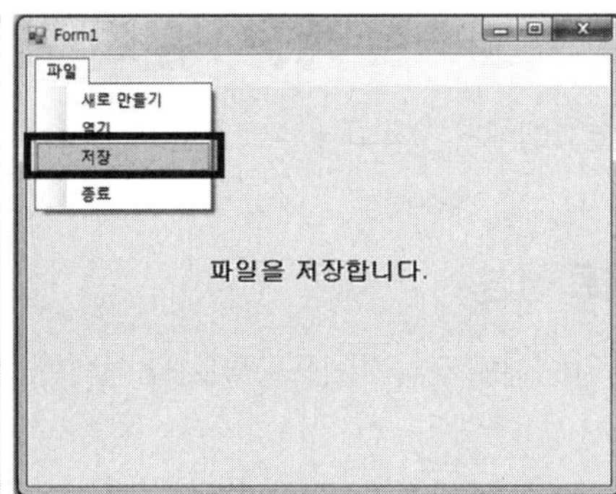

10.1.3 콘텍스트 메뉴

1. 콘텍스트 메뉴란

우리가 일반 메뉴와 더불어 많이 사용하는 것이 바로 콘텍스트 메뉴이다. 콘텍스트 메뉴는 흔히 팝업 메뉴라고 부르기도 하는데, 마우스 오른쪽 버튼을 클릭했을 때 나타나는 메뉴들을 콘텍스트 메뉴라고 한다. 메뉴의 경우에는 일부러 메뉴의 위치에 가서 원하는 항목을 선택해야 하는데, 콘텍스트 메뉴의 경우에는 자주 사용하는 메뉴를 빠르게 선택하여 수행할 수 있도록 마우스 오른쪽 버튼을 클릭하면 메뉴가 나타난다. 콘텍스트 메뉴의 기능은 ContextMenuStrip 컨트롤을 사용한다.

2. 콘텍스트 메뉴의 속성 및 메소드

다음은 ContextMenuStrip의 주요 속성 및 메소드이다.

속성 및 메소드	내용
Items	ToolStrip에 속한 모든 항목을 가져온다.
Parent	컨트롤의 부모 컨테이너를 가져오거나 설정한다.
RightToLeft	컨트롤의 텍스트가 오른쪽에서 왼쪽으로 표시되는지 여부를 설정한다.
GetItemAt()	지정한 위치에 있는 항목을 반환한다.
GetNextItem()	지정한 참조 지점부터 지정한 방향으로 이동하여 다음 ToolStripItem을 검색한다.
GetMainMenu()	이 메뉴가 들어 있는 MainMenu를 가져온다.
Show()	지정한 좌표를 기준으로 ToolStripDropDown 위치를 설정한다.

10.1.4 프로젝트 생성 : 콘텍스트 메뉴

윈도우 프로그램에서 사용되는 콘텍스트 메뉴에 관한 예제를 작성해 보도록 하겠다.

1. 프로젝트 생성

메뉴의 [파일]-[새로 만들기]-[프로젝트]를 선택한 후 프로젝트 선택 창에서 [Windows Forms 앱]을 선택한다.

[다음] 버튼을 클릭하면 다음 단계인 [새 프로젝트 구성] 창으로 넘어간다. 프로젝트 이름은 ContextMenu라고 입력한 후, [확인] 버튼을 눌러 프로젝트를 생성하자.

2. 폼 디자인

도구 상자에서 ContextMenuStrip 컨트롤들을 끌어다가 배치해 보자. 그러면 폼상에 메뉴 바가 생성이 되고, 글자를 입력할 수 있는 상태가 된다. 메뉴의 이름을 설정하고, 하위 메뉴 또한 추가하여 다음과 같이 설정하자.

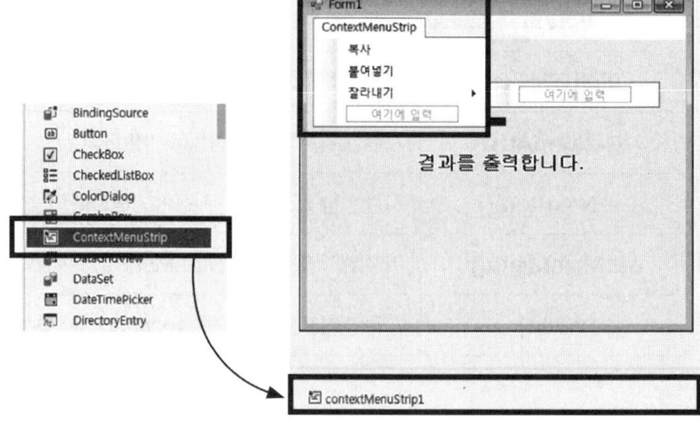

컨트롤	Name	Text	Font
ContextMenuStrip	contextMenuStrip1	콘텍스트 메뉴	
ToolStripMenuItem	ToolStripCopy	복사	
ToolStripMenuItem	ToolStripPaste	붙여넣기	
ToolStripMenuItem	ToolStripCut	잘라내기	
Label	lblResult	결과를 출력합니다.	글꼴 : 굴림 크기 : 14pt 스타일 : 굵게

3. 이벤트 처리기 추가

우리가 추가한 각 메뉴를 선택하였을 때 클릭 이벤트가 발생하여 각 해당 메뉴에 대한 이벤트를 처리할
수 있게 한다.

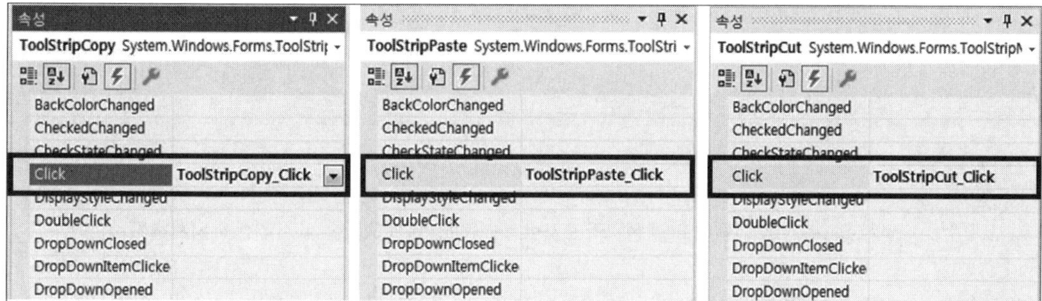

각 메뉴의 클릭 이벤트를 더블클릭하면 다음과 같이 이벤트 처리기 코드가 생성된다.

```
1    private void ToolStripCopy_Click(object sender, EventArgs e)
2    {
3    }
4    private void ToolStripPaste_Click(object sender, EventArgs e)
5    {
6    }
7    private void ToolStripCut_Click(object sender, EventArgs e)
8    {
9    }
```

4. 코드 작성

이벤트 처리기가 추가되었다면 이벤트 처리기 내부에 동작 기능 코드를 추가하도록 하자. 각 이벤트 처리기의 기능에 맞게 작성해 보자.

```
 1    private void ToolStripCopy_Click(object sender, EventArgs e)
 2    {
 3            lblResult.Text = "복사 되었습니다.";
 4    }
 5    private void ToolStripPaste_Click(object sender, EventArgs e)
 6    {
 7            lblResult.Text = "붙여넣기 되었습니다.";
 8    }
 9    private void ToolStripCut_Click(object sender, EventArgs e)
10    {
11            lblResult.Text = "잘라내기 되었습니다.";
12    }
```

{ 코드 분석 }

3라인	메뉴의 [복사]가 선택이 되면 선택의 표시로 레이블에 "복사 되었습니다."라는 메시지를 표시한다.
7라인	메뉴의 [붙여넣기]가 선택이 되면 선택의 표시로 레이블에 "붙여넣기 되었습니다."라는 메시지를 표시한다.
11라인	메뉴의 [잘라내기]가 선택이 되면 선택의 표시로 레이블에 "잘라내기 되었습니다."라는 메시지를 표시한다.

5. 빌드 및 실행하기

단축키 F6번과 F5번을 눌러서 다음과 같이 빌드 및 실행을 한다. 콘텍스트 메뉴의 [복사], [붙여넣기], [잘라내기]를 선택하여 레이블의 출력 결과를 확인해 보자.

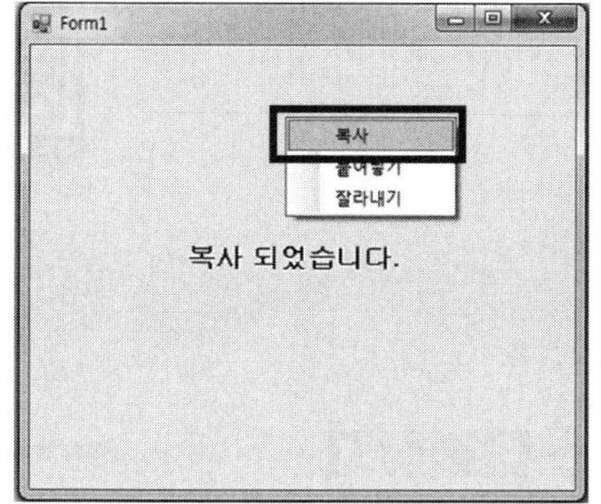

10.2 대화상자

10.2.1 모달 대화상자와 모달리스 대화상자

1. 대화상자란

대화상자란 말 그대로 대화를 하기 위한 상자이다. 대화를 한다는 것은 소통을 한다는 의미인데, 결국 대화상자는 사용자와 특정 프로그램이 데이터를 주고받을 수 있도록 해 주는 매개체인 것이다. 우리는 소프트웨어를 사용하면서 알게 모르게 대화상자를 많이 사용하고 있다. 대표적으로 파일을 불러올 때, 폰트를 설정할 때, 또는 오류 메시지나 경고 메시지와 같은 메시지가 나타날 때 사용되는 것이 대화상자이다. 대화상자는 속성상 모달 대화상자와 모달리스 대화상자 2가지로 나눌 수 있다.

2. 모달 대화상자

모달 대화상자는 메인 폼 위에서 모달 대화상자가 나타났을 때 모달 대화상자가 닫히기 전까지 부모인 메인 폼으로 포커스를 이동하지 못한다. 이런 속성 때문에 수행이 동기적으로 처리되어야 하는 경우에 모달 대화상자를 사용한다. 글꼴 설정의 경우 모달 대화상자를 이용하는데, 글꼴의 설정이 끝나야만 글자에 폰트 내용이 적용되고 다시 메인 폼에 포커스가 이동함으로써 글자를 편집할 수 있다. 모달 대화상자를 출력하는 메소드는 ShowDialog( )이다.

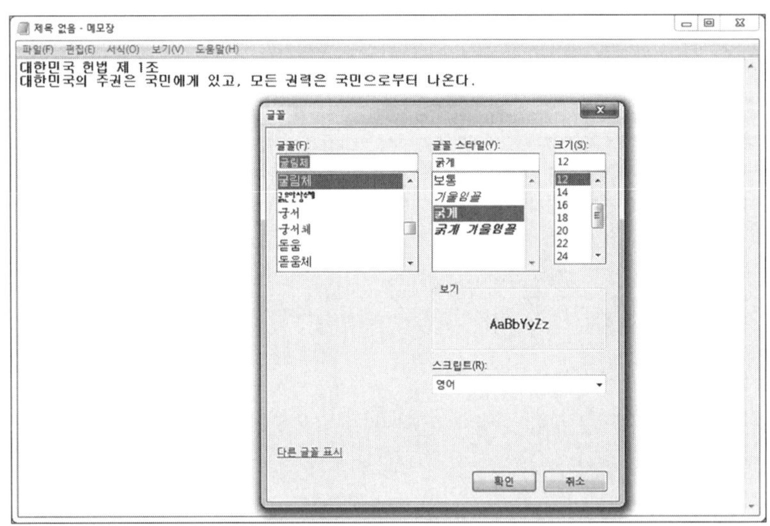

3. 모달리스 대화상자

모달 대화상자와 다르게 모달리스 대화상자는 출력이 되어 있는 상태에서 메인 폼으로 포커스를 이동할 수 있다. 가장 대표적인 예가 편집기 도구의 [찾기] 기능이다. 현재 편집기에 입력된 글자 중에 찾을 내용을 [찾기] 대화상자에서 찾으면서 동시에 메인 폼 편집기의 편집도 가능하다. 모달리스 대화상자를 출력하는 메소드는 Show( )이다.

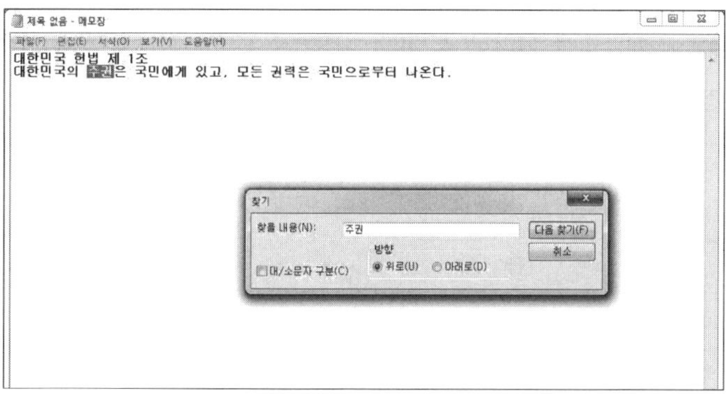

10.2.2 프로젝트 생성 : 모달과 모달리스 대화상자

모달과 모달리스 대화상자에 관한 예제를 작성해 보도록 하겠다.

1. 프로젝트 생성

메뉴의 [파일]-[새로 만들기]-[프로젝트]를 선택한 후 프로젝트 선택 창에서 [Windows Forms 앱]을 선택한다.

[다음] 버튼을 클릭하면 다음 단계인 [새 프로젝트 구성] 창으로 넘어간다. 프로젝트 이름은 DialogEx라고 입력한 후, [확인] 버튼을 눌러 프로젝트를 생성하자.

2. 폼 디자인

이번에는 '모달대화상자'와 '모달리스대화상자'가 각각 출력되어야 하므로 총 3개의 폼을 제작할 것이다. 먼저 메인 폼부터 디자인해 보자. 폼에 모달 대화상자와 모달리스 대화상자를 호출할 2개의 버튼을 배치하고, 그 아래에 텍스트를 입력할 수 있는 텍스트박스 1개를 배치한다. 그리고 각 컨트롤의 속성을 다음과 같이 설정하자.

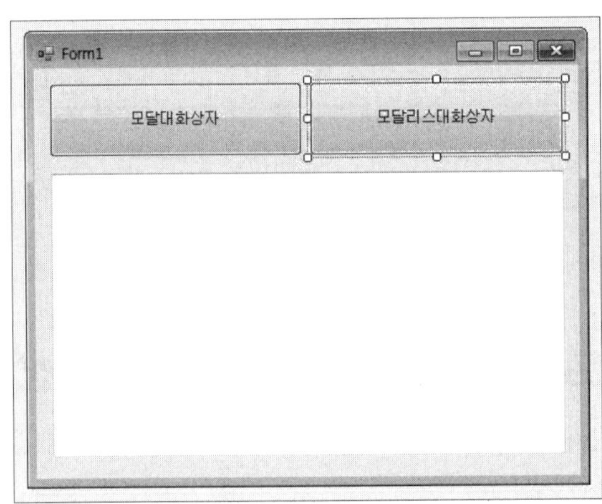

컨트롤	Name	Text	Modifiers
Button	btnModal	모달대화상자	Private
Button	btnModaless	모달리스대화상자	Private
TextBox	textBox1	붙여넣기	Public

메인 폼의 배치와 설정이 끝났으면 이제 새로운 폼을 2개 추가해 보도록 하자. [솔루션 탐색기]에서 프로젝트 이름을 선택한 후 마우스 오른쪽 버튼을 눌러 콘텍스트 메뉴를 출력한다. [추가]-[Windows Form]을 선택하면 [새 항목 추가] 마법사 창이 나타나는데, 모달과 모달리스 대화상자에 각각 [ModalForm.cs], [ModalessForm.cs]라고 입력한 후 [추가] 버튼을 클릭한다.

다음은 모달 폼 디자인 및 속성 설정이다.

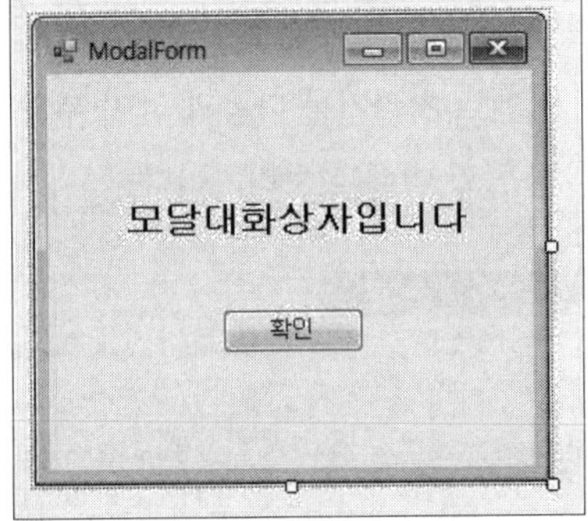

컨트롤	Name	Text	Font
Label	Label1	모달대화상자입니다	글꼴 : 굴림 크기 : 14pt 스타일 : 굵게
Button	btnOk	확인	(비움)

다음은 모달리스 폼 디자인 및 속성 설정이다.

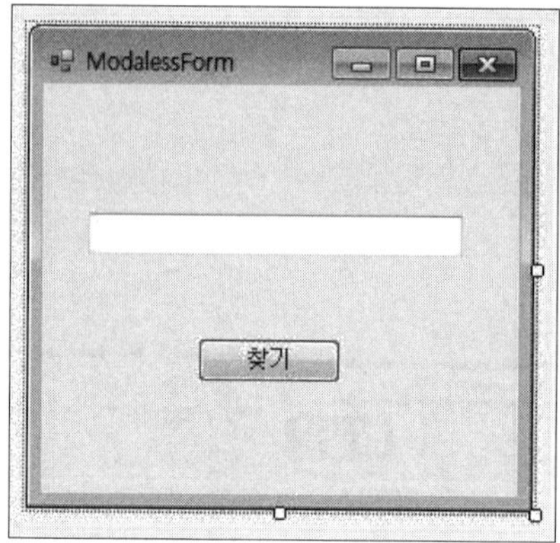

컨트롤	Name	Text
TextBox	tbSearch	(비움)
Button	btnSearch	찾기

3. 이벤트 처리기 추가

우리가 추가한 각 메뉴를 선택하였을 때 클릭 이벤트가 발생하여 각 해당 메뉴에 대한 이벤트를 처리할 수 있게 한다. 먼저 Form1.cs의 이벤트 처리기를 다음과 같이 추가한다. 각각 모달 대화상자 및 모달리스 대화상자를 호출하기 위한 버튼 클릭 이벤트 처리기이다.

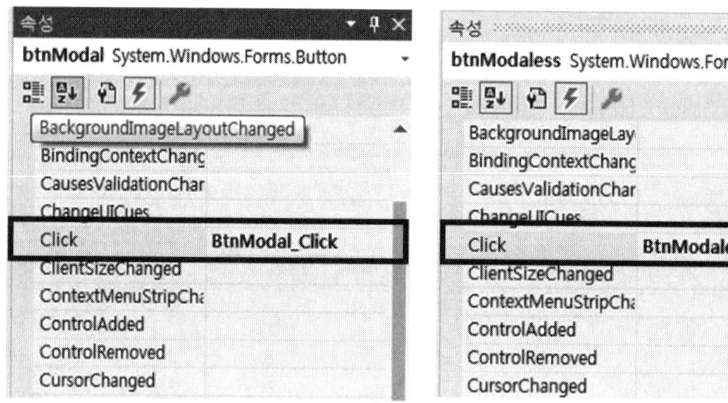

```
1    private void BtnModal_Click(object sender, EventArgs e)
2    {
3    }
4    private void BtnModaless_Click(object sender, EventArgs e)
5    {
6    }
```

이번에는 모달 대화상자인 ModalForm.cs의 이벤트 처리기를 다음과 같이 추가한다.

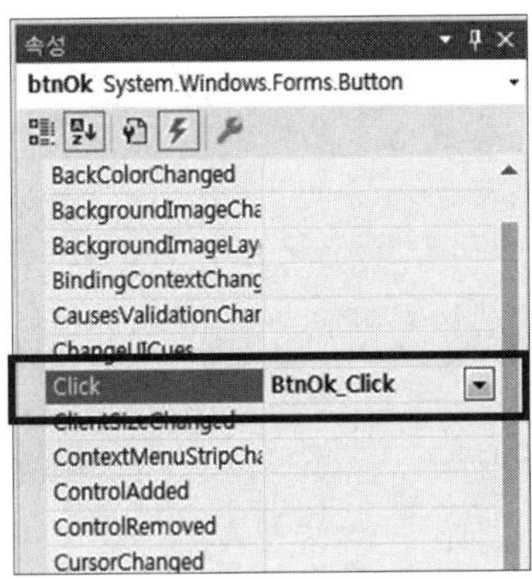

```
1    private void BtnOk_Click(object sender, EventArgs e)
2    {
3    }
```

이번에는 모달리스 대화상자인 ModalessForm.cs의 이벤트
처리기를 다음과 같이 추가한다.

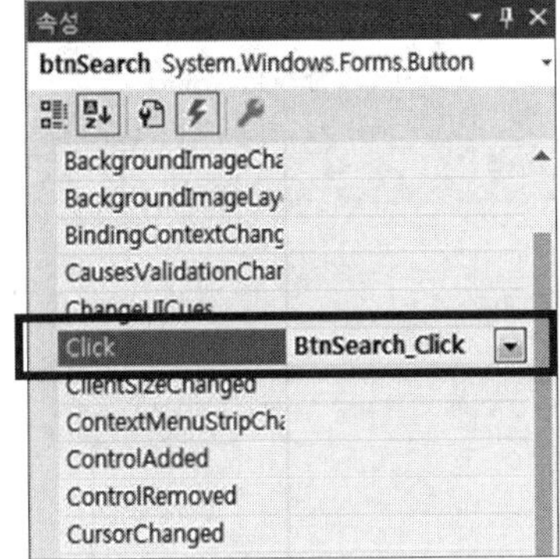

```
1    private void BtnSearch_Click(object sender, EventArgs e)
2    {
3    }
```

4. 코드 작성

이벤트 처리기가 추가되었다면 이벤트 처리기 내부에 동작 기능 코드를 추가하도록 하자. 각 이벤트 처리기의 기능에 맞게 작성해 보자. 먼저 Form1.cs의 이벤트 처리기 구현 코드이다.

```
1    private void BtnModal_Click(object sender, EventArgs e)
2    {
3            ModalForm modal = new ModalForm();
4            modal.ShowDialog();
5    }
6    private void BtnModaless_Click(object sender, EventArgs e)
7    {
8            ModalessForm modaless = new ModalessForm();
9            modaless.str = textBox1.Text;
10           modaless.Show();
11   }
```

{ 코드 분석 }

3~4라인	ModalForm 객체를 생성한 후 ShowDialog( ) 메소드를 통해 모달 대화상자를 생성한다.
8~10라인	ModalessForm 객체를 생성한 후 Show( ) 메소드를 통해 모달리스 대화상자를 생성한다. 이 때, 텍스트박스에 입력한 텍스트를 ModalessForm의 변수인 str에 전달한다.

다음은 ModalForm.cs의 구현 코드이다.

```
1   private void BtnOk_Click(object sender, EventArgs e)
2   {
3       Close();
4   }
```

{ 코드 분석 }

3라인	현재 모달 대화상자의 이벤트는 [확인] 버튼을 클릭하면 대화상자가 닫히는 기능뿐이다. Close( ) 메소드는 대화상자를 종료시킨다.

다음은 ModalessForm.cs의 구현 코드이다.

```
1   private void BtnSearch_Click(object sender, EventArgs e)
2   {
3       if(str.Contains(tbSearch.Text))
4       {
5           MessageBox.Show("문자열을 찾았습니다.");
6       }
7       else
8       {
9           MessageBox.Show("문자열을 찾을 수 없습니다.");
10      }
11  }
```

{ 코드 분석 }

3라인	문자열 검색 메소드인 Contains( )를 사용하여 현재 텍스트박스에 입력된 찾고자 하는 문자열이 Form1.cs의 텍스트박스의 문자열을 저장하고 있는 str 문자열에 포함되어 있는지를 검사한다. 반환 타입은 bool이므로 찾은 경우 true를, 찾지 못했을 경우는 false를 반환한다.

5. 빌드 및 실행하기

단축키 F6번과 F5번을 눌러서 다음과 같이 빌드 및 실행을 한다. 메인 폼에서 먼저 [모달대화상자] 버튼을 클릭해 보고, [모달리스대화상자] 버튼을 클릭하여 차이점을 확인해 보자.

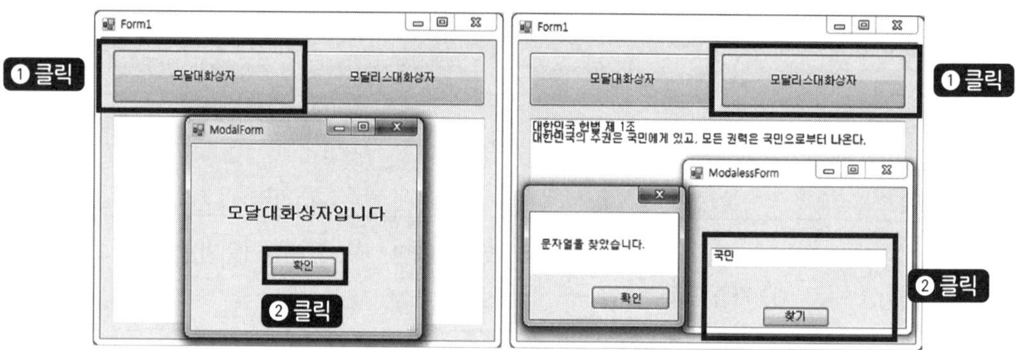

10.2.3 공통 대화상자

1. 공통 대화상자란

윈도우 운영체제 기반에서 프로그램을 사용하다 보면 어떤 프로그램이든지 공통적으로 제공되는 대화상자들이 있다. 파일 열기 및 저장 대화상자, 폰트 설정 대화상자, 색상 설정 대화상자 등이 대표적이다. 이러한 대화상자들은 프로그램마다 별도로 구현할 필요가 없는 공통적인 기능이기 때문에 운영체제가 미리 만들어 놓고 호출만 하면 사용할 수 있도록 제공한다.

2. 파일 열기 및 저장 대화상자

파일 열기 및 저장 대화상자는 각각 OpenFileDialog와 SaveFileDialog 클래스에서 제공하는 공통 대화상자이다. 이 2개의 대화상자는 파일을 여느냐 저장하느냐의 차이점만 있을 뿐이지 파일을 다룬다는 점에서는 공통적이므로, 이 두 클래스를 상속하는 부모 클래스가 있는데 바로 FileDialog이다.

다음은 파일 대화상자의 주요 속성 및 메소드이다.

속성 및 메소드	내용
AddExtension	확장명을 생략한 경우 대화상자가 파일 이름에 확장명을 자동으로 추가할지 여부를 설정한다.
CheckFileExists	존재하지 않는 파일 이름을 지정할 때 대화상자에 경고가 표시되는지 여부를 설정한다.

CheckPathExists	존재하지 않는 경로를 지정할 때 대화상자에 경고가 표시되는지 여부를 설정한다.
DefaultExt	기본 확장명을 설정한다.
FileName	파일 대화상자에서 선택한 파일 이름을 포함하는 문자열을 설정한다.
FileNames	대화상자에서 선택한 모든 파일의 파일 이름을 가져온다.
Filter	대화상자에서 "파일 형식"에 표시되는 문자열을 필터로 설정한다.
InitialDirectory	대화상자가 표시하는 초기 디렉터리를 설정한다.
Title	대화상자의 제목을 설정한다.
Reset()	모든 속성을 기본값으로 다시 설정한다.
ShowDialog()	모달 대화상자로 실행한다.

3. 폰트 대화상자

우리가 사용하는 윈도우 기반의 문서 편집기들에는 대부분 폰트 설정 기능이 있다. 공통적인 기능이므로 공통 대화상자로 제공된다. 폰트 대화상자는 폰트를 설정하는 공통 대화상자로서, FontDialog 클래스에서 제공한다. 다음은 폰트 대화상자의 주요 속성 및 메소드이다.

속성 및 메소드	내용
Color	선택한 글꼴 색을 가져오거나 설정한다.
Font	선택한 글꼴을 가져오거나 설정한다.
ShowEffects	취소선, 밑줄 및 텍스트 옵션을 지정하는 데 사용할 수 있는 기능을 설정한다.
Reset()	모든 속성을 기본값으로 다시 설정한다.
ShowDialog()	모달 대화상자로 실행한다.

4. 색상 대화상자

이미지 편집기의 경우 색상을 설정하는 기능이 있다. 이 기능 또한 공통적이므로 공통 대화상자로 제공된다. 색상 대화상자는 ColorDialog 클래스에서 제공한다. 다음은 색상 대화상자의 주요 속성 및 메소드이다.

속성 및 메소드	내용
AnyColor	대화상자에서 기본 색 집합에 있는 색 중 사용 가능한 색이 모두 표시되는지 여부를 설정한다.
Color	선택한 색을 가져오거나 설정한다.
CustomColors	사용자 지정 색 집합을 가져오거나 설정한다.
Reset()	모든 속성을 기본값으로 다시 설정한다.
ShowDialog()	모달 대화상자로 실행한다.

10.2.4 프로젝트 생성 : 공통 대화상자

1. 프로젝트 생성

메뉴의 [파일]-[새로 만들기]-[프로젝트]를 선택한 후 프로젝트 선택 창에서 [Windows Forms 앱]을 선택한다.

[다음] 버튼을 클릭하면 다음 단계인 [새 프로젝트 구성] 창으로 넘어간다. 프로젝트 이름은 CommonDialog라고 입력한 후, [확인] 버튼을 눌러 프로젝트를 생성하자.

2. 폼 디자인

도구 상자에서 ColorDialog, FontDialog, OpenFileDialog, SaveFileDialog 컨트롤들을 끌어다가 배치해 보자. 그리고 버튼 4개와 텍스트박스 1개를 폼 위에 배치한다.

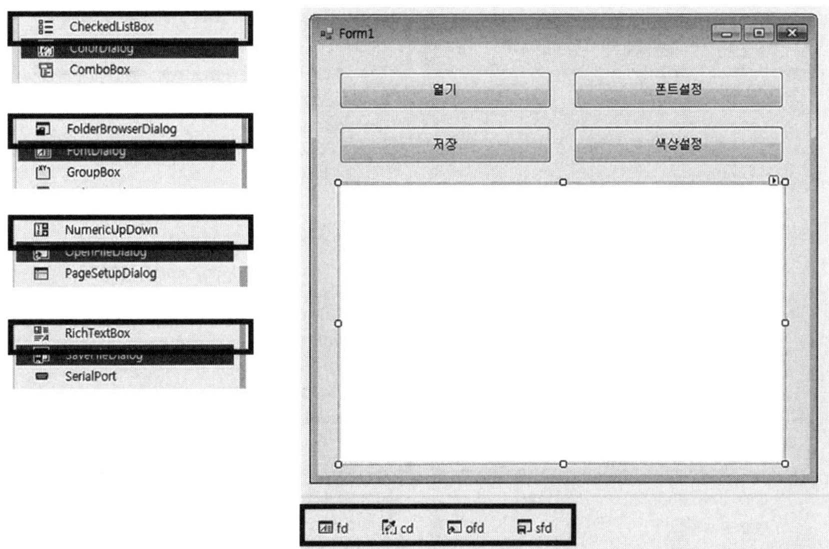

컨트롤	Name	Text
ColorDialog	cd	(없음)
FontDialog	fd	(없음)
OpenFileDialog	ofd	(없음)
SaveFileDialog	sfd	(없음)
Button	btnOpen	열기
Button	btnSave	저장
Button	btnFont	폰트설정
Button	btnColor	색상설정
TextBox	Textbox1	(비움)

3. 이벤트 처리기 추가

우리가 추가한 각 버튼을 클릭하였을 때 클릭 이벤트가 발생하여 각 해당 버튼에 대한 이벤트를 처리할 수 있게 이벤트 처리기를 추가한다.

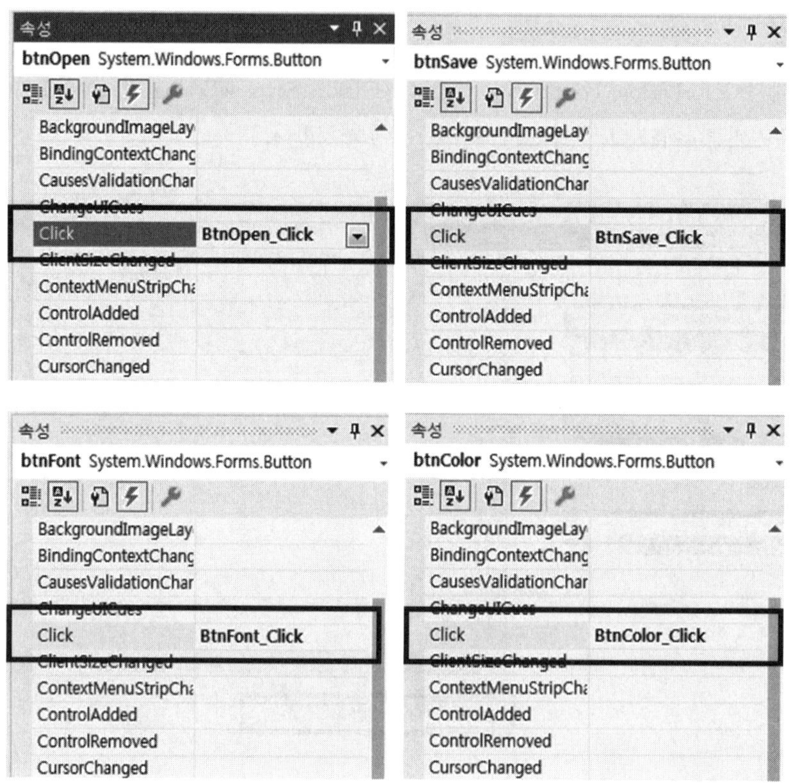

각 버튼의 클릭 이벤트를 더블클릭하면 다음과 같이 이벤트 처리기 코드가 생성된다.

```
1   private void BtnOpen_Click(object sender, EventArgs e)
2   {
3   }
4   private void BtnSave_Click(object sender, EventArgs e)
5   {
6   }
7   private void BtnFont_Click(object sender, EventArgs e)
8   {
9   }
10  private void BtnColor_Click(object sender, EventArgs e)
11  {
12  }
```

4. 코드 작성

이벤트 처리기가 추가되었다면 이벤트 처리기 내부에 동작 기능 코드를 추가하도록 하자. 각 이벤트 처리기의 기능에 맞게 작성해 보자.

```csharp
private void BtnOpen_Click(object sender, EventArgs e)
{
        if(ofd.ShowDialog() == DialogResult.OK)
        {
            textBox1.Text = ofd.FileName + " 파일을 엽니다.";
        }
}
private void BtnSave_Click(object sender, EventArgs e)
{
        sfd.Filter = "All file(*.*)|(*.*)";
        if(sfd.ShowDialog() == DialogResult.OK)
        {
            textBox1.Text = sfd.FileName + " 파일을 저장합니다.";
        }
}
private void BtnFont_Click(object sender, EventArgs e)
{
        if(fd.ShowDialog() == DialogResult.OK)
        {
            textBox1.Font = fd.Font;
        }
}
private void BtnColor_Click(object sender, EventArgs e)
{
        if(cd.ShowDialog() == DialogResult.OK)
        {
            textBox1.ForeColor = cd.Color;
        }
}
```

3~6라인	열기 대화상자가 모달 형태로 출력이 되고, 대화상자 안에서 파일을 1개 선택한 후 [열기] 버튼을 누르면, 해당 파일 경로와 이름을 텍스트박스에 출력한다.
10~14라인	저장 대화상자가 모달 형태로 출력이 되고, 대화상자에 파일 이름을 입력한 후 [저장] 버튼을 누르면, 해당 파일 경로와 이름을 텍스트박스에 출력한다.
18~21라인	폰트 대화상자에서 설정을 하고 [확인] 버튼을 누르면, 설정한 폰트의 내용을 현재 텍스트박스에 적용시킨다.
25~28라인	색상 대화상자에서 설정을 하고 [확인] 버튼을 누르면, 설정한 색상의 내용을 현재 텍스트박스에 적용시킨다.

5. 빌드 및 실행하기

단축키 F6번과 F5번을 눌러서 다음과 같이 빌드 및 실행을 한다. [열기], [저장], [폰트설정], [색상설정] 각각의 버튼을 클릭하여 수행해 보자.

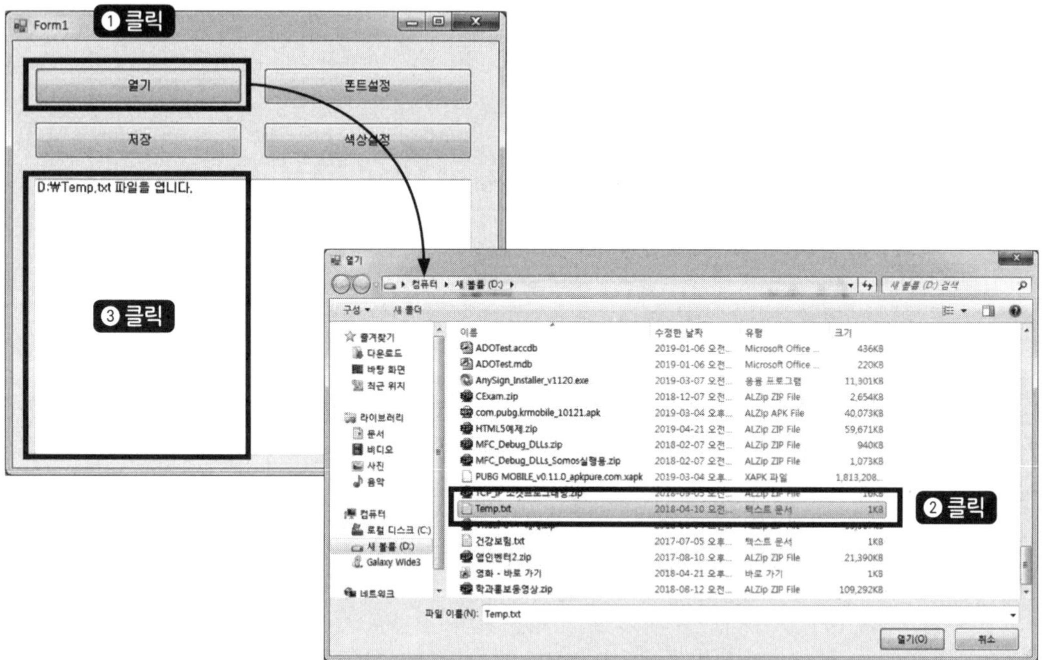

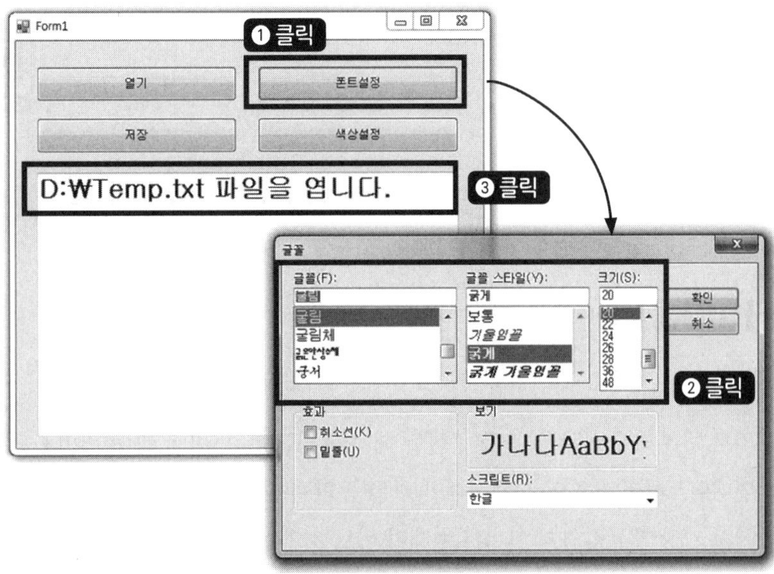

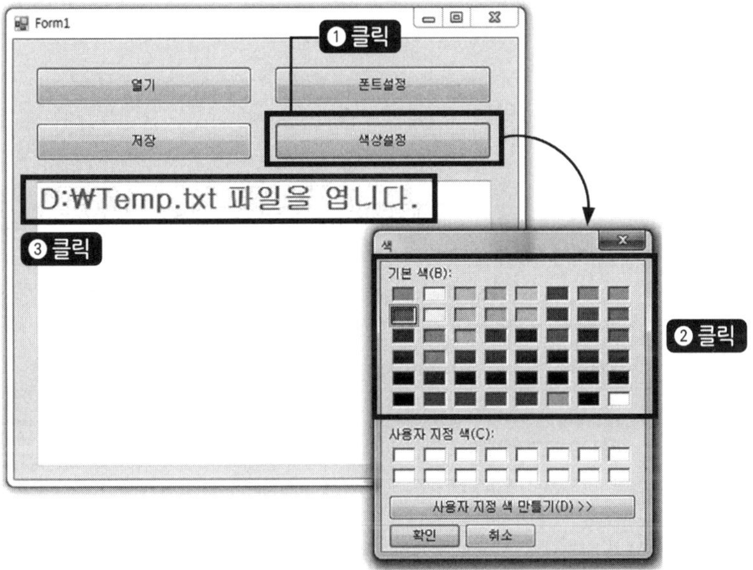

10.3 타이머

10.3.1 타이머란

1. 타이머란

어떤 일정 주기로 반복해야 하는 기능을 구현할 때 사용하는 것이 바로 타이머이다. 정해진 시간 간격으로 변수를 업데이트하거나 화면을 갱신해야 하는 등의 주기적인 작업 상황에는 여러 가지가 있다. 그중 우리 일상에서 가장 대표적인 타이머의 형태가 바로 시계이다. 시계는 1초 단위로 갱신을 해야 하기 때문이다. C#에서는 타이머를 컨트롤로 제공하고 있다.

2. 타이머의 종류

C#에서는 3가지의 타이머 클래스 라이브러리를 제공한다.

타이머 클래스	내용
System.Windows. Forms.Timer	사용자가 정의한 간격마다 이벤트를 발생시키는 타이머를 구현한다. 이 타이머는 Windows Forms 응용 프로그램에서 사용할 수 있도록 최적화되어 있다.
System.Threading. Timer	지정된 간격으로 메소드를 실행하는 메커니즘으로 제공한다.
System.Timers.Timer	응용 프로그램에 주기적인 이벤트를 생성한다.

여러 종류의 타이머가 제공이 되지만, 우리가 일반적으로 사용하는 타이머 클래스는 System.Windows.Forms.Timer이다. 도구 상자에서 제공하는 타이머 컨트롤 또한 이 클래스이다.

10.3.2 프로젝트 생성 : 시계 만들기

1. 프로젝트 생성

메뉴의 [파일]-[새로 만들기]-[프로젝트]를 선택한 후 프로젝트 선택 창에서 [Windows Forms 앱]을 선택한다.

[다음] 버튼을 클릭하면 다음 단계인 [새 프로젝트 구성] 창으로 넘어간다. 프로젝트 이름은 Timer라고 입력한 후, [확인] 버튼을 눌러 프로젝트를 생성하자.

2. 폼 디자인

도구 상자에서 Timer 컨트롤들을 끌어다가 배치해 보자. 그리고 버튼 1개와 레이블 1개를 폼 위에 배치한다.

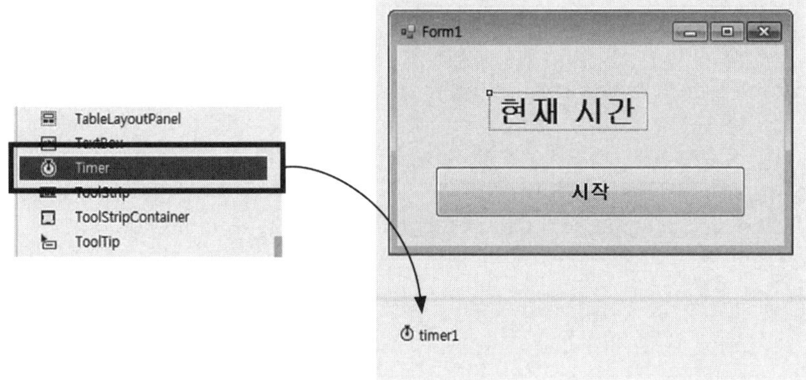

컨트롤	Name	Text	Interval	Font
Timer	timer1	(없음)	1000	(없음)
Label	lblClock	현재 시간	(없음)	글꼴 : 굴림 크기 : 20pt 스타일 : 굵게
Button	btnStart	시작	(없음)	글꼴 : 굴림 크기 : 12pt 스타일 : 굵게

3. 이벤트 처리기 추가

우리가 추가한 [시작] 버튼을 클릭하였을 때 클릭 이벤트가 발생하여 해당 버튼에 대한 이벤트를 처리할 수 있게 한다. 그리고, 타이머의 경우 주기마다 수행할 타이머 이벤트 Tick에 대한 이벤트 처리기를 추가한다.

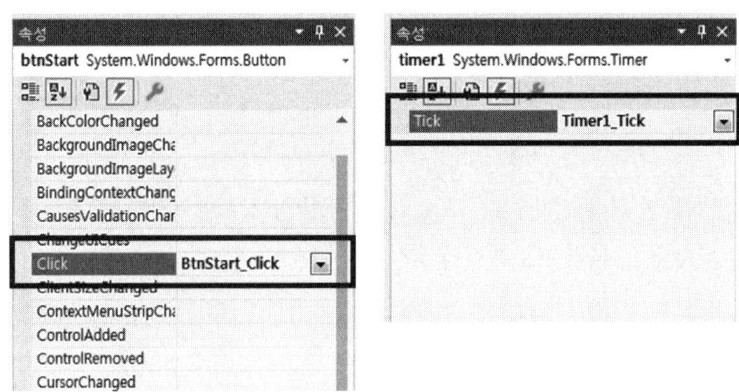

각 버튼의 클릭 이벤트를 더블클릭하면 다음과 같이 이벤트 처리기 코드가 생성된다.

```
1   private void Timer1_Tick(object sender, EventArgs e)
2   {
3   }
4   private void BtnStart_Click(object sender, EventArgs e)
5   {
6   }
```

4. 코드 작성

이벤트 처리기가 추가되었다면 이벤트 처리기 내부에 동작 기능 코드를 추가하도록 하자. 각 이벤트 처리기의 기능에 맞게 작성해 보자.

```
1    private void Timer1_Tick(object sender, EventArgs e)
2    {
3            lblClock.Text = DateTime.Now.ToLongTimeString();
4    }
5    private void BtnStart_Click(object sender, EventArgs e)
6    {
7            timer1.Start();
8            timer1.Interval = 1000;
9    }
```

{ 코드 분석 }

3라인	DateTime 구조체는 시간 정보를 얻어 올 수 있는 라이브러리이다. Now라는 속성은 현재 시간을 얻어 오는 기능인데, 현재 시간을 레이블에 출력하고 있다. 현재 Timer1_Tick( ) 루틴은 설정한 주기마다 수행하므로 현재 시간이 매초마다 갱신되는 효과를 얻을 수 있다.
7~8라인	타이머 객체인 timer1로 Start( ) 메소드를 호출하면 타이머가 시작된다. timer1의 간격 옵션인 Interval을 1000으로 설정하여 1초마다 타이머가 동작하도록 한다.

5. 빌드 및 실행하기

단축키 F6번과 F5번을 눌러서 다음과 같이 빌드 및 실행을 한다. [시작] 버튼을 클릭하면 현재 시간이 레이블에 출력이 되고, 타이머가 1초마다 갱신되므로 레이블에 표시되는 현재 시간도 1초 간격으로 갱신되는 결과를 볼 수 있다.

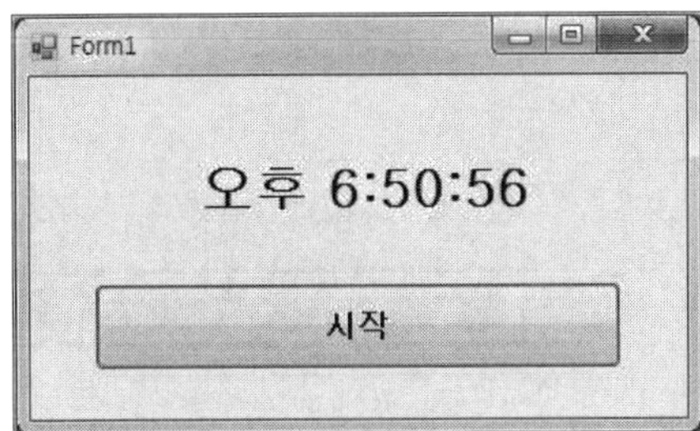

10.3.3 프로젝트 생성 : 메신저 알림 창 만들기

1. 프로젝트 생성

메뉴의 [파일]-[새로 만들기]-[프로젝트]를 선택한 후 프로젝트 선택 창에서 [Windows Forms 앱]을
선택한다.

[다음] 버튼을 클릭하면 다음 단계인 [새 프로젝트 구성] 창으로 넘어간다. 프로젝트 이름은 Mes-
sageAlarm이라고 입력한 후, [확인] 버튼을 눌러 프로젝트를 생성하자.

2. 폼 디자인

도구 상자에서 Timer 컨트롤들을 끌어다가 배치해 보자. 그리고 버튼 1개를 폼 위에 배치한다.

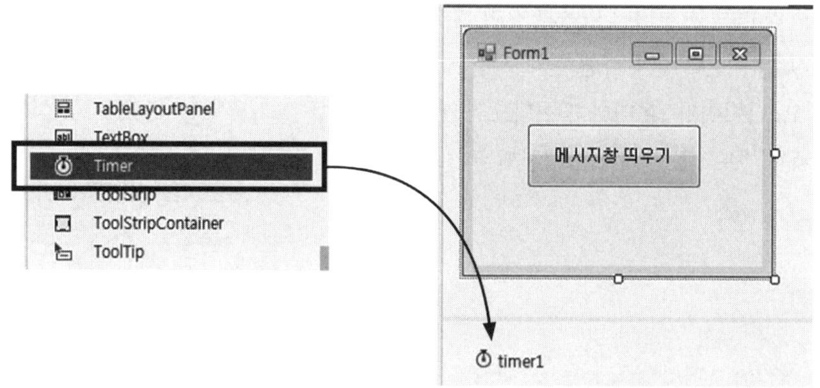

컨트롤	Name	Text	Interval
Timer	timer1	(없음)	100
Button	btnMsg	메시지 창 띄우기	(없음)

메인 폼의 배치와 설정이 끝났으면 이제 새로운 폼을 1개 추가해 보도록 하자. [솔루션 탐색기]에서 프로젝트 이름을 선택한 후 마우스 오른쪽 버튼을 눌러 콘텍스트 메뉴를 출력한다. [추가]-[Windows Form]을 선택하면 [새 항목 추가] 마법사 창이 나타난다. 이름을 [MsgForm.cs]라고 입력한 후 [추가] 버튼을 클릭한다.

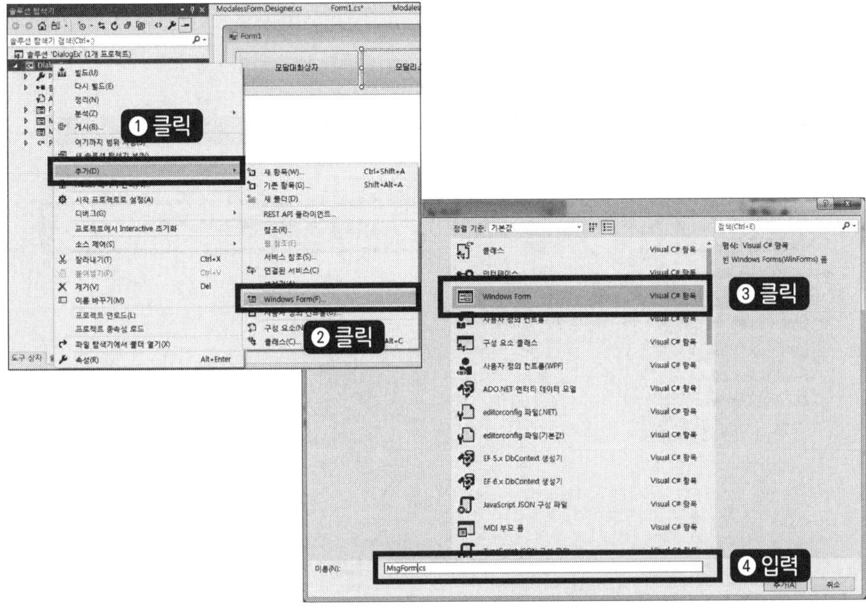

다음은 MsgForm 디자인 및 속성 설정이다.

컨트롤	Name	Text	Font	BackColor
Label	label1	대화가 도착하였습니다.	글꼴 : 굴림 크기 : 11pt 스타일 : 굵게	(비움)
Form	MsgForm	메시지		LightSteelBlue

3. 이벤트 처리기 추가

우리가 추가한 [메시지창 띄우기] 버튼을 클릭하였을 때 클릭 이벤트가 발생하여 해당 버튼에 대한 이벤트를 처리할 수 있게 한다. 그리고 타이머의 경우 주기마다 수행할 타이머 이벤트 Tick에 대한 이벤트 처리기를 추가한다.

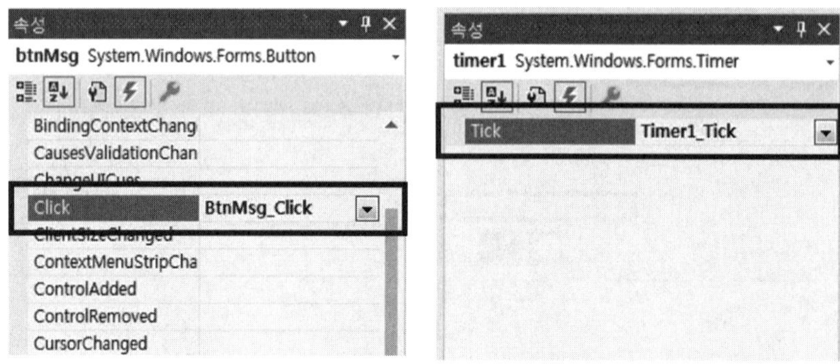

각 버튼의 클릭 이벤트를 더블클릭하면 다음과 같이 이벤트 처리기 코드가 생성된다.

```
1  private void BtnMsg_Click(object sender, EventArgs e)
2  {
3  }
4  private void Timer1_Tick(object sender, EventArgs e)
5  {
6  }
```

4. 코드 작성

이벤트 처리기가 추가되었다면 이벤트 처리기 내부에 동작 기능 코드를 작성하자.

```
1    using System.Threading;
2
3    namespace MessageAlarm
4    {
5        public partial class Form1 : Form
6        {
7            private int x;
8            private int y;
9            private int h = 0;
10           private MsgForm msg;
11
12           public Form1()
13           {
14               InitializeComponent();
15           }
16
17           private void BtnMsg_Click(object sender, EventArgs e)
18           {
19               x = Screen.PrimaryScreen.Bounds.Width - 250;
20               y = Screen.PrimaryScreen.Bounds.Height;
21               msg = new MsgForm();
22               timer1.Start();
23           }
24
25           private void Timer1_Tick(object sender, EventArgs e)
26           {
27               if(h > 200)
28               {
29                   h = 0;
```

```
30                    timer1.Stop();
31                    Thread.Sleep(1000);
32                    msg.Close();
33              }
34          else
35          {
36                    msg.Location = new Point(x, y - h);
37                    msg.Show();
38                    h += 10;
39          }
40      }
41  }
42  }
```

{ 코드 분석 }

1라인	Threading 네임 스페이스를 추가한 이유는 타이머 처리 코드에서 Sleep( ) 메소드를 사용하기 위함이다.
7~8라인	메시지 알림 창을 출력할 시작점 x, y 좌표를 저장할 변수이다.
9라인	메시지 알림 창이 아래에서 위로 올라올 때의 y 좌표의 간격이다.
10라인	메시지 알림 창의 폼인 MsgAlarm의 객체를 선언한다.
19라인	Screen.PrimaryScreen.Bounds.Width를 통해 현재 스크린의 너비를 구할 수 있다. 메시지 알림 창이 현재 스크린의 안쪽에 출력되어야 하므로 메시지 알림 창의 가로 길이인 -250만큼을 빼 주어서 시작 위치 x 값을 설정한다.
20라인	Screen.PrimaryScreen.Bounds.Height를 통해 현재 스크린의 높이를 구할 수 있다. 메시지 알림 창은 처음에 스크린의 맨 아래쪽부터 출력되어야 하므로 높이를 시작 위치 y로 설정한다.
21라인	메시지 알림 창의 객체를 생성한다.
22라인	타이머를 시작한다.

27~33라인	타이머 동작을 처리할 시 h 값이 200보다 큰지 여부를 비교한다. h 값이 200보다 크다는 의미는 높이가 200인 메시지 알림 창이 화면에 모두 출력되었다는 것을 의미한다. 그러므로 h는 0으로 초기화하고, timer1.Stop( ) 메소드를 통해 타이머를 중지시킨다. 출력된 메시지 창을 msg.Close( ) 메소드를 통해 종료시키되, Sleep( ) 메소드를 통해 1초 기다렸다가 종료한다.
36~38라인	메시지 알림 창의 출력 위치를 설정하려면 Location 속성을 이용하면 된다. msg.Location에 x, y 값을 설정하되, 메시지 창의 출력 변화는 y축에만 있으므로, y 좌표는 y-h 값으로 설정한다. 그리고 Show( ) 메소드를 통해 화면에 출력한다. h 값을 10씩 증가시켜 주는 이유는 y-h의 연산에서 h 값이 증가할수록 메시지 알림 창이 화면에 점점 드러나게 되기 때문이다. 타이머의 반복 주기(Interval)를 100으로 설정했으므로 0.1초마다 메시지 알림 창은 y축으로 10픽셀만큼 올라오게 된다.

5. 빌드 및 실행하기

단축키 F6번과 F5번을 눌러서 다음과 같이 빌드 및 실행을 한다. [메시지창 띄우기] 버튼을 클릭하면, 윈도우 화면의 오른쪽 가장자리 하단에서 메시지 알림 창이 올라온다. 다 올라온 후 1초 후에 자동으로 사라진다.

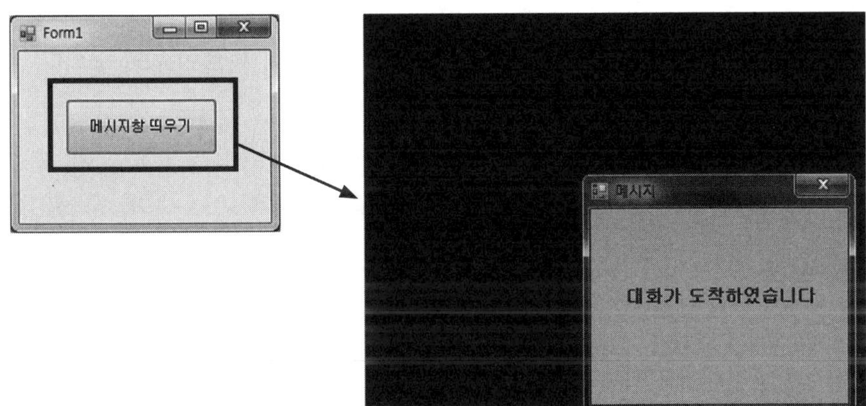

10.4 트레이 아이콘

10.4.1 트레이 아이콘이란

윈도우 프로그램이 실행되면 화면에 보여야 하지만, 동작하더라도 화면에 보일 필요가 없는 경우도 있다. 가장 대표적인 예가 백신 프로그램이다. 백신 프로그램은 늘 바이러스에 대한 감시 동작을 하고 있어야 한다. 동작하고 있으므로 사용자에게 여러 가지 알림을 줄 수도 있다. 그러나 프로그램이 화면에 보일 필요는 없다.

컴퓨터 화면 아래쪽 작업 표시줄의 가장 오른쪽에서는 다음과 같은 트레이 아이콘을 볼 수 있다.

트레이 아이콘을 구현하기 위해 C#에서 제공하는 컨트롤이 있는데, 바로 NotifyIcon이다.

10.4.2 프로젝트 생성 : 트레이 아이콘

1. 프로젝트 생성

메뉴의 [파일]-[새로 만들기]-[프로젝트]를 선택한 후 프로젝트 선택 창에서 [Windows Forms 앱]을 선택한다.

[다음] 버튼을 클릭하면 다음 단계인 [새 프로젝트 구성] 창으로 넘어간다. 프로젝트 이름은 TrayIcon 이라고 입력한 후, [확인] 버튼을 눌러 프로젝트를 생성하자.

2. 폼 디자인

도구 상자에서 ContextMenuStri와 NotifyIcon 컨트롤들을 끌어다가 배치해 보자.

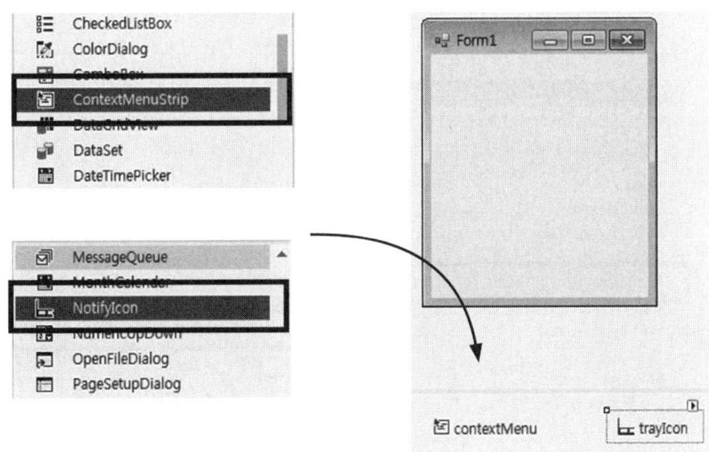

컨트롤	Name	ContextMenuStrip	Icon	Visible
ContextMenuStrip	contextMenu	(없음)	(없음)	(없음)
NotifyIcon	trayIcon	contextMenu	change.ico	False

컨트롤	Name	Text
ToolStripMenuItem	ToolStripOpen	열기
ToolStripMenuItem	ToolStripClose	닫기

3. 이벤트 처리기 추가

우리는 4개의 이벤트 처리기를 추가할 것이다. 먼저 콘텍스트 메뉴의 [열기], [닫기] 메뉴에 대한 이벤트 처리기를 추가한다. 그 다음으로 윈도우 폼의 가장 오른쪽 종료 버튼을 클릭했을 때의 이벤트 처리기를 추가한다. 마지막으로 트레이 아이콘에 더블클릭 이벤트를 발생시켰을 때의 이벤트 처리기를 추가한다.

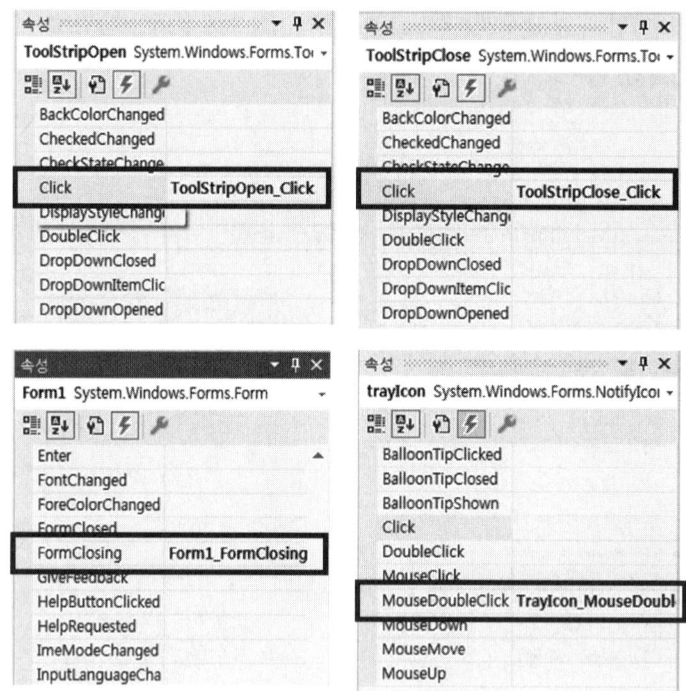

다음은 생성된 이벤트 처리기이다.

```
1   private void Form1_FormClosing(object sender,
2   FormClosingEventArgs e)
3   {
4   }
5   private void ToolStripOpen_Click(object sender, EventArgs e)
6   {
7   }
8   private void ToolStripClose_Click(object sender, EventArgs e)
9   {
10  }
11  private void TrayIcon_MouseDoubleClick(object sender,
12  MouseEventArgs e)
13  {
14  }
```

4. 코드 작성

이벤트 처리기가 추가되었다면 이벤트 처리기 내부에 동작 기능 코드를 추가하도록 하자. 각 이벤트 처리기의 기능에 맞게 작성해 보자.

```
1    private void Form1_FormClosing(object sender,
2    FormClosingEventArgs e)
3    {
4            e.Cancel = true;
5            this.Visible = false;
6            this.trayIcon.Visible = true;
7    }
8    private void ToolStripOpen_Click(object sender, EventArgs e)
9    {
10           this.Visible = true;
11           this.trayIcon.Visible = false;
12   }
13   private void ToolStripClose_Click(object sender, EventArgs e)
14   {
15           this.Dispose();
16           Application.Exit();
17   }
18   private void TrayIcon_MouseDoubleClick(object sender,
19   MouseEventArgs e)
20   {
21           this.Visible = true;
22           this.trayIcon.Visible = false;
23   }
```

{ 코드 분석 }

4라인	Form1_FormClosing( ) 이벤트 처리기는 폼이 닫힐 때 처리한다. 이때 Form1_FormClosing 타입의 전달인자를 넘겨주는데, Cancel이라는 속성이 있다. 말하자면 "폼을 닫으려고 하는데 혹시 취소할 거냐?"라고 물어보는 것이다. 취소한다는 의미는 폼을 닫지 않겠다는 의미이다. 실제로도 폼을 종료하지 않고 트레이 아이콘으로 전환하는 것이므로 true라고 설정하였다.

<table>
<tr><td>5라인</td><td>현재 메인 폼을 보이지 않게 설정한다.</td></tr>
<tr><td>6라인</td><td>트레이 아이콘은 보이도록 설정한다.</td></tr>
<tr><td>8~12라인</td><td>콘텍스트 메뉴의 [열기]를 선택했을 때 발생하는 이벤트 처리기이다. 이 경우에는 폼이 보여야 하고, 트레이 아이콘은 보이지 않게 설정해야 한다.</td></tr>
<tr><td>13~17라인</td><td>콘텍스트 메뉴의 [종료]를 선택했을 때 발생하는 이벤트 처리기이다. 이 메뉴를 선택하면 실행 프로그램이 즉시 종료되어야 한다. Dispose는 더 이상 사용되지 않는 자원을 즉시 반납하도록 해 주는 메소드이다. 현재의 폼 객체를 더 이상 사용하지 않고 반납하겠다는 의미이다. 그리고 Application.Exit( )를 통해 프로그램을 즉시 종료한다.</td></tr>
<tr><td>18~23라인</td><td>보통은 트레이 아이콘을 더블클릭했을 때에도 실행하고 있는 프로그램의 폼이 화면에 보이게 된다. [열기] 메뉴를 선택했을 때와 마찬가지로 폼은 보이게, 트레이 아이콘은 보이지 않게 설정한다.</td></tr>
</table>

5. 빌드 및 실행하기

단축키 F6번과 F5번을 눌러서 다음과 같이 빌드 및 실행을 한다. 폼의 [종료] 버튼을 클릭하면 폼은 사라지고 트레이 아이콘이 보이게 된다. 트레이 아이콘에 대고 마우스 오른쪽 버튼을 클릭하면 콘텍스트 메뉴가 나타난다. [열기], [닫기] 메뉴를 선택해 보고 트레이 아이콘을 더블클릭해 보자.

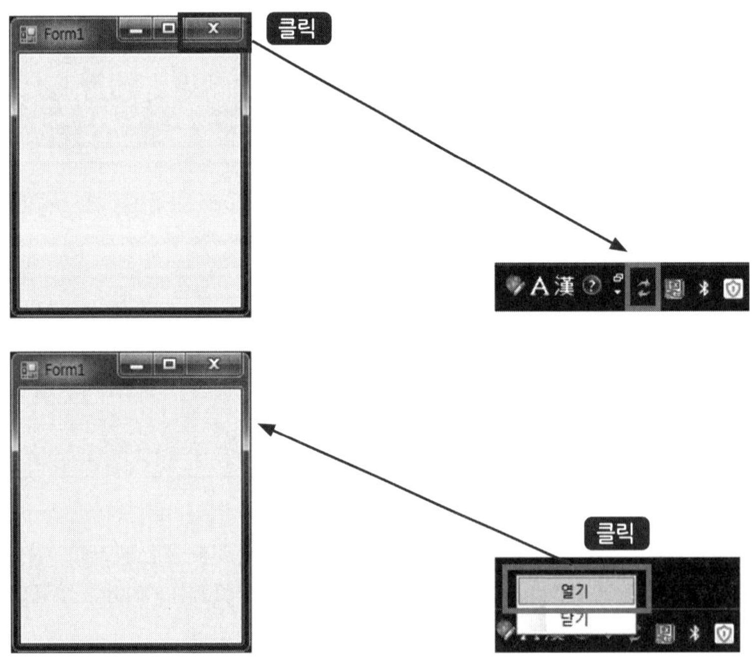

Part 11

그래픽

11.1 GDI+란?

11.1.1 GDI+의 개념

1. GDI란

윈도우 운영체제에서는 그래픽을 출력하기 위해서 디바이스 드라이버를 제어할 수 있어야 한다. 보통 그래픽 출력을 위한 디바이스는 그래픽 카드인데, 그래픽 카드는 종류에 따라 각 벤더사에서 제공하는 디바이스 드라이버가 각각 다르다. 그러나 윈도우 운영체제는 각 벤더사의 디바이스 드라이버의 정보를 얻어 와서 그래픽 카드의 종류에 상관없이 동일한 형태의 그래픽 출력을 제공한다. 이러한 그래픽 디바이스의 독립적인 기능을 제공해 주는 인터페이스를 GDI(Graphical Device Interface)라고 한다. 이름에서도 그 기능이 느껴지듯이 윈도우 운영체제에서 제공하는 그래픽 출력장치 인터페이스라고 할 수 있다. GDI는 윈도우 운영체제에서 gdi.dll 라이브러리 형태로 제공되고 있다.

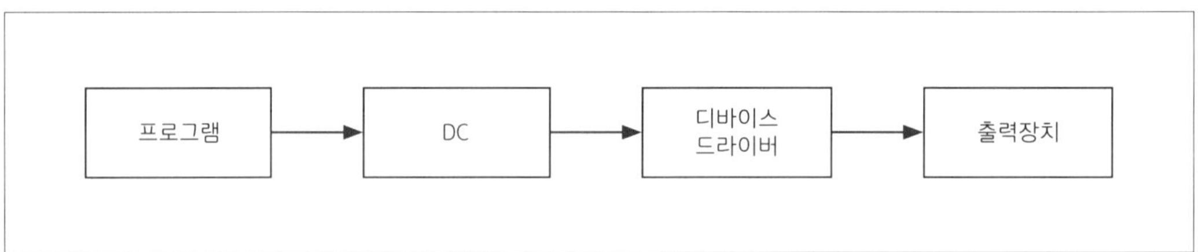

DC라는 용어가 나오는데 이는 Device Context의 약자이다. 윈도우 화면에 출력하기 위한 모든 내용은 DC를 통해 출력하게 되는데, DC는 그래픽 객체들의 속성과 그래픽 모드를 정의하는 자료의 집합체로, 출력 장치에 정보를 표시할 때 필요한 정보를 저장하는 자료 구조이다.

2. GDI+란

GDI+는 간단하게 말하면 기존 GDI의 기능을 확장한 버전이라고 할 수 있다. 기존의 GDI가 C언어 형태 기반의 기능들의 묶음이었다면, GDI+는 클래스의 집합으로 GDI를 다시 래핑한 형태이다. GDI+에는 여러 가지의 유용한 기능들이 새롭게 추가되었다. 새롭게 추가된 기능이나 GDI와의 차이점을 간략하게 살펴보자.

① 모든 그래픽의 화면상 출력은 Graphics 객체를 통해서 가능하다.

② 도형을 그리는 메소드들이 오버로딩 형태로 다양하게 제공된다.

③ 펜, 브러시 등의 리소스 객체를 생성한 후 별도로 해제할 필요가 없다. 가비지 컬렉터가 뒷정리를 해 주기 때문이다.

④ 그러데이션 브러시, 알파값 처리, 텍스트 안티 알리아싱 등과 같은 그래픽 처리 관련 기능들이 추가되었다.

GDI+는 GDI의 기능을 래핑한 형태이다 보니 속도면에서는 객관적으로 느릴 수밖에 없다는 단점이 있다. GDI+가 GDI의 확장이라고 생각하여 GDI를 완전 대체하는 것으로 착각할 수 있는데, GDI와 GDI+는 따로따로 존재한다. GDI+는 윈도우 운영체제에서 gdiplus.dll 라이브러리 형태로 제공되고 있다.

11.1.2 System.Drawing 네임 스페이스

그림을 그리기 위한 도형, 그림, 색상, 폰트 등의 정보를 다룰 수 있도록 C#에서 제공하는 기본 그래픽 기능인 GDI+ 라이브러리가 있는데, 바로 System.Drawing 네임 스페이스이다. System.Drawing 네임 스페이스에서 제공하는 주요 클래스와 구조체에 대해 살펴보도록 하자.

1. 주요 클래스

System.Drawing에서 제공하는 GDI+ 주요 클래스들이다.

클래스	설명
Pen	선 스타일과 색상 등을 결정한다.
Brush	삼각형, 사각형, 원 등의 내부를 채우는 데 사용한다.
Graphics	텍스트나 이미지 등을 출력할 때 사용한다.
Image	Bitmap, Icon, Cursor 등 하위 클래스에 기능을 제공하는 추상 클래스이다.
Font	출력할 글자의 타입, 크기, 효과 등을 설정한다.

2. 주요 구조체

System.Drawing에서 제공하는 GDI+ 주요 구조체들이다.

구조체	설명
Color	폰트, 브러시, 펜의 색을 지정할 때 사용하는 구조체이다.
Point	X, Y 좌표값을 저장하는 구조체이다.
Rectangle	사각형을 그릴 수 있는 두 좌표값을 저장하는 구조체이다.
Size	주어진 높이와 너비를 저장하는 구조체이다.

11.2 펜과 브러시

11.2.1 펜

1. 펜이란

펜은 선을 나타낼 때 사용하는 그래픽 객체이다. 객체 생성 시 생성자에 색상과 선의 너비 정보를 넘겨줄 수 있다. 생성자는 다음과 같다.

```
public Pen(Color color, float width);
```

첫 번째 전달인자인 color는 색상을 전달할 수 있는데, 색상을 전달하는 방법에는 Color 속성을 이용하여 등록된 색상의 이름을 넘겨주는 방법, FromArgb( ) 메소드를 이용하여 색상값을 직접 입력하는 방법이 있다.

두 번째 전달인자인 width는 펜의 굵기를 지정한다. width가 0이거나 생략되면 디폴트 폭인 1이 적용된다.

2. 펜 생성 방법

펜 객체를 생성하여 펜의 색상과 굵기를 지정해 보도록 하자. 예를 들어 빨간색 펜을 굵기 5인 형태로 설정한다면 다음과 같이 펜 객체를 생성할 수 있다.

```
Pen p =new Pen(Color.Red, 5);
Pen p =new Pen(Color.FromArgb(255,0,0), 5);
```

표준 색상이라면 Color 속성을 이용하여 색상의 이름을 직접 입력해도 되지만, 표준 색상이 아니라면 FromArgb( ) 메소드를 이용하여 자세한 색상을 R, G, B의 조합값으로 생성한다.

11.2.2 브러시

1. 브러시란

브러시는 도형의 면을 채우는 그래픽 객체이다. 도형을 그리는 메소드 중에 면적을 채우는 메소드가 있는데, 이때 이 메소드들은 전달인자로 브러시를 넘겨받는다. 종류로는 단색 브러시, 해치 브러시, 그라디언트 브러시, 텍스처 브러시 등이 있다.

Brush 종류	설명
SolidBrush	단색 브러시를 통해 도형 내부를 단색으로 채운다.
HatchBrush	해치 브러시를 통해 미리 설정된 다양한 패턴으로 채운다.
LinearGradientBrush	그라디언트 브러시를 통해 2가지의 색상을 그라데이션으로 표현한다.
PathGradientBrush	그라디언트 브러시를 통해 개발자가 정의한 고유 경로에 따라 혼합된 색의 그러데이션을 사용하여 채운다.
TextureBrush	이미지와 같은 질감을 사용하여 채운다.

2. 단색 브러시

가장 일반적인 브러시 형태가 단색으로 채우는 단색 브러시이다. 생성자는 색상을 지정하는 인수 하나만을 전달받으며 이 색상으로 면적을 칠한다. 채울 색상을 인수로 전달하기만 하면 된다.

```
public SolidBrush(Color color);
```

표준 색상이라면 생성자 호출 없이 Brushes 클래스를 사용하여 간단하게 단색을 설정할 수 있다. 예를 들어 사각형에 단색 브러시를 적용한다고 가정해 보자. 단색 브러시의 객체를 생성하는 코드는 다음과 같다.

```
SolidBrush b = new SolidBrush(Color.Blue);

g.FillRectangle(b, 10, 10, 100, 100);

g.FillRectangle(Brushes.Red, 130, 10, 100, 100);
```

SolidBrush 클래스를 통해 파란색 브러시 객체 b를 생성하였고, FillRectangle( ) 메소드의 첫 번째 전달인자에 b 객체를 전달함으로써 사각형을 파란색으로 칠하도록 했다. 만약 표준 색상만 사용할 것이라면 이처럼 번거롭게 생성자를 사용할 필요 없이 두 번째 FillRectangle( ) 메소드처럼 첫 번째 전달인자에 Brushes 클래스를 사용하여 빨간색의 사각형을 출력하는 코드를 간단하게 표현할 수도 있다.

도형

윈도우 기반의 GDI+에서는 기본적인 도형을 그리기 위한 API를 제공한다. 기본적인 그리기 기능으로는 선, 사각형, 원, 다각형 등이 있다. 각 도형을 코드로 구현하는 방법을 살펴보도록 하자.

11.3.1 Graphics 클래스

1. Graphics 클래스 제공 메소드

Graphics 클래스에서는 도형을 그리기 위한 기본적인 그래픽 기능을 제공한다. Graphics 클래스는 선으로 도형을 그릴 수 있는 메소드와 도형 내부를 채우는 메소드로 구분된다. 다음은 Graphics 클래스의 주요 메소드이다.

메소드	내용
DrawArc	좌표, 너비, 높이의 쌍으로 지정된 타원의 부분을 나타내는 호를 그린다.
DrawBezier	4개의 Point 구조체로 정의되는 3차원 곡선 스플라인을 그린다.
DrawCurve	Point 구조체의 지정된 배열을 따라 카디널 스플라인을 그린다.
DrawEllipse	좌표, 높이, 너비의 쌍으로 지정된 경계 사각형에 의해 정의되는 타원을 그린다.
DrawIcon	지정된 아이콘에 의해 나타나는 이미지를 지정된 좌표에 그린다.
DrawImage	지정된 이미지를 지정된 위치에 그린다.
DrawLine	좌표에 의해 지정된 2개의 점을 연결하는 선을 그린다.
DrawPie	좌표, 너비, 높이 및 2개의 방사형 선에 의해 지정된 타원으로 정의된 부채꼴 모양을 그린다.
DrawPolygon	Point 구조체의 배열에 의해 정의된 다각형을 그린다.
DrawRectangle	좌표, 너비, 높이에 의해 지정된 사각형을 그린다.
DrawString	지정된 위치에 Brush와 Font 객체로 지정된 텍스트 문자열을 그린다.
FillEllipse	좌표, 너비, 높이에 의해 지정된 사각형 내부에 내접하는 원을 채운다.

FillRectangle	좌표, 너비, 높이에 의해 지정된 사각형의 내부를 채운다.
FillRegion	Region의 내부를 채운다.
RotateTransform	지정된 각도만큼 기하학적 변환을 한다.

2. Graphics 그래픽 객체 생성하기

폼에서 그리기 수행을 하기 위해서는 Form 클래스에 Paint 이벤트를 발생시켜 이벤트 처리기 안에서 그리기 동작을 구현하면 된다. Paint 이벤트의 이벤트 처리기 생성을 위해서는 [속성]-[이벤트]의 Paint 요소를 더블클릭하면 된다.

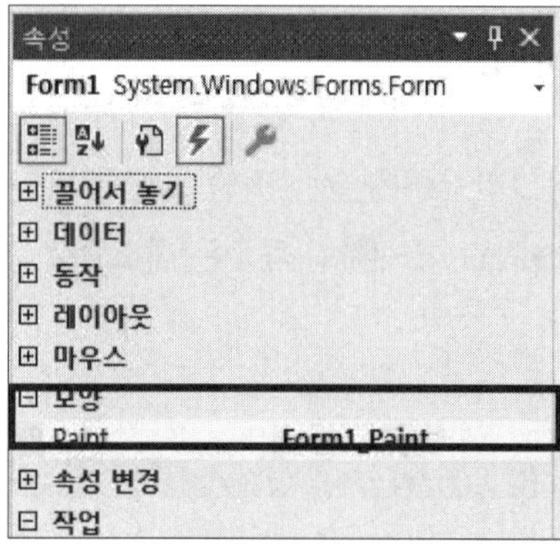

Paint 이벤트가 발생되는 시점은 폼이 화면에 처음 표시될 때, 폼이 최소화되었다가 최대화되었을 때, 폼 크기가 조정되었을 때이다. Form1_Paint 이벤트 처리기를 생성한 후 내부에서 그래픽 객체를 생성하여 그리기를 하면 된다.

```
private void Form1_Paint(object sender, PaintEventArgs e)
{
        Graphics g = e.Graphics;
}
```

만약 Form1_Paint 이벤트 처리기가 아닌 다른 메소드에서 그림을 그려야 하는 경우에는 Graphics 객체를 사용해야 하는데, 이때 Graphics 객체를 구하려면 Form 클래스의 멤버인 CreateGraphics( ) 메소드를 사용한다.

```
                    private void Form1_Load(object sender, EventArgs e)
                    {
                            Graphics g = this.CreateGraphics();
                    }
```

11.3.2 선 그리기

폼 위에 선을 그리는 방법에 대해 살펴보도록 하자. 먼저 폼이 생성되어 초기화되면, 그래픽 객체를 생성하여 실제로 그려 주면 된다.

1. 좌표 지정

선을 그리기 위해서는 먼저 2개의 좌표 정보가 있어야 한다. 이때 Point 구조체가 필수로 사용되는데, Point 구조체는 x와 y의 좌표를 나타낸다.

```
                Point start = new Point(10, 10);
                Point end  = new Point(100, 100);
```

동적으로 생성한 구조체 객체 정보(좌표 정보)를 start와 end가 각각 가지고 있다.

2. 펜 설정

선을 그리기 위해서는 펜을 설정해야 한다. 설정을 통해 색상과 선의 굵기를 결정할 수 있다.

```
                Pen p =new Pen(Color.Red, 5);
```

3. 직선 그리기 메소드

펜과 좌표가 준비되었으면 Graphics 클래스의 메소드인 DrawLine( ) 메소드를 통해 선을 그릴 수 있다. DrawLine( ) 메소드는 선을 그리기 위한 전달인자로 펜, 시작점, 끝점을 전달한다.

```
                g.DrawLine(p, start, end);
```

11.3.3 프로젝트 생성 : 직선 그리기

1. 프로젝트 생성

메뉴의 [파일]-[새로 만들기]-[프로젝트]를 선택한 후 프로젝트 선택 창에서 [Windows Forms 앱]을
선택한다.

[다음] 버튼을 클릭하면 다음 단계인 [새 프로젝트 구성] 창으로 넘어간다. 프로젝트 이름은 Draw-
Line이라고 입력한 후, [확인] 버튼을 눌러 프로젝트를 생성하자.

2. 폼 디자인

이번에는 폼에 그림을 그릴 것이기 때문에 컨트롤을 배
치하지는 않을 것이다. 다만, 폼의 크기를 적당하게 조정하
자.

3. 이벤트 처리기 추가

우리가 구현하고 싶은 기능은 폼이 화면에 나타나면 2개의 직선이 그려지는 기능이다. 앞에서 설명했듯이 화면에 그리는 이벤트는 Paint이고, 폼의 속성에서 Paint 이벤트 처리기를 생성하여 그 안에서 처리하면 된다.

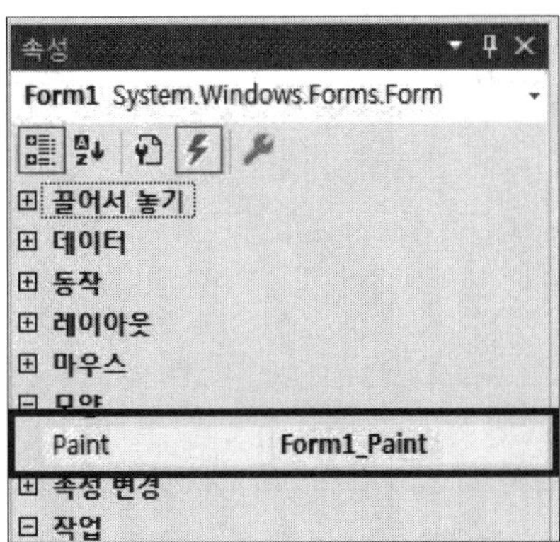

Paint 이벤트를 더블클릭하면 다음과 같이 이벤트 처리기 코드가 생성된다.

```
1    private void Form1_Paint(object sender, PaintEventArgs e)
2    {
3    }
```

4. 코드 작성

이벤트 처리기가 추가되었다면 이벤트 처리기 내부에 동작 기능 코드를 추가하도록 하자. 각 이벤트 처리기의 기능에 맞게 작성해 보자.

```
1    private void Form1_Paint(object sender, PaintEventArgs e)
2    {
3            Graphics g = e.Graphics;
4            Pen p = new Pen(Color.Red, 5);
```

```
5
6          Point start = new Point(50, 50);
7          Point end = new Point(250, 250);
8          g.DrawLine(p, start, end);
9
10         start = new Point(250, 50);
11         end = new Point(50, 250);
12         g.DrawLine(p, start, end);
13 }
```

{코드 분석}

3라인	Graphics 클래스를 통해 객체 g를 생성하였다. g 객체는 선과 도형을 그리기 위한 메소드를 제공한다.
4라인	선을 그리기 위해 선의 색상과 굵기를 설정하기 위한 펜 객체를 생성하였다. 굵기 5의 빨간색 펜으로 설정하였다.
6~7라인	좌표의 시작점과 끝점의 정보를 설정하였다.
8라인	직선을 그리는 DrawLine( ) 메소드를 g 객체로 호출하였다. 이때 펜 정보와 선의 시작점, 끝점 좌표 정보를 넘겨준다.
10~12라인	앞의 직선을 그리는 방식과 동일하되, 선의 시작점과 끝점 정보만 다르게 하였다.

5. 빌드 및 실행하기

단축키 F6번과 F5번을 눌러서 다음과 같이 빌드 및 실행을 한다.

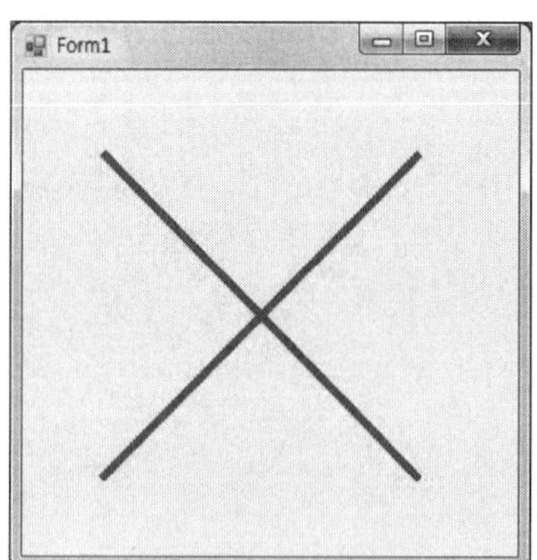

11.3.4 사각형 그리기

폼 위에 사각형을 그리는 방법에 대해 살펴보도록 하자. 사각형을 그리는 기본 메소드는 DrawRect angle( ) 메소드이고, 채워진 사각형을 그리는 메소드는 FillRectangle( ) 메소드이다.

1. 생성자

사각형을 그리기 위한 클래스로 Rectangle이 지원되는데, Rectangle 클래스는 사각형의 좌표값을 전 달인자로 갖는다. 다음은 Rectangle( )의 생성자이다.

```
Rectangle(x, y, width, height);
```

x, y는 사각형의 시작 좌표이고, width와 height는 각각 사각형의 너비와 높이이다.

2. 사각형 그리기 메소드

사각형이 그려지려면 기본적으로 펜 정보와 좌표 정보가 있어야 한다. 펜의 경우는 직선을 그릴 때 해 보았으므로 좌표가 설정이 되었다면 Graphics 클래스의 사각형 그리기 메소드인 DrawRectangle( ) 을 호출하여 사각형을 그릴 수 있다.

```
public void DrawRectangle(Pen pen, Rectangle rect);
```

메소드가 오버로딩이 되어 있는데, 기본적으로 첫 번째 전달인자에 펜의 정보, 두 번째 전달인자에 사각형의 좌표 정보가 전달된다.

3. 면을 채우는 사각형 그리기 메소드

채워진 사각형 그리기 메소드 또한 Graphics 클래스의 메소드로 제공이 되는데, FillRectangle( )을 호 출하여 채워진 사각형을 그릴 수 있다. 도형을 그리는 메소드 중에 이름이 Fill로 시작하는 메소드가 있 다면 전부 다 채워진 도형을 그리는 메소드라고 보면 된다.

```
public void FillRectangle(Brush brush, Rectangle rect);
```

11.3.5 프로젝트 생성 : 사각형 그리기

1. 프로젝트 생성

메뉴의 [파일]-[새로 만들기]-[프로젝트]를 선택한 후 프로젝트 선택 창에서 [Windows Forms 앱]을
선택한다.

[다음] 버튼을 클릭하면 다음 단계인 [새 프로젝트 구성] 창으로 넘어간다. 프로젝트 이름은 Draw-
Rectangle이라고 입력한 후, [확인] 버튼을 눌러 프로젝트를 생성하자.

2. 폼 디자인 및 이벤트 처리기 추가

폼이 생성되면 적당한 크기로 폼의 크기만 조정해 주면 되고, 이벤트 처리기 또한 앞의 프로젝트와
동일하게 Paint 이벤트에 대하여 Form1_Paint( )를 생성하면 된다.

3. 코드 작성

이벤트 처리기가 추가되었다면 이벤트 처리기 내부에 동작 기능 코드를 추가하도록 하자.

```
1   private void Form1_Paint(object sender, PaintEventArgs e)
2   {
3       Graphics g = e.Graphics;
4       Pen p = new Pen(Color.Blue, 10);
```

```
5           Rectangle rc1 = new Rectangle(30, 20, 200, 200);
6           g.DrawRectangle(p, rc1);
7
8           Brush b = new SolidBrush(Color.Red);
9           Rectangle rc2 = new Rectangle(260, 10, 200, 200);
10          g.FillRectangle(b, rc2);
11  }
```

{코드 분석}

3라인	Graphics 클래스를 통해 객체 g를 생성하였다. g 객체는 선과 도형을 그리기 위한 메소드를 제공한다.
4라인	선을 그리기 위해 선의 색상과 굵기를 설정하기 위한 펜 객체를 생성하였다. 굵기 10의 파란색 펜으로 설정하였다.
5라인	사각형을 그리기 위한 좌표 정보가 담겨 있는 객체 rc1을 생성하였다.
6라인	사각형을 그리는 DrawRectangle( ) 메소드를 g 객체로 호출하였다. 이때 펜 정보와 사각형 객체 rc1을 전달한다.
8라인	면을 채우는 Brush 객체를 생성하되 단색을 채우는 SolidBrush로 생성하였다.
9라인	사각형을 그리기 위한 좌표 정보가 담겨 있는 객체 rc2를 생성하였다.
10라인	면을 채우는 사각형을 그리는 FillRectangle( ) 메소드를 g 객체로 호출하였다. 이때 브러시 정보와 사각형 객체 rc2를 전달한다.

4. 빌드 및 실행하기

단축키 F6번과 F5번을 눌러서 다음과 같이 빌드 및 실행을 한다.

11.3.6 원 그리기

폼 위에 원을 그리는 방법에 대해 살펴보도록 하자. 원을 그리는 기본 메소드는 DrawEllipse( ) 메소드이고, 채워진 원을 그리는 메소드는 FillEllipse( ) 메소드이다.

1. 생성자

원을 그리기 위한 클래스로 Rectangle이 지원되는데, Rectangle 클래스는 사각형의 좌표값을 전달인자로 갖는다. 다음은 Rectangle( )의 생성자이다.

```
Rectangle(x, y, width, height);
```

x, y는 사각형의 시작 좌표이고, width와 height는 각각 사각형의 너비와 높이이다.

2. 원 그리기 메소드

원이 그려지려면 기본적으로 펜 정보와 좌표 정보가 있어야 한다. 펜과 좌표가 설정되었다면 Graphics 클래스의 원 그리기 메소드인 DrawEllipse( )를 호출하여 원을 그릴 수 있다.

```
public void DrawEllipse(Pen pen, Rectangle rect);
```

메소드가 오버로딩이 되어 있는데, 기본적으로 첫 번째 전달인자에 펜의 정보, 두 번째 전달인자에 사각형의 좌표 정보가 전달된다.

3. 면을 채우는 원 그리기 메소드

채워진 원 그리기 메소드 또한 Graphics 클래스의 메소드로 제공이 되는데, FillEllipse( )를 호출하여 채워진 원을 그릴 수 있다.

```
public void FillEllipse(Brush brush, Rectangle rect);
```

11.3.7 프로젝트 생성 : 원 그리기

1. 프로젝트 생성

메뉴의 [파일]-[새로 만들기]-[프로젝트]를 선택한 후 프로젝트 선택 창에서 [Windows Forms 앱]을 선택한다.

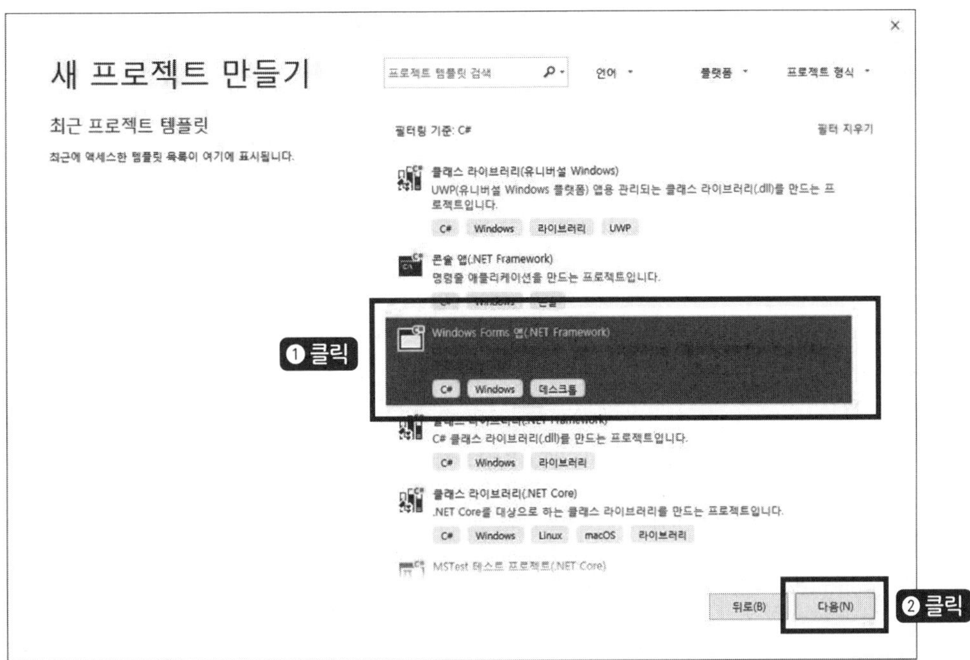

[다음] 버튼을 클릭하면 다음 단계인 [새 프로젝트 구성] 창으로 넘어간다. 프로젝트 이름은 DrawEllipse라고 입력한 후, [확인] 버튼을 눌러 프로젝트를 생성하자.

2. 폼 디자인

생성된 폼의 크기를 적당하게 조정하자.

3. 이벤트 처리기 추가

우리가 구현하고 싶은 기능은 폼 화면에 원이 그려지는 기능이다. 앞에서 설명했듯이 화면에 그리는 이벤트는 Paint이다. 폼의 속성에서 Paint 이벤트 처리기를 생성하여 그 안에서 처리하면 된다.

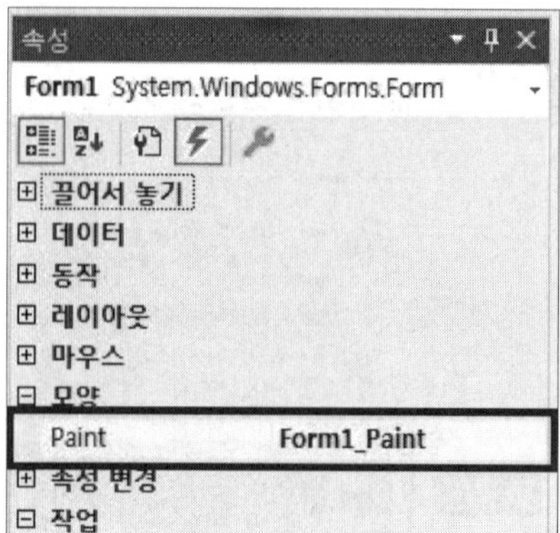

Paint 이벤트를 더블클릭하면 다음과 같이 이벤트 처리기 코드가 생성된다.

```
1    private void Form1_Paint(object sender, PaintEventArgs e)
2    {
3    }
```

4. 코드 작성

이벤트 처리기가 추가되었다면 이벤트 처리기 내부에 동작 기능 코드를 추가하도록 하자. 각 이벤트 처리기의 기능에 맞게 작성해 보자.

```
1    private void Form1_Paint(object sender, PaintEventArgs e)
2    {
3        Graphics g = e.Graphics;
4        Pen p = new Pen(Color.Blue, 10);
5        Rectangle rc1 = new Rectangle(30, 20, 200, 200);
6        g.DrawEllipse(p, rc1);
7
8        Brush b = new SolidBrush(Color.Red);
9        Rectangle rc2 = new Rectangle(260, 10, 200, 200);
10       g.FillEllipse(b, rc2);
11   }
```

3라인	Graphics 클래스를 통해 객체 g를 생성하였다. g 객체는 선과 도형을 그리기 위한 메소드를 제공한다.
4라인	선을 그리기 위해 선의 색상과 굵기를 설정하기 위한 펜 객체를 생성하였다. 굵기 10의 파란색 펜으로 설정하였다.
5라인	사각형을 그리기 위한 좌표 정보가 담겨 있는 객체 rc1을 생성하였다.
6라인	원을 그리는 DrawEllipse( ) 메소드를 g 객체로 호출하였다. 이때 펜 정보와 사각형 객체 rc1을 전달한다. 사각형 객체를 전달받는 이유는 사각형에 내접하는 원을 그리기 때문이다.
8라인	면을 채우는 Brush 객체를 생성하되 단색을 채우는 SolidBrush로 생성하였다.
9라인	사각형을 그리기 위한 좌표 정보가 담겨 있는 객체 rc2를 생성하였다.
10라인	면을 채우는 원을 그리는 FillEllipse( ) 메소드를 g 객체로 호출하였다. 이때 브러시 정보와 사각형 객체 rc2를 전달한다.

5. 빌드 및 실행하기

단축키 F6번과 F5번을 눌러서 다음과 같이 빌드 및 실행을 한다.

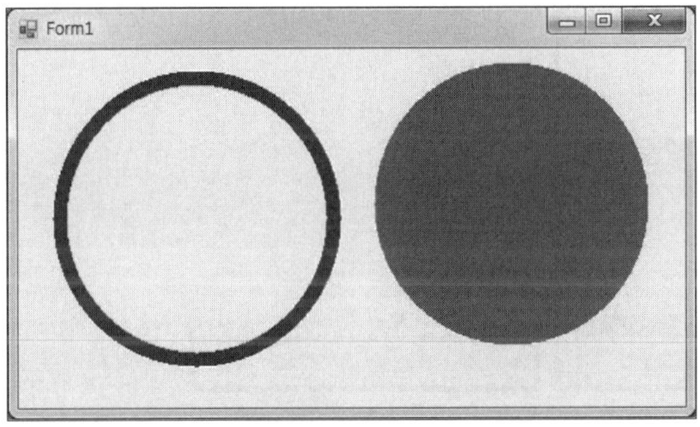

11.3.8 프로젝트 생성 : 그림판 만들기

1. 프로젝트 생성

메뉴의 [파일]-[새로 만들기]-[프로젝트]를 선택한 후 프로젝트 선택 창에서 [Windows Forms 앱]을 선택한다.

[다음] 버튼을 클릭하면 다음 단계인 [새 프로젝트 구성] 창으로 넘어간다. 프로젝트 이름은 Mini-Paint라고 입력한 후, [확인] 버튼을 눌러 프로젝트를 생성하자.

작은 그림판을 만들기 위해서 [메뉴], [툴바], [색상 대화상자] 등을 다음과 같이 배치하고, 각 속성을 설정하자.

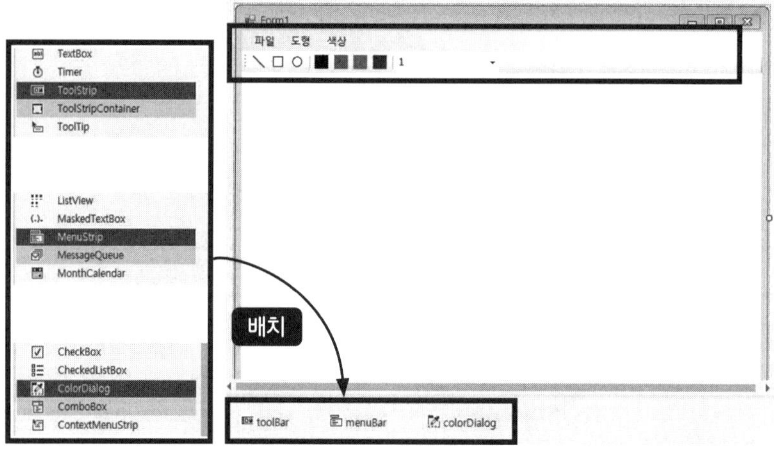

배치한 컨트롤들을 다음과 같이 설정한다.

컨트롤	Name
ToolStrip	toolBar
MenuStrip	menuBar
ColorDialog	colorDialog

메뉴는 크게 파일, 도형, 색상으로 나누었다. 메뉴를 다음과 같이 설정한다.

컨트롤	Name	Text
ToolStripMenuItem	ToolStripNew	새로 만들기
ToolStripMenuItem	ToolStripExit	끝내기
ToolStripMenuItem	ToolStripLine	직선
ToolStripMenuItem	ToolStripRect	사각형
ToolStripSeperator	ToolStripCircle	원
ToolStripMenuItem	ToolStripColor	색깔 선택

툴바에 들어갈 이미지 리소스를 다음과 같이 생성한 뒤, 툴바의 속성을 설정하고 및 툴바의 각 버튼에 이미지를 설정하자. 먼저 이미지 리소스를 생성하기 위해서 다음과 같이 Form1.resx 리소스 파일을 더블클릭하자. 각 툴바 버튼의 항목들이 나오는데, 1개씩 더블클릭하여 다음과 같이 직접 이미지를 그려 보도록 하자.

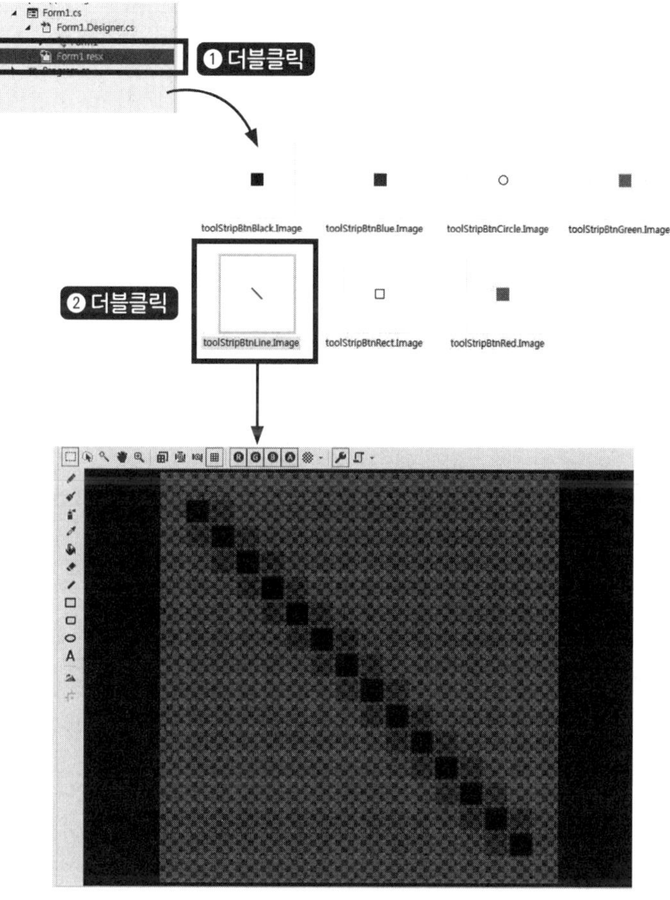

이미지를 편집할 수 있는 간단한 이미지 편집기가 나오는데 일반적인 간단한 그림판 다루는 정도의 수준이라서 누구나 어렵지 않게 사용할 수 있다. 다른 항목들도 그림을 그리거나 색을 채워서 이미지를 생성하도록 한다.

컨트롤	Name	ToolTipText	Image
ToolStripButton	toolStripBtnLine	직선	
ToolStripButton	toolStripBtnRect	사각형	
ToolStripButton	toolStripBtnCircle	원	
ToolStripButton	toolStripBtnBlack	검정색	System.Drawing.Bitmap
ToolStripButton	toolStripBtnRed	빨간색	
ToolStripButton	toolStripBtnGreen	초록색	
ToolStripButton	toolStripBtnBlue	파란색	
ToolStripComboBox	toolStripComboThick	선굵기	(없음)

3. 이벤트 처리기 추가

그림판이다 보니 메뉴와 툴바 등의 여러 기능이 추가되어 이벤트 처리기가 생각보다 많다. 그래서 이벤트 처리기를 나누어서 추가하도록 하자.

먼저 폼 이벤트 처리기를 다음과 같이 추가한다. 폼 위에 그림을 그리는 것이기 때문에 폼이 처음 로딩되었을 때, 폼상에서 마우스를 눌렀을 때, 뗐을 때, 움직였을 때의 처리를 위해 이벤트 처리기를 생성한다.

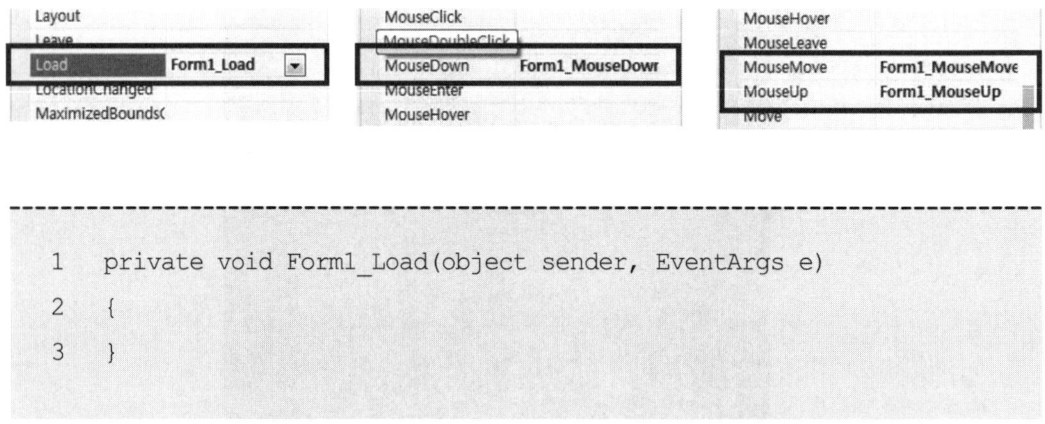


```
1    private void Form1_Load(object sender, EventArgs e)
2    {
3    }
```

```
 4    private void Form1_MouseDown(object sender, MouseEventArgs e)
 5    {
 6    }
 7    private void Form1_MouseMove(object sender, MouseEventArgs e)
 8    {
 9    }
10    private void Form1_MouseUp(object sender, MouseEventArgs e)
11    {
12    }
```

다음으로는 메뉴의 기능에 대한 이벤트 처리기를 추가한다. 새로 만들기, 끝내기, 직선, 사각형, 원 그리기, 색상 등에 관한 처리를 위해 다음과 같이 이벤트 처리기를 생성한다.

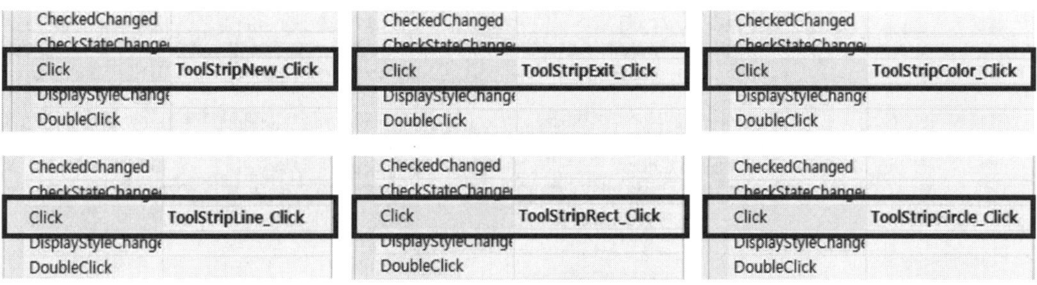

```
 1    private void ToolStripNew_Click(object sender, EventArgs e)
 2    {
 3    }
 4    private void ToolStripExit_Click(object sender, EventArgs e)
 5    {
 6    }
 7    private void ToolStripLine_Click(object sender, EventArgs e)
 8    {
 9    }
10    private void ToolStripRect_Click(object sender, EventArgs e)
```

```
11  {
12  }
13  private void ToolStripCircle_Click(object sender, EventArgs e)
14  {
15  }
16  private void ToolStripColor_Click(object sender, EventArgs e)
17  {
18  }
```

다음으로는 툴바의 기능에 대한 이벤트 처리기를 추가한다. 직선, 사각형, 원 그리기, 색상 선택 및 선 굵기 선택 등에 관한 처리를 위해 다음과 같이 이벤트 처리기를 생성한다.


```
1  private void ToolStripBtnLine_Click(object sender, EventArgs e)
2  {
3  }
4  private void ToolStripBtnRect_Click(object sender, EventArgs e)
5  {
6  }
7  private void ToolStripBtnCircle_Click(object sender, EventArgs e)
8  {
```

```
 9   }
10   private void ToolStripBtnBlack_Click(object sender, EventArgs e)
11   {
12   }
13   private void ToolStripBtnRed_Click(object sender, EventArgs e)
14   {
15   }
16   private void ToolStripBtnGreen_Click(object sender, EventArgs e)
17   {
18   }
19   private void ToolStripBtnBlue_Click(object sender, EventArgs e)
20   {
21   }
22   private void ToolStripComboThick_SelectedIndexChanged(object
23   sender, EventArgs e)
24   {
25   }
```

4. 코드 작성

이벤트 처리기가 추가되었다면 이벤트 처리기 내부에 동작 기능 코드를 추가하도록 하자. 각 이벤트 처리기의 기능에 맞게 작성해 보자. 먼저 변수를 선언하고, Form1_Load( ) 메소드를 통해 변수를 초기화하는 코드를 작성한다.

```
1   public partial class Form1 : Form
2   {
3           int       shape;
4           Point     ptStart;
5           Point     ptEnd;
6           Pen       myPen;
7           int       rtWidth;
```

```
 8          int        rtHeight;
 9          Boolean    bPress;
10          Graphics   g;
11          Rectangle  rect;
12
13          private void Form1_Load(object sender, EventArgs e)
14          {
15              shape = 0;
16              ptStart = new Point(0, 0);
17              ptEnd = new Point(0, 0);
18              myPen = new Pen(Color.Black, 1);
19              rtWidth = 0;
20              rtHeight = 0;
21              bPress = false;
22              g = Graphics.FromHwnd(this.Handle);
23          }
24  }
```

{코드 분석}

3라인	shape 변수는 선택한 도형을 구분하기 위해 사용한다.
4~5라인	도형을 그릴 때 시작점과 끝점을 저장하기 위한 변수이다.
6라인	도형을 그릴 때 사용할 펜 객체이다.
7~8라인	도형을 그릴 때 사각형의 너비 및 높이값을 저장하기 위한 변수이다.
9라인	마우스 버튼을 눌렀는지 뗐는지의 여부를 나타내는 변수이다.
10라인	폼 화면에 도형을 그리기 위한 그래픽 객체이다.
11라인	사각형 정보를 나타내는 객체이다.
15라인	shape 변수를 0으로 초기화한다. 값이 0일 때 직선을 나타낸다.
16~17라인	시작점과 끝점을 (0, 0)으로 초기화한다.

18라인	사용할 펜을 생성한다. 초기값으로 색상은 검정, 선 굵기는 1로 설정한다.
19~20라인	사각형의 너비 및 높이 변수를 0으로 초기화한다.
21라인	마우스 버튼 클릭 여부 변수의 초기값은 false로 설정한다. 초기값이란 마우스를 클릭하지 않은 상태를 의미한다.
22라인	폼 객체의 핸들을 통해 도형을 그릴 그래픽 객체를 생성한다.

이번에는 마우스 이벤트 처리기 코드를 다음과 같이 작성하자.

```
1   private void Form1_MouseDown(object sender, MouseEventArgs e)
2   {
3           bPress = true;
4           ptStart.X = e.X;
5           ptStart.Y = e.Y;
6   }
7   private void Form1_MouseMove(object sender, MouseEventArgs e)
8   {
9           if(shape == 0)
10          {
11              if(bPress == true)
12              {
13                  g.Clear(Color.White);
14                  ptEnd = new Point(e.X, e.Y);
15                  g.DrawLine(myPen, ptStart, ptEnd);
16              }
17          }
18          else if(shape == 1)
19          {
20              if(bPress == true)
21              {
22                  g.Clear(Color.White);
```

```
23                    rtWidth = Math.Abs(e.X - ptStart.X);
24                    rtHeight = Math.Abs(e.Y - ptStart.Y);
25
26                    rect = new Rectangle(ptStart.X, ptStart.Y,
27                    rtWidth, rtHeight);
28                    g.DrawRectangle(myPen, rect);
29                }
30            }
31        else if(shape == 2)
32        {
33            if(bPress == true)
34            {
35                g.Clear(Color.White);
36                rtWidth = Math.Abs(e.X - ptStart.X);
37                rtHeight = Math.Abs(e.Y - ptStart.Y);
38
39                if(rtWidth == 0)
40                    rtWidth = 1;
41
42                if(rtHeight == 0)
43                    rtHeight = 1;
44
45                rect = new Rectangle(ptStart.X, ptStart.Y,
46                rtWidth, rtHeight);
47                g.DrawArc(myPen, rect, 0, 365);
48            }
49        }
50 }
51 private void Form1_MouseUp(object sender, MouseEventArgs e)
52 {
53        if(shape == 0)
54        {
55            ptEnd = new Point(e.X, e.Y);
```

```
56              g.DrawLine(myPen, ptStart, ptEnd);
57          }
58      else if(shape == 1)
59      {
60              rtWidth = Math.Abs(e.X - ptStart.X);
61              rtHeight = Math.Abs(e.Y - ptStart.Y);
62
63              rect = new Rectangle(ptStart.X, ptStart.Y, rtWidth,
64              rtHeight);
65              g.DrawRectangle(myPen, rect);
66          }
67      else if(shape == 2)
68      {
69              rtWidth = Math.Abs(e.X - ptStart.X);
70              rtHeight = Math.Abs(e.Y - ptStart.Y);
71
72              rect = new Rectangle(ptStart.X, ptStart.Y, rtWidth,
73              rtHeight);
74              g.DrawArc(myPen, rect, 0, 365);
75          }
76      bPress = false;
77  }
```

{코드 분석}

3라인	마우스 버튼을 눌렀을 때 bPress 변수는 true로 설정한다. 현재 마우스 버튼이 눌려져 있음을 의미한다.
4~5라인	현재 마우스를 클릭한 지점의 x와 y 좌표를 시작점 변수 ptStart에 저장한다.
9, 18, 31라인	어떤 도형을 선택했는지 검사한다. 0이면 직선, 1이면 사각형, 2이면 원이다.
13~15라인	직선을 선택한 경우 먼저 폼 화면을 흰색으로 초기화하고, 끝점 변수 ptEnd에 현재 움직이고 있는 좌표값을 저장한다. 그리고 그래픽 객체 g를 통해 DrawLine( ) 메소드를 호출하여 직선을 그린다.

22~28라인	사각형을 선택한 경우이다. 직선 처리 루틴과 마찬가지로 흰색으로 초기화하고, 시작점과 현재의 좌표를 이용하여 도형의 너비와 높이값을 구한다. Abs( )는 절대값을 구하는 메소드이다. Rectangle( )을 통해 시작점과 끝점의 사각형을 구하고, DrawRectangle( )을 이용하여 좌표 기반으로 사각형 도형을 그린다.
35~47라인	원을 선택한 경우이다. 처리 방식은 직선, 사각형 처리 루틴과 같은 패턴이다. 다만 원을 그리는 방식이 사각형에 내접하는 원을 그리는 것이므로, Rectangle( )을 통해 사각형을 구하고 DrawArc( )를 이용하여 사각형에 내접하는 원을 그린다.
53~75라인	마우스를 놓았을 때 처리하는 과정이다. Form1_MouseMove( ) 이벤트 처리기에서의 처리 내용과 동일하다. 즉, 마우스를 놓으면 최종적으로 해당 도형이 화면에 출력된다.
76라인	bPress 변수를 false로 설정한다. 현재 마우스 버튼이 놓여져 있음을 의미한다.

이번에는 메뉴 이벤트 처리기 코드를 다음과 같이 작성하자.

```
1    private void ToolStripNew_Click(object sender, EventArgs e)
2    {
3            g.Clear(Color.White);
4    }
5    private void ToolStripExit_Click(object sender, EventArgs e)
6    {
7            this.Close();
8    }
9    private void ToolStripLine_Click(object sender, EventArgs e)
10   {
11           this.shape = 0; //직선 그리기
12   }
13   private void ToolStripRect_Click(object sender, EventArgs e)
14   {
15           this.shape = 1; //사각형 그리기
16   }
17   private void ToolStripCircle_Click(object sender, EventArgs e)
18   {
```

```
19            this.shape = 2; //원 그리기
20    }
21    private void ToolStripColor_Click(object sender, EventArgs e)
22    {
23            if(DialogResult.OK == this.colorDialog.ShowDialog())
24            {
25                    this.myPen.Color = this.colorDialog.Color;
26            }
27    }
```

{코드 분석}

3라인	[새로 만들기] 메뉴를 선택했을 때 Clear( ) 메소드를 통해 배경을 흰색으로 초기화한다.
7라인	[끝내기] 메뉴를 선택했을 때 Close( ) 메소드를 통해 프로그램을 종료한다.
11라인	[도형] - [직선]을 클릭했을 때, shape를 0으로 설정한다.
15라인	[도형] - [사각형]을 클릭했을 때, shape를 1으로 설정한다.
19라인	[도형] - [원]을 클릭했을 때, shape를 2으로 설정한다.
23~26라인	색상 대화상자에서 색상을 선택한 후 [확인] 버튼을 클릭하면 선택한 색깔이 myPen에 적용된다.

이번에는 툴바 이벤트 처리기 코드를 다음과 같이 작성하자.

```
1    private void ToolStripBtnLine_Click(object sender, EventArgs e)
2    {
3            this.shape = 0; //직선 그리기
4    }
5    private void ToolStripBtnRect_Click(object sender, EventArgs e)
6    {
7            this.shape = 1; //사각형 그리기
```

```
 8    }
 9    private void ToolStripBtnCircle_Click(object sender, EventArgs e)
10    {
11            this.shape = 2; //원 그리기
12    }
13    private void ToolStripBtnBlack_Click(object sender, EventArgs e)
14    {
15            this.myPen.Color = Color.Black; //검정색
16    }
17    private void ToolStripBtnRed_Click(object sender, EventArgs e)
18    {
19            this.myPen.Color = Color.Red; //빨간색
20    }
21    private void ToolStripBtnGreen_Click(object sender, EventArgs e)
22    {
23            this.myPen.Color = Color.Green; //초록색
24    }
25    private void ToolStripBtnBlue_Click(object sender, EventArgs e)
26    {
27            this.myPen.Color = Color.Blue; //파란색
28    }
29    private void ToolStripComboThick_SelectedIndexChanged(object
30    sender, EventArgs e)
31    {
32            this.myPen.Width = int.Parse(toolStripComboThick.
33            SelectedItem.ToString())*2;
34    }
```

{코드 분석}

3라인	툴바의 ＼ 버튼을 선택했을 때 shape를 0으로 설정한다.
7라인	툴바의 □ 버튼을 선택했을 때 shape를 1로 설정한다.

11라인	툴바의 ◯ 버튼을 선택했을 때 shape를 2로 설정한다.
15라인	툴바의 ■(검정색) 버튼을 선택했을 때 myPen을 검정색으로 설정한다.
19라인	툴바의 ■(빨간색) 버튼을 선택했을 때 myPen을 빨간색으로 설정한다.
23라인	툴바의 ■(초록색) 버튼을 선택했을 때 myPen을 초록색으로 설정한다.
27라인	툴바의 ■(파란색) 버튼을 선택했을 때 myPen을 파란색으로 설정한다.
32~33라인	툴바의 콤보박스의 값을 변경했을 때 선택한 해당 값을 정수로 변경한 후 2를 곱하여 myPen의 Width로 설정한다.

5. 빌드 및 실행하기

단축키 F6번과 F5번을 눌러서 다음과 같이 빌드 및 실행을 한다. 메뉴 및 툴바의 항목을 선택하여 도형과 색상을 변경해 보자.

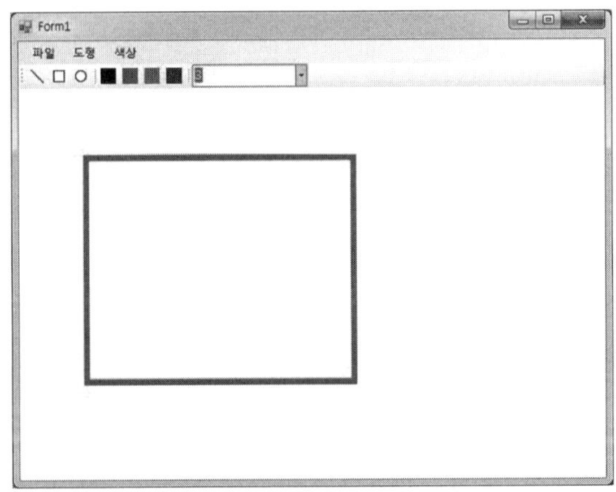

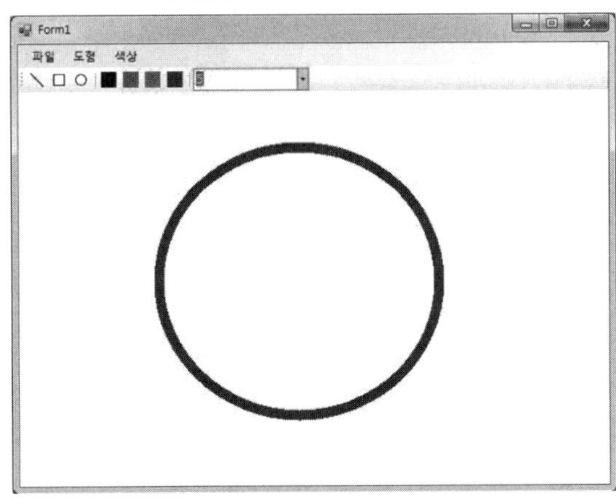

11.4 이미지

11.4.1 Image 클래스

Image 클래스는 다양한 방법으로 이미지 파일을 읽고 출력하고, 저장하는 기능을 제공한다. System. Drawing 네임 스페이스에서 기능을 제공한다. Image 클래스는 Bitmap 및 Metafile 클래스에 기능을 제공하는 추상 클래스이다.

```
namespace System.Drawing
{
    public abstract class Image : MarshalByRefObject, ISerializable,
    ICloneable, IDisposable
    {
    ~Image();
............................. 이하 생략 ...............................
```

Image 클래스는 추상 클래스이므로 직접 생성할 수 없기 때문에 Bitmap 클래스를 생성하고, 생성된 Bitmap 클래스에서 Image 클래스를 얻는 방법으로 사용해야 한다. 이미지를 얻어 올 주요 메소드는 다음과 같다.

메소드	설명
FromFile()	파일에서 이미지를 생성한 후 반환한다.
FromHbitmap()	윈도우 핸들에서 이미지를 생성한 후 반환한다.
FromStream()	특정 데이터 스트림에서 이미지를 생성한 후 반환한다.

생성된 Image 클래스에는 Height, Width, Size 등의 속성이 있어 이미지의 크기를 얻을 수 있다. 생성된 이미지 객체를 이용하여 화면에 출력하려면 Graphics 클래스의 메소드인 DrawImage( )를 사용하여 출력한다.

```
public void DrawImage(System.Drawing.Image image, System.Drawing.Point point);
```

DrawImage( ) 메소드는 여러 개의 오버로딩된 메소드가 존재한다. 그중에서 지정된 위치에 이미지를 그리는 메소드의 원형만 살펴보았다.

11.4.2 프로젝트 생성 : Image 클래스

1. 프로젝트 생성

메뉴의 [파일]-[새로 만들기]-[프로젝트]를 선택한 후 프로젝트 선택 창에서 [Windows Forms 앱]을 선택한다.

[다음] 버튼을 클릭하면 다음 단계인 [새 프로젝트 구성] 창으로 넘어간다. 프로젝트 이름은 ImageClass라고 입력한 후, [확인] 버튼을 눌러 프로젝트를 생성하자.

2. 폼 디자인

이번에는 폼에 이미지를 출력할 것이기 때문에 폼에 컨트롤을 추가하지는 않는다. 다만, 폼의 크기를 출력할 이미지 크기에 맞게 적당하게 조정하자.

3. 이벤트 처리기 추가

우리가 구현하고 싶은 기능은 이미지가 출력되는 기능이다. 폼 화면에 그리는 이벤트는 Paint이며, 폼의 속성에서 Paint 이벤트 처리기를 생성하여 그 안에서 처리하면 된다.

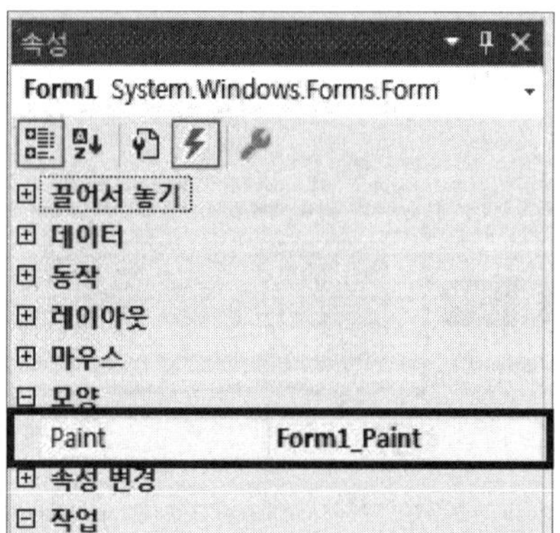

Paint 이벤트를 더블클릭하면 다음과 같이 이벤트 처리기 코드가 생성된다.

```
1    private void Form1_Paint(object sender, PaintEventArgs e)
2    {
3    }
```

그리고 윈도우 탐색기에서 출력할 이미지를 현재 프로젝트로 가져와서 실행 파일(.exe)과 같은 디렉터리에 저장한다. 우리는 "spider.jpg" 이미지를 예제 파일로 사용하도록 하겠다.

4. 코드 작성

이벤트 처리기가 추가되었다면 이벤트 처리기 내부에 동작 기능 코드를 추가하도록 하자. 각 이벤트 처리기의 기능에 맞게 작성해 보자.

```
1    private void Form1_Paint(object sender, PaintEventArgs e)
2    {
3            Image newImage = Image.FromFile("spider.jpg");
4            Point pt = new Point(10, 10);
5            e.Graphics.DrawImage(newImage, pt);
6    }
```

{코드 분석}

3라인	Image 클래스의 static 메소드인 FromFile( )을 이용하여 로딩한 이미지 객체를 반환한다.
4라인	좌표 설정을 위해 Point 객체를 생성하여 x, y 값을 설정한다.
5라인	Graphics 클래스의 객체인 Graphics의 메소드 DrawImage( )를 이용하여 설정한 좌표에 이미지를 출력한다.

5. 빌드 및 실행하기

단축키 F6번과 F5번을 눌러서 다음과 같이 빌드 및 실행을 한다. 폼에 이미지가 출력되는 것을 확인할 수 있다.

11.4.3 Bitmap 클래스

Bitmap 클래스는 Image 클래스에서 상속받은 자식 클래스이고, sealed를 통해 더 이상 상속할 수도 없는 클래스이다.

```
namespace System.Drawing
{
    public  sealed class Bitmap : Image
    {
............................... 이하 생략 ...............................
```

Bitmap 클래스는 픽셀 데이터로 정의된 이미지에서 작업하는 데 사용되며, 주로 픽셀 단위의 값을 읽거나 설정해야 하기 때문에 SetPixel()과 GetPixel() 메소드를 사용하여 이미지 프로세싱, 이미지 보정 등의 정밀한 작업을 한다. Image 클래스로부터 상속받았으므로 사용하는 속성 및 메소드는 Image 클래스와 비슷하다.

메소드	설명
GetPixel()	x, y 좌표에 해당하는 pixel 정보를 color로 반환한다.
SetPixel()	x, y 좌표와 원하는 pixel 색상 정보를 설정한다.

11.4.4 프로젝트 생성 : Bitmap 클래스

1. 프로젝트 생성

메뉴의 [파일]-[새로 만들기]-[프로젝트]를 선택한 후 프로젝트 선택 창에서 [Windows Forms 앱]을 선택한다.

[다음] 버튼을 클릭하면 다음 단계인 [새 프로젝트 구성] 창으로 넘어간다. 프로젝트 이름은 Bitmap Class라고 입력한 후, [확인] 버튼을 눌러 프로젝트를 생성하자.

2. 폼 디자인

폼에 이미지를 출력할 픽처박스 1개를 배치하고, 2개의 버튼을 다음과 같이 배치한다.

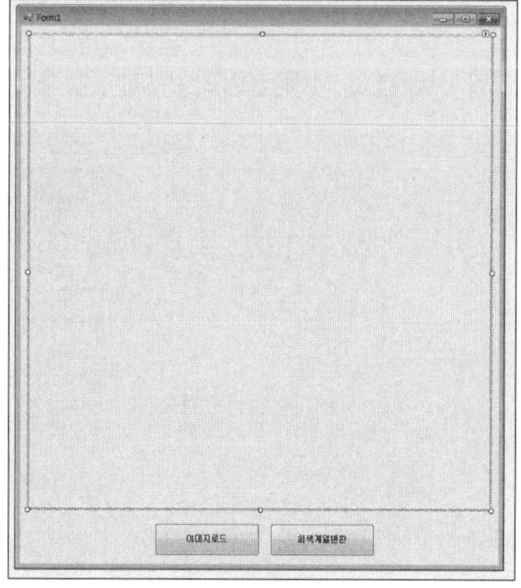

컨트롤	Name	Text	image
PictureBox	pictureBox	(없음)	sons.jpg
Button	btnLoad	이미지로드	(없음)
Button	btnConvert	회색계열변환	(없음)

3. 이벤트 처리기 추가

우리가 구현하고 싶은 기능은 이미지 객체를 메모리에 가져온 다음, 현재 이미지의 픽셀 정보를 가져와서 내가 원하는 형태로 픽셀 정보를 변환하는 기능이다. 배치한 2개의 버튼이 그러한 기능을 한다. [이미지로드] 버튼은 현재 생성된 이미지의 복사본을 가져오고, [회색계열변환] 버튼은 각각의 R, G, B 색상을 회색 계열로 픽셀 변환하는 기능을 한다. 두 버튼에 대한 이벤트 처리기를 다음과 같이 추가한다.

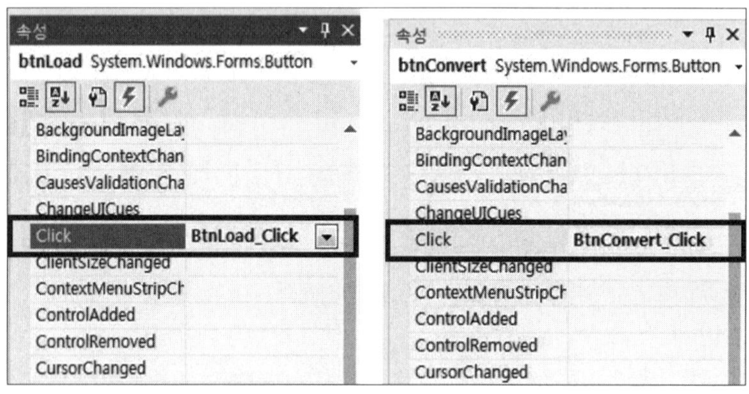

각 이벤트의 이벤트 처리기 코드가 다음과 같이 생성된다.

```
1   private void BtnLoad_Click(object sender, EventArgs e)
2   {
3   }
4   private void BtnConvert_Click(object sender, EventArgs e)
5   {
6   }
```

4. 코드 작성

이벤트 처리기가 추가되었다면 이벤트 처리기 내부에 동작 기능 코드를 추가하도록 하자. 각 이벤트 처리기의 기능에 맞게 작성해 보자.

```csharp
1    private Image oriImage;
2    private Bitmap bmp;
3
4    private void BtnLoad_Click(object sender, EventArgs e)
5    {
6            oriImage = pictureBox.Image.Clone() as Image;
7    }
8    private  Bitmap ImageApply()
9    {
10           pictureBox.Image.Dispose();
11           pictureBox.Image = oriImage.Clone() as Image;
12           bmp = pictureBox.Image as Bitmap;
13           return bmp;
14   }
15   private void BtnConvert_Click(object sender, EventArgs e)
16   {
17           bmp = ImageApply();
18           int width = bmp.Width;
19           int height = bmp.Height;
20
21           Color colorData;
22           for(int i = 0; i < width; i++)
23           {
24                   for(int j = 0; j < height; j++)
25                   {
26                           colorData = bmp.GetPixel(i, j);
27                           int res = (colorData.R + colorData.G + colorData.
28                           B) / 3;
29                           colorData = Color.FromArgb(res, res, res);
```

```
30                    bmp.SetPixel(i, j, colorData);
31              }
32          }
33  }
```

{코드 분석}

6라인	PictureBox의 이미지를 oriImage 객체에 백업한다.
10라인	PictureBox에서 사용하는 이미지 리소스를 해제한다.
11라인	백업했던 oriImage를 PictureBox로 가져온다.
12라인	픽셀 정보를 얻어 오기 위해 비트맵 객체를 얻어 온다.
18~19라인	현재 얻어 온 비트맵 객체를 이용하여 너비와 높이 정보를 얻는다.
22~32라인	이미지를 픽셀 단위로 설정하여 반복문을 수행한다.
26라인	GetPixel( ) 메소드는 지정한 이미지 좌표의 픽셀 색상을 얻어 온다.
27~29라인	R, G, B 3개의 색상값의 평균으로 색상을 조정한다.
30라인	조정한 색상을 SetPixel( ) 메소드를 통해 해당 이미지 좌표의 픽셀 색상으로 설정한다.

5. 빌드 및 실행하기

단축키 F6번과 F5번을 눌러서 다음과 같이 빌드 및 실행을 한다.

11.4.5 프로젝트 생성 : 이미지 뷰어 만들기

우리가 앞서 학습했던 이미지 관련 내용을 바탕으로 간단한 이미지 뷰어를 제작해 보도록 하자.

1. 프로젝트 생성

메뉴의 [파일]-[새로 만들기]-[프로젝트]를 선택한 후 프로젝트 선택 창에서 [Windows Forms 앱]을 선택한다.

[다음] 버튼을 클릭하면 다음 단계인 [새 프로젝트 구성] 창으로 넘어간다. 프로젝트 이름은 ImageViewer 라고 입력한 후, [확인] 버튼을 눌러 프로젝트를 생성하자.

2. 폼 디자인

폼에 ToolStrip 1개와 OpenFileDialog 1개, Picture-Box 1개를 배치한다.

컨트롤	Name	SizeMode	Item	BackColor	Text
Form	Form1	(없음)	(없음)	ControlText	이미지 뷰어
PictureBox	pblmage	StretchImage	(없음)	(비움)	(없음)
OpenFileDialog	openFileDialog	(없음)	(없음)	(없음)	(없음)
ToolStrip	tbMenu	(없음)	(컬렉션)	(비움)	toolStrip1

ToolStrip의 각 항목 중 3개는 [Button]으로 선택하여 배치하고, 나머지 1개는 [SplitButton]으로 선택하여 배치한다. ToolStrip의 각 항목을 다음과 같이 설정한다.

컨트롤	Name	ToolTipText	image
ToolStripButton	tbBtnOpen	열기	Image/7.jpg
ToolStripButton	tbBtnSizeUp	확대	Image/4.jpg
ToolStripButton	tbBtnSizeDown	축소	Image/6.jpg
ToolStripSplitButton	tbBtnRotate	회전	Image/5.jpg

ToolStripSplitButton 컨트롤의 [회전] 버튼은 하위 항목을 가질 수 있는 형태이므로 [90도], [180도], [270도] 3개를 다음과 같이 설정한다.

컨트롤	Name	Text
ToolStripMenuItem	tbMenuItem90	90도
ToolStripMenuItem	tbMenuItem180	180도
ToolStripMenuItem	tbMenuItem270	270도

3. 이벤트 처리기 추가

우리가 이번에 구현하고 싶은 기능은 파일 열기 대화상자를 통해 열고 싶은 이미지를 출력한 후 이미지를 확대하거나 축소해서 보기, 90도, 180도, 270도로 회전하기 등의 기능이다. 우리가 사용하는 이미지 뷰어의 일반적인 기능이다. 앞에서 배치한 ToolStrip의 각 버튼에 대한 클릭 이벤트 처리기를 다음과 같이 추가한다.

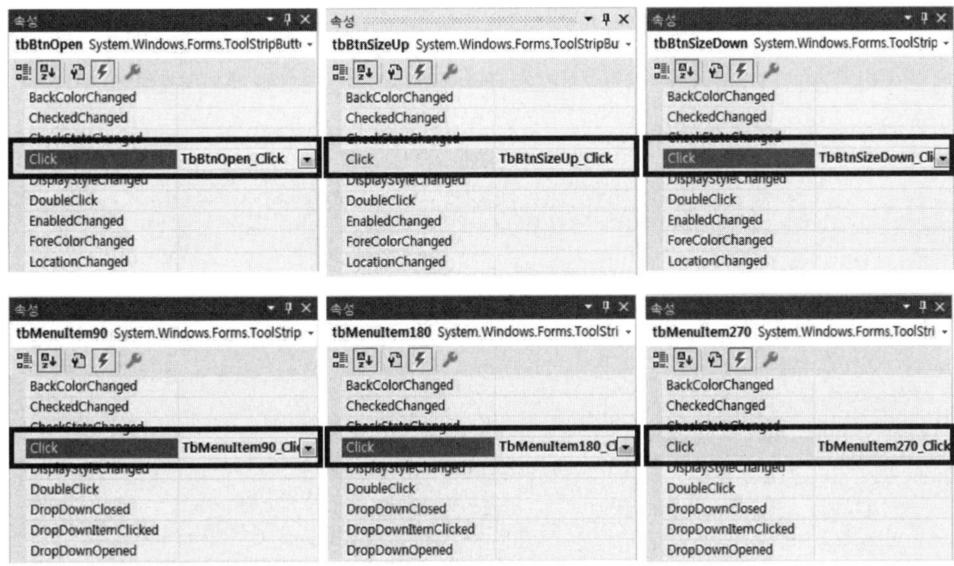

각 이벤트의 이벤트 처리기 코드가 다음과 같이 생성된다.

```
1    private void TbBtnOpen_Click(object sender, EventArgs e)
2    {
3    }
4    private void TbBtnSizeUp_Click(object sender, EventArgs e)
5    {
6    }
7    private void TbBtnSizeDown_Click(object sender, EventArgs e)
8    {
9    }
10   private void TbMenuItem90_Click(object sender, EventArgs e)
11   {
12   }
13   private void TbMenuItem180_Click(object sender, EventArgs e)
14   {
15   }
16   private void TbMenuItem270_Click(object sender, EventArgs e)
17   {
18   }
```

4. 코드 작성

이벤트 처리기가 추가되었다면 이벤트 처리기 내부에 동작 기능 코드를 추가하도록 하자. 각 이벤트
처리기의 기능에 맞게 작성해 보자.

```
1   Bitmap  myBmp;
2   private void TbBtnOpen_Click(object sender, EventArgs e)
3   {
4           if(openFileDialog.ShowDialog() == DialogResult.OK)
5           {
6               myBmp = new Bitmap(openFileDialog.FileName);
7               pbImage.Width = myBmp.Width;
8               pbImage.Height = myBmp.Height;
9               pbImage.Image = myBmp;
10          }
11  }
12  private void TbBtnSizeUp_Click(object sender, EventArgs e)
13  {
14          pbImage.Width += 10;
15          pbImage.Height += 10;
16          pbImage.Image = myBmp;
17  }
18  private void TbBtnSizeDown_Click(object sender, EventArgs e)
19  {
20          pbImage.Width -= 10;
21          pbImage.Height -= 10;
22          pbImage.Image = myBmp;
23  }
24  private void TbMenuItem90_Click(object sender, EventArgs e)
25  {
26          pbImage.Image.RotateFlip(RotateFlipType.
27          Rotate90FlipNone);
28          pbImage.Refresh();
```

```
29  }
30  private void TbMenuItem180_Click(object sender, EventArgs e)
31  {
32          pbImage.Image.RotateFlip(RotateFlipType.
33          Rotate180FlipNone);
34          pbImage.Refresh();
35  }
36  private void TbMenuItem270_Click(object sender, EventArgs e)
37  {
38          pbImage.Image.RotateFlip(RotateFlipType.
39          Rotate270FlipNone);
40          pbImage.Refresh();
41  }
```

{코드 분석}

1라인	비트맵 이미지를 출력하기 위해 이미지 객체 myBmp를 선언한다.
4라인	열기 공통 대화상자를 열어서 이미지 파일을 선택한 후 [열기] 버튼을 클릭했을 때이다.
6라인	가져온 이미지 파일을 비트맵 이미지 객체로 생성한다.
7~9라인	비트맵의 너비와 높이 정보를 얻어 와서 picturebox 컨트롤인 pbImage에 넘겨준다. 즉, picturebox를 비트맵 크기만큼 설정한 후 비트맵 이미지를 출력한 형태이다.
12~17라인	화면에 출력한 이미지를 확대하는 이벤트 처리 코드이다. 클릭할 때마다 picturebox 컨트롤인 pbImage의 너비와 높이가 10만큼씩 증가한다.
18~23라인	화면에 출력한 이미지를 축소하는 이벤트 처리 코드이다. 클릭할 때마다 picturebox 컨트롤인 pbImage의 너비와 높이가 10만큼씩 감소한다.
24~29라인	클릭 시 현재 pbImage에 출력된 이미지를 90도 회전시킨다.
30~35라인	클릭 시 현재 pbImage에 출력된 이미지를 180도 회전시킨다.
36~41라인	클릭 시 현재 pbImage에 출력된 이미지를 270도 회전시킨다.

•RotateFlip() 메소드

이미지를 회전시킬 때 사용했던 메소드인 RotateFlip( )의 원형은 다음과 같다.

```
public void RotateFlip(System.Drawing.RotateFlipType rotateFlipType);
```

이 메소드는 이미지를 회전 및 대칭 이동 시킬 때 사용한다. 전달인자로 회전 및 대칭 이동의 형식을 지정하는 RotateFlipType은 열거형의 형태로 다음과 같은 요소들을 가지고 있다. 대표적으로 사용되는 필드만 살펴보고 사용 형태만 파악하도록 하자.

필드	내용
Rotate180FlipNone	대칭 이동 없이 시계 방향으로 180도 회전한다.
Rotate270FlipNone	대칭 이동 없이 시계 방향으로 270도 회전한다.
Rotate90FlipNone	대칭 이동 없이 시계 방향으로 90도 회전한다.
Rotate180FlipX	수평 대칭 이동 후 시계 방향으로 180도 회전한다.
Rotate270FlipX	수평 대칭 이동 후 시계 방향으로 270도 회전한다.
Rotate90FlipX	수평 대칭 이동 후 시계 방향으로 90도 회전한다.

5. 빌드 및 실행하기

단축키 F6번과 F5번을 눌러서 다음과 같이 빌드 및 실행을 한다.

11.4.6 프로젝트 생성 : 잠수함 게임 만들기

1. Submarine 게임 설계

우리가 그래픽을 비롯하여 배웠던 모든 프로그래밍 기술을 총동원하여 지금부터 간단한 게임을 만들어 볼 것인데, 코드의 복잡도를 고려하여 조금 슬림한 게임을 만들어 보기로 하자. 다음 그림이 우리가 만들어야 할 게임인데, 완성된 게임의 실행 장면이다.

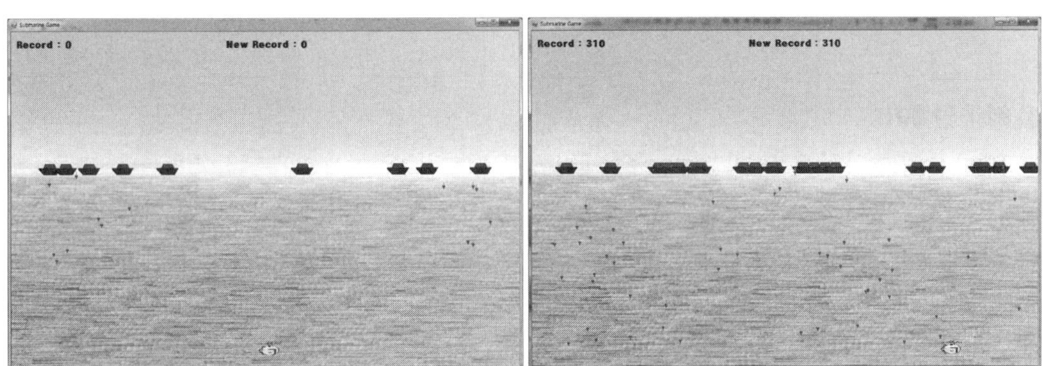

어떤가? 그림만 보고 어떻게 하는 게임인지 감이 오는가? 혹자는 게임이 너무 단순해 보여서 실망했는가? 아니면 너무 훌륭해 보여서 감탄했는가? 어찌되었든 간에, 게임 자체가 종합 예술이라서 우리가 생각하는 것만큼 간단하지가 않다. 사용자 입장에서 아무리 유치하고 쉬운 게임일지라도 개발하는 입장에서는 여러 가지 알고리즘을 기반으로 머리가 터지도록 고민해야 하는 것이 게임이다.

스크린 샷만으로는 이 게임이 정확하게 무엇을 하는 게임인지 파악이 되지 않을 수 있다. 위 게임은 바닷속 한 가운데의 잠수함과 바다 수면 위의 적군 배들과의 전투를 다룬 게임이다. 잠수함은 적군의 총알을 피해 적군의 배를 침몰시키면 스코어를 획득하게 된다. 누군가와 이 게임으로 시합을 한다면 스코어를 많이 획득하는 사람이 이긴다.

2. 게임 구현의 시나리오

여러분은 PC나 모바일로 게임을 1번쯤은 다 해 보았을 것이다. 규모가 작은 게임이든 큰 게임이든 대부분의 게임에는 시나리오가 있다. 게임은 시나리오가 있어야 좀 있어 보인다. 드라마 작가나 영화 작가가 시나리오를 작성하듯이 게임 시나리오 또한 과정은 비슷하다. 크게 3단계의 과정을 거친다.

① 구상

구상은 일상생활에서 밥을 먹다가, 잠을 자다가, 심지어는 똥을 싸다가 갑자기 불현듯 생각날 때 하는 것이다. 늘 구상에 매여 있을 필요는 없지만, 게임 시나리오를 구상하기로 마음먹었으면 일상생활을 하면서 늘 염두를 해 두고 있어야 한다. 그러면, 예상치 못한 상황에서 좋은 아이디어가 떠오르고는 한다. 한마디로 브레인 스토밍 단계이다.

본 게임의 경우에도 처음부터 바다를 배경으로 한 잠수함을 생각하지 않았다. 예제를 구상하던 중 불현듯 간단한 게임을 제작해 보면 독자들의 흥미도 유발할 수 있고, 학습 효과가 좋을 것 같다는 생각이 들어 간단한 슈팅 게임을 제작해야겠다는 생각까지만 가지고 있었다.

② 뼈대 만들기

간단한 슈팅 게임을 제작해야겠다는 추상적인 생각을 바탕으로 이제 윤곽을 잡아야 한다. 그렇다면 배경은 무엇으로 할 것인가? 캐릭터는 무엇으로 할 것인가? 상대의 적은 무엇으로 할 것인가? 게임의 배경 동기는 어떠한 내용으로 할 것인가?

구체적이지는 않아도 전체적인 뼈대는 잡아야 한다. 나의 캐릭터는 잠수함이다. 적은 함정이고, 게임의 배경은 지구의 바닷속이다. 대략 이 정도의 내용을 뼈대로 잡고 스토리를 구체화시켜 보도록 하겠다.

③ 구체화하기

스토리의 뼈대를 바탕으로 이야기에 살을 붙이는 작업이다. 이 단계에서 스토리 라인의 구체적인 내용을 구성한다. 만약 게임에 맵이 있다면 기본 맵 구조 및 각 맵에 대한 스토리를 구성하고, 각각의 캐릭터에 대한 설명 및 게임의 전체 줄거리 또는 프롤로그 정도를 구성해야 한다. 또한 게임의 전개 과정에 대한 내용도 구성하는 단계이다.

3. 고려할 사항

① 폼 기반에 글자 출력하기

게임을 진행하면서 적군을 맞힐 때마다 스코어가 증가하는 것을 볼 수 있다. 이는 화면에 글자를 출력하는 것이다. 우리는 폼 기반에 그래픽 객체를 이용하여 문자열을 출력하는 방법을 알고 있다. 이를 이용하여 글자를 출력한다.

② 게임 시작 버튼

게임이 종료된 후 보통 엔터키를 누르면 게임이 다시 시작된다. 이 게임도 엔터키를 눌렀을 때 게임이 다시 시작되도록 처리할 것이다. 앞서 키 이벤트를 처리했던 내용이 어렴풋이 기억나기 시작할 것이다. 이 정도로만 생각하고 넘어가자.

❸ 캐릭터(잠수함) 움직이기

아주 중요한 요소이다. 나의 캐릭터를 움직이게 할 수 있어야 게임이 진행이 된다. 다만, 어떻게 움직이게 할 것인가를 생각해야 한다. 대부분의 슈팅 게임은 방향키를 이용하여 캐릭터를 상하좌우로 움직이게 한다. 이 게임도 예외없이 방향키로 움직이도록 하자. 방향키는 이름 그대로 방향을 나타내는데 직관적이기 때문이다. 엔터키와 마찬가지로 잠수함 유닛을 움직이는 데 있어서 방향키를 눌렀을 때 인식하고 처리할 수 있어야 한다.

❹ 적군의 배를 랜덤으로 생성하기

잠수함 캐릭터와 상대하는 유닛들이 바로 적군의 배들이다. 랜덤으로 생성하고, 좌우에서 각기 다른 속도로 움직이도록 처리해야 한다.

❺ 캐릭터(잠수함)와 적군 배의 총알과의 충돌 계산

잠수함 캐릭터가 적군 배의 총알과 충돌 시 게임은 종료된다. 이때 잠수함과 적군 총알과의 충돌에 대한 거리 계산이 이루어져야 하는데, 이 알고리즘 또한 고려해야 할 사항이다.

❻ 내 총알과 적군 배의 충돌 계산

내가 쏜 총알이 적군 배와 충돌 시 적군 배는 파괴되어 없어지고, 스코어는 증가하게 해야 한다. 이 또한 충돌에 대한 계산이 이루어져야 하며, ❺와 비슷한 패턴 알고리즘을 이용해야 한다.

❼ 스페이스 바로 내 총알 발사하기

적군을 공격하기 위한 수단으로 총알을 발사하는 행위이다. 이 또한 키 이벤트 처리를 통해 구현할 수 있다.

❽ 배경 음악과 효과음 재생하기

게임은 시각으로만 하는 것이 아니다. 소리가 주는 효과 또한 만만치 않다. 적어도 배경 음악과 효과음 정도는 넣어 주어야 게임의 질을 훨씬 높일 수 있다. 배경 음악 및 적군을 격침했을 때의 폭발음 정도는 고려할 사항이다.

4. 구조 설계

이제 머릿속에 있는 게임 구현에 대한 구상을 직접 설계하여 문서화하는 단계이다. 인간은 망각의 동물이기 때문에 순간의 기억력을 신뢰하는 것은 위험하다. 평소에 갑자기 좋은 아이디어나 문장이 생각났을 때 기록하지 않으면 금방 잊어버리게 된다. 특히 코딩을 하는 데 있어서 즉흥적으로 하나의 기능을 작성할 때는 문제가 없지만, 작은 모듈이나 전체 구조를 설계해야 하는 경우에는 즉흥적으로 바로 코딩에 들어가게 되면 중간에 내 의도와 방향을 잃어버릴 수 있다. 그래서 설계를 할 경우에는 신중하고 꼼꼼하게 여러 번 검토를 하면서 생각하고 작성해야 한다.

앞에서 살펴본, 게임을 작성하는 데 고려해야 할 사항과 앞서 학습했던 C# 프로그래밍의 지식을 기반으로 Submarine 게임에 대한 구조 설계를 다음과 같이 할 수 있다.

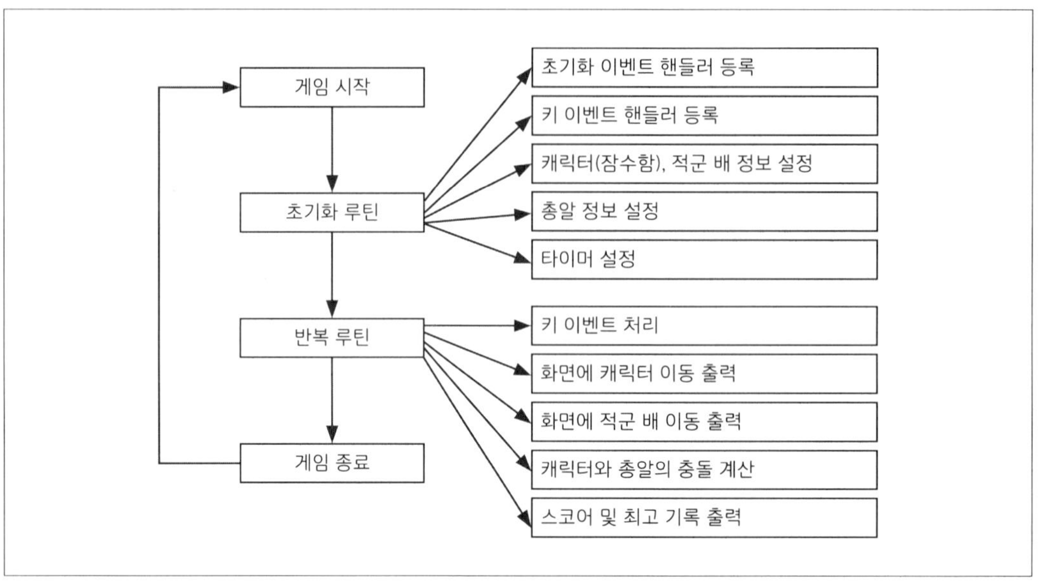

게임의 전체적인 수행 기능은 크게 4가지로 게임 시작, 초기화 루틴, 반복 루틴, 게임 종료로 나눌 수 있다. 우리가 그림을 그리는 데 있어서 가장 먼저 할 것은 그림을 그리기 위한 도화지를 준비하는 것이다. 그리고, 도화지에 그림을 그릴 기법과 재료들을 준비한다. 이것이 바로 초기화 루틴에서 수행해야 할 기본 기능들이다. 먼저 그림을 그릴 그래픽 객체를 얻고, 화면의 크기를 설정한다. 그리고 화면에 그릴 캐릭터들의 이미지를 설정하고 키 이벤트 처리기를 등록한다.

두 번째 반복 루틴에서는 초기화 루틴에서 잡은 설정을 기반으로 입력한 키에 대한 처리와 키 이벤트 처리로 인한 캐릭터 이동, 그리고 적군 배의 생성 및 이동, 총알 발사, 스코어 계산 및 출력을 처리하도록 한다. 이러한 처리를 반복 루틴에서 하는 이유는 캐릭터의 이동이나 적군 배의 이동 및 스코어 등의 처리는 지속적으로 처리해야 하는 부분이기 때문이다. 그래서 주기적으로 반복하며 검사하는 루틴 안에서 구현해야 한다. 이제 구조 설계를 기반으로 하여 실제로 게임을 구현하는 코드를 작성해 보도록 하자.

5. 프로젝트 생성

메뉴의 [파일]-[새로 만들기]-[프로젝트]를 선택한 후 프로젝트 선택 창에서 [Windows Forms 앱]을 선택한다.

[다음] 버튼을 클릭하면 다음 단계인 [새 프로젝트 구성] 창으로 넘어간다. 프로젝트 이름은 Submarine이라고 입력한 후, [확인] 버튼을 눌러 프로젝트를 생성하자.

6. 폼 디자인

게임을 구현할 것이기 때문에 특별히 폼 위에 컨트롤을 배치하지는 않는다. 게임은 반복적이고 주기적인 루틴을 가져야 하기 때문에 타이머 컨트롤을 1개 배치한다.

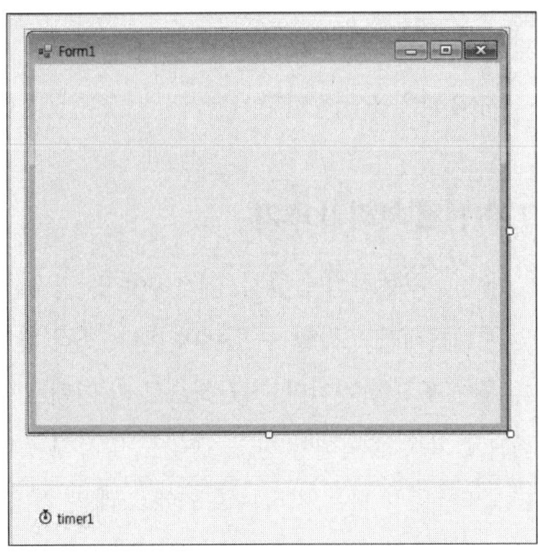

배치한 컨트롤들을 다음과 같이 설정한다.

컨트롤	Name	Text	Interval
Form	Form1	Submarine Game	(없음)
Timer	timer1	(없음)	100

게임에 사용할 이미지 리소스를 등록하도록 한다. 우리가 사용할 리소스는 총 7개이다. 이 중에 이미지 리소스는 5개이고, 오디오 리소스는 2개이다. [솔루션 탐색기]-[Properties]-[Resources.resx]를 더블클릭하여 다음과 같이 리소스를 추가해 보자.

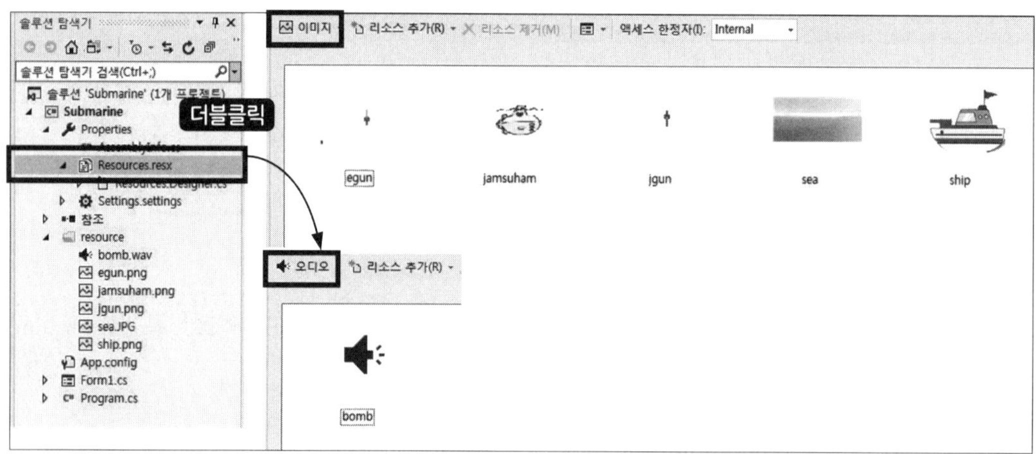

오디오 리소스 중에 [bg.mp3]는 닷넷 기반의 오디오 표준이 아니므로 리소스에 등록은 할 수 없고, 로컬 파일에 저장하여 경로를 통해 읽어 오게 해야 한다. 프로젝트 디렉터리 안의 [resource] 폴더에 bg.mp3 파일을 저장한다.

7. 이벤트 처리기 추가

게임을 구현하기에 앞서, 제작해야 할 결과물의 기능을 심사숙고해서 설계해야 한다. 기본적으로 게임은 캐릭터를 조작할 수 있어야 한다. 조작 컨트롤은 마우스 또는 키보드인데 우리는 캐릭터를 방향키를 통해 조작할 것이다. 직감적으로 키 이벤트가 필요하다는 것을 알 수 있다. 그리고 적 캐릭터는 주기적으로 계속 출현해야 하고, 총알도 발사해야 한다. 이러한 처리는 타이머 이벤트에서 처리해 주는 것이 좋다. 또한 모든 처리는 화면에 그래픽 처리가 되어 보여야 한다. 즉, 그리기 위한 이벤트가 처리되어야 한다. 위 내용을 모두 고려하여 이벤트 처리기를 추가해 보자.

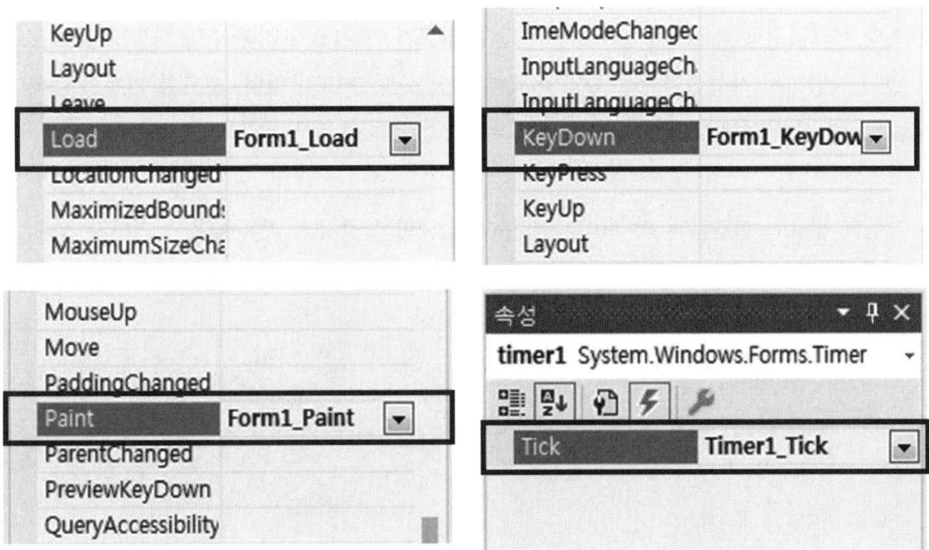

각 이벤트의 이벤트 처리기 코드가 다음과 같이 생성된다.

```
1   private void Form1_Load(object sender, EventArgs e)
2   {
3   }
4   private void Form1_KeyDown(object sender, KeyEventArgs e)
5   {
6   }
7   private void Form1_Paint(object sender, PaintEventArgs e)
8   {
9   }
10  private void Timer1_Tick(object sender, EventArgs e)
11  {
12  }
```

8. 코드 작성

이벤트 처리기가 추가되었다면 이벤트 처리기 내부에 동작 기능 코드를 추가하도록 하자. 게임 제작 코드는 이벤트 처리기만 작성하면 동작하는 단순한 코드가 아니다. 고려해야 할 사항도 많고 코드의 복잡도나 양이 지금까지 작성했던 코드들과 비교해 보았을 때 만만치 않다. 코드를 기능과 내용에 따라 파트별로 나누어서 작성해 보도록 하자.

먼저 게임에 필요한 설정값과 각 캐릭터 및 총알에 대한 설정값 및 변수들을 선언하자. 앞서 고려해야 할 사항들에 대한 구상을 바탕으로 게임에서 필요한 데이터에 대해 생각해 보자.

```csharp
1   using System.Media;
2   using System.Runtime.InteropServices;
3
4   namespace Submarine
5   {
6       public partial class Form1 : Form
7       {
8           const int SHIP_NUM = 30;
9           const int EGUN_NUM = 50;
10          const int JGUN_NUM = 10;
11          const int EGUN_SPEED = 3;
12          const int JGUN_SPEED = 7;
13          const int JGUN_GAP = 40;
14          const int JAMSUHAM_SPEED = 8;
15
16          struct SHIP
17          {
18              public bool exist;
19              public int x, y;
20              public int speed;
21              public int direction;
22          }SHIP[] ship = new SHIP[SHIP_NUM];
23
```

```csharp
24        struct EGUN
25        {
26            public bool exist;
27            public int x, y;
28        }EGUN[] egun = new EGUN[EGUN_NUM];
29
30        struct JGUN
31        {
32            public bool exist;
33            public int x, y;
34        }
35        JGUN[] jgun = new JGUN[JGUN_NUM];
36
37        const int jW = 60;   //잠수함 너비
38        const int jH = 35;   //잠수함 높이
39        const int sW = 80;   //적군 배 너비
40        const int sH = 65;   //적군 배 높이
41        const int gW = 6;    //총알 너비
42        const int gH = 16;   //총알 높이
43        int jX = 600; //잠수함 위치 X좌표
44        int jY = 700; //잠수함 위치 Y좌표
45        int score = 0; //현재 점수
46        static int record_score = 0; //신기록
47        SoundPlayer sndBomb;          //폭발 소리
48        Random random = new Random();
49
50        Bitmap hJamsuham, hShip, hEgun, hJgun;
51        Bitmap hArea = new Bitmap(1200, 800);
52
53        [DllImport("User32.dll")]
54        private static extern short GetKeyState(int nVirtKey);
55
```

```
56          [DllImport("winmm.dll")]
57          private static extern long mciSendString(string
58          strCommand, StringBuilder strReturn, int iReturnLength,
59          IntPtr hwndCallback);
60          ..................... 이하 생략 .....................
61  }
```

{ 코드 분석 }

1라인	사운드와 같은 음원을 출력하기 위해 필요한 라이브러리이다.
2라인	키 입력 처리를 위해 필요한 라이브러리이다.
8~14라인	SHIP_NUM은 적군 배의 최대 개수를, EGUN_NUM은 적군의 총알 발사 최대 개수를, JGUN_NUM은 내 캐릭터인 잠수함의 총알 발사 최대 개수를 의미하며 나머지 변수들 또한 이와 같은 의미를 가진 설정 변수들이다. const가 붙은 이유는 설정값들이 코드 중간에 변경되지 않도록 방지하기 위함이다.
16~22라인	SHIP이라는 이름의 구조체를 정의한다. 적군 배에 관한 정보를 담고 있는 부분이다. exist는 현재 살아있느냐 죽었느냐를 나타내고, x와 y는 위치 좌표, speed는 속도, direction은 왼쪽인지 오른쪽인지의 방향을 나타낸다. 적군 배는 여러 대가 출현할 수 있으므로 구조체 변수를 배열로 선언하였고, 최대 설정값인 30을 배열의 크기로 설정하였으므로 적군 배는 최대 30대 이하로 출현한다.
24~28라인	EGUN이라는 이름의 구조체를 정의한다. 적군 배의 총알에 관한 정보를 담고 있는 부분이다. exist는 현재 존재하는지 사라졌는지를 나타내고, x와 y는 위치 좌표를 나타낸다. 적군 총알 또한 다수이므로 구조체 변수를 배열로 선언하였고 최대 설정값 50을 배열의 크기로 설정하였으므로, 최대 50개 이하로 발사된다.
30~35라인	JGUN이라는 이름의 구조체를 정의한다. 내 캐릭터인 잠수함 총알에 관한 정보를 담고 있는 부분이다. exist는 현재 존재하는지 사라졌는지를 나타내고, x와 y는 위치 좌표를 나타낸다. 내 총알 또한 최대 설정값을 10으로 설정하였으므로 1번에 최대 10발까지 발사된다.
37~38라인	잠수함 캐릭터 이미지의 너비와 높이값을 갖는 변수이다.
39~40라인	적군 배 이미지의 너비와 높이값을 갖는 변수이다.
41~42라인	총알 이미지의 너비와 높이값을 갖는 변수이다.

43~44라인	잠수함의 출력 위치를 나타내는 변수이다.
45~46라인	현재 스코어와 최고 기록을 나타내는 변수이다.
47라인	캐릭터가 총알과 부딪혔을 때 폭발 음원을 출력하기 위한 변수이다.
48라인	Random 클래스는 임의의 값을 얻기 위한 기능이다. random 객체를 통해 이후 적군 배의 개수, 속도 등을 임의로 설정할 수 있다.
50라인	잠수함, 적군 배, 내 총알, 적군 총알 모두 각각의 이미지를 갖는다. 각 이미지에 대한 비트맵 객체이다.
51라인	게임 전체 영역에 대한 이미지 비트맵 객체이다.
53라인	User32.dll은 키 이벤트를 처리하기 위해 필요하다. dll을 포함시킬 때 DllImport를 사용한다.
54라인	키보드로부터 입력한 키값을 얻어 오는 윈도우 기반 메소드이다.
56라인	winmm.dll은 사운드를 처리하기 위해 필요하다.
57~59라인	사운드 음원 재생 및 정지와 같은 기능을 수행하기 위한 윈도우 기반 메소드이다.

설정의 과정이 생각보다 좀 많다. 아무리 간단한 게임일지라도 이렇게 고려할 사항들이 많다는 것이다. 이제 설정 변수를 기반으로, 앞에서 생성한 이벤트 처리기를 하나씩 채워 보도록 하자. 먼저, Form 기반의 이벤트 처리기들의 내용을 구현해 보자.

```
1    private void Form1_Load(object sender, EventArgs e)
2    {
3          Size = new Size(1200, 800);
4          hJamsuham = Properties.Resources.jamsuham;
5          hShip = Properties.Resources.ship;
6          hEgun = Properties.Resources.egun;
7          hJgun = Properties.Resources.jgun;
8
9          StartGame();
```

```csharp
10  }
11  private void StartGame()
12  {
13          //적군 배와 총알들의 존재를 false로 초기화한다.
14          for(int i = 0; i < SHIP_NUM; i++)
15              ship[i].exist = false;
16          for(int i = 0; i < EGUN_NUM; i++)
17              egun[i].exist = false;
18          for(int i = 0; i < JGUN_NUM; i++)
19              jgun[i].exist = false;
20
21          //배경 음악 재생 및 폭발 효과음 등록
22          mciSendString("open \"" + "../../resource/bg.mp3" + "\"
23          type mpegvideo
24          alias MediaFile", null, 0, IntPtr.Zero);
25          mciSendString("play MediaFile REPEAT", null, 0, IntPtr.
26          Zero);
27          sndBomb = new SoundPlayer(Properties.Resources.bomb);
28          score = 0;
29
30          //타이머를 시작한다.
31          timer1.Start();
32  }
33  private void Form1_KeyDown(object sender, KeyEventArgs e)
34  {
35          switch(e.KeyCode)
36          {
37              case Keys.Return:
38                  StartGame();
39                  break;
40          }
41  }
42  private void Form1_Paint(object sender, PaintEventArgs e)
```

```csharp
43  {
44          if(hArea != null)
45          {
46                  e.Graphics.DrawImage(hArea, 0, 0);
47          }
48  }
49  protected override void OnPaintBackground(PaintEventArgs e)
50  {
51          //배경색으로 지우지 않는다.
52  }
```

{ 코드 분석 }

1~10라인	Form1_Load( )는 폼이 최초로 로딩될 때 수행되는 루틴이다. 폼에서 초기화할 내용이 있다면 이 부분에서 하면 된다. 코드에서는 폼의 Size를 1200 x 800으로 설정하였으며, 앞서 리소스로 등록한 각 이미지들을 비트맵 객체로 가져온다. 그리고 StartGame( ) 메소드를 호출하여 게임을 시작한다.
14~19라인	앞서 선언했던 구조체 변수 ship, egun, jgun을 초기화한다. 이 구조체 변수들은 다량으로 존재하므로 배열로 선언하였고, 각각의 최대 개수만큼 exist를 false로 초기화한다. 최초에는 모두 존재하지 않는 상태로 시작하겠다는 의미이다.
22~27라인	배경 음악인 bg.mp3 파일을 가져와서 재생하기 위해서는 mciSendString( ) 메소드를 사용한다. 4개의 전달인자를 받는데, 첫 번째 전달인자에 작동할 명령어를 전달하고, 나머지 전달인자는 디폴트 값을 사용한다. 폭발 효과음인 bomb.wav 파일의 경우는 닷넷 표준 오디오이므로 SoundPlayer 클래스를 이용하여 객체를 생성한다.
28라인	스코어를 0으로 초기화한다.
31라인	타이머를 시작한다.
35~40라인	폼에 키를 입력할 시 발생하는 이벤트 처리기이다. 입력된 KeyCode를 검사하여 엔터키가 입력되면 StartGame( ) 메소드를 호출한다.
46라인	그래픽 객체를 통해 화면에 비트맵 객체를 출력한다. DrawImage( ) 메소드는 이미지를 출력하는 기능을 한다.

OnPaintBackground( )는 가상 메소드로서 오버라이딩(재정의)한 형태이다. 이미지를 반복적으로 다시 그려 주어야 하는데 그럴 때마다 화면의 깜박임 현상이 나타난다. OnPaintBackground( )가 화면을 지우는 기능을 하기 때문이다. 그래서 이 메소드를 오버라이딩한 후 아무런 기능도 하지 않도록 처리함으로써 깜박임 현상을 제거한다.

•mciSendString() 메소드

MCI(Media Control Interface)는 미디어를 컨트롤할 인터페이스이다. mciSendString( )의 원형은 다음과 같다.

```
private static extern long mciSendString(string strCommand,
                StringBuilder strReturn,
                int iReturnLength,
                IntPtr oCallback);
```

첫 번째 전달인자는 작동할 명령어이고, 두 번째 전달인자는 결과 정보를 받을 문자열 변수를 지정한다. 만약 정보가 필요 없다면 이 부분을 null로 처리하면 된다. 세 번째 전달인자는 두 번째 전달인자에서 지정한 변수에 정보가 들어갈 최대 크기이다. 두 번째 전달인자가 null이면 이 전달인자도 0으로 처리하면 된다. 네 번째 전달인자는 함수 처리가 완료된 후 해당 처리를 받을 Callback 메소드를 지정한다. 만약 이 전달인자도 필요 없으면 0으로 지정한다.

이 메소드는 첫 번째 전달인자 외에 나머지는 잘 사용되지 않는다.

•DrawImage() 메소드

지정한 이미지를 지정한 위치에 원본 크기로 그린다.

```
public void DrawImage(
                System.Drawing.Image image,
                System.Drawing.Point point
        );
```

첫 번째 전달인자는 그릴 이미지이고, 두 번째 전달인자는 이미지를 그릴 시작 좌표이다. 이 메소드는 수많은 오버로딩으로 되어 있어서 메소드의 원형을 모두 살펴볼 수는 없고, 우리가 코드에서 사용한 DrawImage( )의 원형만 살펴본다.

•OnPaintBackground() 메소드

배경을 다시 그리는 기능을 한다. 전달인자로는 그리려는 컨트롤에 대한 정보가 포함되어 있다.

```
protected virtual void OnPaintBackground(
    System.Windows.Forms.PaintEventArgs pevent
);
```

그리기 요청을 하게 되면 다시 배경을 그리는 기능이 디폴트로 처리된다. 다시 그리기를 하고 싶지 않다면 이 메소드를 오버라이딩하여 아무것도 구현하지 않으면 된다.

여기까지의 코드를 실행해 보면 게임의 기본적인 형태만 보여 줄 것이다. 아직까지는 게임의 동작이 제대로 되지 않는다. 게임은 주기적인 동작을 한다. 주기적인 동작을 처리하는 루틴이 바로 타이머 처리기이다. 게임에서 가장 중요한 처리 코드이다.

```
1   private void Timer1_Tick(object sender, EventArgs e)
2   {
3           SHIP local_ship;
4           EGUN local_egun;
5           JGUN local_jgun;
6           Rectangle shiprt, jamsuhamrt, egunrt, jgunrt, irt;
7           int maxY = -1;
8           int i, j;
9
10          Graphics g = Graphics.FromImage(hArea);
11          g.DrawImage(Properties.Resources.sea, 0, 0);
12          g.DrawImage(hJamsuham, jX - jW / 2, jY);
13
14          if(GetKeyState((int)Keys.Left) < 0)
15          {
16              jX = jX - JAMSUHAM_SPEED;
17              jX = Math.Max(jW / 2, jX);
```

```
18                  }
19          if(GetKeyState((int)Keys.Right) < 0)
20          {
21              jX = jX + JAMSUHAM_SPEED;
22              jX = Math.Min(ClientSize.Width - jW / 2, jX);
23          }

25          if(GetKeyState((int)Keys.Space) < 0)
26          {
27              for(i = 0; i < JGUN_NUM; i++)
28              {
29                  if(jgun[i].exist == true)
30                      maxY = Math.Max(jgun[i].y, maxY);
31              }
32              for(i = 0; i < JGUN_NUM; i++)
33              {
34                  if(jgun[i].exist == false)
35                      break;
36              }
37              if(i != JGUN_NUM && jY - maxY > JGUN_GAP)
38              {
39                  jgun[i].exist = true;
40                  jgun[i].x = jX;
41                  jgun[i].y = jY - gH;
42              }
43          }

45          for(i = 0; i < JGUN_NUM; i++)
46          {
47              if(jgun[i].exist == false)
48                  continue;
49              if(jgun[i].y > 0)
50              {
```

```
51                    jgun[i].y -= JGUN_SPEED;
52                    g.DrawImage(hJgun, jgun[i].x - jW / 2,
53                    jgun[i].y);
54                }
55            else
56            {
57                    jgun[i].exist = false;
58            }
59        }
60
61        //적군 배 생성
62        if(random.Next(10) == 0)
63        {
64            for(i = 0; i < SHIP_NUM && ship[i].exist == true;
65            i++){; }
66            if(i != SHIP_NUM)
67            {
68                if(random.Next(2) == 1)
69                {
70                    ship[i].x = sW / 2;
71                    ship[i].direction = 1;
72                }
73                else
74                {
75                    ship[i].x = ClientSize.Width - sW / 2;
76                    ship[i].direction = -1;
77                }
78                ship[i].y = 300;
79                ship[i].speed = random.Next(4) + 3;
80                ship[i].exist = true;
81            }
82        }
83
```

```
84          //적군 배 이동 및 총알 발사
85          for(i = 0; i < SHIP_NUM; i++)
86          {
87              if(ship[i].exist == false)
88                  continue;
89              ship[i].x += ship[i].speed * ship[i].direction;
90              if(ship[i].x < 0 || ship[i].x > ClientSize.Width)
91              {
92                  ship[i].exist = false;
93              }
94              else
95              {
96                  g.DrawImage(hShip, ship[i].x -sW / 2, ship[i].y);
97              }
98              if(random.Next(30) == 0)
99              {
100                 for(j = 0; j < EGUN_NUM && egun[j].exist ==
101                 true; j++) {; }
102                 if(j != EGUN_NUM)
103                 {
104                     egun[j].x = ship[i].x + sW / 2;
105                     egun[j].y = ship[i].y;
106                     egun[j].exist = true;
107                 }
108             }
109         }
110
111         //적군 총알 이동 및 그림
112         for(i = 0; i < EGUN_NUM; i++)
113         {
114             if(egun[i].exist == false)
```

```
115                    continue;
116                if(egun[i].y < jY)
117                {
118                    egun[i].y += EGUN_SPEED;
119                    g.DrawImage(hEgun, egun[i].x - 3, egun[i].y);
120                }
121                else
122                {
123                    egun[i].exist = false;
124                }
125            }
126
127        //적군과 총알의 충돌 판정
128        for(i = 0; i < SHIP_NUM; i++)
129        {
130            if(ship[i].exist == false)
131                continue;
132
133            local_ship = ship[i];
134            int w = sW;
135            int h = sH;
136            shiprt = new Rectangle(local_ship.x - w / 2,
137            local_ship.y, w, h);
138            for(j = 0; j < JGUN_NUM; j++)
139            {
140                if(jgun[j].exist == false) continue;
141                JGUN b = jgun[j];
142                jgunrt = new Rectangle(b.x - jW / 2, b.y, jW, jH);
143                irt = Rectangle.Intersect(shiprt, jgunrt);
144                if(irt.IsEmpty == false)
145                {
146                    ship[i].exist = false;
147                    egun[j].exist = false;
```

```
148
149                    score = score + 10;
150                    if(record_score < score)
151                    {
152                        record_score = record_score + 10;
153                    }
154                    sndBomb.Play();
155                }
156            }
157        }
158
159    Font _font = new System.Drawing.Font(new
160    FontFamily("휴먼둥근헤드라인"), 14, FontStyle.Bold);
161    g.DrawString("Record : " + score.ToString(), _font,
162    Brushes.DarkBlue, new PointF(10, 20));
163    g.DrawString("New Record : " + record_score.
164    ToString(), _font, Brushes.DarkBlue, new PointF(500, 20));
165
166    //적군 총알과 아군의 충돌 판정
167    jamsuhamrt = new Rectangle(jX - jW / 2, jY, jW, jH);
168    for(i = 0; i < EGUN_NUM; i++)
169    {
170        if(egun[i].exist == false) continue;
171        egunrt = new Rectangle(egun[i].x - gW / 2,
172        egun[i].y, gW, gH);
173        irt = Rectangle.Intersect(jamsuhamrt, egunrt);
174        if(irt.IsEmpty == false)
175        {
176            mciSendString("stop MediaFile", null, 0,
177            IntPtr.Zero);
178            sndBomb.Play();
179            timer1.Stop();
```

```
180                    }
181              }
182          Invalidate();
183 }
```

{ 코드 분석 }

3~5라인	충돌 계산을 위해 적군 배와 총알의 구조체 변수를 각각 선언한다.
6라인	충돌 계산을 위해 적군 배, 잠수함, 총알 각각의 사각 영역 객체를 선언한다.
7라인	maxY는 총알의 최대 거리값을 저장한다.
10라인	hArea 비트맵 영역에 대한 그래픽 객체를 얻어 온다.
11라인	그래픽 객체 g를 이용하여 리소스에 등록된 바다 이미지를 배경으로 그린다.
12라인	리소스에 등록된 잠수함 이미지를 지정된 위치에 그린다.
14라인	GetKeyStates( ) 메소드는 사용자가 누른 키에 대해 눌렸는지 아닌지를 판별해 주는 기능을 한다. 만약 왼쪽 방향키를 눌렀다면 음수값이 반환되어 조건문 내부의 루틴을 수행한다.
16~18라인	왼쪽 방향키를 누른 상태이므로 잠수함 캐릭터가 왼쪽으로 지정한 좌표만큼 이동해야 한다. 좌표계를 기준으로 한다면 이동 단위는 음수가 된다. 캐릭터가 왼쪽의 가장자리까지 이동했다면 화면에서 가려지지 말아야 하므로, 잠수함 캐릭터의 너비만큼은 더 이상 이동하지 못하도록 Math.Max( ) 메소드를 이용하여 x 좌표의 최대값을 반환한다.
19~23라인	오른쪽 방향키를 눌렀을 경우도 왼쪽 방향키 처리와 동일한 원리이다. 좌표계 기준으로 이동 단위가 양수라는 점만 다르고, 마찬가지로 가장 오른쪽까지 이동했을 때 잠수함 캐릭터의 너비만큼 더 이상 이동하지 못하도록 Math.Max( ) 메소드를 이용하였다.
25~43라인	스페이스 바를 눌렀을 때 총알이 발사되도록 설정한다.
45~59라인	발사한 총알의 y 좌표값이 0보다 크면 설정한 속도(JGUN_SPEED)값만큼 감소시키면서 총알 이미지를 화면에 출력한다. y 좌표값이 음수가 되면 총알의 exist를 false로 변경한다.

62라인	0부터 9까지 랜덤으로 숫자를 생성하되, 0이 되었을 때만 조건문 안으로 진입한다. 말 그대로 랜덤으로 난수가 생성되기 때문에 진입할 확률은 대략 1/10이라고 생각하면 된다.
68~76라인	난수 0과 1이 발생한다. 1/2 확률로 발생시키는 코드인데, 적군 배의 방향(direction)을 설정한다.
78~79라인	적군 배의 y축 좌표는 300으로 고정하고, x축으로 이동할 때 속도의 차이를 주기 위해 speed 값을 계산한다. random.Next(4)는 0, 1, 2, 3의 난수를 발생시키므로 적군 배는 4종류의 속도값을 갖게 된다.
87~97라인	적군 배의 존재유무를 조사하여 exist가 true인 경우에만 방향과 속도값을 고려하여 출력한다.
98~108라인	난수가 생성되면서 1/30만큼의 확률로 조건문에 진입하게 된다. 이때 적군 배의 위치에서 총알이 발사되도록 좌표를 설정한다.
112~125라인	적군의 총알이 설정한 속도만큼 y축으로 증가시키고, DrawImage( ) 메소드를 이용하여 화면에 출력한다.
136~137라인	현재 적군 배의 사각 영역을 구한다.
142라인	잠수함 총알의 사각 영역을 구한다.
143라인	적군 배의 사각 영역과 잠수함 총알의 사각 영역이 겹치는지 Intersect( ) 메소드를 통해 검사한다.
144라인	두 사각형의 교차 부분이 있다면 조건문 안으로 진입한다.
149라인	적군 배를 총알로 명중시킨 것이므로 스코어를 10만큼 증가시킨다.
150~153라인	현재 스코어가 최고 기록을 갱신한다면 최고 기록도 같이 갱신한다.
154라인	등록한 폭발 효과음인 sndBomb를 재생시킨다.
159~164라인	현재 스코어와 최고 기록을 DrawString( ) 메소드를 이용하여 화면에 출력한다.
167라인	잠수함 캐릭터의 사각 영역을 구한다.
171~172라인	적군의 총알 사각 영역을 구한다.
173라인	잠수함의 사각 영역과 적군 총알의 사각 영역이 겹치는지 Intersect( ) 메소드를 통해 검사한다.

<table>
<tr><td>174~180라인</td><td>두 사각형의 교차 부분이 있다면 충돌이 일어난 것이므로 조건문 안으로 진입한다. 잠수함 캐릭터는 사망하였으므로 게임을 종료하기 위해 배경 음악을 멈추고, 폭파 효과음을 재생시킨 후 timer1.Stop( ) 메소드를 호출하여 타이머를 종료시킨다.</td></tr>
<tr><td>182라인</td><td>Invalidate( ) 메소드는 화면 전체를 업데이트하는 기능이다.</td></tr>
</table>

•GetKeyStates() 메소드

지정한 키의 키 상태 집합을 가져온다.

```
public static System.Windows.Input.KeyStates GetKeyStates(
    System.Windows.Input.Key key
);
```

전달인자로 지정한 키 코드의 값을 넘겨주면 키 상태의 비트 조합으로 반환한다. 반환값이 음수인 경우는 해당 키가 눌린 상태이고, 음수가 아닌 경우는 눌리지 않은 상태이다.

•Rectangle.Intersect() 메소드

두 사각형의 교차 부분 여부를 체크한다.

```
public static System.Drawing.Rectangle Intersect(
    System.Drawing.Rectangle a,
    System.Drawing.Rectangle b
);
```

전달인자로 각각 교차할 사각형을 입력하고, 교차한다면 교차 부분을 나타내는 Rectangle 구조체를 반환한다.

9. 빌드 및 실행하기

단축키 F6번과 F5번을 눌러서 다음과 같이 빌드 및 실행을 한다. 게임이 시작되면 배경 음악이 나오고 잠수함 캐릭터는 화면의 하단 가운데에 위치하게 된다. 좌우 방향키를 통해 잠수함 캐릭터를 움직이고, 스페이스 바를 통해 총알을 발사하면 된다. 적군 배를 1대 격침시킬 때마다 스코어가 10점씩 올라간다.

Submarine Game
Record : 180
New Record : 180

Part 12

{ 데이터베이스 }

12.1 데이터의 중요성

오늘날의 데이터는 단순한 기록이 아닌 가치 창출의 핵심 동력이자 가장 중요한 전략적 자산으로 간주된다. 기업, 정부, 연구기관 그리고 개인에 이르기까지 수많은 주체들이 데이터를 수집하고 분석하며 이로부터 의미있는 정보를 추출하고 이를 기반으로 혁신과 의사 결정을 도모하고 있다. 데이터가 왜 중요한지 몇 가지 핵심 관점에서 심층적으로 살펴보자.

12.1.1 현실 세계의 모델링 및 기록

데이터는 현실 세계에서 발생하는 사건, 행동 및 거래등의 모든 현상을 디지털 형태로 정확하게 표현하고 기록한다. 예를 들면 고객의 구매내역 데이터, 웹사이트 사용자의 접속 로그, 공장의 온도 센서 데이터 등은 현실 세계의 물리적, 행위적 상황을 디지털로 표현한 것이다. 이러한 기록은 현재 상황을 파악하고 과거를 추적하는 데 있어 필수적인 토대가 된다.

12.1.2 합리적 의사 결정의 기반

과거에는 직관이나 경험에 의존했던 의사결정 과정이 이제는 데이터를 기반으로 이루어진다. 스포츠 경기에서 감독이 선수 기용이나 작전을 짤 때 감에 의존한 판단이 아니라 객관적인 기록 데이터를 바탕으로 판단하듯이, 기업의 경영진도 시장 분석 데이터, 재무 데이터, 운영 효율성 데이터를 근거로 투자, 생산, 마케팅 등의 주요 의사 결정을 내린다. 데이터 기반의 의사결정은 오류를 줄이고 성공 확률을 높이는 가장 합리적인 방법이다.

12.1.3 경쟁력 확보와 미래 가치 창출

    데이터를 효율적으로 수집하고 분석하는 능력은 기업의 경쟁력을 결정하는 핵심 요소이다. 빅데이터 분석을 통해 고객의 요구와 시장 변화를 빠르게 예측하고 대응하는 기업은 더 많은 기회를 선점할 수 있다. 예를 들어, 넷플릭스나 쿠팡과 같은 기업들은 고객의 시청 및 구매 데이터를 분석하여 개인 맞춤형 추천 알고리즘을 제공함으로써 매출 증대와 고객 만족도 향상에 크게 기여하고 있다. 데이터는 단순한 수치나 기록을 넘어 미래를 예측하고 새로운 가치를 창출할 수 있는 무한한 자산이다.

12.2 파일 시스템의 등장과 한계

데이터가 중요하다는 사실은 오래전부터 인식되어 왔다. 사실 컴퓨터가 등장하기 전부터 데이터 기록의 중요성은 존재했으며, 초기에는 종이나 문서에 정보를 수기로 기록하는 방식이 일반적이였다. 그러나 컴퓨터가 등장하게 되면서부터 본격적으로 디지털 기반의 데이터 저장 방식이 필요해졌고 그 결과 파일(File)이라는 개념이 탄생하게 되었다.

12.2.1 파일 시스템의 등장 배경

컴퓨터의 저장 장치에 데이터를 기록하고자 할 때 데이터를 문자열이나 이진 데이터의 형태로 묶어 보관하는 가장 간단한 방법이 바로 파일이다. 예를 들어 이름, 나이, 주소와 같은 고객 정보를 텍스트 (txt) 파일에 줄마다 저장하거나 엑셀(Excel), CSV 형태로 데이터를 나열하는 방식이 대표적이다.

	A	B	C	D	E	F
1	id	title	descript	created	author	profile
2	1	C#	C# is ...	2021-01-21	lee	developer
3	2	HTML5	HTML5 is	2021-02-23	lee	developer
4	3	JAVA	JAVA is ...	2021-03-01	kim	CEO
5	4	Cplus	Cplus is ...	2021-06-10	lee	developer
6						
7						

12.2.2 파일 시스템의 장점

① 구현이 간단하다

프로그래밍 언어를 통해 파일 입출력 기능으로 데이터를 쉽게 저장하고 불러올 수 있다.

② 특정 형식에 구애받지 않는다

텍스트, 바이너라, 이미지 등 다양한 형태의 데이터를 자유롭게 기록할 수 있다.

③ 저장 매체에 최적화된 단순한 구조이다

복잡한 구조 없이 운영체제의 파일 디렉토리만으로도 데이터 구분이 가능하다.

④ 소규모 데이터 처리에 적합하다

데이터의 양이 많지 않거나 단순한 경우에는 매우 효율적으로 작동한다.

이러한 장점 덕분에 초기 컴퓨팅 환경에서는 대부분의 데이터를 파일에 저장하고 관리하였다. 그러나 시간이 지나고 데이터의 양이 많아지면서 여러 사용자가 동시에 데이터를 다루어야 하는 환경이 요구되었다. 파일 시스템은 단일 사용자에 최적화되어 있으므로 한계가 점차 드러나기 시작했다.

12.2.3 파일 시스템의 한계

초기 데이터 관리의 기반이였던 파일 시스템은 데이터 양이 증가하고 복잡한 요구사항이 발생하면서 다음과 같은 구조적이고 근본적인 한계에 직면하게 되었고, 이는 곧 '데이터베이스 관리 시스템(DBMS)' 이 등장하는 결정적인 배경이 된다.

1. 데이터 중복성과 비일관성

• 문제점 : 여러 사용 부서가 각자의 필요에 따라 동일한 데이터를 서로 다른 파일에 독립적으로 저장한다. 예를 들어 인사부서와 급여관리부서가 직원의 이름, 주소 등의 정보를 파일에 중복 저장하게 된다.

• 결과 : 데이터의 저장 공간이 낭비되고, 한쪽 파일의 데이터가 수정되었을 때 다른 쪽 파일에 내용이 업데이트되지 않아 데이터의 서로 불일치하는 문제가 발생한다.

2. 데이터 종속성

• 문제점 : 파일 시스템에서는 응용 프로그램이 데이터 파일의 구조(저장 형식 및 순서)에 직접적으로 의존한다.

• 결과 : 파일의 구조나 접근 방법이 변경되면, 해당 파일에 접근하는 모든 응용 프로그램을 수정해야 하는 번거로움이 발생한다. 즉, 프로그램과 데이터가 서로 강하게 종속되어 있어 유지 보수 비용이 높고 유연성이 떨어진다.

3. 데이터 공유 및 동시 접근 제어의 어려움

• 문제점 : 여러 사용자가 동시에 동일한 파일을 접근하여 데이터를 수정할 때, 데이터의 무결성을 유지하기 어렵다.

• 결과 : 한 사용자가 데이터를 수정하는 도중에 다른 사용자가 그 데이터를 읽거나 수정하면, 데이터 손상이나 잘못된 결과가 발생할 수 있다. 파일 시스템은 이러한 복잡한 동시 접근 상황을 제어하는 기능을 제공하지 못한다.

4. 데이터 보안 및 회복 기능 미흡

• 문제점 : 파일 시스템은 일반적으로 파일 단위의 단순한 접근 권한(읽기/쓰기)만을 제공한다. 데이터의 일부에 대한 세밀한 보안 통제가 불가능하다.

• 결과 : 시스템 오류나 전원 문제 등으로 인해 데이터가 손상되었을 경우, 손상 전 상태로 데이터를 정확하게 복구할 수 있는 기능을 내장하고 있지 않아 데이터의 손실의 위험이 크다.

12.2.4 데이터베이스로의 진화

이러한 파일 시스템의 구조적 및 관리적 한계를 극복하고 대규모 데이터를 체계적이며 안전하게 관리하기 위해 등장한 것이 바로 데이터베이스(Database) 시스템이다. 데이터베이스는 체계적인 구조와 제약 조건, 트랜잭션 처리 기능 등을 통해 파일 시스템의 한계를 보완하며 다음과 같은 이점들을 제공한다.

1. 데이터 중복 최소화 및 정규화

데이터베이스는 데이터를 의미 단위로 통합하고 정규화(Normalization)라는 체계적인 설계 과정을 통해 중복을 최소화한다. 정규화는 데이터를 논리적으로 분리된 여러 테이블에 저장하고, 테이블간의 관계(Relationship)를 설정하여 데이터의 일관성과 데이터의 중복을 최소화시킨다.

2. 제약 조건 및 형식 검증을 통한 무결성 유지

데이터베이스는 단순히 데이터를 저장하는 공간이 아니라 데이터가 항상 정확하고 논리적으로 올바른 상태를 유지하도록 관리하는 장치이다. 이를 위해 다양한 제약조건(Constraints)과 형식 검증 기능을 제공한다.

제약조건	설명
NOT NULL	해당 컬럼에는 반드시 값이 존재해야 함을 보장
UNIQUE	해당 컬럼 값은 테이블 내에서 중복될 수 없음을 보장
PRIMARY KEY	테이블 내에서 유일하게 식별할 수 있는 키
FOREIGN KEY	다른 테이블의 키를 참조하여 두 테이블 간의 관계 유지
데이터 형식 검증	이메일, 날짜, 숫자 등의 데이터 형식 제한

이러한 제약 조건은 논리적인 오류나 부정확한 데이터를 원천적으로 차단하며, 데이터베이스의 무결성(Integrity)을 보장하는 핵심 장치이다.

3. 트랜잭션(Transaction) 처리를 통한 안정적인 동시성 제어

데이터베이스는 다수의 사용자가 동시에 데이터를 읽고 쓰는 다중 사용자 환경에 필수적으로 사용된다. 여러 사용자가 동시에 접근할 때 발생할 수 있는 데이터 충돌, 손상, 불일치 등의 문제를 방지하기 위해 동시성 제어(Concurrency Control) 기능을 제공한다. 이 기능은 트랜잭션(Transaction) 단위를 기반으로 이루어지며 다음과 같은 속성을 보장한다.

트랜잭션 속성(ACID)	설명
원자성(Atomicity)	하나의 트랜잭션은 전부 성공하거나 전부 실패해야 하며 부분적인 실행은 허용되지 않음
일관성(Consistency)	트랜잭션 실행 전후의 데이터 상태는 항상 일관된 규칙(제약 조건)을 만족해야 함
격리성(Isolation0	동시에 실행되는 트랜잭션이 서로 간섭하지 않고 독립적으로 실행되는 것처럼 보이도록 보장
지속성(Durability)	드랜잭션이 완료된 데이터는 시스템 오류(정전, 시스템 다운)가 발생하더라도 영구적으로 유지되어야 함

예를 들면 은행 업무 처리 중 A계좌에서 B계좌로의 송금이 오류 없이 정확히 처리되는 것이 바로 표에서 언급한 ACID 속성이 보장된 트랜잭션 처리의 대표적인 사례이다.

4. 테이블 간 관계 설정 및 복잡한 연산 가능

현실 세계의 정보는 여러 개념들이 복잡적으로 연결되어 있는 경우가 많다. 예를 들어 하나의 고객이 여러 개의 주문을 하고, 하나의 주문은 여러 개의 상품으로 구성될 수 있다. 이러한 구조를 데이터베이스에서 테이블 간 관계(Relationship)라고 하며 관계형 모델(Relational Model)을 통해 설정하고 관리한다.

테이블 간의 관계	설명
1 : 1 (일대일)	한 테이블의 레코드 하나가 다른 테이블의 레코드 하나에만 대응(예 : 사용자 테이블과 상세 프로필 테이블)
1 : N (일대다)	한 테이블의 레코드 하나가 다른 테이블의 여러 레코드에 대응 (예 : 고객과 주문, 학과와 학생)
N : M (다대다)	양쪽 테이블의 레코드가 서로 여러 레코드에 대응하며, 일반적으로 중간 연결 테이블(Intersection Table)을 통해 구현(예 : 학생과 수강 과목)

데이터베이스는 외래 키를 통해 이러한 관계를 설정할 수 있으며, 이를 바탕으로 JOIN 연산을 통해 서로 다른 테이블에 분산된 데이터를 조합하고 분석할 수 있다.

12.3 데이터베이스의 개요

12.3.1 데이터베이스란

데이터베이스(Database)란 일정한 규칙에 따라 구조화된 데이터의 집합으로, 특정 목적을 위해 저장되고 관리되는 정보를 의미한다. 단순한 데이터의 모음이 아니라, 다양한 사용자나 응용 프로그램이 데이터를 쉽고 빠르게 추가, 조회, 수정, 삭제할 수 있도록 구성되어 있다.

데이터베이스는 여러 사용자와 데이터를 효율적으로 접근하고 관리할 수 있도록 설계되어야 하며, 데이터의 무결성(integrity)과 보안(security)을 보장하는 역할을 한다.

12.3.2 데이터베이스의 종류

데이터베이스는 다양한 형태와 목적에 따라 다음과 같이 분류할 수 있다.

데이터베이스	설명
관계형 데이터베이스	데이터를 테이블 형태로 관리하며, SQL문을 통해 데이터를 조작할 수 있다. 가장 일반적이고 많이 사용하는 데이터베이스이다. 대표적으로 MySQL, Oracle, MS-SQL Server 등이 있다.
비관계형 데이터베이스	관계형 모델을 따르지 않고 Key-Value, 문서(Document), 그래프(Graph)등의 구조로 데이터를 저장한다. 대표적으로 MongoDB, Redis, Cassandra 등이 있다.
객체지향 데이터베이스	객체지향 프로그래밍 언어와 호환되며 객체의 속성과 메소드를 함께 저장한다.
분산 데이터베이스	여러 지리적으로 분산된 서버에 데이터를 나누어 저장하고 관리한다.
시계열 데이터베이스	시간 순서대로 데이터를 기록하고 조회하는데 특화된 데이터베이스이다. 대표적으로 InfluxDB, TimescaleDB 등이 있다.

12.3.3 관계형 데이터베이스(RDBMS)의 개념

관계형 데이터베이스(Relational Database Management System, RDBMS)는 현재까지 데이터베이스 시장의 주류를 이루고 있는 가장 보편적인 데이터 관리 시스템이다. 데이터를 테이블(table) 형태로 구성하고, 행(row)과 열(column)로 관리하는 2차원 표 형태이다. 각 테이블은 하나의 주제를 표현하며, 테이블 간에는 외래 키(Foreign Key)를 통해 관계를 맺는다. 이러한 구조는 데이터의 중복을 최소화하고, 데이터 정규화(Normalization)를 통해 효율적인 데이터 설계를 가능하게 한다.

1. 관계형 데이터베이스(RDBMS)의 구성 요소

관계형 데이터베이스를 구성하는 기본적인 논리적 요소들은 다음과 같다.

구성 요소	설명
테이블(Table)	데이터를 행과 열로 구성하여 저장하는 표 형태의기본 구조이다. 하나의 테이블은 고객, 주문, 상품과 같은 하나의 엔터티(Entity)를 나타낸다.
레코드(Record)/행(Row)	테이블의 가로줄로 하나의 개체에 대한 고유한 정보 묶음이다. 예를 들어 고객 테이블에서 한 고객의 모든 정보를 포함하는 한 줄이다.
필드(Field)/열(Column)	테이블의 세로줄로, 데이터의 속성을 의미한다. 각 열에는 이름, 데이터 형식, 크기 등이 지정된다.
기본 키(Primary Key)	테이블 내에서 각 레코드를 유일하게 식별할 수 있는 핵심 열이다.
외래 키(Foreign Key)	다른 테이블의 기본 키를 참조하여 테이블 간의 논리적 관계를 설정하는 기능을 한다.

2. 관계형 데이터베이스(RDBMS)의 장점

관계형 데이터베이스를 사용했을 때 장점은 다음과 같다.

구성 요소	설명
데이터 중복 최소화 및 구조화	정규화 과정을 통해 데이터가 의미 단위로 분리되고 관계를 맺어 저장된다. 이는 데이터 저장 공간의 효율성을 높이고, 일관성 없는 중복 데이터를 방지한다.
데이터 무결성(Integrity) 보장	기본 키, 외래 키, NOT NULL 등의 제약 조건을 통해 데이터 일관성을 유지한다.
SQL을 통한 강력한 질의 처리	구조화된 질의 언어(SQL)를 사용하여 데이터를 효율적으로 검색, 삽입, 수정, 삭제할 수 있고, 복잡한 JOIN, 정렬 등 다양한 연산이 가능하다.

보안 및 권한 관리 기능 제공	사용자별 권한 설정을 통해 데이터 접근을 제어할 수 있다.
트랜잭션(Transaction) 지원	ACID 속성을 보장하는 트랜잭션 처리를 통해 여러 사용자가 동시에 데이터를 접근하는 환경에서도 데이터의 신뢰성과 일관성을 유지하며 작업을 완료할 수 있다.

12.3.4 MySQL의 특징

1. MySQL이란

데이터베이스를 구축하기 위해 다양한 데이터베이스 중에 관계형 데이터베이스 시스템(RDBMS)을 선택할 수 있다. RDBMS는 데이터를 테이블(Table) 형태로 구성하고 SQL(Structured Query Language)을 사용하여 데이터를 정의, 검색, 수정, 삭제하는 작업을 수행하는 것이 특징이다. RDBMS 중에서도 대표적인 오픈 소스 솔루션인 MySQL을 사용한다. MySQL은 SQL을 기반으로 데이터를 효율적으로 관리할 수 있는 시스템이다.

MySQL은 1995년 스웨덴의 MySQL AB라는 회사에 의해 처음 개발되었으며 현재는 오라클(Oracle Corporation)에서 소유하고 관리하고 있다. 그럼에도 불구하고 여전히 오픈 소스 라이선스인 GNU General Public License(GPL) 하에 배포되며 누구나 자유롭게 사용할 수 있다.

2. MySQL의 주요 특징

MySQL의 주요 특징은 다음과 같다.

주요 특징	설명
관계형 데이터 모델 지원	데이터를 테이블로 표현하며 행(Row)과 열(Column)로 구성된다. 그리고 각 테이블은 기본키(Primary Key)와 외래키(Foreign Key)를 통해 데이터 간의 관계를 정의할 수 있다.
다양한 플랫폼 및 언어 지원	윈도우, 리눅스, 맥OS 등의 다양한 운영체제를 지원하며, PHP, Java, Python, C#, Node.js 등 거의 모든 언어에서 사용 가능하다.
SQL 표준 지원	ANSI SQL을 기반으로 SELECT, INSERT, UPDATE, DELETE 등 필수적인 SQL 구문을 지원하므로, 다른 RDBMS 사용자도 쉽게 적응할 수 있다.
트랜잭션 지원	InnoDB 저장 엔진을 사용하여 ACID 속성을 보장하는 트랜잭션 기능을 제공한다. 이를 통해 데이터의 일관성과 안정성을 유지할 수 있다(COMMIT, ROLLBACK 지원).
확장성 및 호환성	대규모 데이터 처리와 높은 동시 접속 환경에서도 효율적인 성능을 제공하도록 설계되어 있으며, 사용자 요구에 따라 다양한 저장 엔진을 선택적으로 사용할 수 있어 유연한 확장성을 갖는다.

12.3.5 MySQL 설치 및 환경 설정(Windows 기준)

MySQL Community Server를 Windows에 설치하고 초기 환경 설정하는 과정을 단계별로 살펴보자.

1. 설치 파일 다운로드

MySQL공식웹사이트(https://dev.mysql.com/downloads/installer/)에서WindowsMSI installer 파일을 선택하고 다운로드한다.

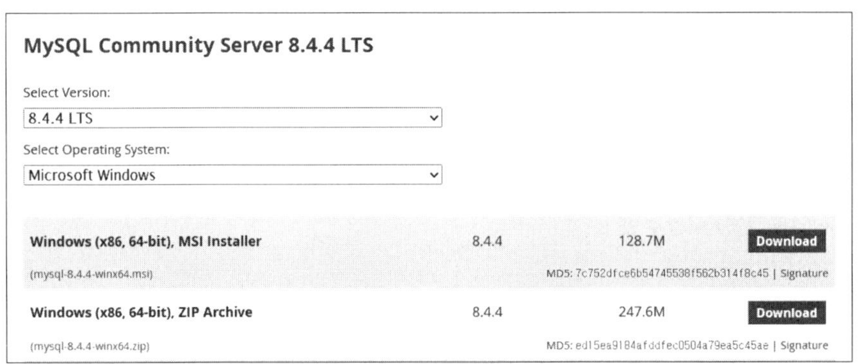

2. MySQL Installer 실행 및 설치 단계

 다운로드 받은 파일을 더블클릭하면 마법사 창이 나타나는데 특별한 설정 없이 [Next] 버튼을 클릭하여 다음 단계로 진행한다.

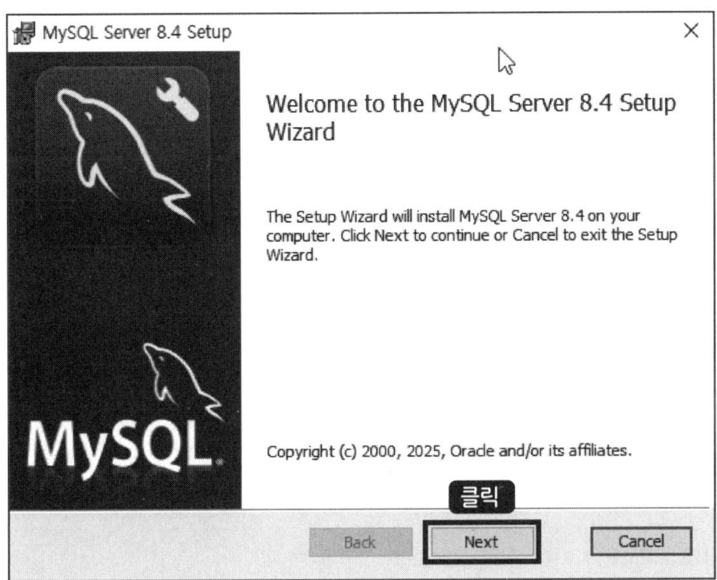

 라이선스 동의 체크하고 [Next] 버튼을 클릭한다.

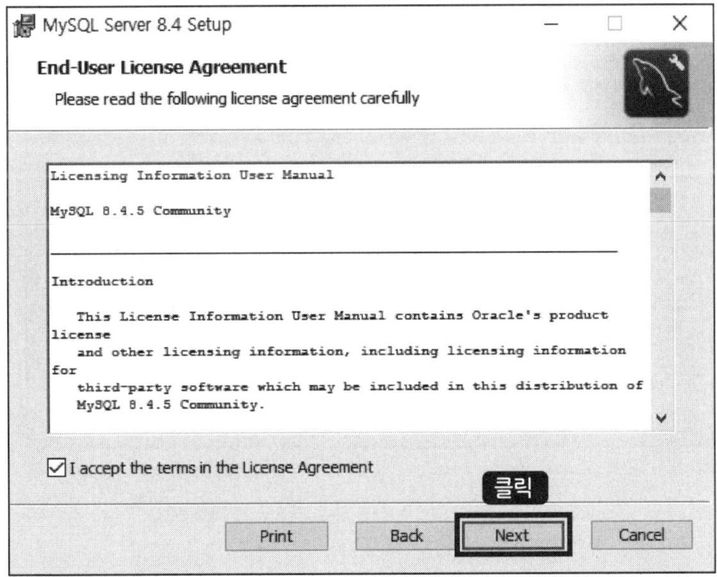

설치 타입을 설정한다. [Typical]을 선택한다.

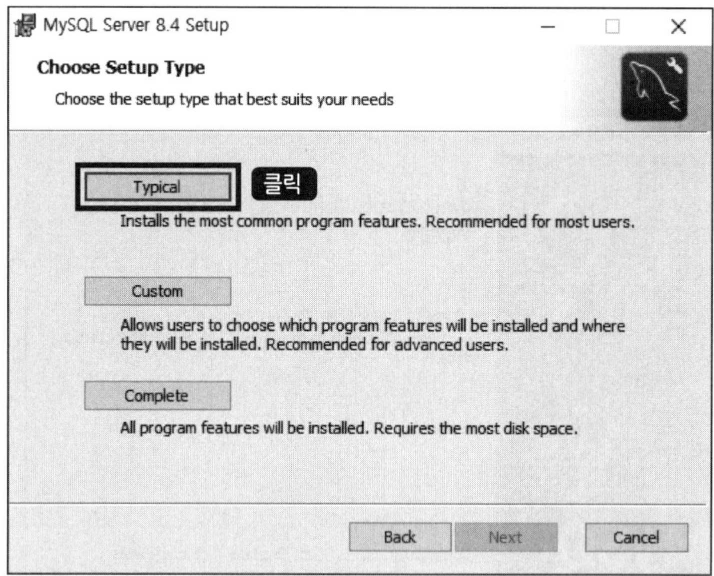

[Install]을 클릭하면 설치가 시작된다.

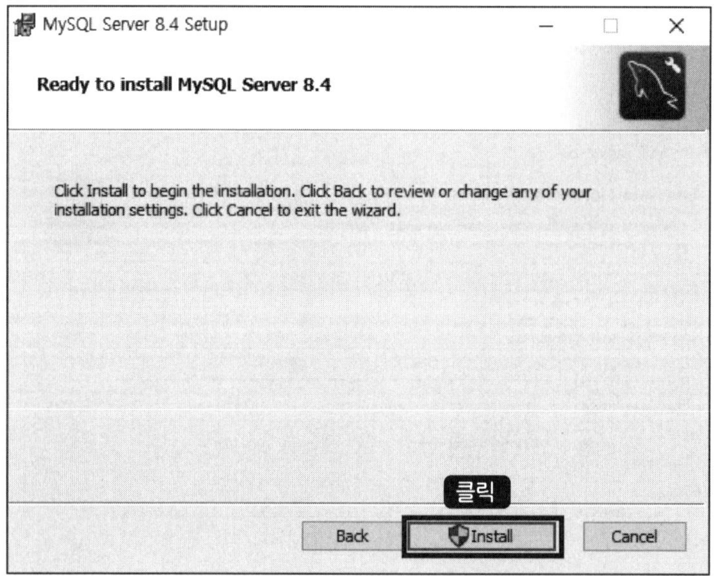

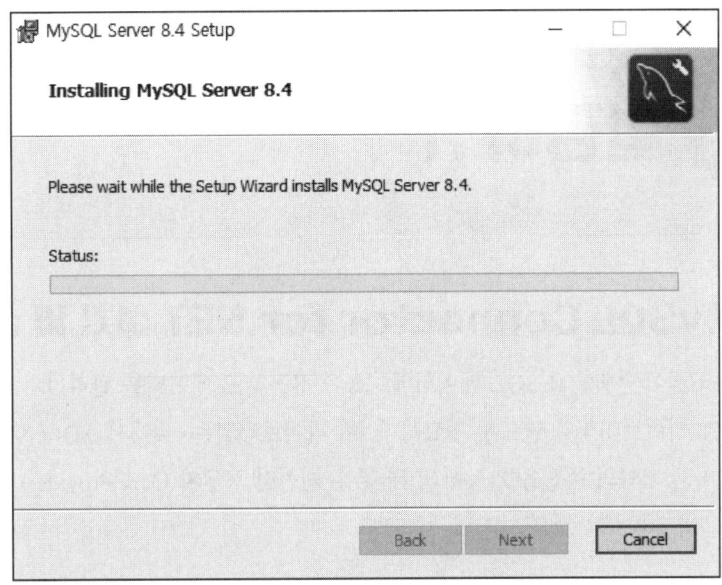

[Finish] 버튼을 클릭하여 설치를 완료한다.

12.4 C#과 MySQL 연동 설정하기

12.4.1 MySQL Connector for.NET 설치 및 설정

C# 기반 애플리케이션에서 MySQL 데이터베이스에 접근하고 데이터를 관리하기 위해서는 MySQL Connector/.NET 라이브러리가 반드시 필요하다. 이 라이브러리는 C#에서 ADO.NET 프레임워크를 기반으로 MySQL 서버와의 통신을 가능하게 해 주는 데이터 공급자(Data Provider) 역할을 수행한다. 설치 방법은 다음과 같다.

1. 설치 방법

검색창에 'MySQL Connector/NET 다운로드' 라고 검색하고 MySQL Connector/NET 다운로드페이지(https://dev.mysql.com/downloads/connector/net/)로 이동한다.

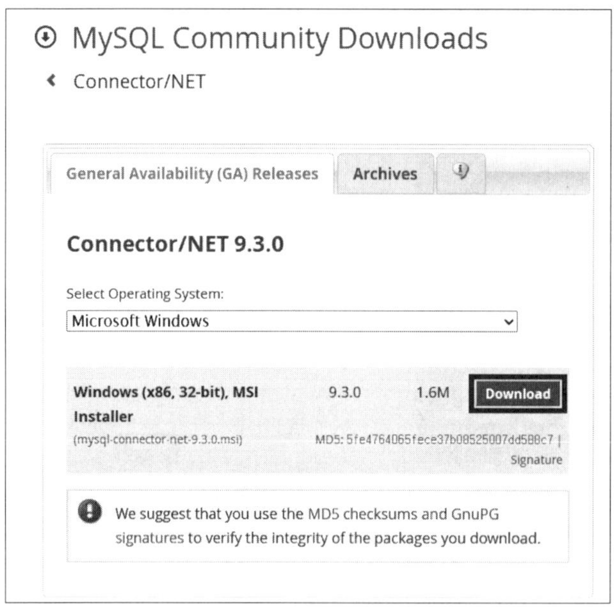

Windows 버전의 MSI Installer를 다운로드한다. 회원가입이나 로그인 없이 다운로드하려면 아래쪽에 No thanks, just start my download 링크를 클릭한다.

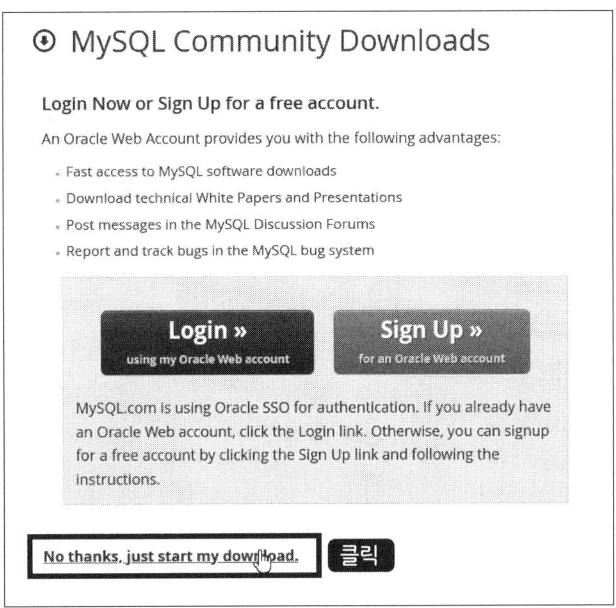

다운로드한 MySQL-connector-net-9.3.0.msi 파일을 더블클릭하여 실행한다.

설치 마법사 창이 나타나면 여기서부터 [Next] 버튼을 클릭하면서 기본 설정으로 설치하면 된다.

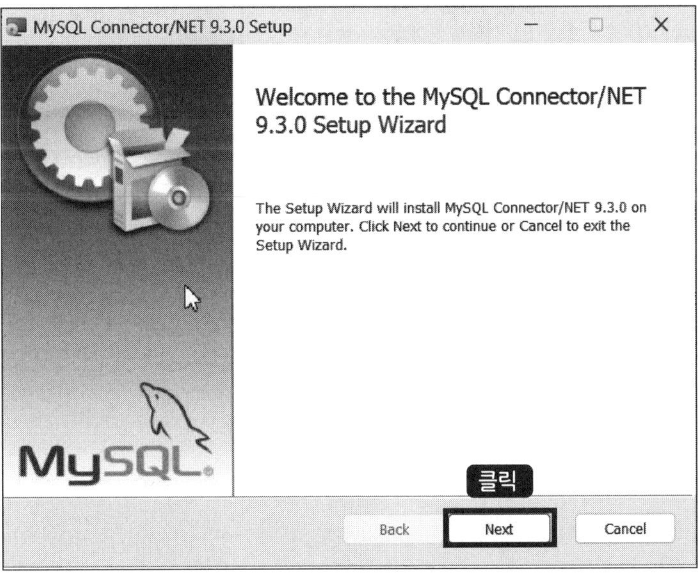

특별한 경우 아니면 기본 설정 경로에 설치한다.

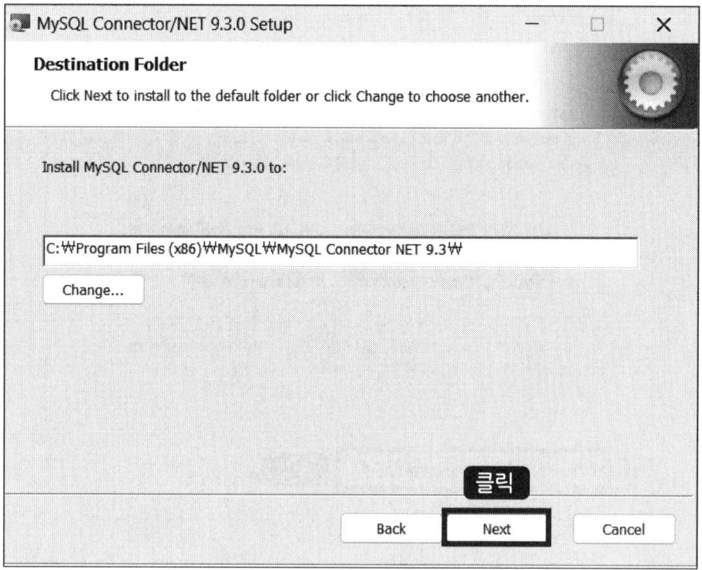

설치 준비가 되었다면 [Install] 버튼을 클릭하여 설치를 시작한다.

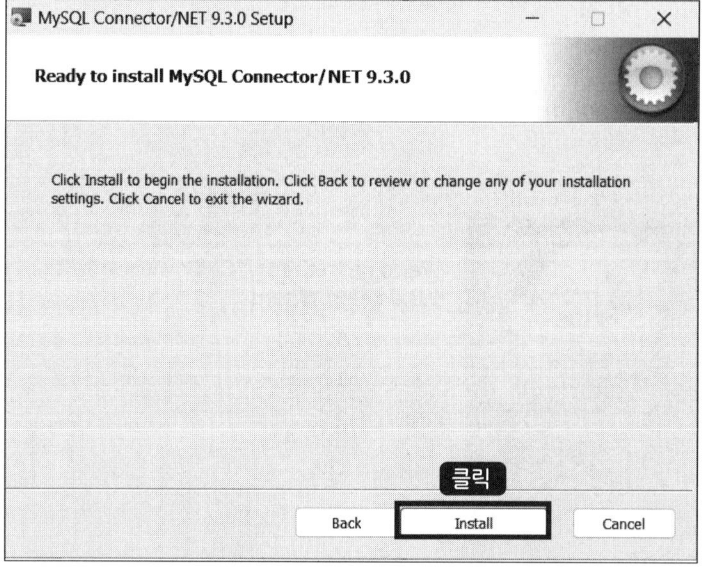

[Finish] 버튼을 클릭하여 설치를 마친다. .NET 기반의 MySQL Connector 설치가 완료되었다.

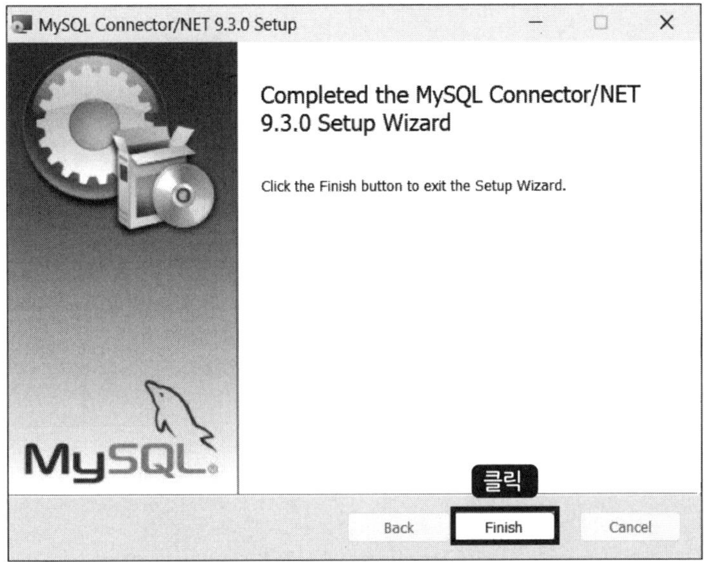

12.4.2 콘솔 프로젝트 생성하기

1. 프로젝트 생성

먼저 Visual Studio를 실행 후 [새 프로젝트 만들기]를 선택한다. 그리고 템플릿은 [콘솔 앱(.NET Framework)]를 선택하고, [다음] 버튼을 클릭한다.

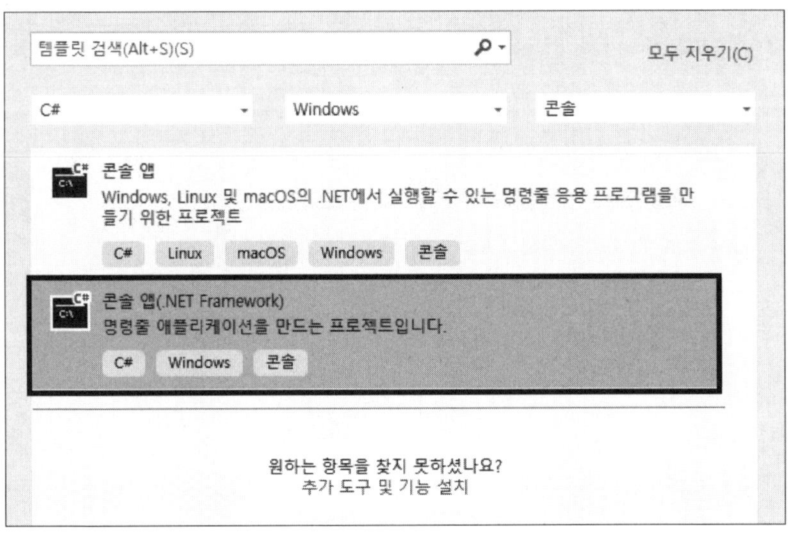

새 프로젝트 구성 창에서 프로젝트 이름에 [MySqlConsole]이라고 입력하고, [만들기] 버튼을 클릭한다.

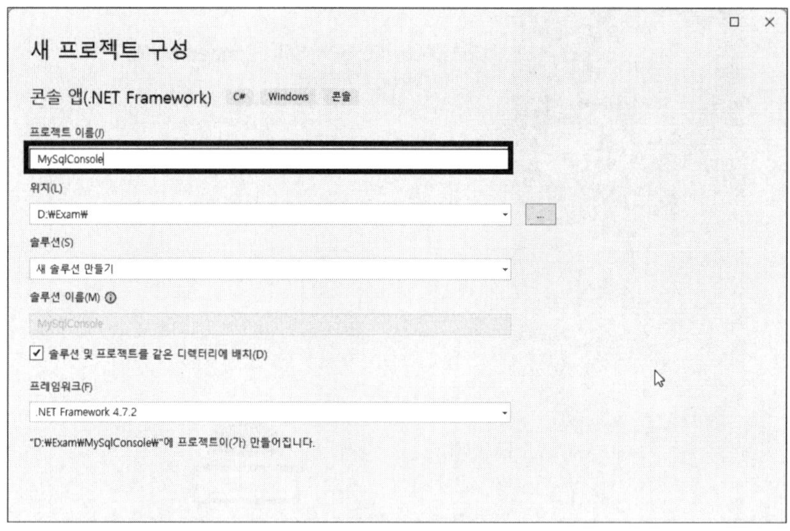

다음과 같이 프로젝트가 생성되었음을 확인한다.

12.4.3 MySql.Data 패키지 설치하기

생성한 프로젝트에 MySql.Data 패키지를 설치한다. 이 패키지는 C# 애플리케이션과 MySQL 데이터베이스 간의 연결을 가능하게 해 주는 ADO.NET 데이터 공급자(Data Provider)이다. 이 패키지는 MySQL과 통신하는데 필요한 클래스들을 제공하며, C#에서 SQL 쿼리를 실행하거나 결과를 가져오는 기능을 지원한다.

1. 설치하기

패키지 설치는 NuGet 패키지 관리자를 통해 설치할 수 있다. 프로젝트 메뉴에서 [도구] - [NuGet 패키지 관리자] - [솔루션용 NuGet 패키지 관리]를 선택한다.

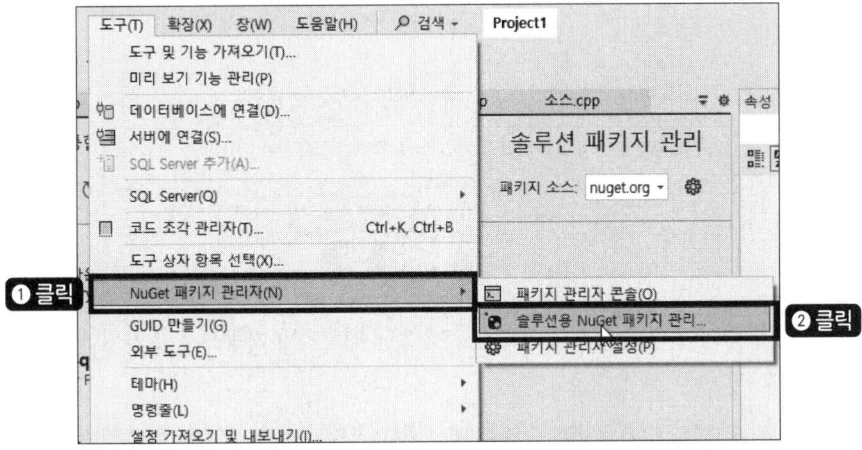

[찾아보기] 탭으로 이동하여 검색창에 'MySql' 을 입력하고 검색한다. 가장 첫 번째 검색되는 MySql.Data 항목을 선택하고 오른쪽에 [프로젝트] 체크 후 [설치] 버튼을 클릭한다.

중간에 라이선스 동의 창이 나타나면 [동의함] 버튼을 클릭한다.

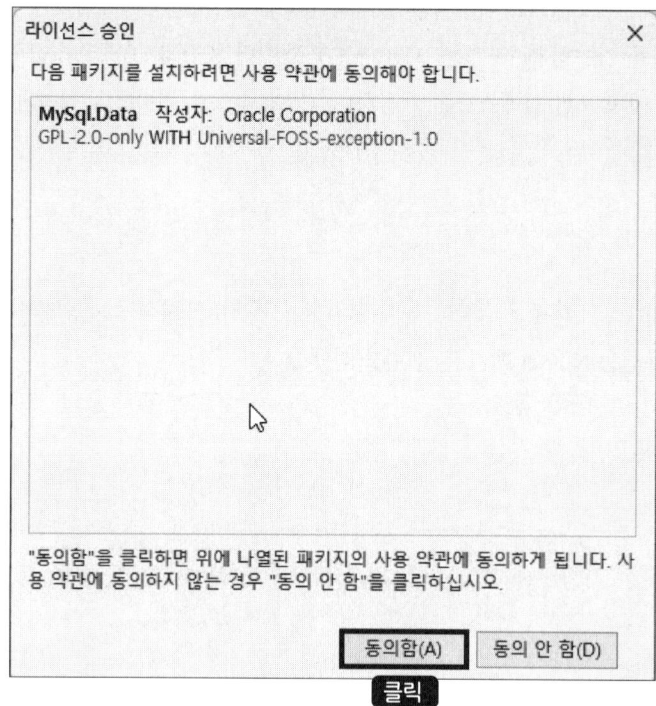

다음과 같이 오류 없이 설치 완료되면 프로젝트에 해당 패키지가 자동으로 추가된다.

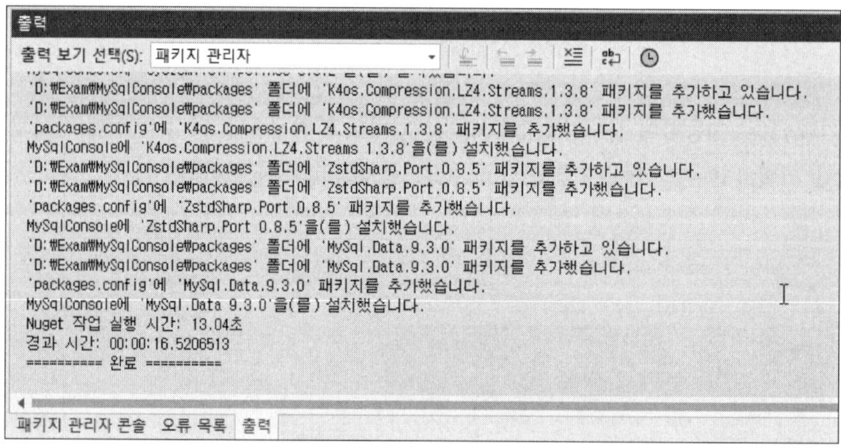

12.4.4 연동 코드 작성하기

MySQL Connector/NET을 사용하여 C# 콘솔 애플리케이션에서 MySQL 서버에 접속하는 코드를 작성해 보자. 접속 정보 설정, 연결 객체 생성, 연결 시도 및 예외 처리의 기본 구조를 사용한다.

1. 코드 작성(Program.cs)

```csharp
using System;
using System.Collections.Generic;
using System.Linq;
using System.Text;
using System.Threading.Tasks;
using MySql.Data.MySqlClient;

namespace MySQLConsole
{
    Internal class Program
    {
        static void Main(string[] args)
        {
          string connStr =
          "Server=127.0.0.1;Port=3306;Database=mysql;Uid=root;Pwd=123456;
          Charset=utf8;";

          try
          {
            using (MySqlConnection conn = new  MySqlConnection(connStr))
            {
                conn.Open();
                Console.WriteLine("MySQL 연결성공!");
            }
          }
          catch (Exception ex)
```

```
27                {
28                    Console.WriteLine("연결실패: " + ex.Message);
29                }
30            }
31    }
32 }
```

{ 코드 분석 }

6 라인	MySQL과 연결을 담당하는 ADO.NET 데이터 공급자(Data Provider)의 네임스페이스를 선언한다.
14-16 라인	MySQL 서버 접속에 필요한 정보를 담은 접속 정보 문자열이다. 서버 IP, DB 포트, 사용자 ID 및 비밀번호, 인코딩 방식 설정 정보들이 포함된다. 비밀번호는 MySQL 설치 시 설정했던 비밀번호를 입력한다.
20 라인	using 문을 사용하면 conn.Close() 호출 없이도 블록을 벗어날 때 자동으로 연결을 해제하여 리소스 누수를 방지한다. MySqlConnection 클래스는 MySQL 서버와의 연결을 담당하는 객체이다.
22 라인	실제로 MySQL 서버에 접속을 시도한다. 이 단계에서 접속 정보나 서버 상태에 문제가 있으면 예외(Exception)가 발생한다.
28 라인	연결 실패 시 ex.Message를 통해 구체적인 오류 원인을 사용자에게 알려 준다.

서버 연결 오류 시 예를 들어 접속 정보가 틀리거나 MySQL 서버가 꺼져 있는 등 문제가 발생하면 catch 블록이 실행되며 다음과 같은 메시지가 출력된다. 보통은 비밀번호 오류가 대부분이다.

연결 실패 : Access denied for user 'root'@'localhost' (using password: YES)

2. 빌드 및 실행하기

접속 정보 입력에 오류가 없다면 다음과 같이 'MySQL 연결 성공!' 이라는 메시지가 출력된다.

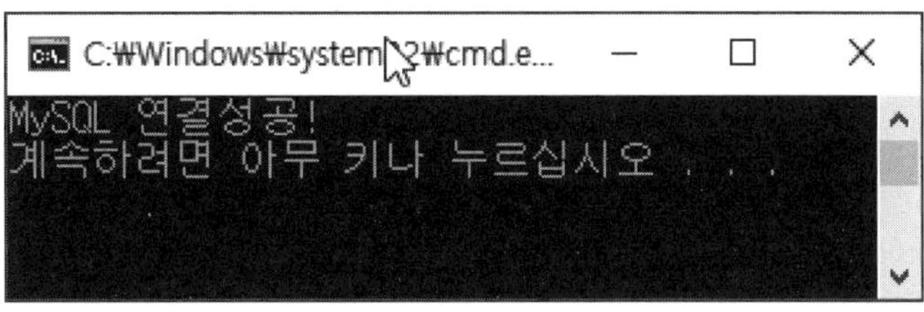

12.5 C# 윈폼 기반에서 MySQL 연동하기

이번에는 콘솔 기반 연동이 아니라 사용자 인터페이스 기반 환경인 Windows Forms(윈폼)에서 MySQL에 연결하는 방법을 살펴보자. 이는 실제 데이터를 조회, 삽입, 수정, 삭제 (CRUD) 하는 데 필요한 기본 골격이 된다.

12.5.1 윈폼 프로젝트 생성하기

1. 프로젝트 생성

메뉴의 [파일] - [새로만들기] - [프로젝트]를 선택한 후 프로젝트 선택 창에서 [Windows Forms 앱 (.NET Framework)] 템플릿을 선택한다.

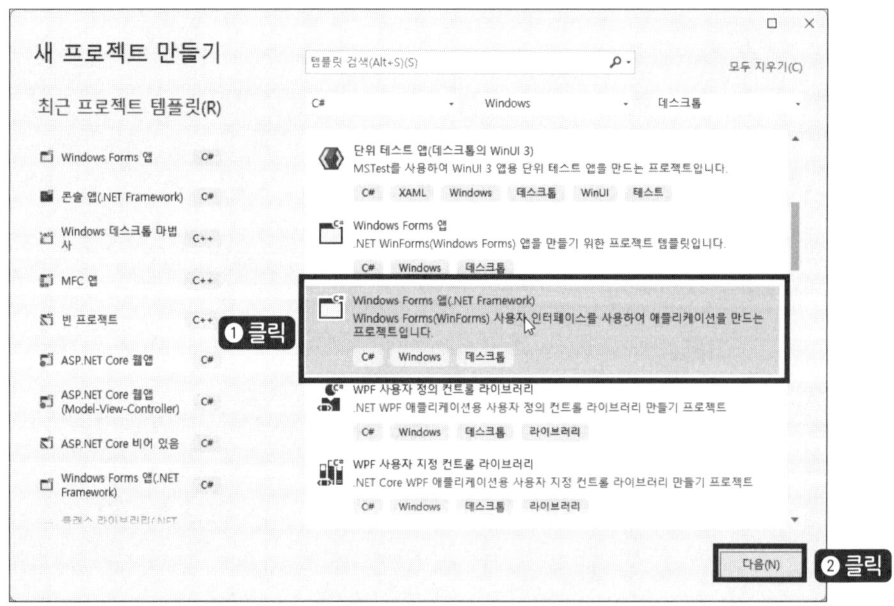

[다음] 버튼을 클릭하면 다음 단계인 [새 프로젝트 구성] 창으로 넘어간다. 프로젝트 이름은 "MySql-WinForm"이라고 입력한 후, [만들기] 버튼을 눌러 프로젝트를 생성한다.

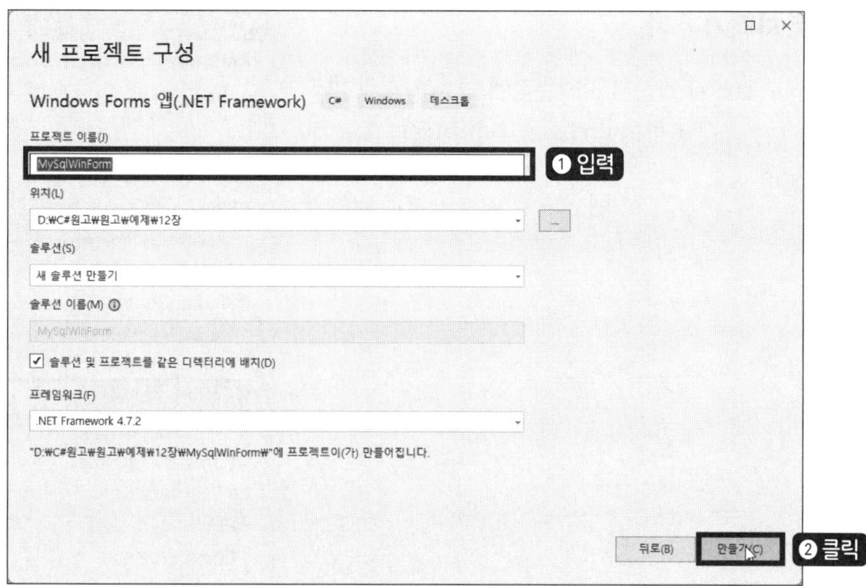

2. 폼디자인

생성한 Form1 디자인 화면에 버튼 1개를 배치하여 DB 연결 테스트 기능을 구현한다.

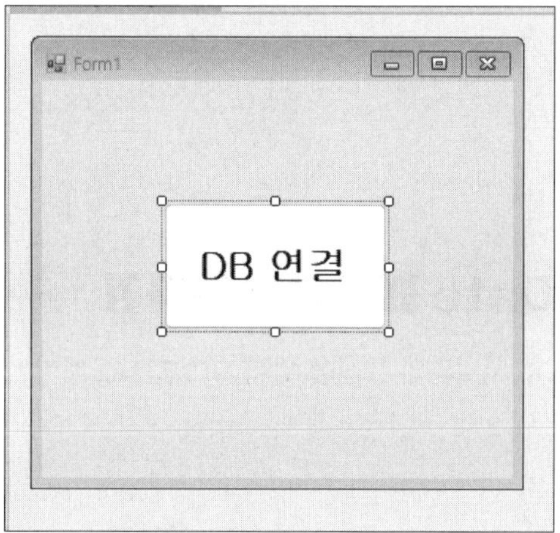

컨트롤에 대한 속성은 다음과 같이 설정한다.

컨트롤	Name	Text	Text
Button	btnConnect	DB 연결	굴림,20.25pt, style=Bold

3. 이벤트 처리기 추가

디자인된 btnConnect 버튼의 [속성] 창에 이벤트 처리기에
서 Click 이벤트를 더블클릭하면 다음과 같은 이벤트 처리기
코드가 생성된다.

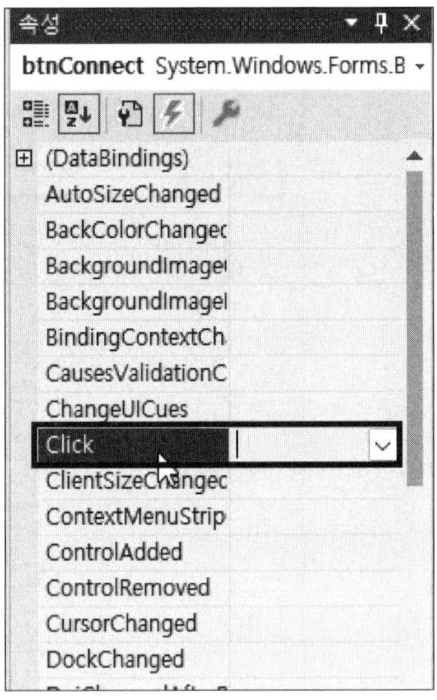

```
1    private void btnConnect_Click(object sender, EventArgs e)
2    {
3    }
```

12.5.2 MySql.Data 패키지 설치하기

윈폼 프로젝트에서도 MySQL 서버와의 통신을 위해 MySql.Data 패키지 설치가 필수적이다. 설치 과
정은 콘솔 앱에서와 동일하다.

1. 설치하기

패키지 설치는 NuGet 패키지 관리자를 통해 설치할 수 있다. 프로젝트 메뉴의 [도구] - [NuGet 패키
지 관리자] - [솔루션용 NuGet 패키지 관리]를 선택한다.

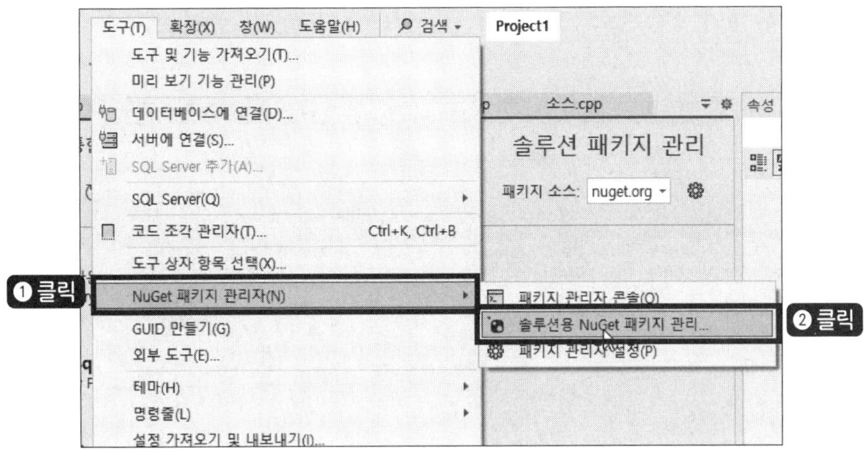

[찾아보기] 탭으로 이동하여 검색창에 'MySql'을 입력하고 검색한다. 가장 첫 번째 검색되는 MySql. Data 항목을 선택하고 오른쪽에 [프로젝트] 체크 후 [설치] 버튼을 클릭한다.

중간에 라이선스 동의 창이 나타나면 [동의함] 버튼을 클릭한다.

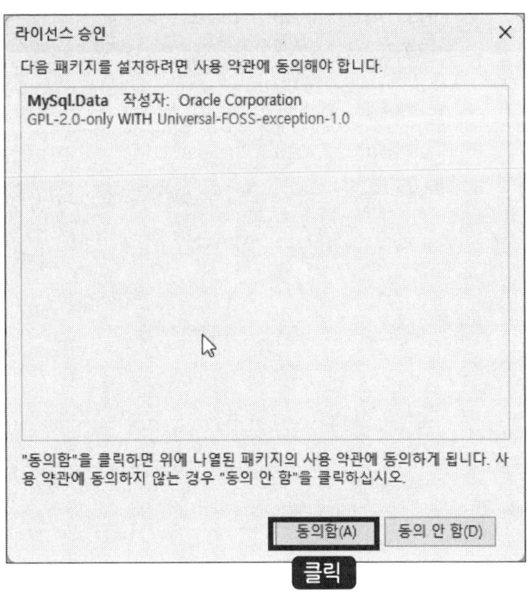

다음과 같이 오류 없이 설치 완료되면 준비가 모두 끝난 것이다.

```
'D:\Exam\MySqlConsole\packages' 폴더에 'K4os.Compression.LZ4.Streams.1.3.8' 패키지를 추가하고 있습니다.
'D:\Exam\MySqlConsole\packages' 폴더에 'K4os.Compression.LZ4.Streams.1.3.8' 패키지를 추가했습니다.
'packages.config'에 'K4os.Compression.LZ4.Streams.1.3.8' 패키지를 추가했습니다.
MySqlConsole에 'K4os.Compression.LZ4.Streams 1.3.8'을(를) 설치했습니다.
'D:\Exam\MySqlConsole\packages' 폴더에 'ZstdSharp.Port.0.8.5' 패키지를 추가하고 있습니다.
'D:\Exam\MySqlConsole\packages' 폴더에 'ZstdSharp.Port.0.8.5' 패키지를 추가했습니다.
'packages.config'에 'ZstdSharp.Port.0.8.5' 패키지를 추가했습니다.
MySqlConsole에 'ZstdSharp.Port 0.8.5'을(를) 설치했습니다.
'D:\Exam\MySqlConsole\packages' 폴더에 'MySql.Data.9.3.0' 패키지를 추가하고 있습니다.
'D:\Exam\MySqlConsole\packages' 폴더에 'MySql.Data.9.3.0' 패키지를 추가했습니다.
'packages.config'에 'MySql.Data.9.3.0' 패키지를 추가했습니다.
MySqlConsole에 'MySql.Data 9.3.0'을(를) 설치했습니다.
Nuget 작업 실행 시간: 13.04초
경과 시간: 00:00:16.5206513
========== 완료 ==========
```

12.5.3 연동 코드 작성하기

1. 코드 작성

```
1    using System;
2    using System.Collections.Generic;
3    using System.ComponentModel;
4    using System.Data;
5    using System.Drawing;
6    using System.Linq;
7    using System.Text;
8    using System.Threading.Tasks;
9    using System.Windows.Forms;
10   using MySql.Data.MySqlClient
11
12   namespace MySqlWinForm
13   {
14       public partial class Form1 : Form
15       {
```

```csharp
16          public Form1()
17          {
18              InitializeComponent();
19          }
20
21          private void btnConnect_Click(object sender, EventArgs e)
22          {
23              try
24              {
25                  using (MySqlConnection conn = DBHelper.GetConnection())
26                  {
27                      conn.Open();
28                      MessageBox.Show("MySQL 연결 성공!");
29                  }
30              }
31              catch (Exception ex)
32              {
33                  MessageBox.Show("연결 실패: " + ex.Message);
34              }
35          }
36      }
37 }
38 public class DBHelper
39 {
40    private static string connStr =
41        "Server=127.0.0.1;Port=3306;Database=MySQL;Uid=root;Pwd=
42        123456;Charset=utf8;";
43
44    public static MySqlConnection GetConnection()
45    {
46      return new MySqlConnection(connStr);
47    }
48 }
```

{ 코드 분석 }

10 라인	MySQL 연결 클래스 (MySqlConnection)를 사용하기 위한 필수 네임스페이스이다.
21 라인	DB 연결 버튼을 클릭하면 호출되는 이벤트 핸들러이다.
25 라인	DBHelper 클래스의 정적 메소드를 호출하여 연결 문자열이 설정된 MySqlConnection 객체를 얻는다. using문으로 안전하게 연결을 관리한다.
27 라인	MySQL 서버와의 실제 물리적 연결을 시도한다.
38-48 라인	데이터베이스 연결 문자열 (connStr)을 캡슐화하고 MySqlConnection 객체를 생성하는 헬퍼 클래스이다. 이렇게 별도의 클래스로 분리하면 코드를 재사용하기 쉽고, 연결 정보가 한 곳에서 관리되어 유지 보수가 용이해진다.

2. 빌드 및 실행하기

단축키 F6번 및 디버깅 시작 F5번을 눌러서 다음과 같이 빌드 및 실행을 한다. [DB 연결] 버튼을 클릭해 보자. 접속 정보가 올바르고 서버가 정상 작동하면 'MySQL 연결 성공!' 이라는 메시지 창이 출력된다.

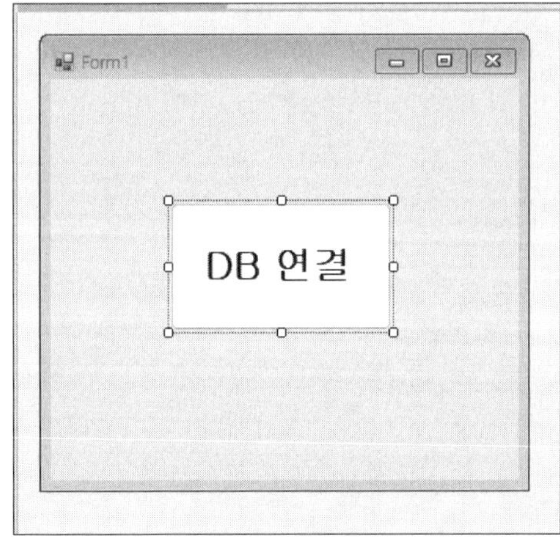

12.6 MySQL 기반 데이터베이스 설계하기

12.6.1 도서 관리 시스템 데이터베이스 요구사항

도서 관리 시스템은 도서의 기본 정보(도서명, 저자, 출판사, 출판년도 등)를 저장하고 관리하는 데이터베이스를 설계한다. 이 시스템은 도서 데이터를 효율적으로 관리하기 위해 다음과 같은 요구사항을 충족해야 한다.

1. 도서 정보 저장

도서의 고유 식별자, 제목, 저자, 출판사, 출판연도, 가격 등을 저장해야 한다. 도서 정보에 필수적인 항목을 정규화된 형태로 포함하여 데이터 중복을 최소화한다.

2. 데이터 무결성

각 도서의 고유성을 보장하기 위해 기본 키(Primary Key)를 사용해야 한다. Id 필드를 기본 키로 지정하여 모든 도서 레코드가 유일하게 식별되도록 보장한다.

3. 확장성

향후 추가적인 도서 정보(장르, ISBN 등)를 추가하기 쉽게 설계해야 한다. 향후 테이블 분리 및 관계 설정이 용이하도록 유연하게 설계해야 한다.

12.6.2 도서 관리 시스템 테이블 생성하기

1. 요구사항 분석 및 항목 정의

도서에 대한 기본 정보를 관리하기 위한 데이터 항목을 정의한다. 각 항목은 도서 레코드를 정확하게 기록하고 검색하는 데 필수적이다.

항목	필드명	데이터 성격
도서 고유값	Id	도서 레코드를 구분하는 고유 식별자
제목	Title	도서의 공식 명칭
저자명	Author	저자의 이름
출판사명	Publisher	발행 출판사의 이름
출판연도	PublishDate	출판된 연도 정보
가격	Price	도서의 판매 가격

2. 테이블 설계

도서에 대한 기본 정보밖에 없으므로 단일 테이블인 books 라는 이름의 테이블로 설계한다.

필드명	데이터타입	Null 허용	제약조건
Id	INT	No	Primary Key
Title	VARCHAR(255)	No	
Author	VARCHAR(100)	Yes	
Publisher	VARCHAR(100)	Yes	
PublishDate	DATETIME	Yes	
Price	INT	Yes	

테이블 요소에서 도서를 식별할 수 있는 Id를 Primary Key로 설정하여 데이터 무결성을 확보한다. 나머지 Title, Author, Publisher, PublishDate, Price 필드를 항목으로 구성한다.

12.6.3 스키마 및 데이블 생성하기

1. MySQL에 접속하기

MySQL 서버가 현재 실행 중이여야 하고, 콘솔에서 다음 명령어로 접속한다.

```
$ mysql -uroot -p
```

MySQL 설치 시 사용자 이름을 별도로 설정하지 않았다면 기본은 root이다. -p는 비밀번호를 입력받기 위해서 사용한다. 명령어를 입력 후 엔터키를 누르면 비밀번호 입력창이 나타난다.

```
C:\Program Files\MySQL\MySQL Workbench 8.0>mysql -uroot -p
Enter password: ******
Welcome to the MySQL monitor.  Commands end with ; or \g.
Your MySQL connection id is 10
Server version: 8.0.23 MySQL Community Server - GPL
```

비밀번호를 입력하고 엔터키를 눌렀을 때 위와 같은 메시지가 나타나면 성공적으로 로그인된 것이다.

2. 스키마 생성하기

스키마(Schema)는 테이블이 들어갈 데이터베이스 공간이다. 다음 명령어를 통해 books 이름의 스키마를 생성한다.

```
mysql> create database books;
Query OK, 1 row affected (0.01 sec)
```

생성된 데이터베이스를 확인하기 위해서 다음 명령어를 입력한다.

```
mysql> show databases;
```

결과 중에 books 스키마가 포함되어 있으면 된다.

3. 사용할 데이터베이스 선택하기

여러 개의 스키마 중에 내가 사용할 데이터베이스를 선택해야 한다. 그래야만 그 안에 테이블을 생성할 수 있기 때문이다. 다음 명령어를 입력하여 book 데이터베이스를 선택한다.

```
mysql> use books;
Database changed
```

이제부터 생성하는 테이블은 books 데이터베이스 안에 들어간다.

4. 테이블 생성하기

이제 bookstore라는 이름의 테이블을 생성한다. 앞에서 테이블 설계했던 항목들로 구성한다.

```
mysql>create table bookstore(
    → Id int auto_increment primary key,
    → Title varchar(255) not null,
    → Author varchar(100),
    → Publisher varchar(100),
    → PublishDate datetime,
    → price int
    → );
Query OK, 0 rows affected (0.03 sec)
```

테이블 생성을 성공하면 생성 확인을 해 보자. 다음 명령어를 입력한다.

```
mysql> show tables;
+----------------+
| Tables_in_book |
+----------------+
| bookstore      |
+----------------+
1 row in set (0.01 sec)
```

bookstore 테이블이 표시된다. 이와 같이 출력된다면 테이블이 제대로 생성된 것이다. 테이블 내부 구조를 확인하고 싶다면 다음 명령어를 입력한다.

```
mysql>desc bookstore;
```

```
+-------------+--------------+------+-----+---------+----------------+
| Field       | Type         | Null | Key | Default | Extra          |
+-------------+--------------+------+-----+---------+----------------+
| Id          | int          | NO   | PRI | NULL    | auto_increment |
| Title       | varchar(255) | NO   |     | NULL    |                |
| Author      | varchar(100) | YES  |     | NULL    |                |
| Publisher   | varchar(100) | YES  |     | NULL    |                |
| PublishDate | datetime     | YES  |     | NULL    |                |
| price       | int          | YES  |     | NULL    |                |
+-------------+--------------+------+-----+---------+----------------+
```

테이블 구조가 확인되었으므로 이제 테이블에 데이터를 추가, 읽기, 수정, 삭제 기능을 구현해 보자.

12.7 윈폼 UI 설계 및 CRUD 기능 구현하기

12.7.1 프로젝트 생성하기

1. 프로젝트 생성

메뉴의 [파일] – [새로만들기] – [프로젝트]를 선택한 후 프로젝트 선택 창에서 [Windows Forms 앱]을 선택한다.

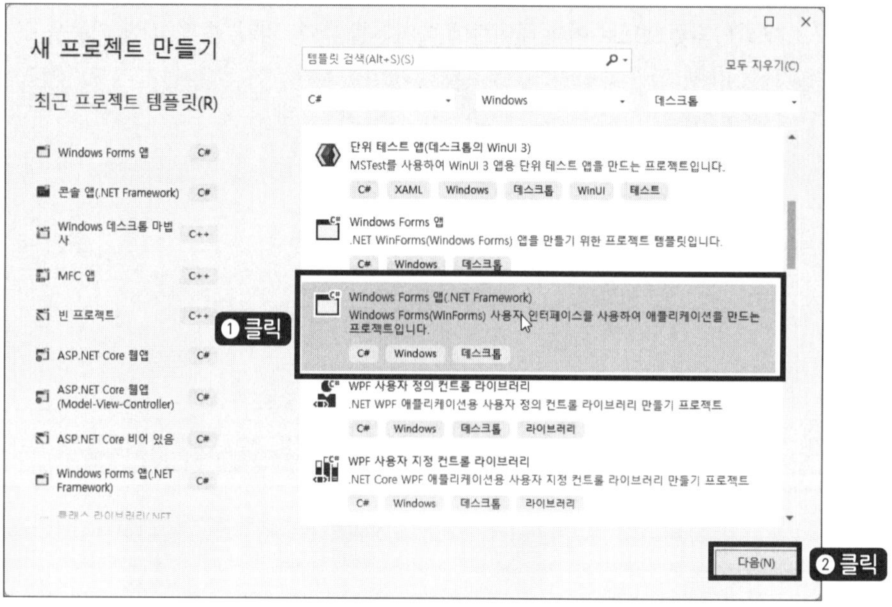

[다음] 버튼을 클릭하면 다음 단계인 [새 프로젝트 구성] 창으로 넘어간다. 프로젝트 이름은 "BookStore"이라고 입력한 후, [확인] 버튼을 눌러 프로젝트를 생성하자.

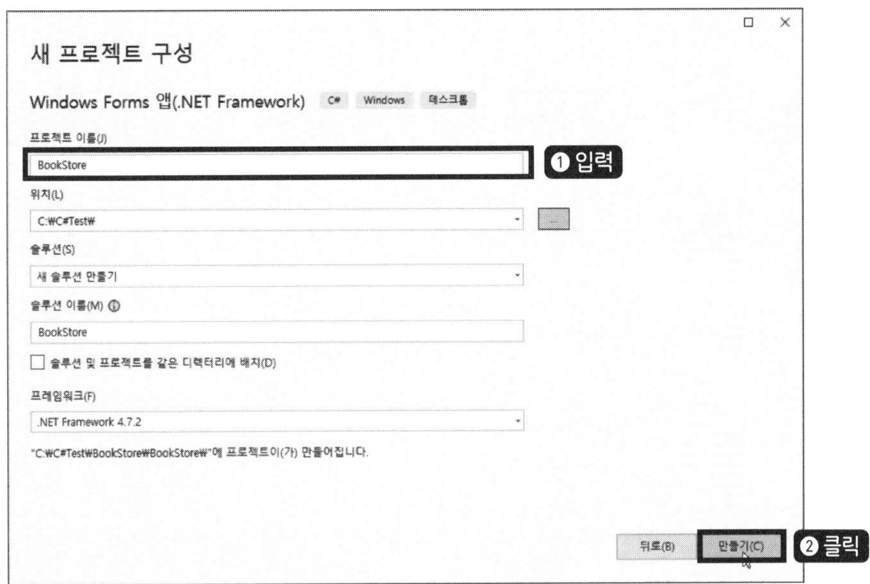

2. 폼디자인

도서 제목, 저자, 출판사, 출판일, 가격 등을 입력할 입력창과 등록, 조회, 수정, 삭제 버튼을 배치하고, 조회 시 도서 목록을 보여 주는 DataGridView 컨트롤을 배치한다.

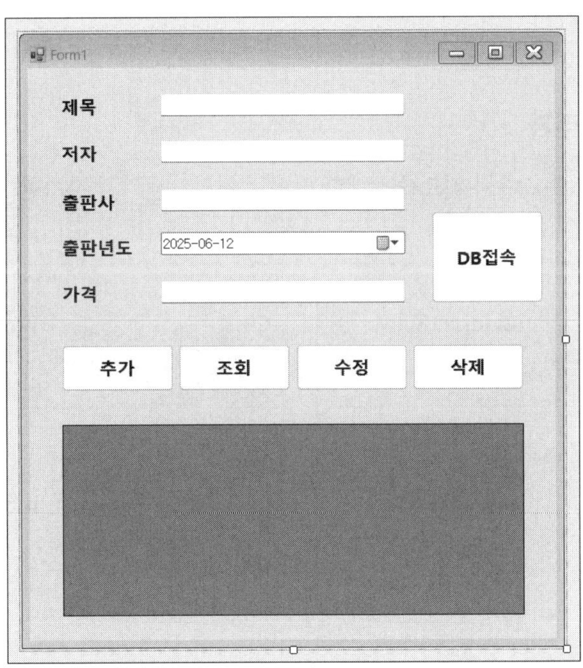

컨트롤에 대한 속성은 다음과 같이 설정한다.

컨트롤	Name	Text	Font
Label	lblTitle	제목	맑은 고딕, 12pt, style=Bold
	lblAuthor	저자	
	lblPublisher	출판사	
	lblPublishDate	출판년도	
	lblPrice	가격	
TextBox	txtTitle, txtAuthor, txtPublisher, txtPrice		
DateTimePicker	dtpPublishDate		
Button	btnInsert	추가	맑은 고딕, 12pt, style=Bold
	btnSelect	조회	
	btnUpdate	수정	
	btnDelete	삭제	
	btnConnect	DB접속	
DataGridView	dgvBooks		

3. 이벤트 처리기 추가

5개의 각 버튼과 DataGridView 컨트롤에 대한 이벤트 처리기를 각각 추가한다.

작업	
Click	**btnInsert_Click**
MouseCaptureChanged	
MouseClick	

작업	
Click	**btnSelect_Click**
MouseCaptureChanged	
MouseClick	

작업	
Click	**btnUpdate_Click**
MouseCaptureChanged	
MouseClick	

작업	
Click	**btnDelete_Click**
MouseCaptureChanged	
MouseClick	

<table>
<tr><td>작업</td><td></td><td>마우스</td><td></td></tr>
<tr><td>Click</td><td>btnConnect_Click</td><td>CellClick</td><td>dgvBooks_CellClick</td></tr>
<tr><td>MouseCaptureChanged</td><td></td><td>CellContentClick</td><td></td></tr>
<tr><td>MouseClick</td><td></td><td>CellContentDouble</td><td></td></tr>
</table>

```
1   private void btnConnect_Click(object sender, EventArgs e)
2   {
3   }
4   private void btnInsert_Click(object sender, EventArgs e)
5   {
6   }
7   private void btnSelect_Click(object sender, EventArgs e)
8   {
9   }
10  private void btnUpdate_Click(object sender, EventArgs e)
11  {
12  }
13  private void btnDelete_Click(object sender, EventArgs e)
14  {
15  }
16  private void dgvBooks_CellClick(object sender,
17  DataGridViewCellEventArgs e)
18  {
19  }
```

12.7.2 MySql.Data 패키지 설치하기

C# 애플리케이션을 MySQL과 연결하기 위해서는 반드시 MySql.Data 패키지를 설치해야 한다. 이
패키지는 NuGet 패키지 관리자를 통해 손쉽게 설치할 수 있으며, 해당 설치 과정은 앞에서 이미 다루
었으므로 여기서는 자세한 설명을 생략한다.

12.7.3 DB 접속하기

MySQL과 연결이 제대로 이루어지는지 확인하기 위해 다음과 같이 연결 테스트 코드를 작성한다. 버
튼 클릭 이벤트에서 MySQL 연결을 시도하고, 성공 또는 실패 여부를 메시지 박스로 표시한다.

```
1    ................ 중간 생략 .................
2
3    private void btnConnect_Click(object sender, EventArgs e)
4    {
5        try
6        {
7            using (MySqlConnection conn = DBHelper.GetConnection())
8            {
9                conn.Open();
10               MessageBox.Show("MySQL 연결 성공!");
11           }
12       }
13       catch (Exception ex)
14       {
15           MessageBox.Show("연결 실패: " + ex.Message);
16       }
17   }
18 }
19 public class DBHelper
20 {
```

```
21        private const string SERVER = "localhost";
22        private const string DATABASE = "books";
23        private const string UID = "root";
24        private const string PASSWORD = "1111";
25
26        private static string connectionString=
27        $"Server={SERVER}; Port=3306;Database={DATABASE};Uid={UID};Pwd=
28        {PASSWORD};Charset=utf8;";
29
30        public static MySqlConnection GetConnection()
31        {
32            return new MySqlConnection(connectionString);
33        }
34 }
```

{ 코드 분석 }

7 라인	DBHelper 클래스의 GetConnection() 메소드로부터 MySqlConnection 인스턴스를 생성 받아 conn에 할당한다. 이 블록이 끝나면 using에 의해 conn.Dispose()가 자동 호출되어 연결 객체가 정리된다. 즉, 연결 닫기 기능이 내장되어 있다는 뜻이다.
9 라인	실제로 데이터베이스 서버에 접속을 시도한다. 연결 성공하면 conn은 오픈 상태가 되고 이후 DB 명령(쿼리)을 실행할 수 있다.
13-16 라인	try 블록 안에서 발생한 예외를 잡아서 처리하는 블록이다. 예외가 발생하면 메시지 박스로 실패 사실과 예외 메시지를 사용자에게 표시한다.
19 라인	데이터베이스 연결을 제공하는 별도의 유틸리티 클래스를 선언한다.
21 라인	SERVER라는 상수를 선언하고 "localhost" 값을 할당한다.
22 라인	접속할 데이터베이스 이름을 상수로 선언한다. 앞서 생성한 스키마 이름인 books를 입력한다.
23 라인	데이터베이스 사용자 계정 "root"를 입력한다.

24 라인	데이터베이스 암호를 상수로 하드코딩한다. 실제 코드에서는 보안상 이렇게 사용하면 안된다.
26-28 라인	앞의 입력 데이터들을 파라미터 형식으로 연결 문자열로 만든다.
30-33 라인	연결 객체를 반환하는 static 메소드를 선언한다. MySqlConnection 인스턴스를 생성해 반환한다.

참고

MySqlConnection 클래스는 C# 언어 자체에 포함된 기본 클래스가 아니라 MySQL 데이터베이스에 연결하기 위해 제공되는 별도의 외부 라이브러리(MySQL Connector/NET)에 정의되어 있다.

12.7.4 데이터 추가하기 – Create(생성)

이번에는 사용자가 입력한 도서 정보를 MySQL 데이터베이스에 새로 추가하는 기능을 구현한다. 버튼 클릭 이벤트가 발생하면 텍스트박스에 입력된 데이터를 데이터베이스에 저장하도록 한다.

```
1   private void btnInsert_Click(object sender, EventArgs e)
2   {
3       using (MySqlConnection conn = DBHelper.GetConnection())
4       {
5           conn.Open();
6
7           string sql = $"INSERT INTO bookstore (Title, Author,
8           Publisher, PublishDate, Price) " +$"VALUES ('{txtTitle.
9           Text}', '{txtAuthor.Text}', '{dtpPublishDate.Value.
10          ToString("yyyy-MM-dd HH:mm:ss")}'{txtPrice.Text})";
11
12          using(MySqlCommand cmd = new MySqlCommand(sql, conn))
13          {
14              cmd.ExecuteNonQuery();
15          }
```

```
16        }
17
18        MessageBox.Show("도서가 등록되었습니다.");
19 }
```


{ 코드 분석 }

5 라인	MySQL 서버와의 네트워크 연결을 여는 호출이다.
7-10 라인	INSERT 구문 시작 부분을 문자열로 $" " 문자열 보간을 사용하기 때문에 다음 줄의 변수값이 바로 문자열에 삽입된다.
12-15 라인	MySqlCommand 객체를 생성하여 SQL 텍스트와 연결 객체를 전달한다. cmd.ExecuteNon-Query()는 비결과형 쿼리(INSERT, UPDATE, DELETE)를 실행한다.

12.7.5 데이터 조회하기-Read(읽기)

이번에는 데이터베이스의 bookstore 테이블에서 모든 도서 레코드를 조회해 DataTable로 채운 뒤, 원품의 DataGridView 컨트롤에 바인딩하여 화면에 표시하게 한다. 조회 버튼 클릭 시 LoadBooks() 메소드를 호출하여 목록을 갱신한다.

```
1   private void LoadBooks()
2   {
3     using (MySQLConnection conn = DBHelper.GetConnection())
4     {
5       conn.Open();
6       string sql = "SELECT * FROM bookstore";
7       using (MySqlDataAdapter adapter = new MySqlDataAdapter(sql, conn))
8       {
9         DataTable dt = new DataTable();
```

```
10              adapter.Fill(dt);
11              dgvBooks.DataSource = dt;
12          }
13      }
14  }
15  private void btnSelect_Click(object sender, EventArgs e)
16  {
17          LoadBooks();
18  }
```

{ 코드 분석 }

1-14 라인	LoadBooks라는 이름으로 메소드를 정의한다. 데이터베이스에서 도서 목록을 불러와 UI에 표시하는 기능이다.
6 라인	실행할 SQL 쿼리를 문자열로 정의한다. 여기서는 bookstore 테이블의 모든 컬럼과 모든 행을 가져오는 간단한 쿼리이다.
7 라인	MySqlDataAdapter는 ADO.NET의 데이터 어댑터로 SQL 쿼리를 실행하고 결과를 DataTable에 채워 주는 역할을 한다.
9 라인	결과를 담을 DataTable 인스턴스를 생성한다. DataTable은 메모리 내의 표 데이터 구조이다.
10 라인	adapter가 내부적으로 MySqlCommand를 생성해 SQL을 실행하고 결과셋을 dt에 채운다. 이 호출이 끝나면 dt는 쿼리 결과(컬럼, 행 데이터)를 모두 포함하게 된다.
11 라인	윈폼의 DataGridView 컨트롤 dgvBooks의 데이터 소스를 dt로 설정한다. 이로 인해 DataTable의 컬럼과 행이 바인딩되어 자동으로 랜더링된다.

12.7.6 데이터 수정하기-Update(수정)

이번에는 DataGridView의 행을 클릭하면 해당 행의 도서 정보를 폼의 입력 컨트롤에 채워 편집할 수 있게 한다. 이후 수정 버튼을 클릭하면 변경된 값을 데이터베이스에 반영하여 업데이트하도록 한다.

```
1    private void dgvBooks_CellClick(object sender,
2    DataGridViewCellEventArgs e)
3    {
4        if (e.RowIndex >= 0)
5        {
6            DataGridViewRow row = dgvBooks.Rows[e.RowIndex];
7
8          txtTitle.Text = row.Cells["Title"].Value?.ToString();
9          txtAuthor.Text = row.Cells["Author"].Value?.ToString();
10         txtPublisher.Text = row.Cells["Publisher"].Value?.ToString();
11
12         if (DateTime.TryParse(row.Cells["PublishDate"].Value?. ToString(),
13         out DateTime date))
14         {
15          dtpPublishDate.Value = date;
16         }
17
18         txtPrice.Text = row.Cells["Price"].Value?.ToString();
19       }
20  }
```

{코드 분석}

4 라인	유효한 데이터의 행이 클릭된 경우에만 내부 처리를 수행하도록 한다. 클릭 이벤트가 컬럼의 헤더와 같이 유효하지 않은 위치에서 발생하면 RowIndex가 -1이 되므로 이를 걸러내기 위한 검사이다.
6 라인	클릭된 행 e.RowIndex에 해당하는 DataGridViewRow 객체를 가져와 row 변수에 할당한다. 이후 row.Cells["컬럼명"]으로 해당 행의 각 컬럼 값에 접근한다.

8-10 라인	row의 "Title", "Author", "Publisher" 의 컬럼을 읽어 각 텍스트박스에 대입한다. 11-12 라인 : "PublishDate" 셀의 값을 문자열로 변환한 뒤 DateTime.TryParse로 파싱을 한다. 성공하면 date 변수에 파싱된 값이 들어가고 true를 반환한다. 실패하면 false를 반환하고 dtpPublishDate 값은 변경되지 않는다.
10 라인	결과를 담을 DataTable 인스턴스를 생성한다. DataTable은 메모리 내의 표 데이터 구조이다.
15 라인	파싱에 성공한 DateTime 값을 DateTimePicker의 값으로 설정한다.
18 라인	"Price" 컬럼을 문자열로 변환하여 txtPrice 텍스트박스에 채운다.

```
1   private void btnUpdate_Click(object sender, EventArgs e)
2   {
3           if (dgvBooks.SelectedRows.Count == 0)
4           {
5                   MessageBox.Show("수정할 도서를 선택하세요.");
6                   return;
7           }
8
9           int rowIndex = dgvBooks.SelectedRows[0].Index;
10          int bookId = Convert.ToInt32(dgvBooks.Rows[rowIndex].
11          Cells["BookId"].Value);
12
13          string title = txtTitle.Text.Trim();
14          string author = txtAuthor.Text.Trim();
15          string publisher = txtPublisher.Text.Trim();
16          DateTime publishDate = dtpPublishDate.Value;
17          int price;
18
19          if (!int.TryParse(txtPrice.Text, out price))
20          {
21                  MessageBox.Show("가격은 숫자여야 합니다.");
22                  return;
```

```csharp
23          }

25      using (MySqlConnection conn = DBHelper.GetConnection())
26      {
27          conn.Open();
28          string sql = $"UPDATE bookstore SET Title='{title}',
29          Author='{author}', Publisher='{publisher}', " + $"
30          PublishDate='{publishDate:yyyy-MM-dd}', Price=
31          {price} WHERE BookId={bookId}";

33          using (MySqlCommand cmd = new MySqlCommand(sql, conn))
34          {
35              cmd.ExecuteNonQuery();
36          }
37      }

39  MessageBox.Show("도서 정보가 수정되었습니다.");
40  LoadBooks();
41 }
```

{ 코드 분석 }

3 라인	선택된 행이 하나도 없는지 검사한다. 사용자가 수정할 행을 먼저 선택했는지 확인하는 코드이다.
9 라인	선택된 첫 번째 행의 인덱스를 rowIndex에 저장한다.
10 라인	해당 행의 "BookId" 셀 값을 정수로 변환해 bookId에 저장한다.
13-15 라인	도서의 제목, 저자, 출판사 텍스트박스 값을 읽어 공백을 제거한 뒤 각 문자열 변수에 저장한다.
16 라인	DateTimePicker 컨트롤의 값을 publishDate에 저장한다.
17-23 라인	가격을 저장할 변수를 선언한다. 가격을 텍스트로 입력 받아 정수로 변환 후 price 변수에 저장한다.
28-31 라인	업데이트할 SQL 문자열을 문자열 보간으로 생성한다. 기존 업데이트 SQL 문에 맞추어 각 항목의 데이터를 바인딩한다.

12.7.7 데이터 삭제하기-Delete(삭제)

이번에는 DataGridView에서 삭제할 도서를 선택한 후 삭제 버튼을 누르면 선택된 행의 BookId를 기준으로 MySQL bookstore 테이블에서 해당 레코드를 삭제하고 목록을 갱신하는 기능을 작성한다.

```
1   Private void btnDelete_Click(object sender, EventArgs e)
2   {
3       if (dgvBooks.SelectedRows.Count == 0)
4       {
5           MessageBox.Show("삭제할 도서를 선택하세요.");
6           return;
7       }
8
9       int bookId = Convert.ToInt32(dgvBooks.SelectedRows[0].
10      Cells["BookId"].Value);
11      using (MySqlConnection conn = DBHelper.GetConnection())
12      {
13          conn.Open();
14          string sql = "DELETE FROM bookstore WHERE BookId=@BookId";
15          using (MySqlCommand cmd = new MySqlCommand(sql, conn))
16          {
17              cmd.Parameters.AddWithValue("@BookId", bookId);
18              cmd.ExecuteNonQuery();
19          }
20      }
21      MessageBox.Show("도서가 삭제되었습니다.");
22      LoadBooks();
22  }
```

3 라인	DataGridView에서 사용자가 선택한 행이 없는지 확인한다. 삭제할 항목을 먼저 선택했는지 검사하는 코드이다.
9 라인	선택한 첫번째 행의 BookId 셀 값을 정수로 변환해 bookId 변수에 저장한다. 참고로 SelectedRows는 여러 행을 선택할 수 있기 때문에 리스트 형태이다. 삭제 시에는 한번에 한 개의 행만 선택하도록 되어 있으므로 첫 번째 행을 가져온다.
14 라인	삭제할 SQL 문을 준비한다.
17 라인	파라미터에 bookId 값을 바인딩한다.
18 라인	DELETE 문을 실행한다.
22 라인	목록을 다시 불러와 UI를 갱신한다.

12.8 오류 처리 및 최적화하기

12.8.1 예외처리(Exception Handling)하기

애플리케이션이 실행 도중에 예상치 못한 오류가 발생할 경우 프로그래밍이 갑자기 종료될 수 있다. 기존 작성했던 데이터베이스에 데이터를 추가하는 코드에서 데이터 등록 시 오류가 발생하는 경우 다음과 같이 try ~ catch 문으로 예외 처리할 수 있다.

```csharp
1  private void btnInsert_Click(object sender, EventArgs e)
2  {
3      try
4      {
5          using (MySQLConnection conn = DBHelper.GetConnection())
6          {
7              conn.Open();
8              string sql = $"INSERT INTO bookstore (Title, Author,
9              Publisher, PublishDate, Price)" + $"VALUES ('{txtTitle.
10             Text}', '{dtpPublishDate.Value.ToString
11             ("yyyy-MM-dd")}', {txtPrice.Text})";
12
13             using (MySQLCommand cmd = new MySQLCommand(sql, conn))
14             {
15                 cmd.ExecuteNonQuery();
16             }
17         }
18         MessageBox.Show("도서가 등록되었습니다.");
19         LoadBooks();
20     }
```

```
21      catch (Exception ex)
22      {
23          MessageBox.Show("등록 중 오류 발생: " + ex.Message);
24      }
25 }
```

{ 코드 분석 }

3-25 라인	try ~ catch 문을 사용한다. try문 안에서 DB의 연결 오류, 쿼리 오류, 데이터 형식 오류 등이 발생하면 catch 문으로 해당 오류를 넘기고 오류 메시지를 출력한다.

현재는 DB에 데이터를 추가하는 코드에만 적용했지만 데이터 조회, 데이터 수정, 데이터 삭제하는 코드에도 동일하게 try ~ catch문을 적용하여 예외적인 오류가 발생 시 프로그램이 종료되지 않도록 방지하자.

12.8.2 SQL Injection 방지 및 보안 고려하기

SQL Injection은 외부(사용자) 입력값이 안전하게 처리되지 않아 공격자가 임의의 SQL문을 실행할 수 있게 되는 보안 취약점이다. 단순히 화면의 텍스트를 SQL 문자열에 이어 붙이는 방식은 가장 전형적인 취약점 원인이다.

1. SQL Injection 취약한 경우

다음은 SQL Injection 에 취약한 코드의 경우이다.

```
string sql = "DELETE FROM bookstore WHERE Title = '" + txtTitle.Text + "'";
```

이 코드는 사용자 입력(txtTitle.Text)를 그대로 SQL 문자열에 이어 붙인다. SQL문과 데이터 입력을 구분하지 않기 때문에, 사용자가 '(작은 따옴표)나 ;(세미콜론), -- 같은 SQL 문법을 포함한 값을 넣으면 원래 의도와 다른 SQL 명령이 실행될 수 있다. 이것이 SQL Injection 이다.

• **공격 예시**

사용자가 입력란에 다음과 같이 입력한다면

```
' OR '1'='1
```

최종 SQL은 WHERE 조건이 항상 참이 되어 테이블의 모든 행이 삭제될 수 있다.

```
DELETE FROM bookstore WHERE Title = ' ' OR '1'='1
```

이를 해결하기 위한 방법으로 파라미터화된 쿼리를 사용하면 SQL Injection을 막을 수 있다. 코드를 다음과 같이 변경하자.

2. 파라미터화된 쿼리(Parameterized Query)

파라미터화된 쿼리는 SQL 구조와 데이터를 분리하여 사용자 입력을 값(value)으로만 전달하도록 하는 방법이다. 이 방식은 SQL Injection을 막는 가장 기본적이고 효과적인 방법이다.

```
1   string sql = "DELETE FROM bookstore WHERE Title = '" + txtTitle.Text + "'";
2   cmd.Parameters.AddWithValue("@Title", txtTitle.Text);
```

{코드 분석}

1 라인	SQL 문자열에 @Title은 파라미터 자리 표시자이다. SQL문 자체에는 사용자의 입력이 아직 포함되어 있지 않다. 즉, SQL 구조와 데이터가 분리되어 있다는 의미이다.
2 라인	cmd의 Parameters 컬렉션에 @Title이라는 이름의 파라미터를 추가하고, 그 값으로 txtTitle.Text를 바인딩한다. DB 드라이버는 이 값을 데이터로만 처리하므로 입력값이 SQL 구문으로 해석되지 않는다.

3. 데이터 추가하기 코드 리펙토링

기존의 데이터베이스에 데이터를 추가하는 코드에 파라미터화된 쿼리를 다음과 같이 적용한다.

```
1  private void btnInsert_Click(object sender, EventArgs e)
2  {
3      if (string.IsNullOrWhiteSpace(txtTitle.Text) ||
4          string.IsNullOrWhiteSpace(txtAuthor.Text) ||
5          string.IsNullOrWhiteSpace(txtPublisher.Text) ||
6          string.IsNullOrWhiteSpace(txtPrice.Text))
7      {
8              MessageBox.Show("모든 항목을 입력하세요.");
9              return;
10     }
11
12     if (!int.TryParse(txtPrice.Text, out int price))
13     {
14              MessageBox.Show("가격은 숫자로 입력해야 합니다.");
15              return;
16     }
17
18     try
19     {
20              using(MySqlConnection conn = DBHelper.GetConnection())
21              {
22                  conn.Open();
23
24                  string sql = "INSERT INTO bookstore (Title, Author,
25                  Publisher, PublishDate, Price) " + "VALUES(@Title,
26                  @Author, @Publisher, @PublishDate, @Price)";
27
28                  using (MySqlCommand cmd = new MySqlCommand(sql, conn))
29                  {
```

```
30              cmd.Parameters.AddWithValue("@Title", txtTitle.
31              Text.Trim());
32              cmd.Parameters.AddWithValue("@Author",
33              txtAuthor.Text.Trim());
34              cmd.Parameters.AddWithValue("@Publisher",
35              txtPublisher.Text.Trim());
36              cmd.Parameters.AddWithValue("@PublishDate",
37              dtpPublishDate.Value.ToString("yyyy-MM-dd"));
38              cmd.Parameters.AddWithValue("@Price", price);
39              cmd.ExecuteNonQuery();
40          }
41      }
42      MessageBox.Show("도서가 등록되었습니다.");
43      LoadBooks();
44  }
45  catch (MySqlException ex)
46  {
47      MessageBox.Show("데이터베이스 오류: " + ex.Message);
48  }
49  catch (Exception ex)
50  {
51      MessageBox.Show("예기치 않은 오류: " + ex.Message);
52  }
53 }
```

{ 코드 분석 }

3-10 라인	필수 필드가 비어 있거나 null이면 사용자에게 모든 항목을 입력하라는 안내 메시지를 출력한다.
12-16 라인	가격 정보를 정수로 변환하는 시도이다. 성공하면 price 변수에 정수값이 들어가고 true를 반환한다. 실패하면 false가 되어 내부 블록이 실행되고 사용자에게 가격은 숫자로 입력해야 한다는 안내 메시지가 표시된다.

24-26 라인	파라미터화된 INSERT SQL을 정의한다. @Title, @Author 등은 파라미터 자리표시자로, 실제 값은 Parameters 컬렉션을 통해 바인딩된다. 이 방식은 SQL Injection을 방지한다.
29-35 라인	@Title, @Author, @Publisher 파라미터를 각 텍스트 입력데이터(txtTitle.Text.Trim(),txtAuthor.Text.Trim(), txtPublisher.Text.Trim())로 바인딩한다.
36-37 라인	DateTimePicker 값을 "yyyy-MM-dd" 형식 문자열로 변환하여 @PublishDate 파라미터로 바인딩한다.
38 라인	숫자형 price를 @Price 파라미터로 바인딩한다.
39 라인	파라미터가 바인딩된 INSERT 문을 실행한다.
43 라인	등록된 도서 목록을 갱신하기 위해 LoadBooks() 메소드를 호출한다.
45-48 라인	MySQL 관련 예외가 발생하면 오류 메시지를 출력한다.
49-52 라인	앞에서 잡히지 않은 모든 예외를 포괄적으로 처리한다.

4. 데이터 수정하기 코드 리펙토링

기존의 데이터베이스에 데이터를 수정하는 코드에 SQL Injection을 막기 위해 파라미터화된 쿼리를 다음과 같이 적용한다.

```
1   private void dgvBooks_CellClick(object sender,
2   DataGridViewCellEventArgs e)
3   {
4       if (e.RowIndex < 0) return;
5
6       try
7       {
8           DataGridViewRow row = dgvBooks.Rows[e.RowIndex];
9           txtTitle.Text = row.Cells["Title"].Value?.ToString();
10          txtAuthor.Text = row.Cells["Author"].Value?.ToString();
11          txtPublisher.Text = row.Cells["Publisher"].Value?.ToString();
```

```
12
13          if (DateTime.TryParse(row.Cells["PublishDate"].Value?.
14          ToString(), out DateTime date))
15          {
16              dtpPublishDate.Value = date;
17          }
18          txtPrice.Text = row.Cells["Price"].Value?.ToString();
19      }
20  catch (Exception ex)
21  {
22      MessageBox.Show("도서 정보를 불러오는 중 오류.\n" +
23      ex.Message, "오류", MessageBoxButtons.OK, MessageBoxIcon.
24      Error);
25  }
26  }
```

{ 코드 분석 }

4 라인	컬럼 헤더나 그 밖의 유효하지 않은 영역에서 발생하는 이벤트는 RowIndex가 -1 이므로 잘못된 인덱스로 접근하지 않도록 방지한다.
8 라인	클릭된 행에 해당하는 DataGridViewRow 객체를 가져와 row 변수에 할당한다. 이 객체로 해당 행의 각 셀 값에 접근할 수 있다.
9 라인	해당 행의 Title 컬럼 셀 값을 읽어 문자열로 변환해 txtTitle 텍스트박스에 넣는다. ?.ToString() 연산으로 Value가 null인 경우 예외를 피하고 null을 반환하도록 안전하게 처리한다.
10 라인	Author 컬럼 값을 읽어 txtAuthor에 설정한다.
11 라인	Publisher 컬럼 값을 읽어 txtPublisher에 설정한다.
13-17 라인	PublishDate 셀의 값을 문자열로 가져와 DateTime.TryParse로 안전하게 파싱을 시도한다. 파싱 성공하면 date 변수에 값이 들어가고 이 값을 DateTimePicker 컨트롤의 값으로 설정한다.
18 라인	Price 컬럼 값을 문자열로 변환해 txtPrice 텍스트박스에 설정한다.
20-25 라인	예외 발생 시 오류 메시지를 표시한다.

```csharp
1   private void btnUpdate_Click(object sender, EventArgs e)
2   {
3       if (dgvBooks.SelectedRows.Count == 0)
4       {
5           MessageBox.Show("수정할 도서를 선택하세요.");
6           return;
7       }
8
9       int rowIndex = dgvBooks.SelectedRows[0].Index;
10      int bookId = Convert.ToInt32(dgvBooks.Rows[rowIndex].
11      Cells["BookId"].Value);
12
13      string title = txtTitle.Text.Trim();
14      string author = txtAuthor.Text.Trim();
15      string publisher = txtPublisher.Text.Trim();
16      DateTime publishDate = dtpPublishDate.Value;
17      int price;
18
19      if (!int.TryParse(txtPrice.Text, out price))
20      {
21          MessageBox.Show("가격은 숫자여야 합니다.");
22          return;
23      }
24
25      try
26      {
27          using (MySQLConnection conn = DBHelper.GetConnection())
28          {
29              conn.Open();
30
31              string sql = "UPDATE bookstore SET Title = @Title,
32              Author = @Author, Publisher = @Publisher, " +"PublishDate
33              = @PublishDate, Price = @Price WHERE BookId = @BookId";
```

```
34
35              using (MySQLCommand cmd = new MySQLCommand(sql, conn))
36              {
37                  cmd.Parameters.AddWithValue("@Title", title);
38                  cmd.Parameters.AddWithValue("@Author", author);
39                  cmd.Parameters.AddWithValue("@Publisher",
40                  publisher);
41                  cmd.Parameters.AddWithValue("@PublishDate",
42                  publishDate.ToString("yyyy-MM-dd"));
43                  cmd.Parameters.AddWithValue("@Price", price);
44                  cmd.Parameters.AddWithValue("@BookId", bookId);
45                  cmd.ExecuteNonQuery();
46              }
47          }
48          MessageBox.Show("도서 정보가 수정되었습니다.");
49          LoadBooks();
50      }
51      catch (MySqlException ex)
52      {
53          MessageBox.Show("데이터베이스 오류: " + ex.Message);
54      }
55      catch (Exception ex)
56      {
57          MessageBox.Show("예기치 않은 오류: " + ex.Message);
58      }
59  }
```

{ 코드 분석 }

3-7 라인	수정 작업은 먼저 행을 선택해야 하므로 선택한 행이 하나도 없는 경우를 검사한다. 선택한 항목이 없으면 사용자에게 알림을 표시한다.
9 라인	선택된 첫 번째 행의 인덱스를 가져온다. SelectedRows는 복수 선택이 가능하지만 여기서는 첫번째만 처리한다.

10 라인	선택된 행의 BookId 셀 값을 정수로 변환해 bookId에 저장한다.
31-33 라인	파라미터화된 UPDATE SQL 문자열을 정의한다. @Title과 같은 파라미터를 사용해 사용자 입력을 직접 SQL에 붙이지 않는다.
37-44 라인	@Title 파라미터에 title 값을 바인딩한다. 나머지 @Author, @Publisher, @PublishDate, @Price, @BookId 파리미터 또한 같은 방식으로 바인딩한다.
45 라인	준비된 UPDATE 문을 실행한다.
49 라인	목록을 다시 불러와 화면을 갱신한다.

5. 데이터 삭제하기 코드 리펙토링

기존의 데이터베이스에 데이터를 삭제하는 코드에 SQL Injection을 막기 위해 파라미터화된 쿼리를 다음과 같이 적용한다.

```
1   private void btnDelete_Click(object sender, EventArgs e)
2   {
3       if (dgvBooks.SelectedRows.Count == 0)
4       {
5           MessageBox.Show("삭제할 도서를 선택하세요.");
6           return;
7       }
8
9       int rowIndex = dgvBooks.SelectedRows[0].Index
10      int bookId = Convert.ToInt32(dgvBooks.Rows[rowIndex].
11      Cells["BookId"].Value);
12
13      try
14      {
15          using (MySQLConnection conn = DBHelper.GetConnection())
16          {
```

```
17            conn.Open();
18            string sql = "DELETE FROM bookstore WHERE BookId = @
19            BookId";
20            using (MySQLCommand cmd = new MySQLCommand(sql, conn))
21            {
22                cmd.Parameters.AddWithValue("@BookId", bookId);
23                cmd.ExecuteNonQuery();
24            }
25        }
26     MessageBox.Show("도서가 삭제되었습니다.");
27     LoadBooks();
28    }
29  catch (Exception ex)
30  {
31    MessageBox.Show("도서를 삭제하는 중 오류가 발생\n" + ex.Message,
32              "오류", MessageBoxButtons.OK, MessageBoxIcon.
33              Error);
34  }
35 }
```

{ 코드 분석 }

라인	설명
3 라인	선택된 행이 없을 경우를 확인한다. 즉, 아무 도서도 선택하지 않고 삭제 버튼을 눌렀는지 검사하는 부분이다.
9-11 라인	선택된 첫 번째 행(SelectedRows[0])의 BookId 셀 값을 가져와 정수형으로 변환한다. 즉, 삭제할 대상 도서의 고유 식별자를 추출하는 코드이다.
18-19 라인	특정 도서를 삭제하기 위한 SQL문으로 @BookId는 파라미터 자리 표시자로 SQL Injection을 방지한다.
22 라인	SQL문 내 @BookId 자리에 bookId 값을 매개 변수로 전달한다.
23 라인	DELETE 문을 실행한다.

12.8.3 성능 최적화하기 위한 팁 몇가지

데이터베이스와 UI를 동시에 다루는 애플리케이션에서는 처리 속도와 사용자 인터페이스 반응성이 매우 중요하다. 단순히 기능이 작동하는 것만으로는 충분하지 않으며 사용자가 빠르고 부드럽게 응답하는 프로그램을 경험할 수 있도록 성능을 고려해야 한다. 다음은 도서관리 CRUD 프로그램을 개선하기 위한 성능 최적화 팁 4가지이다.

1. LoadBooks() 호출 최소화

• 문제점

현재 Insert/Update/Delete 후 항상 LoadBooks() 로 전체 테이블을 다시 조회한다. 문제는 데이터가 많을수록 불필요한 SELECT 비용과 UI 렌더링 비용이 커진다는 점이다.

• 개선 방법

- Insert

데이터베이스에 새 레코드를 넣은 뒤 전체 재조회 대신 DataTable에 새 행을 추가하는 방식이다.

```
1    ------------------------------ 생 략 ------------------------------
2            using (MySqlCommand cmd = new MySqlCommand(sql, conn))
3            {
4                cmd.Parameters.AddWithValue("@Title", txtTitle.
5                Text.Trim());
6                cmd.Parameters.AddWithValue("@Author", txtAuthor.
7                Text.Trim());
8                cmd.Parameters.AddWithValue("@Publisher",
9                txtPublisher.Text.Trim());
10               cmd.Parameters.AddWithValue("@PublishDate",
11               dtpPublishDate.Value.ToString("yyyy-MM-dd"));
12               cmd.Parameters.AddWithValue("@Price", price);
13               cmd.ExecuteNonQuery();
14
15               long newId = cmd.LastInsertedId;
```

```
16
17                          dgvBooks.Rows.Add(
18                              newId,
19                              txtTitle.Text.Trim(),
20                              txtAuthor.Text.Trim(),
21                              txtPublisher.Text.Trim(),
22                              dtpPublishDate.Value.ToString("yyyy-MM-dd"),
23                              price
24                          );
25                      }
26                  }
27              MessageBox.Show("도서가 등록되었습니다.");
28              //LoadBooks();
29          }
30      catch (MySqlException ex)
31      {
32          MessageBox.Show("데이터베이스 오류: " + ex.Message);
33      }
34      catch (Exception ex)
35      {
36          MessageBox.Show("예기치 않은 오류: " + ex.Message);
37      }
38  }
```

{ 코드 분석 }

15 라인	INSERT 쿼리가 실행 후 MySQL에서 자동 증가된 새로운 id 값을 가져오는 코드이다.
17-24 라인	DataGridView에 새로운 한 행을 추가하는 함수이다. LoadBooks() 로 전체 데이터를 다시 읽어오지 않고 삽입한 데이터만 UI에 반영하는 최적화된 방식이다.
28 라인	LoadBooks()는 주석처리한다.

- Update

변경한 행의 DataGridViewRow를 찾아 해당 UI만 반영한다. Update도 Insert와 비슷하게 적용된
다.

```
1   ------------------------------ 생 략 ------------------------------
2            using (MySQLCommand cmd = new MySQLCommand(sql, conn))
3            {
4                cmd.Parameters.AddWithValue("@Title", title);
5                cmd.Parameters.AddWithValue("@Author", author);
6                cmd.Parameters.AddWithValue("@Publisher",
7                publisher);
8                cmd.Parameters.AddWithValue("@PublishDate",
9                publishDate.ToString("yyyy-MM-dd"));
10               cmd.Parameters.AddWithValue("@Price", price);
11               cmd.Parameters.AddWithValue("@BookId", bookId);
12               cmd.ExecuteNonQuery();
13           }
14       }
15
16       DataGridViewRow row = dgvBooks.Rows[rowIndex];
17       row.Cells["Title"].Value = title;
18       row.Cells["Author"].Value = author;
19       row.Cells["Publisher"].Value = publisher;
20       row.Cells["PublishDate"].Value = publishDate.
21       ToString("yyyy-MM-dd");
22       row.Cells["Price"].Value = price;
23
24       MessageBox.Show("도서 정보가 수정되었습니다.");
25       //LoadBooks();
26   }
27   catch (MySqlException ex)
28   {
29       MessageBox.Show("데이터베이스 오류: " + ex.Message);
```

```
30        }
31    catch (Exception ex)
32    {
33        MessageBox.Show("예기치 않은 오류: " + ex.Message);
34    }
35 }
```

{ 코드 분석 }

16 라인	rowIndex는 사용자가 수정하려고 선택한 DataGridView의 행 번호이다. 이 행 번호로 선택한 도서가 위치한 행 하나를 row 변수에 담는다.
17-22 라인	DataGridView의 현재 행에서 Title, Author, Publisher, PublishDate, Price 컬럼 값을 수정한다. 즉시 UI에서 수정된 가격이 보인다.
25 라인	LoadBooks()를 주석처리한다.

- Delete

선택된 행을 삭제하고 DataGridView에서 제거하여 UI에 반영한다.

```
1  private void btnDelete_Click(object sender, EventArgs e)
2  {
3      if (dgvBooks.SelectedRows.Count == 0)
4      {
5          MessageBox.Show("삭제할 도서를 선택하세요.");
6          return;
7      }
8
9      int rowIndex = dgvBooks.SelectedRows[0].Index;
10     int bookId = Convert.ToInt32(dgvBooks.Rows[rowIndex].
11     Cells["BookId"].Value);
```

```
12
13      try
14      {
15          using (MySQLConnection conn = DBHelper.GetConnection())
16          {
17              conn.Open();
18              string sql = "DELETE FROM bookstore WHERE BookId = @
19              BookId";
20              using (MySQLCommand cmd = new MySQLCommand(sql, conn))
21              {
22                  cmd.Parameters.AddWithValue("@BookId", bookId);
23                  cmd.ExecuteNonQuery();
24              }
25          }
26          dgvBooks.Rows.RemoveAt(rowIndex);
27          MessageBox.Show("도서가 삭제되었습니다.");
28          //LoadBooks();
29      }
30      catch (Exception ex)
31      {
32          MessageBox.Show("도서를 삭제하는 중 오류가 발생\n" + ex.Message,
33                          "오류", MessageBoxButtons.OK, MessageBoxIcon.
34                          Error);
35      }
36 }
```

{ 코드 분석 }

26 라인	DataGridView의 특정 행을 index 기반으로 제거하는 명령이다. 삭제한 행의 인덱스 정보는 rowIndex이므로 화면을 다시 그리고 뒤의 행들이 앞으로 당겨져 인덱스가 다시 재정렬된다.
28 라인	LoadBooks() 메소드를 주석처리한다.

2. UI 응답성 확보

• 문제점

현재 코드에서는 DB에 접속하는 conn.Open() 이나 DB에서 데이터를 가져오는 adapter.Fill(dt)와 같은 코드들은 동기 방식이기 때문에 대용량의 데이터이거나 네트워크의 불량인 경우 응답이 없게 되면 앱이 멈추거나 버튼이 클릭되지 않는 등의 문제가 발생한다.

• 개선 방법

이러한 동기적인 동작을 비동기 코드로 개선하여 접속이나 DB 작업을 백그라운드 스레드에서 실행하도록 처리하게 되면 앱이 멈추거나 버튼 클릭이 멈추는 경우 없이 UI는 계속 동작할 수 있게 된다.

```
1  private async Task<DataTable> LoadBooksAsync()
2  {
3      var dt = new DataTable();
4      string sql = "SELECT BookId, Title, Author, Publisher,
5      PublishDate, Price FROM bookstore LIMIT 1000";
6
7      using (var conn = DBHelper.GetConnection())
8      {
9          await conn.OpenAsync();
10         using (var cmd = new MySqlCommand(sql, conn))
11         using (var reader = await cmd.ExecuteReaderAsync())
12         {
13             dt.Load(reader);
14         }
15     }
16     return dt;
17 }
18
19 private async void btnSelect_Click(object sender, EventArgs e)
20 {
21     btnSelect.Enabled = false;
```

```
22      try
23      {
24          dgvBooks.DataSource = await LoadBooksAsync();
25      }
26      catch (Exception ex)
27      {
28          MessageBox.Show("목록 불러오기 실패: " + ex.Message);
29      }
30      finally
31      {
32          btnSelect.Enabled = true;
33      }
34  }
```

{ 코드 분석 }

1 라인	비동기방식으로 도서 목록을 불러오는 메소드이다. 반환형은 Task<DataTable>로, 호출자는 await로 결과를 DataTable 타입으로 받을 수 있다.
3 라인	조회 결과를 담을 DataTable 객체를 미리 생성한다. 이 객체를 채워서 반환한다.
4-5 라인	테이블을 조회하되 LIMIT 1000은 한번에 가져오는 행의 수를 1000개로 제한한다.
9 라인	데이터베이스를 비동기적으로 연결한다. 이 호출은 UI를 블로킹하지 않고 연결이 될때까지 await 상태가 된다.
11 라인	ExecuteReaderAsync()로 비동기 데이터 리더를 실행한다. await 덕분에 DB 응답을 기다리는 동안 UI가 멈추지 않는다.
13 라인	IDataReader의 현재 결과를 DataTable에 로드한다.
19 라인	조회 버튼의 클릭 이벤트 핸들러를 비동기 메소드로 선언한다.
21 라인	사용자가 중복으로 조회 버튼을 누르는 것을 방지하기 위해 버튼을 비활성화한다.
24 라인	LoadBooksAsync()를 await 하여 DataTable을 비동기적으로 받아 온다. 결과를 dgvBooks.DataSource에 할당하여 UI에 바인딩한다. 즉, 조회 작업은 백그라운드에서 처리되며 UI 스레드는 블로킹되지 않는다.

3. Execute 결과 확인 및 사용자 피드백 강화

• 문제점

cmd.ExecuteNonQuery()를 호출해도 반환값을 확인하지 않으면 실제로 행이 변경되었는지 알 수 없다.

• 개선 방법

항상 int affected = cmd.ExecuteNonQuery() 또는 await ...ExecuteNonQueryAsync()로 결과를 받아 사용자에게 알리고 분기 처리를 한다.

```
1   int affected = cmd.ExecuteNonQuery();
2   if (affected > 0)
3   {
4       // 성공: 부분 반영 또는 메시지
5   }
6   else
7   {
8       // 실패 또는 0행(이미 삭제됨 등) 처리
9       MessageBox.Show("작업이 적용되지 않았습니다. (대상 없음)");
10  }
```

Part 13

네트워크

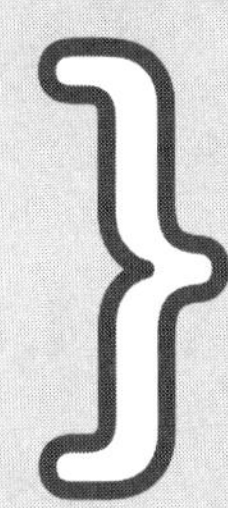

13.1 프로토콜의 정의

13.1.1 프로토콜이란

　네트워크 환경에서 서로 다른 장치 간의 원활한 통신을 가능하게 하기 위해서는 일정한 약속이 필요하다. 이 약속을 우리는 통신 규약, 즉, 프로토콜(Protocol)이라고 부른다. 프로토콜은 데이터가 어떤 형식으로 전송되어야 하는지, 어떤 순서로 처리되어야 하는지, 오류 발생 시 어떻게 복구할 것인지 등을 규정하는 일련의 규칙과 절차의 집합이다. 이러한 규칙이 없다면 서로 다른 장치나 소프트웨어는 정보를 제대로 해석하거나 처리할 수 없게 되어 통신이 불가능해진다.

올바른 프로토콜의 예

올바르지 않은 프로토콜의 예

사람들 간의 대화에서도 문법, 단어 선택, 말하는 순서 등이 존재한다. 예를 들어 누군가가 인사를 하면 상대방은 적절한 방식으로 응답한다. 서로 다른 언어를 사용하는 사람끼리는 대화를 시도하면 공통된 규칙이 없기 때문에 대화가 이루어지지 않는다.

마찬가지로 컴퓨터와 컴퓨터 또는 서버와 클라이언트 간에도 이러한 공통의 언어가 필요하며 이것이 바로 프로토콜이다.

13.1.2 프로토콜의 구성 요소

프로토콜은 다음과 같은 요소로 구성된다.

요소	설명
구문(Syntax)	데이터의 형식과 구조(예 : 헤더의 위치, 필드의 크기 등)
의미(Semantics)	각 필드의 의미와 목적(예 :ACK는 수신 확인의 의미)
타이밍(Timing)	언제 데이터를 전송할 것인지, 속도는 어떤지 등

클라이언트가 서버에 아이디와 비밀번호를 전송하여 인증을 요청하는 과정을 정의한 단순한 인증 프로토콜을 예로 들어 보자.

1. 구문(Syntax)

프로토콜의 데이터 형식은 다음과 같다.

```
[Header] [PayloadLength] [Payload]
```

- **Header :** 어떤 요청인지 정보를 담는 용도로 사용한다. 예를 들어 로그인 요청을 [0x01] 식으로 정의할 수 있다.
- **PayloadLength :** 페이로드의 길이를 나타내는 정보로 사용한다.
- **Payload :** 아이디와 비밀번호 정보로 사용한다. 각 정보는 :로 구분한다.

요청 패킷의 예를 작성하면 다음과 같다.

```
[0×01] [0×0F] ["user123:pass456"]
```

2. 의미

프로토콜의 의미를 다음과 같이 정의할 수 있다.

클라이언트에서 요청 시 패킷의 의미는 다음과 같다.

요청	의미
0×01	로그인을 요청하는 의미이다.
0×0F	페이로드의 바이트 수로 15바이트이다.
"user123:pass456"	사용자 아이디와 비밀번호 정보이다.

서버에서 응답 시 패킷의 의미는 다음과 같다.

응답	의미
성공 시	[0×81] [0×01] [0×01]
실패 시	[0×81] [0×01] [0×00]

- 성공 시 서버에서는 0x01의 응답 값을 보내 주고, 실패 시 0x00 값을 보내 준다.

3. 타이밍

프로토콜은 타이밍 정보도 정의할 수 있다.

- **요청-응답 순서** : 클라이언트가 로그인 요청을 보내면 서버는 1초 이내에 응답을 반환해야 한다.
- **타임아웃** : 서버가 1초 내에 응답하지 않으면 클라이언트는 최대 3회까지 재시도할 수 있다.

13.1.3 프로토콜의 종류

프로토콜은 OSI 7계층(또는 TCP/IP 4계층) 구조를 기준으로 다양한 기능을 수행한다. 각 계층은 역할을 분담하여 전체 네트워크가 안정적으로 동작하게 한다.

하나의 컴퓨터에서 시작된 데이터가 7단계 -> 1단계로 내려가고, 전달된 데이터가 상대 컴퓨터에서 1단계 -> 7단계로 올라가면 통신이 이루어지는 것이다.

1. OSI 7계층

계층별로 대표 프로토콜을 살펴보자. 먼저 OSI 7계층 모델은 다음과 같이 구성되어 있다.

계층	주요 프로토콜
물리 계층	RS-232, DSL, 광섬유 등
데이터 링크 계층	Ethernet, ARP, PPP
네트워크 계층	IP, ICMP, IGMP
전송 계층	TCP, UDP
세션 계층	NetBIOS, PPTP
표현 계층	SSL, TLS, JPEG, MPEG
응용 계층	HTTP, FTP, SMTP, DNS, SSH

· 물리계층

실제로 데이터를 전기 신호나 전파로 변환하여 전송하는 역할을 한다. 우리 가정에 들어오는 실제 LAN 케이블이나 광섬유 케이블, 무선 공유기 등을 생각하면 된다.

• 데이터 링크 계층

같은 네트워크 내에서의 데이터 전송 및 오류를 검출한다. MAC 주소를 이용하여 통신한다. 스위치 장비가 이러한 역할을 한다.

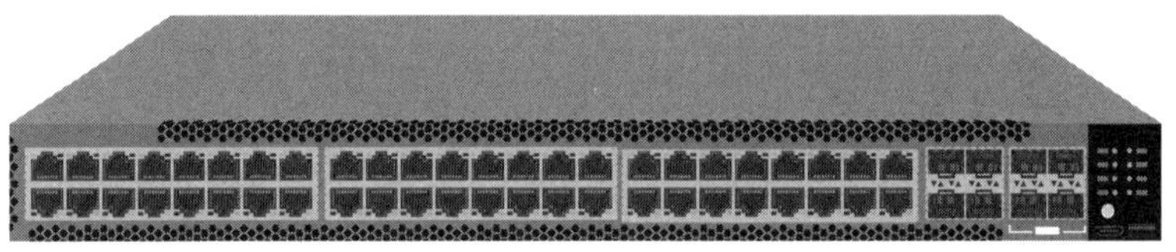

• 네트워크 계층

다른 네트워크 간의 경로 설정을 하여 목적지까지 데이터를 전달한다. IP 주소를 기반으로 통신하도록 한다. 라우터 장비가 이러한 역할을 한다.

스위치와 라우터는 외형이 비슷해서 처음 보면 구분이 어렵다. 하지만 포트 단자를 통해 확실하게 구분할 수 있다.

- **스위치** : 전부 LAN 포트만 있고, 포트가 많다. (8, 16, 24, 48 포트)

- **라우터** : WAN 포트 1개 + LAN 포트 3-4개

우리가 가정에서 사용하는 무선 공유기는 스위치와 라우터 기능이 모두 합쳐진 형태가 대부분이다.

• 전송 계층

데이터가 명확하게 전달되도록 신뢰성을 확보하는 기능을 한다. 신뢰 수단으로 포트 번호를 통해 구분하는데 대표적으로 웹브라우저에서 TCP를 사용하여 데이터 전송 시에 사용한다.

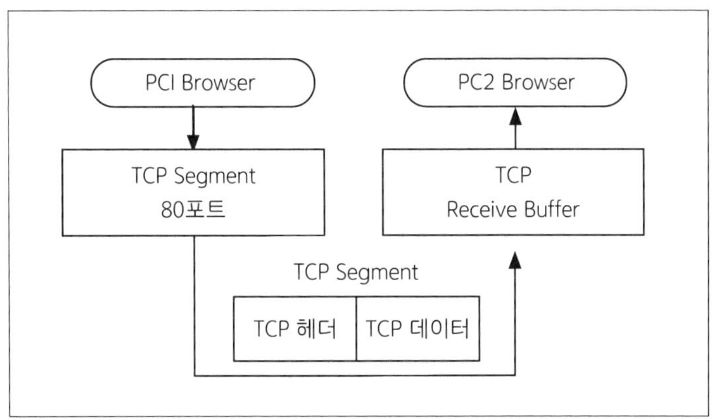

전송 시 세그먼트로 나누어서 전송하되 각 세그먼트에 포트 번호를 부여하여 신뢰성을 확보한다.

• 세션 계층

통신의 연결 설정, 유지, 종료를 관리하여 데이터 교환이 원활하게 이루어지도록 한다.

화상 통화는 실제로 세션 계층의 대표적인 사례이다. 연결 시작 -> 유지 -> 종료가 명확하기 때문이다.

- **표현 계층**

데이터의 형식을 변환하거나 암호화 및 압축 등을 통해 서로 다른 시스템간의 호환성을 제공한다. TLS를 통한 암호화나 웹사이트 상에서 이미지 압축과 같은 기능이 대표적이다.

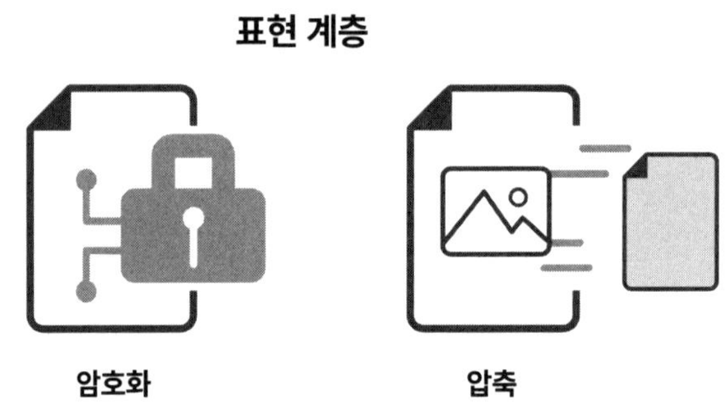

표현 계층

- **응용 계층**

사용자가 직접적으로 상호 작용하는 부분으로 통신 애플리케이션 그 자체라고 볼 수 있다.

2. 계층간의 데이터 흐름 이해

이렇게만 보면 추상적이여서 사실 계층간의 흐름을 잘 이해할 수 없다. 사용자가 웹사이트 로그인할 때의 상황으로 가정하면 이 흐름이 조금 더 현실적으로 와닿을 수 있다.

계층	흐름
7계층(HTTP)	사용자가 로그인을 요청한다.
6계층(TLS)	로그인 정보를 암호화한다.
5계층(세션유지)	로그인 세션을 관리한다.
4계층(TCP)	신뢰성 있게 데이터를 전송한다.
3계층(IP)	상대 서버로의 경로를 설정한다.
2계층(MAC)	LAN 내에서 통신을 처리한다.
1계층(전기 신호)	실질적으로 데이터를 전송한다.

이렇게 보내면 상대방쪽에서는 반대로 1계층부터 7계층의 순서로 데이터를 수신한다.

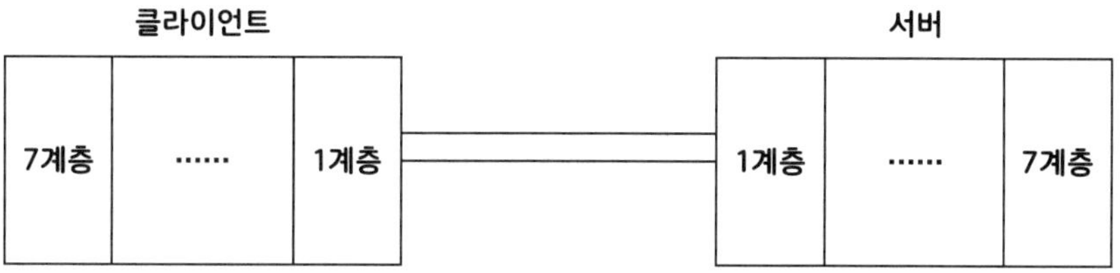

3. TCP/IP 4계층

다음은 TCP/IP 4계층 모델이다. 이는 OSI 7계층을 4계층으로 간소화한 모델로 내용은 동일하고, 응용 계층만 세션 계층과 표현 계층을 통합한 모델이다.

계층	주요 프로토콜
네트워크 인터페이스 계층	물리 계층 + 데이터 링크 계층 예 : Ethernet
인터넷 계층	네트워크 계층 예 : IP, ICMP
전송 계층	전송 계층 예 : TCP, UDP
응용 계층	세션 계층 + 표현 계층 + 응용 계층 예 : HTTP, FTP, DNS

13.2 TCP 소켓 프로그래밍

13.2.1 소켓 프로그래밍이란

1. 소켓의 개념

소켓이라는 단어를 인터넷 검색으로 찾아보면 '플러그', '콘센트' 등의 전자 부품 연결 단자가 나온다. 이러한 부품들은 양 끝단에서 데이터를 주고받기 위한 연결고리 역할을 한다.

그런데 이렇게만 말하면 소켓이 다소 추상적이다. 이해하기 쉬운 예로 전화기를 생각해 보자. 전화기는 멀리 떨어진 누군가와 대화하기 위해 필요한 물건이다. 전화기가 바로 소켓의 개념이다. 즉, 전화하기 위한 각 단말기를 소켓이라고 생각하면 된다.

2. 소켓의 정의

전화 단말기의 개념처럼 소켓은 네트워크 기반에서 서버와 클라이언트가 특정 포트를 통해 연결하여 실시간 양방향 통신을 하는 방식이다.

클라이언트는 서버에 요청을 보내고 서버는 요청을 처리하여 응답해 주는 방식으로 동작한다.

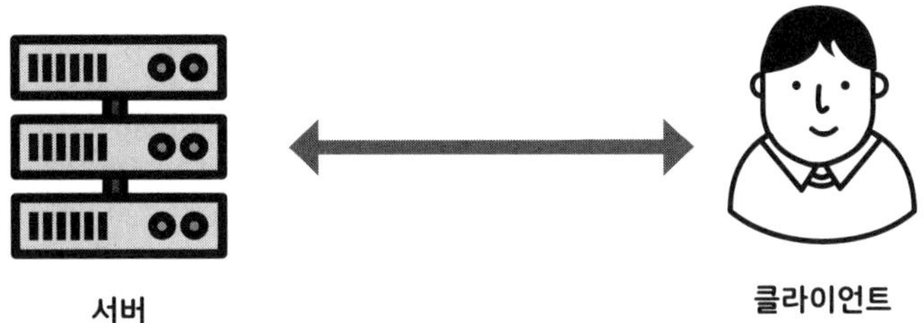

실시간 연결이 유지되므로 스트리밍 서비스, 온라인 게임 또는 채팅과 같이 즉각 정보를 주고받는 경우에 주로 사용된다.

13.2.2 소켓 통신의 흐름

소켓 통신은 클라이언트와 서버간의 흐름으로 구성되며, 각각의 통신 흐름은 다음과 같다.

1. 서버 통신 과정

서버는 클라이언트의 연결 요청을 대기하는 소켓과 연결이 수립된 후 클라이언트와 실제로 데이터를 주고받는 소켓을 별도로 갖는다. 이는 서버가 동시에 여러 클라이언트 요청을 처리하기 위한 기본 구조이다. 다음은 서버 통신의 주요 흐름이다.

기능	설명
소켓 생성	서버는 TcpListener 또는 Socket 객체를 생성한다.
포트 바인딩 및 리스닝	IP 주소와 포트를 지정하고, 클라이언트의 요청을 기다린다.
클라이언트 연결 수락	클라이언트에서 연결 요청을 하면 AcceptTcpClient() 또는 AcceptSocket() 메소드를 통해 연결 요청을 수락한다. 연결이 되면 메소드에서 실제로 클라이언트와 데이터를 주고 받는데 사용하는 소켓이 리턴된다.
데이터 송수신	연결이 되면 네트워크 스트림(NetworkStream)을 사용하여 데이터를 주고받는다.
연결 종료	통신이 끝나면 스트림과 소켓을 종료한다.

2. 클라이언트 통신 과정

클라이언트는 서버에 연결을 요청하고, 하나의 소켓을 사용하여 해당 연결 수립과 데이터를 송수신하는 모든 과정을 수행한다. 다음은 클라이언트 기반 소켓 통신의 흐름이다.

기능	설명
소켓 생성	클라이언트는 TcpClient 객체를 생성한다.
서버 연결 요청	서버의 IP 주소와 포트 번호로 접속을 시도한다.
데이터 송수신	연결이 되면 네트워크 스트림(NetworkStream)을 사용하여 데이터를 주고받는다.
연결 종료	통신이 끝나면 소켓을 종료한다.

3. 서버/클라이언트 간의 통신 흐름

소켓 통신 과정은 서버와 클라이언트 간의 연결 흐름으로 구성된다. 서버는 소켓을 생성한 후 포트를 바인딩하고 리스닝(Listening) 과정을 거쳐 클라이언트의 접속 요청이 올 때까지 대기 상태에 들어간다. 이후 클라이언트가 소켓을 생성하고 대기 중인 서버에 연결을 요청하면, 비로소 연결이 수립된다.

이 모든 과정은 우리가 일상에서 사용하는 전화 통화 과정과 매우 유사하므로 소켓 통신 과정을 전화 통화에 비교해 볼 수 있다.

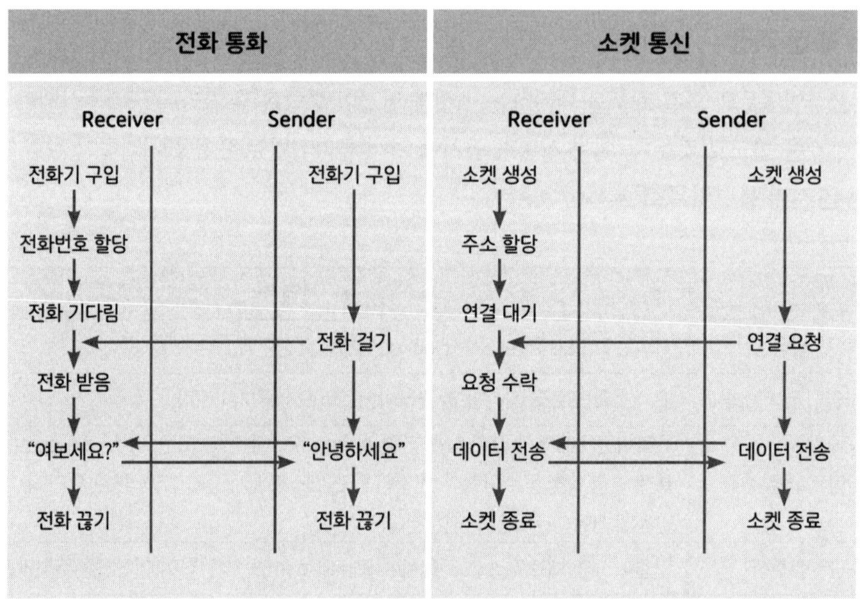

이러한 통신 구조를 갖는 주된 이유는 TCP의 연결 지향적인 특성과 동시 접속 처리 구조 때문이다. 전화 통화와 마찬가지로, 서버는 다수의 클라이언트를 동시에 처리해야 하므로 접속을 수락할 때마다 통신에 사용할 새로운 소켓을 만든다. 이 새로운 소켓이 각 클라이언트와 독립적인 통신 채널을 형성하게 된다.

13.2.3 TCP와 UDP의 차이

TCP(Transmission Control Protocol)와 UDP(User Datagram Protocol)는 네트워크 통신에서 매우 핵심적인 전송 계층 프로토콜이다. 두 프로토콜은 각기 다른 특성과 장단점을 가지므로, 용도에 따라 적합한 프로토콜을 선택해야 한다.

1. TCP의 동작 방식

TCP 방식에서는 데이터를 보내는 쪽에서 작은 패킷 단위로 나누어 전송하고, 받는 쪽에서는 이 패킷들을 받아서 순서대로 조합한다. 만약 전송 과정에서 패킷이 누락되면 재전송을 요청하여 데이터의 신뢰성을 보장한다.

다음은 TCP의 특징, 동작방식, 사용사례이다.

특징	동작방식	사용 사례
• 연결 지향형프로토콜이다. • 데이터 순서를 보장하고 손실 시 재전송한다. • 신뢰성을 최우선으로 하므로, 속도는 느리지만 정확하다.	• 송신측은 데이터를 작은 패킷 단위로 나누어 전송한다. • 수신측은패킷을 재조립하여 원본 데이터를 복원한다.	• 웹 브라우징(HTTP, HTTPS) • 파일 전송(FTP) •이메일(SMTP, IMAP, POP3)

다음은 이러한 신뢰성을 보장하는 TCP 기반 서버와 클라이언트의 소켓 통신 흐름이다.

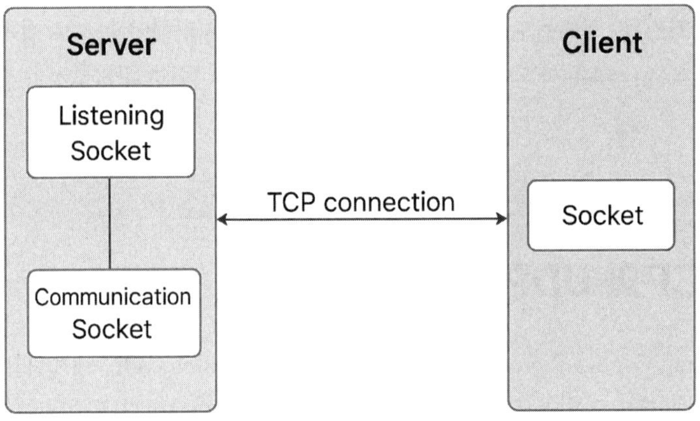

- 클라이언트의 소켓이 서버의 리스닝 소켓에 연결 요청을 보낸다.
- 서버는 이 요청을 Accept() 함수로 수락하고, 해당 클라이언트와의 통신을 위한 새로운 통신 소켓을 생성한다.
- 이후에는 클라이언트 소켓과 서버의 통신 소켓 사이에 1:1 연결(세션)이 형성되어 데이터를 안정적으로 송수신하게 된다.

2. UDP의 동작 방식

UDP(User Datagram Protocol)는 TCP(Transmission Control Protocol)와 달리 비연결성을 가지는 전송 계층 프로토콜이다. UDP는 연결 설정 및 오류 제어 과정을 생략하고 데이터를 데이터그램(Datagram) 단위로 빠르게 전송하는 것이 특징이다.

다음은 UDP의 주요 특징, 동작 방식, 사용 사례이다.

특징	동작방식	사용 사례
• 비연결형 프로토콜이다. • 데이터가 손실 및 순서 오류가 발생해도 재전송이나 순서 보장을 하지 않는다. • 오버헤드가 적어 속도가 빠르며, 실시간성이 중요할 때 사용된다.	• 송신측은 데이터를 데이터그램 단위로 나누어 전송한다. • 수신측은 전송된 데이터그램을 도착하는 순서 그대로 받는다.	• 실시간 스트리밍 서비스(유튜브, 넷플릭스) • 온라인 게임 및 화상 회의 (Zoom, Skype) • 실시간 센서 데이터 전송

UDP 통신에서는 TCP와 달리 연결 수립 과정이 필요 없다.

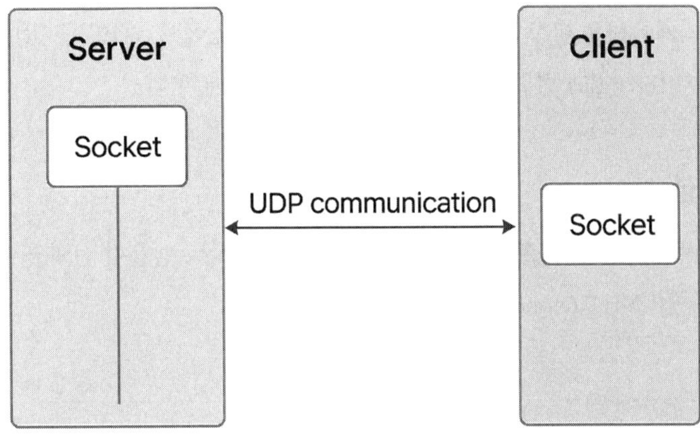

- 서버와 클라이언트 모두 단일 소켓을 사용한다.
- 서버는 특정 포트에 바인딩한 후, 해당 포트로 들어오는 메시지(데이터그램)을 기다린다.
- 클라이언트는 별도의 연결 요청 없이 서버의 IP와 포트로 데이터그램을 즉시 전송한다.
- 연결 설정 및 유지에 필요한 오버헤드가 없어 TCP보다 빠르며, 이 구조 덕분에 실시간성이 중요한 서비스에 자주 사용된다.

UDP에서 서버가 하나의 소켓만으로 여러 클라이언트를 동시에 처리할 수 있는 것은 UDP의 비연결성과 데이터그램 기반 전송 방식 덕분이다. 각 데이터그램은 독립적인 메시지 묶음이며, 전송 시 데이터 자체뿐만 아니라 보낸 클라이언트의 IP 주소와 포트 번호가 함께 포함된다. 서버는 이 출발지 정보를 바탕으로 어떤 클라이언트가 보낸 메시지인지 구분하여 응답을 처리할 수 있다. 데이터그램은 다음과 같은 구조를 갖는다.

UDP 헤더 (8 바이트)	데이터 (Payload)
출발지/도착지 포트 번호, 길이, 체크섬	실제 전송 데이터

13.2.4 간단한 IP 스캐너 만들기

같은 로컬 네트워크상에 연결된 장치들 중 응답 가능한 IP 주소들을 찾기 위해 ping 테스트를 수행하는 IP 스캐너 애플리케이션을 만들어 보자. 현재 컴퓨터 IP 주소에서 3개의 옥텟(192.168.0)을 기준으로 192.168.0.1 ~ 192.168.0.254 범위를 스캔하는 기능을 목적으로 한다.

1. 프로젝트 생성

메뉴의 [파일] - [새로만들기] - [프로젝트]를 선택한다. 프로젝트 템플릿 선택 창이 나타나면 목록에서 [Windows Forms 앱(.NET Framework)]을 선택한다.

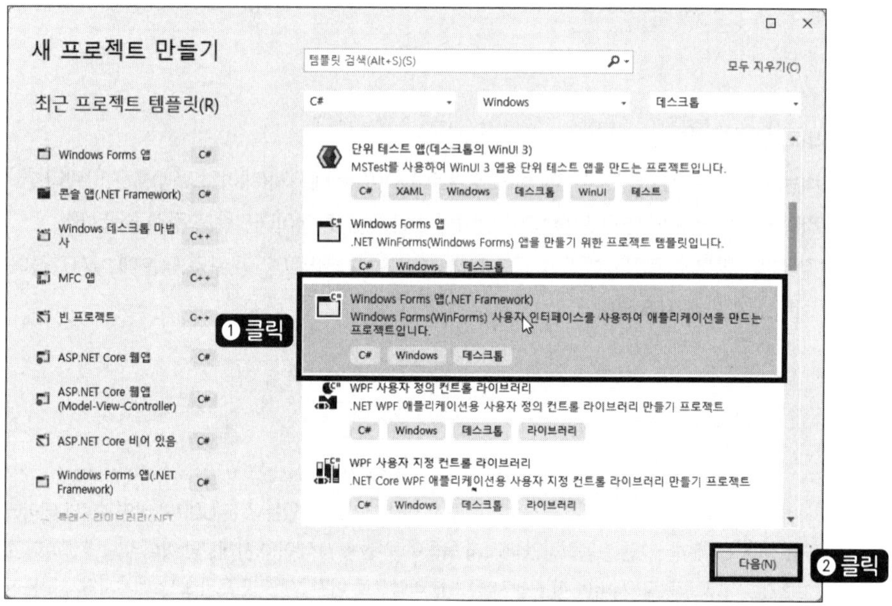

[다음]버튼을 클릭하면 다음 단계인 [새 프로젝트 구성]창으로 넘어간다. 프로젝트 이름은 "IPScanner"라고 입력한 후, [확인] 버튼을 눌러 프로젝트를 최종적으로 생성한다.

2. 폼디자인

생성한 Windows Form(Form1)에 버튼 1개와 리스트박스 1개를 배치하고 IP 스캐너의기능을 구현하기 위해 컨트롤의 속성을 설정한다.

버튼과 리스트박스 컨트롤의 속성을 다음과 같이 설정한다.

컨트롤	Name	Text
Button	btnScan	IP 스캔하기
ListBox	listbox	

3. 이벤트 처리기 추가

[IP 스캔하기] 버튼을 클릭했을 때 로컬 네트워크를 탐지하고 스캔한 IP 정보를 리스트박스에 모두 출력하는 기능을 구현한다. 이를 위해 해당 버튼에 대한 Click 이벤트 처리기를 추가한다. 속성창의 [이벤트] 항목으로 이동하여 [Click] 항목을 더블클릭한다.

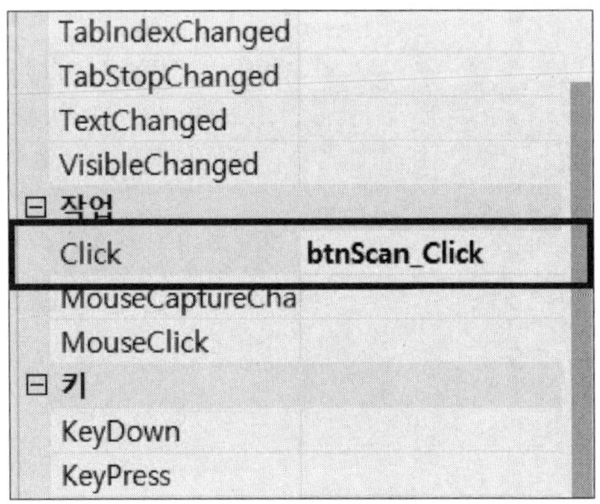

다음과 같이 이벤트 처리기 코드가 생성된다.

```
1    private void btnScan_Click(object sender, EventArgs e)
2    {
3    }
```

4. 코드 작성

이벤트 처리기에 다음과 같이 코드를 작성한다.

```
1    using System.Net;
2    using System.Net.NetworkInformation;
3    using System.Net.Sockets;
4
5    ························· 중간 생략 ·························
6
7    private async void btnScan_Click(object sender, EventArgs e)
8    {
9        listBox.Items.Clear();
10
11       string baseIP = GetMyBaseIP();
12       if (baseIP == null)
13       {
14           listBox.Items.Add("로컬 IP를 가져올 수 없습니다.");
15           return;
16       }
17
18       for (int i = 1; i< 255; i++)
19       {
20           string ip = $"{baseIP}.{i}";
21
```

```
22          if (await IsPingSuccess(ip))
23          {
24              listBox.Items.Add($"{ip} 응답 있음");
25          }
26      }
27      listBox.Items.Add("스캔 완료!");
28  }
```

{ 코드 분석 }

1-3 라인	네트워크 주소, 네트워크 정보, 소켓 관련 기능을 사용하기 위해 필요한 선언이다.
7 라인	async 키워드가 붙어 있으므로 내부에서 await 키워드를 사용하여 비동기 작업(ping 테스트)이 완료될 때까지 기다릴 수 있게 한다.
9 라인	스캔을 하기 전, 리스트 박스 컨트롤에 남아 있던 이전 모든 결과 내용을 지운다.
11 라인	GetMyBaseIP() 함수를 호출한다. 이 함수는 현재 컴퓨터의 IP 주소에서 앞의 3자리(예 : 192.168.0)를 가져온다.
12-16 라인	만약 IP를 가져오지 못했다면 메시지를 출력하고 스캔을 중단한다.
18 라인	1부터 254까지의 마지막 옥텟을 사용하여 IP 주소를 순차적으로 만든다.
20 라인	baseIP(192.168.0)에 마지막 옥텟을 붙여서 완전한 IP 주소를 만든다.
22 라인	해당 IP 주소에 대해 ping을 보낸다. await 키워드는 결과가 올때까지 기다리는 기능을 한다.
24 라인	ping 응답이 성공했을 경우 해당 IP 주소와 함께 "응답 있음" 메시지를 리스트박스에 표시한다.
27 라인	모든 IP에 대해 테스트가 끝나면 스캔이 완료되었다는 메시지를 표시한다.

ping이란 네트워크 상에서 특정 IP 주소가 응답 가능한 상태인지 확인하는 명령어이자 연결 테스트 도구이다. 내 컴퓨터가 대상 컴퓨터에 요청(Request) 신호를 보낸다. 대상 컴퓨터가 살아있고 연결 가능하면 응답(Reply)을 다시 보내 줌으로써 통신 가능 여부를 판단할 수 있다.

```csharp
1   private string GetMyBaseIP()
2   {
3       foreach (var ip in Dns.GetHostEntry(Dns.GetHostName()).AddressList)
4       {
5           if (ip.AddressFamily == AddressFamily.InterNetwork)
6           {
7               string[] parts = ip.ToString().Split('.');
8               if (parts.Length == 4)
9                   return $"{parts[0]}.{parts[1]}.{parts[2]}";
10          }
11      }
12      return null;
13  }
14
15  private async Task<bool>IsPingSuccess(string ip)
16  {
17      try
18      {
19          Ping ping = new Ping();
20          PingReply reply = await ping.SendPingAsync(ip, 300);
21          return reply.Status == IPStatus.Success;
22      }
23      catch
24      {
25          return false;
26      }
27  }
```

1 라인	GetMyBaseIP 함수의 기능은 내 컴퓨터의 기반 IP를 가져오기 위한 목적으로 작성한 함수이다.
3 라인	Dns.GetHostName().AddressList 은 내 컴퓨터의 호스트 이름에 해당하는 모든 IP 주소를 배열로 리턴한다. Dns.GetHostEntry() 로 해당 호스트 이름에 대한 IP 주소 정보를 가져오되 foreach 를 사용하여 배열에 저장된 IP 주소를 반복해서 검사한다.
5 라인	AddressFamily.InterNetwork는 IPv4 주소를 의미하므로 IP는 IPv4 주소만을 대상으로 사용하겠다는 의미이다.
7 라인	IP 주소를 문자열로 바꾸고 "." 를 기준으로 값을 분리하여 배열에 저장한다.
8 라인	IPv4 주소 형식인지 확인한다. 즉, 192.168.0.1 의 형태처럼 각 4개의 요소가 배열에 저장되었으므로 길이가 4이면 정상 IP이다.
9 라인	앞 3자리만 조합해서 반환한다.
12 라인	IPv4 주소를 찾지 못했거나 예외가 발생하면 null을 리턴한다.
15 라인	IsPingSuccess() 함수는 특정 IP 주소에 ping을 보내고 성공 여부를 true/false로 반환하는 기능이다. async는 비동기 함수로 사용하기 위함이고 await 키워드로 비동기 작업을 기다릴 수 있다.
19-20 라인	ping을 보내기 위한 객체를 생성하고 SendPingAsync() 함수로 해당 IP 주소에 비동기적으로 ping을 보낸다. 300ms 동안 응답이 없으면 실패로 간주한다.
21 라인	응답 상태가 success이면 true를 리턴한다.

5. 빌드 및 실행하기

단축키 F6번 및 디버깅 시작 F5번을 눌러서 다음과 같이 빌드 및 실행을 한다.

실행 후 [IP 스캔하기] 버튼을 클릭한다.

13.3 TCP 기반 채팅 프로그램 만들기

이번에는 TCP의 연결 지향적 특성을 활용하여 서버와 클라이언트 간의 신뢰성 있는 일대일 통신을 구현하는 채팅 프로그램을 만들어 보자.

13.3.1 채팅 서버 구현하기

채팅 서버는 클라이언트의 연결을 받아들이고, 수립된 연결을 통해 메시지를 주고받는 역할을 한다.

1. 프로젝트 생성

메뉴의 [파일] – [새로만들기] – [프로젝트]를 선택한 후 프로젝트 선택 창에서 [Windows Forms 앱 (.NET Framework)]을 선택한다.

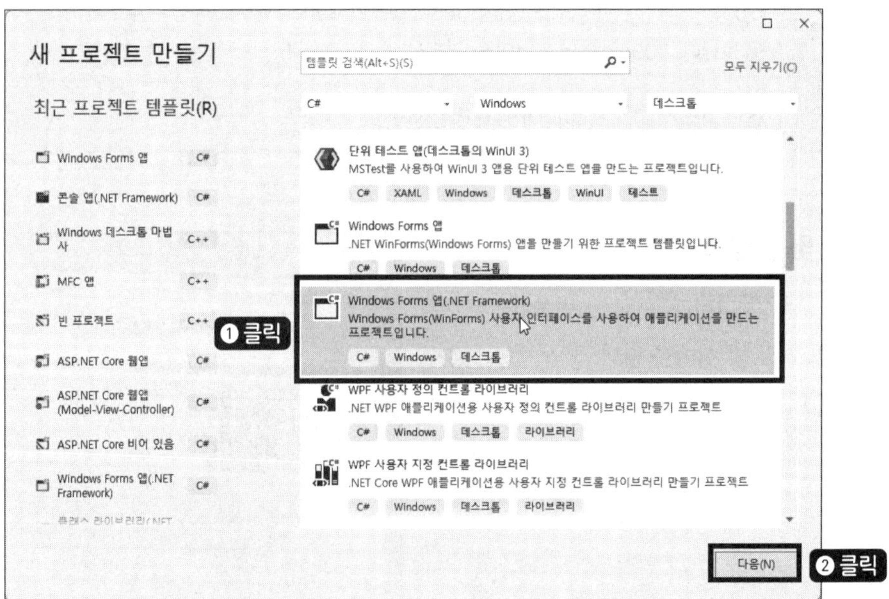

[다음] 버튼을 클릭한다. 다음 단계인 [새 프로젝트 구성] 창에서 프로젝트 이름은 "TCPServer"라고 입력한 후, [확인] 버튼을 눌러 프로젝트를 생성하자.

2. 폼 디자인

생성한 폼에 레이블 1개, 텍스트박스 2개, 버튼 1개를 다음과 같이 배치하고 [표]와 같이 컨트롤의 속성을 설정한다.

컨트롤	Name	Text	Font	BackColor	Multiline	ScrollBars
Form	Form1			GradientInactiveCaption		
Label	label1	Server		GradientInactiveCaption		
TextBox	txtView		맑은고딕,	Window	True	Vertical
TextBox	txtInput		12pt,	Window		
Button	btnSend	전송	style=Bold	ControlLightLight		

3. 이벤트 처리기 추가

채팅 서버의 핵심 기능을 구현하기 위해 다음 세 가지 주요 이벤트 처리기를 폼과 버튼에 추가한다.

- **Form Load 이벤트** : 서버 소켓 시작 및 클라이언트 연결 대기를 설정한다.
- **Form Closing 이벤트** : 애플리케이션 종료 시 사용된 소켓 및 스레드 리소스를 정리한다.
- **Button Click 이벤트** : 입력한 메시지를 연결된 클라이언트로 전송하는 기능이다.

Form1을 선택하고 [속성]창에서 [이벤트](번개 모양 아이콘)로 이동한다. 폼에서는 Load, FormC-losing 항목과, 버튼에 대해서는 Click 항목을 더블클릭한다.

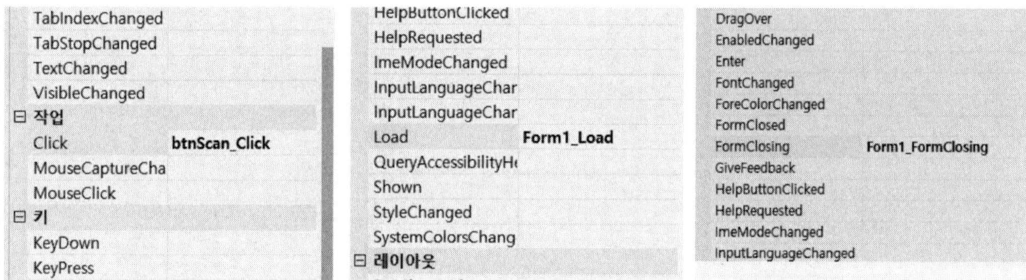

이 과정을 통해 Form1.cs 파일에 다음과 같은 빈 메소드들이 자동 생성된다.

```
1  private void btnScan_Click(object sender, EventArgs e)
2  {
3  }
4  private void Form1_Load(object sender, EventArgs e)
5  {
6  }
7  private void Form1_FormClosing(object sender, FormClosingEventArgs e)
8  {
9  }
```

4. 코드 작성

클라이언트의 연결을 관리하고 메시지를 주고받는 채팅 서버의 핵심 로직을 구현해 보자.

```csharp
1   using System;
2   using System.IO;
3   using System.Net;
4   using System.Net.Sockets;
5   using System.Threading;
6   using System.Windows.Forms;
7
8   namespace TCPServer
9   {
10      public partial class Form1: Form
11      {
12          TcpListener Server;
13          TcpClient Client;
14
15          NetworkStream Stream;
16          StreamReader Reader;
17          StreamWriter Writer;
18
19          Thread listenThread;
20          Thread receiveThread;
21
22          private delegate void AddTextDelegate(string strText);
23
24          public Form1()
25          {
26              InitializeComponent();
27          }
28          private void Form1_Load(object sender, EventArgs e)
29          {
30              listenThread = new Thread(Listen);
31              listenThread.IsBackground = true;
32              listenThread.Start();
33
```

```
34          }
35
36      private void Listen()
37      {
38          AddTextDelegate AddText = new AddTextDelegate(txtView.
39          AppendText);
40
41          try
42          {
43              IPAddress addr = IPAddress.Any;
44              int port = 9001;
45              Server = new TcpListener(addr, port);
46              Server.Start();
47
48              Invoke(AddText, "서버가 시작되었습니다." + Environment.
49              NewLine);
50
51              while (true)
52              {
53                  try
54                  {
55                      Client = Server.AcceptTcpClient();
56                      Invoke(AddText, "새 클라이언트가 연결되었습니다." +
57                      Environment.NewLine);
58
59                      Stream = Client.GetStream();
60                      Reader = new StreamReader(Stream);
61                      Writer = new StreamWriter(Stream)
62                      { AutoFlush = true };
63
64                      receiveThread = new Thread(Receive);
65                      receiveThread.IsBackground = true;
66                      receiveThread.Start();
```

```
67                        }
68                        catch (SocketException se)
69                        {
70                            Invoke(AddText, "클라이언트 접속 중 오류 발생: " +
71                            se.Message + Environment.NewLine);
72                        }
73                    }
74                }
75            catch (Exception ex)
76            {
77                Invoke(AddText, "서버 오류 : " + ex.Message +
78                Environment.NewLine);
79            }
80        }
81
82    private void Receive()
83    {
84        AddTextDelegate AddText = new AddTextDelegate(txtView.
85        AppendText);
86
87        try
88        {
89            while (true)
90            {
91                string msg = Reader.ReadLine();
92                if (msg == null) break;
93
94                Invoke(AddText, "상대방: " + msg + Environment.
95                NewLine);
96            }
97        }
98        catch (IOException ex)
99        {
```

```csharp
100                     Invoke(AddText, "수신 중 오류 발생 : " + ex.Message +
101                     Environment.NewLine);
102                 }
103             finally
104             {
105                     Reader?.Close();
106                     Reader = null;
107                     Writer?.Close();
108                     Writer = null;
109                     Stream?.Close();
110                     Stream = null;
111                     Client?.Close();
112                     Client = null;
113                     Invoke(AddText, "클라이언트 연결이 종료되었습니다. " +
114                     Environment.NewLine);
115             }
116         }
117
118     private void btnSend_Click(object sender, EventArgs e)
119     {
120         if (Writer != null && Client != null && Client.Connected)
121         {
122             try
123             {
124                 string message = txtInput.Text;
125                 Writer.WriteLine(message);
126                 txtView.AppendText("나 : " + message + Environment.
127                 NewLine);
128                 txtInput.Clear();
129             }
130             catch (Exception ex)
131             {
132                 txtView.AppendText("전송 오류: " + ex.Message +
```

```
133                    Environment.NewLine);
134               }
135            }
136         else
137         {
138             txtView.AppendText("클라이언트와 연결되어 있지 않습니다." +
139             Environment.NewLine);
140         }
141     }
142     private void Form1_FormClosing(object sender,
143     FormClosingEventArgs e)
144     {
145         try
146         {
147             Reader?.Close();
148             Writer?.Close();
149             Stream?.Close();
150             Client?.Close();
151             Server?.Stop();
152         }
153         catch (Exception) { }
154
155         if (listenThread != null && listenThread.IsAlive)
156             listenThread.Abort();
157
158         if (receiveThread != null && receiveThread.IsAlive)
159             receiveThread.Abort();
160     }
161   }
162 }
```

라인	설명
2 라인	파일과 데이터 스트림 작업에 필요한 라이브러리이다. StreamReader, StreamWriter 사용에 필요하다.
3-5 라인	TCP 소켓 통신 구현 시 필요한 라이브러리이다.
12 라인	서버 소켓 역할을 하며, 클라이언트의 연결 요청을 대기하고 수락하는 객체이다.
13 라인	클라이언트와의 실제 데이터 통신을 담당하는 객체이다.
15 라인	데이터의 통로 역할을 하며, Client 객체를 통해 얻는 네트워크 데이터 스트림이다.
16 라인	Stream에서 문자열 데이터를 편리하게 읽어 들이는 객체이다.
17 라인	Stream에 문자열 데이터를 편리하게 써서 전송하는 객체이다.
19 라인	클라이언트 연결 요청을 항상 대기하는 작업을 수행할 스레드이다.
20 라인	연결된 클라이언트로부터 메시지를 수신하는 작업을 수행할 스레드이다.
22 라인	다른 스레드에서 메인 스레드 UI 요소에 접근하기 위해 필요한 델리게이트 정의이다.
29 라인	폼이 메모리에 로드될 때 자동 호출되는 이벤트 핸들러이다.
31-33 라인	Listen 메소드를 실행할 새로운 스레드를 생성하고 스레드를 시작하여 클라이언트로부터 연결을 대기하는 상태로 만든다.
36 라인	Listen() 메소드는 클라이언트의 연결을 대기하고 수락하는 서버 메인 로직이다. listenTread에 의해 실행된다.
43 라인	IPAddress.Any는 서버가 모든 네트워크 인터페이스(IP주소)로부터 연결을 받도록 설정한다.
45 라인	지정된 IP 주소와 포트로 TcpListener 객체를 생성한다.
46 라인	클라이언트의 연결 요청을 기다리도록 서버 리스닝을 시작한다.
48 라인	Invoke를 사용하여 백그라운드 스레드에서 UI 스레드에 안전하게 텍스트를 출력한다.
51 라인	서버가 종료되기 전까지 무한 루프를 돌며 클라이언트 연결 요청을 지속적으로 대기한다.
55 라인	클라이언트의 연결을 요청하면 연결이 수립될 때까지 블로킹한다. 연결이 수립되면 통신용 TcpClient 객체를 반환한다.
59 라인	클라이언트 객체로부터 실제 데이터를 주고받을 NetworkStream을 얻는다.

60 라인	StreamReader를 Stream에 연결하여 수신 메시지를 읽기 쉽게 준비한다.
61 라인	StreamWriter를 Stream에 연결하여 전송 메시지를 쓰기 쉽게 준비하고 AutoFlush = true로 설정하여 데이터를 쓰는 즉시 전송하도록 한다.
64 라인	연결된 클라이언트로부터 메시지 수신을 담당할 Receive 메소드를 새로운 스레드로 생성한다.
65-66 라인	receiveThread를 백그라운드로 설정하고 시작한다.
82 라인	클라이언트로부터 메시지를 계속 수신하는 로직이다.
91 라인	클라이언트가 보낸 메시지를 줄 단위로 읽는다. 메시지가 도착할 때까지 대기한다.
92 라인	클라이언트가 연결을 정상적으로 종료하여 스트림의 끝에 도달했으면 루프를 종료한다.
103-115 라인	try-catch 블록을 빠져나오면 Reader, Writer, Stream, Client 객체 리소스들을 정리한다.
120 라인	메시지를 보낼 수 있는 유효한 상태인지 확인한다.
124-125 라인	txtInput 텍스트 박스에 입력된 메시지를 가져온다. 그리고 StreamWriter를 사용하여 메시지를 클라이언트에게 전송한다.
126 라인	내가 보낸 메시지를 txtView에 출력한다.
142 라인	폼이 닫힐 때 실행되는 이벤트이다.
147-151 라인	?은 null 조건 연산자이다. 객체가 null이 아닐 때만 Close() 기능을 실행한다. Stop()은 서버의 클라이언트 소켓 및 스트림 관련 리소스를 안전하게 해제한다.
155-159 라인	백그라운드로 실행했던 listenThread 및 receiveThread가 아직 살아있다면 Abort() 메소드로 강제 종료한다.

5. 빌드 및 실행하기

단축키 F6번 및 디버깅 시작 F5번을 눌러서 다음과 같이 빌
드 및 실행을 한다.

서버가 정상적으로 시작되었다면 이제 서버에 접속할 채팅
클라이언트를 구현할 차례이다.

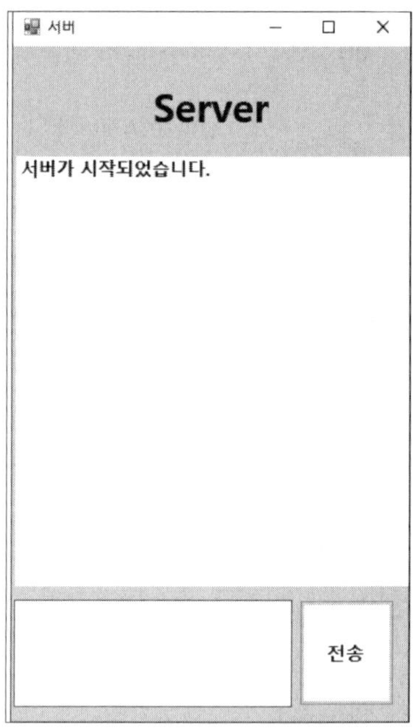

13.3.2 채팅 클라이언트 구현하기

채팅 클라이언트는 서버에 지정된 IP 주소와 포트 번호로 서버에 접속을 시도한다. 서버와 연결을 성
공하면 클라이언트는 서버와 메시지를 주고받는 통신 세션을 시작할 수 있다.

1. 프로젝트 생성

메뉴의 [파일] - [새로만들기] - [프로젝트]를 선택한다. 프로젝트 템플릿 선택 창에서 [Windows
Forms 앱]을 선택한다.

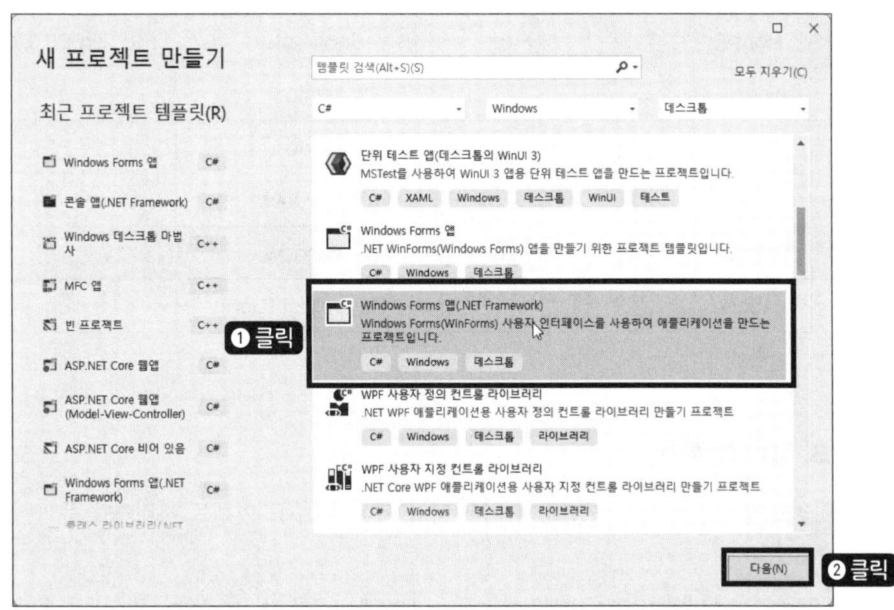

① 클릭

② 클릭

[다음] 버튼을 클릭하면 다음 단계인 [새 프로젝트 구성]창으로 넘어간다. 프로젝트 이름은 "TCPClient"라고 입력한 후, [확인] 버튼을 눌러 프로젝트를 생성하자.

2. 폼디자인

생성한 폼(Form1)에 레이블 1개, 텍스트박스 2개, 버튼 1개를 다음과 같이 배치하고 [표]와 같이 컨트롤의 속성을 설정한다.

컨트롤	Name	Text	Font	BackColor	Multiline	ScrollBars
Form	Form1			Info		
Label	label1	Client		Info		
TextBox	txtView		맑은고딕,	Window	True	Vertical
TextBox	txtInput		12pt,	Window		
Button	btnSend	전송	style=Bold	ControlLightLight		

3. 이벤트 처리기 추가

클라이언트의 통신 기능을 구현하기 위해 다음 세 가지 주요 이벤트 처리기를 폼과 버튼에 추가한다.

- **Form Load 이벤트** : 애플리케이션 시작 시 서버에 연결을 시도하고 메시지 수신을 준비한다.
- **Form Closing 이벤트** : 애플리케이션 종료 시 연결을 해제하고 사용된 소켓 리소스를 정리한다.
- **Button Click 이벤트** : 입력한 메시지를 연결된 서버로 전송하는 기능이다.

Form1을 선택하고 [속성]창에서 [이벤트](번개 모양 아이콘)로 이동한다. 폼에서는 Load, FormClosing 항목과, 버튼에 대해서는 Click 항목을 더블클릭한다.

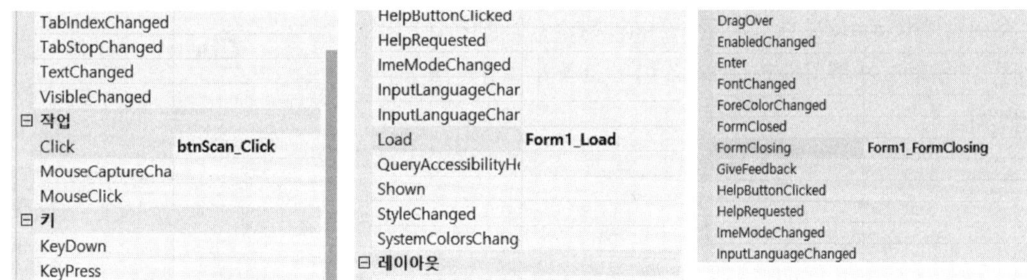

```
1   private void btnScan_Click(object sender, EventArgs e)
2   {
3   }
4   private void Form1_Load(object sender, EventArgs e)
5   {
6   }
7   private void Form1_FormClosing(object sender, FormClosingEventArgs e)
8   {
9   }
```

4. 코드 작성

이제 서버와 연결하고 메시지를 주고받는 채팅 클라이언트의 핵심 로직을 구현해 보자.

```
1   using System;
2   using System.IO;
3   using System.Net.Sockets;
4   using System.Threading;
5   using System.Windows.Forms;
6
7   namespace TCPClient
8   {
9       public partial class Form1: Form
10      {
11          TcpClient Client;
12          NetworkStream Stream;
13          StreamReader Reader;
14          StreamWriter Writer;
15          Thread receiveThread;
16          bool connected = false;
17          private delegate void AddTextDelegate(string strText);
```

```csharp
18
19        public Form1()
20        {
21            InitializeComponent();
22        }
23
24        private void Form1_Load(object sender, EventArgs e)
25        {
26            string IP = "127.0.0.1";
27            int port = 9001;
28
29            try
30            {
31                Client = new TcpClient();
32                Client.Connect(IP, port);
33
34                Stream = Client.GetStream();
35                Reader = new StreamReader(Stream);
36                Writer = new StreamWriter(Stream);
37                connected = true;
38
39                txtView.AppendText("서버에 접속 성공하였습니다." +
40                    Environment.NewLine);
41
42                receiveThread = new Thread(Receive);
43                receiveThread.IsBackground = true;
44                receiveThread.Start();
45            }
46            catch (Exception ex)
47            {
48                MessageBox.Show("서버에 접속할 수 없습니다 : " + ex.Message);
49            }
```

```csharp
50          }
51
52      private void Receive()
53      {
54          AddTextDelegate AddText = new AddTextDelegate(txtView.
55          AppendText);
56
57          try
58          {
59              while (connected)
60              {
61                  string tempStr = Reader.ReadLine();
62
63                  if (tempStr == null)
64                  {
65                      Invoke(AddText, "서버와의 연결이 종료되었습니다." +
66                      Environment.NewLine);
67                      break;
68                  }
69
70                  if (tempStr.Length > 0)
71                  {
72                      Invoke(AddText, "상대방 : " + tempStr +
73                      Environment.NewLine);
74                  }
75              }
76          }
77          catch (IOException ex)
78          {
79              Invoke(AddText, "수신 중 오류 발생 : " + ex.Message +
80              Environment.NewLine);
81          }
```

```
82              finally
83              {
84                  CloseConnection();
85              }
86          }
87
88          private void btnSend_Click(object sender, EventArgs e)
89          {
90              if (connected && Writer != null)
91              {
92                  try
93                  {
94                      txtView.AppendText("나 : " + txtInput.Text +
95                      Environment.NewLine);
96                      Writer.WriteLine(txtInput.Text);
97                      Writer.Flush();
98                      txtInput.Clear();
99                  }
100                 catch (Exception ex)
101                 {
102                     txtView.AppendText("메시지 전송 오류 : " +
103                     ex.Message + Environment.NewLine);
104                 }
105             }
106         }
107     private void Form1_FormClosing(object sender,
108     FormClosingEventArgs e)
109     {
110         CloseConnection();
111     }
112
113     private void CloseConnection()
```

```
114         {
115             try
116             {
117                 connected = false;
118
119                 if (receiveThread != null && receiveThread.
120                 IsAlive) receiveThread.Abort();
121
122                 Client?.Close();
123                 Stream?.Close();
124                 Reader?.Close();
125                 Writer?.Close();
126             }
127             catch (Exception ex)
128             {
129                 if (txtView != null && !txtView.IsDisposed)
130                 {
131                     txtView.AppendText("연결 종료 중 예외 발생 : " +
132                     ex.Message + Environment.NewLine);
133                 }
134             }
135         }
136     }
137 }
```

11 라인	서버와의 연결 및 통신을 담당하는 클라이언트 객체이다.
12 라인	데이터 통로 역할을 하는 네트워크 스트림 객체이다.
13-14 라인	Stream으로부터 문자열 데이터를 편리하게 읽고 전송할 수 있는 객체이다.
15 라인	서버로부터 메시지를 수신하는 작업을 전담할 별도의 스레드이다
16 라인	서버 연결 상태를 저장하는 플래그 변수이다.
31-32 라인	새로운 TcpClient 객체를 생성한다. 그리고 지정된 IP 주소와 포트로 서버에 연결을 시도한다. 성공할때까지 블로킹된다.
34 라인	연결된 Client 객체로부터 데이터 통신용 NetworkStream을 얻는다.
35-36 라인	Stream에 연결하여 수신 데이터와 전송 데이터를 문자열로 읽고 쓰기 쉽게 준비한다.
42-44 라인	Receive 메소드를 실행할 새로운 수신 스레드를 생성한다. 스레드를 백그라운드로 설정하고 메시지 수신을 위한 스레드를 시작한다.
52 라인	서버로부터 메시지를 지속적으로 수신하는 로직이다. receiveThread에 의해 실행된다.
61 라인	서버가 보낸 메시지를 줄 단위로 읽는다. 메시지가 도착할 때까지 스레드를 블로킹한다.
63-68 라인	서버가 연결을 정상적으로 종료했을 때 서버 종료 메시지를 UI에 출력하고 루프를 탈출하여 수신 스레드를 종료한다.
70-74 라인	수신된 메시지 tempStr의 길이가 0보다 클 때만 UI에 출력 처리한다.
90 라인	현재 서버에 연결되어 있고 Writer 객체가 유효한지 확인한다.
94-97 라인	내가 보낸 메시지를 먼저 txtView에 출력하고 StreamWriter를 사용하여 입력된 메시지를 서버로 전송한다. 버퍼에 남아 있는 데이터가 있다면 즉시 전송한다.
113 라인	클라이언트 연결과 관련된 모든 리소스를 정리하는 보조 메소드이다. Receive() 의 finally와 Form1_FormClosing 에서 모두 호출된다.
119-120 라인	receiveThread가 실행 중인 경우 강제 종료한다.
122-125 라인	널 조건부 연산자 (?.) 를 사용하여 Client, Stream, Reader, Writer 객체를 안전하게 닫는다.

5. 빌드 및 실행하기

클라이언트 애플리케이션은 서버의 연결을 필요로 하므로, 반드시 서버(TCPServer)를 먼저 실행하여 연결을 대기하는 상태로 만들어야 한다.

- **서버 실행** : TCPServer 프로젝트를 먼저 실행한다. • Form Closing 이벤트 : 애플리케이션 종료 시 연결을 해제하고 사용된 소켓 리소스를 정리한다.
- **클라이언트 실행** : 클라이언트 단축키 F6번 및 디버깅 시작 F5번을 눌러 클라이언트 애플리케이션을 실행한다.

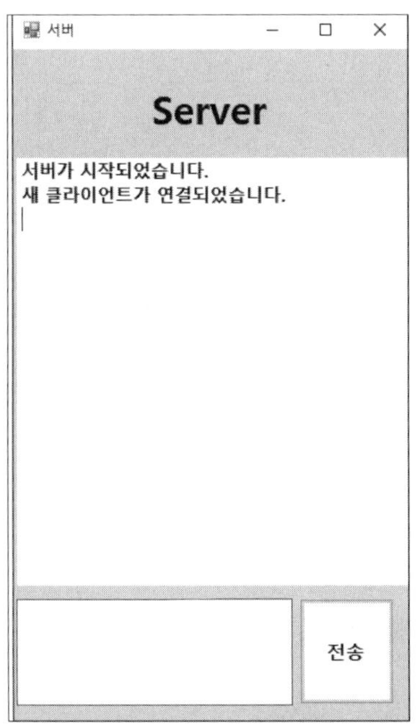

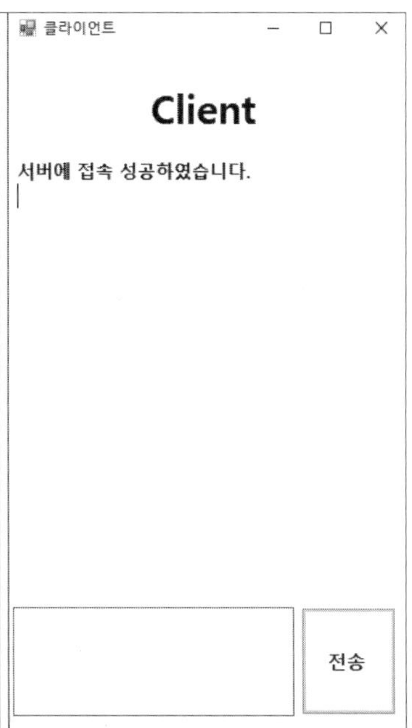

클라이언트 창에 "서버에 접속 성공하였습니다." 메시지가 출력되었다면 서버와 클라이언트 간에 소켓 연결이 성공적으로 수립되어 메시지를 주고받을 수 있는 스트림이 형성된 것이다. 이제 서버나 클라이언트 두 애플리케이션 중 아무 곳에서나 메시지를 입력하고 [전송] 버튼을 눌러 양방향 채팅이 제대로 동작하는지 테스트해 보자.

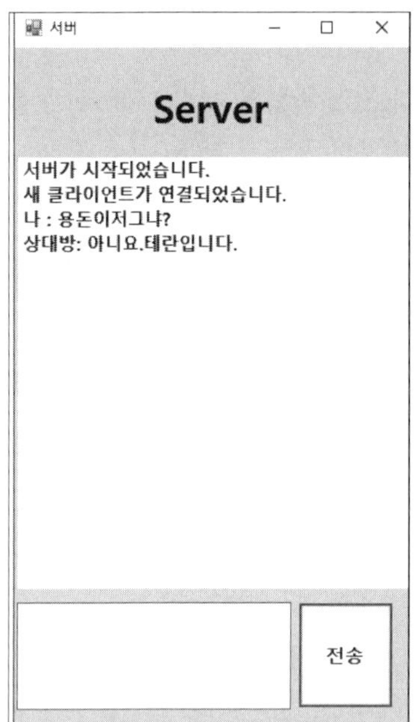

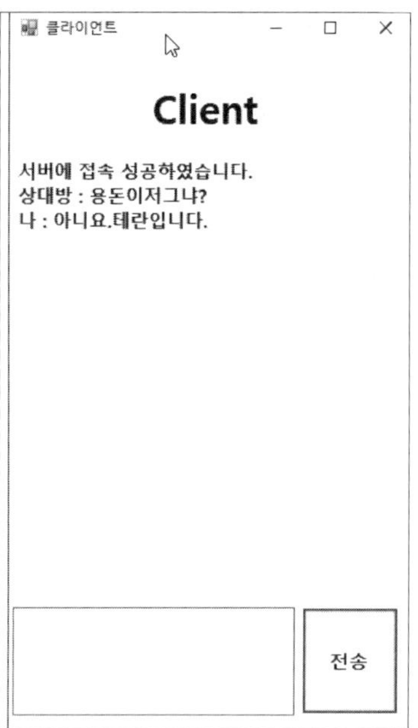

13.3.3 다중 클라이언트 접속 형태로 서버 개선하기

현재 구현한 TCPSever 코드는 단 하나의 클라이언트만 접속하고 통신할 수 있는 구조이다. 따라서 다중 클라이언트 접속 형태로 개선할 필요가 있다.

1. 기존 서버의 문제점

이전 서버 코드는 전역변수와 단일 수신 스레드에 의존하여 통신을 처리했다. 이 구조는 본질적으로 동시에 여러 클라이언트를 처리할 수 없다.

문제점	이전 코드의 구현	상세 설명
단일 연결 제한	TcpClient Client, Stream Reader/Writer 가 전역변수로 선언되어 있다.	두 번째 클라이언트가 접속하면 전역 변수가 덮여쓰여 첫 번째 클라이언트와의 연결 정보가 손실된다.
브로드캐스트 불가	메시지 전송 로직이 오직 하나의 전역 Writer 에만 메시지를 쓴다.	다수의 클라이언트에게 메시지를 동시에 전파하는 채팅 서버의 핵심 기능(Broadcast) 구현이 불가능하다.
스레드 관리 미흡	Listen() 스레드가 AcceptTcpClient()로 블로킹 된 후, Receive() 스레드를 시작하면, 서버는 새로운 연결을 수락할 수 없게 된다.	통신 중인 클라이언트가 끊어져야만 Listen 스레드가 다음 연결을 받을 수 있는 비효율적인 구조이다.

2. 개선된 서버의 해결책

List〈TcpClient〉와 클라이언트별 스레드 생성을 도입하여 이 문제들을 효과적으로 해결하도록 한다.

개선 항목	개선된 코드의 구현	상세 설명
단일 연결 목록	List<TcpClient> clients = new List<Tcp-Client>();	연결된 모든 클라이언트의 TcpClient 객체를 저장하는 전역 목록을 도입하여 여러 클라이언트의 정보를 동시에 관리한다.
새로운 스레드 위임	Thread clientThread = new Thread(()⇒ HandleClient(client)); clientThread.Start();	StartServer() 스레드는 오직 연결을 수락한 후, 해당 클라이언트 통신을 HandleClient 메서드를 실행하는 새로운 독립된 스레드에게 즉시 위임한다. 이로써 StartServer() 스레드는 막힘없이 다음 연결을 대기할 수 있다.
지역 리소스 사용	NetworkStream stream = null; Stream-Reader reader = null;	HandleClient 메서드 내에서 지역 변수로 stream과 reader를 생성한다. 이는 각 클라이언트 스레드가 독립된 통신 리소스를 가지게 되어 데이터 덮어쓰기 문제가 완전히 사라진다.

3. 코드 작성

단일 클라이언트의 한계에서 벗어나 다수의 클라이언트 접속을 동시에 처리하고 메시지를 중계하는 채팅 서버의 핵심 로직을 작성해 보자.

```
1   using System;
2   using System.Collections.Generic;
3   using System.IO;
4   using System.Net;
5   using System.Net.Sockets;
6   using System.Threading;
7   using System.Windows.Forms;
8
9   namespace TCPServer
10  {
11      public partial class Form1 : Form
```

```csharp
12    {
13        TcpListener Server;
14        List<TcpClient> Clients = new List<TcpClient>();
15        bool serverRunning = false;
16        Thread serverThread;
17
18        private delegate void AddTextDelegate(string strText);
19
20        public Form1()
21        {
22            InitializeComponent();
23        }
24
25        private void Form1_Load(object sender, EventArgs e)
26        {
27            serverThread = new Thread(StartServer);
28            serverThread.IsBackground = true;
29            serverThread.Start();
30        }
31
32        private void StartServer()
33        {
34            AddTextDelegate AddText = new AddTextDelegate(txtView.
35            AppendText);
36            try
37            {
38                Server = new TcpListener(IPAddress.Any, 9001);
39                Server.Start();
40                serverRunning = true;
41
42                Invoke(AddText, "서버가 시작되었습니다." + Environment.
43                NewLine);
```

```
44                  while (serverRunning)
45                  {
46                      TcpClient Client = Server.AcceptTcpClient();
47                      lock (Clients) Clients.Add(Client);
48
49                      Invoke(AddText, "새 클라이언트가 연결되었습니다." +
50                      Environment.NewLine);
51
52                      Thread clientThread = new Thread(() =>
53                       HandleClient(Client));
54                      clientThread.IsBackground = true;
55                      clientThread.Start();
56                  }
57              }
58          catch (Exception ex)
59          {
60              Invoke(AddText, "서버 오류 : " + ex.Message +
61              Environment.NewLine);
62          }
63      }
64
65  private void HandleClient(TcpClient Client)
66  {
67      AddTextDelegate AddText = new AddTextDelegate(txtView.
68      AppendText);
69      NetworkStream Stream = null;
70      StreamReader Reader = null;
71
72      try
73      {
74          Stream = Client.GetStream();
75          Reader = new StreamReader(Stream);
```

```
76
77              while (serverRunning)
78              {
79                  string msg = Reader.ReadLine();
80                  if (msg == null) break;
81
82                  string broadcastMessage = "상대방 : " + msg +
83                  Environment.NewLine;
84
85                  Invoke(AddText, broadcastMessage);
86
87                  lock (Clients)
88                  {
89                      foreach (var c in Clients.ToArray())
90                      {
91                          if (c == Client) continue;
92                          try
93                          {
94                              if (c.Connected)
95                              {
96                                  StreamWriter Writer = new
97                                  StreamWriter(c.GetStream())
98                                  { AutoFlush = true };
99                                  Writer.WriteLine(msg);
100                             }
101                         }
102                         catch (Exception ex)
103                         {
104                             Invoke(AddText, $"브로드캐스트 오류:
105                             {ex.Message}{Environment.NewLine}");
106                         }
107                     }
108                 }
```

```
109                    }
110                }
111            catch (IOException ex)
112            {
113                Invoke(AddText, "클라이언트 연결 오류 : " + ex.Message +
114                Environment.NewLine);
115            }
116            finally
117            {
118                Reader?.Close();
119                Stream?.Close();
120                Client?.Close();
121
122                lock (Clients) Clients.Remove(Client);
123                Invoke(AddText, "클라이언트 연결이 종료되었습니다." +
124                Environment.NewLine);
125            }
126        }
127
128    private void btnSend_Click(object sender, EventArgs e)
129    {
130        AddTextDelegate AddText = new AddTextDelegate(txtView.
131        AppendText);
132
133        lock (Clients)
134        {
135            foreach (var client in Clients)
136            {
137                try
138                {
139                    if (client.Connected)
```

```
140                          {
141                              StreamWriter writer = new
142                              StreamWriter(client.GetStream())
143                              { AutoFlush = true };
144                          }
145                      }
146                  catch (Exception ex)
147                  {
148                      Invoke(AddText, "메시지 전송 오류 : " + ex.Message +
149                      Environment.NewLine);
150                  }
151              }
152          }
153
154      txtView.AppendText("나 : " + txtInput.Text +
155      Environment.NewLine);
156      txtInput.Clear();
157  }
158
159  private void Form1_FormClosing(object sender,
160  FormClosingEventArgs e)
161  {
162      serverRunning = false;
163
164      Server?.Stop();
165
166      lock (Clients)
167      {
168          foreach (var client in Clients)
169              client.Close();
170
171          Clients.Clear();
```

```
172              }
173
174          if (serverThread != null && serverThread.IsAlive)
175              serverThread.Abort();
176      }
177  }
178 }
```

{ 코드 분석 }

13 라인	클라이언트의 연결 요청을 수신 대기하는 서버 리스너 객체이다.
14 라인	현재 서버에 접속된 모든 클라이언트의 TcpClient 객체 목록을 저장하는 컬렉션이다. 다중 클라이언트 지원의 핵심이다.
16 라인	클라이언트의 연결 수락을 전담할 별도의 스레드이다.
27 라인	StartServer 메소드를 실행할 때 새 스레드를 생성한다. UI 스레드가 블로킹되는 것을 방지하기 위함이다.
32 라인	serverThread에 의해 실행되는 메소드이며, 오직 연결 수락만을 담당한다.
38 라인	모든 IP 주소의 포트 9001번에서 연결을 대기하는 TcpListener 객체를 생성한다.
39 라인	클라이언트 연결 요청 수신 대기를 시작한다.
44 라인	serverRunning이 true인 동안 무한 루프를 실행하며 계속 클라이언트 접속을 기다린다.
46 라인	클라이언트의 연결 요청을 수락할 때까지 스레드를 블로킹한다. 연결이 수락되면 해당 TcpClient 객체를 반환한다.
47 라인	여러 스레드의 동시 접근을 방지하기 위해 lock을 사용하여 안전하게 새로 접속한 client를 전역 목록에 추가한다.
52-53 라인	새 클라이언트와의 통신을 전담할 새 스레드를 생성하고, HandleClient 메소드에 해당 client 객체를 인수로 전달한다.
54 라인	클라이언트별 통신 스레드를 시작한다. 이로써 StartServer 스레드는 다시 AcceptTcpClient()로 돌아가 다음 연결을 대기할 수 있게 된다.
65 라인	각 클라이언트별 통신 스레드가 실행하는 로직이다.

라인	설명
69-70 라인	이 스레드가 다룰 클라이언트의 통신 리소스를 지역 변수로 선언한다.
74 라인	전달받은 client 객체로부터 스트림을 얻는다.
75 라인	스트림을 통해 문자열을 읽을 StreamReader를 생성한다.
77 라인	서버가 실행 중인 동안 메시지 수신 루프를 실행한다.
79 라인	클라이언트로부터 메시지가 도착할 때까지 블로킹한다.
80 라인	클라이언트가 연결을 종료하면 ReadLine()은 null을 반환하므로 루프를 탈출한다.
85 라인	서버 콘솔(txtView)에 수신된 메시지를 출력한다.
87 라인	브로드캐스트를 시작하기 전에 clients 목록의 안정성을 확보한다.
89 라인	모든 클라이언트에게 메시지를 전송하기 위해 목록을 순회한다.
91 라인	현재 메시지를 받을 클라이언트 c가 메시지를 보낸 클라이언트 Client와 동일하다면 건너뛰고 다음 클라이언트로 넘긴다. 즉, 브로드캐스트 전송 시 발신자인 나에게는 보내지 않기 위함이다.
96-98 라인	메시지 전송을 위해 현재 클라이언트 c 의 스트림에 연결된 StreamWriter를 생성한다.
99 라인	수신된 메시지를 다른 클라이언트 c 에게 전송한다.
118-120 라인	Reader, Stream, Client 리소스를 정리한다.
122 라인	리소스 정리 후 lock을 사용하여 해당 Client를 전역 목록에서 제거한다.
128 라인	전체 목록 순회 전에 안전을 확보한다.
135-151 라인	클라이언트 스레드가 수신한 메시지를 브로드캐스트하는 것과 동일한 방식으로 서버가 입력한 메시지를 목록의 모든 클라이언트에게 전송한다.
154-156 라인	서버가 보낸 메시지를 서버 UI에 출력하고 입력창을 비운다.
159 라인	서버 프로그램이 종료될 때 실행되어 모든 리소스를 정리한다.
164 라인	새로운 연결 요청을 받지 않도록 TcpListener를 중지한다.
166-172 라인	lock을 사용하여 목록에 남아있는 모든 접속 클라이언트의 연결을 강제로 끊고 목록을 비운다.
174-175 라인	클라이언트 수락을 전담하던 serverThread를 강제 종료하여 서버가 완전히 종료하도록 한다.

5. 빌드 및 실행하기

개선된 서버 코드가 다중 클라이언트 접속을 실제로 처리하는지 확인하기 위해 서버와 클라이언트 애플리케이션을 실행하고 테스트해 보자.

- **서버 실행** : 먼저 클라이언트 연결을 수신 대기할 수 있도록 TCPServer 프로젝트를 먼저 실행한다. 단축키 F5를 눌러 서버를 실행한다.
- **클라이언트 실행** : 클라이언트 프로그램을 실행하여 서버에 접속한다. 이 때 클라이언트 프로그램을 여러 개 실행한다. 빌드된 경로 TCPClient₩bin₩Debug로 이동하여 TCPClient.exe를 더블클릭하여 2개 정도 실행한다.
- **접속 상태 확인 및 테스트** : 클라이언트들이 서버에 성공적으로 연결되면 서버 UI에는 클라이언트 수만큼 "새 클라이언트가 연결되었습니다." 메시지가 출력된다.

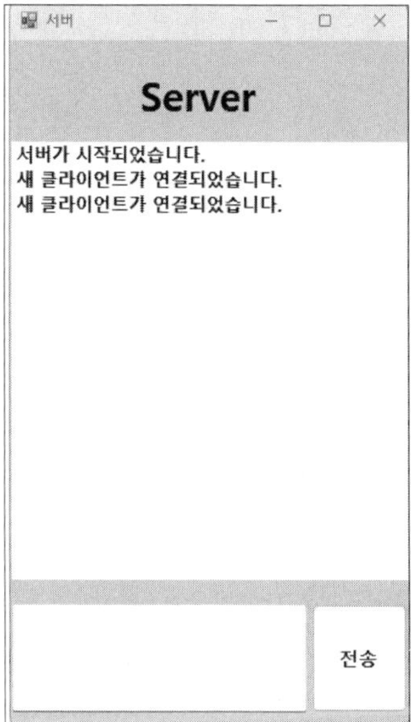

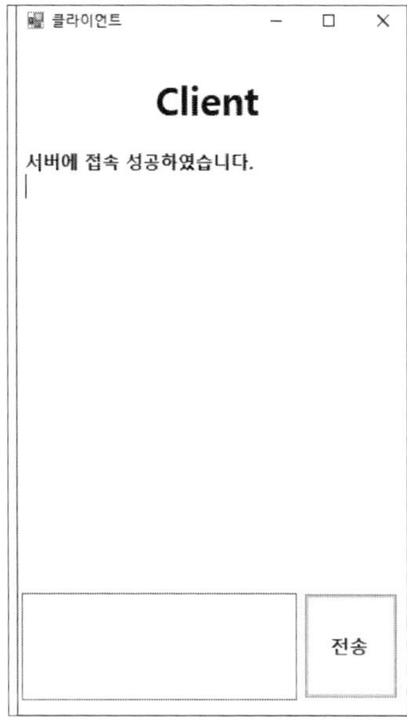

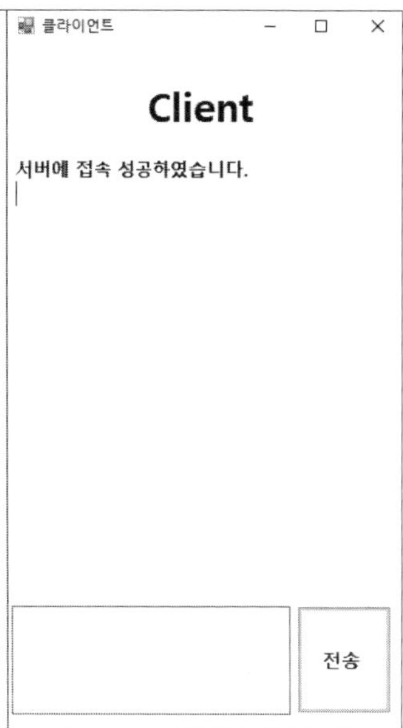

- 연결된 클라이언트 중 하나에서 메시지를 입력하고 [전송] 버튼을 클릭하면 서버를 비롯하여 다른 모든 클라이언트 창에도 브로드캐스트로 전파되어 출력되는 것을 확인할 수 있다.

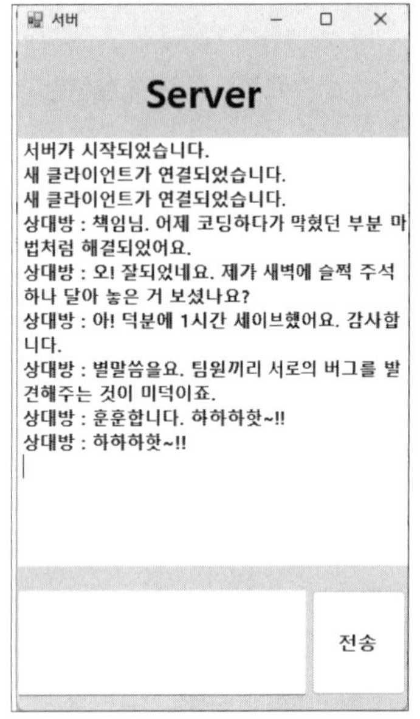

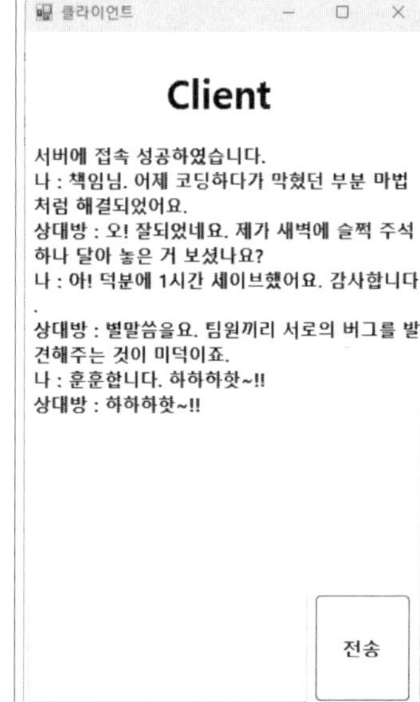

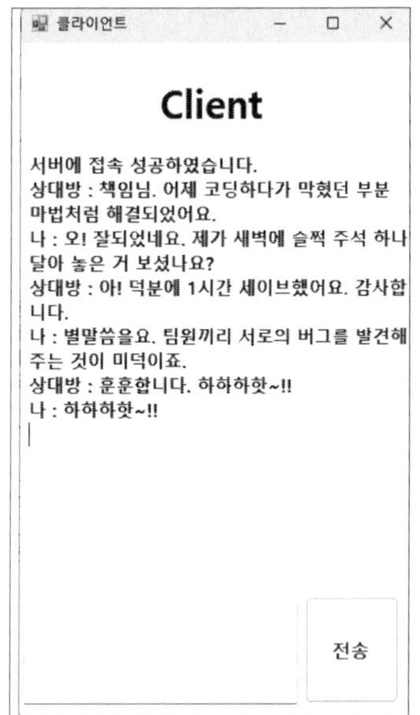

Part 14

ASP.NET Core Web API 기반 웹서버 만들기

ASP.NET Core Web API 개요

Web 기술의 발전과 함께 클라이어트 애플리케이션이 다양해짐에 따라 서버는 단순히 HTML 화면을 제공하는 역할을 넘어서, 모바일, 앱, 데스크톱 프로그램, 사물인터넷(IoT), 웹프론트엔드 등 여러 환경에 데이터를 제공해야 한다. 이러한 환경에서 데이터를 안정적이고 일관되게 전달하기 위한 서비스 개발 방식이 바로 Web API이며, MS(Microsoft)가 제공하는 ASP.NET Core Web API는 이러한 요구에 대응할 수 있는 강력하고 유연한 백엔드 프레임워크이다.

14.1.1 Web API란 무엇인가

Web API는 네트워크를 통해 애플리케이션이나 서비스 간에 데이터를 교환할 수 있도록 설계된 인터페이스를 의미한다. 기존의 웹애플리케이션이 서버에서 HTML 문서를 생성하여 브라우저에 전달하는 방식이였다면, Web API는 데이터 자체를 클라이언트에 전달하는 것이 목적이다.

구분	웹애플리케이션	Web API
목적	UI 페이지 생성	데이터 제공
응답 구조	HTML, CSS, JS	JSON, XML 등
소비 방식	웹브라우저	브라우저, 모바일, IoT 등
데이터 처리	사람에게 제공	프로그램에게 제공

특히 REST 아키텍처 스타일이 널리 사용되면서 Web API는 HTTP 메소드(GET, POST, PUT, DELETE), URL, 상태코드, JSON 반환을 기반으로 표준화된 통신 방식을 확립했다. 따라서 Web API는 서버와 클라이언트 간의 데이터 교환을 위한 현대적인 통신 방식이라고 정의할 수 있다.

14.1.2 ASP.NET Core의 특징

ASP.NET Core는 기존 .NET Framework 기반의 ASP.NET을 완전히 재설계한 차세대 오픈소스 웹 프레임워크로, Web API 개발에 최적화되어 있다. 주요 특징은 다음과 같다.

1. 크로스 플랫폼 지원

윈도우 뿐 아니라 리눅스, 맥OS에서도 실행 가능하며 Docker 컨테이너 환경에서도 높은 호환성을 제공한다.

2. 고성능 및 경량화

요청 처리 파이프라인이 개선되고 Kestrel 웹서버가 내장되어 있어 대량 트래픽 환경에서도 매우 우수한 성능을 발휘한다.

3. 모듈형 아키텍처

필요한 기능만 NuGet 패키지로 선택해 사용하는 구조로, 프로젝트가 불필요하게 무거워지는 것을 방지한다.

4. 의존성 주입 내장

ASP.NET Core는 DI가 기본 탑재되어 있어 서비스 구성, 객체 생명주기 관리, 테스트 용이성에서 높은 강점을 갖는다.

5. 클라우드 친화적 설계

Azure, AWS, GCP 등의 클라우드 환경과 자연스럽게 연동되며, 로깅, 모니터링, HTTPS, 환경기반 설정까지 지원한다.

14.1.3 ASP.NET Core Web API의 구성 요소

ASP.NET Core Web API는 다음 요소들이 유기적으로 결합해 동작한다.

구성 요소	역할
Program.cs / Startup.cs	애플리케이션 진입점, 서비스 등록 및 HTTP 파이프라인 구성
Middleware	요청(Request)와 응답(Response) 중간에서 로직 처리
Controller / Endpoint	API 엔드포인트(라우팅) 제공
Model	API에서 입력 및 출력되는 데이터 구조
DTO	데이터 전송 전용 모델, 외부 노출용
Service Layer	비즈니스 로직을 수행
Repository / DB Layer	데이터베이스 CRUD 수행

특히 ASP.NET Core는 요청을 처리하는 과정에서 Middleware 기반 파이프라인을 사용한다.

```
Request → [Middleware] → Routing → Controller/Endpoint → Service → Repository → DB
```

이러한 구조 덕분에 인증, 로깅, 캐싱, 예외 처리 등을 체계적으로 관리할 수 있다.

14.1.4 MVC와 Minimal API 비교

ASP.NET Core에서 Web API를 개발하는 방식은 크게 MVC 기반 API와 Minimal API 두 가지 방식이 존재한다. MVC 방식은 구조화된 계층 패턴을 제공하며 대규모 프로젝트에 적합하고, Minimal API는 코드량을 최소화하여 빠르게 구축하는 데 유리하다.

구성 요소	MVC 기반 Web API	역할
구조	Controller / Action 중심	함수 기반 엔드포인트
코드량	비교적 많음	매우 적음
확장성	대규모, 복잡한 서비스에 적합	소규모, 단일 서비스에 적합
특징	필터, 모델 바인딩, 특성 기반 라우팅	단순한 라우팅 및 DI
가독성	명확한 계층 구조	간결하지만 규모 커지면 복잡해질 수 있음

예를 들어 같은 GET API를 제작하더라도 다음과 같은 차이가 있다.

1. MVC 기반 Web API 코드

```
[ApiController]
[Route("api/[controller]")]
public class BooksController : ControllerBase
{
    [HttpGet]
    public IActionResult GetAll() ⇒ Ok(BookService.GetAll());
}
```

2. Minimal API 코드

```
app.MapGet("/api/books", () ⇒ BookService.GetAll());
```

API 개발을 처음 시작한다면 MVC를 통해 구조화된 패턴을 배우고, 빠른 서비스 제작이나 소규모 엔트포인트에는 Minimal API를 활용하는 것이 이상적이다.

14.2 ASP.NET Core Web API 프로젝트 생성

ASP.NET Core Web API를 개발하기 위해서는 먼저 프로젝트 환경을 준비하고 Web API 템플릿을 기반으로 새로운 프로젝트를 생성해야 한다. Web API 프로젝트를 생성하는 과정을 단계별로 살펴보자.

14.2.1 프로젝트 만들기

1. ASP.NET 및 웹 개발 워크로드 확인 또는 설치하기

- Visual Studio를 실행한다.
- 메뉴에 서 [파일] - [새로만들기] -[프로젝트] 를 선택한다.
- 프로젝트 템플릿 선택 화면의 아래쪽으로 이동하여 [추가 도구 및 기능 설치] 항목을 선택한다.
- ASP.NET Core Web API 기반 프로젝트를 생성하려면 워크로드의 ASP.NET 및 웹 개발 항목에 체크하여 설치해야 한다. 만약 이미 설치되어 있다면 그냥 넘어간다.

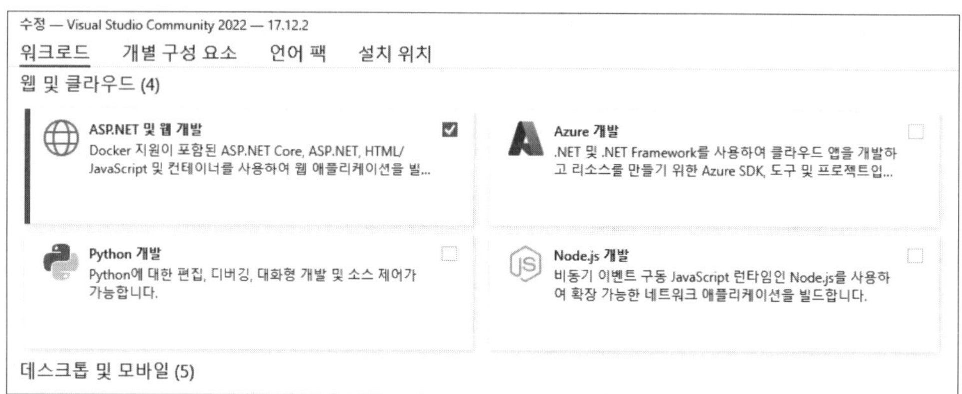

2. 프로젝트 템플릿 선택하기

- 템플릿의 선택 항목을 각각 [C#] - [Windows] - [웹]을 선택한다.
- 템플릿 항목 중에 [ASP.NET Core 웹 API]를 선택하고, [다음] 버튼을 클릭한다.

3. 프로젝트 이름 및 위치 설정하기

- [새 프로젝트 구성] 창에서 프로젝트 이름은 "HelloApi"이라고 입력한다.

- 위치는 원하는 디렉토리를 선택한다. 설정이 끝나면 [다음] 버튼을 클릭한다.

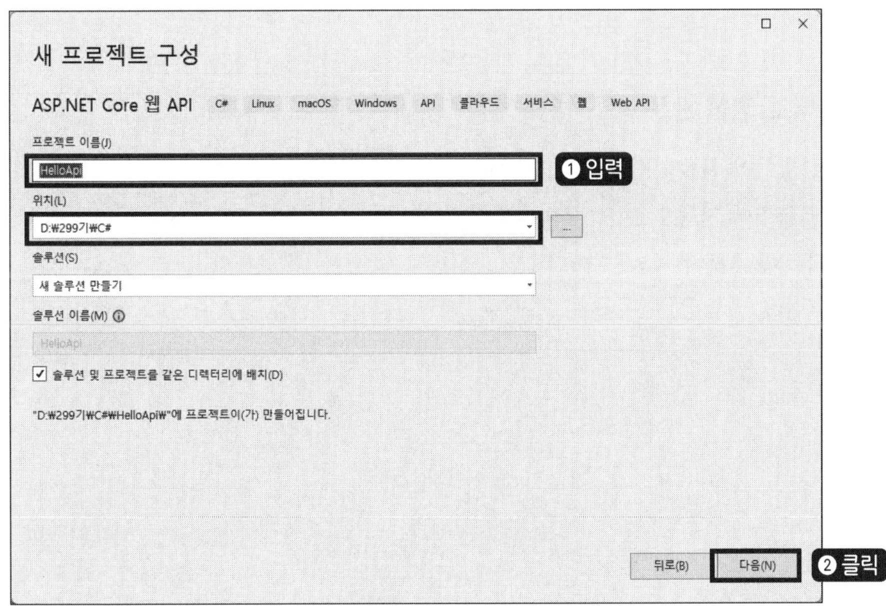

4. 프레임워크 및 옵션 설정하기

- 대상 프레임워크는 .NET 8.0을 선택한다.

- 인증 유형은 없음으로 설정한다.

- HTTPS 사용 옵션은 체크된 상태로 유지한다. 이는 API 요청 시 보안 채널을 적용하기 위한 기본 설정이다.

- 모든 설정이 완료되면 [만들기] 버튼을 클릭한다.

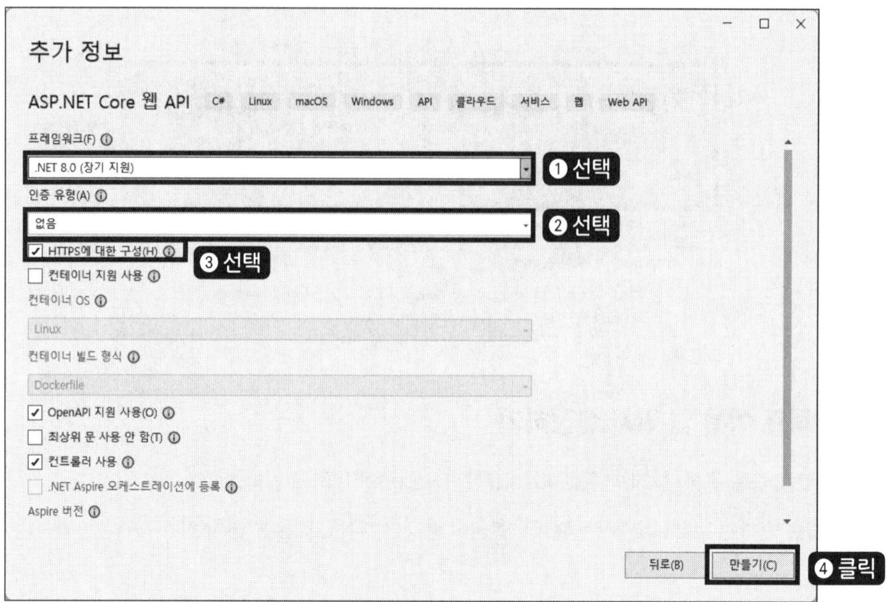

5. 프로젝트 생성 완료

프로젝트 생성이 완료되면 Web API 템플릿이 자동으로 구성되며 다음 요소들이 기본 구조로 제공된다.

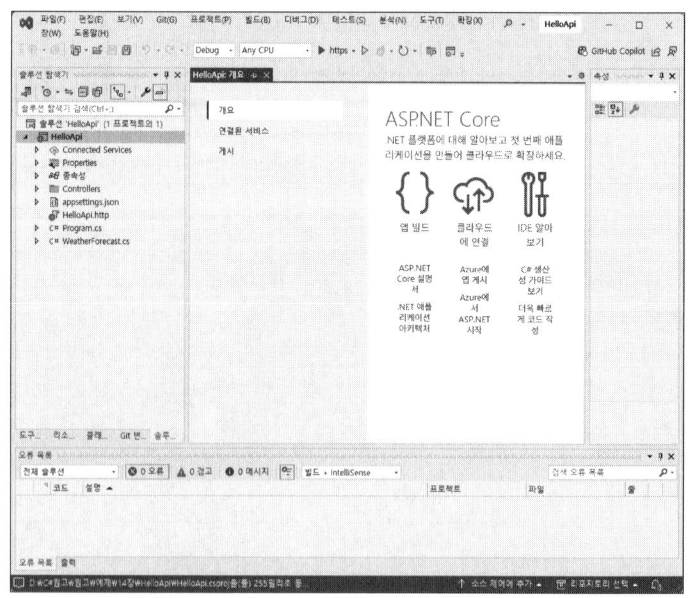

파일/폴더	설명
Program.cs	애플리케이션 엔트리 포인트 및 미들웨어 구성
Properties	프로젝트 정보 및 실행 설정
Controllers	API 컨트롤러가 포함되는 폴더 (예 : WeatherForecastController.cs)
appsettings.json	데이터베이스 문자열 및 환경 구성 설정
WeatherForecast.cs	기본 예제 모델 클래스

처음 생성되는 API 프로젝트는 실행 즉시 테스트 가능하도록 WeatherForecast API 엔드 포인트가 탑재되어 있다. 여기까지 완료되면 ASP.NET Core Web API 개발 환경이 준비된 것이며, 이후부터는 새로운 컨트롤러와 엔드 포인트를 추가하여 실제 비즈니스 API를 개발할 수 있다.

14.2.2 프로젝트 무작정 실행하기

프로젝트 생성이 완료되었다면, 내부 구조나 설정을 분석하기 전에 먼저 Web API가 어떻게 동작하는지 직접 실행해 보는 것이 좋다. 특별한 설정이나 소스 코드 추가 없이도 ASP.NET Core Web API 템플릿은 실행 즉시 테스트할 수 있도록 구성되어 있기 때문이다.

1. 프로젝트 실행하기

다음 중 하나의 방법으로 실행한다.

- 메뉴의 [디버그] - [디버깅 시작]을 선택한다.
- F5 단축키를 눌러 실행한다.

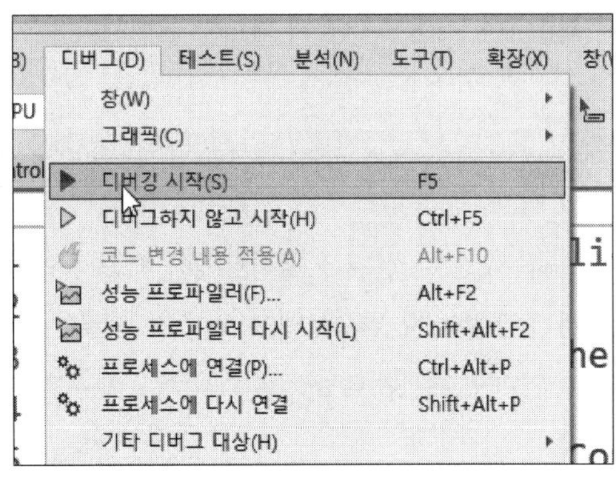

2. Swagger UI 페이지

실행과 동시에 브라우저 화면에 표시되는 페이지가 Swagger UI 이다. Swagger란 REST API 테스트를 손쉽게 할 수 있도록 제공하는 웹 인터페이스로, ASP.NET Core Web API 템플릿에 기본으로 포함되어 있다.

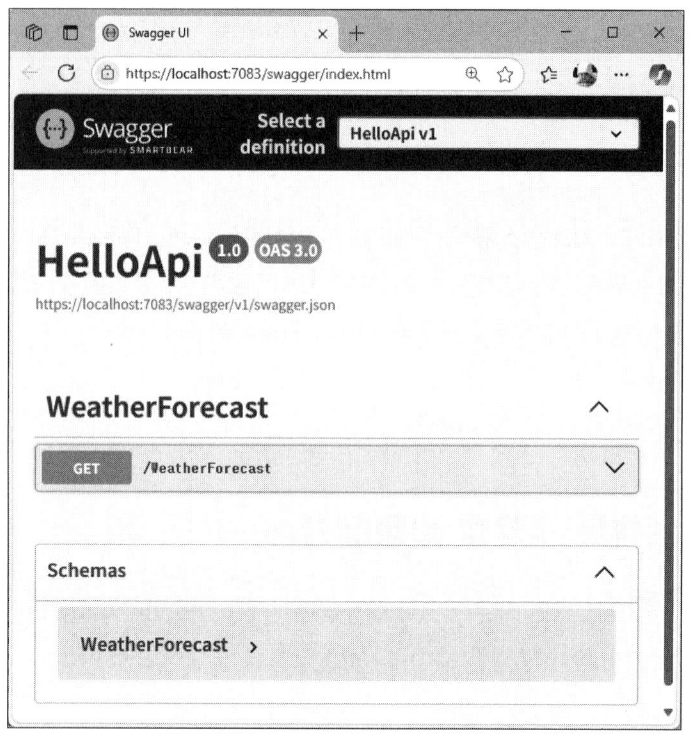

브라우저 주소는 다음이 형태로 표시된다.

https://localhost:7083/swagger/index.html

Swagger UI는 현재 프로젝트에서 제공 중인 API 엔드포인트 목록을 자동으로 나열해 주며, 버튼을 클릭하여 바로 요청을 보내고 응답 결과를 확인할 수 있다. 즉, 별도의 테스트 도구(Postman 등)를 설치하지 않아도 프로젝트 초기 단계에서 API 동작을 충분히 검증할 수 있다.

3. WeatherForecast API 실행

Swagger UI에는 템플릿에서 기본으로 제공하는 WeatherForecast API가 목록에 표시되어 있다.

- WeatherForecast 엔드포인트 항목을 확장한다.
- [Try it out] 버튼을 클릭하여 테스트 모드를 활성화한다.

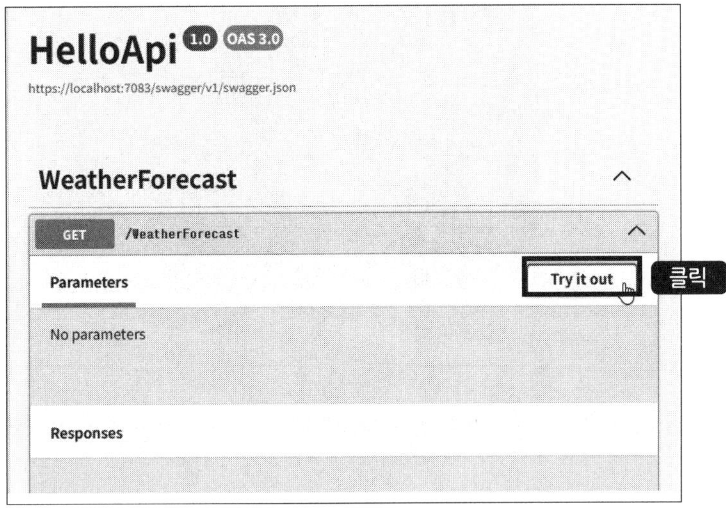

- [Excute] 버튼이 나타나는데, 이 버튼을 누르면 Swagger가 API 서버에 GET /weatherforecast 요청을 전송하고, 그에 대한 응답 데이터를 JSON 형식으로 화면에 표시한다.

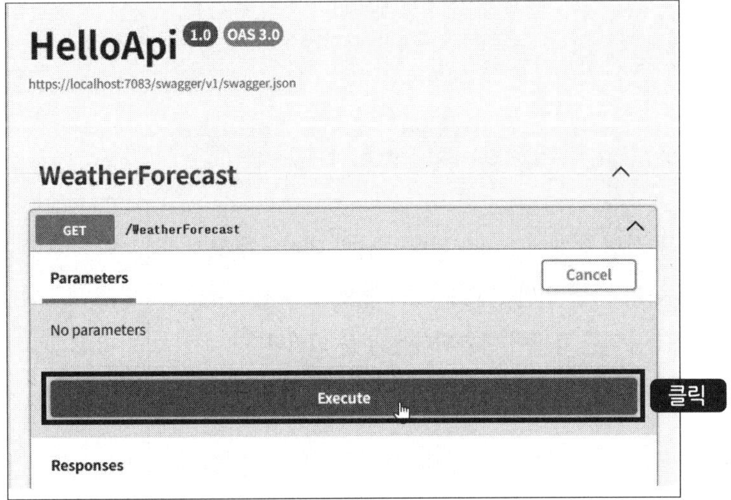

화면에는 요청 URL, HTTP 상태 코드(200 OK), 응답 시간이 함께 표시되며, 다음과 같이 JSON 결과가 출력된다.

WeatherForecast API는 무작위로 생성된 날짜, 섭씨/화씨 온도, 날씨 요약 정보 등을 반환하는 샘플 API이다.

4. 브라우저 URL로 직접 요청해 보기

Swagger UI 페이지를 사용하여 요청할 수도 있지만, 브라우저 url로 직접 요청할 수도 있다. 다음과 같이 브라우저 주소창에 다음과 같이 입력한다.

https://localhost:7083/weatherforecast

주소로 접근하면 화면 전체에 JSON 형태의 날씨 데이터가 표시된다. 이는 Swagger가 아닌 일반 HTTP GET 방식으로 API 엔드포인트에 접근해도 동일한 응답이 반환된다는 것을 의미한다.

14.2.3 프로젝트 디렉토리 구조 및 소스 코드 분석하기

ASP.NET Core Web API 프로젝트가 정상적으로 생성되면 여러 개의 디렉토리와 설정 파일들이 함께 만들어진다. 처음 보면 파일이 많아 보이지만, 각 파일이 어떤 역할을 수행하는지 이해하면 Web API가 어떻게 동작하는지 전체 구조를 쉽게 파악할 수 있다.

1. 프로젝트 디렉토리 구조

프로젝트 생성 후 솔루션 탐색기를 확인해 보면 다음과 같은 구조를 확인할 수 있다.

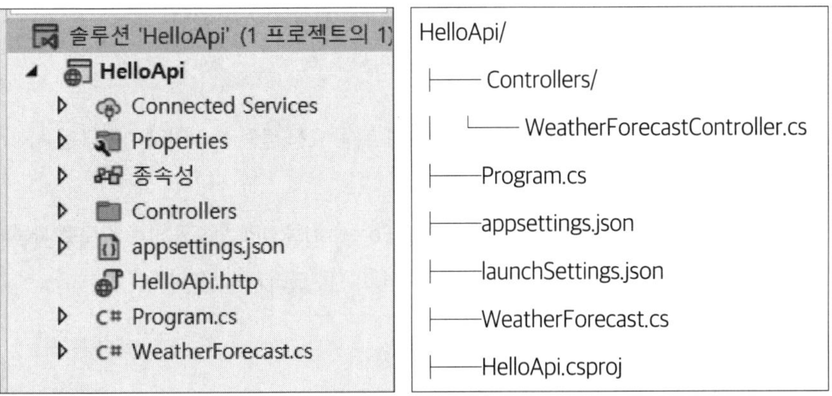

2. 폴더 및 파일 분석하기

파일/폴더	설명
Controllers/	Web API의 핵심 요소인 컨트롤러들이 저장되는 위치다.
Program.cs	애플리케이션의 진입점이며 서비스 등록 및 미들웨어 파이프라인이 구성되는 파일이다.
Appsettings.json	프로젝트 전역 설정 파일로, DB 연결 문자열 및 환경 설정 등이 포함되어 있다.
launchSettings.json	개발 환경에서 애플리케이션 실행 방식 및 환경 변수를 정의한다.
WeatherForecast.cs	샘플 API에서 사용하는 데이터 모델 클래스이다.
HelloApi.csproj	.NET 프로젝트 구성과 패키지 정보가 저장된 프로젝트 파일이다.

- **Controllers 폴더** - 컨트롤러 소스 코드 저장소

  Controllers 폴더에는 클라이언트의 요청을 처리하는 컨트롤러 클래스가 위치한다. 프로젝트 생성 시 자동으로 추가되는 WeatherForecastController.cs의 대표적인 특징은 다음과 같다.

```
[ApiController]
[Route("[controller]")]
public class WeatherForecastController : ControllerBase
{
    ...
}
```

  - **[ApiController]** : Web API 컨트롤러임을 의미하며, 자동 요청 검증, 파라미터 바인딩 등 API 개발에 필요한 기능이 활성화된다.
  - **[Route("[controller]")]** : 컨트롤러 이름(WeatherForecast)을 URL 엔드포인트 경로로 사용하도록 지정한다. 즉, /weatherforecast 주소로 요청이 들어오면 이 컨트롤러가 실행된다.

- **Program.cs** - 애플리케이션의 시작점

  ASP.NET Core Web API 프로젝트는 Minimal Hosting Model을 사용하여 더 간결한 구조로 앱을 초기화한다. Program.cs 파일의 코드 흐름은 다음과 같다.

```
var builder = WebApplication.CreateBuilder(args);
builder.Services.AddControllers();
var app = builder.Build();
app.MapControllers();
app.Run();
```

  - **CreateBuilder()** : WebApplication을 생성하기 위한 준비 및 기본 환경 설정을 수행한다.
  - **AddControllers()** : 컨트롤러 기반 Web API 서비스를 등록한다.
  - **Build()** : 애플리케이션 객체를 생성한다.
  - **MapControllers()** : 등록된 컨트롤러의 라우팅을 활성화한다.
  - **Run()** : 서버를 실행한다.

즉, Program.cs는 서비스 등록 -〉 미들웨어 구성 -〉 라우팅 -〉 애플리케이션 실행의 전체 흐름을 담당하는 핵심 파일이다.

- **appsettings.json** - 애플리케이션 설정 파일
  appsettings.json은 Web API의 환경 설정을 저장하는 파일이다. 대표적으로 로깅 설정, 데이터베이스 연결 문자열, 외부 API Key 등이 포함된다.

```json
{
  "Logging": {
    "LogLevel": {
      "Default": "Information",
      "Microsoft.AspNetCore": "Warning"
    }
  },
  "AllowedHosts": "*"
}
```

- **launchSettings.json** - 실행 환경 설정 파일
  launchSettings.json은 로컬 개발 환경에서 앱을 실행할 때 사용되는 설정 파일이다.

```json
"profiles": {
  "HelloApi": {
    "commandName": "Project",
    "launchBrowser": true,
    "applicationUrl": "https://localhost:7040;http://localhost:5040",
    "environmentVariables": {
      "ASPNETCORE_ENVIRONMENT": "Development"
    }
  }
}
```

- 실행 시 자동 브라우저 열림 여부를 설정한다.

- HTTPS/HTTP 포트를 설정한다.

- 실행 환경을 지정한다.

• **WeatherForecast.cs**

프로젝트 생성 시 샘플 API의 응답 모델로 사용되는 클래스이며 JSON으로 응답된다.

```csharp
public class WeatherForecast
{
    public DateOnly Date { get; set; }

    public int TemperatureC { get; set; }

    public int TemperatureF ⇒ 32 + (int)(TemperatureC / 0.5556);

    public string? Summary { get; set; }
}
```

WeatherForecast 모델은 Controller에서 생성한 날씨 데이터를 JSON 형태로 반환할 때 사용되며 ASP.NET Core에서 모델이 어떠한 방식으로 직렬화되어 응답되는지 이해하는데 도움을 주는 예시이다.

14.3 ASP.NET Core 라우팅 개념 이해하기

ASP.NET Core Web API는 클라이언트 요청을 적절한 메소드로 전달하기 위해 라우팅(Routing) 기능을 사용한다.

라우팅이란 들어오는 HTTP 요청의 URL 경로를 분석하여 해당 요청을 처리할 엔드포인트(메소드 또는 컨트롤러)로 연결하는 과정을 의미한다. 라우팅 구조를 이해하면 API 주소 체계를 직접 설계하고 확장할 수 있으며, Restful API의 핵심 개념을 효과적으로 구현할 수 있다.

14.3.1 라우터 무작정 추가하기

라우팅이 실제로 어떻게 동작하는지 이해하기 위해 우선 간단한 예제 라우터를 직접 추가해 보자. Program.cs 파일에 다음과 같이 라우팅 코드를 추가할 수 있다.

1. 코드 작성

Program.cs

```
1   var builder = WebApplication.CreateBuilder(args);
2
3   builder.Services.AddControllers();
4   builder.Services.AddEndpointsApiExplorer();
5   builder.Services.AddSwaggerGen();
6
7   var app = builder.Build();
8
9   if (app.Environment.IsDevelopment())
10  {
11      app.UseSwagger();
```

```
12        app.UseSwaggerUI();
13 }
14
15 app.UseHttpsRedirection();
16
17 app.UseAuthorization();
18
19 app.MapControllers();
20
21 app.MapGet("/hello", () => "Hello from Windows ASP.NET Core Web API!");
22
23 app.Run();
```

{ 코드 분석 }

21 라인	/hello 경로로 들어오는 GET 요청을 처리하는 라우터이다.

2. 실행하기

메뉴의 [디버그] – [디버깅 시작] 또는 단축키 F5를 눌러 서버를 실행해 보자. 브라우저 또는 Swagger
에서 다음 주소로 요청하면 해당 문자열을 응답으로 받을 수 있다.

https://localhost:7053/hello

```
Hello from Windows ASP.NET Core Web API!
```

14.3.2 새 라우터 추가하기

이제 라우트 몇 가지를 추가해 보자. MapGet 메소드를 다음과 같이 작성한다.

1. 코드 작성

Program.cs

```
1   --------------------------- 생 략 ---------------------------
2
3   // 기존 라우터
4   app.MapGet("/hello", () => "Hello from Windows ASP.NET Core Web API!");
5
6   // 새 라우터 1: 현재 시간 반환
7   app.MapGet("/time", () =>
8   {
9       return $"Current server time is: {DateTime.Now}";
10  });
11
12  // 새 라우터 2: 이름 받아서 인사
13  app.MapGet("/greet/{name}", (string name) =>
14  {
15      return $"Hello, {name}! Welcome to ASP.NET Core.";
16  });
17
18  app.Run();
```

{ 코드 분석 }

7-10 라인	/time으로 요청이 들어오면 서버의 현재 시간을 반환한다.
13-16 라인	/greet/{name} 으로 요청이 들어오면 인사 문구가 반환된다. 이때 /{name} 처럼 작성하면 해당 문자열은 인자로 함수에 전달된다.

2. 실행하기

메뉴의 [디버그] – [디버깅 시작] 또는 단축키 F5를 눌러 서버를 실행해 보자. 브라우저 또는 Swagger에서 다음 주소로 요청하면 해당 문자열을 응답으로 받을 수 있다.

```
https://localhost:7053/time
```

```
Current server time is: 2025-11-25 오후 10:32:08
```

```
https://localhost:7053/greet/changhyun
```

```
Hello, changhyun! Welcome to ASP.NET Core.
```

14.3.3 MVC 방식으로 라우팅 구현하기

위의 라우팅 방식은 Minimal API 방식이라고 부르며 Program.cs에서 직접 정의한다. 반면 ASP.NET Core Web API의 일반적인 방식은 컨트롤러 기반 MVC 라우팅 방식이다. 동일한 기능을 컨트롤러에서 구현해 보자.

1. Controller 폴더에 새 클래스 추가하기

• Controllers 폴더에서 마우스 오른쪽 클릭 -> 추가 - 새 항목 선택

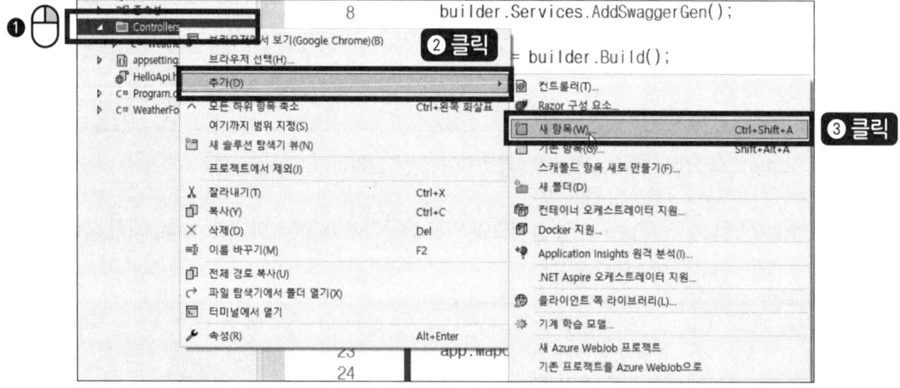

- 목록에서 클래스 선택 -> 파일 이름은 MyApiController.cs 입력 -> 추가 버튼 선택

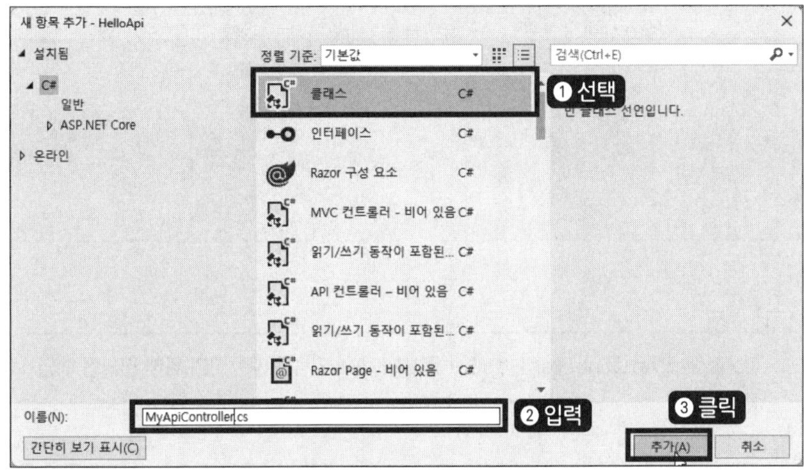

2. 코드 작성

MyApiController.cs

```csharp
1   using Microsoft.AspNetCore.Mvc;
2
3   namespace HelloApi.Controllers
4   {
5       [ApiController]
6       [Route("[controller]")]
7       public class MyApiController : ControllerBase
8       {
9           // GET: /MyApi/time
10          [HttpGet("time")]
11          public IActionResult GetTime()
12          {
13              return Ok($"Current server time is: {DateTime.Now}");
14          }
15
16          // GET: /MyApi/greet/{name}
17          [HttpGet("greet/{name}")]
18          public IActionResult Greet(string name)
```

```
19          {
20              return Ok($"Hello, {name}! Welcome to ASP.NET Core.");
21          }
22      }
23 }
```

{ 코드 분석 }

1 라인	Controller, ApiController, HttpGet 등 Web API 기능을 사용하기 위해 필요한 네임스페이스를 가져온다.
5 라인	컨트롤러임을 선언하는 특성이다. API 전용 컨트롤러라는 점을 명확히 정의해 주는 중요한 어노테이션이다.
6 라인	이 컨트롤러의 기본 URL 경로를 지정한다. [controller]는 컨트롤러 클래스 이름에서 "Controller"를 제외한 문자열로 자동 치환된다. 즉, MyApiController는 Controller를 제외한 myapi가 이 컨트롤러의 기본 경로가 된다. (/myapi)
7 라인	ControllerBase의 상속은 Web API에 필요한 기능 제공을 의미한다.
10 라인	GET 방식 요청을 처리하는 액션 메소드이다. 경로를 "time"으로 지정하였기 때문에 최종 경로는 /myapi/time 이다.
11-14 라인	현재 시간을 문자열로 반환하는 액션 메소드이다. Ok()는 HTTP 200 OK 상태 코드와 함께 데이터를 반환한다.
17 라인	URL 경로에 경로 파라미터를 받는 형태이다. {name}은 URL에 포함된 값을 메소드 매개 변수로 자동 전달한다. 최종 경로는 /myapi/greet/changhyun 이다.
18-21 라인	경로에서 받은 name 값을 이용해 인사 메시지를 만들어 반환한다.

3. 실행하기

메뉴의 [디버그] – [디버깅 시작] 또는 단축키 F5를 눌러 서버를 실행해 보자. 브라우저 또는 Swagger
에서 다음 주소로 요청하면 해당 문자열을 응답으로 받을 수 있다.

https://localhost:7053/myapi/time

```
Current server time is: 2025-11-25 오후 10:32:08
```

https://localhost:7053/myapi/greet/changhyun

```
Hello, changhyun! Welcome to ASP.NET Core.
```

14.3.4 [Route], [HttpGet], [HttpPost] 어노테이션의 의미 이해하기

컨트롤러 기반 라우팅에서 URL 경로를 결정하는 핵심 요소는 바로 라우팅 어노테이션이다.

어노테이션	설명
[Route]	클래스 또는 메소드의 URL 경로를 지정한다.
[HttpGet]	GET 방식 요청을 처리한다.
[HttpPost]	POST 방식 요청을 처리한다.
[HttpPut]	PUT 방식 요청을 처리한다.
[HttpDelete]	DELETE 방식 요청을 처리한다.

```
[Route("products")]

[HttpGet]

public IActionResult GetProducts()
```

이 코드는 /products 경로로 들어오는 GET 요청을 처리하겠다는 의미이다.

14.3.5 컨트롤러 라우팅: [Route("[controller]")]의 작동 원리

컨트롤러 라우트의 기본 문법 중 가장 널리 사용되는 방식이 다음과 같다.

[controller]는 컨트롤러 클래스명에서 "Controller" 부분을 제거한 문자열을 URL 경로로 자동 매핑한다.

컨트롤러 이름	실제 라우팅 경로
MyApiController	/myapi
WeatherForecastController	/weatherforecast
UserController	/user

별도 경로를 지정하지 않아도 URL 경로가 자동 생성되기 때문에 생산성과 가독성이 높다. 만약 [controller]를 사용하지 않고 원하는 경로로 변경하고 싶다면 다음과 같이 작성한다.

14.3.6 API 메서드 별 경로 지정 방법

컨트롤러 내에서 API 메소드는 보통 다음 두가지 스타일로 경로를 정의한다.

방식	예시	요청 URL
경로 기반	[HttpGet("data")]	/testapi/data
경로 파라미터	[HttpPut("update/{id}")]	/testapi/update/3

```csharp
[Route("testapi")]

public class TestApiController : ControllerBase

{

    [HttpGet("data")]

    public IActionResult GetData() ⇒ Ok("Test data result");


    [HttpPut("update/{id}")]

    public IActionResult Update(int id) ⇒ Ok($"Updated id {id}");

}
```

경로 파라미터는 메소드의 인자로 자동 매핑되며 별도의 파싱 작업이 필요 없다.

14.4 데이터베이스 연동하기

서버가 단순히 요청을 받아 응답하는 구조를 넘어서 실제 서비스에서는 대부분 데이터베이스와 연동하여 데이터를 저장하고 조회하는 기능을 수행한다. 우리가 생성한 Web API 프로젝트를 기반으로 MySQL 데이터베이스와 연동해 보도록 하자.

14.4.1 books 데이터베이스 확인하기

API가 다룰 데이터는 기본적으로 데이터베이스 구조에 따라 결정된다. 따라서 Web API 개발자는 먼저 데이터베이스의 테이블 구조를 정확히 이해해야 한다. 기존 12장에서 생성했던 도서 관리 시스템 데이터베이스인 books를 사용한다.

필드명	데이터타입	Null 허용	제약조건
Id	INT	No	Primary Key
Title	VARCHAR(255)	No	
Author	VARCHAR(100)	Yes	
Publisher	VARCHAR(100)	Yes	
PublishDate	DATETIME	Yes	
Price	INT	Yes	

MySQL 서버가 현재 실행 중이여야 하고 콘솔에서 다음 명령어로 접속해서 확인해 보자.

```
$ mysql –uroot -p
```

비밀번호 입력 후 MySQL 서버에 접속했다면 다음 명령어를 입력하여 현재 테이블을 확인한다.

Field	Type	Null	Key	Default	Extra
BookId	int	NO	PRI	NULL	auto_increment
Title	varchar(100)	NO		NULL	
Author	varchar(100)	NO		NULL	
Publisher	varchar(100)	NO		NULL	
PublisherDate	datetime	YES		NULL	
price	int	YES		NULL	

데이터베이스의 테이블이 준비되었다면 이제 ASP.NET Core Web API에서 이 데이터들을 연동할 준비가 된 것이다.

14.4.2 MySql.Data NuGet 패키지 설치하기

현재 프로젝트에 MySql.Data 패키지를 설치한다. 이 패키지는 C# 애플리케이션과 MySQL 데이터베이스 간의 연결을 가능하게 해 주는 ADO.NET 데이터 공급자(Data Provider)이다. 이 패키지는 MySQL과 통신하는 데 필요한 클래스들을 제공하며, C#에서 SQL 쿼리를 실행하거나 결과를 가져오는 기능을 지원한다.

패키지 설치는 NuGet 패키지 관리자를 통해 설치할 수 있다. 프로젝트 메뉴에서 [도구] - [NuGet 패키지 관리자] – [솔루션용 NuGet 패키지 관리]를 선택한다.

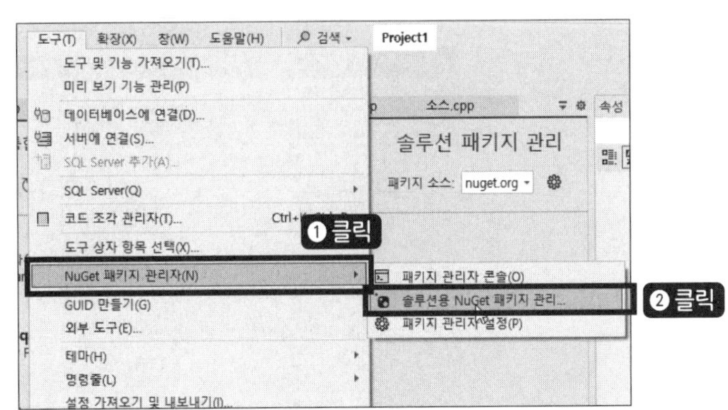

[찾아보기] 탭으로 이동하여 검색창에 'MySql' 을 입력하고 검색한다. 가장 첫 번째 검색되는 MySql.
Data 항목을 선택하고 오른쪽에 [프로젝트] 체크 후 [설치] 버튼을 클릭한다.

중간에 라이선스 동의 창이 나타나면 [동의함]
버튼을 클릭한다.

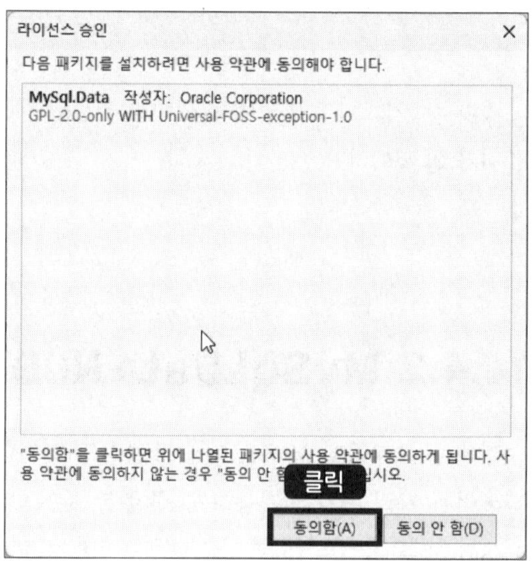

다음과 같이 오류 없이 설치 완료되면 프로젝트에 해당 패키지가 자동으로 추가된다.

14.4.3 모델 클래스 생성하기

데이터베이스의 테이블을 코드에서 다루기 위해서는 해당 테이블을 표현하는 모델 클래스(Model Class)가 필요하다. 모델 클래스는 데이터베이스의 한 행(row)을 객체(object)로 표현한 것이다. 따라서 테이블의 컬럼과 1:1로 매핑되도록 작성하는 것이 일반적이다.

1. Book.cs 모델 클래스 추가하기

- 프로젝트 마우스 오른쪽 클릭 -> 추가 -> 새 폴더 선택 -> Models 폴더를 생성한다.

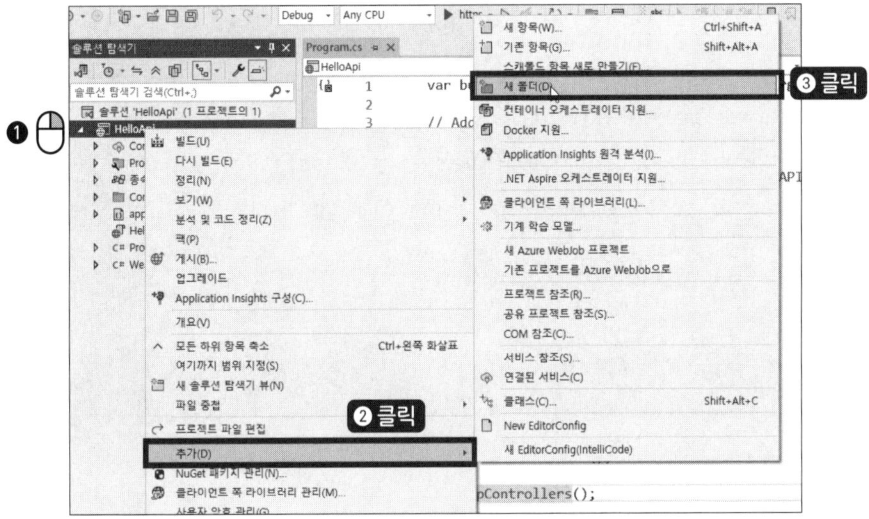

- Models 폴더 마우스 오른쪽 클릭 -> 추가 -> 클래스 -> Book.cs 입력하고 [추가] 버튼 클릭한다.

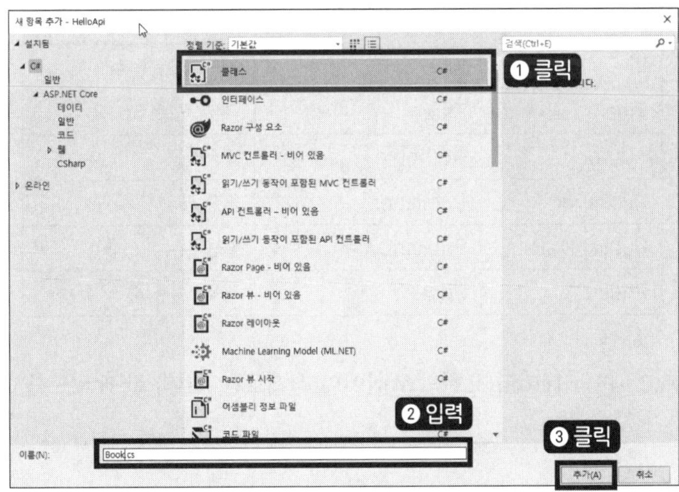

2. 코드 작성

생성된 Book.cs에 다음과 같이 코드를 입력한다. 데이터베이스의 bookstore 테이블을 C# 클래스 형태로 표현한 모델 클래스이다. 쉽게 말하면 DB의 한 행(row)을 코드로 옮겨 놓은 설계도이다.


```
1   namespace HelloApi.Models
2   {
3       public class Book
4       {
5           public int Id { get; set; }
6           public string Title { get; set; }
7           public string Author { get; set; }
8           public string Publisher { get; set; }
9           public DateTime PublishDate { get; set; }
10          public int Price { get; set; }
11      }
12  }
```

3. 모델 클래스와 DB 테이블의 매핑 개념

모델 클래스와 데이터베이스 테이블은 서로 구조적으로 연결되어 있다.

모델 속성	DB 컬럼	의미
Id	Id	책의 고유 번호
Title	Title	책 제목
Author	Author	저자
Publisher	Publisher	출판사
PublishDate	PublishDate	출판일
Price	Price	가격

모델 클래스는 Web API의 데이터 표현의 핵심이며 실제로는 DB의 한 레코드를 C# 객체로 옮겨 담는 틀 역할을 한다.

14.4.4 컨트롤러 생성하기

이제 책 데이터를 외부에서 조회할 수 있도록 BookController를 생성해 보자. 컨트롤러는 웹 요청을
처리하는 핵심 역할을 한다.

1. BookController.cs 추가하기

- Controllers 폴더 마우스 오른쪽 클릭 -> 추가 -> 컨트롤러를 선택한다.

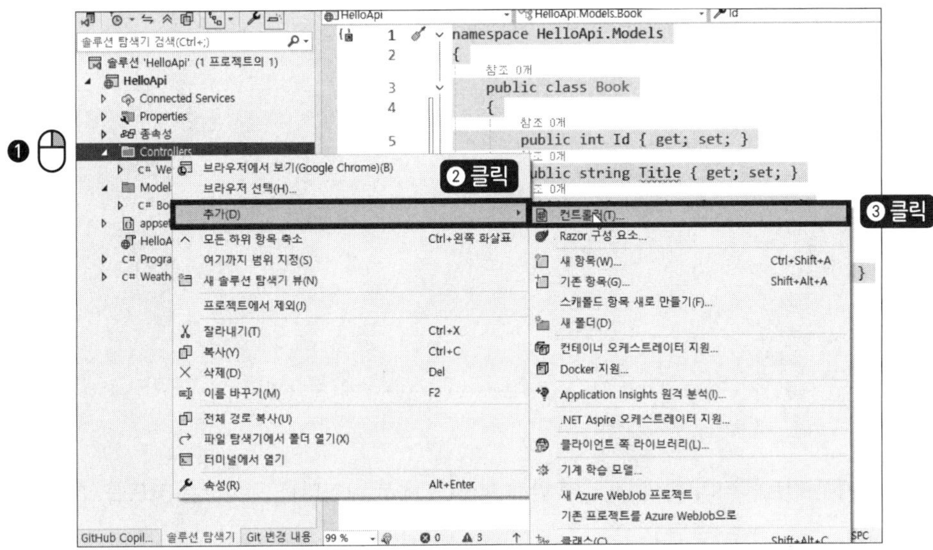

- [API 컨트롤러 - 비어있음]을 선택, 파일 이름은 BookController.cs라고 입력하고, [추가] 버튼 클릭한다.

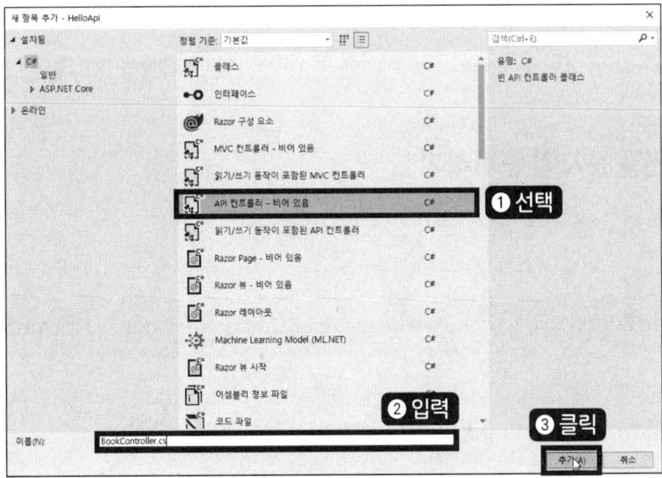

2. 코드 작성

생성된 BookController.cs에 다음과 같이 코드를 입력한다.

BookController.cs

```
1   using Microsoft.AspNetCore.Http;
2   using Microsoft.AspNetCore.Mvc;
3
4   namespace HelloApi.Controllers
5   {
6       [Route("api/[controller]")]
7       [ApiController]
8       public class BookController : ControllerBase
9       {
10      }
11  }
```

여기까지는 기본 컨트롤러의 뼈대이다. 이 안에 MySQL에서 데이터를 조회하는 코드를 추가한다.

14.4.5 MySQL에 연결하여 데이터 조회하기

MySQL DB에 직접 연결하여 bookstore 테이블의 데이터를 조회하는 API를 만들어 보자.

1. MySQL 연결 문자열 준비하기

DB 접속을 위해 다음과 같은 연결 문자열이 필요하다.

```
string connectionString = "Server=localhost;Database=books;Uid=root;Pwd=1111;";
```

비밀번호는 각자 MySQL root 계정 비밀번호로 변경해야 한다.

2. BookController에 DB 조회 기능 추가하기

BookController.cs에 DB의 데이터를 조회하는 코드를 다음과 같이 입력한다.

BookController.cs

```
1   using HelloApi.Models;
2   using Microsoft.AspNetCore.Http;
3   using Microsoft.AspNetCore.Mvc;
4   using MySql.Data.MySqlClient;
5
6   namespace HelloApi.Controllers
7   {
8       [Route("api/[controller]")]
9       [ApiController]
10      public class BookController : ControllerBase
11      {
12          private readonly string connectionString =
13              "Server=localhost;Database=books;Uid=root;Pwd=1111;";
14
15          [HttpGet]
16          public IEnumerable<Book> GetBooks()
17          {
18              List<Book> list = new List<Book>();
19
20              using (MySqlConnection conn = new MySqlConnection
21              (connectionString))
22              {
23                  conn.Open();
24
25                  string sql = "SELECT Id, Title, Author, Publisher,
26                  PublishDate, Price FROM bookstore";
27                  MySqlCommand cmd = new MySqlCommand(sql, conn);
28
```

```
29                    using (MySqlDataReader reader = cmd.ExecuteReader())
30                    {
31                        while (reader.Read())
32                        {
33                            list.Add(new Book
34                            {
35                                Id = reader.GetInt32("Id"),
36                                Title = reader.GetString("Title"),
37                                Author = reader.GetString("Author"),
38                                PublishDate = reader.GetDateTime
39                                ("PublishDate"),
40                                Publisher = reader.GetString
41                                ("Publisher"),
42                                Price = reader.GetInt32("Price")
43                            });
44                        }
45                    }
46                }
47                return list;
48            }
49        }
50 }
```

{ 코드 분석 }

4 라인	MySQL 데이터베이스와 연결하기 위해 필요한 클래스를 포함한다.
8 라인	이 컨트롤러의 기본 URL을 지정한다. [controller]는 클래스 이름인 BookController의 Controller 제거한 부분인 Book으로 자동 치환된다. 즉, 이 컨트롤러의 기본 경로는 /book 이다.
9 라인	이 클래스가 API 컨트롤러임을 알려 주는 어노테이션이다.
12-13 라인	MySQL에 연결하기 위한 데이터베이스 접속 문자열로 접속할 서버 주소, DB 이름, 계정, 비밀번호 등 필수 정보를 포함한다.

15-16 라인	HTTP GET 요청을 처리하는 메소드이다. /book 경로로 GET 요청이 들어오면 실행된다. 여러 개의 Book 데이터를 반환하므로 IEnumerable<Book> 타입을 사용한다.
18 라인	최종적으로 클라이언트에 반환할 Book 객체 리스트를 미리 준비한다.
25-26 라인	실행할 SQL 쿼리를 문자열로 작성한다. bookstore 테이블에서 필요한 컬럼을 선택하여 가져온다.
29 라인	SQL을 실행하고 그 결과를 읽기 위한 MySqlDataReader 객체를 생성한다. SELECT 구문은 데이터 집합이므로 ExecuteReader()를 사용한다.
31 라인	쿼리 결과에서 한 행씩 순차적으로 읽는다. 더 이상 읽을 행이 없으면 반복을 종료한다.
33-43 라인	읽은 한 행을 Book 객체에 매핑하여 리스트에 추가한다. 이 때 각 컬럼은 Book 클래스 속성에 채워진다.
47 라인	최종적으로 Book 리스트를 클라이언트에게 JSON 형식으로 반환한다.

3. 실행하기

메뉴의 [디버그] – [디버깅 시작] 또는 단축키 F5를 눌러 서버를 실행해 보자.
브라우저 또는 Swagger에서 다음 주소로 요청하면 해당 문자열을 응답으로 받을 수 있다.

```
https://localhost:7239/api/Book
```

DB에 저장된 도서 데이터가 JSON 형태로 다음과 같이 표시된다.

이로써 MySQL 데이터베이스와 연동하여 실제 데이터를 Web API에서 조회하는 기능을 구현했다.

```
[
  {
    "id": 2,
    "title": "C# 프로그래밍의 정석",
    "author": "이창현",
    "publisher": "혜지원",
    "publishDate": "2025-11-26T17:30:04",
    "price": 25000
  },
  {
    "id": 3,
    "title": "나혼자 C언어",
    "author": "이창현",
    "publisher": "디지털북스",
    "publishDate": "2025-11-26T17:30:51",
    "price": 28000
  }
]
```

데이터 추가, 수정, 삭제 API 구현하기

앞에서 GET 방식의 조회 API를 구현하여 데이터를 가져오는 흐름을 이해했다면, 이번에는 서버로 데이터를 보내고 추가, 수정, 삭제하는 방법을 살펴본다. 그리고 이 세 가지를 모두 MySQL 데이터베이스와 연동해 구현해 보자.

14.5.1 데이터 추가 API 구현하기

데이터 추가(Create)는 클라이언트가 서버에게 새로운 데이터를 전달하고, 서버는 이를 DB에 저장하는 과정이다. 예를 들어 리액트와 같은 웹앱, 윈도우 기반 데스크탑 앱, 모바일 앱 등의 클라이언트가 도서 정보를 입력한 뒤 서버로 전송하면 서버는 이를 MySQL의 bookstore 테이블에 추가한다.

1. API 설계

- HTTP Method

```
POST  /api/Book
```

- 요청(Request)

```
{
    "title": "C++ 프로그래밍과 STL",
    "author": "이창현",
    "publisher": "혜지원",
    "publishdate": "2011-02-11",
    "price": 18000
}
```

```
{
    "message": "Book added successfully.",
}
```

2. 코드 작성

BookController.cs에 DB의 데이터를 추가하는 코드를 다음과 같이 입력한다.

BookController.cs

```
1   ------------------------ 생 략 ------------------------------
2   namespace HelloApi.Controllers
3   {
4       [Route("api/[controller]")]
5       [ApiController]
6       public class BookController : ControllerBase
7       {
8           ------------------------ 생 략 ------------------------
9
10          [HttpPost]
11          public IActionResult AddBook([FromBody] Book book)
12          {
13              using (MySqlConnection conn = new MySqlConnection
14          (connectionString))
15              {
16                  conn.Open();
17
18                  string sql = @"INSERT INTO bookstore
19                      (Title, Author, Publisher, PublishDate, Price)
20                      VALUES (@Title, @Author, @Publisher,
21                      @PublishDate, @Price)";
```

```
22
23              MySqlCommand cmd = new MySqlCommand(sql, conn);
24              cmd.Parameters.AddWithValue("@Title", book.Title);
25              cmd.Parameters.AddWithValue("@Author", book.Author);
26              cmd.Parameters.AddWithValue("@Publisher", book.
27              Publisher);
28              cmd.Parameters.AddWithValue("@PublishDate", book.
29              PublishDate);
30              cmd.Parameters.AddWithValue("@Price", book.Price);
31
32              cmd.ExecuteNonQuery();
33          }
34      return Ok(new { message = "Book added successfully" });
35      }
36  }
37 }
```

{ 코드 분석 }

10 라인	POST 요청을 받는다는 의미이다. 서버에 데이터 추가 시 POST 방식을 사용한다.
11 라인	[FromBody] Book book 은 클라이언트에서 전달한 JSON 데이터를 Book 객체로 자동 매핑해 준다.

3. 실행하기

메뉴의 [디버그] – [디버깅 시작] 또는 단축키 F5를 눌러 서버를 실행해 보자. Swagger에서 다음 주소로 요청하고 해당 JSON 문자열을 입력한다.

```
POST /api/Book
```

```json
{
    "id": 4,
    "title": "C++ 프로그래밍과 STL",
    "author": "이창현",
    "publisher": "혜지원",
    "publishDate": "2011-02-27",
    "price": 18000
}
```

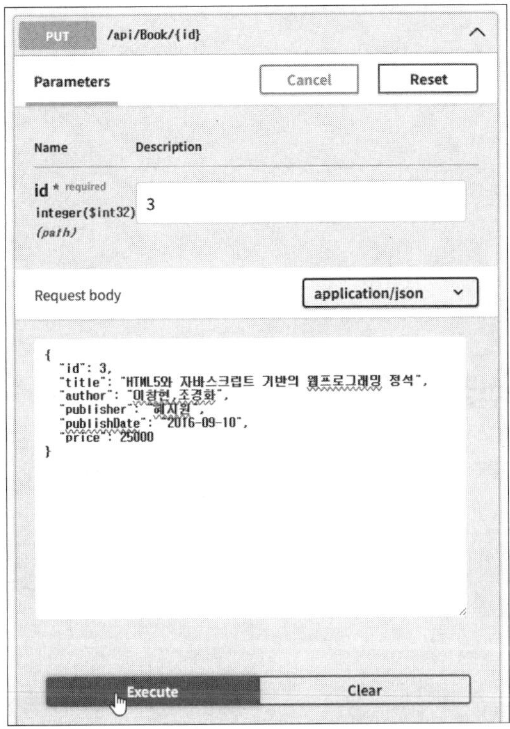

입력 후 Execute 버튼을 클릭하면 DB에 입력한 도서 데이터가 저장되고, 응답 데이터를 반환한다.

```json
{
    "message": "Book added successfully.",
}
```

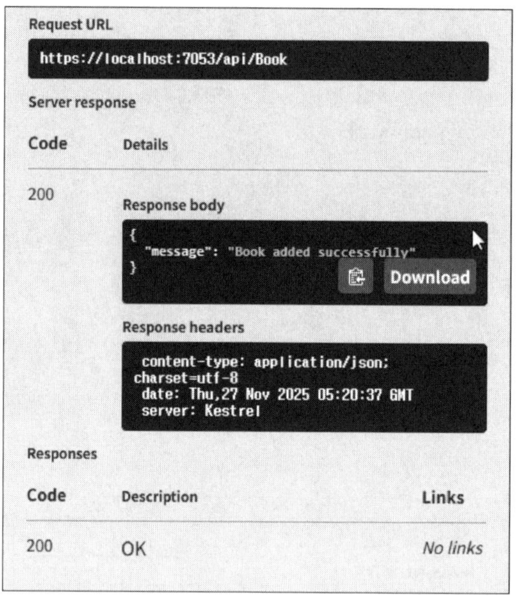

데이터가 정상적으로 저장되었음을 확인할 수 있다.

14.5.2 데이터 수정 API 구현하기

데이터 수정(Update)은 기존 데이터를 새로운 값으로 변경하는 작업이다.

1. API 설계

- HTTP Method

```
PUT  /api/Book/{id}
```

수정할 도서의 id를 URL로 받는다.

• 요청(Request)

```
{

    "id": 3,

    "title": "HTML5와 자바스크립트 기반의 웹프로그래밍 정석",

    "author": "이창현,조경화",

    "publisher": "혜지원",

    "publishDate": "2016-09-10",

    "price": 25000

}
```

변경할 데이터를 Body(JSON)로 입력한다.

• 응답(Response)

```
{

    "message": "Book updated.",

}
```


2. 코드 작성

BookController.cs에 DB의 데이터를 변경하는 코드를 다음과 같이 입력한다.

BookController.cs

```
1    --------------------------- 생 략 ---------------------------------
2    namespace HelloApi.Controllers
3    {
4        [Route("api/[controller]")]
5        [ApiController]
6        public class BookController : ControllerBase
7        {
8            ------------------------- 생 략 ---------------------------
```

```
9
10      [HttpPut("{id}")]
11      public IActionResult UpdateBook(int id, [FromBody] Book book)
12      {
13          using (MySqlConnection conn = new MySqlConnection
14          (connectionString))
15          {
16              conn.Open();
17
18              string sql = @"UPDATE bookstore SET
19                  Title = @Title,
20                  Author = @Author,
21                  Publisher = @Publisher,
22                  PublishDate = @PublishDate,
23                  Price = @Price
24                  WHERE Id = @Id";
25
26              MySqlCommand cmd = new MySqlCommand(sql, conn);
27              cmd.Parameters.AddWithValue("@Id", id);
28              cmd.Parameters.AddWithValue("@Title", book.Title);
29              cmd.Parameters.AddWithValue("@Author", book.Author);
30              cmd.Parameters.AddWithValue("@Publisher", book.
31              Publisher);
32              cmd.Parameters.AddWithValue("@PublishDate", book.
33              PublishDate);
34              cmd.Parameters.AddWithValue("@Price", book.Price);
35
36              int rows = cmd.ExecuteNonQuery();
37
38              if (rows > 0)
39                  return Ok(new { message = "Book updated
40                  successfully" });
41              else
```

```
42                          return NotFound(new { message = "Book not
43                          found" });
44              }
45      }
46          }
47  }
```

{ 코드 분석 }

10 라인	PUT 메소드는 전체 업데이트에 사용된다. PUT /Book/3 의 형태로 요청할 수 있다.
18-24 라인	모든 필드를 업데이트하는 SQL 쿼리문을 작성한다.
27-34 라인	JSON 데이터가 들어온 Book 객체에서 값을 가져와 SQL 파라미터에 전달한다.
36 라인	변경된 행 수를 반환한다. 0이면 수정할 데이터가 없는 것이고, 1이면 정상적으로 수정이 완료되었다는 뜻이다.

3. 실행하기

메뉴의 [디버그] – [디버깅 시작] 또는 단축키 F5를 눌러 서버를 실행해 보자. Swagger에서 다음 주소로 요청하고 업데이트할 데이터의 id와 JSON 문자열을 입력한다.

POST /api/Book/{id}

```
{
    "id": 3,
    "title": "HTML5와 자바스크립트 기반의 웹프로그래밍 정석",
    "author": "이창현,조경화",
    "publisher": "혜지원",
    "publishDate": "2016-09-10",
    "price": 25000
}
```

입력 후 Execute 버튼을 클릭하면 DB에 수정
한 도서 데이터가 업데이트 되고, 응답 데이터를
반환한다.

```
{
    "message": "Book updated successfully.",

}
```

데이터가 정상적으로 수정되었음을 확인할 수 있다.

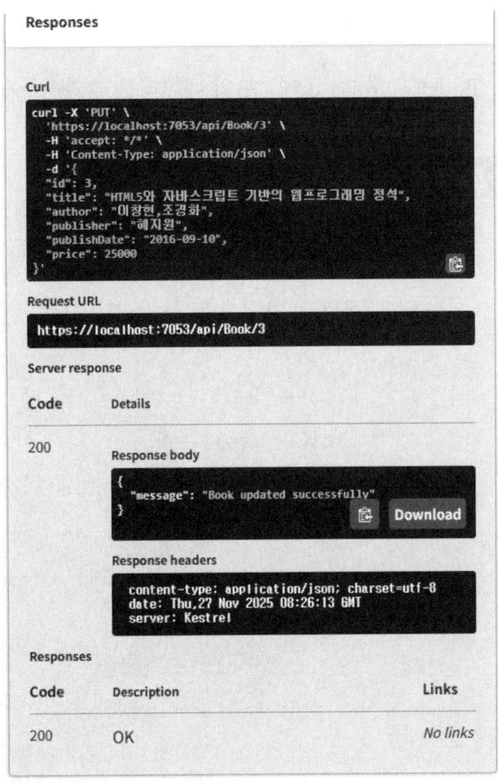

14.5.3 데이터 삭제 API 구현하기

데이터 삭제(Delete) 작업은 단일 Id 값을 받아 해당 도서를 삭제하는 방식으로 진행된다.

1. API 설계

• HTTP Method

```
DELETE  /api/Book/{id}
```

• 응답(Response)

```
{
    "message": "Book deleted successfully.",
}
```

2. 코드 작성

BookController.cs에 DB의 데이터를 추가하는 코드를 다음과 같이 입력한다.

BookController.cs

```
1   ------------------------- 생 략 -------------------------------
2   namespace HelloApi.Controllers
3   {
4       [Route("api/[controller]")]
5       [ApiController]
6       public class BookController : ControllerBase
7       {
8           ------------------------- 생 략 -------------------------
9
10          [HttpDelete("{id}")]
11          public IActionResult DeleteBook(int id)
12          {
13              using (MySqlConnection conn = new MySqlConnection
14              (connectionString))
15              {
16                  conn.Open();
17
18                  string sql = "DELETE FROM bookstore WHERE Id = @Id";
19
20                  using (MySqlCommand cmd = new MySqlCommand(sql, conn))
21                  {
22                      cmd.Parameters.AddWithValue("@Id", id);
23
24                      int rows = cmd.ExecuteNonQuery();
25
26                      if (rows > 0)
27                          return Ok(new { message = "Book deleted
28                          successfully." });
```

```
29                    else
30                        return NotFound(new { message = "Book not
31                        found." });
32                }
33            }
34        }
35    }
36 }
```


10 라인	DELETE 요청에서 URL의 id 값을 매개 변수로 받는다.
24 라인	DELETE 쿼리 실행 시 영향을 받은 행의 수를 반환한다. 1 이상이면 삭제 성공이고, 0이면 해당 id가 없다는 뜻이다.

3. 실행하기

메뉴의 [디버그] – [디버깅 시작] 또는 단축키 F5를 눌러 서버를 실행해 보자. Swagger에서 다음 주소로 요청하고, 삭제할 id를 입력한다.

```
DELETE /api/Book/4
```

입력 후 Execute 버튼을 클릭하면 선택한 도서 데이터가 삭제되고, 응답 데이터를 반환한다.

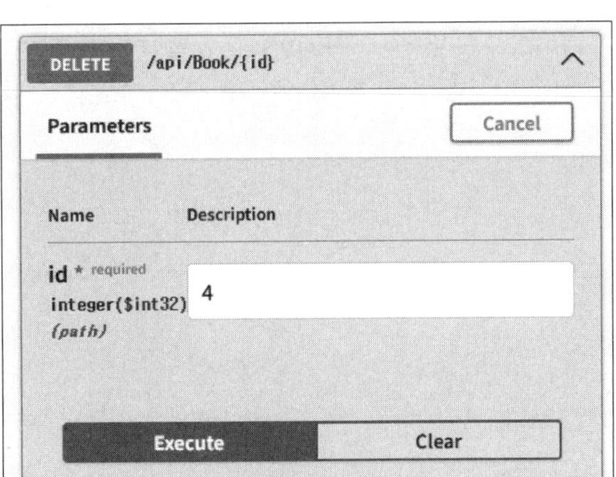

```
{
    "message": "Book deleted successfully.",
}
```

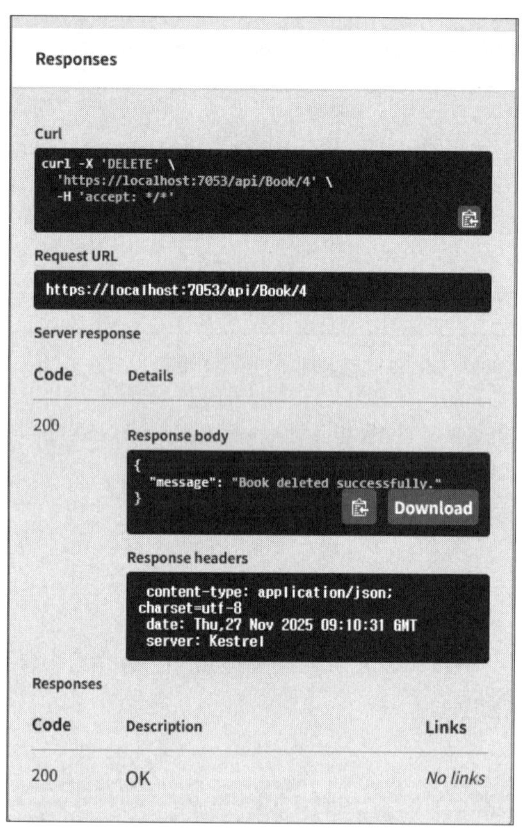

데이터가 정상적으로 삭제되었음을 확인할 수 있다.

로컬 PC에서 백엔드 서비스 실행하기

이번에는 윈도우 기반 개인 PC에서 ASP.NET Core 백엔드 API를 간단하게 배포하고 서비스하는 방법을 살펴보자. 클라우드나 IIS 설치와 같은 복잡한 과정 없이 dotnet publish -〉 실행 파일 실행 -〉 방화벽 설정 -〉 LAN 내부 접근 허용 이라는 단순한 과정으로 API 서버를 운영할 수 있다.

14.6.1 로컬 PC에서 실행 가능한 배포 파일 만들기

개발 중에는 메뉴의 [디버그] – [디버깅 시작] 또는 단축키 F5를 눌러 서버 API를 동작시키지만 실제로 배포하려면 publish(배포) 작업이 필요하다.

1. 터미널 실행하기

Visual Studio의 메뉴에서 [보기] – [터미널]을 선택한다.

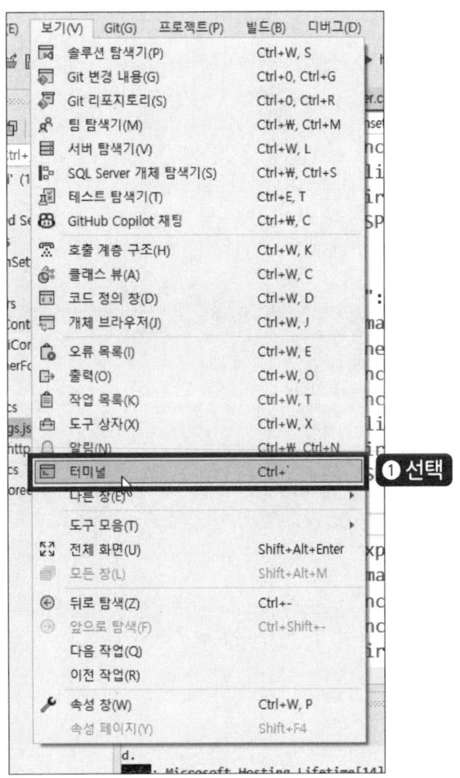

2. Release 모드로 publish 실행하기

현재 프로젝트에서 csproj 확장자가 있는 디렉토리 위치로 이동한다. 그리고 Release 모드로 publish 를 실행한다.

```
dotnet publish -c Release
```

실행 결과 파일은 현재 디렉토리를 기준으로 HelloApi\bin\Release\net8.0\publish 위치에 생성된다.

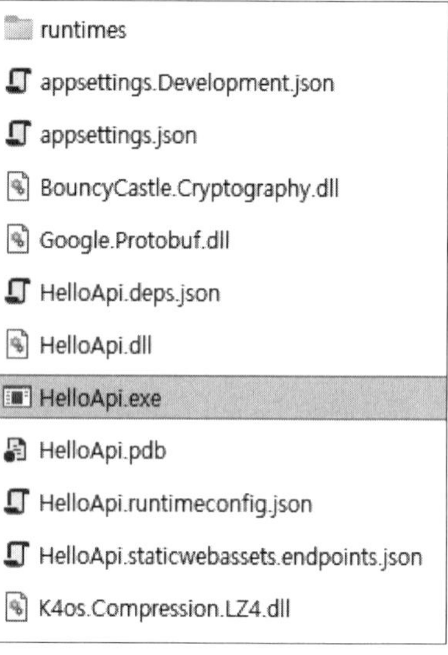

14.6.2 실행 파일로 API 서버 시작하기

서버를 실행하는 방법은 두 가지이다. 둘 중에 한 가지의 방법을 선택하면 된다.

윈도우 탐색기에서 publish 폴더로 이동하여 HelloApi.exe를 실행한다. 정상 실행되면 콘솔에 다음과 같은 메시지가 나타난다.

```
info: Microsoft.Hosting.Lifetime[14]
      Now listening on: http://localhost:5000
info: Microsoft.Hosting.Lifetime[0]
      Application started. Press Ctrl+C to shut down.
info: Microsoft.Hosting.Lifetime[0]
      Hosting environment: Production
```

터미널에서 publish 폴더로 이동하여 다음 명령을 실행한다.

```
dotnet helloapi.dll
```

```
HelloApi\bin\Release\net8.0\publish> dotnet helloapi.dll
info: Microsoft.Hosting.Lifetime[14]
      Now listening on: http://localhost:5000
info: Microsoft.Hosting.Lifetime[0]
      Application started. Press Ctrl+C to shut down.
info: Microsoft.Hosting.Lifetime[0]
      Hosting environment: Production
```

이제 API는 로컬 PC에서 완전히 독립된 실행 파일 형태로 실행 중이다. 해당 콘솔 창을 닫으면 서버도 함께 종료된다.

두 방법 중에 하나만 실행해야 한다. 이미 하나의 서버가 실행된 상태에서 다른 서버를 실행하게 되면 포트 충돌로 오류가 발생한다.

14.6.3 외부(휴대폰, 다른 PC 등)에서 접속할 수 있게 설정하기

현재는 localhost만 되는 서버이다. 유동 IP이지만 같은 공유기 안에 있는 다른 기기에서도 접근 가능하도록 설정해 보자. 외부 접속을 위해 다음과 같이 세가지 과정이 필요하다.

1. Kestrel 바인딩 주소 설정하기

기본적으로 ASP.NET Core는 다음 주소만 허용한다.

```
http://localhost:5000
```

즉, 현재는 외부에서 절대 접근할 수 없다. 따라서 launchSettings.json 또는 appsettings.json에서 외부 접근을 허용하도록 바인딩 주소를 수정해야 한다. appsettings.json 파일을 열고 다음과 같이 추가한다.

```
"Kestrel": {
  "Endpoints": {
   "Http": {
     "Url": "http://0.0.0.0:5000"
   }
  }
}
```

```
{
  "Logging": {
    "LogLevel": {
      "Default": "Information",
      "Microsoft.AspNetCore": "Warning"
    }
  },
  "AllowedHosts": "*",
  "Kestrel": {
    "Endpoints": {
      "Http": {
        "Url": "http://0.0.0.0:5000"
      }
    }
  }
}
```

0.0.0.0은 모든 IP에서 들어오는 요청을 허용한다는 의미이다. 이 요청을 적용 후 HelloApi.exe를 다시 실행한다. Localhost가 0.0.0.0으로 변경되었음을 확인할 수 있다.

```
info: Microsoft.Hosting.Lifetime[14]
      Now listening on: http://0.0.0.0:5000
info: Microsoft.Hosting.Lifetime[0]
      Application started. Press Ctrl+C to shut down.
info: Microsoft.Hosting.Lifetime[0]
      Hosting environment: Production
```

2. 윈도우 방화벽에서 5000번 포트 열기

윈도우는 기본적으로 외부 포트 접속을 차단하기 때문에 반드시 특정 포트에 대해 방화벽 포트 허용 설정을 해야 한다.

- 제어판 -> 시스템 및 보안 -> Windows Defender 방화벽

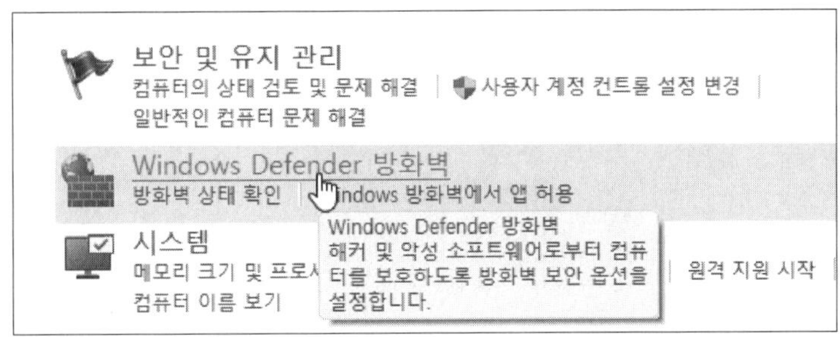

- 왼쪽에서 고급 설정 > 인바운드 규칙 -> 새 규칙 선택

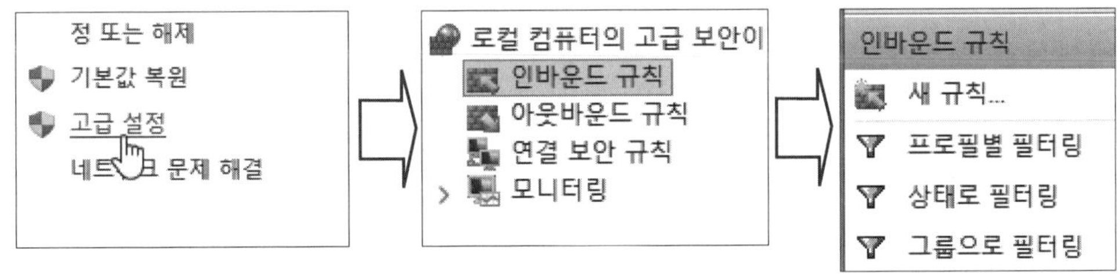

• 포트 선택

• TCP, 특정 로컬 포트 : 5000

• 연결 허용

• 이름 : BookAPI-5000

이 과정이 모두 끝났으면 이제 LAN 내부에서 5000번 포트로 접근이 가능해진다.

3. 같은 공유기(LAN) 내부에서 접속 테스트하기

• PC에서 자신의 내부 IP를 확인한다. [윈도우키] - [R] 를 눌러 실행창에 cmd라고 입력한다. 그리고 다음과
  같이 입력해 보자.

```
> ipconfig
```


IPv4 주소가 현재 내 PC의 IP이다.

• 휴대폰이나 다른 PC에서 브라우저를 열어 내 PC에서 조회한 IP 주소로 접속한다. 만약 다른 기기가 없다
  면 현재 서버 PC에서 브라우저를 열어 테스트도 가능하다.

```
[
  {
    "id": 1,
    "title": "C# 프로그래밍의 정석",
    "author": "이창현",
    "publisher": "혜지원",
    "publishDate": "2025-11-27T00:00:00",
    "price": 25000
  },
  {
    "id": 2,
    "title": "나혼자 C언어",
    "author": "이창현",
    "publisher": "디지털북스",
    "publishDate": "2025-11-27T00:00:00",
    "price": 28000
  },
  {
    "id": 3,
    "title": "HTML5와 자바스크립트 기반의 웹프로그래밍 정석",
    "author": "이창현,조경화",
    "publisher": "혜지원",
    "publishDate": "2016-09-10T00:00:00",
    "price": 25000
  }
]
```

정상적으로 JSON이 나오면 내부 네트워크 운영 성공이다.

가정용 인터넷은 대부분 공유기(NAT)를 사용하기 때문에 사설 IP(192.168.xxx.xxx)가 부여된다. 공인 IP는 통신사 회선 하나에만 부여되기 때문에 외부에서 직접 PC로 접근할 수 없다.

https://(공인IP)/api/book

이러한 방식은 작동하지 않는다.

A

Abort( ) 317, 322
AbortRequested 331
abstract 136, 160
Abstract Data Type 109
append 289

B

BinaryFormatter 301
BinaryReader 295
BinaryWriter 294
Bitmap 클래스 448
bool 43
Brush 413
BufferedStream 281
byte 43

C

Callback 170
Carriage Return 77
case문 70
char 43, 114
Class 109
Close( ) 283, 289, 290
Color 414
ColorDialog 389
CompareTo 202
Compare 메소드 202

D

Constructor 116
ContextMenuStrip 375
Critical Section 346

Data Type 109
DateTime 399
DC 412
DeadLock 345
default문 70
delegate 162
Deserialization 300
Deserialize( ) 301
Directory 254, 257
DirectoryInfo 254, 261
Directory 클래스 255
double 43, 114
do ~ while문 73, 78
DrawArc 417
DrawBezier 417
DrawCurve 417
DrawEllipse 417
DrawEllipse( ) 426
DrawIcon 417
DrawImage 417
DrawImage( ) 445, 472
DrawLine 417
DrawLine( ) 419
DrawPie 417

E

DrawPolygon 417
DrawRectangle 417
DrawRectangle( ) 423
DrawString 417

else if문 66
else문 64
encoding 289, 295
Enter( ) 352
event 174
EventHandler 178
Exit( ) 352

F

File 254
FileAccess 282
FileDialog 388
FileInfo 254
FileInfo 클래스 265
FileMode 282
FileShare 282
FileStream 281
FileSystemInfo 254
File 클래스 265
FillEllipse 417
FillEllipse( ) 426
FillRectangle 418